投资哲学

INVESTMENT
PHILOSOPHIES
SUCCESSFUL STRATEGIES
AND THE INVESTORS WHO MADE THEM WORK

[美] 阿斯沃斯·达摩达兰 著
(Aswath Damodaran)
李昆 译

中信出版集团 | 北京

图书在版编目（CIP）数据

投资哲学 /（美）阿斯沃斯·达摩达兰著；李昆译. -- 北京：中信出版社, 2024.6（2024.11重印）

书名原文：INVESTMENT PHILOSOPHIES:Successful Strategies and the Investors Who Made Them Work

ISBN 978-7-5217-6381-2

Ⅰ.①投… Ⅱ.①阿…②李… Ⅲ.①投资学－基本知识 Ⅳ.① F830.59

中国国家版本馆 CIP 数据核字（2024）第 050457 号

Investment Philosophies:Successful Strategies and the Investors Who Made Them Work by Aswath Damodaran
ISBN 978-1118011515 (Cloth)
Copyright © 2012 by Aswath Damodaran
All rights reserved.
Authorized translation from the English language edition published by John Wiley & Sons Limited. Responsibility for the accuracy of the translation rests solely with China CITIC Press Corporation and is not the responsibility of John & Sons Limited.
No part of this book may be reproduced in any form without the written permission of the original copyright holder, John Wiley & Sons Limited.
Copies of this book sold without a Wiley sticker on the cover are unauthorized and illegal. Simplified Chinese translation copyright © 2024 by CITIC Press Corporation.
All rights reserved.
本书仅限中国大陆地区发行销售

投资哲学
著者：[美] 阿斯沃斯·达摩达兰
译者：李昆
出版发行：中信出版集团股份有限公司
（北京市朝阳区东三环北路 27 号嘉铭中心　邮编　100020）
承印者：三河市中晟雅豪印务有限公司

开本：787mm×1092mm 1/16　　印张：42.75　　字数：554 千字
版次：2024 年 6 月第 1 版　　印次：2024 年 11 月第 2 次印刷
京权图字：01-2023-5441　　书号：ISBN 978-7-5217-6381-2
定价：158.00 元

版权所有·侵权必究
如有印刷、装订问题，本公司负责调换。
服务热线：400-600-8099
投稿邮箱：author@citicpub.com

目 录

第1章 概论 **001**
什么是投资理念 002
你为什么需要投资理念 004
投资流程 005
投资理念分类 007
确立投资理念的步骤 011
结论 015

第2章 下行和上行：了解风险 **018**
什么是风险 019
股权风险：理论模型 020
不同风险收益模型的比较分析 038
股权风险：其他衡量方法 040
股权风险：对该领域的评估 053
违约风险 055
结论 060

第3章 数字会说谎吗？ **064**
基本的财务报表 065

		资产的计量和估值	067
		衡量融资组合	074
		衡量盈利和盈利能力	083
		衡量风险	089
		会计准则和实践的差别	096
		结论	097
	第4章	**钱在哪里：估值的基础**	**101**
		内在价值	102
		相对估值	128
		评估具有或有现金流的资产的价值（期权）	138
		结论	142
	第5章	**功败垂成：交易、执行和税收**	**145**
		交易成本的拖累	146
		交易成本的组成部分：交易性金融资产	148
		非交易性资产的交易成本	170
		交易成本的管理	172
		税收	175
		结论	186
	第6章	**真的好得令人难以置信吗？投资策略检验**	**189**
		市场有效性为什么重要？	189
		有效市场：定义与意义	191
		行为金融：对有效市场的挑战	197
		如何鉴别投资策略	235
		结论	237

第7章 烟雾还是镜子？价格模式、图表与技术分析 240
随机游走与价格模式 241
实证依据 243
技术分析的基础 276
技术指标与图表模式 277
结论 295

第8章 格雷厄姆的门徒：价值投资 299
什么是价值投资？ 299
被动型价值投资者（筛选者） 301
逆向型价值投资者 329
积极型价值投资 338
结论 376

第9章 成长的诱惑：小盘股投资与成长型投资 380
谁是成长型投资者？ 380
被动成长型投资 381
积极成长型投资 422
结论 430

第10章 信息的回报：依据新闻进行交易 434
信息与价格 435
根据私人信息进行交易 438
根据公开信息进行交易 460
执行以信息为基础的投资策略 485
结论 486

第 11 章	确定的利润：套利的本质	**490**
	纯套利	491
	近似套利	519
	投机性套利	530
	多空策略——对冲基金	536
	结论	541

第 12 章	不可能实现的梦想？	**546**
	市场时机选择	546
	选择市场时机：收益与成本	546
	市场时机选择的证据	585
	市场时机选择策略	594
	市场时机选择的工具	600
	把市场时机选择与证券选择联系起来	603
	结论	604

第 13 章	准备放弃？指数化的诱惑	**608**
	指数化机制	609
	指数化的历史	611
	指数化的理由	614
	为什么主动投资者不能表现得更好？	641
	指数化的其他途径	650
	结论	661

第 14 章	选择投资理念的道路图	**664**
	自我评估	664
	寻找投资理念	669
	结论	673

第1章
概论

谁愿意仅仅做一个平庸的投资者？我们每个人都梦想着自己能战胜市场，成为投资高手，为此我们投入大量的时间和资源思考如何投资。结果，这反而让我们很容易成为那些江湖骗子推销投资"秘籍"或"宝典"的受害者。即使竭尽全力，我们中的大部分人也只是水平一般的投资者。尽管如此，我们仍在不断地尝试，希望自己能更接近那些传奇投资人，甚至成为另一个沃伦·巴菲特、乔治·索罗斯或彼得·林奇。我们阅读投资大师撰写的作品或投资大师的故事，期望从中发现他们选股的诀窍，这样我们就能够模仿他们，迅速致富。

在探求如何成为投资高手的路上，我们经常会受到各种相互冲突的观点的困扰。有的投资顾问会极力推荐投资者购买拥有强大现金流和流动资产的企业的股票，因为这就是巴菲特的投资理念。而另一些投资专家则警告投资者，这种方法已经过时，在数字科技时代，我们应该押注于那些有成长前景的企业。还有一些口齿伶俐的销售人员，他们用生动的图表向人们证明，他们有能力帮我们精准地把握进入和退出市场的时机。这些不同甚至完全相反的观点和论断只能令我们更加困惑。

在这一章中，我们将讨论如何才能有效地运用投资策略取得成功。我认为，投资者首先必须选择一个具有内在一致性的投资理念，这个投资理念不仅符合目标市场的实际情况，而且与投资者的个性特征相匹配。换句话说，成功投资的关键因素不仅在于了解他人是如何成功的，而且在于你需要更好地了解自己。

什么是投资理念

投资理念是指以一种条理清晰的方法来看待市场，包括市场是如何运行的（有时是如何失效的），以及你认为投资者在行为上经常会出现的各类错误。为什么我们需要对投资者的失误做出假设？就像我们将要讨论到的，绝大多数投资策略都是在利用一些或所有投资者在股票估值上所犯的错误，而这些错误的背后是关于人类行为的一些更基本的假设。例如，人们喜欢从众的理性或非理性的倾向会导致价格惯性，即近期价格涨幅最大的股票在未来一段时间内持续上涨的可能性更大。因此，让我们先来思考一下投资理念的组成要素。

人性的弱点

每一种投资理念的背后都隐含着关于人类行为的某种观点，事实上，传统金融理论和估值模型的弱点之一就是忽视了投资者的反常行为。这并不是说传统金融理论假设所有的投资者都是理性的，而是传统金融理论假设非理性的投资行为是随机的，并且会相互抵消。因此，对每一个追涨杀跌的投资者（惯性投资者），我们假设有一个相应的反方向投资者（逆向投资者），两者从相反的方向对价格产生的影响最终会让一个合理的价格形成。虽然从长期来看这可能是一个合理的假设，但在短期内却有可能不符合实际情况。

金融领域的一些理论研究者和从业人员长期以来对理性投资者假设持怀疑态度，他们开创了一个新的金融学分支——行为金融学。行为金融学将心理学、社会学引入金融领域，试图解释投资者行为背后的原因，以及这对我们制定投资策略有何影响。在本书中我们会讨论不同的投资理念，在讨论每个理念时，我们都会首先探求这些理念背后基本的人类行为假设。

市场有效性

与投资理念紧密相关的第二个要素是，你如何看待市场的有效性或无效性，这是决定你的投资理念能否成功的前提。虽然所有的主动投资理念都建立在"市场是无效的"这一假设的基础之上，但是对于市场哪个部分最有可能无效以及这种无效会持续多久，这些理念之间也存在分歧。一些投资理念认为，市场大部分时候是有效的，但是当某个上市公司披露重要信息时，市场有可能会反应过度——有好消息时股票价格过度上涨，有坏消息时股票价格过度下跌。其他一些投资策略则建立在认为市场总体上会出错，即整个市场可能被高估或低估，以及某些投资者（如共同基金经理）更容易出错的信念上。还有一些投资策略的假设前提是认为在有充足信息（财务报表、分析师报告和财经新闻报道）的情况下，市场能够很好地为股票定价，但当信息不足时市场估值会出现系统性错误。

战术和策略

一旦确立了某种投资理念，你就能制定出建立在核心理念基础上的投资策略。以上面提到的对市场有效性的看法为例，第一类投资者认为市场会对信息反应过度，他们可能会采取的投资策略是当企业发布意外的负面盈余消息（企业对外宣布的收益远低于预期值）时买入该企业的股票，而在企业发布意外的正面盈余消息时卖出股票。认为市场总体上会出错的第二类投资者可能会关注技术指标，如共同基金投资组合中持有现金的比例或投资者在股票上的空头头寸等，以确定市场是处于超买还是超卖的状态，从而采取与之相反的投资策略。认为市场在信息缺失的情况下更容易失效的第三类投资者可能会买入一些不被分析师关注或不为机构投资者所持有的股票。

值得注意的是，同一投资理念能够衍生出多种投资策略。因此，认为投资者总是会高估上市公司未来增长的价值并低估已有资产的价值的理念，可以表现在许多不同的投资策略上——从买入低市盈率（P/E）股票的被动投资策略，到买入相较于其账面价值股价极低的公司，然后尝试将其资产变现的更为主动的投资策略。换句话说，投资策略的数量会大大高于投资理念。

你为什么需要投资理念

大部分投资者都没有投资理念，许多基金经理和职业投资顾问同样没有。他们会采用一些在其他投资者那里看似有用的投资策略，而当这些策略不管用时他们就会放弃，转而他求。你也许会问，如果是这样，为什么还需要投资理念呢？答案很简单，如果没有建立投资理念，你就会倾向于仅仅基于某个鼓动者的言论或近期某次成功的投资案例而不断地变换投资策略。这样做对你的投资组合有三种负面影响：

1. 如果没有一套自己的核心理念，你就很容易成为骗子或冒牌专家的猎物，因为他们都会宣称自己有战胜市场的神奇策略。

2. 当不断变换各种策略时，你就必须相应地改变投资组合，这会给你带来更高的交易成本和税务负担。
3. 某些投资策略虽然对部分投资者来说的确有用，但是鉴于每位投资者的投资目标、风险厌恶程度和个性都具有独特性，这些策略可能并不适合你。盲目跟随他人的策略，结果除了可能让你的投资组合表现落后于市场，还很有可能让你心力交瘁，甚至更糟糕。

如果拥有一套投资的核心理念，你就能够更好地掌控自己的命运。你不仅能拒绝不符合你核心理念的投资策略，还能制定出适合你需要的投资策略。此外，你还能对各种策略之间的相同和不同之处有更全面的认识。

投资流程

在讨论不同的投资理念之前，让我们先看一下构建投资组合的流程。这是一个无论业余投资者还是职业投资者都会遵循的流程，虽然和需要面对不同类型且要求苛刻的客户的养老基金经理相比，个人投资者构建投资组合要简单得多。

第一步：了解投资者

投资流程的第一步是了解投资者的需求及偏好。对投资组合经理来说，投资者就是客户，投资流程的第一步，也是最重要的一步是了解客户的需求、客户的税务状况，以及最重要的是他们的风险偏好。对为自己构建投资组合的个人投资者来说，这个环节看上去可能比较简单，但是把了解自己的需求和偏好作为投资流程的第一步，与投资组合经理了解客户的情况同等重要。

第二步：构建投资组合

投资流程的第二步是构建投资组合，我们将它分为三个环节。

第一个环节是资产配置。投资者决定如何在各类资产——权益资产、固定收益资产和实物资产（如房地产、大宗商品和其他资产）——之间配置投资组合。你也可以通过其他方式进行资产配置，如控制国内资产和国外资产的比例。

第二个环节是资产选择。在这个环节中，投资者从每个资产类别中选择具体的资产来构建投资组合。从实际操作上来说，这一步就是选择构成权益资产的股票、构成固定收益资产的债券，以及构成实物资产的具体实物。

第三个环节是执行。在这个环节中，投资者真正动手完成投资组合。投资者必须权衡交易成本与交易速度。虽然执行的重要性会随着投资策略的不同而不同，但许多投资者在这个环节都做得不好。

第三步：评估投资组合业绩

投资流程的最后一步，对职业基金经理来说通常也是最痛苦的一步，就是投资组合的业绩评估。毕竟投资的目的，也是唯一的目的，就是在特定的风险偏好下尽可能多地赚钱。投资者不会原谅投资失败，也不接受任何失败的借口，即使理由非常充分。投资者很少对基金经理表现出忠诚。同理，对自己构建投资组合的个人投资者来说，投资组合的业绩评估同样重要，因为从中得到的信息反馈能在很大程度上决定投资者今后的投资方式。

图1.1总结了投资流程的各个阶段，在随后讨论各种不同的投资

理念时，我们还会回顾该图以强调投资流程的步骤。你将会看到，尽管所有投资理念的最终目标是相同的，即战胜市场，但是在整体投资流程中，每种投资理念都会强调某个不同的阶段，并且需要不同的成功技巧。

投资理念分类

在这部分我们将介绍一系列投资理念，并通过投资流程来加以说明。我们这里先讨论每个投资理念的核心内容，关于这些投资理念的更多细节在后面的章节中我们会详细介绍。

市场择时 vs. 证券选择

投资理念最宽泛的分类方法基于理念是建立在对整个市场的择时上，还是建立在发现个别资产的错误定价上。我们称前一类投资理念为市场择时（market timing）投资理念，称后一类投资理念为证券选择（security selection）投资理念。

在每一类投资理念中，基于不同的市场认知会有多种流派。以市场择时为例，尽管我们大部分人只在股票市场中考虑择时，但也有投资者将择时扩展到更广泛的范围，如外汇市场、大宗商品市场、债券市场以及房地产市场。证券选择的选择范围甚至更广，包括走势图和技术指标、基本面分析（盈利、现金流或成长性）以及各类信息（财务报告和并购公告）。

如果能够准确掌握时机，市场择时就能给我们带来巨大的收益，因此这种理念对我们所有人都具有吸引力，但正是这个原因，基于这种理念进行的投资很难成功。通常会有许多投资者试图把握投资的市

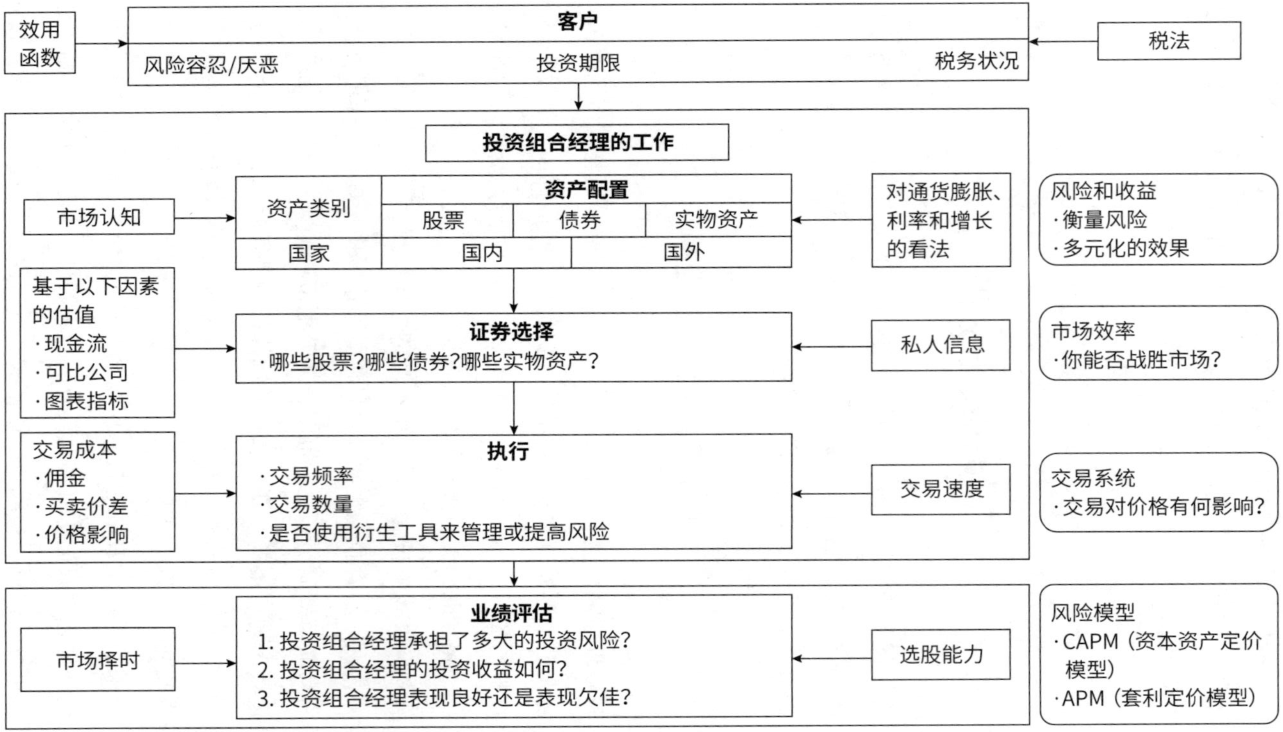

图 1.1 投资流程

场时机，但他们想要获得持续的成功相当不易。如果你决定挑选股票，那么你如何根据走势图、基本面因素或成长性来选择？就像我们将在下一节讨论的那样，答案不仅取决于你对市场的看法和认为哪种策略有效，还取决于你的个性特征。

积极投资 vs. 被动投资

总体而言，我们可以将投资理念分为积极投资和被动投资。（注意，积极投资不同于主动投资。）被动投资者对某只股票或某家公司进行投资，然后等待投资获得回报。假设你的策略成功了，那么这个回报将来自市场认识到并纠正此前的错误估值。因此，投资组合经理如果以低市盈率购买盈利稳定的企业的股票，那么他就属于被动投资者。指数基金经理也是如此，他们通常购买指数中的所有成分股。积极投资者投资于某家公司，然后试图通过改变公司的经营方式来增加公司的价值。风险投资家可以被归为积极投资者，因为他们不仅购入有前途的公司的大量股票，而且会为公司的经营投入大量资源。近年来，我们目睹了投资者将这种积极投资理念运用于上市公司，通过持有目标公司大量的股份来改变公司的运营方式。我们现在需要将积极投资与主动投资进行对比。任何试图通过挑选股票来战胜市场的投资者都可以被视作主动投资者。因此，主动投资者既可以是积极投资者又可以是被动投资者。通俗地说，主动投资包括任何试图通过投资价值被低估的个股或其他资产来战胜市场的投资策略。

投资期

不同的投资理念需要不同的投资期。投资理念如果基于市场对信息过度反应的假设，就可能适合匹配短期策略。例如，你可能在一个负面的财务报告发布后立即以低价买入该公司的股票，持有几个星期后卖出（期望当市场纠正其过度反应时，你能以更高的价格卖出）。相反，投资理念如果基于购买被忽视的公司的股票（分析师和机构投资者较少关注或持有的股票），就可能需要更长的投资期。

影响某个投资理念所需投资期的因素之一是，你从成功策略中获得回报所依赖的市场调整的性质。被动价值投资者在买入他们认为价值被低估的公司的股票后，即使他们的判断是正确的，他们可能也得等上好几年才能等到市场纠正错误的定价。一些投资者认为市场不会对公司的财务报告做出正确反应，因而他们会在公司公布财务报告的前后进行交易，并且可能只会持股几天。在极端情况下，投资者发现相同（或非常相似）的资产在两个市场上的定价不同，他们可能会在定价低的市场上买入该资产，在定价高的市场上卖出该资产，在短短几分钟内锁定"套利"收益。

相互矛盾的策略并存

投资理念最不可思议的一个方面就是，对市场看法完全相反的投资理念可以并存。同样是市场择时，有的投资者基于价格惯性进行交易（他们认为投资者对信息反应较慢），而有的投资者则进行逆向投资（他们认为市场会反应过度）。在依据基本面挑选股票的投资者中，价值型投资者认为市场高估了成长型股票，因而只购买价值型股票；而成长型投资者基于完全相反的判断购买成长型股票。这些相互矛盾的投资动机的共存可能会让一些人觉得荒谬，但这其实是正常的，实际上可能是保持市场平衡所必需的。此外，由于投资期、风险态度和税负状态不同，市场上持互相对立投资理念的投资者有可能并存。例如，免税投资者可能会觉得支付大量股息的股票很有吸引力，而应税投资者可能会拒绝购买这类股票，因为股息是要交税的。

体现在投资流程中的投资理念

我们可以通过图 1.1 所描述的投资流程来考察不同投资理念的差别。市场择时主要影响的是资产配置决策，因此，认为股票价值被市场低估的投资者会在他们的风险承受范围内为投资组合配置更大比重的股票。各种形式的证券选择——技术分析、基本面分析或信息分析——都将重点放在投资组合管理流程中的证券选择环节。那些旨在利用市场中资产的短暂错误定价（如套利），而非基于市场整体有效性而制定的策略则是以投资组合管理流程中的执行环节为中心。因此，这类机会主义策略的成功，取决于快速交易以从错误定价中获利，并保持较低的交易成本。图 1.2 展示了不同的投资理念。

确立投资理念的步骤

如果每个投资者都需要一个投资理念，那么确立投资理念的步骤是什么？虽然整本书都在探讨这一问题，但在这里我们还是先列出三个具体步骤。

第一步：了解风险和估值的基础知识

在启程准备确定投资理念之前，你应该先将所需的财务工具包准备好，最起码你得理解以下这些概念：

- 如何衡量一项投资的风险并将它与预期收益相结合；
- 如何对资产进行估值，无论这项资产是债券、股票、房地产还是公司；
- 了解交易成本的构成，以及如何在交易速度和交易成本之间寻

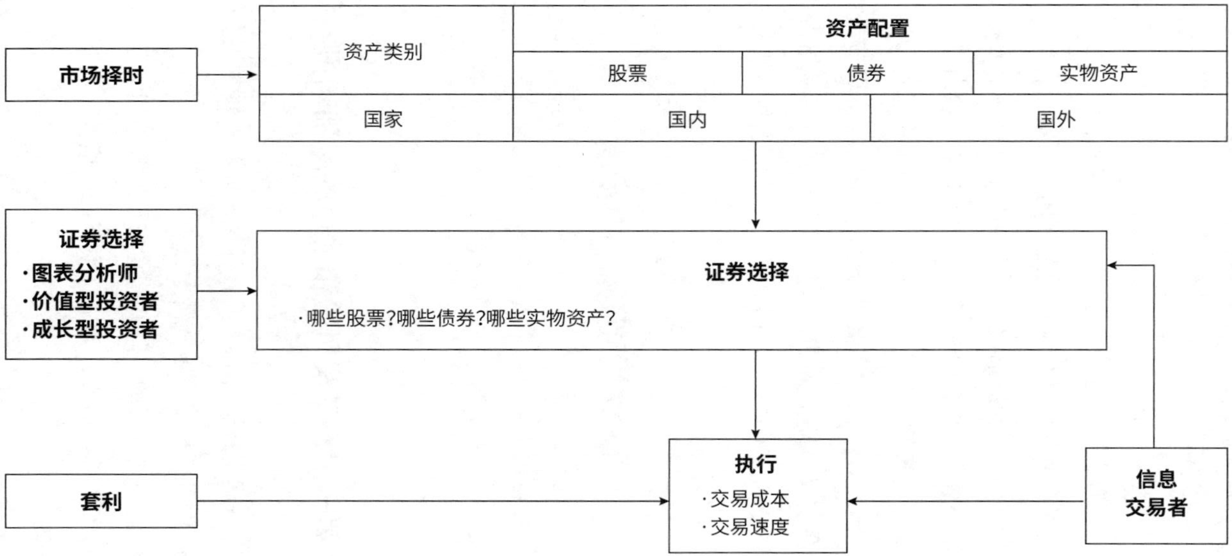

图 1.2 投资理念

求平衡。

我们迫不及待地告诉你,要掌握以上概念,你不必是一个数学天才,本书的开始部分将为你提供基本的工具。

第二步:对市场如何运作及其可能失效之处形成自己的看法

每一种投资理念都根植于对人类行为(理性及非理性行为)的某种看法。虽然个人经验常常会决定我们如何看待人类的行为,但在形成最终判断之前,我们还是应该更广泛地考虑来自市场中投资者行为的证据。

在过去的几十年里,随着数据变得更容易获取,测试不同的投资策略变得越来越容易。现在已有大量的研究成果支持某些投资策略能战胜市场。例如,研究者已经找到有说服力的证据,表明市净率低的股票所获得的收益显著高于风险相同但市净率较高的股票。在形成投资理念时不考虑这个证据显然是不明智的。但是与此同时,你需要谨记与这项研究相关的三个忠告:

- 它们是基于历史数据的研究,仅具有"后视镜"的功能。过去获得了大量收益的策略现在可能不再可行。事实上,当成功的策略以直接途径(书刊或文章)或间接途径(投资组合经理的具体操作)被公之于众时,你应该能预料到它们会变得不再那么有效。
- 许多研究都建立在虚构的投资组合的基础上,在这种组合中,你以历史价格买入和卖出股票而对交易成本考虑很少,或者根本不考虑。在某种程度上,交易会引起价格变动,因此,策略的实际收益与假设的投资组合的收益可能会有很大的出入。
- 对一个投资策略的测试几乎总是对该策略与某个风险模型的联

合测试。为了说明这一点，想想以下证据，即市净率低的股票，其收益高于具有相似风险（至少通过我们使用的模型测出具有相似风险）的市净率高的股票。当我们错误地评估或忽视了风险的某个关键成分时，更高的收益完全有可能是为了弥补市净率低的股票所承担的更高的风险。

由于了解一个策略能否战胜市场对投资来说非常重要，我们将讨论用于测试策略的方法、在进行测试时需要遵循的一些基本规则，以及在测试时经常会（有意或无意）犯的错误。在讨论每一个投资理念时，我们都将分析基于该投资理念而确立的策略在实践中是否有效。

第三步：寻求最适合自己的投资理念

一旦了解了投资的基础知识、投资者的行为及弱点，以及支撑不同投资理念的证据，你就可以做出自己的选择了。在我们看来，每一种投资理念，甚至图表分析都有成功的可能，但是成功的先决条件各不相同。具体来说，成功可以取决于如下因素：

- 风险厌恶程度。一些投资策略本身就比其他策略风险更高，比如风险资本或私募股权投资。你将资金投给有发展前途的未上市的小公司，这本身就比购买稳定的大型上市公司的价值型股票或权益资产风险更大，当然回报也可能更高。比较厌恶风险的投资者会避免第一种策略而选择第二种策略。选择风险高于你承受能力的投资理念或投资策略，对你的健康和你的投资组合都是有害的。
- 投资组合规模。一些投资策略需要构建较大规模的投资组合，而其他的一些策略仅适用于较小规模的投资组合。例如，如果你的投资组合只有 10 万美元，你就很难成为一个积极的价值型投资者，因为公司不大可能关注一个小股东的想法。另一方面，拥有 1 000 亿美元资产的投资组合经理不可能采用购买被忽视的小公司的策略。因为有如此庞大的资产规模，投资组合经理很快会在其投资的每一家公司成为主要持股人，并在每一次交易中影响股票的价格。
- 投资期。一些投资理念基于更长的投资期，而另一些投资理念需要在短得多的时间范围内操作。如果你是用自己的钱来投资，那么投资期的长短取决于你的个人特点（有的人比其他人更有耐心）和你对流动性的需求（对流动性需求越大，投资期越短）。如果你是为他人管理资金的专业人士（投资顾问或投资组合经理），你对投资理念和策略的选择是由客户的投资期以及他们对流动性的需求决定的。客户的投资期有多长，你管理的投资组合的投资期就有多长。
- 税务状况。由于你获取的收益中相当一部分将用于纳税，因此税收对你的投资策略，甚至对你所采用的投资理念都有很大的影响。在某些情况下，由于税务因素，你将不得不放弃税前收入非常可观的投资策略，因为税收会拿走收入的一大部分。

因此，适合你的投资理念应该能够反映出你特殊的优势和劣势。所以很自然，适合某些投资者的投资理念对其他投资者来说可能并不奏效。世上不存在对所有投资者来说都是"最好"的投资理念。

结论

投资理念是有关投资者如何投资以及投资者如何看待市场的一系列核心信念。要想成为成功的投资者，你必须既要考虑市场的情况，还要审视自己的优势和劣势，以形成最适合你的投资理念。缺乏核心理念的投资者容易受到传闻或近期成功案例的影响，不断变换投资策略，产生交易成本，最终导致投资亏损。有着清晰投资理念的投资者在进行投资选择时，行为会相对前后一致，并遵守既定的原则，尽管这并不能确保他们获得成功。

在这一章，我们讨论了从市场择时到套利的一系列投资理念，并将它们放在投资组合管理的框架中进行分析。我们也讨论了确定投资理念的三个步骤，首先是对投资风险、交易成本和估值的理解；其次对市场是否、何时及如何失效的经验证据进行评估；最后是根据自己的投资期、风险偏好以及投资组合的特点来确立最适合自己的投资理念。

练习

1. 访问一个综合的数据库，该数据库应涵盖市场上大多数或全部上市公司，并提供这些公司的财务数据和市场数据（股票价格以及像标准差这样的基于市场的风险衡量指标）。

    a. 如果你仅对美国公司感兴趣，那么你会有多种来源的数据库可选择，价格有高有低。你可以使用雅虎财经或类似网站的免费数据，但这些网站对数据的定义和下载往往有限制。我自己使用的是《价值线》在线数据库（2011年的年费为1 000美元），我也使用晨星在线数据库（2011年的高级会员费大约为200美元）。

    b. 如果对全球公司感兴趣，你就得多花点儿钱。Capital IQ 数据库、Compustat 数据库（两者都是标准普尔公司的产品）和 FactSet 数据库都能为你提供全球上市公司的数据。好消息是，这方面的选择正变得越来越多，并越来越容易获取。

2. 如果你会用电子表格，那么你的投资活动会轻松得多。我自己使用微软的 Excel，这个软件很流行，功能也很强大，但也有一些更便宜的软件可以选择。

3. 请经常访问我的个人网站 www.damodaran.com，点击最新数据。你能看到估值乘数和财务比率的行业平均值，以及股票收益和无风险利率的数据。

第 2 章
下行和上行：了解风险

　　风险是投资的一部分，了解风险是什么以及如何衡量风险对形成投资理念来说至关重要。在这一章，我们将讨论分析投资风险的基础。我们将介绍几种衡量风险并将风险转换成预期收益的模型。我们还将探讨投资者评估其风险厌恶程度的方法。

　　我们先从讨论金融学中传统的风险收益模型开始，并将我们的分析分为三步。第一步，我们将风险定义为未来收益的不确定性，这种不确定性越大，投资风险就越大。第二步，也是我们认为最关键的一步，是将风险分解为投资者通过多元化投资可以分散的和不可分散的风险。第三步，我们将讨论金融学中不同的风险收益模型是如何衡量不可分散风险的。我们将对最广泛使用的模型，即资本资产定价模型和其他模型进行比较和对照，说明这些模型在衡量风险时有何区别，以及产生这种区别的原因，同时解释这对预期收益意味着什么。

　　随后，我们会介绍衡量投资风险的不同方法，从基于资产负债表的方法（以资产和股权的账面价值为基础）到在投资时建立安全边际（MOS），并讨论如何协调和选择不同的风险衡量方法。

　　在本章的最后一部分，我们将转到衡量债券投资的风险上。债券投资的现金流是在投资时就已约定了的。债券投资的风险在于承诺的现金流无法兑现，因此，投资者就需要评估违约风险。

什么是风险

对大部分人来说，风险是指在生活中我们得到不想要的结果的可能性。比如，开车过快的风险是被开超速罚单，甚至是发生车祸。《韦氏词典》对风险的定义是："暴露于危险或危害中。"因此，风险几乎完全被认为是一个负面词语。

在金融学中，风险的定义与上述定义不同，范围更宽泛。金融学中的风险指的是，我们从一项投资中实际获得的收益不同于预期收益的可能性。因此，风险不仅指坏结果（如低于预期收益）的可能性，也指好结果（如高于预期收益）的可能性。我们可以将前一种情况称为下行风险，将后一种情况称为上行风险。我们在衡量风险时，会同时考虑这两种可能性。实际上，金融风险定义的精髓充分体现在汉语表示风险之意的"危机"一词中。

在"危机"这个词中，第一个字"危"是"危险"的意思，第二个字"机"是"机会"的意思，也就是说风险是危险和机会的混合体。它清楚地说明，每个投资者和经营主体都必须在机会带来的更高收益和危险带来的更高风险之间做出权衡。

本章的大部分内容可以视为在寻找一个模型，通过这个模型我们能够最准确地衡量任何投资活动中的"危险"，然后将它转换成能够补偿我们所面临的危险的"机会"。在金融学术语中，我们将危险称为风险，将机会称为预期收益。

股权风险：理论模型

为了说明如何在金融学理论中看待风险，我们将风险分析分为三步。第一步，我们将风险定义为未来收益的不确定性，并讨论如何衡量这种不确定性。第二步，我们将区分只影响特定的某个或某几个投资对象的风险和广泛影响各种投资对象的风险。我们将指出在一个投资者多元化的市场中，只有后一种风险，即市场风险才能带来回报。第三步，我们将探讨衡量市场风险和与之相伴而来的预期收益的各种模型。

定义风险

购买资产的投资者希望在资产持有期内获得收益。他们在资产投资期获得的实际收益和预期收益可能会有很大的差别，实际收益和预期收益之间的差别就是风险的来源。例如，假设你是一位投资期为一年的投资者，购买了预期收益率为5%的一年期国债（或其他任何没有违约风险的一年期债券）。在一年到期后这项投资的实际收益率为5%，与预期收益率相等。该投资的收益分布如图2.1所示。这是一项无风险投资。

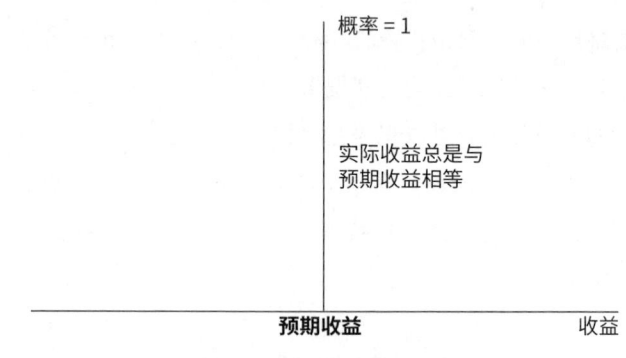

图 2.1 无风险投资的概率分布

为了与无风险投资对比，假设一位投资者购买了网飞这样的公司的股票。该投资者做了研究并得出结论，他在随后一年的投资期持有该股票的预期收益率为30%。实际收益率当然不会正好等于30%，它可能会高出许多，也可能会低许多。图2.2展示了这项投资的收益分布。

这一分布衡量的是实际收益
不同于预期收益的概率

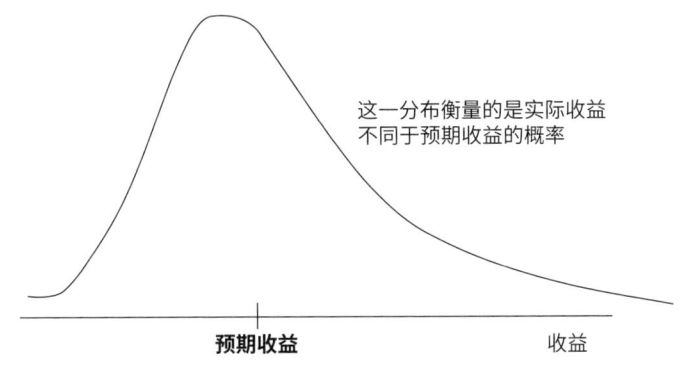

预期收益　　　　　　　　收益

图2.2　风险投资的概率分布

投资者必须注意到，在这种情况下投资的实际收益和预期收益是有差别的，实际收益如何围绕预期收益来分布，由收益分布的方差或标准差来衡量。实际收益与预期收益偏离越大，方差就越大。

数据观察 ｜ 波动最大和最小的股票：分行业观察美国上市公司股价波动的年化标准差。

用方差来衡量风险的一个局限是，它将所有偏离预期收益率的情况都视为风险。因此，假设你购买网飞公司的股票，你最后可能赚到60%（比预期高30%），那么这种情况和你最后实际收益率为0（比预期低30%）对方差的影响是一样的。换句话说，你无法区分上行风险和下行风险。我们也可以说，这实际上显示了风险是对称的——

上行风险必然会引起潜在的下行风险。[1]如果你对接受这个假设有异议，你可以计算一个修正版本的方差，即半方差，这样你就可以只考虑实际收益低于预期收益的情况了。

方差或半方差只能对风险进行非常有限的描述，这一点毋庸置疑。有些投资者选择使用更简单的替代法衡量风险。例如，你可能认为某些行业（如科技行业）的股票比其他行业（如食品加工行业）的股票风险更大。其他投资者可能倾向于使用评级或分类系统，将公司归入不同的风险等级类别，而不是试图用数字来评估单个公司的风险。《价值线》根据公司股权风险将公司分为5个等级。

在利用方差和半方差评估大部分股票的风险时，我们还有最后一点需要说明。分析师通常会利用过去2年或5年的数据进行计算。这种方法对那些在这一阶段基本面特征——业务经营或财务杠杆——没有发生变化的公司来说可能是合适的。但是，对那些发生了显著变化的公司来说，根据用历史数据计算得出的方差评估未来风险可能会造成很大的误导。

可分散风险和不可分散风险

虽然导致实际收益不同于预期收益的原因有很多，但我们可以将这些原因归为两类：公司特有风险和市场风险。由公司行为而导致的风险只会影响一家或几家公司，而由市场导致的风险则会影响很多甚至所有投资。这个区别对我们选择风险评估方法来说非常重要。

风险的构成

投资者在购买比如波音公司这样的股票时，会面临很多风险。有

---

1 用统计学术语来说，这相当于假设收益分布接近正态分布。

些风险可能仅仅影响一家或几家公司,这就是我们所说的公司特有风险。公司持有风险包括范围广泛的各种风险,如公司可能错误地估计了客户对其产品的需求,我们将此称为项目风险。以波音公司投资建造最新型的787梦想客机为例。这一投资建立在航空公司需要客容量更大、更新型的飞机,并且愿意为之支付更高价格的假设的基础上。如果波音公司错误地估计了这一需求,那波音公司的收益和价值就必然会受到影响,但这不会对市场上的其他公司造成显著影响。

同样归于这一类别的风险还可能来自竞争对手比预期的更强或更弱,这种风险也叫竞争风险。例如,假设波音公司和空中客车公司正在争夺一份来自澳洲航空公司的订单,空中客车公司获得订单的可能性对波音公司及波音公司的供应商来说就是潜在的风险。但是这样的风险同样只会影响市场上少数几家公司。另一种风险是能影响整个行业但也仅局限于该行业的风险,这就是我们所说的行业风险。例如美国国防预算的缩减会对涉及国防的行业造成严重的负面影响,包括波音公司,但对其他行业,如食品和服装行业就不会造成显著影响。项目风险、竞争风险和行业风险这三种风险的共同点是,它们只会影响市场上所有公司中的一小部分。

市场上还存在一种更普遍且影响更多(如果不是全部)投资的风险。例如,当利率上升时,所有的投资,不仅是波音公司的股票,都会不同程度地受到负面影响。类似地,当经济疲软时,所有的公司同样会受到影响,尽管周期性产业,如汽车、钢铁和建筑业受到的影响会更大。我们将这类风险称为市场风险。

最后,还有一些风险要根据其影响范围的大小来决定其风险类别。例如,当美元相对于其他货币走强时,这对那些从事国际贸易的公司的收入和价值将造成较大的影响。如果市场上大部分公司都有相当比重的国际贸易业务,那么这样的风险就可以归为市场风险。如果市场上只有少数几家公司开展国际贸易业务,那么这种风险更接近公司特有风险。图 2.3 总结了从公司特有风险到市场风险的分类。

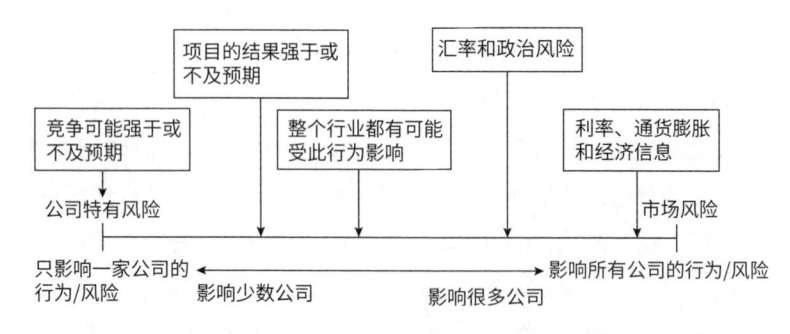

```
           项目的结果强于或        汇率和政治风险
           不及预期
 竞争可能强于或    整个行业都有可能        利率、通货膨胀
 不及预期        受此行为影响          和经济信息

 公司特有风险                              市场风险
 只影响一家公司的 ←――――――――――――――→ 影响所有公司的行为/风险
 行为/风险      影响少数公司    影响很多公司
```

图 2.3　风险的分类

为什么多元化投资能够减少或消除公司特有风险：直觉性解释

作为一名投资者，你可以将你的全部财富都投资于一只股票，比如波音公司的股票。如果你这样做了，那么你将同时面临公司特有风险和市场风险。但是，如果你的投资组合中包含其他资产或股票，你的投资就多元化了，这样可以降低你所面临的公司特有风险。多元化投资能减少甚至消除公司特有风险的原因有两个。第一个原因是，在一个多元化的投资组合中，每项资产所占的比例都比在非多元化投资组合中要小得多。这样，任何可能增加或减少某项资产或一小类资产价值的行为对投资组合整体产生的影响就会小得多，相较而言，未进行多元化投资的投资者更容易受到投资组合中资产价值变化的影响。第二个，也是更重要的原因是，在任何时期，公司特定行为对投资组合中单项资产价格的影响既可能是正面的，也可能是负面的。因此，在多元化程度非常高的投资组合中，公司特有风险的平均值将会接近零，对投资组合的整体价值没有影响。[1]

---

[1] 这是哈里·马科维茨为现代投资组合理论做出的贡献。Harry M. Markowitz, "Foundations of Portfolio Theory," *Journal of Finance* 46, no. 2 (1991): 469–478.

| 数据观察 | 行业风险：观察美国股市不同行业总风险中市场风险的占比。

相比之下，对一个投资组合中的大多数或所有投资来说，整个市场波动的影响可能是朝着同一个方向的，虽然某些资产比其他资产受到的影响更大。例如，当其他情况保持不变时，利率的上升会降低投资组合中大部分资产的价值，即使提高投资的多元化程度也不能消除这个风险。

要衡量某项资产（无论是某家公司还是一个投资组合）中有多少风险是公司特有风险，最简单的方法之一是，看该资产的价格变化有多大比例是由市场决定的。该值被称为 R^2，取值区间为 0~1，可以用百分比表示，它衡量的是股票价格的变化在多大程度上是由整体市场的波动引起的。某项资产的 R^2 为零，说明它所面临的风险百分之百为公司特有风险；而 R^2 为 1（100%），则说明这项资产面临的风险中没有公司特有风险。

为什么边际投资者被认为是多元化投资者？

无论基于直觉还是统计数据，我们都很容易理解多元化投资能降低投资者所面临的风险，但金融学中的风险收益模型更进了一步。该模型从某项资产的边际投资者的角度来看待该项资产的风险，边际投资者指的是在任何时间点上都最有可能对该项资产进行交易的投资者。风险收益模型认为，这些投资者对资产进行边际定价，并且其投资是高度多元化的。因此，边际投资者唯一担心的风险就是多元化投资组合中增加的风险，即市场风险。这种观点背后的逻辑很简单：对于一项投资，未实行多元化投资的投资者所面临的风险总是大于实行多元化投资的投资者，因为后者不用承担前者必须承担的公司特有风险。如果两种类型的投资者对某一资产的未来收益和现金流持有相同的预期，那么实行多元化投资的投资者愿意为该资产支付更高的价格，因为他们所承担的风险较小。结果该项资产最终会被多元化投资者收入囊中。

这种观点非常有说服力，特别是在资产很容易买卖且交易成本较低的市场。因此，美国市场中市值规模大的公司适用于这种观点，因为投资者可以以相当低的成本实现多元化投资。此外，美国股票市场有很大一部分交易是由机构投资者完成的，它们更倾向于多元化投资。但是上述观点在资产不是很容易实现交易或交易成本很高的市场上则较难得到认同。在这样的市场中，边际投资者的投资可能不够多元化，因此公司特有风险对单项投资仍然很重要。例如在多数国家，房地产投资者都未能实现投资的充分多元化，他们将大量的财富都集中在房地产投资上。

市场风险的衡量模型

虽然金融领域使用的大多数风险收益模型在风险分析的前两步都是一致的，即风险来自实际收益围绕预期收益的分布，以及风险应该从投资充分多元化的边际投资者的角度来衡量。但当涉及如何衡量无法通过多元化分散的风险或市场风险时，这些风险收益模型就看法不一了。在这一部分，我们将探讨金融领域现有的衡量市场风险的不同模型，以及它们之间存在差异的原因。我们将从资本资产定价模型开始，它是迄今为止金融界使用得最广泛的市场风险衡量模型，至少在业界是如此，尽管学术界常常因该模型的运用而受到指责。然后，我们会讨论过去20年里发展出来的其他模型。虽然我们的重点是探索这些模型的差异，但我们也会讨论这些模型的共同点。

资本资产定价模型

作为风险收益模型，资本资产定价模型的使用时间最长，而且至今仍然是大多数实际操作中用于分析风险与收益的标准模型。在本节中，我们讨论该模型的假设条件和基于这些假设条件的市场风险衡量方法。

假设

尽管多元化投资能减少投资者面临的公司特有风险，但是大多数投资者仍将他们的多元化投资限制在持有少数几项资产上。即使是大型的共同基金也很少持有几百只以上的股票，许多甚至只持有10~20只股票。投资者拒绝进一步多元化的原因有两个，一个是投资者或共同基金经理通过一个资产数量相对较小的投资组合就能获取多元化带来的大部分利益，随着投资组合多元化程度的不断提高，多元化投资的边际收益会越来越小，以至小到无法弥补多元化投资的边际成本（包括交易和监控成本）。限制投资多元化的另一个原因是，很多投资者（和基金经理）认为他们能够找到价值被市场低估的资产，因此选择只持有那些他们认为低估程度最高的资产。

资本资产定价模型假设没有交易成本，并且所有人接触到的信息都一样，这些信息已经反映在资产价格上，因此投资者在市场上找不到价值被高估或低估的资产。这些假设使得投资者在保持多元化投资时不会有额外的成本。在多元化达到极致时，每个投资者的投资组合将包含市场上所有可交易资产，按其占市场价值的比例持有。包含市场上所有可交易资产的多元化投资组合也被称为市场投资组合，考虑到多元化收益和资本资产定价模型不存在交易成本的假设，存在市场投资组合也就不足为奇了。如果多元化投资能够降低投资者面临的公司特有风险，并且为投资组合增加更多的资产，且没有交易成本，那么逻辑上多元化投资的极限就是按其占市场价值的比例持有市场上的每一种可交易资产。如果这个解释过于抽象，那么把市场投资组合想象成一个极端多元化的共同基金（一只超级指数基金），该基金持有所有可交易的金融资产和实物资产，以及作为无风险资产的无违约风险资产（如国债）。在资本资产定价模型中，所有投资者都会持有无风险资产和市场指数基金的组合。[1]

资本资产定价模型中投资者的投资组合

如果市场上每个投资者都持有相同的市场投资组合，那么投资者如何才能在投资中反映出他们的风险厌恶程度呢？在资本资产定价模型中，投资者根据风险偏好调整自己的资产配置，决定将多少资金投资于无风险资产，将多少资金投资于市场投资组合。如果投资者厌恶风险，他会选择将大部分甚至全部资金都投入无风险资产，而愿意承受更多风险的投资者会将大部分甚至全部资金都投入市场投资组合。如果将全部资金投入市场投资组合仍不能满足投资者对风险的承受意愿，他就会以无风险的利率借入资金，并与其他人一样在同一市场投资组合中投入更多资金。

以上结果的推断还建立在另外两个假设的基础上。首先，存在一种无风险资产，它的预期收益是确定的。其次，投资者能够以相同的无风险利率借入或贷出资金，以实现他们的最佳资产配置。以无风险利率贷出资金比较简单，可以通过购买国债和公司债券来实现，但是以无风险利率借入资金对个人投资者来说会困难得多。资本资产定价模型存在多种修正形式，这些修正形式允许放宽模型的假设，但仍然能得到与原模型一致的结论。

---

[1] 夏普（1964）和林特纳（1965）首次将无风险资产引入投资组合，并探讨这对投资组合选择的意义，所以该模型有时也被称为夏普-林特纳模型。J. Lintner, "The Valuation of Risk Assets and the Selection of Risky Investments in Stock Portfolios and Capital Budgets," *Review of Economics and Statistics* 47 (1965): 13–37; W. F. Sharpe, "Capital Asset Prices: A Theory of Market Equilibrium under Conditions of Risk," *Journal of Finance* 19 (1964): 425–442.

数据观察 | 贝塔系数最高和最低的行业：观察美国股市的行业平均贝塔系数，同时计算考虑和不考虑财务杠杆情况下的贝塔系数。

衡量单项资产的市场风险

对投资者来说，任何一项资产的风险就是将该资产放入投资者的投资组合中所增加的风险。在资本资产定价模型中，由于所有投资者都持有市场投资组合，某一资产对某一投资者的风险就是该资产被放入市场投资组合后所增加的风险。直观地说，如果一项资产的价格波动不受市场投资组合的影响，那么这项资产就不会给市场投资组合增加太多的风险。换句话说，这项资产的大部分风险是公司特有风险，可以通过多元化投资来分散。相反，如果一项资产的价值会随着市场投资组合价值的增加而增加，随着其减少而减少，那么这项资产会给市场投资组合增加风险。这样的资产具有较高的市场风险和较低的公司特有风险。从统计上说，这些增加到市场投资组合中的风险是通过该资产与市场投资组合的协方差来衡量的。

协方差是一个百分比值，仅仅通过观察协方差是很难判断一项投资的相对风险的。换句话说，知道波音公司的股票与市场投资组合的协方差为 55%，并不能为我们了解波音公司的股票相对于一般资产是更具风险还是更安全提供任何线索。为此我们将该风险指标标准化，即用资产与市场投资组合的协方差除以市场投资组合的方差。这样我们就得到一个被称为资产的贝塔系数的风险指标：

资产的贝塔系数 = 资产与市场投资组合的协方差/
市场投资组合的方差

市场投资组合的贝塔系数及资产的贝塔系数的平均数都是 1。风险高于平均水平的贝塔系数大于 1，而风险低于平均水平的贝塔系数小于 1，无风险资产的贝塔系数为零。

获得预期收益

一旦你接受了那些能推导出所有投资者会持有相同市场投资组合的假设，并认可用贝塔系数来衡量资产风险，你投资的预期收益就能够表达为无风险利率和该资产的贝塔系数的函数：

某项投资的预期收益 = 无风险利率 + 贝塔系数
　　　　　　　　　　× 购买平均风险资产的风险溢价

考虑一下决定预期收益的三个因素。

1. **无风险利率**。投资无风险资产能够获得的收益是计算投资预期收益的基础。假设你能从无风险资产中获得 5% 的收益率，如果你投资于一项风险更大的资产，你就不会仅仅满足于 5% 的收益率。一般来说，我们把被认为无违约风险的政府债券的收益率作为无风险利率，这对美国和其他发达国家曾经是一个比较安全的假设，但是近年来主权评级的调低和经济的低迷使得人们质疑这是否仍然是一个合理的假设。如果政府存在违约风险，那么政府债券的利率就应该包含违约风险溢价，而要得到无风险利率，就应该将该溢价扣除。[1]

2. **资产的贝塔系数**。贝塔系数是资本资产定价模型中唯一随投资资产的变化而变化的部分，给市场投资组合增加更多风险的资产具有更高的贝塔系数。但是贝塔系数从何而来呢？由于贝塔系数衡量了单只股票添加到市场投资组合中的风险，它通常是通过将该股票的历史收益与市场指数收益进行回归

---

[1] 以印度政府发行的某政府债券为例。该债券以印度卢比计价，利率为 8%。印度政府被认为在该债券上有违约风险，并且该债券被穆迪评级为 Baa3。如果从 8% 中减去 Baa3 级国债的违约风险溢价（约为 2%），我们就得到印度卢比的无风险利率为 6%。

估算得出的。如图 2.4 显示了将网飞公司的历史收益与标准普尔 500 指数进行回归后得到的拟合结果，回归使用的是 2009—2011 年的周收益数据。

回归拟合直线的斜率显示了一只股票对市场变动的敏感度，即股票的贝塔系数。在图 2.4 的回归中，网飞公司的贝塔系数是 0.74。[1] 为什么会这么低？贝塔系数反映了网飞公司的市场风险（无法通过多元化分散的风险），而这部分风险仅占网飞公司总风险的 5.4%（回归模型的 R^2）。如果回归数据是可靠的，那么网飞公司股价波动风险中的 94.6% 可以通过构建多元化的投资组合来分散。但是，即使认同以上观点，通过回归模型获得的贝塔系数也存在两个问题。第一个问题是，贝塔系数存在估算误差——在此例中，标准差为 0.31。因此，网飞公司的实际贝塔系数可能是 0.12 至 1.36 之间的任意一个值，这个取值范围由贝塔系数的估计值加 / 减两倍的标准差获得。另一个是公司处在不断的变化中，但是我们在估算贝塔系数时总是在往后看而不是朝前看。估算贝塔系数的一个更好的方法是，观察网飞公司所在行业的上市公司的平均贝塔系数。尽管这些贝塔系数也是从回归中估算而来的，但平均贝塔系数总是比单个公司估算的贝塔系数更准确。因此，你可以使用 2011 年美国娱乐行业上市公司的平均贝塔系数 1.38，然后根据网飞公司极低的 2.5% 的债务股本比（D/E）进行调整，估算出其贝塔系数为 1.40。[2]

数据观察 ｜ 美国的股票风险溢价：观察从 1960 年到最近一年美国股市隐含的股票风险溢价。

---

[1] 和其他大多数提供贝塔系数估算值的投资服务商一样，彭博也估算所谓的调整后的贝塔系数。彭博的计算方法是将原始贝塔系数（通过回归获得）和市场的平均 β 值 1 进行平均。

[2] 可以用以下公式，根据财务杠杆情况对贝塔系数进行调整：
有杠杆情况下的贝塔系数 = 无杠杆情况下的贝塔系数（1+(1−税率)(D/E)）
假设网飞公司面临的是 40% 的税率，债务 / 权益比例为 2.5%，则：
网飞公司在有杠杆情况下的贝塔系数 = 1.38 (1+(1−0.40)0.025) = 1.40

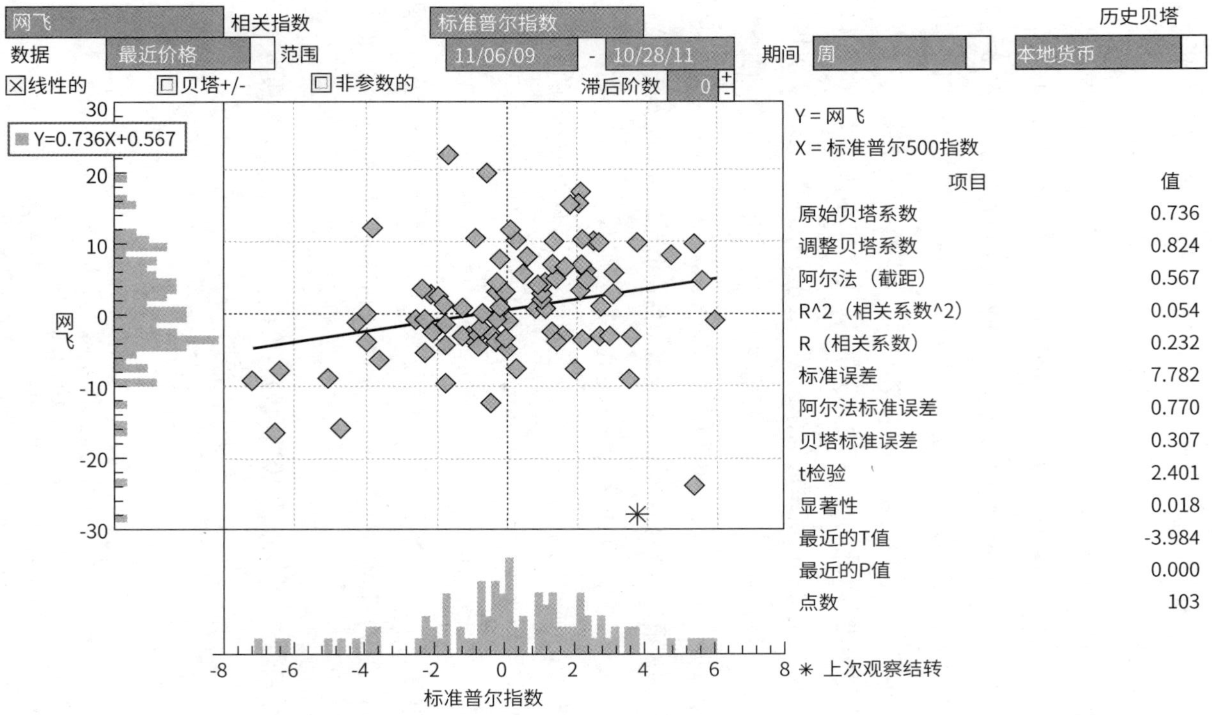

图 2.4 贝塔系数回归：网飞 vs. 标准普尔 500 指数

3. 购买平均风险资产的风险溢价。你可以将这个值看成是相对于无风险投资,你对股票作为一个资产类别进行投资时所需的风险溢价。因此,如果你对股票投资的期望收益率是9%,而国债的利率为5%,那么你股票资产的风险溢价就是4%。这里你也有两种方法来估算风险溢价。一种方法是观察历史数据,计算相对于无风险投资,投资于股票的典型风险溢价是多少。这个数字被称为历史风险溢价,从1928—2011年,比较股票投资与国债投资的回报,美国股票市场的风险溢价为4.1%。另一种方法是观察股票当前的定价,并估算投资者所要求的风险溢价。这个值被称作隐含风险溢价,2012年1月美国股票的这个值为6%。[1]

综如上述,在2012年1月,你可以使用资本资产定价模型来估计网飞公司股票的预期收益(假设国债的收益率为2%,基于行业的贝塔系数为1.4,风险溢价为6%):

$$网飞公司的预期收益 = 国债利率 + \beta 值 \times 风险溢价$$
$$= 2\% + 1.4 \times 6\%$$
$$= 10.40\%$$

这个数字说明了什么?它并不意味着你如果持有网飞公司的股票就能每年得到10.40%的回报,但是如果你考虑购买网飞公司的股票,它确实提供了一个你必须达到和超过的收益基准。要想让网飞股票成为一个好投资,你必须期望在未来获得不少于10.40%的年收益率。

总而言之,在资本资产定价模型中,所有的市场风险都反映在贝塔系数上,该系数衡量了某个资产相对于市场投资组合所面临的市场

---

[1] 美国股票的隐含风险溢价(以及其他发达国家市场的股票)曾经比较稳定,2002—2008年在4%到5%之间波动。2008年次贷危机时飙升到6.5%,此后波动一直都比较大。例如,2011年初,隐含的风险溢价约为5%,到了2012年1月,则上升到6%。

风险，而市场投资组合理论上应该包括市场上的所有交易资产。

贝塔系数：神话与事实

在金融领域，贝塔系数也许是被运用得最广泛，但同时也是被误用和滥用得最厉害的指标。因此，对那些对贝塔系数持怀疑态度的投资者和从业者来说，贝塔系数不仅是他们攻击金融理论研究者的工具，而且是他们不信任包括大多数现金流折现模型（DCF）在内的任何使用贝塔系数的方法的借口。很多对贝塔系数的批评是有道理的，这里我们将讨论其中的几个。我们从5个方面来探讨贝塔系数能告诉我们什么和不能告诉我们什么。

1. **贝塔系数不是衡量总风险的指标。**贝塔系数衡量的是某公司面临的宏观经济风险，而非总风险。因此，完全有可能一家风险非常大的公司其贝塔系数却很低，原因是该公司（例如某家生物技术公司）所面临的风险绝大部分是公司特有风险，而非宏观经济风险。

2. **贝塔系数不是一个统计数据指标。**由于贝塔系数是通过市场回归模型估算的，这给很多人留下一个错误印象，即贝塔系数是一个统计指标。我们可以通过回归方程来估算贝塔系数，但一家公司的贝塔系数最终取决于其基本面，以及这些基本面因素如何影响该公司所面临的宏观经济风险。因此，一家生产奢侈品的公司的贝塔系数就应该比一家生产生活必需品的公司高，因为前者的命运与整体经济和市场状况之间的关系比后者密切得多。同理，固定成本（经营杠杆）高和/或负债（财务杠杆）高的企业，其股票的贝塔系数会更高，因为这两个因素都增加了每股收益对营业收入变化的敏感度。实际上，这就是为什么最好根据行业平均值来估算贝塔系数，并根据公司的经营和财务杠杆进行调整，而不是通过一次简单的回归就加以确定。

3. **贝塔系数是一个相对风险指标。** 从根本上看，贝塔系数是一个相对风险指标，衡量的是相对于市场平均风险的风险大小。如果某只股票的贝塔系数为 1.2，那就意味着该股票面临的市场风险是市场平均风险的 1.2 倍。因此，市场中所有公司的贝塔系数不可能同时升高或降低；如果某个行业的贝塔系数升高了，那就一定会有另外一个行业的贝塔系数下降。

4. **贝塔系数只是一个估计值，而非实际值。** 这一点是不言而喻的，但是证券分析师从数据服务商那里（大多数分析师都是这样做的）获得的贝塔系数常常是通过回归估算而得到的，或是行业平均值，这两种估计值都带有误差。当然，你使用的任何风险指标都会有估算误差，但这解释了为什么在同一时点，不同的数据服务商对同一公司的贝塔系数会给出不同的估计值。

5. **贝塔系数衡量的是投资风险，而非资产质量。** 一家公司的贝塔系数之所以有用，是因为它可以帮助你估算你投资该公司需要获得的收益率，你可以将其视为一个可接受的最低资本收益率。评估一家公司是不是一个好投资，你还需要考虑该公司的市值、成长性和盈利潜力。如果经过分析，你认为你可以获得高于最低资本收益率的收益，那么这就是一个好投资。换句话说，一个贝塔系数很高的投资也可以是一个很好的投资，因为你预期可以获得的收益比你在该风险水平上需要获得的收益高得多；而一个糟糕的投资，其贝塔系数可能并不高。

资本资产定价模型之外的其他模型

资本资产定价模型对交易成本和私人信息的限制性假设，以及该模型对市场投资组合的依赖，长期以来一直受到学术界和从业者的怀疑。随着时间的推移，在资本资产定价模型之外，经济学理论还发展出了另外两个模型。

1. **套利定价模型**。为了理解套利定价模型，我们需要从套利的定义开始。基本概念非常简单：具有相同市场风险的两个投资组合或两种资产应该被定价为具有完全相同的预期收益。如果它们的预期收益不同，你可以购买其中较便宜的投资组合，卖出较贵的投资组合，这样在没有风险的前提下，你就能获得高于无风险利率的收益，这就是套利。如果假设套利是不可能的，而且投资者是多元化分散投资的，那么你就可以证明某个投资的预期收益应该是其市场风险的函数。虽然这一论断与资本资产定价模型很相似，但套利定价模型并没有对交易成本和私人信息做出限制性假设，从而引出一个贝塔系数就能衡量整个投资的市场风险的结论。[1] 相反，在套利定价模型中，你可以有多种市场风险来源以及衡量每种市场风险的不同的贝塔系数，这样你对投资的预期收益可以表述为：

预期收益 = 无风险利率
　　　　+因子1的贝塔系数（因子1的风险溢价）
　　　　+因子2的贝塔系数（因子2的风险溢价）
　　　　+ …
　　　　+因子n的贝塔系数（因子n的风险溢价）

这样，实际问题就变成了需要知道有多少种市场风险决定预期收益以及每个因子的贝塔系数。为此，套利定价模型通过观察股票收益的历史数据来确定共同的模式（因为市场风险在某一给定的时间会影响大部分或所有股票），并且通过一个被称为因子分析的过程来估算每只股票在这些模式下的风

---

[1] Stephen A. Ross, "The Arbitrage Theory of Capital Asset Pricing," *Journal of Economic Theory* 13, no. 3 (1976): 341–360.

险程度。因子分析可以让我们获得以下衡量指标：

a. 影响历史收益数据的共同因子的数量。

b. 每项资产相对于每个共同因子的贝塔系数，以及每个因子的实际风险溢价的估算值。

但是，因子分析不是从经济意义上确定模型中包括什么因子——这些因子在模型中都没有被命名。总的来说，在套利定价模型中，市场风险取决于多个未识别的宏观经济变量，贝塔系数可以用于衡量某个资产相对于每个因子的敏感性。因子的数量、因子的贝塔系数和因子的风险溢价都能够通过因子分析进行估算。

2. **风险与收益的多因子模型**。套利定价模型没有具体识别模型中的因子是什么，这从统计的角度来看可能是一个优势，但从直觉来看是个缺陷。消除这一缺陷的方法似乎很简单：用特定的经济因子替代无法识别的统计因子，由此产生的模型就会既有经济意义，同时又保留了套利定价模型的大部分优点。这正是多因子模型试图要做的。总的来说，多因子模型基于历史数据而非经济理论。在套利定价模型中，因子的数量一旦确定下来，这些因子的长期表现就能从数据中提取出来。然后，这些未命名的因子的表现就可以和同期宏观经济变量的表现进行对比，从而我们可以判断，随着时间的推移，这些宏观经济变量是否与已确定的因子相关。

比如，陈、罗尔和罗斯认为，以下几个宏观经济变量与因子分析得到的因子高度相关：工业产值、违约溢价的变动、利率期限结构的变动、未被预见的通货膨胀以及真实收益率的变化。[1] 他们用这些变量来解释资产的收益，从而得到一个预

---

[1] N. Chen, R. Roll, and S. A. Ross, "Economic Forces and the Stock Market," *Journal of Business* 59 (1986): 383–404.

期收益模型,并估算出与每个变量有关的公司特有贝塔系数。

$$E(R) = R_f + \beta_{GNP}\left[E(R_{GNP}) - R_f\right] + \beta_I\left[E(R_I) - R_f\right] + \cdots + \beta_\partial[E(R_\partial) - R_f]$$

其中，　　　β_{GNP}=相对于工业产值变化的贝塔系数
　　　　$E(R_{GNP})$=工业产值因子的贝塔系数为1,其他因子的贝塔系数
　　　　　　　为0的投资组合的预期收益
　　　　　　β_I=相对于通货膨胀变化的贝塔系数
　　　　$E(R_I)$=通货膨胀因子的贝塔系数为1，其他因子的贝塔系
　　　　　　　数为0的投资组合的预期收益

　　因子识别上可能犯的错误是从套利定价模型转换到多因子模型需要付出的代价。模型中的经济因子可能会随着时间的推移而变化，与之相关的风险溢价也是如此。例如，在20世纪70年代，石油价格的变化是驱动股票预期收益的重要经济因素，但在随后的时期，这一因素就不太重要了。在多因子模型中使用错误的因子或漏掉某个重要的因子，会导致对预期收益的估算出现较大的误差。

　　总之，和套利定价模型一样，多因子模型也认为捕获市场风险的最好方法是使用多重宏观经济变量和与各变量相关联的贝塔系数。但与套利定价模型不同的是，多因子模型试图识别驱动市场风险的宏观经济因素。

不同风险收益模型的比较分析

　　迄今为止，本章提出的所有风险收益模型都建立在一个共同的基础上。它们都假设有市场风险才有回报，并将预期收益作为衡量这种市场风险的函数。资本资产定价模型对市场如何运作的假设最严格，

但推导出的模型最简单，这个模型只有一个驱动风险且需要估算的因子。套利定价模型的假设比资本资产定价模型少，但模型更复杂，最起码从需要估算的参数来说是如此。资本资产定价模型可以被视为套利定价模型的一个特例，该模型只有一个因子，且该因子能完全用市场指数来衡量。一般来说，资本资产定价模型的优点是估算和使用起来比较简单，但是当一项投资的收益对某些经济因素比较敏感，而这种影响又没能很好地反映在市场指数中时，它的表现就比不上变量更加丰富的多因子模型。例如，石油公司股票的风险大部分来自石油价格的变动，这些股票的贝塔系数和预期收益率一般都较低。而在套利定价模型中，其中一个因子可以用于衡量石油和其他大宗商品的价格变动，从而让这些公司的风险估算值更准确，预期收益更高。[1]

尽管这些风险模型都有令人信服的经济学理论作为支撑，但关键的问题是：这些模型真能衡量它们声称要衡量的风险吗？投资者是否应该评估资产的贝塔系数，并将其用于投资决策？是否还存在其他不那么依赖股票价格的风险衡量指标？在过去的20年里，学术界和业界对这些问题进行了广泛的辩论。对资本资产定价模型最早的一些检验显示，贝塔系数与股票收益呈正相关，尽管其他风险衡量指标，如股价的方差能继续解释不同股票实际收益的差异。这种差异最初被归因于检测技术的局限性，但法玛和弗伦奇检验了1962年至1989年贝塔系数与收益的关系，结果显示两者相关性很小，甚至几乎不相关。[2]虽然对套利定价模型和多因子模型最初的检验显示，它们也许能更有效地解释资产之间收益率的不同，但我们必须意识到，使用这些模型来解释历史收益的差异和使用这些模型来预测未来的预期收益

---

[1] 韦斯顿和科普兰同时使用这两种模型估计了1989年石油公司的权益成本，资本资产定价模型得出的结果是14.4%，套利定价模型得出的结果是19.1%。

[2] E. F. Fama and K. R. French, "The Cross-Section of Expected Returns," *Journal of Finance* 47 (1992): 427–466.

是不同的。这些和资本资产定价模型相竞争的模型对历史收益的解释能力明显要好得多，因为它们没有像资本资产定价模型那样将自己局限于单一的因子。但是，当我们试图预测将来的预期收益时，使用多因子分析模型的确会有问题，因为我们必须估算这些因子的贝塔系数和溢价。由于这些因子的溢价和贝塔系数自身是不稳定的，估算的误差可能会抵消从资本资产定价模型转变为这些更为复杂的模型的好处。

总之，经过60年的研究，我们仍然面临一个困境。现有的风险模型都有这样或那样的缺陷，我们使用这些模型估算出来的风险参数都存在不小的误差。在下一节中，我们将讨论常用的风险收益模型之外的其他风险衡量方法。

股权风险：其他衡量方法

对于前面讨论过的基于理论而构建的风险收益模型，很多业界和学术界人士都不以为然，原因有几点。首先，如果一开始就假设风险是对称的——上行风险和下行风险是平衡的，这似乎表明我们已在试图战胜市场的战斗中认输了。毕竟，一个好的投资其上行风险应该大于下行风险；价值投资者就是围绕最小化下行风险，同时扩大上行潜力的原则来构建他们的投资策略的。其次，这些模型都基于历史市场价格来衡量风险（通过回归来计算贝塔系数）。任何人都会对此持谨慎的态度，毕竟，市场常常会在没有基本面原因的情况下波动。再次，不是所有人都认同风险可以分为可分散的和不可分散的两类，以及只有后一类风险和投资者有关。有些人认为这种区分是没有意义的，或者根本就不应该这样区分。

在本节中，我们将讨论评估资产风险的其他方法。第一种方法依赖财务报告评估企业的风险。第二种和第三种方法则建立在这样一个假设前提上，即市场定价基于资产风险，至少从平均水平和长期来看都是如此。在第二种方法中，我们观察历史上带来高投资收益的公司拥有的共同特征，并将这些特征作为风险的代理变量。在第三种方法中，我们由当前的股价推出隐含的预期收益率，并将其作为风险的衡量指标：风险越大的投资，其预期收益越高。在第四种方法中，我们观察经风险调整后的现金流（这种调整可以基于主观判断，也可以基于某个模型），而非经风险调整后的预期收益。我们讨论的最后一个方法是，在决定是否购买某只股票时，我们还可以通过安全边际（MOS）来管理风险。

基于财务报告的方法

对那些怀疑所有基于市场的风险衡量方法的人来说，他们总是可以利用财务数据找到一种衡量风险的方法。具体而言，负债比率低、股息高、收益稳定且不断增长、持有大量现金的公司，与没有这些特点的公司相比，其风险对股票投资者来说应该更低。尽管这个直觉无懈可击，但要据此计算预期收益可能会有问题，为此，你可以有以下三种选择。

1. 选择一个财务比率，并基于该比率构建一个分级的风险衡量指标。假设你在评估 3M 公司的风险。在 2011 年初，美国公司账面资产负债比率的中位数是 51%，而当时 3M 公司的账面资产负债比率是 30.91%。用 3M 公司的账面资产负债比率（30.91%）除以市场的平均水平（51%），可以得到一个 3M 公司的相对风险指标 0.61。但将该方法用于衡量苹果公司的风险时，其面临的问题是显而易见的，因为苹果公司没有未偿债务，相对风险指标为 0（这是一个荒谬的结果）。

2. **估算出一个财务贝塔系数。**根据财务数据而非市场价格估算出一个贝塔系数,简单的方法是,观察一家公司的盈余是如何随整个市场的盈余变化而变化的。那些盈余变化较市场整体盈利情况更稳定或与市场变化无关的公司,其财务贝塔系数会比较低。一个改进的方法是,用多个财务变量来估算财务贝塔系数,包括整体市场的股息支付率、负债比率、现金余额以及收益的稳定性。将具体公司的数据代入市场数据进行回归,就可以得到该公司的财务贝塔系数。虽然这种方法听起来不错,但在运用时有两点需要注意:第一,财务数据是经过平滑处理的,可能会将风险隐藏起来;第二,财务报告一年最多只公布 4 次,而市场数据每分钟都在更新。
3. **进行筛选。**如果你对前两种方法都不认可,那么将财务报告用于投资决策的最灵活的方法就是用既定的财务指标筛选公司,只从那些通过筛选的公司中进行选择。比如,你可能决定只投资那些每股股价低于每股账面价值、净资产收益率超过 20%、没有负债,且在过去 5 年里每年盈利增长至少 10% 的公司的股票。

总而言之,财务风险指标衡量的风险针对的是公司的基本面,这似乎和投资应注重公司内在价值的原则是一致的。但另一方面,财务数据可能具有误导性,据此估算的风险指标也许存在显著的误差。

代理模型

金融学中常用的风险收益模型,如资本资产定价模型、套利定价模型,甚至多因子模型,都需要先对投资者的行为模式和市场情况做出假设,然后在此基础上推导出衡量风险并将风险和预期收益联系起来的模型。这些模型的优点在于有经济理论作为基础,但是它们在解释不同资产收益率的差异上似乎并不理想。这些模型表现不佳的原因在于其关于市场情况的假设是不现实的（没有交易成本、完美信息博弈），而且，投资者的行为并不理性（行为金融学的研究在这方面提供了大量的证据）。

在代理模型中，我们基本上放弃了根据经济理论来构建风险收益模型的做法。我们首先观察不同资产的实际收益，并将其收益和可观察的变量联系起来。在前面提到的法玛和弗伦奇的研究中，他们以1962—1989年间的股票收益为样本，试图寻找比贝塔系数更能解释不同股票收益率差异的公司特定变量，最后找到了这样两个变量：公司市值和市净率。他们认为，小市值股票的年收益率远远高于大市值股票，而低市净率股票的年收益率远远高于高市净率股票。他们没有像此前的研究那样，把这种情况视为市场效率低下的证据。他们指出，如果这些股票长期以来都有较高的收益率，它们的风险就肯定比那些收益率低的股票更大。按照他们的推论，实际上公司市值和市净率作为风险的代理变量比贝塔系数更有效。他们将股票的收益率与公司市值和市净率进行回归，得到了以下美国股票的回归模型：

$$预期收益 = 1.77\%\\ -0.11\left[\ln 公司市值（百万美元）\right]\\ +0.35\left[\ln 市净率\right]$$

在一个纯粹的代理模型中，你可以将任何一家公司的市值和市净率代入该回归模型，得到相应的预期收益。

在法玛和弗伦奇的论文提出代理模型后的20年里，研究者针对越来越丰富的数据进行分析，试图找出更多更好的风险代理变量，其中的三个是：

1. 盈利惯性。股票分析师从现有研究中找到的证据似乎显示：盈利势头强劲，财务报告中盈利增长高于预期盈利增长的股票，其随后的收益高于市场水平。
2. **价格惯性。**图表分析师读到这里应该会会心一笑：研究者认为，价格惯性会延续到未来的一段时间。因此，近期表现较好的股票，随后的收益会较高，而近期表现较差的股票，随后的收益会较低。
3. **流动性。**考虑到真实世界的成本，似乎有明显的证据显示，流动性较差（成交量低、买卖价差大）的股票的收益率高于流动性较好的股票。

很多分析师将资本资产模型和代理模型融合到一起，构建出混合模型。例如，那些认为投资小市值股票能获得更高收益的分析师将小盘股溢价加入资本资产定价模型：

$$预期收益 = 无风险利率 + 市场贝塔系数 \times 股权风险溢价 + 小盘股溢价$$

小盘股的标准在不同时期有所不同，但一般情况下是指上市公司中市值规模最小的那10%。小盘股溢价是通过观察小盘股相对于市场的历史溢价来估算的。在2012年研究股权风险溢价的一篇论文中，我估计1928—2011年间市值最小的那10%的公司其平均年收益比整体市场水平高4.64%。[1]因此，如果某小盘股的贝塔系数是1.20，无风险利率为2%，股权风险溢价为6%，则该股票的预期收益（权益资本成本）为：

$$预期收益 = 2\% + 1.2 \times 6\% + 4.64\% = 13.84\%$$

还有另一个方法可以使用，基于法玛和弗伦奇的研究结论，我们在资本资产定价模型中增加两个变量，即公司市值和账面市值比，因

---

[1] A. Damodaran, "Equity Risk Premiums: Determinants, Estimation and Implications—The 2012 Edition" (SSRN Working Paper, http://papers.ssrn.com/sol3/papers.cfm?abstract_id=2027211).

此，公司的预期收益为：

$$预期收益 = 无风险利率 + 市场贝塔系数 \times 股权风险溢价$$
$$+ 公司规模贝塔系数 \times 小盘股溢价$$
$$+ 账面市值比贝塔系数 \times 账面市值比溢价$$

公司规模和账面市值比贝塔系数是通过将公司股票的历史收益与同期的小盘股溢价和账面市值比溢价进行回归后得到的。这类似于我们通过将股票的历史收益与同期整体市场的收益进行回归，求得市场贝塔系数。

尽管代理模型和混合模型得到的预期收益能更好地反映市场的实际情况，但使用这类模型通常存在 3 个问题。

1. **数据挖掘**。随着可获得的公司数据越来越多，我们会不可避免地发现更多与收益相关联的变量。有可能这些变量中的大多数并不是真正的风险代理变量，它们和收益之间呈现出的相关性不过是我们所观察的时间周期的函数。实际上，代理模型是统计学模型，而非经济学模型。因此，很难将那些有影响的变量和那些没有影响的变量区分开。

2. **标准差**。由于代理模型建立在观察历史数据的基础上，因此会受到数据噪声的干扰。股票的收益随着时间的推移会有很大的波动，我们计算出来的任何历史溢价（市值或任何其他变量）都会有不小的标准差。例如，1928—2011 年间小盘股的年平均溢价为 4.64%，其标准差就高达 2.01%；简单地说，真正的溢价可能低于 1% 或高于 7%。在法玛和弗伦奇三因子模型中，公司规模和账面市值比贝塔系数的标准差如此之大，以至使用这些变量在增加精确度的同时会带来更多的噪声。

3. **定价误差或风险代理变量**。几十年来，价值投资者都在提倡应该投资低市盈率、低市净率和股息收益率较高的股票，认为只有这样你才能获得更高的收益。事实上，只要浏览一下本杰明·格雷厄姆在《证券分析》一书中所列出的廉价公司的筛选指标，你就会发现今天所使用的大多数代理变量都在其中。代理模型整合了所有这些变量以计算股票的预期收益，从而使这些资产被合理估值。按照这些模型的循环逻辑，市场总是有效的，因为存在的任何低效率都是另外一个需要纳入模型的风险代理变量。

上述方法还面临一个更广泛的批评。如果认为小盘股比大盘股风险更大，你就应该从基本面或经济理论上探究为什么会这样，并将这些因素纳入你的风险收益模型或模型的参数中。增加一个小盘股溢价不仅是一种草率的（也是误差很大的）调整预期收益的方法，而且放弃了探求股票内在价值的宗旨，即将分析数据建立在基本面上。

市场隐含的方法

从以上讨论的各种风险衡量方法中我们可以看到，每种方法都有使用者可能不太认可的假设前提。那么，如果你想不用任何模型来估算预期收益，你该怎么办？这里有一个选择，但要注意其中的陷阱。假设有一只股票，其明年的预期年股息为每股3美元，年增长率为4%，当前的股价为每股60美元。你可以使用一个非常简单的股息折现模型，从目前的股价倒推出该公司的预期收益：

股票价值 = 明年的股息/（预期收益 − 增长率）

60美元 = 3美元/（预期收益 − 4%）

预期收益 = 9%

如果你不是用股息，而是用估计的现金流，不是用稳定增长模型，而是用高增长模型来计算隐含的预期收益，计算过程就会变得复杂一些，但基本原则是一样的，你可以用当前的股价来倒推预期收益。这种预期收益是隐含预期收益。但是，如果你需要为该公司估值，那么使用隐含预期收益就没有任何意义，因为你最后算出的股价就是每股 60 美元，而且得出的结论并不奇怪，即该公司的估值是合理的。

如果是这样，那么计算隐含预期收益有什么意义？有 3 种途径可以将隐含预期收益用于投资和估值。

1. 第一种途径是在估值中使用常规预期收益计算方法，同时将隐含预期收益和常规预期收益进行比较，看看你的估算可以容忍多大的误差。因此，如果你发现某只股票的价格被低估了，预期收益是 8%，而隐含预期收益为 8.5%，那么你最好不要买入，因为你的容错余地太小了。如果该股票的隐含预期收益为 14%，你就可以比较放心地买入。你可以将其视为由现金流折现模型和安全边际相结合而来的一种方法。

2. 第二种途径是计算整个行业的隐含预期收益，并将其作为该行业所有公司的预期收益。比如，你可以利用某个银行股指数和该指数成分股的预期总股息计算出所有上市银行的隐含预期收益为 9%，然后将这 9% 的预期收益用于你需要估值的任何银行。这实际上是让现金流折现模型更接近相对估值，毕竟当比较不同银行的市净率时，我们假设它们具有相同的风险（和预期收益）。

3. 第三种途径是计算较长一段时间内不同阶段同一家公司的隐含预期收益，然后将其平均值作为当前该公司的预期收益。你实际上是在假设从长期来看，市场对该股票的定价是合理的，但在任何给定的时段上都有可能出错，而且随着时间的推移，没有任何基本面的重大变化可能会影响你的预期收益。

经风险调整后的现金流

本节所讨论的所有替代风险模型都是根据风险调整折现率来构建的。因此，有些人可能会问，为什么不根据经风险调整后的现金流，而是根据经风险调整后的折现率呢？这个问题的答案取决于"根据风险调整现金流"是什么意思。在大多数情况下，"根据风险调整现金流"的支持者的意思似乎是，他们会在估算预期现金流时把出现坏情况的可能性也考虑进去（包括坏情况下的结果），但这并不是风险调整。要进行风险调整，你就得用确定等值现金流来替代预期现金流，并用无风险利率对这些确定等值现金流进行折现。

但什么是确定等值现金流？为了说明这个问题，我们来看一个简单的例子。假设你有一笔投资，投资的结果可能有两种情况：在好的情况下，你马上就能赚80美元；在坏的情况下，你马上就会损失20美元。假设这两种情况发生的概率均为50%。那么，该投资的预期现金流为30美元[0.5×80美元+0.5×（-20美元）]。一名风险中性型投资者对该投资可能愿意支付30美元，但是一名风险厌恶型投资者就不会愿意。风险厌恶型投资者愿意支付的价格会低于30美元，至于低多少，取决于该投资者的风险厌恶程度。投资者为这笔投资愿意支付的金额就是确定等值现金流。

将此概念用于更复杂的投资通常会比较困难，因为可能出现的情况会有很多种，要估算每种情况下的现金流很不容易。一旦计算出预期现金流，要将其转换为确定等值现金流同样很复杂。有一个实用的解决方案，将预期现金流用折现率中的风险溢价部分进行折现。例如，如果一年后的预期现金流为1亿美元，经风险调整后的折现率为9%（无风险利率为4%），那么该现金流的确定等值现金流为：

折现率中的风险溢价部分 = (1.09/1.04)−1 = 4.81%

1年后的确定等值现金流 = 100美元/1.048 1 = 95.41美元

当下的价值 = 确定等值现金流/(1+无风险利率)

= 95.41/1.04 = 91.74美元

注意，你用经风险调整后的折现率也可以得到完全一样的结果：

当下的价值 = 预期现金流/(1+经风险调整后的折现率)

= 100美元/1.09 = 91.74美元

换句话说，除非你有一种创造性的方法根据风险来调整预期现金流，而又不使用你已经为折现率计算出的风险溢价，否则这样做没有任何好处。

一些价值投资者采用两种计算确定等值现金流的实用方法。第一种方法是，当对公司进行估值时，你只考虑你认为"安全"（靠得住）的业务的现金流。如果你对这些安全现金流的评估是正确的，你就已经对现金流进行了风险调整。第二种方法将股息信息和格雷厄姆的投资理念有趣地结合在一起。一般而言，公司一旦开始发放股息，就不太愿意降低股息水平。我们可以认为，公司发放的股息反映了公司认为自己的收益中有多少是确定的。这样，如果某家公司对其未来的收益非常不确定，它就可能只支付其收益的20%作为股息，而对未来收益比较确定的公司可能会支付其收益的80%作为股息。因此，基于股息而购买公司股票的投资者不需要太烦心这些数据的风险调整。

说到底，风险调整没有捷径。对预期现金流进行风险调整并不比对折现率进行风险调整更容易，实际上前者往往更困难。如果你真想走捷径，如只计算安全的现金流或只考虑股息，你就必须意识到这些方法在哪些情况下不适用（这是不可避免的），尽量保护自己不为其所害。

安全边际

很多价值投资者对源于投资组合理论和市场价格的贝塔系数及其他风险衡量指标持怀疑态度，他们主张通过一种简单得多的方法将风险纳入投资分析中——使用安全边际来评估是否应该进行投资。

安全边际在价值投资中有着悠久的历史。这个词在1934年以前就已经在使用了，自从格雷厄姆和多德在其合著的《证券分析》的第一版中使用了该词后，它就成了价值投资的专用术语。[1]简单地说，他们主张投资者应该购入那些价格显著低于其内在价值的股票，并为此构建了用于发现这样的股票的筛选指标。实际上，格雷厄姆在投资分析中使用的很多筛选指标（如低市盈率，股价低于营运资本净值等）都是试图将安全边际这个概念运用到实践中。

自此之后，一些价值投资者尝试将安全边际纳入他们的投资策略。在实践中，一名有悟性的投资者是这样使用安全边际的。第一步是，筛选符合好公司标准的公司：高效的管理、优质的产品，以及可持续的竞争优势。筛选的方法通常是定性的，但也可以是定量的。第二步是，估算内在价值。在这一步中，价值投资者会使用多种方法进行估算：一些人使用现金流折现模型，另一些人使用相对估值法，还有一些人观察账面价值。第三步是，将价格与内在价值进行比较。这一步就要用到安全边际：如果你要求的安全边际是40%，那么你只有在某个资产的价格低于其内在价值40%以上时才会购买它。安全边际一词在1991年再次成为人们关注的焦点，当时，价值投资的传奇人物塞思·卡拉曼所著的《安全边际》一书出版。[2]在该书中，卡拉曼将安全边际概括为"买入资产的价格应显著低于资产的内在价

---

1 B. Graham and D. Dodd, *Security Analysis* (New York: McGraw–Hill, 1934).
2 S. A. Klarman, *The Margin of Safety: Risk-Averse Value Investing Strategies for the Thoughtful Investor* (New York: HarperCollins, 1991).

值，并优先考虑有形资产而非无形资产"。

安全边际背后的基本理念其实很普通。实际上，任何投资者（成长型、价值型、技术分析型）都不会反对我们应该购买价格显著低于其估算价值的资产的观点。即使是最激进的成长型投资者也会同意这个观点，尽管他们对内在价值应该包含什么可能有不同的看法。要将安全边际纳入投资策略，我们就需要知道安全边际在投资过程中的位置及其局限性。

- **投资过程的阶段**。请注意，投资者使用安全边际是在投资过程的最后一个阶段，在你已经筛选出好公司并估算出公司的内在价值之后。在筛选公司或估算公司的内在价值时考虑安全边际只会干扰你的注意力，没有什么意义。
- **安全边际的作用取决于你对内在价值的估算**。这应该是显而易见的。安全边际是否有用在很大程度上取决于你是否能很好地、准确地估算内在价值。换句话说，如果你将内在价值高估100%或更多，那么40%的安全边际并不能保证你不会做出糟糕的投资选择。也许这就是为什么安全边际并不能真正代替内在价值分析中使用的标准风险收益指标（贝塔系数）。贝塔系数不是一种投资选择工具，而是现金流折现模型中的一个输入变量（甚至算不上是最关键的变量）。换句话说，你可以使用贝塔系数来估算内在价值，然后再根据安全边际决定是否购入该资产。如果你不喜欢使用贝塔系数来衡量风险，那么是否有某种替代方案？你仍然需要通过某种不同的方法将风险纳入你的分析，并估算资产的内在价值。也许你会以无风险利率对现金流进行折现，然后将安全边际作为一个风险调整指标来使用。

有些人主张不需要通过现金流折现来估算内在价值，因为还有其他选择。的确如此，但这些备选方法也有自身的问题。其中一个备选方法是使用相对估值法：假设行业的乘数——市盈率或企业价值/息税折旧摊销前利润（EV/EBITDA）——可以用于估算你所关注的公司的内在价值。该方法的优点是它很简单，并且表面上不需要做风险调整。其缺点是，当使用某个行业的平均倍数进行估值时，你对风险和增长做了一些隐含的假设。另一个备选方法是使用账面价值（直接采用财务报告中的数字或经调整后的数字）作为内在价值。如果你相信会计师提供的数据，这倒不失为一个可行的方法，但问题是，你相信吗？

- **在估算内在价值时，应该有一个误差指标。**如果你准备使用安全边际，多半它不会是一个恒量。根据直觉，你应该能够预想到不同资产以及不同时期的安全边际应该有所不同。为什么会这样？之所以使用安全边际，是因为你对内在价值的估算值不是很确定，但这种不确定性在不同的股票上是有所差别的。因此，当购买某只受管制的公用事业公司的股票时，你对现金流、增长和风险的估算都比较有把握，可能有20%的安全边际你就能安心了。但当购买一只小盘科技股时，你会面临更多的不确定性，这时你可能需要40%的安全边际。同样，当出现金融危机，宏观经济形势非常不稳定时，对于同一只股票，你需要的安全边际就会比在比较稳定的市场环境下大得多。尽管这可能看起来很主观，但事实并非如此。如果你能够在内在价值评估中引入概率的方法（模拟法、情景分析法），那么你不仅能估算内在价值，而且能估算估算值的标准差。

- **安全边际越高，成本越大。**在投资过程中加入安全边际相当于增加了一个约束，而每个约束都会带来成本。你可能会问，如果只投资于安全边际为40%或以上的股票，投资成本是什么？从统计数据来看，投资中有两类错误：第一类错误是，你投资你认为便宜但实际上价值被高估的股票；第二类错误是，你不投资价值被低估的股票，因为害怕它们被高估了。在筛选流程中添加安全边际并提高安全边际可以降低你犯第一类错误的可能性，但是会提高你犯第二类错误的概率。对个人投资者和小规模投资组合的经理人来说，第二类错误的代价可能会比较小，因为资金相对有限，而可供选择的股票非常多。但是，随着基金规模的增加，犯第二类错误的成本会随之上升。许多声称自己是价值型投资者的大型公募基金经理找不到足够数量的股票满足他们的安全边际要求，因此只能持有越来越多的现金。

如果安全边际和对内在价值的保守估值叠加在一起，情况可能会更糟糕。尽管能够同时通过两项测试的投资可能会很不错，但能达到这些要求的投资也许少之又少，甚至没有。你希望找到的公司没有负债、盈利不断增长，而且股价低于资产负债表上的现金结余。谁不想要这样的公司呢？你有多大的机会能找到这样划算的投资？如果找不到，你该怎么办？

想要使用安全边际的价值型投资者并不需要拒绝内在价值估值技术（如现金流折现模型），或将投资组合理论视为"黑科技"，他们应该整合这两者提供的有用信息，优化作为投资技术的安全边际。无论如何，所有的投资者都有共同的目标，他们希望自己的投资收益能比猴子掷飞镖所选中的股票或标准普尔500指数基金的收益高一些。

股权风险：对该领域的评估

尽管我们在贝塔系数的有用性或是否存在同样的贝塔系数上持不

同的观点，但我们可以就两个基本事实达成共识：第一，忽略投资风险是非常鲁莽的；第二，并非所有的投资都面临相同的风险。因此，无论采用的是哪种投资策略，你都应该有自己衡量和控制风险的方法。在做出选择时，你需要考虑以下几点。

1. **明确还是隐含**。有很多证券分析师因为不太能接受明确衡量风险的做法，拒绝现金流折现模型，转而采用相对估值法（倍数和可比公司）。然而，他们没有意识到他们实际上还是进行了隐含的风险调整。为什么这样说呢？当你比较不同银行的市盈率并主张市盈率最低的银行最便宜时，你隐含的假设前提是，所有银行的风险都相同。同样，当你告诉我去买某家科技公司的股票，因为该公司的市盈率与增长比率（PEG）低于科技行业的市盈率与增长比率，你的隐含假设是，该公司和科技行业其他公司的风险是一样的。接受隐含假设的危险在于，你可能会陷入一种虚幻的自满心态，即使情况已经发生变化。假设花旗集团和富国银行这两家大银行的风险相同，或者假设奥多比系统公司（Adobe）和微软这两家大型软件公司的风险是一样的，这对吗？

2. **定量还是定性**。人们常常责难那些使用常规风险收益模型的分析师太依赖数据，对定性因素关注不够。也许的确如此，但是，要考验一个投资者是否真正精明，就要看他能否将获悉的公司信息转化为用于研判公司未来的数据。因此，如果你认为某家公司的客户忠诚度很高，你就会期望该公司拥有大量的回头客和稳定的盈利，因此，该公司的现金流会更高，风险会更小。毕竟，最终你的股息不是以定性的美元支付的，而是以定量的美元支付的。

3. **简单还是复杂**。有时，少即是多，最好的判断源于将事情简单化。实际上，你坚持使用资本资产定价模型的理由之一可能就是，它是一个简单的模型，除非你确信其他更复杂的模型更好用，否则你就没有必要用其他模型。

找到适合你自己的用于估值的风险调整方法，同时不断地质疑和改进它。你能得到的最好的反馈源自你自己的投资失误，因为它们提供了你在最初的投资评估中忽略的风险信息。此外，要坚持风险会影响价值这一基本原则，但不要囿于任何风险收益模型，因为这仅仅是手段，而非目的。

违约风险

到目前为止，我们在这一章讨论的风险都是关于投资的实际现金流和预期现金流的差异。但是，有些投资一开始就承诺了现金流，这些投资面临的风险是承诺不能兑现。例如，你通过购买公司债券借钱给某个企业。在这种情况下，债务方（债券发行人）可能违约而不支付利息和偿还本金。一般来说，违约风险较高的债务方应该比违约风险较低的债务方支付更高的利息。这一节将讨论违约风险的衡量方法，以及违约风险和借款利率之间的关系。

一般的股权风险收益模型衡量的是市场风险对预期收益的影响，而违约风险模型衡量的是公司特有违约风险对承诺收益的影响。虽然多元化投资能够用来解释为什么在计算预期收益时不用考虑公司特有风险，但同样的原理却不能应用于公司特有事件引发的上行潜力有限但下行风险却很大的有价证券。我们所说的上行潜力有限是什么意思？以购买某公司发行的债券为例，债券息票在债券发行时就已确定，债券息票代表了该债券承诺的现金流。作为投资者，最好的情况是你得到了承诺的现金流，但是无论公司的经营有多么成功，你都无法得到更多的现金流。其他的情况则都是不同程度的坏消息，也就是得到的现金流少于当初承诺的现金流。因此，公司债券的预期收益应该反映发行该债券的公司的特有违约风险。

违约风险的决定因素

公司违约风险取决于两个因素。第一个因素是公司在经营活动中创造现金流的能力；第二个因素是公司的负债水平，包括需要偿付的债务本金和利息。[1] 相对于公司的负债水平，能够创造较高现金流的公司比只能创造较低现金流的公司的违约风险低。因此，拥有大量现有投资并产生较高现金流的公司，会比没有这种投资的公司的违约风险低。

除了公司的现金流规模，违约风险还受到现金流波动性的影响。公司现金流越稳定，公司的违约风险越小。经营可预期且业务稳定的公司，其违约风险将低于其他相似的，但属于周期性行业或业务不稳定的公司。大多数违约风险模型都使用财务比率来衡量现金流覆盖率（即现金流相对于债务的规模），并控制行业效应以评估现金流的波动性。

债券等级：违约风险衡量指标

最广为使用的公司违约风险指标是由独立的评级机构评定的债券等级。最知名的两家评级机构是标准普尔和穆迪。成千上万的公司都是由这两家评级机构评定等级的，它们的评级在金融市场上有着举足轻重的影响。这些评级机构所做出的评级是用字母表示的。当债券发

---

[1] 财务负债是公司依法必须支付的各种支出，如利息、本金或租赁费。它不包括可自由支配的现金流，如支付的股息和新的资本支出，因为这些支出可以推迟或延迟而不会产生法律后果，虽然可能会有经济后果。

行公司要求评级机构对其进行评级时，评级程序就会启动。然后评级机构会搜集资料，包括公开的信息（如财务报告）和公司提供的信息，并在此基础上做出评级决策。如果公司不同意评级的结果，它将有机会提供额外的信息。

标准普尔公司的 AAA 级或穆迪公司的 Aaa 级是赋予公司的最高信用等级，代表公司的违约风险最低。随着违约风险的提高，公司的信用等级逐渐下降，直到降到表示违约公司的 D 级。信用等级被标准普尔公司评为 BBB（穆迪为 Baa）级及以上的被归为投资级，表明评级机构认为投资这些公司发行的债券面临的违约风险相对较小。

评级机构给出的评级主要基于公开信息，但由公司提供给评级机构的非公开信息在评级过程中也会起一定作用。公司债券的等级在很大程度上取决于衡量公司偿债能力以及产生稳定可预测现金流的能力的财务比率。财务比率非常多，表 2.1 总结了衡量违约风险的一些关键比率。

表 2.1 衡量违约风险的财务比率

财务比率	定义
息税折旧摊销前利润收入比	息税折旧摊销前利润 / 收入
资本收益率（ROIC）	息税前利润 /（债务账面价值 + 权益账面价值 – 现金）
利息保障倍数	息税前利润 / 利息费用
息税折旧摊销前利润利息比	息税折旧摊销前利润 / 利息费用
营运现金流债务比	（净收入 + 折旧）/ 债务
自由现金流债务比	营运现金流 / 债务
折现现金流债务比	折现现金流 / 债务
债务息税折旧摊销前利润比	债务账面价值 / 息税折旧摊销前利润
D/（D+E）	债务账面价值 /（债务账面价值 + 权益账面价值）

资料来源：标准普尔。

显而易见，如果公司产生的收入和现金流显著高于公司需要支付的债务，如果公司是盈利的且负债比率低，这样的公司就会比没有这些特征的公司更有可能获得更高的信用等级。但是，确实存在一些公司的信用等级与其财务比率不太一致，那是因为评级机构会在最终结果中掺入自己的主观判断。因此，一个财务比率目前表现不佳但有望在下一财务期间获得极大改善的公司，可能会获得一个比它目前财务状况更高的信用等级。不过，对大多数公司来说，其财务比率是债券等级的基础。

如果某个公司没有信用等级怎么办？为什么我们在乎它？

不是所有想借钱的公司都有信用等级。对未进行评级的公司，你该如何估算其债务成本？这里有两个选择。

- 一个方法是观察该公司最近的贷款历史。许多未进行信用评级的公司仍然会从银行或其他金融机构贷款，通过观察公司最近的贷款状况，你可以了解该公司所支付的违约利差，并根据这些利差来判断该公司的债务成本。
- 另一个方法是为公司估算一个综合等级，即用评级机构采用的财务比率给公司估算一个等级。你可能需要从已经被评级的公司着手，考察每一等级中的公司的共同财务特征。举一个例子，假设有一家未评级的公司，它的营业收入为1亿美元，利息费用为2 000万美元，那么你可以使用5倍的利息保障倍数（100/20）将该公司定级为A-。[1]

---

1 该估算基于20世纪90年代中期发展起来的查询表，它列出了所有市值低于50亿美元且接受了信用评级的公司及其利息保障倍数，并将这些公司根据其债券等级进行分类，数据每两年更新一次。查询表会对各个类别的范围进行调整，以消除异常值并防止出现重叠。

数据观察 | 评级和违约风险利差：观察不同等级债券的违约风险利差。

公司债券的利率是其违约风险的函数，而后者由债券等级决定。如果债券等级是衡量违约风险的好方法，那么与等级低的债券相比，等级高的债券利率会更低。有违约风险的债券利率与无违约风险的政府债券利率之差被称为违约利差。表2.2总结了截至2011年9月30日标准普尔不同等级的10年期债券的违约利差。

表2.2 债券等级和违约利差（2011年9月）

等级	违约利差
AAA	0.75%
AA	1.05%
A+	1.2%
A	1.35%
A−	1.55%
BBB	2.35%
BB+	4%
BB	5%
B+	5.75%
B	6.25%
B−	6.5%
CCC	10%
CC	11.5%
C	12.7%
D	14%

资料来源：www.bondsonline.com。

用违约利差加上无风险利率,可以得到特定等级债券的利率。比如,D级债券的利率比无风险利率高14%。违约利差因债券的期限而异,也可能因经济状况而异,在经济疲软时扩大,在经济强劲时缩小。

结论

正如我们在金融中所定义的那样,风险是由投资的实际收益与预期收益之间的偏差来衡量的。风险有两种类型:第一种是股权风险,出现在没有承诺现金流但有预期现金流的投资中;第二种是违约风险,发生在有承诺现金流的投资中。

对于有股权风险的投资,其风险可以通过实际收益围绕预期收益的波动来衡量,波动越大,风险就越大。股权风险可以分为两类:第一类是公司特有风险,这样的风险只影响一项或几项投资;第二类是市场风险,这样的风险会影响很多投资。多元化投资可以帮助投资者降低公司特有风险。假设边际投资者都是进行多元化投资的,我们就能得出结论:在进行股权投资时,我们只需关注市场风险。本章讨论的不同股权风险模型都是为了衡量市场风险,但所用的方法各不相同。在资本资产定价模型中,投资者所承受的市场风险由市场贝塔系数衡量,该系数可估算单项投资给包括所有交易资产在内的投资组合增加多少风险。套利定价模型和多因子模型允许多种市场风险来源,并估算投资相对于每种市场风险来源的贝塔系数。那些对基于投资组合理论的风险收益模型持怀疑态度的人,还可以考虑其他替代方法:基于会计比率的风险衡量指标,采用市值或其他代理变量衡量风险,从市场价格中排除隐含风险,对现金流进行风险调整,以及在投资时建立安全边际。

对于具有违约风险的投资，风险是由不能获得已承诺的现金流的可能性来衡量的。违约风险越高的投资，利率就应该越高。我们对有违约风险的投资所要求的高于无风险利率的溢价就是违约溢价。对大多数美国公司来说，违约风险由评级机构评定的等级来衡量，评级结果将在很大程度上决定这些公司贷款的利率。即使没有经过信用评级，公司贷款利率也会包含反映贷款者对借款公司违约风险估计的违约溢价。经违约风险调整的利率代表了公司借贷或负债的成本。

练习

挑选一家你对其业务和历史都熟悉的公司,然后:

1. 计算该公司股票在一段时期内(1年、2年、5年)的年化标准差,并将其与该公司所在行业的标准差进行比较(可参考我个人网站上的数据)。

2. 从某个数据供应商(如雅虎财经、晨星、《价值线》)那里找到该公司的贝塔系数,如果有可能,从多家数据供应商那里查找该公司的贝塔系数,并观察其分布的范围。

   a. 将该公司的贝塔系数与其所在行业的平均贝塔系数进行比较。

   b. 使用该公司的贝塔系数、无风险利率,以及当下的股权风险溢价来估算该公司股票的预期收益。这个预期收益告诉了你什么?为什么这很重要?

3. 看看该公司是否有债券信用等级。如果有,按照该公司的等级估算其违约风险利差及借贷成本。

4. 如果你能计算出该公司的资本成本,请将其与该公司所在行业的平均资本成本进行比较。

对投资者的忠告

- 你对一项资产的风险评估可能与边际投资者对该资产的风险评估有很大差异。市场对资产的定价基于边际投资者对资产风险的估算。
- 如果某家公司边际投资者的投资是充分多元化的,那么唯一被定价的风险是在投资组合中无法通过多元化分散的风险。不同的风险收益模型在衡量这种无法通过多元化分散的风险上存在差异，资本资产定价模型试图通过一个贝塔系数来衡量这种风险，而多因子模型使用多个贝塔系数来衡量。这些风险指标使我们能够估计风险资产的未来预期收益，该预期收益是判断投资能否成功的标准。

- 在某种程度上，如果你对用贝塔系数来衡量风险这种方法不认可，那么你还可以考虑其他替代方法，这些替代方法包括使用风险的代理变量（如公司规模、其所在行业）和各种财务比率。
- 对债券来说，其风险是由违约风险或下行风险来衡量的，因为上行潜力不大。违约风险越高的债券，利率也越高。

第 3 章
数字会说谎吗？

　　财务报表为我们提供了用于分析公司情况的基本信息。虽然你可能在完全不懂财务报表的情况下也能成为成功的投资者，但是如果你懂得这些报表，投资过程就会变得更容易。因此我们有必要先理解财务报表的基本原则，并了解财务报表如何帮助（或未能帮助）我们回答以下4个问题。

1. 公司资产的价值是多少？公司资产有多种形式，包括长期资产（如土地和建筑物）、短期资产（如存货）和能为公司带来收益的无形资产（如专利和商标）。
2. 公司是如何筹集资金来购买资产的？公司可以使用来自所有者的资金（权益）或者借贷（债务）来获取资产，这两种资金来源的比例可能会随着资产的老化而发生变化。
3. 公司资产的盈利能力如何？为了估计公司已经做出的投资是否有利可图，我们需要估计这些投资的收益。
4. 公司资产的不确定性（或风险）有多大？很明显，估计现有投资的不确定性及其对公司的影响是第一步。

　　我们会讨论会计师是如何回答这些问题的，以及为什么有时财务报表会在判断公司财务状况时误导我们。有些问题是由于目标不同造成的，会计师旨在评估公司目前的状况和近期的业绩，而投资者更多地关注未来。

基本的财务报表

有3张基本的财务报表总结了公司的信息。第一张是资产负债表，它汇总了某一特定时点公司所拥有的资产、资产的价值，以及融资的方式（债务和权益），如图3.1所示。

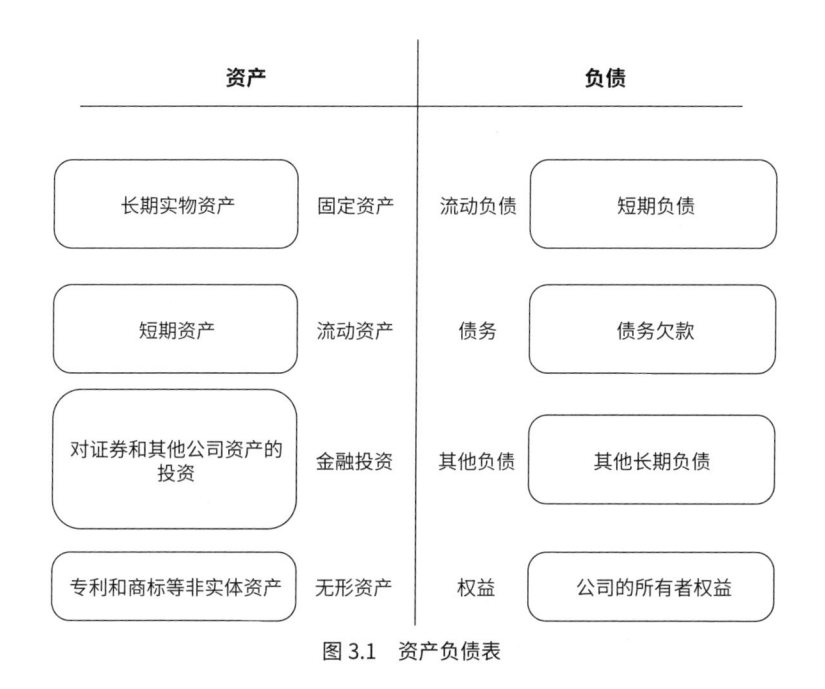

资产		负债	
长期实物资产	固定资产	流动负债	短期负债
短期资产	流动资产	债务	债务欠款
对证券和其他公司资产的投资	金融投资	其他负债	其他长期负债
专利和商标等非实体资产	无形资产	权益	公司的所有者权益

图3.1 资产负债表

第二张是利润表（如图3.2所示），它给出了一个时间段内有关公司收入和支出以及公司利润的信息。时间段可以是一个季度（季度利润表），也可以是一年（年度利润表）。

销售产品和服务的总收入	收入
与销售收入有关的支出	-营业费用
当期的营业利润	=营业利润
与借款和其他融资相关的支出	财务费用
应税收入的税务支出	-税务支出
当期普通股和优先股的收入	=非经常性项目的净收入
与经营无关的利润和损失	非经常性利润或损失
与会计准则改变有关的利润和损失	±与会计准则改变有关的收入变化
支付给优先股股东的股息	-优先股股息
	=归属普通股股东的净利润

图 3.2 利润表

第三张是现金流量表（如图 3.3 所示），现金流量表从公司经营、投资和融资活动三个方面显示了一段时间内公司现金的来源和使用情况。

现金流量表可以用来解释一段时期内公司的现金流是多少，以及现金结余在该时期发生变化的原因。

税务支出和利息支出后的经营活动净现金流	经营活动现金流
购买或出售不动产（资本支出）、处理或购买金融资产，以及以现金收购其他公司	+投资活动现金流
来自发行和回购股票、借贷和偿付债务以及股息支出的净现金流	+融资活动现金流
	=净现金结余变动

图 3.3　现金流量表

资产的计量和估值

在分析任何一家公司时，我们都会想知道公司拥有的资产的类型，这些资产的价值，以及资产价值的不确定性程度。财务报表能够很好地为公司拥有的资产进行分类，也能在一定程度上合理地评估资产价值，却不能有效地报告资产价值的不确定性。在本节中，我们将从资产计量的会计准则，以及财务报表在提供资产相关信息方面的局限性开始进行讨论。

资产计量的会计准则

资产是指有可能产生未来现金流入或减少未来现金流出的资源。虽然这一宽泛的定义几乎涵盖了所有类型的资产，但会计师还增加了一个条件，即一种资源要成为资产，公司必须在之前的交易中获得，并且能够比较准确地估计未来的收益。会计中有关资产价值的观点在很大程度上基于历史成本的概念，也就是资产的原始价值，它会随着资产购买后的更新改造而提高，也会随着资产的老化而降低。历史成本也被称作账面价值。虽然评估资产价值的公认会计准则因资产的不同而不同，但在财务报表中有3个准则是衡量资产价值的基础。

1. **坚持账面价值是资产估值的最佳方法。** 会计对资产价值的估计是从账面价值开始的。除非有很好的理由采用其他方法，否则会计会将历史成本法视为评估资产价值的最佳方法。
2. **不信任市场价值或估算价值。** 当资产的市场价值与账面价值不符时，会计的传统做法是认为市场价值不可信。资产的市场价格经常会被认为过于不稳定，也过于容易被操纵，因此不适合用来估计资产的价值。当资产的价值估算建立在未来预期现金流的基础上时，这种不信任感就会更加突出。但是，近年来，对市场价值的接受程度有所提高，至少在某些方面是这样，这体现在公允价值会计的推广上。
3. **宁愿低估资产价值也不高估资产价值。** 当可以用多种方法估算资产价值时，会计的传统做法是采用保守（较低）的估算价值，而不是激进（较高）的估算价值。

衡量资产价值

总结和报告资产价值的财务报表是资产负债表。在讨论如何衡量资产价值之前，我们先来了解一下资产负债表上的资产是如何分类的。第一类是固定资产，包括公司的长期资产，如厂房、设备、土地和建筑物。第二类是流动资产，即公司的短期资产，包括存货（如原材料、在产品和产成品）、应收账款（外部债权总额）和现金。第三类是金融资产，包括公司对其他公司的资产和证券的投资。第四类是无形资产，包括专利和商标之类可能会创造未来收益和现金流的资产，以及一些独特的会计资产，如由于收购而获得的商誉。

固定资产

美国一般公认会计原则（GAAP）要求固定资产按照历史成本进行估值，同时按照更新改造或老化而产生的增值或损失相应地调整资产价值。虽然从理论上说，因资产老化而进行的价值调整应该反映资产的收益能力随老化而降低的程度，但实际上，这更多是会计规则和惯例的产物，我们称这种调整为折旧。折旧方法大致可分为直线折旧法（假设资产价值在使用期内每年的损失额相等）和加速折旧法（资产价值在使用期前几年的损失额较大，而后几年的损失额较小）。虽然税收规则（至少在美国）对公司资产的使用寿命和折旧方法的选择有所限制，但为了不同的报告目的，公司在资产寿命和折旧方法的选择上仍有很大的弹性。因此，公司在年度财务报告中所使用的折旧方法可能，也几乎总是与其在税务报表中所使用的折旧方法有所不同。

由于固定资产是按账面价值衡量的，同时根据折旧进行调整，所以其价值会受到折旧期限和所使用的折旧方法的重大影响。在美国，很多公司在财务报表中使用直线折旧法，而在税务报表中使用加速折旧法，原因是使用直线折旧法计算的公司利润会更多，至少在购得固定资产后的前几年里是这样的。[1] 相比之下，日本和德国的公司无论是在财务报表中还是在税务报表中都使用加速折旧法，这导致它们的报告收入相对于美国的竞争对手有所低估。

流动资产

流动资产包括存货、现金和应收账款。会计师在对这类资产进行估值时，以及尤其是在对有价证券进行估值时，最适合使用市场价值。

---

[1] 折旧被视为会计费用。因此，使用直线折旧法（资产入账后前几年的损失额比加速折旧法低）会降低成本，增加利润。

应收账款

应收账款代表其他公司赊销产品所欠的款项。按照会计惯例，当赊销记账时，其他公司所欠的款项记入应收账款账户。唯一的问题出现在当公司必须确认无法收回的应收账款时。公司可以留出一部分收入来弥补赊销款的预期坏账，以冲抵应收账款。或者公司也可以在坏账发生时直接相应地扣减应收账款。然而，后一种做法会有一种风险，即如果公司不能果断地声明坏账，公司的账目上就会一直存在那些不太可能收回的应收账款。

现金

现金是少数几种会计和金融分析师在价值上没有分歧的资产之一。现金结余的价值不会存在估算误差。尽管如此，我们也应该注意到，实际持有传统意义上的现金（作为货币或银行活期存款）的公司越来越少。公司通常会将现金存入有息账户或投资于公司债券和美国国债以获得收益。无论是上述哪种情况，市场价值都可能偏离账面价值，特别是当投资期限较长或风险较大时。虽然这些投资也许几乎不存在违约风险，但利率的变动还是会对其价值有所影响。在本章的后面部分我们将探讨有价证券的估值。

存货

美国一般公认会计原则规定了3种计算存货成本的基本方法：先进先出法、后进先出法和加权平均法。

1. **先进先出法。**当使用先进先出法时，已售产品的成本是以当期最早购入的原材料的成本计算的，而存货的成本则按照当期最晚购入原材料的成本计算。这使得存货的估值接近最近的替代成本。在通货膨胀时期，使用先进先出法所估算的售出产品成本在3种成本计算法中最低，净收入最高。

2. 后进先出法。当使用后进先出法时，已售产品的成本是以当期最晚购入的原材料的成本计算的，而存货的成本则按照当期最早购入的原材料的成本计算。这使得产成品的估值接近目前的生产成本。在通货膨胀时期，使用后进先出法核算的售出产品成本在3种成本计算法中最高，净收入最低。
3. 加权平均法。当使用加权平均法时，存货和已售产品的成本都按照当期购入原材料的平均成本计算得出。当存货周转非常快时，这一方法更接近先进先出法。

在高通货膨胀时期，公司经常使用后进先出法来减轻税负，这样已售产品的成本就会比较高，因为它是以会计期末时的原材料成本进行核算的。这样公司上报的应税收入和净收入就会减少，而现金流会增加。研究表明，大公司在原材料价格和劳动力价格不断上涨、存货增长变化更大且没有其他税收亏损需要结转时，更有可能采用后进先出法来核算存货成本。

由于存货估值方法对收入和现金流的影响，通常很难比较使用不同计算方法的公司的存货价值，但是，有一种方法可以调整这种差异。使用后进先出法计算存货成本的公司必须在财务报表的脚注中注明使用该方法所得结果与使用先进先出法所得结果的差异，这一差异被称为后进先出法储备。它可以被用于调整期初和期末的存货成本，进而调整已售产品的成本，并基于先进先出法重新计算收入。

（金融）投资和有价证券

对会计人员而言，投资和有价证券这个资产类别包括公司对其他公司的证券或资产的投资以及对其他有价证券（包括短期国债或长期国债）的投资。衡量这些资产价值的方法取决于这些投资的分类方式和投资背后的动机。一般来说，公司对其他公司证券的投资可以被归为少数被动投资、少数主动投资或多数主动投资。适用的会计准则因分类的不同而不同。

少数被动投资

如果持有其他公司证券或资产的价值占该公司总所有权的20%以下，那么该投资被归为少数被动投资。这些投资的购入价值体现为购入这些证券的原始价格，通常也就是市场价格。会计准则要求将这类资产归入以下3个子类之一：持有至到期的投资、可供出售的投资和交易性投资。每个子类都有各自的估值原则。

1. 持有至到期的投资以历史成本或账面价值计价，投资所获利息和股息显示在利润表的净利息支出项下。
2. 可供出售的投资以市场价值计价，但是其未实现的收益或损失显示在资产负债表的权益项下，而不显示在利润表中。因此，未实现的损失会减少公司权益的账面价值，而未实现的收益会增加公司权益的账面价值。
3. 交易性投资以市场价值计价，其未实现的收益或损失在利润表中列示。

会计准则允许公司在一定程度上自主判断如何对投资进行分类，以及随后如何对资产进行估值。这种分类能确保像投资银行这样的，其资产大部分由以交易为目的的其他公司的证券组成的公司在每个时期对这些资产以市场价值重新进行估值。这种做法被称为逐日盯市，它是在财务报告中市场价值超过账面价值的少数例子之一。

少数主动投资

如果在其他公司持有的证券或资产占该公司总所有权的20%~50%，这种投资就被视为少数主动投资。虽然这种投资都有初始购入价值，但是被投资的公司的净收入或损失的相应比例（取决于拥有的所有权比例）会被用来调整购入成本，而且投资所获得的股息也将冲销投资的购入成本。这种投资估值方法被称为权益法。

这些投资的市场价值直到变现时才会被纳入考虑，这时从出售投资中获得的收入或损失（相对于调整后的购入成本），会作为该会计期间非经常项目下损益的一部分显示。

多数主动投资

如果在其他公司持有的证券或资产占该公司总所有权的50%以上，这种投资就被视为多数主动投资。[1] 在这种情况下，投资不再显示为金融投资，而是显示为被投资公司的资产或负债。这就要求制作两家公司的合并资产负债表，将两家公司的资产和负债合并列示在一张资产负债表中。子公司由其他投资者所拥有的那部分投资被显示为少数股东权益，列示于资产负债表的负债方。现金流量表反映了合并后公司的累计现金流入和流出量，这与在少数主动投资中使用的权益法不同，在权益法中只有来自投资的股息才在现金流量表中显示为现金流入。

同样，在多数主动投资下，投资的市场价值直到投资变现时才会被纳入考虑，在变现时市场价值与权益资本净值之间的差异就是该会计期间的损益。

无形资产

无形资产包括专利、商标、商誉等多种资产，不同无形资产的会计准则有所不同。

- **专利和商标。** 专利和商标来源不同（是公司内部研发的还是从外部购买的），对它们的估值方法也会不同。如果专利和商标是利用公司内部资源研发的，那么在研发阶段发生的成本会在当期被费用化，即使该资产的寿命周期会延续几个会计期间。

1　一些公司通过将持有的其他公司的所有权保持在50%以下，来规避合并财务报表的要求。

因此，内部研发的无形资产一般不计入公司的资产负债表。相反，当无形资产是从外部获取的，它就会被视为资产。

无形资产必须按其预计寿命摊销，摊销期限最长为40年。标准的做法是使用直线摊销法，但出于税收的目的，公司不能在没有特定使用寿命期限的情况下对无形资产进行摊销。

- 商誉。无形资产有时是并购的副产品。当一家公司收购其他公司时，收购价格首先在有形资产中分配，然后在无形资产，如专利和商标中分配，如果还有剩余未分配的成本，它们就会被归为商誉。虽然会计准则建议，任何不能被明确确认的无形资产的价值都可归为商誉，但它实际上反映了公司拥有的资产的市场价值和调整后的账面价值的差异。这种方法被称为购买法，它会产生需要长期摊销的无形资产（商誉）。

在2000年以前，不希望在收入中抵扣这笔费用的公司经常使用其他方法，即权益结合法。在这种方法下，购买价格不会体现在资产负债表中，涉及合并的两家公司的账面价值会在合并后的资产负债表中加总。

在美国和很多其他国家，购买法的规则在过去10年里发生了很大的变化。所有的收购必须使用购买法，同时不再允许公司自动对商誉进行长期摊销（公司可以这样做）。现在，收购公司需要每年重新评估被收购公司的价值，如果被收购公司的价值在收购之后下降了，会计就必须根据减值重新调整商誉值。但是，如果被收购公司的价值上升了，商誉不能增加以反映这种变化。

衡量融资组合

我们想要回答的第二个问题，也是财务报表能为我们提供信息的问题,是公司现有的债务和权益的组合及其现值。有关这些问题的大量信息体现在资产负债表的负债方和注释中。

衡量负债和权益的基本会计准则

就像资产价值的计量一样,会计对负债和权益的分类也遵守一系列非常严格的原则。第一条原则是,按照企业义务的性质将融资严格地划分为负债和权益两类。一项义务要被确认为负债需要满足3个条件:
1. 必须在将来某个特定或可以确定的日期造成现金流出,或减少现金流入。
2. 必须是公司无法避免的责任。
3. 引发该责任的交易必须已经发生。

根据之前估算资产价值的谨慎性原则,会计师将公司无法避免的现金流责任确认为负债。

第二条原则是最好使用历史成本法,并进行相应的会计调整来估算公司负债和权益价值,而不是使用预期现金流和市场价值法。会计师衡量负债和权益价值的过程与衡量资产价值的方法有着千丝万缕的联系。由于资产价值主要以历史成本和账面价值衡量,所以负债和权益也主要以账面价值来衡量。在接下来的部分中,我们将介绍负债和权益的衡量。

衡量负债和权益的价值

会计师将负债分为流动负债、长期负债和既不属于长期负债也不属于权益的长期债务。接下来,我们看一下对这些负债,会计师用什么方法来衡量其价值。

流动负债

流动负债包括公司需要在下一个会计期间偿还的所有债务。一般包括以下内容：

- 应付账款。应付账款代表公司在供应商和其他卖主那里进行的赊购行为。应付账款的价值代表了公司对这些债权人应承担的债务。对应付账款来说，账面价值和市场价值应该是一致的。
- 短期借款。短期借款（还款期限小于一年）是公司为日常经营或流动资产需求而筹集的借款。与应付账款一样，短期借款的价值是此类借款的到期金额，除非公司的违约风险自借款后发生了剧烈变化，否则短期借款的账面价值和市场价值也是一样的。
- 长期借款的短期归还部分。指的是长期借款或长期债券在下一个会计年度中需要归还的部分，其价值就是这些借款的实际到期金额，其账面价值和市场价值会随着到期日的临近而趋同。
- 其他短期负债。公司可能拥有的其他所有短期债务，包括应付职工薪酬和应付税款。

在资产负债表的负债项中，如果不存在任何欺诈行为，流动负债的会计账面价值与估计的市场价值应该最接近。

长期负债

公司的长期负债有两种形式，它可以是从银行或其他金融机构借入的长期贷款，也可以是公司在金融市场发行的长期债券，在后一种情况下，债权人就是债券的投资者。会计师确认的长期负债的价值就是借款时需要偿还的贷款或债券的现值。对银行贷款而言，这个价值等于贷款的名义价值。然而对债券而言，有几种可能性：当债券平价发行时，长期负债的价值通常是由借款本金（面值）的名义价值确定的；以面值的溢价或折价发行的债券以债券的发行价格入账，其溢价或折价金额在债券的存续期内摊销；一种极端的情况是，公司发行的零息债券以债券的发行价格入账，而这个价格会远远低于到期日的本金（面值）价值，在这种情况下，发行价和面值之间的差额在每个期间进行摊销，并被视为非现金利息费用。

在上述所有情况中，长期负债的账面价值不受贷款或债券存续期内利率变动的影响。注意，随着市场利率的上升，贷款的现值会下降；随着市场利率的下降，贷款的现值会上升。长期负债最新的市场价值是不体现在资产负债表上的。如果债务在到期日之前提前偿付，账面价值和实际偿付的金额之间的差额在利润表中体现为非经常损益。

最后，公司拥有的以非本国货币计价的长期负债，在汇率变动时必须调整其账面价值。因为汇率变动反映的是两种货币背后的利率变动，这意味着比起以本币计价的债务，非本国货币计价的长期负债的估值可能更接近市场价值。

其他长期债务

公司经常会有一些不属于长期负债的长期债务项目，包括租赁费、员工养老和医疗福利，以及递延所得税。在过去的20年里，会计师不断加强对这些债务的定量估值，并将它们显示为长期债务。

租赁费

公司经常会选择租赁而不是购买长期资产。租赁会产生与借贷的利息费用一样的债务，所以租赁和借贷应该用相同的方法处理。如果公司绝大多数资产都是租赁的而又不反映在资产负债表上，那么这家公司的财务报表就会导致对公司财务实力的严重误解。因此，会计准则要求公司必须在账务中披露租赁事项。

会计上有两种方法处理租赁业务。在经营性租赁中，出租人（或所有者）仅仅将资产的使用权转移给承租人。在租赁期满时承租人需要将资产归还给出租人。由于租赁不承担所有权风险,因此租赁费用在利润表中被视为营运费用,不影响资产负债表。在资本性租赁中,承租人承担一部分的所有权风险,并享受一些收益。对于这种性质的租赁,在签订租赁合同后,公司需要在资产负债表中同时确认资产和负债(应付租赁费用)。公司需要每年计提租赁资产的折旧,并据此调整每年支付的租赁费用中的利息部分。总的来说,在相同的租赁条件下,资本性租赁能比经营性租赁更早确认支出。

公司一般不希望资产负债表包含租赁资产,有时还想延迟体现支出,因此公司倾向于将所有的租赁都列为经营性租赁。针对这种情况,美国财务会计准则委员会(FASB)规定,只要满足下列4个条件中的一个,租赁项目就应被视为资本性租赁:

1. 租赁期超过该资产可使用寿命的75%。
2. 在租赁期满后,租赁资产的所有权转移给承租人。
3. 在租赁期结束后,承租人对资产有低价购买权。
4. 租赁费以合理的折现率折现后的现值,超过该资产市场公允价值的90%。

确定出租人的资产是经营性租赁还是资本性租赁也使用同样的标准,并据此进行财务处理。如果是资本性租赁,出租人须将未来现金流的现值确认为收益,同时确认费用。租赁应收款列示于资产负债表的资产方。

从税收的角度来看,出租人只有在租赁资产是经营性租赁时才能申报税负减免,不过收入准则在确定租赁资产是不是经营性租赁时使用的标准略有不同。[1]

---

[1] 收入准则规定,租赁资产只有满足下列条件才是经营性租赁:(1)资产在租赁期满后可供除承租人以外的人使用;(2)承租人不能以低价购买租赁资产;(3)出租人必须持有至少20%的在险资本;(4)除税收减免外,出租人还能从租赁中获得正的现金流;(5)承租人没有投资租赁资产。

员工福利

雇主会为雇员提供养老金和医疗保健福利。在很多情况下，提供这些福利是企业的义务，当公司无法筹集到足够的资金来履行这些义务时，就需要在财务报表中进行披露。

- **养老金计划**。实行养老金计划的公司同意通过固定缴费养老金计划（雇主每年为该计划交纳固定的费用，但不保证该计划的收益）或固定给付养老金计划（雇主保证为雇员提供某一特定水平的收益）为其员工提供一定的福利。在后一种情况下，雇主为了给雇员提供确定的收益，必须每期为养老金计划注入足够的资金。

  在固定缴费养老金计划中，一旦为养老金计划缴纳了事先确定的缴费额，公司就履行了义务。在固定给付养老金计划中，估计公司所承担的义务则困难得多，因为这受到许多因素的影响，包括雇员应获得的收益、雇主之前的缴费额、养老金计划已获得的投资收益，以及雇主预期从目前的缴费额中能获得的收益率。随着这些变量的变化，养老基金的资产会变得大于、小于或等于养老基金的负债（承诺收益的现值）。资产大于负债的养老基金是资金过剩的养老金计划，而资产小于负债的养老基金则是资金不足的养老金计划，这些不同的情况必须在财务报表中予以披露，一般体现在注释中。

  当养老金计划资金过剩时，公司可以有几种选择。它可以从计划中抽回过剩的资金，暂停对计划的缴款，或者认为资金过剩只是暂时现象，在下一个会计期间会消失，因而继续对计划进行缴款。养老金计划资金不足意味着公司出现养老金负债，会计准则只要求将养老金累计负债超过养老金资产的部分列入资产负债表。[1]
- **医疗保健福利**。公司可以用以下两种方法之一为员工提供医疗保健福利：不承诺特定收益的固定缴费医疗保健福利（类似于固定缴费养老金计划），或承诺特定收益并单独设立的医疗保健基金（类似于固定给付养老金计划）。医疗保健福利的会计处理方法与养老金计划的会计处理方法非常相似。两者之间的主要区别在于，公司没有必要将医疗保健福利计划负债超过资产的部分记入资产负债表的负债方，但是必须在财务报表的注释中反映出来。[2]

递延所得税

公司常常会使用不同的会计方法进行税务和财务报告，这就引发了一个问题：税务负债应当如何报告。由于加速折旧法和税务会计所偏好的存货计价法会产生所得税递延，所以总体来说，财务报表报告的所得税一般会比实际支付的税款高很多。权责发生制会计下的费用与收入相匹配原则表明，递延所得税应在财务报表中确认。因此，如果一家公司基于税务会计计算出应缴纳的所得税为5.5万美元，而以财务报表中的收入为基础计算出应缴纳的所得税为7.5万美元，那么该公司就必须将两者的差额2万美元确认为递延所得税，列入公司的负债。由于递延所得税将在以后的年度中支付，所以它将被确认为已支付。

值得注意的是，如果公司实际支付的税款比它们在财务报表上报告的税款更多，那就会在资产负债表中生成一项资产，即递延所得税资产。这种情况表明，由于提前支付了税款，公司在未来周期中所获

1　养老金累计负债并没有考虑预计给付义务，即对未来收益进行的精算估计。因此会比养老金负债总额小很多。
2　虽然公司可能不必报告医疗保健福利中负债超过资产的部分，但有些公司却选择这样做。

得的盈利会更多。

公司的递延所得税是否真的是一项负债，这是一个非常有趣的问题。一方面，公司并没有因为递延所得税而欠任何实体的钱，如果将它视为真正的负债会使公司的风险看起来比实际更高。另一方面，公司最终确实必须支付递延所得税，所以将它视为一项负债又是谨慎的做法。

优先股

当发行优先股时，公司就承担了一项需要向优先股股东支付固定股息的责任。按照惯常的做法，会计准则通常不会将优先股视为负债，因为不能支付优先股股息不会导致公司破产。与此同时，优先股股息可以累计，这一事实使得它相对普通股责任更大。因此，优先股在会计上被视为一种混合证券，既有权益的特点，又具备债务的特点。

优先股在资产负债表中按发行价计价，且将未分配的累计股息计入账面价值。可转换优先股的处理方式与之相似，但在转换时被视为一项权益。

所有者权益

会计在衡量所有者权益时使用的是历史成本法。资产负债表上显示的所有者权益反映的是，公司在发行这些权益时取得的原始收入加上此后的收益（或减去此后的损失），再减去已派发的股息。虽然这3个项目是构成所谓的所有者权益账面价值的主要因素，但是在计算其账面价值时还需要考虑一些其他因素。

- 当公司在短期内为了重新发行股票或期权履约而回购股票时，这些回购的股票可以作为存货股抵减所有者权益的账面价值。公司不能长期将存货股列示在资产负债表上，如果回购的股票

- 没有被用掉，公司就必须从所有者权益的账面价值中扣除这些股票的价值。由于股票回购是以市场价格计量的，这有可能会大大地降低所有者权益的账面价值。
- 如果长期以来亏损严重或回购大量的股票，公司可能会出现所有者权益的账面价值变为负值的情况。
- 回顾我们讨论过的有价证券，任何被归类为可销售的有价证券的未实现损益都会造成资产负债表中所有者权益账面价值的变化。

作为财务报表的一部分，很多公司会提供报告期间股东权益变动情况的汇总，在汇总中，所有者权益价值会计计量的任何变动都会体现出来。关于所有者权益的最后一点是，会计准则似乎仍将具有固定股息的优先股视为准所有者权益，主要是因为优先股股息可以延期支付或累计支付，没有违约风险。考虑到优先股仍然存在导致公司失去控制权的可能性（与破产相对），我们认为，优先股与无担保债务所具有的相同特点几乎与它和所有者权益所具有的相同特点一样多。

表外负债

2001年底，我们目睹了安然公司从在资本市场上拥有1 000亿美元市值沦落到破产清算，这件事令人难以置信。虽然破产还涉及一些其他问题，但一个非常关键的问题是，安然没有披露，同时分析家也没能发现安然未在资产负债表上列示的数十亿美元的债务。安然是通过所谓的特殊目的实体——明显是为了将债务从资产负债表上移除而成立的合伙制实体——来做到这一点的。特殊目的实体可以有合法的用途，例如，公司将一些最具流动性和最具信誉的资产（如应收账款）分离出来成立独立的实体，让这些实体能以远低于原公司的利率进行贷款。[1] 但是，安然利用特殊目的实体从它的资产负债表中移除问题资产，报告了这些资产的收益却没有报告与这些资产相关的债务。

在分析一家公司时，你需要特别关注财务报表的注释和公司提交给美国证券交易委员会（SEC）的其他材料。虽然这些材料未必能为你提供评估该公司负债所需的全部信息，但它们能够为你提供有关该公司可能存在的债务的重要信息。拥有特殊目的实体或合伙制实体这种复杂结构的公司应被谨慎对待。如果拒绝透露有关其持股的基本信息，而是将其隐藏在会计或法律准则背后，这些公司就有可能在隐藏巨额负债或有毒资产。

衡量盈利和盈利能力

公司的盈利情况如何？公司投资的资产能赚多少钱？这些都是我们希望财务报表能回答的问题。会计使用利润表来提供公司在一个特定期间内的经营活动的信息。从描述公司的角度来看，利润表旨在衡量公司已有资产的盈利。在这一节中，我们将会讨论会计中衡量盈利和盈利能力的基本原则，以及将它们付诸实践的方法。

衡量盈利和盈利能力的会计原则

在会计中，衡量盈利和盈利能力有两个基本原则。第一个是权责发生制。按照权责发生制，出售商品或提供服务获得的收入应在出售

---

[1] 如果市场是理性的，公司资产的风险就更大，其获得贷款的利率也更高。但是，如果市场是非理性的，你就能利用市场摩擦而得到利率低得多的贷款。

商品或提供服务（全部或大部分）的当期被确认。为确保收入和费用相匹配，费用的确认方法也一样。[1] 这与收付实现制不同，收付实现制要求收入在款项收到时确认，费用也在支付时入账。

第二个是将费用划分为营业费用、财务费用和资本支出。营业费用是指，至少在理论上仅能带来当期收入的费用，用于生产当期出售产品的人工和原材料支出就是一个很好的例子。财务费用是为经营筹集非权益性融资而发生的费用，最典型的例子是利息费用。资本支出是预计能够在多个期间带来收益的支出，如购买土地或建筑物的支出。

将营业费用从当期收入中扣除后就得到了公司的营业利润。进一步将财务费用从营业利润中扣除后就是权益投资者收益或公司净利润。资本支出会在其使用期间（能带来收益的期间）作为折旧或摊销予以抵销。

衡量会计盈利和盈利能力

由于收入的来源多种多样，美国一般公认会计原则要求将利润表分成4个部分：持续经营收入、非持续经营收入、非常损益和会计原则变更调整事项。

美国一般公认会计原则要求，当公司可获得收入的服务已全部或基本上提供完毕，并因此已收到现金或可观察、可计量的应收账款时，公司就应该确认收入。与产生收入直接相关的费用（如人工费用和原材料费用）应该与收入在同一期间确认。任何与产生收入无直接关联的费用均在公司消费服务的期间内确认。

虽然对生产并销售产品的公司来说，权责发生制会计非常简单，

---

[1] 一项成本（如管理成本）如果不能简单地与特定收入挂钩，一般就会被确认为当期费用。

但在一些特殊情形中，由于生产的产品或提供的服务的性质不同，权责发生制会计也会变得很复杂。例如，与客户签订长期合同的公司可以根据合同完成的百分比来确认收入，同时，应该按照相应比例确认费用。当产品或服务的购买方的支付能力存在相当大的不确定性时，提供这些产品或服务的公司只有在收到分期款后才可以进行确认。

回到我们对资本支出和营业费用之间差异的讨论，营业费用应该仅反映那些能在当期产生收入的费用。但是在实践中，一些看似不符合这一规定的费用也被归为营业费用。第一项是折旧和摊销费用。尽管资本支出应该在多个期间摊销的想法是合理的，但在历史成本基础上计算的会计折旧与实际的经济折旧并不太相关。第二项是研发费用，美国一般公认会计原则将它归为营业费用，但这项费用显然能在多个期间创造收益。之所以这样归类，是因为研发费用带来的收益不确定性很高或很难被量化。

许多财务分析都是围绕公司预期未来盈利进行的，而很多预测又都是从目前的盈利开始的。所以了解公司有多少盈利来自持续经营的业务，有多少盈利来自不太可能重复发生的特殊事件和非经常性事件，这一点非常重要。从这个角度来看，公司有必要将费用划分为营业费用和非经常性费用。在预测中使用的应该是在扣除非经常性项目之前的盈利。非经常性项目包括以下这些内容：

- 特殊项目。如由资产或部门剥离产生的损益，以及注销或重组成本。公司有时会将这些项目列入营业费用。
- 非经常性项目。指那些性质特殊、发生具有偶然性、能造成实质性影响的事件。这类事件的例子包括发行低息票债务以偿还高息票债务的会计利得，以及公司持有的有价证券带来的损益。
- 非持续经营造成的损失。衡量某个业务在逐步淘汰阶段的损失以及最终出售该业务时的估计损失。但是，计算这种损失的前提是，该业务必须能够从公司中剥离出来。
- **会计方法变动造成的损益。** 由于公司选定的会计方法的变动（如存货计量方法的变动或报告期间的变动）和新会计准则规定的会计方法的变动而造成的收益变动。

衡量盈利能力

虽然利润表让我们能够估算公司盈利的绝对数，但是以比较值或百分比来衡量公司的盈利能力同样重要。衡量盈利能力有两种基本的方法。一种方法是考察相对于所投入资本的盈利能力，也就是计算投资回报率，这种方法既可以从权益投资者的角度出发，也可以从整个公司的角度出发。另一种方法是考察相对于销售收入的盈利能力，即计算销售利润率。

资产收益率和资本收益率

公司的资产收益率（ROA）衡量了在不考虑融资效应的前提下，公司利用其资产创造利润的效率。

$$资产收益率 = \frac{息税前利润(1-税率)}{总资产}$$

数据观察 | 行业盈利能力：按照行业观察美国和全球公司的资本收益率和营运利润率。

息税前利润是利润表中衡量营运利润的会计指标，总资产是依会计准则（多数资产使用的是账面价值）计算得出的资产总额。资产收益率也可以用如下公式表示：

$$资产收益率 = \frac{净收入 + 利息费用(1-税率)}{总资产}$$

通过将融资效应与经营效应分离，资产收益率可以更清晰地衡量这些资产的真实回报。

资产收益率也可以在税前计算，使用息税前利润且不进行税收调整，这样做不会影响结论的一般性。

$$税前资产收益率 = \frac{息税前利润}{总资产}$$

如果公司或部门被具有不同税率或结构的公司收购，这种计算方法在给被收购对象估值时很有用。

另一种收益计算方法是将公司的经营利润与所投入资本相结合，这里的资本被定义为负债和所有者权益账面价值之和。这就是我们所说的资本收益率（ROC）。当公司的相当一部分负债是流动负债（如应收账款）或无利息负债时，这个方法能更好地衡量在经营过程中所投入资本的真正收益率。

$$税后资本收益率 = \frac{息税前利润(1-税率)}{负债的账面价值 + 权益的账面价值 - 现金}$$

$$税前资本收益率 = \frac{息税前利润}{负债的账面价值 + 权益的账面价值 - 现金}$$

净资产收益率

资本收益率衡量的是公司整体的盈利能力，净资产收益率（ROE）从权益投资者的角度，通过将归属权益投资者的利润（税后净利润和利息支出）与权益投资账面价值相联系，计算公司的盈利能力：

$$净资产收益率 = \frac{净利润}{普通股的账面价值}$$

与普通股股东相比，优先股股东对公司具有不同类型的要求权，因此，净利润中应该扣除优先股股息，同时普通股的账面价值不应该包括优先股的账面价值。计算方法是用扣除优先股股息的净利润除以普通股的账面价值。

财务报表中的报警信号

财务报表最困扰人的问题是，令人吃惊的真相常常是被隐藏在其他类别中的项目，而不是正常列示的项目，如非经常性支出。在这里，我们建议根据下面几点对财务报告进行分析，以衡量这些可能被隐藏的真相：

- 历年来的盈利增长是否大幅超过收入增长？虽然这种情况可能是效率提高的表现，但是当两者差距太大且持续时间太长时，你应该想办法了解背后的原因。

- 一次性支出或非经营性支出是否经常发生？这样的支出在每一年可能都会被归入不同的类别——今年被归为存货支出，明年又被归为重组支出，等等。虽然这种情况可能仅仅是因为公司运气比较差，但它也可能反映了公司有意将经营费用计入非经营项目。

- 营业费用占收入的百分比是否每年都在剧烈波动？如果是，那就可能表明营业费用中的支出项目（比如销售、管理及行政费用）包括了应该被剔除并单独列示的非营业支出。

- 公司的每股盈利是否每个季度都能比分析师的预测高一点点？业绩年复一年超过分析师预测的公司多半进行盈利管理，它们会将盈利进行跨期调整。当增长放缓时，这种行为可能会让公司尝到苦果。

- 公司的相当一部分营业收入是否来自子公司或相关控股公司？虽然收入可能是合法的，但是公司可以通过转移定价将收入从一个部门转移到另一个部门,让人们对公司的真实收入进行错误的解读。
- 评估存货价值或计提折旧所使用的会计准则是否经常变动?随着真实的盈利增长放缓,公司似乎会越来越积极地通过会计手段调高盈利水平。
- 收购后收入是否会出现大幅增长?即使从长期来看,收购策略也很难获得成功。公司如果在实行收购策略后立刻声称获得成功,那就值得怀疑了。
- 随着收入和利润的激增,营运资本是否也在迅速膨胀?这种情况有时能让我们发现那些通过给客户提供非常慷慨的条件来创造收入的公司。

这些因素中的任何一项都不足以说明我们应该调低这些公司的利润,但这些因素组合起来就是一个预警信号,提示我们应该更加仔细地核查该公司的利润表。

衡量风险

随着时间的推移,公司的投资风险如何?公司的权益投资者面临多大的风险?这是我们在进行投资分析时要考虑的另外两个问题。财务报表并没有系统地衡量或量化风险,虽然财务报表可以提供注释和披露信息来说明公司可能存在的风险。在这一节中,我们将介绍会计评估风险的几种方法。

风险衡量的会计原则

在某种程度上，在使用财务报表和财务比率衡量风险时，有两点需要注意：

1. 会计衡量的风险是**违约风险**——固定义务（如应偿付的本金或利息）无法得到履行的风险。更广泛的权益风险（实际收益与预期收益的差异）似乎没有受到太多关注。因此，从会计角度来看，具有正收益、很少或没有负债，且主要通过权益融资的公司总体上会被视为低风险公司，尽管其收益是无法预测的。
2. 会计风险衡量指标通常采取的是一种静态的风险视角，考察公司在某一时间点上履行其义务的能力。比如，当使用各种财务比率衡量公司风险时，这些比率几乎都基于一个时期的利润表和资产负债表的数据。

风险的会计计量

风险的会计计量大致可以分成两类。一类是在资产负债表的注释中对潜在负债或损失予以披露，以提醒潜在或现有投资者注意发生重大损失的可能性。另一类是用于衡量流动性和违约风险的各种比率。

财务报表中的披露信息

近年来，公司必须披露的未来负债类型与日俱增。以或有负债为例，或有负债是在或有事项发生时公司需要承担的潜在负债，比如公司被起诉。一般的原则是忽略用于对冲风险的或有负债，因为这类或有负债可以被其他来源的收益抵销。[1]然而，此前，本应用于套期保值的衍生品头寸（如期权、期货）给公司带来了大量的损失，以至美国财务会计准则委员会要求将这些金融衍生品作为财务报表的一部分进行披露。事实上，养老和医疗保健福利也已经由公司资产负债表中的注释变成了实际的负债项目。

财务比率

财务报表长期以来都被作为估算财务比率的基础，这些财务比率用于衡量公司的盈利能力、风险和财务杠杆。在前文讨论公司收益的内容中，我们讲到了两个用于衡量盈利能力的比率——净资产收益率和资本收益率。在本部分我们将讨论一些经常用来衡量公司财务风险的比率。

短期流动性风险

短期流动性风险主要来自对目前经营的融资需求。如果在取得销售收入前必须先向供货商支付货款，公司就会出现资金短缺的情况，这通常需要通过短期借贷来解决。虽然在大部分公司中，这些营运资本的筹集都是常规性的工作，但我们还是有必要通过财务比率来监控公司面临的无法偿还短期债务的风险。最常使用的两个衡量短期流动性风险的比率是流动比率和速动比率。

流动比率是指公司的流动资产（现金、存货和应收账款）对流动负债（在下一个会计期间到期的负债）的比率：

$$流动比率 = \frac{流动资产}{流动负债}$$

流动比率小于1，说明公司在下一会计期间到期的债务多于其预

---

[1] 这一论断的假设前提是对冲的操作完全正确，因为如果对冲是随便设定的，那么它完全有可能给公司造成损失。

期可变现的资产,有流动性风险。

虽然传统的分析认为,公司应该将流动比率保持在 2 或以上,但是在最小化流动性风险和避免净营运资本占用过多现金之间存在一个权衡空间(净营运资本 = 流动资产 – 流动负债)。事实上,我们也可以合理地认为,过高的流动比率说明公司的运营不健康,即公司可能存在存货积压的问题。近年来,公司都在致力于降低流动比率,并努力提高净营运资本的使用效率。

在使用流动比率时还有几个问题需要注意。首先,这个比率可以在财务报表披露日前后被公司轻易地操控,给人以公司的财务状况很安全的错觉。其次,流动资产和流动负债可以等额变动,但对流动比率的影响取决于两者各自的变动水平。[1]

速动比率,或称酸性测试比率,是流动比率的变体,它将能迅速变现的流动资产(现金和有价证券)从不能迅速变现的流动资产(存货和应收账款)中分离出来:

$$速动比率 = \frac{现金 + 有价证券}{流动负债}$$

将应收账款和存货排除在外并不是一个硬性规定。如果有证据表明存货和应收账款能迅速变现,那么这两个因素也可以被包括在速动比率中。

周转率通过观察应收账款与销售额、存货与销售成本之间的关系来衡量营运资金管理的有效性:

$$应收账款周转率 = \frac{销售额}{平均应收账款}$$

$$存货周转率 = \frac{销售成本}{平均存货}$$

---

1 假设流动资产和流动负债等额增加,如果在增加之前流动比率大于 1,那么在增加后流动比率会变小,如果在增加之前流动比率小于 1,那么在增加后流动比率会变大。

这些比率可以被解读为公司应收账款或存货的变现速度。这些比率经常以周转天数来表示。

$$应收账款周转天数 = \frac{365}{应收账款周转率}$$

$$存货周转天数 = \frac{365}{存货周转率}$$

另外两个类似的比率可以用来衡量采购成本与应付账款之间的关系：

$$应付账款周转率 = \frac{采购成本}{平均应付账款}$$

$$应付账款周转天数 = \frac{365}{应付账款周转率}$$

由于应收账款和存货是资产，而应付账款是负债，这3个比率（根据周转天数标准化）可以组合在一起衡量公司的融资周期：

融资周期 = 应收账款周转天数+存货周转天数-应付账款周转天数

公司的融资周期越长，其短期流动性风险就越大。

长期偿付能力和违约风险

长期偿付能力用于从长期的角度衡量公司偿付债务本金和利息的能力。显然，本章前面所讨论的盈利能力比率是这一分析的重要组成部分。专为衡量长期偿付能力而设计的比率试图将盈利能力与需要偿付的债务水平联系起来，以此判断公司偿付这些债务的能力。

利息保障倍数从息税前利润水平的角度衡量了公司偿付债务利息的能力。

$$利息保障倍数 = \frac{息税前利润}{利息费用}$$

利息保障倍数越高，公司用利润偿付债务利息的能力就越有保障。但是息税前利润的波动比较大，当经济衰退时可能会大幅下降，这就需要我们谨慎地解读利息保障倍数。因此，两家利息保障倍数相同的公司，其风险水平可能会有很大的差异。

利息保障倍数的分母可以很容易地扩展到其他固定费用，如租赁费。如果加入这些固定费用，这一比率就变成了固定费用偿付比率：

$$固定费用偿付比率 = \frac{息税前利润 + 其他固定费用}{总固定费用}$$

最后，这一用利润来表述的比率也可以用现金流来重新表述，即分子为息税折旧摊销前利润，分母为现金固定费用：

$$现金固定费用偿付比率 = \frac{息税折旧摊销前利润}{现金固定费用}$$

利息保障倍数和固定费用偿付比率由于没有考虑资本支出而受到批评，资本支出这项现金流在短期是可以被会计操控的，但是如果公司要保持增长，那么这项费用在长期是无法被操控的。衡量这部分现金流的一个方法是与经营现金流联系起来，计算两者的比率。

$$经营现金流与资本支出比 = \frac{经营现金流}{资本支出}$$

虽然对经营现金流有许多不同的定义，但是对其最合理的定义方式是，从持续的经营活动中产生的，在计息之前、缴税之后，且满足营运资本需求之后的现金流。

$$经营现金流 = 息税前利润(1-税率) - \Delta 营运资本$$

债务比率

利息保障倍数衡量的是公司偿付债务利息的能力，但不能衡量公司偿付债务本金的能力。负债比率试图通过将债务和总资产或权益资产联系起来，衡量公司偿付债务本金的能力。最常使用的两个负债比率如下：

$$债务资本比率 = \frac{债务}{债务+权益}$$

$$债务权益比率 = \frac{债务}{权益}$$

第一个比率衡量的是公司债务占总资本的比例，所以它不可能超过100%。第二个比率衡量的是公司债务占权益的比率，可以很容易地从第一个比率推导出来。

$$债务权益比率 = \frac{债务资本比率}{1-债务资本比率}$$

虽然这些比率都假设公司资本仅仅来自债务和所有者权益，但也可以对它们稍加修改以纳入其他来源的融资，如优先股。虽然优先股有时与普通股合并计入所有者权益，但最好还是将它们区分开来，并计算比率。

数据观察 | 市值债务资本比率：按照行业观察美国和全球公司的市值债务资本比率。

债务比率的变体

债务比率有两个非常相近的变体。第一个在计算中只使用长期债务而不是总债务，其背后的理由是，短期债务是暂时的，不会影响公司的长期偿付能力。

$$长期债务资本比率 = \frac{长期债务}{长期债务+权益}$$

$$长期债务权益比率 = \frac{长期债务}{权益}$$

由于公司可以很容易地将短期债务滚动下去，而且许多公司都希望用短期融资来支撑长期项目，因此，以上变体可能误导人们对公司财务杠杆风险的解读。

债务比率的第二个变体是使用市场价值（MV）而不是账面价值来计算的比率，这主要是为了反映这样一个事实，即有些公司的实际借贷能力显著大于其账面价值所显示的借贷能力。

$$市值债务资本比率 = \frac{债务的市值}{债务的市值+权益的市值}$$

$$市值债务权益比率 = \frac{债务的市值}{权益的市值}$$

很多分析师都不赞成在计算中使用市值，他们认为债务的市值很难获得，且市值会剧烈波动，因此不可靠。这些观点有待商榷。确实，对于没有公开交易债券的公司来说，债务的市值是难以获取的，但是权益的市值不仅容易获取，而且会被不断地更新以反映整个市场和公司的变化。此外，在公司债券没有公开交易的情况下，使用债务的账面价值来代替市值对大部分以市值为基础的债务比率的计算来说不存在显著差异。[1]

会计准则和实践的差别

各国会计准则的差异会影响盈利的计量。但是，这些差异并没有想象的那么大，而且它们也不是市场价格严重偏离估值基本原则的理由。[2]

---

[1] 权益的市值偏离账面价值的程度可能会比债务的市值偏离账面价值的程度大得多，并且很可能在大多数债务比率的计算中起主导作用。

[2] 在日本股票市场鼎盛时期，许多投资者为了给高达60倍及以上的市盈率找一个合理的解释，说日本企业在衡量盈利时很保守。但即使考虑到许多公司的一般准备金和超额折旧压低了当期盈利，许多公司的市盈率倍数仍然大于50。这就意味着要么这些公司未来的增长速度会很快，要么它们被过度高估了。

崔和列维奇在一次对成熟市场的会计准则的调查中发现，大多数国家对编制财务报表的一致性原则、收入实现原则和历史成本原则等都予以认同。[1] 随着越来越多的国家接受国际财务报告准则（IFRS），我们需要意识到，国际财务报告准则和美国一般公认会计原则在很多问题上的相同之处多于不同之处。的确，在某些领域仍然存在不同之处，表3.1列出了其中的一些主要差异。

虽然各国的会计准则总体上是趋同的，但是差别仍然存在。当被比较的公司各自使用的会计准则差异很大时，如市盈率这样的基于财务报表的未经调整的利润数据计算出来的财务比率可能会对投资者产生误导。不过，我们可以获得所需的信息来对这些财务数据进行调整，从而使它们之间具有可比性。

结论

对大部分投资者和分析师来说，财务报表是信息的主要来源，但是会计分析和财务分析在回答一些关键问题的方式上存在差异。我们在本章讨论了这些差异。

我们探讨的第一个问题与公司所拥有的资产的性质和价值有关。资产可以划分为已投资资产（现有资产）和未投资资产（成长资产），从这一点来说，我们认为财务报表提供了大量前者的历史信息，而几乎很少提供后者的信息。财务报表关注现有资产获取时的原始价值（账面价值），这会导致资产的报表价值与其市场价值之间存在显著差异。对于成长资产，会计准则会使公司低报或不报公司内部研发带来的资产价值。

---

[1] F. D. S. Choi and R. M. Levich, *The Capital Market Effects of International Accounting Diversity* (New York: Dow Jones Irwin, 1990).

表 3.1 国际财务报告准则和美国一般公认会计原则的主要差异

	国际财务报告准则	美国一般公认会计原则	净效应
理念	以原则为导向	以具体规定为导向	在国际财务报告准则下，公司自由选择的空间更大，这让公司之间的差异更大
收入确认	只有当与所有权相关的风险和收益被转移给产品或服务的购买方时，收入才会被确认	当产品或服务可被证明已交付时，收入就会被确认	收入的确认在国际财务报告准则下可能比在美国一般公认会计原则下更晚
长期有形资产	如果长期资产由多个部分构成，那么每个部分都可以分别进行资本化和折旧。如果存在可靠和稳定的市场价值信息来源，公司就可以选择用市场价值为整个资产类别估值	资产可以统一汇总的基础上，基于资产的整体使用寿命进行资本化和折旧	在国际财务报告准则下，折旧计算更多的计算，且净效应应不明确。国际财务报告准则可能会造成不同公司资产出现市场价值和账面价值的混合情况
短期资产	存货的价值以成本或可变现净值中较低者衡量，不能采用后进先出法	存货的价值以成本或市场价值中较低者衡量。可选择先进先出法或后进先出法	在国际财务报告准则下，存货的估值可能更接近当前价值
长期负债	可转换债券根据价值分为债务权益两部分	在转股前，可转换债务都被视为债务	在国际财务报告准则下，持有可转换债券的公司债务比率更低
合并报表	当公司对一个实体拥有实质控制权时，应该合并财务报表。在资产负债表股东权益之外单独列示	当公司对一个实体拥有 51% 及以上的投票权时，应该合并财务报表。在资产负债表中，少数股东权益列入股东权益	在国际财务报告准则下，公司合并报表的情况比在美国一般公认会计原则下更多。在美国一般公认会计原则下，股东权益包括少数股东权益
对其他实体的投资	证券投资可以划分为交易性金融资产、可供出售金融资产和持有至到期投资。对其他企业的长期股权投资采用权益法核算	所有投资，包括对其他企业的长期股权投资，都可以划分为交易性资产，可供出售金融资产和持有至到期投资。对子合营企业，可以按比例进行报表合并	在国际财务报告准则下，持有其他公司的股权时可以按市值入账。在美国一般公认会计原则下，只有价证券可以按市值入账
研发费用	研究成本当作费用处理，但如果确认有技术和经济的可行性，开发成本可以被资本化	研究与开发成本均作为费用处理	研发支出较大的企业会带来权益账面价值的增加

投资哲学 | 098

我们讨论的第二个问题是盈利能力的衡量。衡量盈利能力的第一个基本原则是权责发生制，即收入和费用在交易发生的当期确认，而不是在现金收付时确认。第二个基本原则是将费用划分为营业费用、财务费用和资本支出。营业费用和财务费用在利润表中显示，资本支出不影响费用发生当年的利润，但会以折旧和摊销费用的形式影响随后几个会计期间的利润。会计准则将经营性租赁费用和研发费用错误地归为营业费用（前者应该被归为财务费用，后者则为资本支出）。

在本章的最后一部分，我们分析了财务报表如何处理短期流动性风险和长期违约风险。由于财务报表的重点在于显示公司是否有无力偿付债务的风险，所以很少涉及权益投资者所面临的风险。

练习

选择一家你对其业务和历史都熟悉的公司，然后：

1. 计算该公司相对于以下指标的盈利能力：
    a. 收入（净利润、经营利润）。
    b. 投入的资本（资本收益率、净资产收益率）。

将该公司的盈利能力与其所在行业的平均盈利能力进行比较。

2. 计算该公司的财务杠杆比率，包括以账面价值和市场价值计算的债务资本比率和债务权益比率。将其与所在行业的平均水平进行比较。

3. 该公司的会计利润（利润表中报告的数据）是否与现金收入（现金流量表中报告的数据）相一致？如果不一致，出现差异的原因是什么？

对投资者的忠告

- 财务报表的目的在于提供公司之前经营状况的信息，而你在投资时要考虑的是公司将来的经营状况。
- 会计准则为公司如何衡量和列示收益提供了较大的灵活性。采用激进的会计计量方法的公司，即使其做法可能是合法的，其列示的收益也会比采用保守会计计量方法的公司列示的收益更高。
- 随着公司的发展，公司资产的账面价值越来越偏离资产的真实价值。
- 存在经营性租赁或表外融资的公司，其真实负债会远远高于资产负债表债务方披露的金额。
- 财务报表的注释通常比财务报表本身包含更重要的信息。

第 4 章
钱在哪里：估值的基础

为了能明智地进行投资，你需要了解估值的基本原理。总的来说，有三种估值方法可供选择。第一种，你可以根据一项资产未来创造现金流的能力来估算其内在价值。第二种，你可以通过考察市场对相似或可比资产的定价来估算一项资产的相对价值。第三种，你可以根据基于特定事件发生带来的现金流来判断一项资产的价值（期权）。

任何资产的内在价值都是该资产预期现金流的函数，它由现金流的大小、现金流的预期增长率以及现金流的不确定性决定。对于内在价值估值，我们首先从在有限期间内具有确定现金流的资产开始，然后扩展到具有不确定现金流的资产估值，最后我们会探讨如何对具有无限存续潜力和不确定现金流的公司进行估值。

对于相对估值，我们从寻找相似或可比资产开始。当对股票进行估值时，相似或可比资产常常被界定为同一行业中的其他公司。我们将这些公司的市场价值转换成一些标准变量的倍数，其中广泛使用的包括利润、账面价值和收入。之后，我们会比较这些可比公司的估值以找出被错误定价的公司。

有一些资产的价值既不能用现金流折现模型估算，也不能用相对估值模型估算，因为其现金流取决于特定事件的发生。这种资产的价值可以用期权定价模型来估算。我们将在这一章讨论这些模型的基本原则。

内在价值

我们可以从一项资产能带来的预期现金流的现值来估计该资产的价值。这样任何资产的价值都是其产生的现金流、资产寿命、现金流的预期增长率以及与现金流相关的风险的函数。在本节的开头，我们将研究有限寿命（最终会停止产生现金流）的资产的估值。之后，我们将研究更具难度的无限寿命的资产的估值。我们会始于具有确定现金流的资产估值，终于如何在估值中处理现金流的不确定性。

现值计值

整个内在价值估值几乎都建立在现值这个概念的基础上。今天的1美元比一年后的1美元更值钱的道理很简单。我们对当期消费的偏好、通货膨胀对美元购买力的影响、未来我们是否能得到资金的不确定性，所有这些因素都会影响我们对未来资金的折现程度。在按年计算时，折现程度用折现率来衡量。但是，在探讨更复杂的估值问题之前，我们有必要先回顾一下现值的基本机制。

总体来说，在对任何资产进行估值时，我们都会碰到5种类型的现金流，它们是未来单一现金流、多个期间每期相同的现金流（年金）、永续期间每期相同的现金流（永续年金）、多个期间每期增长率固定的现金流（增长年金）和永续期间每期增长率固定的现金流（永续增长年金）。

未来单一现金流的现值可以通过使用该期间的折现率进行折现获

得。例如，在折现率为 15% 的情况下：

5年后1 000万美元的现值 = 1 000万美元$/(1.15)^5$ = 497万美元

你可以理解成，对你来说，现在获得497万美元和5年后获得1 000万美元没有什么区别。

年金的现值又是什么呢？你有两种选择。第一种是将每一期的现金流折现，然后将它们全部加起来。例如，假设在未来5年中你每年能获得500万美元且折现率为10%,那么年金现值的计算如图 4.1 所示。

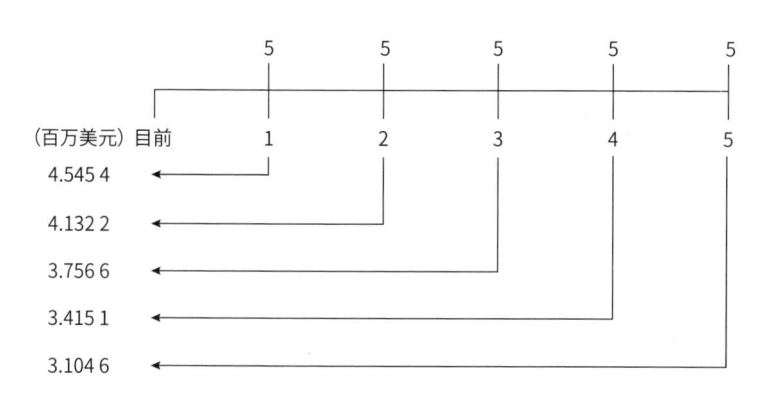

```
                  5      5      5      5      5
            ┌─────┼──────┼──────┼──────┼──────┤
（百万美元）目前   1      2      3      4      5
 4.545 4  ←───────┘
 4.132 2  ←──────────────┘
 3.756 6  ←─────────────────────┘
 3.415 1  ←────────────────────────────┘
 3.104 6  ←───────────────────────────────────┘
```

图 4.1 年金现值的计算

将这些现值相加，总数是1 895万美元。或者，你也可以走捷径，利用年金公式来计算现值：

$$年金现值 = A\left[\frac{1-\frac{1}{(1+r)^n}}{r}\right] = 500\left[\frac{1-\frac{1}{(1.10)^5}}{0.10}\right] = 1\,895万美元$$

从年金现值计算永续年金现值比较简单，只需将上面公式中的 n 设置成无穷大就可以得到：

$$永续年金现值 = A\left[\frac{1-\frac{1}{(1+r)^{\infty}}}{r}\right] = \frac{A}{r}$$

例如，每年 500 万美元的永续年金以 10% 为折现率，其现值为 5 000 万美元（500 万美元/0.10）。

将每年相等的现金流变为每年以一个固定比率增长的现金流就可以得到增长年金。例如，如果我们假设 500 万美元的年金在未来 5 年内每年增长 20%，则其现值计算如图 4.2 所示。

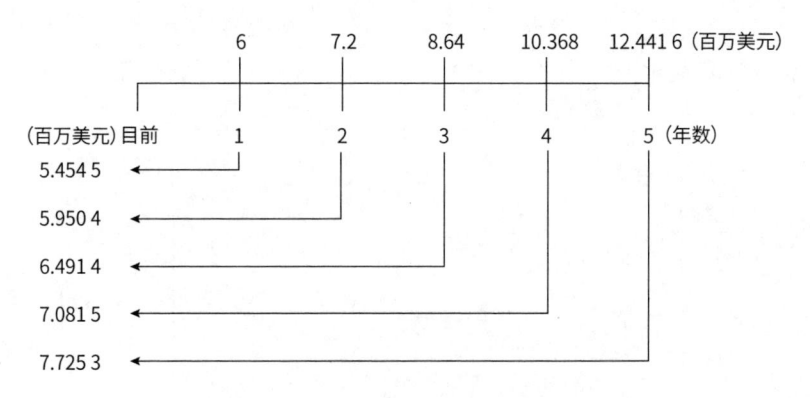

```
                    6      7.2    8.64   10.368  12.441 6 （百万美元）
                    ┬──────┬──────┬──────┬──────┬
（百万美元）目前     1      2      3      4      5  （年数）
  5.454 5   ←───────┘
  5.950 4   ←──────────────┘
  6.491 4   ←─────────────────────┘
  7.081 5   ←────────────────────────────┘
  7.725 3   ←───────────────────────────────────┘
```

图 4.2　增长年金的现值计算

将这些现值相加就得到了总的现值约 3 270 万美元。同样，也有一条捷径，即以增长年金公式计算现值：

$$增长年金现值 = A(1+g)\left[\frac{1-\frac{(1+g)^n}{(1+r)^n}}{r-g}\right]$$

$$= 500(1.20)\left[\frac{1-\frac{(1.20)^5}{(1.10)^5}}{0.10-0.20}\right] = 3\ 270\ 万美元$$

最后是在永续期间内现金流每年以固定比率增长的永续增长年金。代入上面的公式我们可以得到：

$$永续增长年金 = A(1+g)\left[\frac{1-\frac{(1+g)^\infty}{(1+r)^\infty}}{r-g}\right] = \frac{A(1+g)}{(r-g)}$$

注意，如果假设现金流永远以固定比率增长，那么这一比率应该被限定在小于或等于宏观经济增长率的范围内。如果以美元计算，其增长率不应该超过美元的无风险利率。

具有确定现金流的资产估值

最简单的资产估值是对现金流有保障的资产的估值，即总能获得预先承诺的现金流的资产。这样的资产是无风险资产，由此获得的利率是无风险利率。这种资产的价值就是其现金流以无风险利率折现后的现值。总体来说，无风险金融投资工具都是由政府发行的，政府有能力在无法偿还债务时印制纸币来清偿债务。正如我们在第2章讲到的，并非所有的政府债务都是无风险的，因为一些政府已经违约了，还有一些政府预计也会出现债务违约。

无违约风险零息债券

最简单的资产估值是对在到期日确定能获得票面价值的零息债券的估值，这样的债券也称无违约风险零息债券。图4.3展示了这种债券的现值计算。

无违约风险零息债券的价值可以写成单一现金流以无风险利率折现的值，其中 N 为该债券距离到期日的时间。对这种债券来说，现金流是固定的，因此债券价值会随着无风险利率的下降而上升，随着无风险利率的上升而下降。

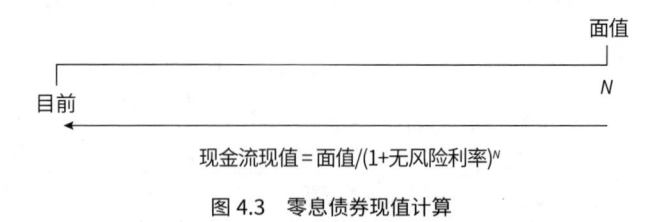

```
                                    面值
    ←───────────────────────────────
   目前                               N
```

现金流现值＝面值/(1+无风险利率)^N

图 4.3　零息债券现值计算

我们举一个无违约风险零息债券估值的例子。假设 10 年期无风险利率是 4.55%，你要为票面价值为 1 000 美元的 10 年期零息国债定价，该债券的估算价格如下所示：

$$债券价格 = \frac{1\,000美元}{(1.045\,5)^{10}} = 640.85美元$$

注意，这种情况下，债券的票面价值是其唯一的现金流，且债券的定价会远低于 1 000 美元，这样的债券通常交易价格低于面值。

相反，我们也能够从零息国债的价格推算出无风险利率。例如，如果 10 年期零息国债的交易价格为 593.82 美元，我们按如下方法可以计算出无违约风险的 10 年期即期利率：

$$10年期无风险利率 = \left(\frac{债券票面价值}{债券市场价值}\right)^{1/t} - 1$$

$$= \left(\frac{1\,000}{593.82}\right)^{1/10} - 1 = 0.053\,5$$

即 10 年期无风险利率为 5.35%。

无违约风险息票债券

无违约风险息票债券是一种定期债券（债券期限通常为半年），

有固定现金流（息票）且到期时有一笔最终现金流（面值）。这种债券的现金流时间轴如图4.4所示（C代表每期的息票，N为债券期限）。

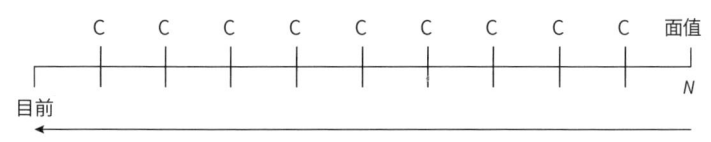

```
       C   C   C   C   C   C   C   C   C   面值
    ├───┼───┼───┼───┼───┼───┼───┼───┼───┼───┤
   目前                                      N
```

现金流现值 = 息票现值+面值现值

图4.4　N年期无违约风险息票债券现金流时间轴

这种债券其实可以被视为一系列零息债券，每一期都用与到期现金流相对应的无风险利率计算价值：

$$债券价值 = \sum_{t=1}^{t=N} \frac{息票}{(1+r_t)^t} + \frac{债券票面价值}{(1+r_N)^N}$$

其中，r_t 是 t 期零息债券的相应利率，N 是债券期限。

当然，使用前面用到的每一期无风险利率加权平均法，我们也可以得到同样的价值，其权重取决于每一期现金流的大小以及到期时间。这个加权平均率（r）被称为到期收益率，它可以用来估算相同息票债券的价值：

$$债券价值 = \sum_{t=1}^{t=N} \frac{息票}{(1+r)^t} + \frac{债券票面价值}{(1+r)^N}$$

其中，r 是债券的到期收益率。

和零息债券一样，无违约风险息票债券的价值也与到期收益率的变动方向相反。我们很快就会看到，由于息票债券的现金流产生得较早（息票），因此相较于相同期限的零息债券，利率变动对其价值的影响要小一些。

现在假设有一只5年期国债，每6个月支付息票利息，息票率为 5.5%。首先，我们使用无风险利率折现每一笔现金流来为其定价（见表 4.1）。

表 4.1　5 年期无违约风险息票债券的价值

时间（t）	息票（美元）	无风险利率（%）	现值（美元）
0.5	27.5	4.15	26.95
1	27.5	4.3	26.37
1.5	27.5	4.43	25.77
2	27.5	4.55	25.16
2.5	27.5	4.65	24.55
3	27.5	4.74	23.93
3.5	27.5	4.82	23.32
4	27.5	4.9	22.71
4.5	27.5	4.97	22.11
5	1 027.5	5.03	803.92
合计			1 024.79

无风险利率反映了每一期零息债券的市场利率。该债券的价格可用于推算出其加权平均利率：

$$1\,024.78\text{美元} = \sum_{t=0.5}^{t=5} \frac{27.50\text{美元}}{(1+r)^t} + \frac{1\,000\text{美元}}{(1+r)^5}$$

解出 r，即该债券的到期收益率为 4.99%。

债券价值、利率敏感度和久期

随着市场利率的变化，债券的市场价值也会发生变化。以上面讲到的 10 年期零息债券和 5 年期无违约风险息票债券为例，图 4.5 显示了当利率从 3% 变动到 10% 时它们的市场价值的变化。

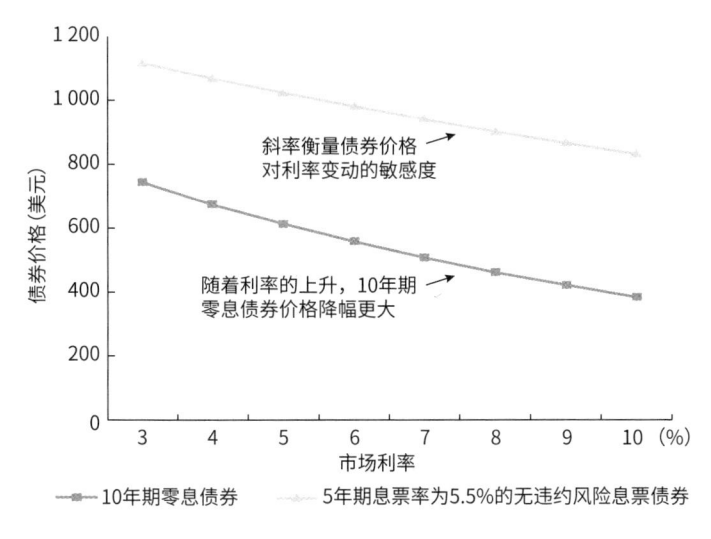

图 4.5 利率和债券价格

请注意，10 年期零息债券的价格对市场利率变动的敏感度远远高于 5 年期无违约风险息票债券。当利率从 3% 上升到 10% 时，10 年期零息债券损失了约一半的价值，而息票率为 5.5% 的 5 年期无违约风险债券只损失了约 30% 的价值。因为未来的现金流越大，距离现在的时间越远，利率的现值效应也就越大，所以以上结果不足为奇。因此，较长期限的债券与相同息票率的较短期限的债券相比，对利率变动更敏感。同时，低息或零息债券比高息债券对利率的变动更敏感。

债券的利率敏感度是息票率和债券到期期限的函数，可以用久期这个指标来衡量。债券的久期越长，其价格对利率变动就越敏感。久

期最简单的计算方法是麦考利久期,它可以被视为债券各期现金流的加权到期期限:

$$债券久期 = \frac{\sum_{t=1}^{t=N} t \frac{CF_t}{(1+r)^t}}{\sum_{t=1}^{t=N} \frac{CF_t}{(1+r)^t}}$$

其中,r 是债券的到期收益率。

对零息债券来说,由于它只在到期日时有一笔现金流,所以久期就等于到期期限:

$$10年期零息债券的久期 = 10年$$

5 年期无违约风险息票债券的久期需要计算得出,详见表 4.2。

表 4.2 5 年期无违约风险息票债券的价值

时间(t)	息票(美元)	现值(折现率 4.99%,美元)	$t \times$ 现值(美元)
0.5	27.5	26.84	13.42
1	27.5	26.19	26.19
1.5	27.5	25.56	38.34
2	27.5	24.95	49.90
2.5	27.5	24.35	60.87
3	27.5	23.76	71.29
3.5	27.5	23.19	81.17
4	27.5	22.63	90.53
4.5	27.5	22.09	99.4
5	27.5	805.46	4 027.28
合计	1 027.5	1 025.02	4 558.39

息票率为 5.5% 的 5 年期无违约风险息票债券的久期 = 4 558 美元 /1 025 美元 = 4.45。

债券的久期越长对利率的变动就越敏感。在我们此前的示例中，10年期息票债券的久期更长，因而与5年期无违约风险息票债券相比对利率的变动更敏感。

将不确定性引入估值

我们在估值过程中需要处理两种不同类型的不确定性。第一种不确定性产生于债券类有价证券，在未来它们会为证券持有者带来承诺的现金流。未能获得承诺现金流的风险被称为违约风险。在给定现金流的前提下，债券的违约风险越大价值越低。

第二种风险更为复杂。当我们对资产进行股权投资时，一般情况下我们不会得到固定现金流的承诺，而是有权获得支付了其他债权人后剩下的现金流。这些现金流被称为剩余现金流。在这里，剩余现金流相对于预期而言存在不确定性。违约风险导致的结果只会是负面的（获得的现金流小于承诺的现金流），与违约风险相比，剩余现金流的不确定性可能产生正负两种结果，即实际剩余现金流可能远低于预期也可能远高于预期。我们将这种风险称为股权风险，并考虑至少在一般情况下，在为股权投资估值时如何最好地处理这种风险。

为有违约风险的资产估值

在本节，我们首先讨论如何评估违约风险和根据违约风险调整利率，然后考虑如何才能最好地估算有违约风险的资产的价值。

衡量违约风险并估算经违约风险调整后的利率

在为具有承诺现金流但现金流存在无法兑现的风险的资产估值时，使用无风险利率作为折现率不太妥当。这里合理的折现率应该包括无风险利率和违约风险溢价。在第2章中，我们讨论了信用评级机构如何评定违约风险和违约利差的大小。需要注意的是，即使没有评定债券等级，资金出借方仍将评估违约风险并收取违约利差。

评估有违约风险的资产的价值

仅具有违约风险的资产最常见的例子是公司债券，因为即使是最大、最安全的公司也存在违约风险。在评估公司债券的价值时，我们将对前面讨论过的无违约风险债券估值方法做两个修正。首先，我们将折现公司债券的息票，虽然这些息票不再代表预期现金流，而是承诺的现金流。[1] 其次，具有违约风险的债券的折现率比没有违约风险的债券的折现率高，而且随着违约风险的增加，所使用的折现率也会增加：

$$公司债券价值 = \sum_{t=1}^{t=N} \frac{息票}{(1+k_d)^t} + \frac{债券票面价值}{(1+k_d)^N}$$

其中，k_d 是给定违约风险下的市场利率。

以息票率为 8.75% 的 35 年期公司债券为例，根据债券发行公司的违约风险（由标准普尔对该公司的债券评级而定），该公司债券的市场利率比相同期限无违约风险债券的无风险利率（5.5%）高 0.5%。该债券的价格估算如下：

$$债券价格 = \sum_{t=0.5}^{t=35} \frac{43.875}{(1.06)^t} + \frac{1\,000}{(1.06)^{35}} = 1\,404.25 美元$$

假设息票每半年支付一次，其现值以年金公式计算。注意，该债券的违约风险体现在用于折现该债券预期现金流的利率上。如果该公司的违约风险增加，其债券的价格就会下降，以反映更高的市场利率。

---

[1] 当你购买息票率为 8% 的公司债券时，公司承诺将每期支付你票面价值 8% 的现金流，但是当公司违约时，你获得的现金流可能比承诺的少，你也可能什么都得不到。

评估具有股权风险的资产的价值

在了解了如何对具有确定现金流的资产和对只具有违约风险的资产进行估值后，我们现在来考虑如何对具有股权风险的资产进行估值。我们首先介绍估算现金流的方式，并考虑股权投资的风险，之后我们将讨论如何才能最好地评估这些资产的价值。

衡量具有股权风险的资产的现金流

和我们在这一章已经讨论过的债券不同，股权资产的现金流是未经承诺的。这类资产的估值基于资产在其存在期间的预期现金流。我们将考虑两个基本的问题：第一个问题关于我们如何衡量这些现金流；第二个问题关于这些现金流的预期是如何形成的。

为了估算具有股权风险的资产的现金流，让我们先从资产所有者（也就是资产的股权投资者）的角度进行考虑。假设所有者购买资产所需的资金有一部分是借来的，因此，所有者获得的现金流将是资产产生的现金流减去所有费用、税收和到期应付债务之后剩余的金额。偿还债务、支付营业费用和缴纳税款之后的现金流，被称为股权所有者现金流。对现金流还有一个更宽泛的定义可供我们使用，我们不仅要关注资产的股权投资者，还要关注资产为股权投资者和债权人创造的整体现金流。这个现金流是在偿还债务以前，支付营业费用和缴纳税款之后的现金流，也称公司现金流（这里所指的公司包括债权投资者和股权投资者）。

注意，由于我们这里讨论的是风险资产，实际的现金流有可能波动很大，有些波动是好的，而有些则不那么好。从理论上讲，为了估算预期现金流，我们应该考虑每一期所有可能的结果，根据它们的相对可能性进行加权，然后得出该期间的预期现金流。[1]但在实践中，

---

1 注意，在很多情况下，虽然我们没有明确陈述概率和结果，但当使用预期现金流时，我们已经将它们隐含在其中了。

我们往往不想这么麻烦，我们一般会在当期现金流的基础上，根据一个预期增长率来估算未来的现金流。

衡量股权风险并估算经风险调整后的折现率

当分析具有违约风险的债券时，我们指出应该调整利率以反映违约风险。这个经违约风险调整后的利率可以被视为投资者或公司的债务成本。由于利息可以在税前抵扣，因此，税后的债务成本是扣除节税额后的净额。当分析具有股权风险的投资时，我们必须对无风险利率进行调整以获得一个合适的折现率，但是这种调整反映的是股权风险而不是违约风险。此外，由于不再有承诺的利息支付，我们将这个折现率称为经风险调整后的折现率而不是利率。我们将这个调整后的折现率作为权益成本。在第2章中，我们已讨论过衡量该成本的不同方法。

一家公司可以被视为一系列资产的集合，部分来自债权融资，部分来自股权融资。包括债权和股权的融资组合的成本是债务成本和权益成本的加权平均值，其权重取决于两种融资的比例。这种融资组合的成本被称为资本成本。

例如，假设某公司的权益成本为10.54%，税后债务成本为3.58%，同时假设该公司融资的80%来自股权，20%来自债权。那么，其资本成本将是：

$$资本成本 = 10.54\% \times 0.8 + 3.58\% \times 0.2 = 9.17\%$$

因此，对该公司来说，权益成本为10.54%，而资本成本仅为9.17%。

如果我们需要折现的现金流是我们在前一节定义的股权投资者的现金流，那么合适的折现率是权益成本。如果现金流是偿付债务之前的，属于整个公司，那么合适的折现率就是资本成本。

评估具有股权风险和有限使用期的资产的价值

大多数资产的使用期都是有限的。在使用期结束后,虽然资产可能仍然保留了一些价值,但被认为失去了营运能力。为了更好地说明这一点,假设你购买了一栋公寓楼,并准备通过出租公寓获得收入。这栋公寓楼的使用期有限,比如30~40年,之后会被拆除并建造新楼,但是即使这种情况发生了,土地也继续具有价值。

这栋公寓楼的价值可以根据其使用期内创造的现金流(在偿付债务之前)来评估,并将这些现金流根据购买该公寓楼的融资组合的成本(即资本成本)进行折现。我们还应该估算在预期使用期结束时,该公寓楼以及公寓楼占用的土地的价值,并将其折现为现值。总的来说,具有有限使用期的资产的价值可以使用如下公式计算:

$$\text{有限使用期资产的价值} = \sum_{t=1}^{t=N} \frac{E(\text{资产现金流}_t)}{(1+k_c)^t} + \frac{\text{使用期结束时的资产价值}}{(1+k_c)^N}$$

其中,k_c 为资本成本。

整个分析也可以从你作为这个公寓楼唯一的股权投资者的角度进行。如果是这样,现金流将被界定为偿付债务之后的现金流,合适的折现率是权益成本。在公寓楼使用寿命的末期,我们仍需要估算该公寓楼的价值,但是只考虑偿付所有债务之后的现金结余。因此,具有 N 年固定使用期的资产的股权价值,比如某栋办公楼,就可以写成如下形式:

$$\text{有限使用期资产的股权价值} = \sum_{t=1}^{t=N} \frac{E(\text{股权现金流}_t)}{(1+k_e)^t} + \frac{\text{使用期结束时资产的股权价值}}{(1+k_e)^N}$$

其中,k_e 是在给定现金流风险下该资产的股权投资者要求获得的收益率，使用期结束时的股权价值就是资产的价值减去应偿付债务之后的价值。你能通过对公寓楼进行维修来延长其使用期吗？也许可以。如果你选择这么做，那么公寓楼的使用期会延长，但是每一期归属股权投资者和公司的现金流会被维修所需的再投资抵减。[1]

为了进一步说明这些原则，假设你要购买一栋出租用建筑物，需要评估其价值。该建筑物的使用期为12年，预计偿付债务之前的税后现金流为100万美元，且在接下来的12年里以每年5%的速度增长。预计该建筑在第12年末的价值（残值）为250万美元。基于你的债务成本和你对该建筑物投资的权益成本，你估算的资本成本为9.51%。该建筑物的估值见表4.3。

表4.3 出租用建筑物的价值

年度	预期现金流（美元）	期末价值（美元）	现值（折现率9.51%，美元）
1	1 050 000		958 817
2	1 102 500		919 329
3	1 157 625		881 468
4	1 215 506		845 166
5	1 276 282		810 359
6	1 340 096		776 986
7	1 407 100		744 987
8	1 477 455		714 306
9	1 551 328		684 888
10	1 628 895		656 682
11	1 710 339		629 638

1　通过将公寓楼维护得更好，你也许可以收取更高的租金，这将增加你的现金流入，冲抵再投资时的现金流出。

续表

年度	预期现金流（美元）	期末价值（美元）	现值（折现率9.51%，美元）
12	1 795 856	2 500 000	1 444 124
建筑物价值			10 066 749

我们可以注意，今后12年的现金流为递增年金，其现值用下面这个公式可以很容易地计算出来：

$$建筑物价值 = \frac{1\,000\,000(1.05)\left(1 - \frac{(1.05)^{12}}{(1.095\,1)^{12}}\right)}{(0.095\,1 - 0.05)} + \frac{2\,500\,000}{(1.095\,1)^{12}}$$
$$= 10\,066\,749\text{美元}$$

这栋出租用建筑物的价值为10 066 749美元。

具有无限使用期的资产的估值

为企业或公司进行估值与为单个资产进行估值不同，我们面对的常常是没有固定使用期的实体。公司如果每一期都对新资产进行充分的再投资，就可以一直创造现金流。在这一节中，我们将讨论具有无限使用期和不确定现金流的资产的估值。

股权和公司估值

在如何为具有股权风险的资产估值的那部分中，我们介绍了股权现金流和公司现金流两个概念。股权现金流是在偿付债务、支付费用和完成再投资以后的剩余现金流。在讨论公司估值时，我们会用同样的定义来衡量归属股权投资者的现金流。当将这些现金流用公司的权益成本折现后，得到的就是公司的股权价值。图4.6描述的就是这个概念。

注意，我们对现金流和折现率的定义是一致的，都是从公司股权投资者的角度定义的。

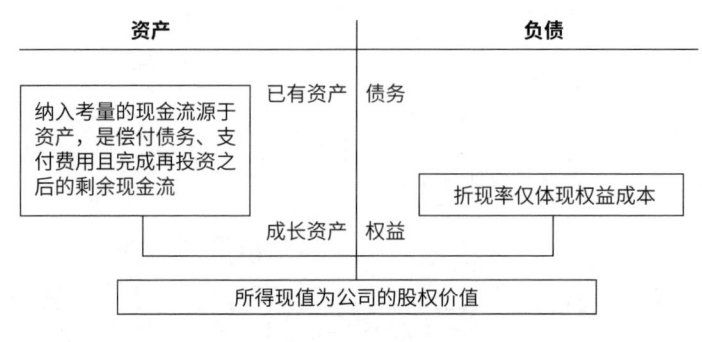

```
        资产              |    负债
纳入考量的现金流源于      已有资产  债务
资产，是偿付债务、支
付费用且完成再投资之              折现率仅体现权益成本
后的剩余现金流
                          成长资产  权益
        所得现值为公司的股权价值
```

图 4.6　股权价值的估算

除了估算资产或公司的股权价值，我们还有另外一个方法，即估算整个公司的价值。为此，我们不仅要看归属股权投资者的总现金流，还要看归属债权人（或债券持有人）的总现金流。在这种情况下，合适的折现率为资本成本，因为它同时反映了权益成本和债务成本。其过程如图4.7所示。

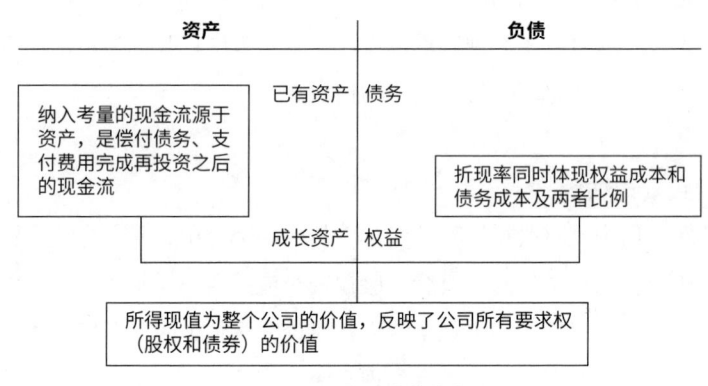

```
        资产              |    负债
纳入考量的现金流源于      已有资产  债务
资产，是偿付债务、支
付费用完成再投资之后              折现率同时体现权益成本和
的现金流                          债务成本及两者比例
                          成长资产  权益
所得现值为整个公司的价值，反映了公司所有要求权
（股权和债券）的价值
```

图 4.7　公司价值的估算

投资哲学 | 118

请再次注意，我们对现金流和折现率的定义是一致的，我们不仅估算了投资的股权部分的价值，而且估算了整个投资的价值。

股息和股权估值

在评估上市公司股权投资的价值时，你可以认为投资者从公司中得到的唯一现金流就是股息。这样，投资的股权价值就可以根据股权能获得的预期股息的现值来计算。

$$股权价值（仅含股息）= \sum_{t=1}^{t=\infty} \frac{E(股息_t)}{(1+k_e)^t}$$

这里的估值方法与为债券定价时使用的方法类似，只是用股息代替了息票，用权益成本代替了债券利率。但是，由于上市公司的股权是无限期的，这意味着我们在没有加入其他假设之前是无法完成估值的。

为了衡量公司的股权价值，一种方法是假设从今天起公司支付的股息将以固定增长率永续增长。有了这个假设，我们就可以用永续增长年金的现值计算公式估算公司的股权价值：

$$股权价值（股息以固定增长率永续增长）= \frac{E(下期股息)}{(k_e - g_n)}$$

这一模型被称为戈登增长模型，它很简单，但有局限性，因为它只能用于衡量支付股息的公司的股权价值，而且股息还必须以固定增长率永续增长。这一假设具有限制性，因为没有一种资产或一家公司能够永久地以高于经济增长率的速度持续增长。如果真的发生了这种情况，该公司就会扩张为整个经济体了。因此，固定的增长率就会被限制在低于或等于经济增长率的水平。如果在 2012 年为美国公司估值，这一增长率的上限为2%～3%。[1] 这一限制也使得在戈登增长模型中使用的增长率会低于折现率。

数据观察 | 爱迪生联合电气公司的估值：观察包含爱迪生联合电气公司估值数据的电子表格。

我们以为纽约市提供大部分电力的爱迪生联合电气公司为例来演示戈登增长模型。该公司2010年每股派息2.4美元，预期股息会长期以每年2%的速度增长。该公司的权益成本为8%。其每股价值估算如下：

每股价值 = 2.4美元 × 1.02/（0.08–0.02） = 40.80 美元

在我们进行上述估值时，该公司股票的成交价为每股42美元。我们可以认为，基于以上估算，该股票的市场价格被稍微高估了。

如果需要对一只股息年增长率为15%的股票进行估值，我们该如何做呢？答案很简单，我们将股票的估值分为两个部分。第一部分，我们估算公司在股息增长率高于经济增长率的期间每一期的预期股息，并将这些股息的现值加总。第二部分，我们假设从未来的某一期开始股息增长率会下降，并永久保持在某一固定水平。一旦做出这一假设，我们就可以使用戈登增长模型来估算具有固定增长率的所有股息的现值。这一现值被称为终端价值，它代表了当未来公司稳定增长时其股票的预期价值。股票的终端价值加上股息现值就得到了股票当期的价值：

$$股权价值（高股息增长率） = \sum_{t=1}^{t=N} \frac{E(股息_t)}{(1+k_e)^t} + \frac{终端价值_N}{(1+k_e)^N}$$

---

[1] 20世纪90年代美国经济的名义增长率大约为5%。在此期间，以名义美元表示的全球经济增长率约为6%。无风险利率是衡量长期名义增长率的一个很好的指标，随着经济增速放缓，美国和欧洲2012年的无风险利率已降到2%左右。

其中，N 为高股息增长率的年份数，终端价值建立在第 N 年之后股息进入稳定增长阶段的假设的基础上。

$$终端价值 = \frac{E(股息_{N+1})}{(k_e - g_n)}$$

数据观察 | 宝洁公司的估值：观察包含宝洁公司估值数据的电子表格。

为了演示这一模型，假设我们需要为宝洁公司估值，宝洁公司是一家全球领先的消费品公司，拥有吉列剃须刀、帮宝适纸尿裤、汰渍洗衣粉、佳洁士牙膏和维克斯止咳药等一系列非常著名的产品。2010年，宝洁的每股盈利为3.82美元，并将盈利的50%作为股息派发给股东。我们将该公司的贝塔系数定为0.9（这是2010年大型消费品公司的贝塔系数），无风险利率为3.5%，成熟市场的风险溢价为5%，那么权益成本为：

$$权益成本 = 3.50\% + 0.90（5\%）= 8\%$$

我们预计宝洁公司随后5年的盈利和股息的增长率为10%，将这些股息按权益成本折现，得到这5年的股息累计现值为10.09美元（如表4.4所示）：

表4.4 保洁公司5年股息累计现值

	1年	2年	3年	4年	5年	合计
每股盈利（美元）	4.20	4.62	5.08	5.59	6.15	
派息率（%）	50	50	50	50	50	
每股股息（美元）	2.10	2.31	2.54	2.80	3.08	
权益成本（%）	8	8	8	8	8	
现值（美元）	1.95	1.98	2.02	2.06	2.09	10.09

5年后，我们假设宝洁公司进入稳定增长阶段，盈利和股息每年增长3%（刚好低于无风险利率）。随着增长率的降低，我们假设公司将派息率提高到其盈利的75%，同时面临略高的8.5%的权益成本。[1]

$$第5年末的每股价值 = \frac{每股盈利_5(1+增长率_{稳定})(派息率_{稳定})}{(权益成本_{稳定}-增长率_{稳定})}$$

$$= \frac{6.15美元(1.03)(0.75)}{(0.085-0.03)} = 86.41美元$$

将计算出的数值按8%（高增长阶段的权益成本）的折现率折现为现值，再加上高增长阶段预期股息的现值，可得出每股价值为68.9美元。

每股价值 = 高增长阶段预期股息的现值+高增长阶段末每股价值的现值
= 10.09美元+86.41美元/1.085
= 68.9美元

2011年5月，宝洁公司的股票价格为每股68美元，定价是合理的。[2]

股权现金流更广泛的衡量方法

仅仅使用股息来估算股权价值存在两个显著的问题。第一个问题是，它仅仅考虑了投资者以股息形式得到的股权现金流。它无法用于评估私人持股公司的价值，因为私人持股公司的所有者经常从公司抽取现金，但可能并不称其为股息；它在一些情况下也可能无法用于评估上市公司的价值，例如上市公司以回购股票的方式向股权投资者返还现金。第二个问题是，使用股息衡量股权价值建立在公司会尽其所

---

[1] 在公司稳定增长阶段，权益成本一般会下降，这个案例是个例外。宝洁公司在高增长阶段的风险低于平均水平。我们预期在稳定增长阶段，其风险将会是平均水平。

[2] A. Damodaran, *Investment Valuation*, 3rd ed. (Hoboken, NJ: John Wiley & Sons, 2012).

能支付股息这一假设的基础上,所以当这种假设不成立时,股息折现模型就会错估公司的股权价值,在公司派息低于其实际能力时低估股权价值,在公司派息高于其实际能力时高估股权价值。

为了解决这个问题,我们对现金流进行了更宽泛的定义,引入了股权自由现金流的概念。股权自由现金流为支付完营业费用和利息费用、偿付完净债务且满足再投资需求后的现金结余。再投资需求包括对长期资产和短期资产的投资,前者用资本支出和折旧(扣除净资本后)之间的差额来衡量,后者用非现金营运资本的变化来衡量。这里的净债务是指新发行债务和旧债务偿付额之间的差额。如果新发行债务超过了旧债务偿付额,那么股权自由现金流将会增加:

股权自由现金流=净收入−再投资需求−(旧债务偿付额−新发行债务)

我们可以将股权自由现金流视为潜在的股息或公司应该支付的股息。举例来说,2010年,可口可乐公司的净利润为118.09亿美元,资本支出为22.15亿美元,折旧为14.43亿美元,新增非现金营运资本3.35亿美元,当年可口可乐公司的新发行债务比旧债务偿付额多1.5亿美元。可口可乐公司的股权自由现金流计算如下:

股权自由现金流=净利润−(资本支出−折旧)−新增非现金营运
　　　　　　　资本−(旧债务偿付额−新发行债务)
　　　　　　=[118.09−(22.15−14.43)−3.35−(−1.5)]亿美元
　　　　　　=108.52亿美元

净利润和股权自由现金流之间的差异说明,2010年可口可乐公司的股权投资者将净利润的一部分进行了再投资。

股权再投资=净利润−股权自由现金流=(118.09−108.52)亿美元
　　　　　=9.57亿美元

可口可乐公司 2010 年支付了约 60 亿美元的股息，远低于其股权自由现金流。因此，股息折现模型会低估可口可乐公司股权的价值。

数据观察 ｜ 可口可乐公司的估值：观察包含可口可乐公司估值数据的电子表格。

一旦估算出股权自由现金流，随后的估值过程与股息折现模型相似。为股权自由现金流以固定比率永续增长的公司估算股权价值，我们使用现值公式来估算永续增长的现金流的价值：

$$具有无限使用期的资产的股权价值 = \frac{E(股权自由现金流_1)}{(k_e - g_n)}$$

我们在讨论股息折现模型时涉及的与固定增长率相关的所有限制条件在此同样适用。

在更普遍的情况下，当股权自由现金流的增长率高于经济总体增长率时，股权的价值可以分为两个部分进行估算。第一部分是在高增长期间股权自由现金流的现值。第二部分是股权终端价值的现值，估算的假设前提是公司在未来某一时点进入稳定增长阶段：

$$股权价值（高股权自由现金流增长率）= \sum_{t=1}^{t=N} \frac{E(股权自由现金流_t)}{(1+k_e)^t} + \frac{股权终端价值_N}{(1+k_e)^N}$$

通过使用股权自由现金流，我们就有了估算任何类型的企业或上市公司股权价值所需的灵活方法。将这一方法运用到 2010 年的可口可乐公司，假设其净利润在接下来的 5 年里以 7.5% 的速度增长，公司每年将净利润的 25% 用于再投资。此外，我们假设在这 5 年里可口可乐公司的权益成本为 8.45%。表 4.5 展示了这一期间公司股权自由现金流及其现值的估算。

表 4.5　预期股权自由现金流及其现值

项目	1 年	2 年	3 年	4 年	5 年
预期增长率（%）	7.5	7.5	7.5	7.5	7.5
净利润（百万美元）	12 581	13 525	14 539	15 630	16 802
股权再投资率（%）	25	25	25	25	25
自由现金流（百万美元）	9 436	10 144	10 905	11 722	12 602
权益成本（%）	8.45	8.45	8.45	8.45	8.45
股权累计成本	1.084 5	1.176 1	1.275 5	1.383 3	1.500 2
现值（百万美元）	8 701	8 625	8 549	8 474	8 400

可口可乐公司随后 5 年的股权自由现金流的现值为 427.49 亿美元。在第 5 年末，我们假设可口可乐公司将进入稳定增长阶段，每年以 3% 的速度永续增长，并将其净利润的 20% 用于再投资，权益成本为 9%。第 5 年末的股权价值为：

$$第5年末的股权价值 = \frac{第5年的预期净收入(1+g_{稳定})(1-再投资率_{稳定})}{(稳定的权益成本 - g_{稳定})}$$

$$= \frac{16\,802百万美元(1.03)(0.80)}{(0.09-0.03)} = 230\,750百万美元$$

将此终端价值按照第 5 年的累计权益成本折现，然后加上随后 5 年股权自由现金流的现值，我们就可以得到可口可乐公司的股权价值。

股权价值 = 股权自由现金流的现值 + 终端价值的现值
　　　　= 42 749百万美元 + 230 750百万美元 / 1.500 2
　　　　= 196 562百万美元

用可口可乐的股权价值除以已发行股票的数量（22.892 5 亿股），我们就可以得到可口可乐的每股价值为 85.86 美元，远高于我们进行估值时可口可乐的市场价格 68.22 美元。

从评估股权价值到评估公司价值

一家公司不是只有股权投资者，还有其他的收益要求者，包括债券持有人和银行。所以当衡量一家公司的价值时，我们应该考虑属于所有这些收益要求者的现金流。我们将公司自由现金流（FCFF）定义为在支付营业费用、缴纳税款和满足再投资需要之后，在债务偿付（利息或本金）之前的现金流。

公司自由现金流 = 税后营业收入 – 再投资

比较股权自由现金流和公司自由现金流的定义，我们会发现它们有两个明显的不同之处。股权自由现金流的计算基础是净利润，这是支付利息费用和税款之后的收入，而公司自由现金流的计算基础是税后营业收入，是在支付利息费用之前的收入。另一个区别在于，股权自由现金流是净债务偿付之后的收入，而公司自由现金流是净债务偿付之前的收入。

公司自由现金流到底衡量的是什么？一种解读是，它衡量了在不考虑融资成本的情况下由资产产生的现金流，因此是经营性现金流的衡量指标。另一种解读是，公司自由现金流用于满足所有收益要求者对现金的需要，即债权人对本金和利息的要求以及股权投资者对股息和股票回购的要求。

为了说明如何估算公司自由现金流，以2010年丰田公司的情况为例。在那一年，丰田公司的营业收入为9 330亿日元，税率为40%，并且新增1 120亿日元的投资（净资本支出和运营资本）。这样丰田公司2010年的公司自由现金流为：

丰田公司自由现金流 = 营业收入（1–税率）– 再投资
       = 9 330亿日元 ×（1–0.40）– 1 120亿日元
       = 4 480亿日元

注意，以上计算中的税收支出建立在丰田公司的全部营业收入都需要纳税的假设上。[1] 一旦估算出公司自由现金流，随后公司价值的估算方法就和前面类似。如果公司的自由现金流以固定比率永续增长，我们可以使用永续增长年金的公式：

$$公司价值(公司自由现金流以固定比率永续增长)=\frac{E(公司自由现金流_1)}{(k_c - g_n)}$$

在丰田公司的例子中，我们假设永续增长率为1.5%，资本成本为6.21%。据此，我们可以计算出丰田公司经营资产的价值为96 550亿日元。

$$丰田公司经营资产的价值 = 4\,480亿日元（1.015）/（0.062\,1-0.015）$$
$$= 96\,550亿日元$$

将丰田公司经营资产的价值加上现金结余，再减去债务，就可以估算出丰田公司的股权价值。

这一模型和此前使用的股权自由现金流固定增长模型有两个关键的区别。第一个区别是，这个模型中的现金流是指偿付债务之前的现金流，而在为股权估值时的现金流是指偿付债务之后的现金流。第二个区别是，运用公司现金流模型估算公司价值时，我们将现金流按照融资组合的成本（即资本成本）折现以获得公司价值，而当衡量股权价值时我们则用权益成本进行折现。

为了估算公司自由现金流增长比率高于经济增长率的公司的价值，我们可以将上面的公式稍加修改，用以计算公司进入稳定增长阶段前的现金流的现值，然后将体现稳定增长阶段现金流的终端价值与这个现值相加：

---

1 我们没有在现金流中计算源于利息费用的税收抵减，因为税收抵减已通过税后债务成本计算在资本成本中了。

$$公司价值（高公司自由现金流增长率）=\sum_{t=1}^{t=N}\frac{E(公司自由现金流_t)}{(1+k_c)^t}$$
$$+\frac{公司终端价值_n}{(1+k_c)^N}$$

因此，公司估值和股权估值的基本过程是相同的，不同之处在于：公司估值使用的是偿付债务之前的现金流，而股权估值使用的是偿付债务之后的现金流；公司估值使用的是营业收入和现金流的增长率，而股权估值使用的是股权收入和现金流；公司估值使用的是资本成本，而股权估值使用的是权益成本。

相对估值

内在价值估值的目标是在给定资产的现金流、增长速度和风险特征的前提下，找出市场价格低于其应有价值的资产。而在相对估值中，关注点是找出与市场上类似资产的定价相比，定价偏低或偏高的资产。因此，完全有可能出现按照内在价值估值定价过高，而按照相对估值定价偏低的资产。

标准化价值和乘数

为了比较市场上类似资产的价值，我们需要以某种方法对价值进行标准化。这种标准化可以是相对于资产所创造的利润，相对于资产本身的账面价值或重置价值，或相对于资产所带来的收入。上述每一种方法都被广泛使用，并有众多的支持者。

盈利乘数

对衡量资产的价值来说，更直观的方法是将其视为所产生的盈利的乘数。在购买股票时，我们可以将所支付的价格视为公司每股盈利的乘数。市盈率（价格/盈利）可以用当前的每股盈利（历史市盈率）或随后一年的预期每股盈利（预期市盈率）计算得出。在购买一家公司时（相对于仅仅购买公司的股份），我们可以将公司经营资产的价值视为营业收入（息税前利润）或者经营现金流（息税折旧摊销前利润）的乘数。对投资者来说，乘数低比乘数高更有利，但这些乘数也会受到潜在增长率和公司所面临的风险的影响。

账面价值或重置价值乘数

市场为公司的价值提供一个估值，而会计师通常会对同一家公司给出非常不同的估值。后一个估值，即账面价值，取决于会计准则的规定，同时也会受到购入资产时支付的原始价格和随后进行的会计调整（如折旧）的影响。投资者经常将他们在购买股票时支付的价格与股权的账面价值（或净值）进行比较，作为判断股票价格被低估或高估的依据之一。由此得到的市净率（价格/账面价值）在不同行业间的差别非常大，它同样取决于公司的增长潜力和投资的质量。在衡量整个公司的价值时，这一比率通过公司价值和公司经营资产（而不仅仅是股权）的账面价值进行估算。对那些认为账面价值不能有效衡量资产真实价值的人来说，另一个可供选择的方法是资产重置成本，公司价值与重置成本的比率就是托宾Q。

收入乘数

盈利和账面价值都是会计指标，因此受会计准则和原则的影响。另一种方法受这些因素的影响非常小，即比较资产的价值和资产创造的收入。对股权投资者来说，这一比率是市销率（价格/销售收入），即用每股价格除以每股所创造的收入。当衡量公司价值时，这一比率可以修改为价值/销售收入，在这里分子为公司的总价值。这一比率在不同的行业也不尽相同，在很大程度上取决于每个行业的利润率。使用这些乘数的优点在于，它们使得比较在不同市场使用不同会计准则的公司变得更加容易。

乘数背后的基本原理

支持相对估值的一个常见原因是，与现金流折现模型估值相比，前者基于的假设少得多。在我看来，这是一种错误的认识。现金流折现模型估值和相对估值之间的区别在于，分析师所做的假设在前一种估值方式中是需要予以明确的，而在后一种估值方式中是可以被隐含的。因此，重要的是我们需要了解哪些变量决定了乘数的差异，因为这些变量正是我们在比较不同公司的乘数时需要控制的因素。

要想看出股权价值和公司价值乘数的本质，我们需要回到简单的股权估值和公司估值的现金流折现模型，并使用它们来推导出乘数。因此，根据股权估值最简单的现金流折现模型，即股息固定增长折现模型，可知股权价值的公式如下：

$$股权价值 = P_0 = \frac{DPS_1}{k_e - g_n}$$

其中，DPS_1 为随后一年的预期股息，k_e 为权益成本，g_n 为预期固定增长率。将等式两边除以每股收益（EPS），我们就得到了固定增长公司市盈率的现金流折现模型：

$$\frac{P_0}{EPS_0} = 市盈率 = \frac{派息率 \times (1 + g_n)}{k_e - g_n}$$

将等式两边除以股权的账面价值（BV），我们就能估算出固定增长公司的市净率（PBV）：

$$\frac{P_0}{BV_0} = PBV = \frac{ROE \times 派息率 \times (1+g_n)}{k_e - g_n}$$

其中，ROE 为净资产收益率。再除以每股销售额，我们就能得到固定增长公司的市销率，我们可以看到市销率是利润率、派息率和预期增长率的函数：

$$\frac{P_0}{市销率_0} = 市销率 = \frac{利息率 \times 派息率 \times (1+g_n)}{k_e - g_n}$$

我们也可以从公司估值的角度进行相似的分析。固定增长公司的价值可以写成如下形式：

$$公司价值 = V_0 = \frac{公司自由现金流_1}{k_c - g_n}$$

除以预期公司自由现金流，我们就可以得到固定增长公司的价值/公司自由现金流的乘数：

$$\frac{V_0}{公司自由现金流_1} = \frac{1}{k_c - g_n}$$

由于公司自由现金流使用的是扣除净资本支出和公司所需流动资金后的税后销售收入，所以息税前利润、息前税后利润和息税折旧摊销前利润的乘数也可以用相似的方法加以估算。例如，价值/息税折旧摊销前利润可以表示为：

$$\frac{价值}{息税折旧摊销前利润} = \frac{(1-t)}{k_c - g} + \frac{\text{Depr}(t)/息税折旧摊销前利润}{k_c - g}$$
$$- \frac{\text{CEx}/息税折旧摊销前利润}{k_c - g}$$
$$- \frac{\Delta流动资本/息税折旧摊销前利润}{k_c - g}$$

其中 Depr 为折旧，CEx 为资本支出。

上述分析的目的不是要我们回到使用现金流折现模型，而是为了让我们了解可能导致同一行业不同公司的这些乘数各不相同的变量。不了解这些变量的分析师可能会得出结论，认为市盈率为 8 的股票比市盈率为 12 的股票更便宜，而真正的原因可能是后者有着更高的预期增长率。或者分析师可能会认为市净率为 0.7 的股票比市净率为 1.5 的股票更便宜，而真正的原因可能是后者有着更高的股权收益率。表 4.6 列出了被广泛使用的乘数以及影响这些乘数的变量；我们将对乘数影响最大的变量加粗显示。这些变量就是我们所说的乘数伴随变量，即为了使用这些乘数找出定价过低或过高的资产，我们需要了解的变量。

表 4.6 乘数和伴随变量（伴随变量加粗显示）

乘数	决定性变量
市盈率	增长率、派息率、风险
市净率	增长率、派息率、风险、**股权收益率**
市销率	增长率、派息率、风险、**净利润**
价值/息税前利润	增长率、**再投资**、资产负债比率、风险
价值/息税前利润（1–t）	
价值/息税折旧摊销前利润	
价值/销售收入	增长率、净资本支出需求、资产负债比率、风险、**营运利润率**
价值/账面资本	增长率、资产负债比率、风险、**资本收益率**

投资哲学 | 132

使用可比公司

大多数分析师对乘数的分析都会与可比公司相结合，以判断公司的估值是否合理。冒着把问题简单化的风险，乘数分析通常始于两个决策：选择在分析中使用的乘数，以及选择作为分析对象的一组可比公司。计算每家可比公司的乘数，然后计算出这组公司的平均乘数（或中位数）。对某家公司进行估值时，分析师会将其乘数与计算所得的平均乘数相比较，如果差别显著，分析师就会对该公司的个体特征（增长率、风险等）是否能解释这种差异做出主观判断。因此，如果某家公司的市盈率为22，而该行业的平均市盈率仅为15，分析人员就可能得出结论，由于该公司的潜在增长率高于行业的增长率，所以这样的差别是合理的。当分析师认为乘数的差异无法用基本面来解释时，该公司的价格就会被认为是被高估（公司乘数高于平均值）或低估（公司乘数低于平均值）了。

选择可比公司

相对估值过程的关键在于选择具有可比性的一组公司。从估值的角度看，具有可比性的公司应拥有相似的现金流、增长潜力和风险。从理论上说，分析公司的价值应该看就风险、增长率和现金流而言与该公司完全一样的公司的定价情况。然而，在大多数分析中，可比公司被定义为与被分析公司处于同一行业的公司。如果该行业有足够多的公司，那么可以用其他标准对这些公司进行筛选，比如只考虑规模相似的公司。这里隐含的假设是，同一行业的公司都具有相似的风险、增长率和现金流，因此相互比较更具合理性。但在以下两种情况下，这一方法会变得更加难以应用：

1. 同一行业中的公司相对较少。在美国之外的大多数市场中，单个行业中的上市公司数量一般较少，特别是对小行业来说。

2. 同一行业中不同公司的风险、增长率和现金流差异很大。在美国有数百家上市交易的计算机软件公司，但是这些公司之间的差别非常大。

这里的权衡取舍很简单。将行业定义得更宽泛一些就能增加可比公司的数量，但这么做也会加大可比公司之间的差异性。

控制公司之间的差异

由于我们不可能找到与被估值公司完全一样的公司，我们必须想办法控制公司之间的差异。之前讨论的现金流折现模型的一个优点是，它能让我们清楚地知道每个乘数背后的决定因素是什么，我们也就知道了需要控制哪些变量。表4.6为我们总结过这些变量。

对变量的控制可以是简单地对乘数进行调整，从而将某个关键变量的差异考虑进去，也可以是比较复杂的调整，以考虑多个变量的差异。

我们先从简单的方法开始，即根据乘数最重要的决定变量对基本乘数进行调整。比如，将市盈率除以每股盈利的预期增长率就可以得到公司经增长调整后的市盈率。同样，可以将市净率除以股权收益率，将市销率除以净利润。这些经过调整的比率可以在同一行业的不同公司之间进行比较。这里隐含的假设是，除了控制因素，这些公司在价值的其他所有方面都具有可比性。

表4.7显示了相对估值的过程，列出了被选中的软件公司的市盈率和分析师一致认同的随后5年的预期增长率。

单独比较这些公司的市盈率并不能反映这些公司预期增长率的不同，但是表中最后一列可以被视为经增长调整后的市盈率，这意味着喝彩娱乐公司是这些公司中股价最便宜的公司，而明尼苏达州教育公司是股价最贵的公司。但是这个结论只有在这些公司风险相同的情况下才成立。

表 4.7 市盈率和预期增长率：软件公司

公司	市盈率	预期增长率（%）	市盈率/每股收益预期增长率
喝彩娱乐公司	13.7	23.6	0.58
美国动视公司	75.2	40	1.88
布劳德本德软件公司	32.3	26	1.24
戴维森合伙软件公司	44.3	33.8	1.31
埃德马克软件公司	88.7	37.5	2.37
美国艺电公司	33.5	22	1.52
商乐宁软件公司	33.5	28.8	1.16
Maxis 游戏公司	73.2	30	2.44
明尼苏达州教育公司	69.2	28.3	2.45
雪乐山在线游戏公司	43.8	32	1.37

当公司在多个方面存在差异时，根据公司间的差异来调整乘数就会变得比较困难。但是，用这些变量对乘数进行回归，然后利用回归结果预测每家公司的价值是可行的。当可比公司的数量很多且乘数和变量之间的关系很强时，这个方法相当有用。如果不能满足这些条件，若干异常值就会导致系数发生巨大变化，使得预测结果的可靠性大大降低。

为了举例说明，表 4.8 列出了一些石油公司的市净率及它们的股权收益率、预期增长率。

由于这些公司在增长率和股权收益率方面存在差异，我们可以用两个变量对市净率进行回归：

市净率 $= -0.11 + 11.22$（净资产收益率）$+ 7.87$（预期增长率）
　　　　　　　　　[5.79]　　　　　　　　　　　[2.83]

$R^2 = 60.88\%$

第 4 章　钱在哪里：估值的基础 | 135

中括号中的数字是 t 统计量,它们说明市净率和两个回归变量的关系在统计上是显著的。R^2 表示自变量能在多大程度上(百分比)解释这些公司市净率的差异。最后,回归结果能用来预测表 4.8 中公司的市净率。例如,雷普索尔石油公司的预测市净率为:

$$预测市净率_{雷普索尔} = -0.11+11.22 \times 0.174+7.87 \times 0.14 = 2.94$$

由于雷普索尔公司真正的市净率为 2.2,这个值说明公司的股价大约被低估了 25%。

表 4.8　市净率和净资产收益率:石油公司

公司名称	市净率	净资产收益率(%)	每股收益预期增长率(%)
道达尔能源公司 ADR B	0.9	4.1	9.5
巨大机械工业股份有限公司	1.1	7.2	7.81
荷兰皇家石油公司 ADR	1.1	12.3	5.5
美国特索罗石油公司	1.1	5.2	8
巴西国家石油公司	1.15	3.37	15
阿根廷国家石油公司 ADR	1.6	13.4	12.5
亚什兰集团	1.7	10.6	7
桂冠达集团	1.7	4.4	17
Coastal 集团	1.8	9.4	12
埃尔夫阿奎坦石油公司 ADR	1.9	6.2	12
霍利能源	2	20	4
美国钻石三叶草公司	2	9.9	8
美国威特科公司	2	10.4	14
全球燃料服务公司	2	17.2	10
埃尔科公司	2.1	10.1	15

续表

公司名称	市净率	净资产收益率（%）	每股收益预期增长率（%）
帝国石油公司	2.2	8.6	16
雷普索尔公司 ADR	2.2	17.4	14
壳牌运输贸易公司 ADR	2.4	10.5	10
阿莫科公司	2.6	17.3	6
菲利普斯石油公司	2.6	14.7	7.5
埃尼集团 ADR	2.8	18.3	10
Mapco 石油公司	2.8	16.2	12
德士古公司	2.9	15.7	12.5
英国石油公司 ADR	3.2	19.6	8
托斯科公司	3.5	13.7	14

上述两种方法都假设乘数与影响价值的变量之间的关系是线性的。这一假设未必正确，因此你也可以在这些回归中使用非线性模型。

数据观察 ｜ 石油公司的相对估值：观察包含本例中涉及的石油公司相对估值数据的电子表格。

扩大可比公司的范围

在公司所在的同一行业中寻找可比公司是相当受限的，特别是当该行业中的公司相对较少或该公司跨行业经营时。可比公司的定义不是指与被分析公司具有相同的业务，而是指与被分析公司具有相同的增长率、风险和现金流等特征，因此，我们也不太清楚为何要以行业来限制可比公司。如果我们能够对基本面的差别进行控制，那么一家计算机软件公司与一家汽车制造公司就应该具有可比性。

前面介绍的回归方法允许我们控制那些能对公司之间的乘数差异产生影响的变量。因此我们可以使用回归方程的极简版本，基于变量对市盈率、市净率和市销率进行回归：

市盈率 = a+b（增长率）+c（派息率）+d（风险）
市净率 = a+b（增长率）+c（派息率）+d（风险）+e（股权收益率）
市销率 = a+b（增长率）+c（派息率）+d（风险）+e（利润）

但是，我们用于风险（β）、增长率（预期增长率）和现金流（派息率）的代理变量有可能是不完美的，而且它们之间的关系也并非线性的。为了处理这些局限性，我们可以在回归中加入更多变量（如公司的规模可以作为风险的代理变量），并使用变量的转换来处理非线性关系。

与本章前面讨论的同一行业不同公司之间的"主观"比较相比，这种方法的第一个优点在于，它建立在实际市场数据的基础上，对增长率或风险对乘数的影响程度进行了量化分析。虽然由此得到的估计值可能存在噪声，但是这些噪声恰好反映出许多分析师在进行主观判断时不面对现实的情况。第二个优点在于，通过观察市场上所有的公司，分析师能跳出公司数量较少的某一行业，从而在进行分析时进行更准确的比较。最后一个优点是，当整个行业的价值都被低估或被高估时，它可以使分析师摆脱视野盲区。

评估具有或有现金流的资产的价值（期权）

一般来说，资产的价值就是资产预期现金流的现值。在这一节中，我们将考虑当资产拥有以下两个特点时的例外情况：

1. 资产的价值源自其他资产的价值。
2. 资产的现金流取决于某一特定事件是否发生。

这样的资产被称为期权,这些资产的现金流现值会低估其真实价值。在本节中,我们将讨论期权现金流的特点,分析决定期权价值的因素,并讨论如何最佳地衡量其价值。

期权的现金流

期权分为两种类型。看涨期权赋予期权买入者以固定的价格买入标的资产的权利,而看跌期权赋予期权买入者以固定的价格卖出标的资产的权利。在两种情况下,买入或卖出标的资产的固定价格被称为行权价。

让我们先来看看期权的收益。对看涨期权来说,当购买了以固定价格买进某一资产的权利时,你会希望该资产的价格上涨到高于该固定价格。如果价格真的超过了固定价格,你就能获利,因为你可以以约定的固定价格购买该资产,然后以更高的市场价格卖出。当然,你在计算利润时需要扣除当初购买期权所支付的成本。然而,如果该资产的价格跌至行权价之下,那么你以更高的价格购买该资产就没有任何意义了。在这种情况下,你就会损失当初购买期权所支付的成本。图4.8 总结了看涨期权的购入者在期满时的盈亏情况。

在购入看跌期权时,你获得以固定价格卖出资产的权利,你会希望该资产的价格降至约定价格以下。如果确实如此,你就可以以目前的市场价格购入该资产,然后以行权价卖出,之间的差额就是你能获得的毛利。将当初购入期权的成本从毛利中扣除后,剩下的就是净利润。如果该资产的价格上涨到高于行权价,你就不会选择以低价卖出资产,而是让期权到期作废,不予行权,这样损失的就是购买看跌期权的成本。图4.9 总结了买入看跌期权的净收益。

购买看涨期权和看跌期权的收益空间很大，而可能的损失仅限于购买期权的成本。

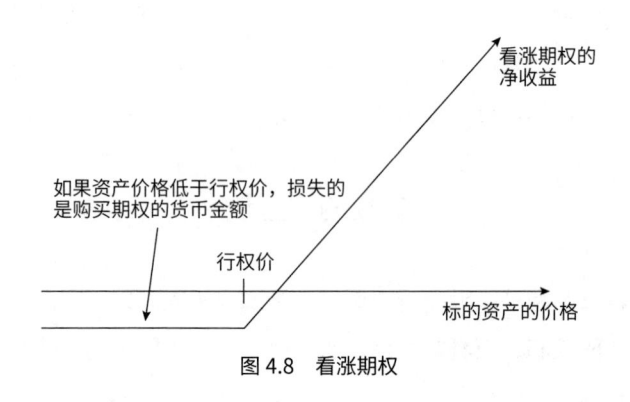

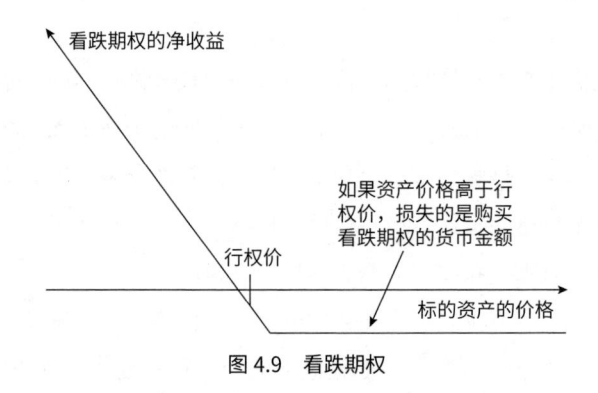

图 4.8　看涨期权

图 4.9　看跌期权

期权价值的决定因素

期权价值是由什么决定的？一方面，期权与其他资产一样都有预期现金流，这似乎意味着我们可以使用现金流折现模型对期权进行估值。另一方面，期权的两个关键特征（价值源于其他交易资产，以及现金流取决于某一特定事件是否发生）提示我们，我们可以使用某种更简单的方法对其进行估值。我们可以通过标的资产的头寸和借贷组合构建一个与所评估期权具有相同现金流的投资组合。这个投资组合叫作复制组合，它的成本应该和期权的成本相同。具有相同现金流的两种资产（期权和复制组合）不能以不同的价格出售的原则被称为套利原则。

期权的价值来自标的资产的价值。标的资产价值的上升将提高以固定价格购入该资产的期权价值，并降低以固定价格出售该资产的期权价值。反过来，提高行权价会降低看涨期权的价值而提高看跌期权的价值。

虽然当股票价格和行权价发生变动时，看涨期权和看跌期权的价值变动方向相反，但是随着期权的期限和标的资产波动幅度的增加，两种期权的价值都会增加，这是因为期权购买方面临的潜在损失有限。和风险增加时价值就会减少的传统资产不一样，当标的资产的波动幅度扩大时，期权的价值反而会增加。这是因为，波动不会恶化下行风险（你的损失不可能超过买入期权时支付的费用），却能使潜在的收益更高。此外，较长的期权期限只会让看涨期权和看跌期权的持有者有更长的时间等待期权升值。

最后两项影响看涨期权和看跌期权价值的因素是无风险利率和标的资产的预期股息。看涨期权和看跌期权的购买者通常在购买时就支付了期权的费用，然后等待到期行权。承诺10年后以100万美元购买资产比现在立即购买容易得多，这是一种现值效应。因此，一般情况下，利率升高会提高看涨期权的价值（降低行权价的现值），降低看跌期权的价值（降低行权后收到的现金的现值）。资产的预期股息会降低资产的价值，因此不支付股息的股票的看涨期权，其价值会高于支付股息的股票的看涨期权。看跌期权的情况正好相反。

结论

　　本章内容为接下来的章节中将要用到的资产和公司估值模型奠定了基础。估值模型有三类。使用最广泛的是现金流折现模型，它可以用来评估任何在使用期间具有预期现金流的资产的价值。资产的价值就是预期现金流以反映现金流风险的折现率折现后的现值，无论是对于零息政府债券还是高风险公司股票，这个原则都适用。第二类模型是相对估值模型，在这个模型中，资产的价值建立在市场相似资产定价的基础上。第三类模型是期权定价模型。有一些资产的现金流取决于某一特定事件是否发生，这些资产的价值无法用现金流折现模型准确地估算出来。这些资产应该被视为期权，用期权定价模型进行估值。

练习

选择一家你对其业务和历史都熟悉的公司,然后:

1. 对该公司进行内在价值评估。你可以构建自己的电子表格,也可以使用我提供的(在我的网站上下载)。你可以选用以下模型中的任意一个:

    a. 简单的股息折现模型(为金融服务公司估值)。

    b. 简单的股权自由现金流模型(为一般公司估值,使用股权现金流)。

    c. 简单的公司自由现金流模型(为一般公司估值,使用公司现金流)。

2. 选择一个乘数(市盈率、市净率、价值/息税折旧摊销前利润),比较该公司的定价水平、行业定价水平以及行业内的其他公司的定价水平。如果该公司的乘数远低于或高于行业内的其他公司,你能够给出可能的解释吗?

3. 假设你已经进行了内在价值估值和相对估值,两种估值方法得到的结果相似吗?如果差异很大,如何解释这种差异?

对投资者的忠告

- 对能够产生现金流或预期产生现金流的所有资产来说,预期现金流都可以按反映现金流风险的折现率进行折现,估算出资产的价值——现金流的风险越高,折现率就越高。

- 持续经营的公司的价值是 4 个变量的函数:公司现有投资能产生多少现金流,这些现金流的增长率高于经济增长率(高增长期间)的情况还能持续多久,现金流在高增长期间的增长水平,以及现金流的风险。具有更高的现金流、更高的增长率、更长的高增长期间和较低风险的公司将具有更高的价值。
- 另一种可供选择的估值方法是，通过观察相似资产在市场上是如何定价的来评估资产的价值。这一方法被称为相对估值法，它建立在市场定价平均而言是正确的这一假设之上。
- 现金流取决于某一特定事件是否发生的资产被称为期权，它的价值可以通过期权定价模型进行衡量。

第 5 章
功败垂成：交易、执行和税收

投资者在选择不同的投资策略时，必须考虑两个重要的因素——交易成本和税收，这两个因素可能会直接决定他们所选择的投资策略是否可行。交易是有成本的，有些策略所需的交易成本比其他策略更大。交易成本会明显影响所有主动投资者的投资成果，有时甚至会使本来盈利的投资组合亏损。当讨论这些成本对投资的影响程度时，我们需要知道这些成本是什么、不同投资策略的交易成本有何差异，以及投资者如何使交易成本最小化。在这一章，我们将从广泛的角度探讨交易成本，指出佣金成本仅仅是交易成本的一个组成部分，且常常是最小的那个部分。我们还要考察与持有实物资产（如房地产）和非交易性投资（如私人股权公司的股权）相关的交易成本。此外，我们还将讨论交易成本和交易速度之间的权衡取舍。

还有一个因素对成功投资同样重要。投资者实际到手的是税后收益，而非税前收益。因此，税前看起来业绩不错的策略在税后有可能是赔钱的。税收是非常难以处理的，一部分原因是税收会因不同的投资者或同一投资者不同的投资而不同，另一部分原因是税法本身会经常调整，而且这种变化通常是无法预知的。我们将看到，许多共同基金由于不考虑税收因素，使其税后收益与税前收益相差巨大，从而给投资者造成损失。我们也会探讨调整投资策略以降低税收支出的方法。

交易成本的拖累

当探讨交易成本由什么构成以及如何衡量交易成本时，一个非常简单的方法可以用于衡量交易成本对投资组合经理平均业绩的影响。主动型基金经理频繁进行交易是因为他们相信交易是有利可图的。他们的收益由三部分组成：

主动型基金经理的收益 = 预期收益$_{风险}$ + 积极交易的收益 - 交易成本

经过观察，我们可以合理地假设主动型基金经理的平均预期收益必然等于市场指数的收益，至少在美国市场是这样的。在美国，机构投资者持有超过 60% 的流通股份。从主动型基金经理获得的平均收益中减去指数收益，我们就可以找到一个方法，衡量主动型基金管理的收益：

平均收益$_{主动型基金经理}$ - 指数收益 = 主动交易的收益 - 交易成本

这里的证据非常令人沮丧。在过去的 10 年中，主动型基金经理的平均投资业绩比指数约低 1%。如果我们认为主动交易平均而言无法增加收益，那么年交易成本至少是投资组合价值的 1%。如果我们认为主动交易的确能够增加收益，那么年交易成本应该是投资组合价值的 1% 以上。

这里也有根据假设的投资组合构建出真实投资组合的具体例子，交易成本在其中的重要性得以清楚地显示。几十年来，《价值线》都在为投资者提供该买什么股票和避免购买什么股票的建议，并根据是否值得投资,将股票评定为从 1 到 5 的不同等级。学术界和业界的研究表明,《价值线》的评级似乎与实际收益存在相关性。1979 年,《价值线》决定创建一只共同基金,投资于它向投资者推荐的股票。图 5.1 显示了 1979 年至 1991 年间《价值线》这只基金的实际收益与包含这些被推荐的股票的虚拟投资组合之间收益的差别。

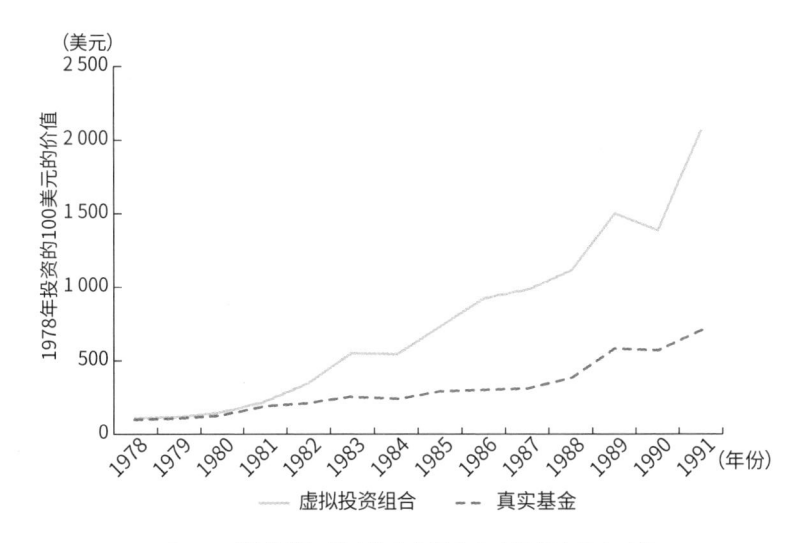

图 5.1 《价值线》创建的真实基金和虚拟投资组合对比

虚拟投资组合的年收益率为 26.2%,而《价值线》真实基金的年收益率为 16.1%。虽然出现差异的部分原因是,《价值线》需要等到订阅其投资建议的人有机会进行交易后再自己交易,但大部分的差异还是由交易成本产生的。

根据这些证据,我们可以得出几个结论。第一,整体而言基金经理要么低估了交易成本,要么高估了主动交易的收益,或者两者兼而有之。第二,对任何投资策略来说,交易成本都是非常重要的组成部分,可以决定投资策略的成败。

交易成本的组成部分：交易性金融资产

毫无疑问，有一些投资者持有一个错误的观点，即交易股票的成本仅仅是他们在买入或卖出股票时支付给经纪人的佣金。虽然这可能是投资者支付的唯一的显性成本，但是投资者的投资过程还存在一些通常比佣金成本高得多的其他成本。在进行任何资产的交易时，交易成本还包括另外三个因素。第一个是买卖价差，即你购买某种资产的价格（交易对手的卖出价）和同一时点你能将该资产售出的价格（交易对手的买入价）之间的价差。第二个是投资者在资产交易过程中对价格所产生的影响，即在购买资产时推高价格，在出售资产时压低价格。第三个是与等待交易相关的机会成本，它最初是由杰克·特雷诺在其关于交易成本的一篇文章中提出的。[1] 虽然一个有耐心的交易者也许能降低前两项交易成本，但是等待不仅可能会降低交易的利润，而且会产生机会成本，即如果及时交易就能获得利润，等待则无法盈利。这些交易成本的总和就构成了一个投资策略的总交易成本。

买卖价差

在几乎每一种资产的交易市场上，对于在同一时点上的同一资产，买家愿意支付的价格和卖家愿意接受的价格之间会存在一个差异。买卖价差指的就是这一差异。在接下来的部分中，我们将讨论买卖价差为何存在，作为交易成本它有多大，买卖价差大小的决定因素，以及买卖价差在不同的投资策略中对收益的影响。

---

[1] J. Treynor, "What Does It Take to Win the Trading Game?" *Financial Analysts Journal* (January–February 1981).

买卖价差为何存在

大多数市场都存在一个设定买卖价差的交易商或做市商。交易商设定的价差是为了弥补自己面临的 3 种成本。第一种是持有存货的风险和成本，第二种是处理订单的成本，第三种是与信息更充分的投资者进行交易的成本。设定的买卖价差必须足够大，以覆盖这 3 种成本，并为做市商提供的专业投资服务创造合理的利润。

存货的原因

证券交易所场内的做市商或专家经纪人必须报出买入价和卖出价，并按照报出的价格执行投资者的买入或卖出指令。[1] 这些投资者可能因为他们获取的信息而交易（知情交易者），也可能因为流动性而交易（流动性交易者），还可能因为他们认为资产价格被低估或高估了而交易（价值交易者）。在这样一个市场中，如果做市商将其卖价定得过高，他们手中就会积累过多的股票存货。如果做市商买价定得过低，他们就会面对股票存货短缺的问题。在这两种情况下，做市商都会付出代价，他们希望通过提高买卖价差来弥补这种损失。

做市商也要应对存货限制的问题，有些限制来自外部（由证券交易所或监管机构决定），而有些则来自内部（资本限制和风险）。当做市商的存货头寸偏离其最佳头寸时，他们就会承担成本，并试图通过调整买入价和卖出价以恢复他们所偏好的头寸。

处理成本

由于做市商在执行订单时会产生处理成本，买卖价差至少应该弥补这些成本。虽然对证券交易所的大订单来说，这些成本可能非常小，但对只能通过交易商市场交易的小订单来说，这些成本就变得比

1　Y. Amihud and H. Mendelson, "Asset Pricing and the Bid-Ask Spread," *Journal of Financial Economics* 17 (1986): 223–249.

较大了。此外，由于这一成本的大部分金额是固定的，这些成本占价格的百分比通常对低价股来说比高价股更高。

随着计算机系统取代传统的手工簿记，科技的发展明显地降低了与交易有关的处理成本。对大部分由个人投资者而非机构投资者持有的股票来说，这种成本的降低幅度最大。

逆向选择问题

逆向选择问题源于投资者在交易资产时的不同动机——流动性、信息和对估值的看法。因为投资者并不会在交易时宣布他们的交易原因，因此做市商总是面临与信息更完备的知情投资者交易的风险。由于做市商预期这样的交易会对其造成损失，因此他们必须创造足够的平均买卖价差以弥补这种损失。这就意味着买卖价差是3个因素的函数：

1. 资产市场上知情交易者所占的比例。随着市场上知情交易者所占比例的增加，做市商在下一个交易中遇到知情交易者的概率也会随之上升，从而推高买卖价差。
2. 平均而言，交易者所持有的"差异化"信息。不同交易者持有信息的差异化程度越大，做市商就越担忧由此带来的影响。
3. 资产未来信息的不确定性。未来的不确定性越大，新信息给做市商带来的风险也越大，因此买卖价差就越大。

买卖价差的决定因素

如果以上讨论的3个变量是买卖价差的驱动因素，那么不同资产的买卖价差差别很大也就不足为奇了。大部分的差别都可以用系统性因素来解释。

数据观察 | 行业流动性：观察美国上市公司分行业的平均交易量和其他流动性衡量指标。

流动性和所有权结构

决定买卖价差的第一个也是最关键的因素是流动性。一般情况下，成交频率较高的股票的买卖价差要小于交易不活跃的股票的买卖价差。所有针对买卖价差的研究都发现，买卖价差的大小和流动性指标（如成交量、换手率等）存在高度相关性。[1] 一项针对纳斯达克证券交易所的研究发现，除了买卖价差和成交量存在上述关联，还有一个有趣的现象：机构投资者行为显著增加的股票，其买卖价差增幅最大。[2] 这一现象虽然可以部分地归因于机构投资者行为加大了这些股票的波动性，但是也可能反映了做市商对机构投资者拥有更多信息的担忧。要注意，机构投资者也增加了股票的流动性，这应该会降低买卖价差中的订单处理成本，在某些情况下，其净效应是降低了买卖价差。[3]

风险

高风险资产的买卖价差一般会比低风险资产的买卖价差更高，部分原因是价格波动越大的股票，其逆向选择问题也更严重。简单地说，这些股票更有可能吸引更多知情交易者，交易者之间的信息差异更大，且未来信息的不确定性更大。因此，在给定流动性的情

---

[1] S. Tinic and R. West, "Competition and the Pricing of Dealer Service in the Overthe-Counter Market," *Journal of Financial and Quantitative Analysis* 7 (1972): 1707–1727; H. Stoll, "The Pricing of Security Dealer Services: An Empirical Study of Nasdaq Stocks," *Journal of Finance* 33 (1978): 1153–1172.

[2] M. Kothare and P. A. Laux, "Trading Costs and the Trading Systems for NASDAQ Stocks," *Financial Analysts Journal* 51 (1995): 42–53.

[3] M. K. Dey and B. Radhakrishna, "Institutional Trading, Trading Volume and Spread" (SSRN Working Paper 256104, 2001).

况下，不仅高风险股票的买卖价差高于低风险股票，而且风险较高的资产类别（如股票）的买卖价差高于风险较低的资产类别（如债券）。

价格水平

10美分的买卖价差对价格为100美元的股票来说微不足道，但对价格为2美元的股票来说就影响很大了。对低价股来说，买卖价差占股价的百分比更高。回到我们前面讨论过的影响买卖价差的变量，随着股票价格的下降，固定处理成本占股价的比例会随之上升。几乎在任何一种资产的市场上，价格水平都是决定买卖价差的一个因素，但在资产间价格差异非常大的市场上，价格水平在造成交易成本的差异上会起到更大的作用。因此，价格水平在面值大小类似的债券市场上，对不同债券交易成本的影响不大，而在价格差异很大的股票市场上，对不同股票交易成本的影响就比较大。在股票市场上，你可以拥有每股价格高达6位数的伯克希尔-哈撒韦公司的股票，也可以拥有价格仅为几美分的垃圾股。

信息透明度和公司治理

上市公司能否影响其股票的买卖价差？有些证据显示这是可能的。上市公司可以提高其在金融市场披露的信息的质量，从而降低知情交易者可能拥有的相对于其他市场交易者的信息优势。赫夫林、肖和怀尔德观察了221家公司，分析了信息披露质量（由金融分析师联合企业信息委员会评定的信息披露质量分数衡量）和买卖价差之间的关系。[1]他们发现，买卖价差会随着信息质量的提高而降低。也有证据显示，治理程度较强的公司的买卖价差小于治理程度较弱的公司，

---

1 Heflin, F., K. Shaw, and J. Wild. 2005. "Disclosure quality and market liquidity: Impact of depth quotes and order sizes." *Contemporary Accounting Research* 22 (4): 829–865.

这也许是因为在治理程度较弱的公司里，经理人更有可能向公众隐瞒关键信息。

市场微观结构

在决定买卖价差有多大时，股票所在的市场是否对此有影响？研究显示，从历史上看，在纳斯达克证券交易所交易的股票其买卖价差比在纽约证券交易所交易的股票大得多，即使在控制了之前提及的变量——交易量和价格水平——之后也如此。事实上，当股票从纳斯达克证券交易所转到纽约证券交易所挂牌后，买卖价差会下降。[1]

克里斯蒂和舒尔茨在1994年所做的研究中为这一现象提供了一个解释。[2] 他们发现，纳斯达克证券交易所单位为1/4美元的报价所占比例远远大于1/8美元。[3] 他们认为，纳斯达克证券交易所的交易商合谋抬高了报价，从而使投资者为过高的买卖价差付出代价。这引发了美国证券交易委员会的调查，调查结论表明，交易商确实存在反竞争行为。最终，该交易所以超过10亿美元的代价了结了这场诉讼。另一种解释是，相对于纽约证券交易所，纳斯达克证券交易所更高的买卖价差源于两个市场的结构性差异。例如，两个证券交易所处理限价指令的方式不同。如果限价指令的价格比专家经纪人的报价更有利，纽约证券交易所就要求场内交易的专业经纪人将限价体现在他们的买卖价差中，这样的规定可以降低买卖价差。在纳斯达克证券交易所，限价指令不影响买入价和卖出价的报价，而且只有当价格偏离限

---

[1] M. Barclay, "Bid-Ask Spreads and the Avoidance of Odd-Eighth Quotes on Nasdaq: An Examination of Exchange Listings," *Journal of Financial Economics* 45 (1997): 35–60.

[2] W. Christie and P. Schultz, "Why Do Nasdaq Market Makers Avoid Odd-Eighth Quotes?" *Journal of Finance* 49 (1994): 1813–1840; W. Christie and P. Schultz, "The Initiation and Withdrawal of Odd-Eighth Quotes among Nasdaq Stocks: An Empirical Analysis," *Journal of Financial Economics* 52 (1999): 409–442.

[3] 如果1/4美元和1/8美元为单位的报价出现的可能性相同，那就应该有一半的报价以1/8美元为单位（1/8、3/8、5/8或7/8），而另一半的报价以1/4美元为单位（1/4、2/4或3/4）。

价时才被执行。这样就会导致更大的买卖价差。[1]

2000年，纽约证券交易所放弃了以往以分数（1/8美元、1/4美元等）表示的报价单位，转而采用十进制单位。由于在十进制体系下，人们能获得更精细的价格等级，因此这一体系被认为能降低买卖价差。随后的研究表明，对交易量小且流动性差的股票来说，买卖价差有所降低，但对更具流动性的股票来说影响就小得多了。

买卖价差有多大？

答案取决于你交易的具体资产或股票是什么、你是什么样的投资者，以及你的交易时机和交易量。在本节中，我们首先考察不同股票买卖价差的差异，然后讨论不同市场买卖价差的差异，最后是不同时期的差异。

不同股票买卖价差的差异

2004年，纽约证券交易所交易的股票的平均买卖价差仅为5美分，这看起来微不足道，特别是当考虑到纽约证券交易所股票的平均价格为20~30美元时。然而这一平均值掩盖了股票市值、股票价格水平和交易量的差异所造成的不同股票买卖价差占股价百分比的差异。当我们把分析的范围扩大到场外交易的股票时，这种差异更大。

- 1983年，托马斯·洛布的一项研究显示，对小额订单来说，买卖价差占公司股票价格的百分比是股票市值的函数。[2] 这一结论如图5.2所示。

---

1. K. Chung, B. Van Ness, and R. Van Ness, "Can the Treatment of Limit Orders Reconcile the Differences in Trading Costs between NYSE and Nasdaq Issues?" *Journal of Financial and Quantitative Analysis* 36 (2001): 267–286. 他们发现虽然限价指令的确能降低纽约证券交易所的买卖价差，但是在纳斯达克证券交易所，交易商的勾结仍会导致较高的买卖价差。

2. T. Loeb, "Trading Costs: The Critical Link between Investment Information and Results," *Financial Analysts Journal* 39 (1983): 39–44.

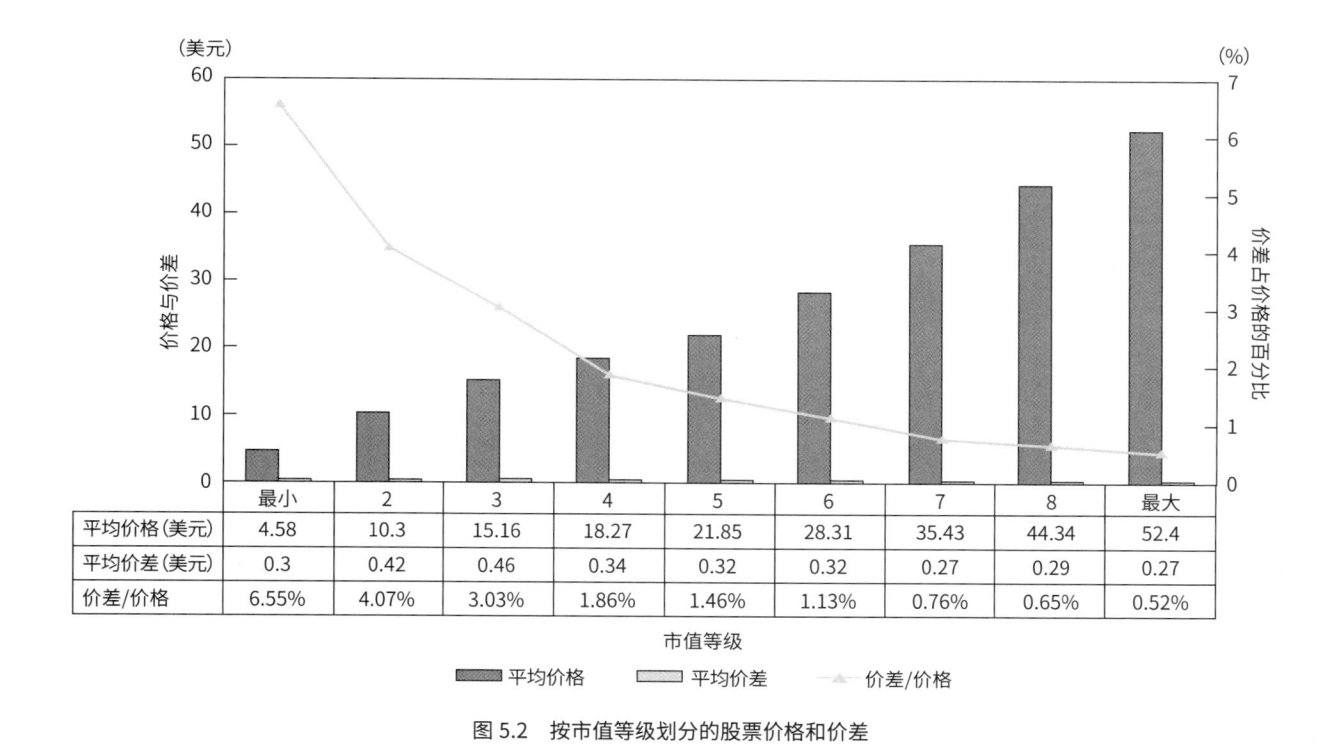

图 5.2 按市值等级划分的股票价格和价差

市值等级	最小	2	3	4	5	6	7	8	最大
平均价格（美元）	4.58	10.3	15.16	18.27	21.85	28.31	35.43	44.34	52.4
平均价差（美元）	0.3	0.42	0.46	0.34	0.32	0.32	0.27	0.29	0.27
价差/价格	6.55%	4.07%	3.03%	1.86%	1.46%	1.13%	0.76%	0.65%	0.52%

资料来源：T. Loeb, "Trading Costs: The Critical Link between Investment Information and Results," *Financial Analysts Journal* 39 (1983): 39–44。

第 5 章 功败垂成：交易、执行和税收 | 155

虽然不同市值等级股票在绝对价差上区别不是很大，但规模最小的公司股票价格一般也更低。因此，对小市值股票来说，价差占股票价格的比例为6.55%，而对大市值股票来说，价差只占股票价格的0.52%。

- 实际上，最近的一些研究发现，如果按价格高低对股票进行分类，价格较低的股票的买卖价差（以占股价的比例衡量）显著高于价格较高的股票。尽管我们可以认为股票价格和影响买卖价差的其他变量之间存在相关性，比如非流动性和信息不对称，但是围绕股票分拆前后买卖价差变化的研究为我们提供了一个将价格水平的效应分离出来的机会。这些研究计算了股票分拆前后买卖价差占股价的比例，发现这个比例在股票分拆后增大了。
- 一项研究显示，交易量排在前20%的股票，其平均买卖价差仅为股价的0.62%，而交易量排在最后20%的股票，其买卖价差为股价的2.06%。其他采用换手率等不同流动性指标的研究也得出了相同的结论：流动性越差的股票，其买卖价差越高。[1]
- 最后，买卖价差似乎是公司所有权结构的函数。随着内部人士持股比例的增加，买卖价差会变大。这是因为，内部人士持股比例的增加会降低流动性（内部人士不经常交易），并引发内部人士比其他投资者拥有更多的公司信息的担忧（信息不对称）。[2]

总而言之，不同股票的买卖价差差别很大，但大部分的差异可以用流动性、价格水平和信息不对称的差异来解释。

---

[1] R. D. Huang and H. R. Stoll, "Dealer versus Auction Markets: A Paired Comparison of Execution Costs on NASDAQ and the NYSE," *Journal of Financial Economics* 41 (1996): 313–357.

[2] D. Zhou, "Ownership Structure, Liquidity and Trade Informativeness," *Journal of Finance and Accountancy* 6 (2011).

不同市场的买卖价差差异

针对美国市场买卖价差的研究要远多于针对其他市场的研究，但近年来其他市场的发展和数据的丰富，为我们探讨这些市场的买卖价差提供了条件。我们先来看美国之外的股票市场。20年前，大多数新兴市场的流动性都很低，这些市场的做市商之间几乎没有什么竞争，因此买卖价差很高。这些年来，随着流动性的改善，这些市场的买卖价差也逐渐下降，尽管仍然高于美国的水平。表5.1总结了一项针对全球19个新兴市场的研究，该研究检验了1996—2007年的数据，为各新兴市场的买卖价差差异提供了一个全面的展示。[1]

表 5.1 新兴市场的买卖价差

国家/地区	买卖价差（%）	换手率	零成交量日所占比例（%）
阿根廷	2.55	0.08	23.87
巴西	4.68	1.12	29.1
智利	3.79	0.17	34.19
墨西哥	2.83	0.17	20.85
中国	0.31	1.31	2.55
韩国	1.39	3.16	4.14
菲律宾	6.61	0.68	20.97
印度	1.9	0.43	3.63
印度尼西亚	6.17	0.44	21.66
马来西亚	2.43	0.34	8.67
新加坡	3.83	0.37	11.61
泰国	2.58	1.03	13.39
希腊	1.81	0.33	2.12
波兰	1.42	1.2	4.94

---

1 H. Zhang, "Measuring Liquidity in Emerging Markets" (working paper, National University of Singapore, 2010).

续表

国家/地区	买卖价差（%）	换手率	零成交量日所占比例（%）
葡萄牙	2.05	0.25	7.43
俄罗斯	3.17	0.15	40.06
土耳其	1.16	8.21	1.05
以色列	4.17	0.15	22.14
南非	4.14	0.16	18.44
所有	2.16	1.73	8.88

资料来源：H. Zhang, "Measuring Liquidity in Emerging Markets" (working paper, National University of Singapore, 2010)。

从表 5.1 中我们可以得出两个结论。第一个结论是，新兴市场买卖价差占价格的平均比例为 2.16%，远远高于美国市场。第二个结论是，新兴市场间的差异也很大，菲律宾市场的买卖价差远大于中国或韩国市场。新兴市场间的差异很大，一部分可归因于流动性的差异。流动性的差异可以用两个指标来衡量：换手率（交易量/流通股数量）和股票零成交量的交易日占所有交易日的比例。俄罗斯的换手率很低，股票零成交量的交易日占比为 40%，因此俄罗斯市场的买卖价差很高。

在某些新兴市场内部，不同市场的买卖价差也存在差异。例如在中国市场，有证据显示，供国内投资者交易的 A 股和 B 股，其买卖价差比供全球投资者交易的 H 股的买卖价差更低，也许是因为 H 股市场的信息不对称程度更严重。[1]

从股票市场转到其他金融资产市场，我们发现，解释买卖价差差异的关键因素是流动性。例如，在债券市场，在流动性非常好的美国国债市场和投资级债券（BBB 级及以上）市场，买卖价差很小；但

---

[1] J. Cai, "Bid-Ask Spreads for Trading Chinese Stocks Listed on Domestic and International Exchanges" (working paper, 2004).

对于高收益或低评级债券市场，买卖价差就变大了。这里有两个因素在发挥作用。第一个因素是流动性较低，第二个因素是信息不对称的程度更高。在期权和期货市场，买卖价差从指数、大宗商品到个股都有所不同。最后，一般情况下，大多数外汇市场的买卖价差较小，这是因为外汇市场交易量大，信息不对称的情况不严重。

实物资产市场是否存在买卖价差？在买卖现货黄金或石油的大宗商品市场，买卖价差一般都比较小，因为这些市场成交量大，信息不对称程度低（在大多数情况下）。其他实物资产，比如房地产或艺术品，似乎没有明确的买卖价差，但实际上买卖价差已包含在你所支付的交易成本或费用里了。因此，房地产经纪人从房子的卖价中拿走的6%的佣金其实就是买卖价差，当你通过拍卖行（比如苏富比拍卖行）卖出一幅毕加索的作品时，你需要向拍卖行支付的巨额佣金也是如此。

不同时期买卖价差的差异

如果流动性和信息不对称程度的差异造成了不同市场以及同一市场内部不同资产之间的买卖价差差异，我们就有理由认为这些因素在不同时期的变化也会引起买卖价差的变化，无论是就某个市场而言，还是就某只股票而言。

从长期来看，比如20世纪，不可否认金融市场的流动性在不断提高。例如，在20世纪20年代，在股票交易所上市交易的公司数量较少，且交易主要限于少数经纪人和富有的投资者。随着越来越多的公司挂牌上市以及股票成交量的增加，买卖价差在最近几十年里有所下降。以更近的时期为例，纽约证券交易所股票的平均买卖价差从1994年的23美分下降到2004年的5美分。事实上，美国之外的金融市场在过去的二三十年里流动性有了更大的改善，因此这些市场的买卖价差更低。

回顾历史，从长期来看，流动性逐步得到改善，从而降低了交易成本。但中间也出现过流动性枯竭、交易成本飙升的时期。表5.1中的每个新兴市场在过去几十年中至少经历过一次交易量大幅下跌、买卖价差显著增大的危机。人们曾经认为，这种剧烈的变动是不会发生在成熟市场的，但2008年的金融危机打破了这种幻觉。2008年9月到12月，美国股票和公司债券市场的买卖价差全面扩大，甚至流动性很好的大盘股的买卖价差也经常达到3倍到4倍。一项研究估算了美国市场上51只投资级大盘股从2003年到2009年的流动性变化，结果如图5.3所示。[1]

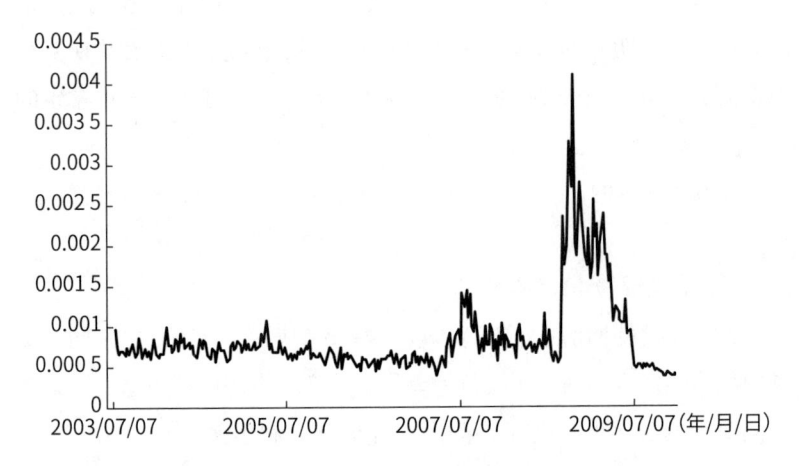

图5.3 股票的买卖价差——51只高流动性美国股票，2003—2009年

资料来源：M. Marra, "Illiquidity Commonality across Equity and Credit Markets" (Doctoral thesis, Warwick Business School, 2011)。

请注意图中2008年金融危机时期流动性的飙升。实际上，在危机发生时，公司债券市场和信用违约掉期（CDS）市场也出现了类似的买卖价差飙升。

最后一点需要强调，因为它可能会给投资者的投资策略带来危险。一方面不同资产类别（股票、债券、外汇、实物资产）的流动性

---

[1] M. Marra, "Illiquidity Commonality across Equity and Credit Markets" (doctoral thesis, Warwick Business School, 2011).

在不同时期会有所变化，另一方面这些资产类别的流动性会有相当程度的联动。换句话说，如果股票市场的买卖价差出现飙升，很可能债券市场和实物资产市场的买卖价差也会上升，从而使你投资组合中各种资产类别的交易成本都有所上升。

在投资策略中的作用

观察这些证据，很明显买卖价差会影响投资策略的收益，但这种影响会因投资策略而异。虽然买卖价差对购买并长期持有标准普尔500指数中价值被低估的公司股票不会有多大影响，但是对于在信息公布之后购买场外交易的小盘股或新兴市场股票并进行频繁交易的策略来说，当在收益中考虑到买卖价差的因素时，这样的策略可能会失去吸引力。

为了说明买卖价差对收益的影响，我们以购买弱势股（上一年度跌幅最大的股票）的策略为例。研究表明，采取购买在上一年度价格跌幅最大的股票并持有5年的策略能够获取显著的正收益。[1] 但是，随后的一项跟进研究注意到，这些弱势股中很多都是低价股，而且如果将只能购买价格不高于10美元的股票作为这一策略的限制条件，那么所获得的超额收益将会显著下降。由于低价股的买卖价差一般是最大的，因此购买弱势股在实践中能否得到超额收益成了备受争议的问题。事实上，任何需要对价格低、流动性低和市值小的股票或对波动性高、流动性低的资产类别进行投资的策略都会存在相似的顾虑。

价格影响

大多数投资者都认为，投资组合越大，交易成本越小。虽然对交

---

[1] W. F. M. DeBondt and R. Thaler, "Does the Stock Market Overreact?" *Journal of Finance* 40 (1985): 793–805.

易佣金来说情况的确是这样，但是对交易成本的其他组成部分来说却未必如此。一个想进行大宗交易的投资者可能会发现其交易行为会导致市场的买卖价差变大，这是因为谨慎的市场因担心信息不对称而退缩了。还有一个因素导致大投资者比小投资者承受更高的交易成本，这个成本源于交易对价格的影响。如果成功投资的基本理念是低买高卖，那么购买时推高价格，卖出时压低价格就会减少投资利润。

为什么存在价格影响

在投资者进行交易时，有两个原因可以造成价格影响。第一个原因是，市场并非完全具有流动性。大额交易会造成买卖订单的不平衡，而解决这种不平衡的唯一方法是价格变动。这种源于缺乏流动性的价格变动往往是暂时的，并且会随着市场流动性的恢复而发生反转。

造成价格影响的第二个原因和信息有关。大宗交易会吸引市场中其他投资者的注意，因为这个交易可能源于交易者掌握了新信息。尽管有可能情况正好相反，投资者常常有理由认为，购买大宗股票的投资者是抢在公司的正面消息发布之前买入的，而出售大宗股票是由于获悉了公司的某些负面消息。这种价格效应往往不是暂时性的，特别是当我们观察大宗交易中的许多股票价格的变化时。尽管投资者对很多大宗交易的信息猜测可能是错误的，但是我们仍然有理由相信，他们的猜测通常是正确的。

价格影响有多大

关于大宗交易对股票价格的影响到底有多大，存在互相冲突的证据。一方面，对交易所场内大宗交易的研究似乎显示，市场是具有高度流动性的，交易的价格影响非常小，而且很快会反转。然而，这些研究关注的对象通常仅仅是在纽约证券交易所频繁交易的股票。另一方面，一些人认为，价格影响可能会很大，特别是对市值较小的和流动性较差的股票来说。

针对证券交易所场内大宗交易的价格影响的研究发现,价格在数分钟内就能完成调整过程。在丹恩、迈耶斯和拉布进行的一项早期研究中,他们通过观察投资者在大宗交易发生时买入股票的行为来测试价格的反应速度。[1] 他们将大宗交易发生后投资者买入股票所获的收益作为大宗交易到投资者跟随买入之间的分钟数的函数,发现只有在大宗交易完成后几分钟内进行的买入交易才有可能创造超额收益(如图 5.4 所示)。换句话说,价格在大宗交易发生后的 5 分钟内就完成了调整,这有力地证明了市场具有快速调节供需平衡的能力。

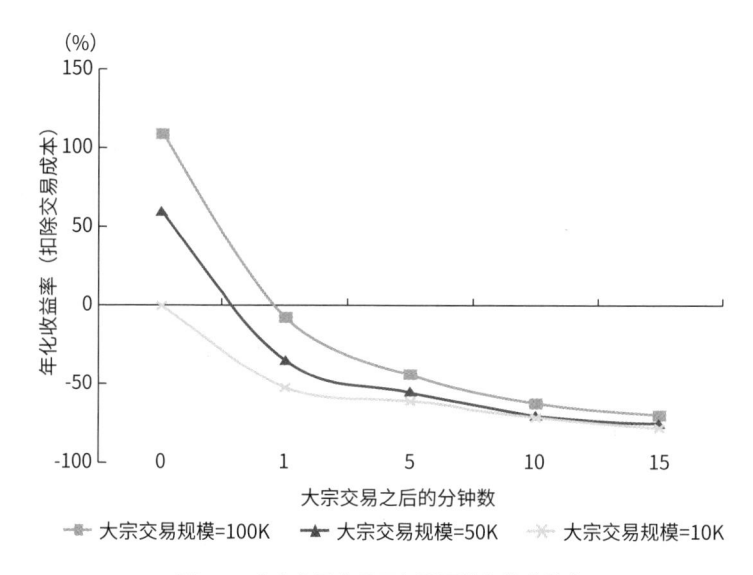

图 5.4 大宗交易之后买入股票的年化收益率

资料来源:L. Dann, D. Mayers, and R. Raab, "Trading Rules, Large Blocks and the Speed of Adjustment," *Journal of Financial Economics* 4 (1977):3–22。

---

[1] L. Dann, D. Mayers, and R. Raab, "Trading Rules, Large Blocks and the Speed of Adjustment," *Journal of Financial Economics* 4 (1977): 3–22.

这项研究的结论会受到抽样偏差的影响，它研究的是证券交易所场内流动性好的大盘股的大宗交易。研究显示，与更具流动性的股票相比，市值较小、流动性较差的股票受到的价格影响更大，调整回正确价格的速度更慢。[1] 其他研究也揭示了关于大宗交易的另外一些有趣的现象。首先，虽然股票价格在大宗买入时上升，在大宗卖出时下降，但是在大宗卖出之后，股票价格反弹回原价的可能性更大；而在大宗买入之后，股票价格很可能保持在上升后的水平上。[2] 另一项研究对比了纽约证券交易所流动性好和流动性差的股票，发现市场有反应过度的趋势。[3] 当出现大宗买入时，价格似乎会上升得过多，对流动性较差的股票来说，价格得花几天的时间才能恢复到正常水平。

以上这些研究虽然证明了价格影响的存在，但存在选择偏差的问题，因为它们仅仅关注实际执行的交易。市场影响的真实成本应该来自那些在不存在市场影响的情况下会进行，但因为担心市场影响太大而未进行的交易。针对市场影响真实成本的研究很少，托马斯·洛布从交易所专家经纪人和做市商处搜集了同一时点不同交易规模股票的买入价和卖出价，这是这方面为数不多的研究之一。这样，随着每宗交易规模的增加，不同的买卖价差之间的差异可以被视为这些交易对价格产生的预期影响。表 5.2 总结了托马斯·洛布的发现，并按股票市值进行分类。

表 5.2 中的股票等级是指股票的市值规模，它显示了公司规模与价格影响之间的负相关性。但是，请注意在同一规模等级内每宗交易

---

1. J. Hasbrouck, "Measuring the Information Content of Stock Trades," *Journal of Finance* 66 (1991): 179–207.
2. R. W. Holthausen, R. W. Leftwich, and D. Mayers, "Large-Block Transactions, the Speed of Response, and Temporary and Permanent Stock-Price Effects," *Journal of Financial Economics* 26 (1990): 71–95; D. B. Keim and A. Madhavan, "Anatomy of the Trading Process: Empirical Evidence on the Behavior of Institutional Trades," *Journal of Financial Economics* 37 (1995): 371–398.
3. L. Spierdijk, T. Nijman, and A. H. O. van Soest, "The Price Impact of Trades in Illiquid Stocks in Periods of High and Low Market Activity" (working paper, Tilburg University, 2002).

表 5.2 作为股票市值和每宗交易规模的函数的换手交易成本

股票等级	每宗交易规模（千美元）								
	5	25	250	500	1 000	2 500	5 000	10 000	20 000
最小	17.3%	27.3%	43.8%						
2	8.9%	12%	23.8%	33.4%					
3	5%	7.6%	18.8%	25.9%	30%				
4	4.3%	5.8%	9.6%	16.9%	25.4%	31.5%			
5	2.8%	3.9%	5.9%	8.1%	11.5%	15.7%	25.7%		
6	1.8%	2.1%	3.2%	4.4%	5.6%	7.9%	11%	16.2%	
7	1.9%	2%	3.1%	4%	5.6%	7.7%	10.4%	14.3%	20%
8	1.9%	1.9%	2.7%	3.3%	4.6%	6.2%	8.9%	13.6%	18.1%
最大	1.1%	1.2%	1.3%	1.71%	2.1%	2.8%	4.1%	5.9%	8%

资料来源：T. Loeb, "Trading Costs: The Critical Link between Investment Information and Results," *Financial Analysts Journal* 39 (1983): 39–44。

规模的增长和预期价格影响之间的关系。大宗交易引起的价格影响比小规模交易要大得多。

虽然洛布的研究表明，价格影响能带来非常高的成本，但对实际交易的研究显示，机构投资者已经学会如何调整其交易行为以降低（如果不是消除）这部分成本。首先，越来越多的大宗交易是在交易所场外进行的，同时有证据显示，场外交易的价格影响要小于场内交易。其次，在一定程度上，大宗交易可以拆分为若干较小规模、同时执行的交易，这就降低了价格影响的成本。尽管如此，如果投资者急于买入或卖出某家公司的大笔股票，他就得为立即行动付出代价。

价格影响的决定因素和对投资策略的意义

从这些证据来看，决定交易价格影响程度的变量似乎就是那些决定买卖价差的变量。这并不令人意外，因为价格影响和买卖价差都是市场流动性的函数。对于小额交易就能显著影响其市场价格的股票，可能存货成本和逆向选择的问题也最大。

基于我们之前讨论买卖价差时的结论，我们可以认为，流动性较差、市值较小、股东较集中的公司股票受到的价格影响较大，和这些公司股票的买卖价差较高是一个道理。此外，新兴市场的价格影响更有可能大于成熟市场，价格影响在市场危机时（如2008年最后一个季度）也会更大。

你可以通过将一笔交易拆分为若干较小的交易来降低价格影响，因此，对于需要即时交易的投资策略来说，价格影响可能是最大的。当某个投资组合经理认为流动性差的小盘股的价值被低估而买入时，他所面临的价格影响可能会小于在利好的财务报告发布后购买同样股票的投资者。前者可以将交易拆分成小笔的指令逐步完成，而后者必须在公告发布后立即进行交易。

当管理一个小规模投资组合的基金经理试图将此前的成功经验应

用到一个更大的投资组合时，他也会面临价格影响的问题。有很多投资策略在用于小规模投资时能带来很高的经风险调整后收益，但由于价格影响成本的上升，无法用于更大规模的投资组合。

等待的机会成本

交易成本的最后一个组成部分是等待的机会成本。投资者可以通过保持耐心来降低买卖价差和价格影响的成本。事实上，如果等待是没有成本的，那么即使是大投资者也可以将交易分成许多小份，从而在不对价格或价差造成显著影响的情况下逐步买入或卖出大量的股票。然而等待是有成本的。特别是在投资者认为资产价值被低估而想要购买该资产的情况下，这项资产的价格可能在投资者等待交易时上涨，而这又会导致以下两种结果中的一种。一种结果是，投资者最终买入了该资产，然而是以比最初的价格高出许多的价格购买的，从而导致预期利润减少。另一种结果是，资产价格上涨过高，使得资产的价值已经不再被低估，因此投资者不会再进行这项交易。当投资者想要卖出他们认为估值过高的资产时，等待也会发生相似的情况。

等待的成本大部分取决于投资者在等待买入（或卖出）资产时，认为资产价格将上涨（或下跌）的概率。我们认为，这一概率是投资者认为资产价值被低估或高估的原因的函数。具体而言，以下4个因素会影响这一概率：

1. 对资产的估值是基于私人信息还是公开信息？私人信息在金融市场上的生命一般较短。以私人信息为依据的等待的风险比以公开信息为依据的等待的风险要大得多。因此，基于公司可能被收购的传言（私人信息）而购买股票的策略，其等待成本比购买市盈率低的股票要高得多。

2. 市场对信息的活跃程度如何？在上一个观点的基础上，当一个投资者掌握了有价值的信息时，其等待的风险更大，因为市场上还有其他投资者在积极搜寻相同的信息。从实践角度看，有众多分析师关注的股票，其等待成本大于极少有其他投资者关注的股票。
3. 投资策略是长期的还是短期的？虽然这种说法并不一定总是恰当，但是短期投资策略比长期投资策略更有可能受到等待成本的影响。部分原因可以被归结为，短期策略更有可能受私人信息的驱动，而长期策略更有可能受对资产价值的看法的影响。
4. 投资策略是"逆向"的还是"惯性"的？对于逆向投资策略，投资者的投资行为与市场趋势相反（当其他人卖出时买入或当其他人买入时卖出）。正是因为这种行为，逆向投资的等待成本可能较低。相比之下，采用惯性投资策略的投资者的等待成本可能更高，因为当其他投资者买入股票时该投资者也在买入，当其他投资者卖出股票时该投资者也在卖出。

总之，在人们积极搜集信息的市场中，对采取基于私人信息或惯性策略的短期投资者来说，等待成本有可能是最高的。对采取基于公开信息的长期投资者和逆向投资者来说，等待成本较低。

投资策略和总交易成本

买卖价差较大的资产可能也是那些在交易时会产生显著价格影响的资产，因此，我们有必要以怀疑的态度去检验那些过多集中于上述资产的投资策略。由于存在价格影响，投资组合的规模效应变得更加重要，因为大规模的投资组合需要进行大宗交易，这反过来又会造成最大的价格影响。对于一个2.5亿美元的投资组合，投资于未被分析师关注的低价股票的策略可能会产生超额回报，即使考虑到买卖价差，当投资组合的规模增加到 50 亿美元时，同样的投资策略也可能不再有利可图。

凯姆和马达范检验了总交易成本——隐性成本（包括价格影响和机会成本）和显性成本（佣金和买卖价差）——与投资策略之间的关系。[1] 毫不令人惊奇的是，他们发现需要大宗交易的策略的总成本比只需进行小额交易的策略高很多。他们还发现，买入小盘股的投资者的总交易成本远大于买入大盘股的投资者。表 5.3 提供了他们对 1991 年至 1993 年纽约证券交易所和纳斯达克证券交易所小市值公司和大市值公司总交易成本的估算总结。

表 5.3　换手交易成本和股票市值规模（1991—1993 年）

股票市值规模	隐性成本	显性成本	总交易成本（纽约证券交易所）	总交易成本（纳斯达克证券交易所）
最小	2.71%	1.09%	3.8%	5.76%
2	1.62%	0.71%	2.33%	3.25%
3	1.13%	0.54%	1.67%	2.1%
4	0.69%	0.4%	1.09%	1.36%
最大	0.28%	0.28%	0.31%	0.4%

资料来源：D. B. Keim and A. Madhavan, "The Cost of Institutional Equity Trades," *Financial Analysts Journal* 54（1998）：50-69。

从表 5.3 中我们可以看到，股票市值最小的公司的总倒手交易成本比股票市值最大的公司高很多。他们还发现，不同交易风格的基金经理的交易成本也有显著的不同，技术交易者的交易成本最高（大概是因为他们需要即时执行），价值交易者的交易成本最低。

1　D. B. Keim, and A. Madhavan, "The Cost of Institutional Equity Trades," *Financial Analysts Journal* 54 (1998): 50-69.

非交易性资产的交易成本

如果股票的交易成本很高,那么当投资策略要求你持有非经常性交易的资产,如收藏品、不动产或私人公司时,交易成本会更高。在这一部分,我们将探讨这些成本。

实物资产的交易成本

实物资产的范围非常广,从黄金、房地产到艺术品都属于实物资产,而且不同实物资产的交易成本会存在很大差异。黄金、白银或钻石等商品的交易成本最小,因为它们一般都以标准单位计量。对于住宅房地产,你需要支付给房地产经纪人或销售人员的佣金可能占整个资产价值的5%~6%。对于商业房地产,由于资产价格较高,佣金所占的比例可能会低一些,但仍然会相当可观。对于艺术品或收藏品,佣金会更高。如果你通过拍卖行卖出一幅画,你可能要支付该画价值的15%~20%作为佣金。

为什么成本会这么高?第一个原因是,实物资产市场的中介机构比股票或债券市场的中介机构少得多,行业的竞争程度低。第二个原因是,房地产和艺术品是非标准化的商品。换句话说,一幅毕加索的作品和另一幅毕加索的作品可能会价值相差很大,你往往需要寻求专家的帮助来鉴定绘画作品的真伪,为其估值并安排交易。这些都增加了交易过程的成本。

私人公司/股权的交易成本

如果投资策略需要你涉足私人公司或私人股权,你就必须考虑这样一个事实:虽然这些投资的回报可能很高,但是投资的流动性很差。事实上，私人公司的投资者通常会给其持有的股权价值打一个流动性折扣，因为变现这些股权的成本非常高。在这一部分，我们将讨论决定非流动性成本的因素，并对非流动性成本进行实证检验。

非流动性成本的决定因素

不同公司和购买者的非流动性成本可能存在很大差异，这使得经验法则没有用处。我们首先考虑4个可能导致不同公司成本差异的原因：

1. **公司拥有资产的流动性**。一般认为私人公司很难出售，但如果私人公司资产的流动性很强，且售出时价值损失不是很大，情况就不一样了。拥有大量现金和有价证券的私人公司的非流动性成本应该低于拥有厂房或其他很少有人购买的资产的私人公司。
2. **公司的财务状况和现金流状况**。财务状况健康的公司比不健康的公司更容易出售，特别是，与具有负收入和负现金流的公司相比，收入高且具有正现金流的公司的非流动性成本较低。
3. **未来上市的可能性**。私人公司未来上市的可能性越大，非流动性成本越低。实际上，上市的可能性会被反映到私人公司的估值中。
4. **公司的规模**。如果我们将非流动性成本表示为公司价值的百分比，那么随着公司规模的扩大，该项成本会缩小。换句话说，对于像美国嘉吉公司和科氏工业集团这样的价值数十亿美元的公司来说，其非流动性成本应该比一个价值几百万美元的小公司低。

非流动性成本也会因潜在购买者的不同而有所区别，这是由于不同的投资者对流动性的需求各不相同。与安全边际较低、对现金需求较大的投资者相比，那些拥有雄厚资金且很少有或根本没有必要将其股权头寸变现的投资者所承受的非流动性成本更低。

非流动性成本的实证检验

非流动性成本到底有多大？这个问题很难回答。即使我们能够获得私人公司交易的所有数据，我们能知道的也仅仅是私人公司买卖的价格，我们不知道这些公司的价值。非流动性折扣是公司价值和公司价格之间的差额。

实际上，有关非流动性折扣的大部分证据来自对上市公司限制性股票的检验。限制性股票是由上市公司发行，但不在美国证券交易委员会注册的股票，它可以通过私募方式出售给投资者，但在持有期的前两年不允许在公开市场上转卖，两年之后可以出售其中的一部分。在发行这种股票时，其发行价比通行的市场价格低很多，这是我们可以观察到的，这种差别被视为非流动性折扣。就现有的针对限制性股票的研究而言，尽管它们对限制性股票的折扣程度有不同的结论，但都发现存在显著的折扣。[1]

总体而言，至少平均而言，当一项投资缺乏流动性时，其价值似乎存在一个很大的减值空间。大部分对非流动性折扣的衡量似乎都是针对这些平均值的。比如，经验法则经常认为非流动性折扣是估值的20%~30%，而且不同公司似乎没有什么区别。

交易成本的管理

前面的讨论不仅揭示了主动型基金经理面对的交易成本有多大，

---

[1] W. L. Silber, "Discounts on Restricted Stock: The Impact of Illiquidity on Stock Prices," *Financial Analysts Journal* 47 (1991): 60–64. 大多数研究认为，限制性股票非流动性折扣幅度的中位数为30%~40%。

而且让我们清楚地意识到要构建一个使各项交易成本最小化的策略有多困难。为减少某类交易成本（如交易佣金或买卖价差）而采取的措施可能会加大另一类交易成本（如价格影响）。旨在最小化买卖价差和价格影响的策略（如将交易分解以及使用其他交易途径）可能会增加等待的机会成本。在本节中，我们将探讨在给定投资理念的前提下，为最大化投资组合收益而管理交易成本的方法。

第一步：提出连贯的投资理念和具有内在一致性的投资策略。

管理交易成本的第一步是提出并坚持一个具有内在一致性的投资理念和策略。那些以变换投资风格和投资理念为傲的投资组合经理常常要承受最大的交易成本，部分原因是投资风格的转变会提高换手率，部分原因是投资策略如果没有内在一致性就很难形成交易策略。

第二步：在给定投资策略的前提下评估等待成本。

管理交易成本的第二步是确定所选择的投资策略的等待成本。正如前面提到的，对长期策略和逆向策略来说，等待成本可能较低，而对短期策略、以信息为基础的策略，以及惯性策略来说，等待成本可能会较高。如果等待成本非常高，那么目标必须是降低等待成本，也就是说，即使其他交易成本会因此增长，投资者也应该尽快进行交易。

第三步：在给定等待成本的前提下，寻找其他可供选择的最小化交易成本的方法。

一旦识别出等待成本，投资者就可以考虑第三步了，即最小化买卖价差和价格影响对投资组合收益的影响。虽然我们讨论的交易主要是在证券交易所进行的场内交易，但还是有其他可供投资者选择用以降低交易成本的方法。罗斯和库欣为机构投资者提出了以下旨在减少投资组合交易成本的建议：[1]

1　J. D. Rose and D. C. Cushing, "Making the Best Use of Trading Alternatives," in *Execution Techniques, True Trading Costs and the Microstructure of Markets* (AIMR, 1996).

- 利用证券交易所场内交易的替代方法。这些替代方法包括在大宗交易市场（大宗交易的买家和卖家进行交易的市场）、交易商市场（与交易商进行交易的市场）和利用网络进行配对交易的线上市场进行交易。各种方法的利弊很清楚——流动性最高的方法（证券交易所场内交易和交易商市场交易）也是交易成本最高的方法。
- 当必须下多个订单时，进行投资组合交易而非个股交易。投资组合交易的成本一般比较低，而且能更好地进行风险管理，并具备更高的套期保值能力。
- 使用科技来减少与交易记录相关的文书工作，并跟踪已完成的交易。通过让交易商了解其交易是否被执行，以及查看已经完成的交易信息，科技能够帮助人们控制成本。
- 在交易前准备好控制流动性的交易方法，以及如何在手工交易及电子交易间分配交易。这种交易前的分析能够使交易者识别成本最小和最有效的交易方法。
- 在交易进行后进行复盘分析。市场影响分析应列示相关信息及可用于评估价格影响的基准，包括交易前买卖价差的中间价和前一天的收盘价。除了市场影响分析，还应提供交易的详细情况。随后可以将不同交易类型、证券和市场的交易复盘进行汇总，以帮助投资组合经理衡量成本在何处最大，思考如何控制成本。

第四步：保持与投资理念及选定的投资策略相一致的投资组合规模。

虽然在大多数投资组合经理的眼里，投资组合的增长是一件诱人的事情，但是投资组合变得太大也会带来危险。那么多大才算太大呢？这取决于所选择的投资策略以及与此策略相关的交易成本。对关注知名大盘股的长期价值型投资者来说，其投资组合也许可以增长到几乎任何规模，但由于交易成本的问题，小盘股、高成长股票以及新兴市场股票的投资者可能就无法像长期价值型投资者那样不断扩大投资组合的规模。

第五步：判断投资策略的收益是否超过了交易成本。

对一项投资策略的最终检验是看它在扣除交易成本后是否能获得超额收益。一旦投资者完成了前面四个步骤，开始衡量投资组合的表现，关键时刻就到了。如果某个投资策略带来的收益总是低于执行该策略的相关成本，投资者就可以转换到一个被动的投资策略（如指数基金），或另一种具有更高预期收益或更低交易成本，或两者兼而有之的主动投资策略。

税收

就像人们常说的那样，人的一生中有两件事是无法避免的，一是死亡，二是交税。虽然投资者可能有机会暂停下来，沉醉于投资组合赚取的税前收益，但是他们能支配的仅仅是税后的剩余收益。税前收益令人羡慕的投资策略，其税后收益可能会低于标准水平。有两个原因使得投资策略的研究者和将投资策略付诸实施的投资组合经理都可能忽视税收问题。第一个原因是，税收对不同投资者的影响不同，如对免税投资者（如养老基金的投资者）没有影响，对富裕的个人投资者有巨大影响。第二个原因是，税法本身具有复杂性，同一个投资者收入的不同部分（股息收入和资本利得）以及投资组合的不同部分（养老基金和存款）可能适用不同的税率。

投资收益与税收

税收对投资收益的影响有多大？对美国股票市场和政府债券的研

究显示，与短期国债和长期国债相比，股票为投资者创造的收益和最终价值要高很多。图 5.5 显示了 1928 年投资于股票、短期国债和长期国债的 100 美元在 2010 年的最终价值。

投资于股票的 100 美元最终变为 163 388 美元，这远远高于投资于短期国债和长期国债的最终价值（1 970 美元和 5 797 美元）。股票的收益令人印象深刻，但这是在考虑税收和交易成本之前的收益。现在让我们考虑一下税收对这些收益的影响。假设在此期间，购买这些股票的投资者面临 35% 的股息税率和 20% 的资本利得税率。[1] 为了计算税收对收益的影响，我们需要考虑投资者交易的频率。假设投资者在每年年末更新他投资组合中的所有资产，那么他必须每年为收到的股息和股票的增值支付税款。图 5.6 显示了税收对这一期间投资组合的价值和最终价值的影响。

请注意，在考虑了税收因素对投资收益的影响后，投资组合的最终价值降幅超过 2/3，即从 163 388 美元下降到 31 556 美元。

但是，如果这个投资者每两年（或每 3 年、每 5 年），而不是每年更新一次其投资组合的资产，那么情况又会怎样呢？降低交易频率虽然不能减少股息的税收支出，但是的确能使投资者推迟支付资本利得税，从而增加投资组合的最终价值。理解税收和交易频率之间的关系非常关键。由于投资股票的大部分收益源自股票价格的上涨，交易越频繁，对于任何给定的税前收益，你的税收支出可能就越高。事实上，与长期资本利得相比，更高的税率对短期资本利得（与普通税率大致相似）的影响可能更大。

数据观察 | 考虑税收后股票的历史收益：观察美国股票税前和税后的年收益。

---

[1] 注意，在此期间股息和资本利得的实际税率变化很大，1950—1980 年的实际税率远远高于我们的假设值。

投资哲学 | 176

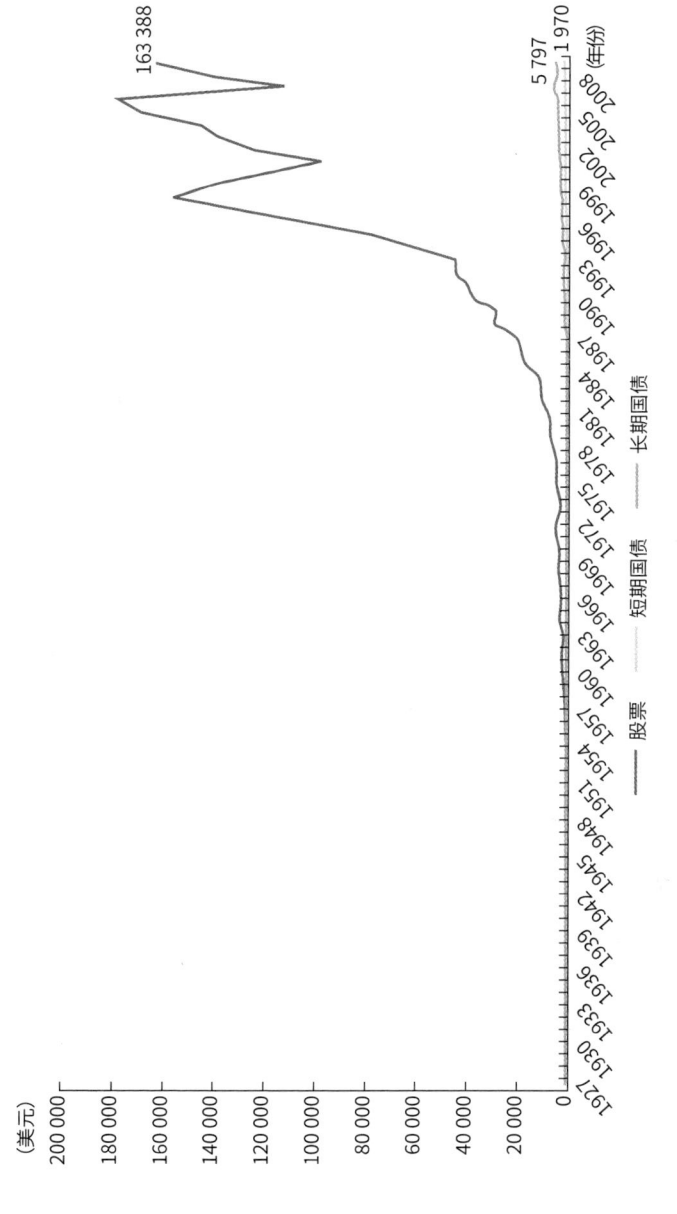

图 5.5 1927 年底投资 100 美元的最终价值：股票、短期国债和长期国债

资料来源：标准普尔和美国联邦储备委员会。

第 5 章 功败垂成：交易、执行和税收 | 177

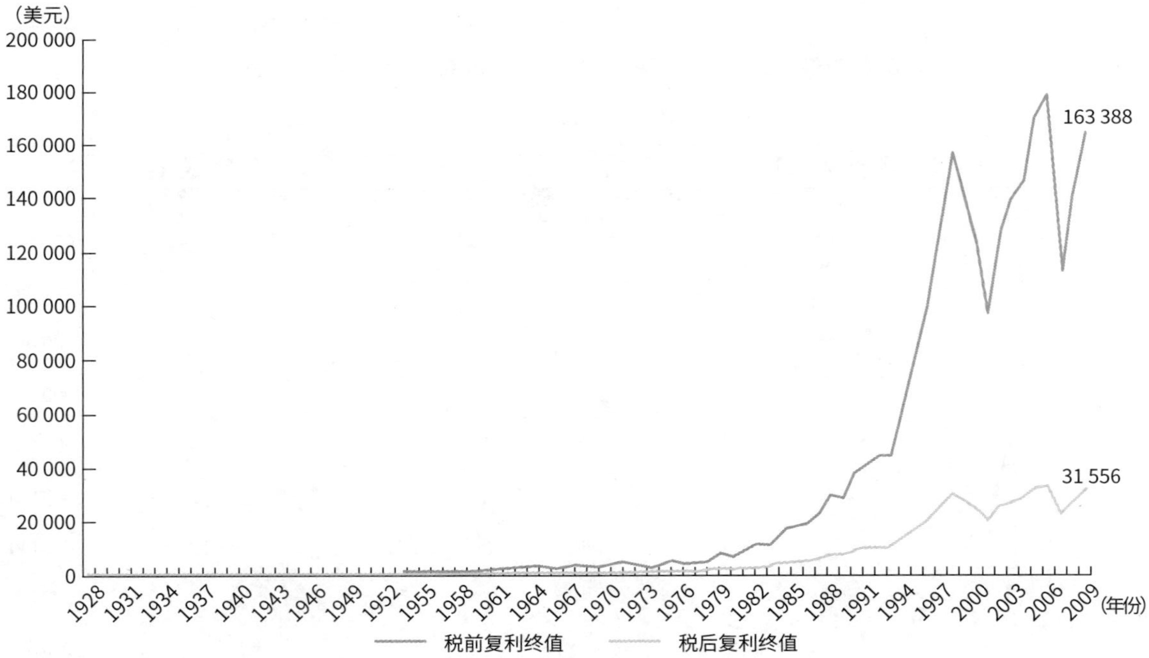

图 5.6 1927 年底投资于股票的 100 美元的价值：税前和税后

资料来源：美国联邦储备委员会。

关于税收效应，还有最后一点需要指出。虽然资本利得税能够通过不交易获利股票来实现递延，但是股息税却必须在收到股息的当期支付。因此，对股息高于平均水平的股票进行投资的策略在税收支付时间上的弹性就会比较小，并需要支付更多的税款，至少相较于长期投资于股息较低的股票来说是如此。我们在图 5.7 中通过对比股息只有市场平均水平一半的投资组合和股息是市场平均水平两倍的投资组合的表现（在保持总收益相同的情况下）来说明这一观点。[1]

从图 5.7 中我们可以看到，股息收益率只有市场实际水平一半的投资组合在 2010 年的最终价值接近 4 万美元，而股息收益率是市场平均水平两倍的投资组合的最终价值大约只有前者的一半。

税收对收益的影响

投资者能否恰当地履行其面临的税收义务？在大多数情况下，我们都是以税前收益来衡量投资业绩的。例如由像晨星和福布斯这样的服务机构所提供的共同基金评级就是根据基金的税前收益做出的。直到最近，大多数基金的宣传资料提供的都是与标准普尔 500 指数相对照的税前收益。对税前收益的关注可能是因为投资者的税收状况各不相同，所以很难通过税后收益对投资者进行比较，但是这也造成了一些不受欢迎的负面效应。基金经理经常会采用一些使投资者面临大量税收的投资策略，因为他们认为自己不会因这种税收风险而受到惩罚。图 5.8 显示了截至 2011 年 11 月，5 年里美国一些最大的股票共同基金的税前和税后收益率。

---

[1] 举个例子，1996 年所有股票的平均股息收益率为 3.2%，总收益率为 23.82%。股息收益率为平均水平一半的投资组合的股息收益率为 1.6%，价格上涨 22.22%，总收益率为 23.82%。股息收益率为平均水平两倍的投资组合的股息收益率为 6.4%，价格上涨 17.42%，总收益率为 23.82%。

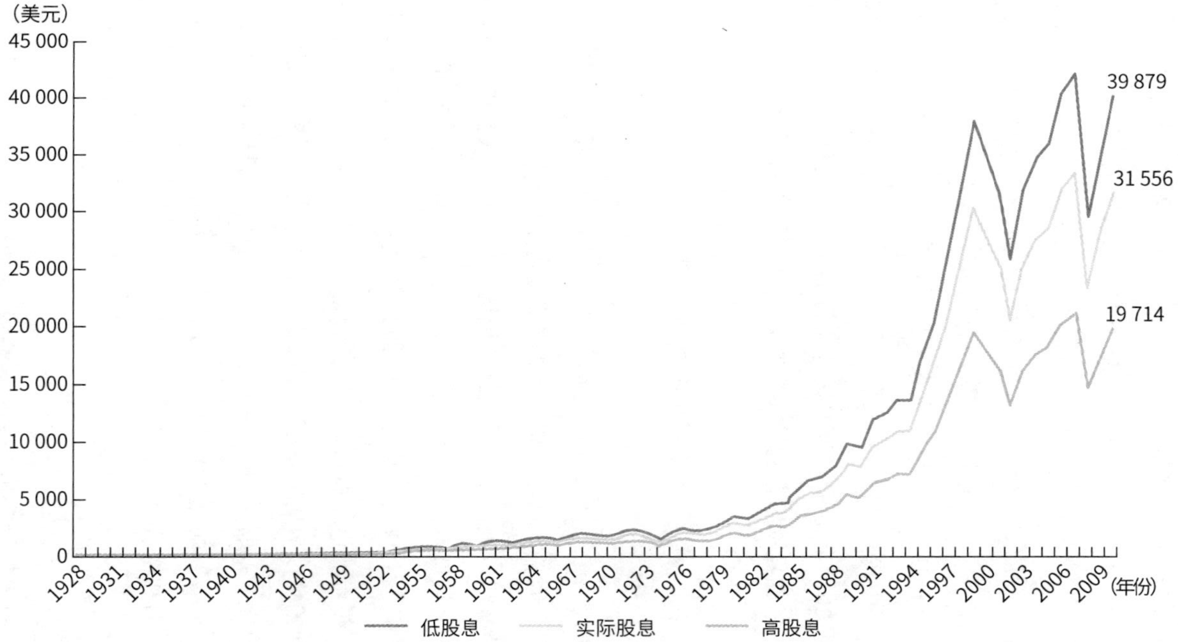

图 5.7 股息收益和税后收益：美国股票

资料来源：美国联邦储备委员会。

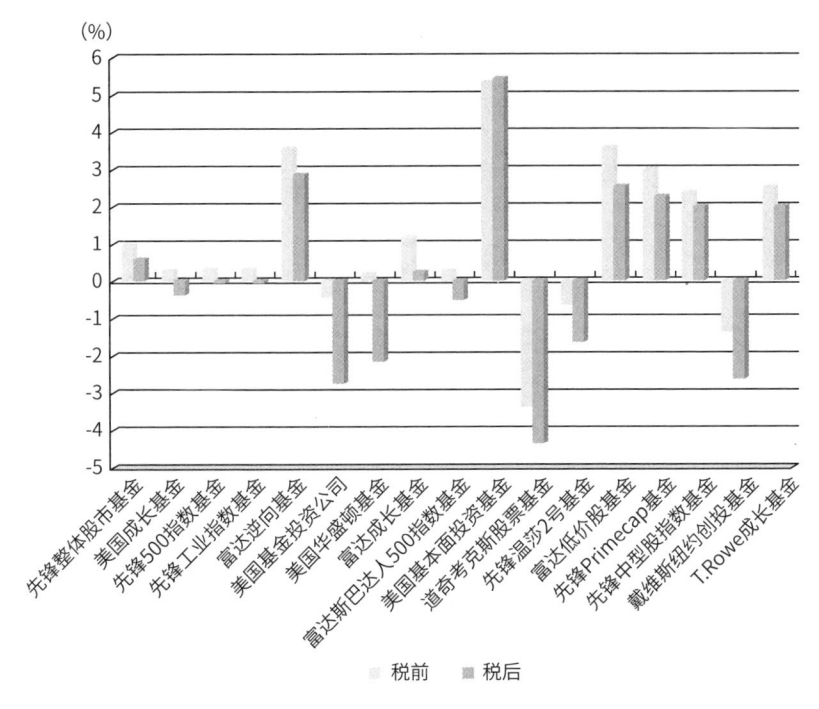

图 5.8　税前和税后收益率：美国最大的股票共同基金（5 年平均）

资料来源：晨星。

除了一只基金，所有基金的税后收益率都显著低于其税前收益率。富达成长基金税后收益超过税前收益这一不寻常的现象和该基金确认资本利得和损失的与众不同的方式和时点有关。

担心税收问题的投资者也看到了一些令人鼓舞的信号。首先，美国证券交易委员会已经开始要求共同基金在其宣传材料中不仅要公布税前收益，也要公布税后收益。其次，共同基金家族已经开始提供一些节税基金，其目标是最大化税后收益，而非税前收益。再次，像晨星这样的业绩评估机构已经意识到税收对共同基金投资者的影响。事实上，最近的晨星共同基金报告不仅报告了基金前几年的税后收益，而且衡量了每种基金的税收效率（税后和税前收益率的比例）。某基金的税前收益率为9%，税后收益率为6%，那么它的税收效率为67%（6/9）。最后一点需要注意的是，并非所有风格的共同基金受到税收影响的程度都一样。图5.9显示了截至2011年11月，5年里以投资风格分类的美国股票共同基金的税前和税后收益率。

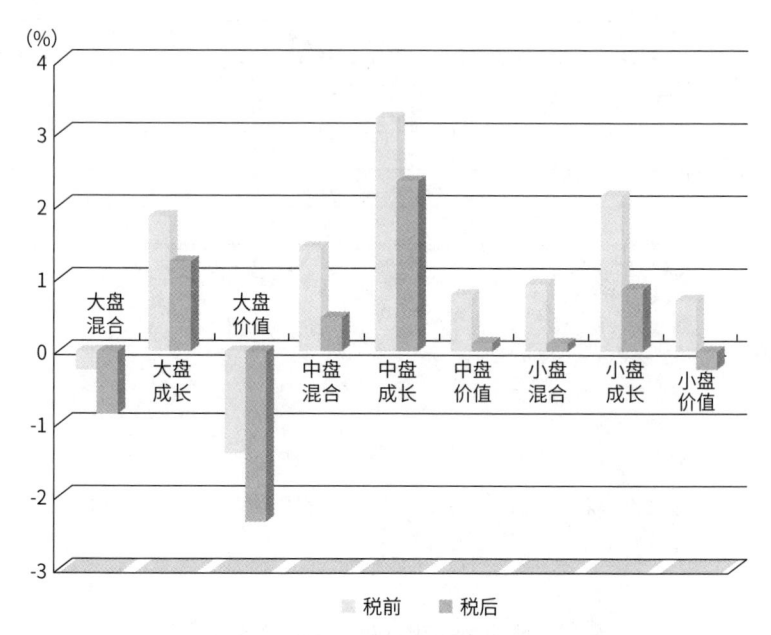

图5.9　2006—2010年美国股票共同基金的税前和税后收益率

资料来源：晨星。

从图5.9中我们可以看出，很多基金的税前收益率和税后收益率差别很大，并且无论什么样的投资风格，税收都会降低收益率。虽然有些基金是税收节约型的，但是也有一些基金的税后收益率甚至不到税前收益率的60%。是什么因素导致税收效应的不同？以下是几个影响因素：

数据观察　｜　共同基金的税收效率：观察各类共同基金的税前和税后收益率，并将其分为几类。

- 更高的换手率（和更活跃的交易）似乎会增加投资者的税收成本。毕竟资本利得税只有在卖出股票时才被征收。图 5.10 将美国共同基金（包括股票基金和债券基金）以换手率为基础分成 6 类，并显示了每一类税前和税后收益率的差异。

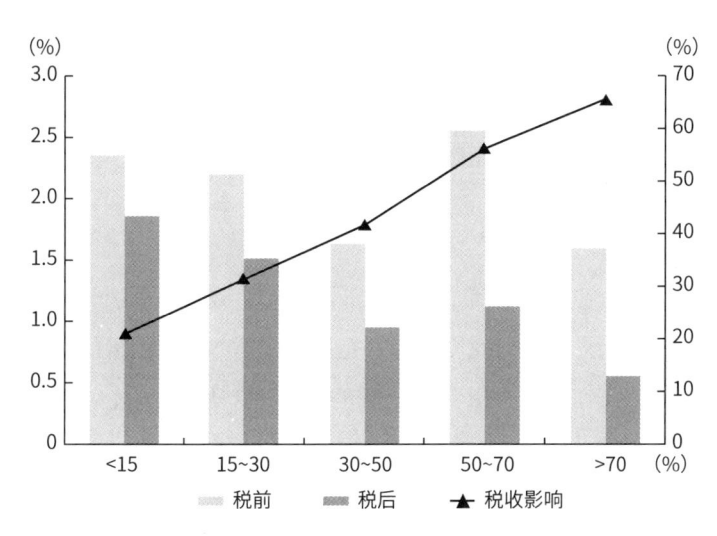

图 5.10　换手率和税收影响：5 年里美国共同基金的税前和税后收益率

资料来源：晨星。

我们通过观察税后与税前收益率的比例来衡量每一类共同基金的税收影响。换手率高于 70% 的公司税收效率最低，因为其税后收益率不到税前收益率的 1/3。换手率和税收影响之间的关系基本上比较稳定，即税收影响随换手率的增加而变大。

- 税后收益率也受到基金资金流入（申购）和流出（赎回）的影响。为什么会这样？这是因为，投资者的赎回可能需要基金将持有的证券卖出以筹集现金，这个过程会将账面收益转变成应税的资本利得。
- 基金税收成本还取决于基金是否积极地管理税收成本。比如，希望最小化税收成本的基金在卖出获利股时也会卖出一些亏损股，用后者的资本损失抵减前者的资本利得。

税收管理策略

虽然投资组合的选择不能仅从税收的角度考虑，但是显而易见，税收问题会影响如何构建投资组合和采用何种投资策略。在这一节中，我们讨论一些能够帮助投资者减少税收损失的方法。

最小化换手率

降低税收成本最简单也是最有效的方法是降低交易的频率。正如前面提到的那样，投资组合换手率是税收成本的关键因素。虽然你可能没有办法将你的投资组合换手率降低到指数基金的水平（指数基金的换手率通常为5%或更低），但你还是可以在给定的投资策略下最小化交易频率。此外，你在选择投资策略时应该考虑该策略所涉及的交易量。那么，这是否意味着你就应该避免采用需要大量交易的策略？并非如此。如果这一策略带来的收益完全能够弥补你需要支付的额外税收，你就仍然可以采用高频交易策略。

基于税收的交易

另一个使税收成本最小化的方法是，考虑专门进行以减少税收为目的的交易。基于税收的交易有以下几种形式。

- 最简单的形式是，在税务年度结束前卖掉投资组合中下跌的股票，用出售股票产生的资本损失抵减你在该年度中卖出其他股票产生的资本利得。
- 如果你的纳税状态随时间的推移而不同，那么你可以选择在税率较低的年度兑现资本利得，在税率较高的年度兑现资本损失。

- 最危险的形式是，仅仅因为有可能降低税收而进行投资。虽然投资者利用避税实体由来已久，但是你应该意识到，税务机关经常会要求这样的实体必须具备除税收抵减以外的经济目的。很多时候，投资者会被避税实体所承诺的税收节约欺骗，而这种承诺实际上从未实现过。

从理论上说，虽然基于税收的交易能提供降低税收成本的可能性，但是投资者必须谨慎。特别是，纯粹为了减少税收而进行的交易更可能会减少而不是增加收益。但是将税收因素考虑在内，对交易策略进行改进，还是有意义的。因此，如果计划调整并再平衡你的投资组合，那么你最好在税收年度结束之前进行，并考虑这些交易对税收的影响。如果你需要决定卖出投资组合中两只股票中的一只，而其中一只能降低 10 万美元的税收，那么你也许应该选择卖出这只。

税收套利

事实上，不同的投资者适用的税率可能并不相同，同一个投资组合的不同部分适用的税率也可能不同。这会带来一个很有趣的现象。如果与市场上其他投资者的适用税率相比，你的适用税率要低得多，你就可以利用税率的不同来获取额外收益。我们来看一下为什么。假设你是免税的，而市场上所有其他投资者的股息和资本利得的适用税率均为40%。我们同时假设其他投资者要求股票的税后收益率为9%，这就意味着所投资股票的税前收益率为15%。作为免税投资者，你能获得的税前收益率为15%，而税后收益率仍为15%。

如果其他所有投资者都免税，而你是唯一需要交税的投资者，那么税收套利还可行吗？在这种情况下，你只能要么满足于比其他投资者更低的投资收益率，要么根本不进行投资。事实上，每个市场都既有免税投资者也有应税投资者，且应税投资者之间的税率差别也很大。资产的市场价格会反映每一组税率的投资者的相对规模，并且总是会存在能够为每组投资者带来更高收益的资产。因此，免税投资者可能发现对他们来说最佳的投资对象是对其他投资者来说税收负担最重的股票，如支付高股息的股票。高税率投资者会转向投资税收负担最低的股票，例如不支付股息的高增长股票。

结论

交易成本是任何投资组合的必然组成部分，并且是决定投资组合是否能战胜市场的重要因素。总体证据显示，交易成本会显著减少投资组合的收益，而且能够用来解释为什么主动型基金经理在市场上表现不佳。交易成本很高的原因是它不仅包括佣金成本，还包括与交易中的买卖价差及价格影响相关的成本，以及等待交易的成本。交易成本难以控制的原因是，为减少一种交易成本而采取的行动可能会增加另一种交易成本。

交易成本对不同投资策略的影响是有差异的，与长期的、以价值为基础的投资策略相比，短期的、以信息为基础的投资策略的交易成本要大得多；关注流动性较差的资产的投资策略比关注具有良好流动性的资产的投资策略的交易成本要大得多。无论采取什么投资策略，在给定投资策略限制的前提下，基金经理都需要管理交易成本，获取能够弥补交易成本的超额收益。

税收对投资策略的影响也是非常大的。由于投资者只能得到税后收益，不同投资策略带来的税收成本是选择投资策略时需要考虑的重要因素。对于给定的任何投资策略，你可以尝试通过降低交易频率、进行基于税收的交易或使用避税实体来降低税收支出。

练习

选择一家你对其业务和历史都熟悉的公司，然后：

1. 通过观察以下情况，估算近期该公司的股票交易情况：
    a. 近期的成交量（成交数量和金额）。
    b. 此前几个时期的成交量变化。
    c. 换手率（成交量/流通股数量）。和同行业其他公司的平均换手率进行比较。
2. 评估该股票交易成本的大小：
    a. 找出该股票当前的买入价和卖出价以及相应的买卖价差。
    b. 估算买卖价差占该股票价格的百分比。
    c. 跟踪买卖价差的变化，特别是在市场低迷时期。
3. 将该股票近年来的收益细分为股息和价格上涨。估算如果你一直在投资组合中持有该股，你每期的税收成本是多少。

对投资者的忠告

- 佣金成本通常是最显性的成本，仅仅是交易成本的一小部分。起码还有 3 种与交易相关的成本：交易时的买卖价差、交易带来的价格影响和等待交易的成本。
- 虽然大投资者比小投资者在佣金成本和买卖价差（大投资者面临的价差更小）上占有优势，但是大投资者面临的价格影响和等待成本比小投资者要大得多。
- 交易成本对收益的影响取决于你投资股票的类型（对市值小且流动性差的股票来说影响更大）和交易频率的高低（换手率越高，交易成本越高）。

- 作为投资者，你能支配的收益是税后而非税前收益。和交易成本一样，税收对收益的侵蚀程度将取决于你所持有的股票的类型（派息股票需支付的税款较多）和交易频率（交易频率越高，支付的税款越多）。

第 6 章
真的好得令人难以置信吗？
投资策略检验

作为投资者，总会有各路专家竞相对你宣传，说他们找到了保证能赚大钱的投资秘籍或神奇的投资模式。他们声称，利用他们的策略购买股票，你就能构建一个低风险高回报的投资组合。虽然我们不能排除这种策略存在的可能性，但是持谨慎态度还是必要的。在本章中，我们将讨论如何检验投资策略。与此同时，我们还要讨论我们所说的市场有效或者无效的含义。

市场有效性是一个有争议的概念，对其看法分歧很大，有人赞成，有人反对。部分原因是人们对其真正的含义理解不同，部分原因是在很大程度上它是决定投资者如何进行投资的一种核心理念。我们将为市场有效性提供一个简单的定义，并讨论有效市场对投资者意味着什么。

市场有效性为什么重要？

市场是否有效？如果无效，其无效性表现在何处？这两个问题对于你选择投资理念至关重要。如果市场实际上是有效的，那么市场价格就是资产价值的最佳估计值，估值成了为市场价格的合理性进行辩护的过程。作为一名投资者，你不应试图去寻找价值被低估或高估了的股票，或者试图选择买卖的市场时机。相反，你应该将投资分散到多种不同的股票上，并且避免频繁交易。

如果市场是无效的，市场价格事实上就有可能是错误的，你选择什么样的投资理念取决于你认为市场出错的原因以及市场将如何纠正这些错误。那些能够找出定价错误的股票并能根据市场的纠错过程进行择时交易的投资者将会比其他投资者获得更多的回报，从而完成战胜市场这一艰巨的任务。但是，如果市场实际上是有效的，而你认为市场是无效的，并选错了股票呢？你不仅要承担挑选股票所花费的成本（包括时间和金钱），还要承担与此种策略相关的税收和交易成本。结果，你最终的收益将大大低于你的邻居把财富投资于指数资金所获得的收益。

研究市场何时何地可能是无效的，可以帮助我们完成选择投资策略这个非常乏味但实际的任务。例如，价值投资者可能需要在市净率低的股票和市盈率低的股票之间进行选择。知道市场何时何地可能是无效的，有助于我们识别哪个策略能更有效地挑选出价值被低估的股票。此外，市场的无效性可以为筛选股票提供基础，让我们找出更有可能包含价值被低估的股票的子样本。由于你必须从大量的股票中进行挑选，这不仅为你节省了时间，而且大大增加了你发现价值被高估或低估的股票的机会。例如，研究显示，被机构投资者忽略的股票有可能被低估，从而更有可能为投资者带来超额回报。基于上述研究结论的投资策略应该是，首先对公司进行筛选，找出机构投资者持股比例低的股票，从而生成一个被忽略的公司的子样本，然后对这个子样本进一步分析，最终构建起一个价值被低估的公司的投资组合。如果分析是正确的，那么在子样本中找到价值被低估的公司的机会就会大大增加。

有效市场：定义与意义

市场有效性对不同的人意味着不同的东西。对那些真正相信有效市场的人来说，市场有效性是一个信条，决定了他们如何看待或解释市场现象。对那些对市场有效性持批评态度的人来说，市场有效性不过是一个学术假设，这个假设认为，一贯正确且极端理性的投资者总能知道一项资产的真正价值。在本节中，我们首先定义什么是有效市场，然后讨论有效市场对投资策略意味着什么。

什么是有效市场？

广义上说，有效市场指的是市场价格是对资产真实价值的无偏估计的市场。这里包含几个关键概念：

- 与人们普遍的认识相反，市场有效性并不要求市场价格在每个时点上都与资产的真正价值相等。它所要求的是市场价格的误差应该是无偏的，也就是说，只要误差是随机的，具体股票的市场价格可以低于或高于其真实的价值。[1]
- 与真实价值的偏差是随机的，这意味着大体上说，任何股票的价值在任何时点都有同样的机会被低估或高估，而且，这种偏差与任何可观察到的变量均不相关。例如，在一个有效的市场中，市盈率较低的股票被低估的程度，并不会比市盈率较高的股票更高或更低。
- 如果市场价格与真实价值的偏差是随机的，我们就可以推论，无论使用何种投资策略，任何类型的投资者都不可能持续地找到价值被低估或高估的股票。

---

[1] 随机性意味着在任何时点股票价值被高估或低估的可能性都是相同的。

市场有效性、投资者和信息

对市场有效性的定义不仅要具体到所考虑的市场，而且要具体到所涵盖的投资者。所有的市场对于所有的投资者在任何时候都有效是不太可能的。但是，完全有可能某一特定的市场（如纽约证券交易所）对普通投资者来说是有效的。也有可能某些市场是有效的，而另一些市场是无效的，或者某一市场对一些投资者是有效的，对另一些投资者是无效的，又或者某一市场在某些时期是有效的，而在另外一些时期是无效的。这是不同的税率和交易成本给一些投资者带来相对优势所造成的直接后果。

市场有效性的定义还与投资者能获得的信息和反映在价格中的信息有关。例如，市场有效性的严格定义基于这样一个假设：所有信息，无论是私人的还是公开的，都已反映在市场价格中。这意味着，即使准确掌握内部信息的投资者也不能战胜市场。对市场有效性的最早分类是由尤金·法玛提出的，他认为，市场有效性可以根据价格所反映的信息分成三个层次。[1] 在弱式有效市场中，当前的市场价格反映了所有历史价格中包含的信息，这表明仅仅基于历史价格进行的图表和技术分析对发现价值被低估的股票来说用处不大。在半强式有效市场中，当前的市场价格所反映的不仅包含过去价格的信息，还包括所有公开信息（包括财务报表和新闻报道），任何基于这些信息的方法都无助于发现价值被低估的股票。在强式有效市场中，当前的市场价格反映了所有信息，既包括私人信息也包括公开信息，任何投资者都不可能持续地发现价值被低估的股票。

---

[1] E. F. Fama, "Efficient Capital Markets: A Review of Theory and Empirical Work," Journal of Finance 25 (1970): 383–417.

市场有效性的意义

市场有效性的直接现实意义是，使用普通投资策略的任何类型的投资者都不可能持续地战胜市场。有效市场还会对很多投资策略产生负面影响。

- 在一个有效市场中，股票研究和估值是一件得不偿失的事情。发现价值被低估的股票的可能性永远是 50%，这反映出定价误差的随机性。最好的情况是，信息搜集和股票研究所带来的收益可以覆盖研究成本。
- 在一个有效市场中，在股票间随机地进行多元化的投资策略或市场指数化的投资策略不会产生任何信息成本，执行成本也很低，它比任何其他产生更多信息成本和执行成本的策略都好。投资组合经理和投资策略都不会增加投资的价值。
- 在一个有效市场中，最小化交易的策略（例如，创建一个投资组合，除非需要现金，否则不进行交易）比那些需要经常交易的策略更好。

因此，市场有效性的概念引起了众多投资组合经理和分析师的强烈反应，他们认为市场有效性的概念对他们的存在提出了挑战。他们这样认为是有道理的。

市场有效性并不意味着：

- **股票价格不能背离其真实价值**。事实上，股票价格可以与其真实价值相差很大。唯一的要求是，这种背离一定是随机的。这也意味着大的市场修正（价格暴涨或暴跌）并不违背市场有效性。
- **投资者在任何时段都无法战胜市场**。相反，在剔除交易成本之前，在任何时段大约有半数投资者都应该能战胜市场。[1]
- **从长期来看，任何类别的投资者都无法战胜市场**。鉴于金融市

---

[1] 由于收益是正偏的（即正收益完全可能超过 100%，但最坏的情况是你损失了 100%），因此不到一半的投资者可能会战胜市场。

场上投资者数量众多，概率法则表明，将会有相当数量的投资者可以在长期内一直战胜市场，这不是因为他们的投资策略好，而是因为他们的运气好。但是，如果太多投资者使用同样的策略，这种现象就不会持续下去。[1]

在有效市场中，从长期来看，任何资产的预期收益都与该资产的风险一致，虽然在短期内可能存在收益偏离预期收益的情况。

市场有效的必要条件

市场不会自动变得有效，是投资者意识到有利可图，并将试图战胜市场的计划付诸行动使得市场有效。消除市场无效性的必要条件包括以下几点。

1. 无效市场提供了战胜市场、获取超额收益的基础。为此：
- 必须对造成市场无效性的资产进行交易；
- 执行该计划的交易成本要低于预期收益。
2. 应该有追求利润最大化的投资者，他们能够：
- 识别能提供超额收益的潜在机会；
- 复制可获得超额收益的战胜市场的计划；
- 拥有对资产进行交易的资源，直到无效现象消失。

一方面声称在有效市场中没有战胜市场的可能性，另一方面要求利润最大化的投资者不断地寻找战胜市场的方法，从而使市场变得有效，这是一种内在矛盾。如果市场实际上是有效的，投资者就会停止寻找无效之处，这将导致市场再次变得无效。因此，可以把市场有效性视为一个自我修正的机制。在有效市场上，无效现象会定期出现，但随着投资者发现无效之处，并进行相应的交易，这些无效现象几乎会立即消失。

---

[1] 质疑市场有效性的持久证据之一，是20世纪50年代很多秉承雷厄姆投资理念的投资者创造的业绩。概率统计很难解释他们这些业绩的一致性和优越性。

关于市场有效性的一些命题

解读有效市场得以成立的条件,我们可以获得投资者在什么地方最有可能发现金融市场无效的一般性命题。

命题1:随着某一资产的交易容易度增加,该资产市场无效的可能性会下降。当投资者交易某一资产存在困难时——要么是因为没有公开市场,要么是因为存在显著的交易障碍,市场的无效性可能会持续很长一段时间。

这个命题可以被用来解读不同资产市场之间的差异。例如,股票交易比不动产交易要容易得多,因为股票市场更加开放,交易的价格单位更小(降低了新交易者的进入门槛),而且资产本身不会因交易而异[一股 IBM(国际商业机器公司)的股票与另一股 IBM 股票的价值相等,而一处不动产与另一处毗邻的不动产可能会非常不同]。由于这些差异,在不动产市场上比在股票市场上更有可能发现无效性(既包括被高估也包括被低估的情况)。

命题2:在一个资产市场中,随着利用市场无效性获利的交易成本和信息成本的增加,发现错误定价的概率会上升。在不同的市场上,甚至在同一市场的不同资产间,信息搜集成本和交易成本差异很大。随着这些成本的增加,这些资产变得越来越无利可图。

例如,很多人相信未被分析师跟踪或未被机构投资者持有的小盘股的价值更容易被低估。就毛收益率而言,这可能是事实,但是这种股票的交易成本可能比其他股票高得多,因为:

- 它们通常没有公开交易,因此交易佣金和费用比一般股票高。
- 它们的流动性较差且是低价股票,买卖价差占价格的比例更高。
- 这些股票通常交易不活跃,小笔交易也能造成价格变动,导致买入价格被推高,卖出价格被压低。

一旦考虑到这些交易成本,你就很可能发现,你过去认为这些股票能带来的超额收益已不复存在。

推论1：拥有成本优势（在信息搜集或交易成本方面）的投资者比那些不具备这些优势的投资者更有能力利用小的无效现象。

着眼于大宗交易对股票价格影响的研究表明，大宗交易虽然会影响股票价格，但是投资者无法利用这种无效性，因为他们必须为此进行多次交易并承担相应的交易成本。这对场内经纪人来说可能不是问题，因为他们可以迅速交易，通常没有什么成本或成本很低。但是，需要指出的是，如果场内经纪人的市场是有效的，那么交易所会员资格的价值应该反映经纪人潜在收益的现值。

这个推论还意味着，致力于建立成本优势，特别是建立和信息相关的成本优势的投资者，也许能够据此获得超额收益。邓普顿成长基金在日本和其他亚洲市场的投资远远早于其他基金，因此，它能够利用优于同行的信息优势在亚洲经济繁荣的早期获得超额收益。

命题3：消除市场无效性的速度与其他投资者复制利用市场无效性获取超额收益的策略的难易程度直接相关。一个策略被模仿的难易程度与实施该策略所需的时间、资源和信息成反比。

很少有投资者能够单独占有通过交易消除市场无效性所需的资源。更有可能的是，如果利用市场无效性获取超额收益的策略是透明且可被其他投资者复制的，那么市场的无效性会迅速消失。为了说明这一点，我们假设股票在其拆分后的一个月内会带来超额收益。由于公司是公开宣布股票拆分的，任何投资者都可以在拆分后立即买入股票，因此这种无效性的持续令人吃惊。这种情形可以与一些基金利用指数套利获取的超额收益进行对比。这些基金买入（或卖出）指数期货，同时卖出（或买入）指数中的股票。该策略要求投资者能够即时获取指数和股票价格的信息，具有买卖指数期货的能力（保证金要求和资源等），且具有在套利完成前获得并持有大量头寸的资源。因此，即使对执行成本最低、执行速度最快、效率最高的套利交易者而言，指数期货定价中的无效性也有可能维持下去。

是市场无效性还是异常现象：一个简单的测试

当你的确发现了一个似乎可以战胜市场的投资策略时，这两种可能性始终存在：第一，你发现了一个可以用于获取超额收益的市场错误；第二，由于你所使用的模型不正确，或者你所使用的数据不精确，你所发现的仅仅是一个你无法解释的发生在金融市场中的现象。你应该把第一种情况归为市场无效性，把第二种情况归为异常现象。实效上的差异是，你应该尝试从第一种情况中赚钱，但不要试图从第二种情况中赚钱。

识别上述差异的一种方法是，观察策略被公开后，超额收益会发生什么变化。如果是市场无效性，在策略被公开后，超额收益会迅速消失。如果是异常现象，即使在策略被公开后，超额收益也会继续下去。

行为金融：对有效市场的挑战

有效市场理论背后的假设是，投资者总体而言是理性的，即使投资者不理性，他们的非理性行为也会在整体上彼此抵消。从 20 世纪 70 年代中期开始，一部分经济学家在心理学家的支持下，对投资者是理性的这一信念提出了挑战。他们把股票价格变化中可以观察到的模式（在下一节中我们将更深入地讨论）、在不同资产市场上反复出现的价格泡沫，以及市场对新闻公告的反应，作为支撑他们观点的证据。在本节中，我们首先看看由心理学家积累的一些关于人类行为的证据。我们认为，几乎所有的投资理念都试图利用投资者的某种非理性，但具有讽刺意味的是，由于自身其他的非理性因素，投资者难以成功地遵循这些理念。简单地说，在通向投资成功的道路上，你是自己最大的敌人。

心理学研究

投资者是人，因此金融市场很自然地反映了人类的弱点。在一本非同凡响的著作中（至少对经济学家来说），为了让我们能够更好地理解金融市场的行为，罗伯特·席勒列出了一些由心理学家发现的有关人类行为的证据。[1] 他将这些发现分为几个领域，下面我们将一一进行讨论。

锚定效应

当面临决策时，人们自然会倾向于从熟悉的东西开始，并借助它进行判断。卡尼曼和特沃斯基的研究有助于阐明行为金融学的大部分内容，他们用刻有数字 1 到 100 的幸运轮盘进行了一个实验。[2] 受试者转动轮盘，随机得到轮盘上的一个数字，随后被要求估计一些难以回答的比例，如古埃及人吃肉的百分比。受试者需要首先猜测正确的答案是大于还是小于轮盘上的数字，然后给出他们的估计值。卡尼曼和特沃斯基发现，受试者给出的估计值明显受到轮盘上数字的影响。如果轮盘上的数字是 10，受试者给出的答案多半是 15% 或 20%，如果轮盘上的数字是 60，则答案多半是 45% 或 50%。席勒认为，市场价格为公开交易的资产提供了类似轮盘上的数字这样的锚。因此，对某只股票进行估值的投资者很可能会受到当下市场价格的影响，其给出的估计值会随着市场价格的上升而上升。

故事的力量

无论是好是坏，人类的行为一般都是基于讲故事而不是定量因

---

1 R. J. Shiller, *Irrational Exuberance* (Princeton, NJ: Princeton University Press, 2005).
2 A. Tversky and D. Kahneman, "Judgment under Uncertainty: Heuristics and Biases," *Science* 185 (1974): 1124–1131.

素。人们倾向于为自己的决策找一个简单的理由，并且常常将决策建立在这些理由是否存在的基础上。在针对该现象的一项研究中，沙菲尔、西蒙森和特沃斯基让一组受试者从两个家长中选出一个作为孩子的唯一监护人。[1] 其中一个家长被描绘为各方面的品行都很普通，而另一个家长则被充分展示了正面特点（和孩子关系密切、收入较高）和负面特点（健康问题、经常外出旅行）。在受试者中，64%的人选择了第二个家长。另外一组受试者也需要做出类似的选择，不过需要选出的是不给予监护权的家长。该组受试者仍然选择了第二个家长。这两组的结果似乎不一致，基于同样的描述，第一组受试者选择了第二个家长作为监护人，而第二组受试者否定第二个家长做监护人。这个结果意味着，投资者更倾向于做出背后有故事支撑的投资决策。

过度自信和直觉思维

你从和朋友、亲戚，甚至陌生人的交往中可以知道，人们常常对自己不太了解的事情自以为是，并基于自己的观点做出决策。在与此相关的一项研究中，菲施霍夫、斯洛维奇和利希滕斯坦询问受试者一些事实性问题，发现他们在做出回答后，会始终高估自己答案的正确概率。实际上，他们正确的概率只有80%。[2] 这种过度自信的根源是什么？一种原因可能来自进化。在逆境中，信心可能是让我们作为一个物种得以生存下来并最终取得支配地位的关键因素。另外一种原因和心理学有关。人们似乎有一种事后聪明偏差，即当观察已发生或正在发生的事情时，他们会认为自己一直知道这些事情会发生。因此，有些投资者会声称自己很早就看出互联网泡沫、房地产泡沫和金融危

---

1 E. Shafir, I. Simonson, and A. Tversky, "Money Illusion," *Quarterly Journal of Economics* 112 (1997): 341–374.
2 B. Fischhoff, P. Slovic, and S. Lichtenstein, "Knowing with Uncertainty: The Appropriatenessof Extreme Confidence," *Journal of Experimental Psychology* 3 (1977): 522–564.

机会发生，尽管实际上他们的行为显示他们对此一无所知。

羊群效应

人们容易受群体的影响这一现象早有记录，暴君常常利用这一现象将他们的意志强加给人们。在一个有趣的实验中，阿施让一个受试者询问一组人一个答案非常明显的问题，然而，这组人被要求故意给出错误的答案。[1] 阿施发现，受试者有1/3的时候会改变自己的答案，去附和小组成员给出的错误答案。阿施将此类现象归结为来自群体的压力，随后的研究也发现了同样的现象，甚至在受试者不与小组成员接触或交流时仍然如此。这说明，人们希望成为群体的一部分或分享群体的信念，而不仅仅是由于群体的压力。

尽管这种羊群效应常常被描述为非理性的，但值得注意的是，这种现象也会通过一个被称为"信息级联"的过程发生在非常理性的市场。席勒以两家餐馆为例说明了这种情况。假设某人随机选择了第一家餐馆，第二个人观察到第一个人在那家餐馆吃饭，因此更有可能选择同样的餐馆。随着就餐的人数的增加，你很可能会看到第一家餐馆食客满座，而第二家餐馆的就餐者寥寥无几。因此，第一个顾客的随机选择带来了足够的行为惯性，使得第一家餐馆生意兴隆。在投资中，投资者常常在某些公司首次公开募股（IPO）的早期阶段涌入，并将其股价推高。而另外一些公司的首次公开募股则遭到冷落，股价低迷。完全有可能第一组股票的价值被高估了，而第二组股票的价值被低估了。由于传言的散布会使羊群效应变得更严重，你可能认为，众多美国消费者新闻与商业频道和彭博资讯集团这样的资讯服务提供商放大了羊群效应的作用。

---

[1] S. E. Asch, "Effects of Group Pressure upon the Modification and Distortion of Judgment," in H. Guertzkow, ed., *Groups, Leadership, and Men* (Pittsburgh, PA: Carnegie Press, 1951).

不愿意承认错误

是人就会犯错误，但同时人们都不愿承认自己的错误。换句话说，我们很愿意炫耀我们的成功，但很不愿意提及我们的失败。卡尼曼和特沃斯基在他们进行的有关人类行为的实验中发现，当面对基于当前处境的选择时，受试者常常会做出不切实际的选择。他们发现，一个人如果不能坦然面对自己的损失，就更有可能接受在正常情况下本来不会接受的赌博。任何进过赌场的人都会证实这一点。

在投资中，谢弗林和斯塔特曼称这种现象为处置效应，即投资者倾向于过长时间地持有亏损股票，同时过早地卖出盈利股票。[1] 他们认为这种现象非常普遍，并有可能导致某些股票出现系统性的定价错误。特伦斯·奥迪恩用一家折扣经纪公司提供的1万名客户的交易记录，对投资者是否存在上述倾向进行了验证。[2] 他发现，平均而言，投资者每年只实现9.8%的亏损，而实现14.8%的收益。[3] 他也发现，投资者似乎过长时间地持有亏损股票，同时过早地卖出盈利股票。总体而言，他认为有证据显示，投资者的行为存在处置效应。

证据

尽管有充分的证据显示，人们的行为并不总是理性的，但这并不意味着市场就必然是非理性的。实际上，你可以像一些相信市场有效性的投资者那样认为，即使投资者不理性，市场也可以是理性的。原因有两个：第一个，市场有可能存在一个选择过程，即非理性的投资者持续输给理性的投资者，并最终被淘汰出局。第二个，有可能非理

---

[1] H. Shefrin and M. Statman, "The Disposition to Sell Winners Too Early and Ride Losers Too Long: Theory and Evidence," *Journal of Finance* 40 (1985): 777–790.
[2] T. Odean, "Are Investors Reluctant to Realize Their Losses?" *Journal of Finance* 53 (1998): 1775–1798.
[3] 唯一实现亏损高于收益的月份是12月。

性的行为是双向的，有些使得投资者在不该买入的时候买入，而另外一些使得投资者在不该卖出的时候卖出，如果这些行为可以相互抵消，那么市场价格仍然不会被非理性的投资者影响。解决这一争辩的唯一方法是检验市场行为中是否存在非理性的证据。

当检验金融市场是否存在非理性时，我们面临的一个问题是无法控制变量的数量。投资者进入和离开市场，新信息不断被披露，宏观经济环境经常发生变化，所有这些使得我们无法构建一个受控的实验。一些研究者试图通过构建实验性研究绕过这个问题，他们采用类似于前一节中心理学家和社会学家使用的方法来检验投资者在金融市场中是如何决策的。

从实验中得到的最有趣证据是，我们从中了解到的人类行为的怪癖，即使在最简单的环境设定中也会表现出来。实际上，卡尼曼和特沃斯基对传统经济学中效用理论的挑战就基于他们对心理学实验研究的认识。在本节中，我们将讨论其中比较重要的一些发现。

- **框架效应**。卡尼曼和特沃斯基发现，即使基本选择保持不变，以不同的方式描述同一决策问题也可能导致不同的决策和风险规避措施。在他们进行的实验中，他们要求受试者针对某个疾病的威胁做出二选一的决策。第一个选择是从600人中救出200人，第二个选择的表述是"有1/3的可能性每个人都得救，有2/3的可能性一个人也救不了"。尽管从数学上来说，这两个选择的结果都是一样的：400人死，200人得救，但72%的受试者选择了第一个选项。卡尼曼和特沃斯基将这种现象称为框架效应，并认为效用模型和实验者都必须考虑由此带来的影响。[1]
- **损失厌恶**。损失厌恶是指在回避损失和获取利润之间，人们更倾向于回避损失。在一个实验里，卡尼曼和特沃斯基提供了损

---

[1] A. Tversky and D. Kahneman, "The Framing of Decisions and the Psychology of Choice," *Science* 211 (1981): 453–458.

失厌恶的例子。首先，他们为受试者提供了两个选项：

选项 A：250 美元的确定收益。

选项 B：25% 的机会获得 1 000 美元，75% 的机会一无所获。

84% 的受试者选择了带来确定收益的选项 A，而不是期望收益和选项 A 一样，但风险大得多的选项 B。如果人们具有损失厌恶的倾向，这个结果就丝毫不让人感到意外。随后，他们又换了一种方式来表述这个问题，并询问同样的受试者：

选项 C：750 美元的确定损失。

选项 D：75% 的机会损失 1 000 美元，25% 的机会什么也不损失。

现在，73% 的受试者选择了赌一把（选项 D，其预期损失为 750 美元），而不是确定的损失（选项 C）。卡尼曼和特沃斯基发现，以收益的形式表述问题还是以损失的形式表述问题，会导致不同的选择。[1] 损失厌恶意味着，与接受确定的损失相比，只要存在不损失的可能性，人们就更愿意赌一把，即使这种损失的预期值可能比确定的损失还要大。

本纳茨和塞勒将损失厌恶和人们检查个人账户的频率（他们称为"心理账户"）结合起来，创立了一个复合概念"短视损失厌恶"。[2] 黑格和利斯特进行的实验清楚地说明了这一假设。他们请受试者进行了 9 次博彩，但以不同的方式提供结果信息。[3] 对于一组受试者，他们在每一轮博彩后都提供结果反馈，

---

[1] A. Tversky and D. Kahneman, "Loss Aversion in Riskless Choice: A Reference-Dependent Model," *Quarterly Journal of Economics* 106 (1991): 1038–1061.
[2] Shlomo Benartzi and Richard Thaler, "Myopic Loss Aversion and the Equity Premium Puzzle," *Quarterly Journal of Economics* 110 (1995): 73–92.
[3] M. S. Haigh and J. A. List, "Do Professional Traders Exhibit Myopic Loss Aversion? An Experimental Analysis," *Journal of Finance* 45 (2005): 523–534.

从而使受试者能对上一轮的成功或失败做出反应。对于另外一组受试者，他们每三轮提供一次结果反馈。他们发现，相较于反馈频率低的那组受试者，反馈频率高的那组受试者赌博的意愿要低得多。这说明，投资评估期越短，损失厌恶的倾向就越严重。

- **赌场盈利效应**。一般而言，赌场盈利效应是指人们更愿意拿容易获得的钱或意外之财去冒险，对工作挣来的钱往往患得患失，不舍得花。我们来看一个实验。第一组的10个受试者每人得到30美元，他们可以选择什么都不做，也可以选择通过抛硬币来赢得或输掉9美元，其中7个人选择了抛硬币。第二组的10个受试者没有初始资金，但他们可以选择直接拿到30美元，或者抛硬币，正面得到39美元，背面得到21美元，只有43%的受试者选择抛硬币。在两组实验中，最后的结果（21美元或39美元）是相同的。另一个由塞勒和约翰逊进行的实验也显示了赌场盈利效应的存在。在这个实验里，受试者将参加一系列博彩。在第一轮博彩中，受试者有机会赢得15美元，随后他们可以参加一轮输赢概率各占一半、赌注为4.50美元的博彩。如果在第一轮博彩开始前让受试者选择是否参与第二轮博彩，他们中的很多人会拒绝，但如果在第一轮博彩之后进行询问，赢得第一轮博彩的人（赢得15美元）中有77%会参与第二轮博彩。[1]

- **盈亏平衡效应**。盈亏平衡效应是赌场盈利效应的另一面，是指那些损失了钱的人会试图将钱赚回来。在实验中，那些损失了

---

[1] R. H. Thaler and E. J. Johnson, "Gambling with the House Money and Trying to Break Even: The Effects of Prior Outcomes on Risky Choice," *Management Science* 36 (1990): 643–660. 他们还记录了一个有关赌场损失效应的实验，即那些在最初的博彩中失败的人在第二阶段变得更加厌恶风险。然而其他相关实验研究的结论各不相同。

钱的受试者似乎更愿意参与那些能给他们机会翻本的博彩（如果孤立地看这些博彩，受试者是不会感兴趣的）。塞勒和约翰逊用于研究赌场盈利效应的实验也揭示了盈亏平衡效应。在另一个连续博彩的实验中，研究者发现在第一轮博彩中输钱的受试者一般会在第二轮博彩中变得更加厌恶风险，除非第二轮博彩为他们提供了翻本的机会。[1]

总而言之，来自实验研究的发现为行为金融学提供了重要的支持。无论我们是否同意这些观点，人类行为都存在系统性的怪癖，而且由于这种现象如此广泛且长期存在，我们很难简单地斥之为不理性或反常。

另外，补充说明一下，以上提到的这些实验的受试者既包括没有经验的大学生，也包括专业人士（金融市场的交易者、有经验的商人）。实验结果并不太支持理性人类学派，这些实验的一致结论是，经验和年龄似乎并不能赋予受试者理性，而且本节所讨论的一些异常现象还会随着受试者经验的增加而更明显。例如，职业交易员就比大学生表现出更强的短视损失厌恶。本节所讨论的行为模式也在商业场景（有收入、利润和损失）和以资深管理者为受试者的实验中进行了复制。[2] 最后，我们应该抵制为这些行为贴上非理性标签的诱惑。我们所观察到的人类行为的很多方面似乎都已根植我们的系统。《心理科学》上的一项研究观察了 15 名受试者的决策情况，这 15 名受试者的智商和推理能力正常，但控制情绪的那部分大脑受过损伤。[3] 研究者让受试组和另一个由普通人组成的对照组参加一个 20 轮的博彩游

---

[1] R. C. Battalio, J. H. Kagel, and K. Jiranyakul, "Testing between Alternative Models of Choice under Uncertainty: Some Initial Results," *Journal of Risk and Uncertainty* 3 (1990): 25-50.

[2] K. Sullivan, "Corporate Managers' Risky Behavior: Risk Taking or Avoiding," *Journal of Financial and Strategic Decisions* 10 (1997): 63-74.

[3] S. Baba, G. Lowenstein, A. Bechara, H. Damasio, and A. Damasio, "Investment Behavior and the Negative Side of Emotion," *Psychological Science* 16 (2005): 435-439. 中风或疾病给他们造成的伤害使他们无法感受情感。

戏，每轮他们可能赢2.5美元或输1美元。实验发现，由于无法感知诸如害怕和焦虑这样的情绪，大脑受过损伤的受试者更愿意接受高回报所带来的风险，并对此前的输赢情绪反应不大。总体而言，脑损伤的受试者比面临同样选择的普通人赢的钱多13%。

检验市场有效性

我们通过观察具体的投资策略或投资组合经理是否能战胜市场来检验市场的有效性。但是，战胜市场是什么意思呢？它仅仅意味着某个人在具体的某一年里获取的收益高于市场（比如标准普尔500指数）的水平吗？我们首先看一下战胜市场的要求是什么，并定义什么是超额收益。接下来，我们将讨论3种检验市场有效性的标准方法，以及我们何时和为什么选择其中的某一种而不是另一种。

战胜市场

当我们检验某个投资策略是否有效时，我们经常试图回答的一个基本问题是，我们从该策略中获取的收益是高于还是低于具有同等风险的其他策略所能获得的基准收益。但是，那个基准收益应该是多少呢？正如我们将要看到的，除非确定了如何衡量风险，否则，几乎不可能评价一个投资策略的成功或失败。

业绩基准

如果你能估计过去采取某个投资策略所获得的收益，或者估计你所观察到的过去一段时间里某个投资组合经理或投资者获得的投资收益，你就能对这些收益进行评估。为了进行评估，你必须选择一个合适的比较基准。在本节中，我们将讨论在做这个选择时可用的两种方法。

- **与指数进行比较**。当你估计一种投资策略的收益率时，最简单的做法是与你投资于某个指数所获得的收益进行比较。很多投资组合经理和投资者将他们投资组合的收益与标准普尔500指数的收益进行比较。虽然这种比较可能很容易，但是当你的策略所涉及的风险与指数投资的风险不同时，这种比较可能会很危险。这种偏差既可能是正的，也可能是负的。如果你的策略比指数投资风险大，例如投资于高成长的小盘股，这种偏差就容易让你错误地认为你的策略奏效了（也就是说，你的策略战胜了市场）。如果你的策略比指数投资安全得多，如购买高股息的成熟公司的股票，这种偏差就容易让你错误地认为你的策略不成功。

  这个方法还有一些稍微复杂的版本，它们不太容易受这一问题的影响。例如，一些业绩评价服务机构会把被评价基金与其风格相同的基金指数进行比较。因此，投资于低市净率的大盘股基金就应该与其他大盘股价值型指数基金进行比较。但是危险依然存在，因为对基金经理进行准确的分类说起来容易做起来难。某个基金经理可能在一个年度开始时说自己是大盘股的价值型投资者，而在年中又转而投资高成长、高风险的公司。

- **风险收益模型**。在第2章中，我们探讨了风险的基本问题，提出了风险与收益的若干模型。所有这些模型都在试图衡量投资中的风险，并将投资的预期收益和风险指标联系起来，尽管它们在如何最好地衡量风险上看法不同。你可以使用这些模型来衡量某个投资策略的风险，然后考察相对于这一风险程度的收益。在本节中，我们将讨论一些经风险调整的投资业绩衡量方法。

均值—方差模型

最简单的经风险调整的业绩衡量方法是基于哈里·马科维茨于20世纪50年代初提出的均值–方差模型。均值–方差模型用一个投资收益的标准差衡量其风险。如果你对两个收益不同而标准差相同的投资进行比较，具有较高平均收益的那个投资将被认为是较好的投资。

夏普比率

把此概念延伸到投资策略上，你可以用所获取的收益率除以收益的标准差计算出每单位风险的收益，该指标被称为夏普比率。[1]

夏普比率 = 策略的平均收益率 / 收益的标准差

为了计算标准差，你需要跟踪该策略在若干个时期内每个时期的收益率。例如，可以用某只共同基金过去5年的月平均收益率除以这些月收益的标准差，从而得出该共同基金的夏普比率。一旦算出单只基金的夏普比率，你就可以将不同的基金进行比较，找到每风险单位（标准差）收益率最高的基金，你也可以将某只基金的夏普比率与整个市场的夏普比率进行比较，以便对主动投资是否划算做出判断。

| 数据观察 | 共同基金的夏普比率：观察一下美国市场各类共同基金的夏普比率，按类别分列。 |

夏普比率是一种经过时间考验的通用衡量指标。但是，它以标准差来衡量风险，这使那些没有在整个市场上广泛多元化的投资组合面临风险衡量的偏差。以夏普比率来衡量，某个行业的共同基金（如生

---

[1] W. F. Sharpe, "Mutual Fund Performance," *Journal of Finance* 39 (1965): 119–138.

物科技或医疗健康基金）的业绩往往会显得比较差，这是因为，行业特有风险的存在会使得其标准差比较高。由于这些基金的投资者可以通过持有多只基金来分散风险，因此，因其较低的夏普比率而惩罚这些基金似乎是不公平的。

在表 6.1 中，我们使用 2006—2011 年的数据，计算了 2011 年 12 月美国 12 家大型共同基金的夏普比率。

以先锋 500 指数基金 0.65 的夏普比率为比较基准，戴维斯纽约创投基金的夏普比率仅为 0.49，表现不佳。在富达基金家族中，斯巴达人基金的夏普比率非常接近先锋 500 指数基金，但是另外 3 只富达基金都具有更高的夏普比率。

表 6.1 美国大型共同基金的夏普比率（2006—2011 年）

基金	标准差（%）	夏普比率
美国基本面投资基金	19.58	0.67
美国成长基金	18.81	0.63
美国华盛顿基金	17.76	0.63
戴维斯纽约创投基金	21.56	0.49
富达反向基金	16.81	0.82
富达成长基金	20.51	0.91
富达低价股基金	20.94	0.94
富达斯巴达人基金	19.57	0.64
普信蓝筹成长基金	19.81	0.88
先锋 500 指数基金	19.58	0.65
先锋工业指数基金	19.57	0.65
先锋中型股指数基金	22.6	0.86

信息比率

与夏普比率很接近的一个指标是信息比率。信息比率是一只基金相较于某个指数所获取的超额收益与基金相较于该指数的超额波动率的比率。为了衡量后者，我们需要估计所谓的跟踪误差，该指标衡量的是若干时期内每个时期基金的收益偏离指数收益的程度。最常见的形式是，用某一基金超出标准普尔500指数的收益除以该基金相对于标准普尔500指数的跟踪误差。

信息比率 =(策略的收益-指数的收益)/相对于该指数的跟踪误差

信息比率不同于夏普比率，因为信息比率取决于所参照的指数。换句话说，某个投资组合的标准差可能很低，但是，如果该投资组合含有指数中没有的股票，那么这个投资组合的跟踪误差就可能比较高。例如，由小市值、低风险股票构成的投资组合的标准差可能较低，但是该投资组合仍会具有较高的相对于标准普尔500指数的跟踪误差。

M 平方

20世纪90年代，上述方法被进一步完善，一种被叫作M平方的指标出现。[1] 你不是用某个策略或基金的总收益除以其标准差，而是通过将该策略或基金的标准差调整到和指数的标准差相同来计算该基金的预期收益，然后将此预期收益与指数收益进行比较。例如，假设你有一只基金，收益率为30%，标准差为50%，标准普尔500指数的收益率是15%，标准差是20%。为使该基金的标准差和标准普尔500指数的标准差相同，你应该将60%的资金投资到国债上（收益率3%），将40%的资金投入该基金。

---

[1] 该方法是由利娅·莫迪利亚尼提出的，她是摩根士丹利的分析师。除了卓著的成就，值得一提的是，她是诺贝尔经济学奖获得者佛朗哥·莫迪利亚尼的孙女。

调整后的投资组合标准差 = 0.4（基金的标准差）+ 0.6（0）
= 0.4（50%）= 20%

该投资组合的收益率可以计算如下：

投资组合的预期收益率 = 0.4（30%）+ 0.6（3%）= 13.8%

由于该收益率低于标准普尔500指数15%的收益率，你可以把这个基金归类为表现不佳的基金。

这种业绩衡量方法与夏普比率密切相关，容易像夏普比率一样受到偏差的影响。由于要调整预期收益率，以使共同基金的风险和指数的风险相同，因此那些没有在整个市场广泛多元化的基金得分就会比较低。

资本资产定价模型

建立在均值-方差模型基础上的资本资产定价模型已成为金融中最重要的风险收益模型。如第2章所述，在资本资产定价模型中，一项投资的预期收益率可以写成其贝塔值的函数：

预期收益率 = 无风险利率 + 贝塔值(市场的预期收益率 - 无风险利率)

在第2章中，我们使用该模型估计下一期的预期收益率，把当前的无风险利率、贝塔值和股票投资相对于无风险利率的平均溢价代入该模型。在本节中，我们要考虑的是如何调整资本资产定价模型，以便对过去的业绩做出评价。

超额收益（阿尔法或詹森阿尔法指数）

使用资本资产定价模型评估投资业绩最简单的方法是在给定投资

的贝塔值和给定市场在此期间的表现之下，将投资的实际收益率和评估期间投资或策略应该获得的收益率进行比较。例如，假设你正在分析一个在上一年里收益率为12%的策略，再假设，你的计算表明该策略的贝塔值是1.2，上一年年初的无风险利率是4%，上一年市场的收益率是11%。该策略的超额收益率可以按如下方法计算：

上一年的预期收益率 = 4%+1.2(11%-4%) = 12.4%

超额收益率 = 实际收益率-预期收益率 = 12%-12.4% = -0.4%

经风险调整后，该策略的业绩较股票市场的整体水平低0.4%。该超额收益也被称为异常收益。[1]

我们在此所做的和第2章在预测未来的预期收益率时所做的有何不同？第一，在评估业绩的时候，我们采用的是评估期初的无风险利率，而在做预测时，我们运用的是当下的无风险利率。第二，在进行业绩评估时我们使用的是评估期内的市场实际收益率，即使这个收益率是负数，而在计算预测收益时，我们使用的是预期股权溢价。第三，在进行业绩评估时我们使用的贝塔值衡量的是评估期内投资所承受的风险，而在预测中应使用的是前瞻性贝塔值。

你可以计算一个策略在任何收益期间（日、周、月或年）的超额收益率。为此，你需要相应地调整你所使用的无风险利率和市场收益率。例如，如果想计算一个策略的周超额收益率，你就需要使用周无风险利率和周市场收益率。估计超额收益率的另一个方法是，对该策略超过无风险利率的收益率与市场指数超出无风险利率的收益率进行回归，得出的结果与前一方法相同。

(策略的收益率-无风险利率) = $a + b$ (指数的收益率-无风险利率)

---

[1] M. Jensen, "The Performance of Mutual Funds in the Period 1945–1964," *Journal of Finance* 23 (1967): 389–416.

此回归的斜率提供了历史贝塔值，回归的截距提供了该策略每期的超额收益情况。[1]按照统计术语，截距通常被称为阿尔法或詹森阿尔法指数，因为这个术语是迈克尔·詹森于20世纪60年代在一篇研究共同基金的论文中率先使用的，他是实证金融学研究的先驱之一。

关于超额收益率需要指出的最后一点是，当按天或按周计算较长时期（比如6个月或1年）的超额收益率时，你可能还想计算该策略在整个期间的业绩。为此，你通常需要看一下整个期间用复利计算的收益率。这个用复利计算的收益率被称作累计超额收益率，或累计异常收益率（CAR）。每个计算周期的超额收益率用ER表示，整个期间的超额收益率可以写成如下形式：

n个计算周期的累计异常收益率 = $(1+ER_1)(1+ER_2)(1+ER_3)\cdots(1+ER_n)$

大于零的累计异常收益率表明该策略战胜了市场，至少在检验期间是这样。

与上一节讨论的基于方差的衡量方法不同，由于詹森阿尔法指数考察的是投资组合的贝塔值，而不是其标准差，因此，詹森阿尔法指数并不会使没有充分多元化的行业基金在业绩评估时处于不利地位。但是，由于这种方法严格遵循资本资产定价模型，因此它会受到该模型所有局限性的影响。由于该模型历来低估了低市盈率和低市净率的小盘股的预期收益，你会发现专注于具有这些特点的股票的投资策略多半会取得正的超额收益。

---

[1] 为了弄清原因，让我们看一下推导过程。资本资产定价模型的预期收益率可以写成如下形式：
策略的预期收益率 = 无风险利率 + 贝塔值（市场收益率 − 无风险利率）
策略的预期收益率 − 无风险利率 = 贝塔值（市场收益率 − 无风险利率）
换句话说，如果股票的表现与资本资产定价模型预测的一模一样，截距就应该是零。如果截距不是零，那就意味着该股票的表现不如市场（如果它是负数）或该股票的表现好于市场（如果它是正数）。

詹森阿尔法指数已经出现了一些变化。早期的一个变化形式是用市场模型取代资本资产定价模型。在市场模型中，投资的预期收益率基于由历史数据回归的阿尔法值。[1] 在过去的 10 年里，研究者设计了一种允许某个策略的贝塔值从一个阶段到另一阶段发生变化的指标。这种贝塔被称为时变贝塔。该方法比假定在整个评估期间贝塔值不变明显要更现实一些。

特雷诺指数

超额收益率用百分比来表示。但是，在预期收益率为 15% 的时候赚取 1% 的超额收益率是否等同于在预期收益率为 7% 的时候赚取 1% 的超额收益率？很多人会说后一个策略的业绩让人觉得更好。[2] 特雷诺指数试图通过把超额收益率转换成与贝塔值的比率来解决这个问题。特雷诺指数的计算方法是，用一个投资策略的收益率与无风险利率之间的差值除以该投资的贝塔值。然后我们把这个值与市场收益率与无风险利率之间的差值进行比较。

特雷诺指数 =(策略的收益率−无风险利率)/贝塔值

例如，假设你在考虑本章前一节讨论的策略，其贝塔值是 1.2，最近一年的收益率是 12%。在那个例子中，同一年的市场收益率是 11%，无风险利率是 4%。该策略的特雷诺指数应该是：

策略的特雷诺指数 = (12%−4%)/1.2 = 6.67%
市场的特雷诺指数 = (11%−4%)/1 = 7%

该策略的业绩低于市场水平。

---

[1] 在市场模型中，超额收益率可以写成：超额收益率 = 实际收益率 − (a+b 市场收益率)
在这里 a 是截距，b 是用市场指数收益率对股票收益率进行回归所得到的斜率。

[2] J. L. Treynor, "How to Rate Management of Mutual Funds," *Harvard Business Review* 43 (1965): 63–70.

特雷诺指数与上节所讨论的阿尔法指数联系紧密。这两种方法在衡量一个策略是表现不佳还是表现优于市场时得到的结论是一致的，但是在排名上有区别。贝塔值低的策略在特雷诺指数衡量法中比在阿尔法指数衡量法中排名要高，这是因为特雷诺指数看的是每个单位贝塔所获取的超额收益。

在表 6.2 中，我们对美国 12 家大型共同基金 2006—2011 年的詹森指数与特雷诺指数进行了估计。简单起见，我们假设在该期间年平均无风险利率为 0.5%。

表 6.2　詹森指数与特雷诺指数：美国大型共同基金（2006—2011 年）

基金名称	年收益率（%）	贝塔值	詹森指数（%）	特雷诺指数（%）
美国基本面投资基金	1.18	0.99	0.86	0.69
美国成长基金	0.29	0.94	−0.04	−0.22
美国华盛顿基金	0.19	0.9	−0.15	−0.34
戴维斯纽约创投基金	−1.37	1.08	−1.68	−1.73
富达逆向基金	3.55	0.83	3.20	3.67
富达成长基金	5.33	1.00	5.01	4.83
富达低价股基金	3.57	1.03	3.26	2.98
富达斯巴达人基金	0.28	1.00	−0.04	−0.22
普信蓝筹成长基金	2.51	0.96	2.18	2.09
先锋 500 指数基金	0.32	1.00	0	−0.18
先锋工业指数基金	0.33	1.00	0.01	−0.17
先锋中型股指数基金	2.43	1.12	2.13	1.72

请注意，在这 5 年间，整个市场的收益率都很低，标准普尔 500 指数的年收益率仅为 0.32%。由于市场收益率低于同期的无风险利率，市场的特雷诺指数是负值（即表中先锋 500 指数基金的值）。除

了富达斯巴达人基金，其他的富达基金都得到了正的詹森指数和较高的特雷诺指数（相较于市场而言）。

套利定价模型与多因子模型

在第 2 章中，我们提到在资本资产定价模型中为了得出仅用一个市场贝塔值就可以衡量风险的结论而设定的条件是不现实的，并且资本资产定价模型本身系统地低估了具有某些特征（小市值、低市盈率）的股票的预期收益率。我们还讨论了另外两种方法：一种是套利定价模型，该模型考虑了多种未知的市场风险因素；另一种是多因子模型，该模型把预期收益率与一些宏观经济因素，如利率、通货膨胀以及经济增长联系起来。我们认为，这些模型在估计预期收益率时给了我们更多的灵活性。

你可以使用套利定价模型或多因子模型来估计一个投资组合在某一时期的预期收益率，然后把它与所获得的实际收益率进行比较。也就是说，你可以使用这两个模型而不是资本资产定价模型，来计算一个策略或投资组合的超额收益率或詹森指数。

由于用套利定价模型和多因子模型计算小市值、低市盈率股票的收益率产生有偏估计值的可能性要小一些，你可以认为，用套利定价模型和多因子模型所得到的超额收益率能够更好地衡量业绩。但是，在使用这两个模型估算投资组合经理或策略所赚取的超额收益率时遇到的一个最大问题是，投资组合本身在不断变动。根据这两个模型得出的詹森指数可能真正反映的是，随着时间的流逝，面对各种市场风险因素的变化，你在估算时未能做出及时的调整。虽然这种情况在资本资产定价模型中也是个问题，但是随着时间的推移调整一个贝塔值要比调整多个贝塔值容易得多。

代理模型与复合模型

除了传统的风险收益模型，我们还可以使用代理模型。在代理模型中，股票收益率与公司可观察的财务特征相关。最著名的代理模型应该是由法玛和弗伦奇提出的，在第 2 章中我们已经讨论过。[1] 法玛和弗伦奇发现，1962—1989 年，小市值、低市净率的股票始终比大市值、高市净率的股票收益率更高。事实上，与贝塔值相比，各公司的市值、市净率之间的差异能够更好地解释实际收益率的不同。

因此，在估算小市值或低市净率股票占比特别大的投资组合的预期收益率时，传统的风险收益模型可能效果不佳。从表面上看，这些投资组合赚取了超额收益。使用代理模型可以消除这种偏差，在代理模型中，投资组合的收益率取决于投资组合持有股票的市值及其价格与账面价值的比率。

$$投资组合的预期收益率 = a + b\,(平均市值)_{投资组合} + c\,(平均市净率)_{投资组合}$$

这个模型甚至可以包括传统的市场贝塔，生成所谓的三因子模型：

$$投资组合的预期收益率 = a + b\,(市场贝塔) + c\,(平均市值)_{投资组合} + d\,(平均市净率)_{投资组合}$$

把市值和市净率这样的变量纳入预期收益率估算的风险在于，你有可能创造一个自我实现的预言。如果市场对某类公司，比如小公司的定价总是错误的，而且我们坚持把这些变量包括在预期收益率回归中，这样一个足够完整的模型就会让我们认为市场是有效的，而实际上这个模型是有偏差的。近年来，研究者发现此前几年表现良好的公

---

[1] E. F. Fama and K. R. French, "The Cross-Section of Expected Returns," *Journal of Finance* 47 (1992): 427–466.

司未来继续表现良好的可能性很大，因此他们在这些因子模型中增加了第四个因子——价格惯性。

结语

在风险收益模型的使用和对市场有效性的检验上，我们最后强调两点。第一点，对市场有效性的检验是对市场有效性与预期收益率估算模型的有效性的联合检验。当检验显示存在超额收益时，这有可能表明市场处于无效状态，也有可能表明计算预期收益率所用的模型是错误的，或者两种情况同时存在。虽然这似乎是一个无法解决的难题，但如果研究得出的结论对不同的模型设定不敏感，那么很有可能这种结果不仅仅源于错误的模型设定，更多是由真实的市场无效性驱动的。

就应该使用哪个模型估算预期收益率而言，需要指出的是，每个模型都有其固有的偏差，你应该意识到这些偏差的影响。表6.3总结了评估业绩收益率的各种方法，以及在使用这些方法进行评估时结论可能产生的偏差。

表6.3 业绩评估方法、计算方法与偏差

业绩评估方法	计算方法	偏差
夏普比率	策略的平均收益率/收益的标准差	倾向于低估没有进行广泛多元化的投资组合，行业基金和行业策略的业绩会被低估
信息比率	（策略的收益－指数的收益）/相对于该指数的跟踪误差	倾向于低估由于持有非指数股票而背离指数的投资组合的业绩
M平方	策略的收益（无风险投资具有与市场相同的标准差）－市场的收益	与夏普比率相同
詹森指数	实际收益率－（无风险利率＋贝塔值×（市场收益率－无风险利率））	倾向于高估小市值、低市盈率、低市净率策略的业绩

续表

业绩评估方法	计算方法	偏差
特雷诺指数	(策略的收益率 – 无风险利率) / 贝塔值	具有詹森指数的所有偏差,但是略微倾向于高估低贝塔值策略的业绩
超额收益率(套利定价模型与多因子模型)	实际收益率 – 预期收益率(由套利定价模型或多因子模型计算得出)	在不同期间投资组合发生重大变化时未能及时作出调整
代理模型	实际收益率 –[$a+b$(平均市值)$_{投资组合}$ $+c$(平均市净率)$_{投资组合}$]	倾向于低估那些试图利用市场对某些变量(如市值)的系统性错误定价的投资组合

检验市场有效性的方法

有好几种不同的检验市场有效性的方法,使用哪种方法主要取决于被检验的投资策略。以事件(股票拆分、财务报告或并购公告)为交易基础的投资策略往往使用事件研究来检验,分析事件前后的收益变化以及获取超额收益的证据。基于公司可观察到的特征(市盈率、市净率或股息率)进行交易的投资策略可能会采用投资组合研究法进行检验,创建由具有这些特征的股票组成的投资组合,并对其进行跟踪,观察它们是否能带来超额收益。对公司可观察到的明显特征与收益率之间的关系进行检验的另一个方法是,用前者对后者进行回归。如果你要检验变量之间的互动关系,这种方法可以提供更大的灵活性。本章随后部分总结了每一种方法涉及的主要步骤,以及在使用这些方法进行检验时需要注意的问题。

事件研究

事件研究的目的是考察市场对特定事件的反应,和围绕特定事件产生的超额收益。事件可能是市场范围的，比如宏观经济方面的调整，也可能是某家特定公司的，如财务报告或股息公告。事件研究的步骤如下：

1. 被研究的事件界定清晰，事件公布的日期确定无疑。事件研究的假定前提是，事件发生的时机比较确定。由于金融市场是对事件的信息而不是事件本身做出反应，所以大多数事件研究都聚焦于事件的公布日期。[1]

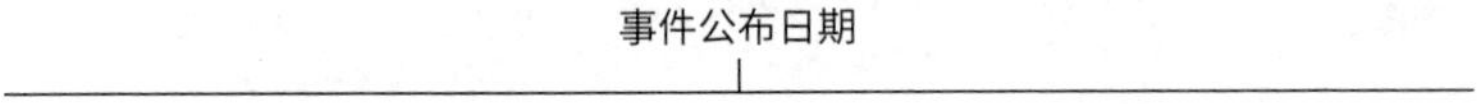

   事件公布日期

2. 一旦事件公布日已知，我们就需要搜集样本中每一家公司在事件公布前后一段时期内的收益率。为此，需要做出两个决定。第一，你得决定是按周、按天还是按更短的间隔期间搜集事件前后的收益率信息。而这又是由你对事件发生时间了解的准确程度（了解得越准确，越有可能获得较短期间的收益率），以及事件影响被反映在价格上的速度（价格调整得越快，使用的收益率期间越短）决定的。第二，你必须确定将多少个期间作为收益率窗口期。这一决定也要受到事件发生日的制约，因为不太准确的事件发生日期将需要更长的窗口期。

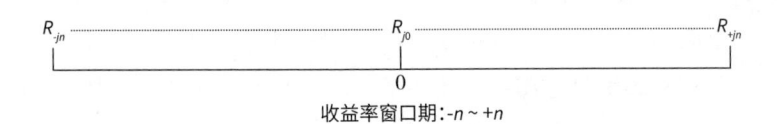

R_{-jn} ················· R_{j0} ················· R_{+jn}

0

收益率窗口期：$-n \sim +n$

在这里，

R_{jt} = j公司t期间的收益率（$t = -n, \cdots, 0, \cdots +n$）

---

[1] 多数金融交易中，事件公布日往往比事件发生日提前几天，有时提前几个星期。

3. 对事件公布日前后每期的收益率根据市场表现和风险进行调整，得出样本里每家公司的超额收益率。你可以使用前面描述的任何一个风险收益模型来估算超额收益率。例如，如果使用资本资产定价模型来调整风险：

t期间的超额收益率 = t日的收益率 – （无风险利率 + 贝塔值 × 市场在t日的收益率）

```
ER₋ⱼₙ·····················ERⱼ₀·····················ER₊ⱼₙ
                            0
              收益率窗口期：-n ~ +n
```

在这里，

ER_{jt} = j公司t期间的超额收益率（$t = -n, \cdots, 0, \cdots +n$）

你还可以将若干个期间的超额收益率根据复利计算出累计异常收益率，以此来衡量多个期间持有的投资组合的表现。因此，如果你的超额收益率第 1 天是 +2%，第 2 天是 –1%，第 3 天是 +1.5%，你这 3 天的累计异常收益率是：

累计异常收益率 = $(1+ER_1)(1+ER_2)(1+ER_3) - 1$
$\qquad\qquad\quad = (1.02)(0.99)(1.015) - 1$
$\qquad\qquad\quad = 0.024\ 95$ 或 2.495%

4. 估算出样本里每家公司的超额收益率之后，就可以计算出所有公司的平均超额收益率，这个值几乎永远不可能等于零。为了检验这个数字是否显著异于零，你需要做一个统计检验。最简单的方法是计算全部样本公司超额收益率的标准差，然后用这个标准差去估算 t 统计量。因此，如果样本中有 n 家公司，并且你已计算出这些公司每天的超额收益率：

$$第t日的平均超额收益率 = \sum_{j=1}^{j=N} \frac{ER_{jt}}{N}$$

第 t 日的超额收益率的 t 统计量 = 平均超额收益率/标准差

随后你可以检验 t 统计量是否具有统计显著性。例如，如果 t 统计量是 2.33 或更高，平均超额收益率不是零的可能性为 99%。如果平均收益率是正数，该事件就会提升股票的价格，而如果平均收益率是负数，该事件就会降低股票的价格。

举个例子，长期以来，学术界和业界人士就股票期权对股票价格波动性的影响争论不休。一方面，一些人认为期权吸引了投机者，因而增加了股票价格的波动性，风险的增加应该会导致股票价格下降。另一方面，也有人认为，期权让投资者有了更多选择，增加了金融市场的信息流量，因而降低了股票价格的波动性，提高了股票价格。

检验这些不同假设的一个方法是进行事件研究，考察股票期权上市后对标的股票价格的影响。1989 年，康拉德做了这样一个研究，他遵循的步骤是：[1]

第一步：了解股票期权在芝加哥期权交易所上市的公告发布日期。

第二步：搜集从期权上市公布日前 10 天到公布后 10 天标的股票（j）每天的价格。

第三步：计算股票在上述交易日每天的收益率（R_{jt}）。

第四步：用事件窗口期外的期间（从事件发生前的 100 个交易日到事件发生后的 100 个交易日）的收益率来估算股票的贝塔值（β_j）。

第五步：计算事件窗口期内 21 个交易日市场指数每天的收益率（R_{mt}）。

第六步：计算事件窗口期内 21 个交易日标的股票每天的超额收益率：

---

[1] J. Conrad, "The Price Effect of Option Introduction," *Journal of Finance* 44 (1989): 487–498.

$$\text{ER}_{jt} = \text{R}_{jt} - \beta_j \text{R}_{mt} \quad t = -10, -9, -8, \cdots, +8, +9, +10$$

将每个交易日的超额收益率进行累计。

第七步：计算事件窗口期内 21 个交易日标的股票所有超额收益率的均值和标准差。用每个交易日超额收益率的均值和标准差计算 t 统计量。表 6.4 概括了期权上市公告发布日前后的平均超额收益率和 t 统计量。

基于这些超额收益率的数据，没有证据表明公告发布当天会产生公告效应，但是，有一定程度的证据表明，公告发布的整个期间有轻微的正面效应。[1]

表 6.4　期权上市公告发布日前后的超额收益率

交易日	平均超额收益率（%）	累计超额收益率（%）	t 统计量
−10	0.17	0.17	1.3
−9	0.48	0.65	1.66
−8	−0.24	0.41	1.43
−7	0.28	0.69	1.62
−6	0.04	0.73	1.62
−5	−0.46	0.27	1.24
−4	−0.26	0.01	1.02
−3	−0.11	−0.1	0.93
−2	0.26	0.16	1.09
−1	0.29	0.45	1.28
0	0.01	0.46	1.27
1	0.17	0.63	1.37

1　t 统计量在 5% 的水平上具有统计显著性。

续表

交易日	平均超额收益率（%）	累计超额收益率（%）	t 统计量
2	0.14	0.77	1.44
3	0.04	0.81	1.44
4	0.18	0.99	1.54
5	0.56	1.55	1.88
6	0.22	1.77	1.99
7	0.05	1.82	2
8	−0.13	1.69	1.89
9	0.09	1.78	1.92
10	0.02	1.8	1.91

多大的差异算是差异？统计与经济显著性

无论在何种维度上对两个样本进行比较，你得到的结果都是不同的。你可以将总裁是高个子的公司组成一个投资组合，将总裁是矮个子的公司组成一个投资组合，比较二者的平均收益率，你会发现是有差异的。但是，我们应该如何解读这些差异呢？如果由高个子总裁领导的公司平均收益率更高，那么我们是否应该赶紧买入由高个子总裁领导的公司的股票？未必，因为这些差异往往纯粹是偶然产生的。

你能进行的第一个检验是统计检验。你应用概率法则来估计你所看到的差异纯粹是随机的可能性。这种检验就是我们在计算异常收益率的 t 统计量时所做的。例如，如果 t 统计量是 2.33，那么我们认为，我们所观察到的差异是随机的可能性只有 1%，99% 的概率是高个子总裁领导的公司股票收益率更高。如果 t 统计量只有 0.5，差异是随机的可能性是 31%。事实上，我们通常在 1% 或 5% 的水平上检验统计的显著性，也就是说，只有在随机性造成差异的概率不到 1% 或 5%

时，这种差异在统计上才具有显著性。

第二个检验是经济显著性。当两个样本之间的差异具有经济显著性时，你就可以从中获利。在上面的例子中，你可以买入高个子总裁领导的公司的股票，卖出矮个子总裁领导的公司的股票，从中获得超额收益。统计显著性不总是等于经济显著性。第一，你面临的交易成本可能远高于两组资产在收益率上的差异。注意，你使用的样本越大，即使很小的差别也可能具有统计显著性。因此，0.2%的差异可能在统计上是显著的，但是这个差异显然不足以抵销交易成本。第二，你可能面临一个棘手的问题，即相关不等于因果。换句话说，你所确立的是收益率与总裁身高之间的相关性，不是二者的因果关系。是高个子总裁的公司获得了高额收益率，还是高收益率的公司雇用了高个子总裁？如果是第二种情况，你很有可能发现统计显著性，但是这不会为你带来经济利润。

投资组合研究

一些投资策略认为，具有某些特征的公司其价值被低估的可能性更大，因此它们比不具有这些特征的公司更有可能获得超额收益率。在这些情况下，我们可以在一个时期开始时创建一个由具有这些特征的公司组成的投资组合，并考察该投资组合在此期间的收益率，以此来检验这些策略。为了确保检验结果不受某个时期特有情况的影响，这种分析需要在若干个时期重复进行。进行投资组合研究的7个步骤如下：

1. 以投资策略为指南，界定用以对公司进行分类的变量。这个变量虽然不一定要用数字来表示，但是必须是可观察的，如股权的市场价值、债券评级、股票价格、市盈率和市净率等。
2. 搜集样本中的每家公司在检验期开始时的变量数据[1]，根据该

---

[1] 虽然样本的大小受到实际情况的限制，但是应该注意确保这个过程不能出现偏差。一个明显的偏差是只选择那些在研究期间表现好的股票。

变量的量级将公司归入不同等级的投资组合。因此，如果市盈率是筛选的变量，样本中的公司就会被按照市盈率的大小归入由市盈率最低的公司到最高的公司组成的不同的投资组合。投资组合类别的多少取决于样本的大小，因为每个投资组合都必须有足够多的公司，这样才能实现一定程度的多元化。

3. 搜集检验期间每个投资组合中每家公司的收益率，并计算每个投资组合的收益率，做出投资组合中股票分配权重的假设，一些研究使用平均加权，而另一些研究则按股票的市值加权。

4. 估算投资组合的贝塔值（如果使用单一因子模型，如资本资产定价模型）或投资组合中每只股票贝塔值（如果采用多因子模型，如套利定价模型）。你可以计算投资组合中每只股票贝塔值的平均值，或者将之前某一时期（如检验前一年）的市场收益率与投资组合的收益率进行回归。

5. 计算每个投资组合所获得的超额收益率以及超额收益率的标准差。

6. 有好几种统计检验可以检验这些投资组合的平均超额收益率是否真的存在差异。其中有些是参数检验[1]（它们对超额收益率的分布做了一些假设），有些是非参数检验[2]。

7. 最后的检验是把处于两个极端的投资组合进行比较，以观察它们之间是否存在统计上的显著差异。

为说明这个过程，我们来看一个例子。一些投资者认为低市盈率股票通常物超所值，它们的表现会比市场或那些高市盈率的股票好得多。这个假设可以用投资组合的方法来检验。

---

1 参数检验的一个方法是 F 检验，它检验的是不同样本的平均数之间是否存在差异。在进行该检验时，我们可以假设不同样本的方差是相同的，或是不同的。

2 非参数检验的一个例子是秩和检验，该方法对整个样本中的收益率进行等级划分，然后把每组的等级汇总，检验这些等级差异是随机的还是系统的。

第一步：根据1987年底的市盈率数据，把在纽约证券交易所上市的公司分成五组——第一组由市盈率最低的公司组成，第五组由市盈率最高的公司组成。市盈率为负数的公司不包括在内。

第二步：利用1988—1992年的数据，计算每个投资组合的收益率。其间破产或退市的股票的收益率按-100%计算。

第三步：用1983—1987年的月收益率计算每个投资组合中的每只股票的贝塔值，估算每个投资组合的平均贝塔值，假定这些投资组合中每只股票的权重相等。[1]

第四步：计算从1988—1992年每年的市场指数的收益率。

第五步：用第二步估计的实际收益率、第三步估计的贝塔值和第四步估计的市场收益率计算每个投资组合每年的超额收益率：

第 t 年的超额收益率 = 第 t 年投资组合的实际收益率
    − [第 t 年初的无风险利率
    + 贝塔值 ×(第 t 年的市场收益率
    − 第 t 年初的无风险利率)]

表6.5概括了每个投资组合在1988—1992年每年的超额收益率。

表6.5　1988—1992年按市盈率构建的投资组合的年超额收益率（%）

PE 等级	1988	1989	1990	1991	1992	1988—1992
最低	3.84	−0.83	2.1	6.68	0.64	2.61
2	1.75	2.26	0.19	1.09	1.13	1.56
3	0.2	−3.15	−0.2	0.17	0.12	−0.59
4	−1.25	−0.94	−0.65	−1.99	−0.48	−1.15
最高	−1.74	−0.63	−1.44	−4.06	−1.25	−1.95

---

[1] 这个检验取决于你的策略。如果你的策略要求市值加权持股，你就需要对该检验方法进行相应修改。

第六步：虽然各投资组合收益率的排名似乎证实了我们的假设，即低市盈率的股票收益率较高，但是我们必须考虑各投资组合间的差异是否具有统计显著性。检验的方法有若干种，以下是其中的几种。

- 我们可以通过 F 检验来接受或拒绝所有投资组合的平均收益率都是相同的这一假设。一个高 F 值会使我们得出结论：差异过大，不可能是随机的。

  1988—1992年按市盈率构建的不同投资组合差异的
  F统计值 = 14.75

  这表明，投资组合间的差异是随机的概率不到 1%。

- 卡方检验是一种非参数检验方法，可以用来检验这 5 个投资组合的平均值相同的假设：

  1988—1992年按市盈率构建的不同投资组合差异的
  卡方检验值 = 36.16

  这证实了我们从 F 检验中得出的结论，即差异具有统计显著性。

- 我们可以把由市盈率最低和最高的股票构建的那两组投资组合剥离出来，并就这两组投资组合的平均收益是不同的这一假设估算一个 t 统计量。在这个例子中，当我们比较市盈率最低和最高的两组股票投资组合的收益率时，我们得到的 t 统计量是 5.61。这个差异同样具有统计显著性。

回归

投资组合研究的一个局限性是，随着你在策略中所使用的变量数量的增加，该方法变得越发难以操作。例如，假设你选择市盈率低、机构持股比率低、股价在过去的 6 个月里走势很好的股票。你可以根据每个变量把你样本中的所有公司分成 5 个投资组合，但是，由于这些变量之间潜在的相互作用，你最终会得到 125 个投资组合。投资组合研究的另一个问题是，你把公司按等级分类，但忽视了每一等级内部公司之间的差别。例如，处于市盈率最低的那个等级的股票，其市盈率可能在 4 到 12 之间。如果你认为这些差异可能会对投资策略的预期收益率产生影响，那么你可以通过使用多元回归来更好地衡量它们之间的关系。在回归方程中，因变量是股票的收益率，自变量是构成你的投资策略的变量。进行回归分析有 4 个步骤。

第一步：找出因变量。这个是你需要解释的变量。在大多数投资策略中，它是一个衡量投资收益的指标。但是你必须做出至少两个判断。第一个判断是，你准备使用总收益率还是超额收益率。如果使用超额收益率，你需要使用本章前面讨论的方法中的一种，根据风险和市场表现调整收益。第二个判断是，你所使用的收益率期间，例如，月、季度、年或 5 年。这个选择取决于你的投资策略（长期策略要求长期收益率），以及你按此期间获得自变量数据的容易程度。例如，如果使用会计变量（如收益或账面价值）作为自变量，那么你只能每个季度获得一次这些变量的更新。

第二步：确定如何衡量策略中的变量。例如，在前面的例子中，你需要更具体地界定市盈率、机构投资和股票价格惯性。对于市盈率，你必须在不同的收益衡量方法（基本的还是稀释的，扣除非经常项目之前的还是之后的，当期的还是过去的）之间进行选择。对于机构投资，你可以衡量机构的持股数占发行股票的比例或占流通股的比例，你还需要决定是考虑所有的机构投资者，还是只考虑某种类型（共同基金、养老基金等）的机构投资者。对于股票价格惯性，你可能不得不在前 6 个月的百分比变化和绝对变化之间做出选择，前者会使你偏向定价较低的股票，后者会使你偏向定价较高的股票。一旦确定了自变量，你就必须搜集在每个检验期开始时自变量的相关信息。

例如，如果确定2000年的年收益率是你的因变量，你必须从2000年1月1日起搜集有关市盈率和机构持股比例的信息，以及从1999年6月30日到2000年1月1日的股票价格惯性。[1]

第三步：检查因变量与每个自变量之间关系的性质。散点图提供了一个完成这一步的简单的图形工具。你不仅要观察两个变量之间是否存在关系，还要看这种关系是不是线性的。图6.1提供了两个散点图。A组图显示的是具有线性关系的散点图，而B组图更接近非线性关系。如果观察B组图，你可能需要将变量进行转换，使它们的关系更接近线性。[2]

第四步：根据自变量对因变量进行回归，无论是否进行转换。例如，在前面提到的例子中，你要根据市盈率、机构持股占流通股的百分比，以及过去6个月价格变化的情况对收益率进行回归：

$$股票收益率 = a + b(市盈率)$$
$$+ c(机构持股占流通股的百分比)$$
$$+ d(过去6个月股票价格变化的情况)$$

如果你的假设是正确的，你应该可以看到下面的情况：

$b < 0$：市盈率高的股票收益率低。
$c < 0$：机构持股比例高的股票收益率低。
$d > 0$：过去6个月表现好的股票收益率高。

一旦进行了回归，你就必须对其统计显著性加以检验。换句话说，即使所有系数的符号都符合预期，你也得进行检验以确保这些系

---

[1] 为了得到机构持股的信息，你必须使用截至2000年1月1日的公共信息。由于机构向美国证券交易委员会提交的备案会有延误，你可能直到当年晚些时候才能得到2000年1月1日的机构持股信息。

[2] 转换要求你通过数学函数对某个数字进行换算。一些常见的换算包括自然对数、平方根和平方。自然对数转换在金融研究中可能是最有用的一种。

数显著异于零。在大多数回归中，每个系数的统计显著性是用 t 统计量估算的。用系数除以该系数的标准差就可以得到 t 统计量。你还可以计算一个 F 统计量来衡量该回归的结果是否存在整体显著性。

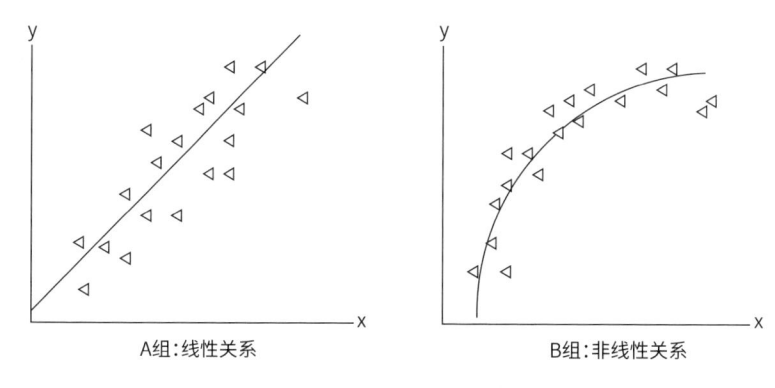

图 6.1　散点图——线性与非线性关系

这里描述的回归被称作横截面回归，你要寻找某个时点上不同观测值（公司、基金或国家）之间的差异。你还可以使用回归法来分析一个变量在某段时间内是如何随其他变量的变化而变化的。例如，长期以来人们认为当利率下降和经济增长加快时，所有股票的市盈率都会上升。你可以观察整个市场过去 40 年每年的市盈率，检验当利率和经济增长发生变化时，市盈率是否变化，这种回归被称作时间序列回归。一些有创意的分析者甚至把横截面和时间序列数据结合起来，进行混合回归。

回归的局限性

回归是检验变量之间关系的强大工具，但用于检验市场有效性时，这种工具也存在局限性。第一个问题是，与其他方法一样，回归的效果取决于所用数据的质量。如果数据充满错误，回归分析的结果必定会反映出这一点。第二个问题是，你对因变量和自变量之间关系的性质做出的假设可能是错的。例如，你用机构持股占流通股的百分比对收益率进行回归，如果你假定两者之间是线性关系，这就意味着机构持股从10%变成20%时与从20%变成30%时，收益率的变化幅度是相同的。第三个问题是，当你使用多元回归时，为了使回归系数是无偏的，自变量之间应该不相关。但实际上很难找到彼此没有任何关联的自变量。

检验市场有效性时的主要错误

在检验投资策略的过程中，你应该避免掉入陷阱。下面所列的就是其中的一些陷阱。

- 利用传闻作为证据来支持或拒绝某个投资策略。传闻是一把双刃剑，它可以用来支持或拒绝同样的假设。由于股票价格充满噪声，所有的投资策略（无论有多么荒唐）都会有成功和失败的时候，每一种投资策略都有成功的时候。

- 用推导出投资策略所使用的相同的数据和时间期限检验该策略。只有毫无操守的投资顾问才会这样做。一个投资策略是通过对某一时段的数据进行考察后，从数百个方案中被挑选出来的。如果在同一时段对该投资策略进行检验，其结果可想而知。（这个策略一定表现超常，收益率非常高。）检验一个投资策略，应该总是在不同于你制定该策略时所在的时段进行，或者使用与你制定策略所用的不同的样本。

- 样本偏差。由于可用来检验投资策略的股票数以千计，研究者常常选择使用较小的样本。如果样本的选择是随机的，对研究结果的损害就会比较小。但如果样本的选择是有偏的，则得出的结果就有可能在更大的范围内不成立。样本选择的偏差有时是很微妙的。例如，假设你决定检验低价股是不是好的投资，你通过估算现在价格低的股票过去一年的收益率来检验你的假设。你几乎肯定会发现该投资组合表现很差，但这不是因为你的基本假设有错。过去一年价格下跌的股票与同期价格上涨的股票相比，现在处于低价的可能性更大。通过观察当前的低价股，你构建的投资组合就会倾向于挑选表现不佳的股票。通过观察检验期初期（而不是期末）的股票价格，你本可以很容易地避免这种偏差。

- **未能控制市场表现。** 未能对市场的总体表现加以控制可能会导致你得出结论，你的投资策略之所以有效，仅仅因为它获得了良好的回报，或者你的投资策略不好，仅仅因为它的回报不佳。大多数投资策略在市场表现好的时期会产生较高的收益率，而只有极少数投资策略在市场表现不佳时收益率仍然很高。因此，评价投资策略要控制检验期间的市场表现，这一点很关键。
- **未能控制风险。** 未能控制风险将导致投资者接受高风险的投资策略，拒绝低风险的投资策略。这是因为在不产生任何超额收益率的情况下，前者的收益率应该高于市场，而后者的收益率应该低于市场。例如，投资破产公司股票的策略获得的年收益率要远高于投资标准普尔500指数，但它也是一个风险大得多的策略，采用该策略要求的回报标准也更高。
- **误把相关当成因果。** 统计检验通常提供的是具有相关性的证据，而不是具有因果关系的证据。回顾一下前面讨论的股票市盈率研究。我们的结论是，低市盈率股票的超额收益率总体高于高市盈率股票。但是，我们不能因此得出低市盈率本身带来了超额收益率这样的结论，因为高收益率和低市盈率本身可能是由投资该股票的高风险造成的。换句话说，高风险是导致我们所观察到的低市盈率和高收益率这两种现象的因素。这个结论将使我们在采用买入低市盈率股票的策略时持更加审慎的态度。

能够造成问题的次要错漏

虽然前面讨论的错误有可能是致命的，但是研究人员犯的一些较小的错误也会影响研究结论的准确性，这里列举几个。

- **数据挖掘**。如今，我们可以很容易地获取有关股票的大量数据，这可能是把双刃剑。虽然这使得检验投资策略变得容易得多，但是也让我们面临所谓的数据挖掘风险。当你把股票的收益率与几百个变量联系起来的时候，你肯定会发现一些变量似乎能预测收益率，而实际上这纯属巧合。即使你在选择样本时非常注意避免偏差，并利用样本之外的期间进行检验，这种情况也无法避免。

- **幸存偏差**。大多数研究者从现有的上市公司开始进行研究，然后利用历史数据检验投资策略。此种做法自动剔除了在此期间退市的公司，这些公司对收益率有明显的负面影响，因此，这会造成微妙的偏差。如果投资策略特别集中于具有高破产风险的公司，这可能会导致该策略的收益率被夸大。例如，假设投资策略建议投资于严重亏损的公司，理由是其股票最有可能受益于突然好转的形势。这些投资组合中的一些公司可能会破产，如果不把这些公司考虑进去，那就会夸大此策略的收益率。

- **不考虑交易成本**。由于交易成本（交易费用、买卖价差和价格影响）的存在，一些投资策略的成本可能比另一些投资策略更高。完整的检验应该把这些因素都考虑进去，然后对策略做出判断。这说起来容易做起来难，由于不同投资者的交易成本不同，因此有时我们不清楚在检验中应该使用哪一个投资者的交易成本。大多数忽略交易成本的研究人员认为，考虑到交易成本，个人投资者可以自己决定超额收益率是否能证明其投资策略是可行的。

- 不考虑策略执行上的困难。有些策略从纸面上看很好，但在现实中很难操作，要么因为交易障碍，要么因为交易会对价格产生影响。因此，投资于一家小公司的投资策略从纸面上看可能会带来超额收益率，但由于价格影响非常大，这些超额收益率在实践中可能并不存在。

如何鉴别投资策略

在本章的开始，我们提到投资者会遇到无数人向他们推销"不容错过"的投资策略。这些推销者越来越多地用听起来令人印象深刻的检验结果来显示他们的策略能轻易战胜市场。如果从实际的表现来看，同样清楚的是，这些策略大多数并不管用，我们作为投资者需要有鉴别能力。以下几点有助于你对投资策略进行分析判断。

该投资策略能否被检验和实际实施？

有些投资策略听起来不错，但很难被检验，更难以实施。原因有两个。第一个原因是，该策略基于模糊的定性因素，这些因素可以从多种角度被解读。例如，某个策略要求你投资于管理良好的公司，但又没有清楚地界定什么是良好的管理，那么这个策略基本上是无用的。第二个原因是，该策略要求你获取你不可能获取的信息，除非你能穿越时空。因此，如果上一年最后一个季度的经济增长超过4%，要求你在每年年初投资股票的择时投资策略就存在致命的缺陷，因为政府一般要到次年的2月或3月才能公布上一年最后一个季度的经济数据。

如果该策略可以被检验，那么所设计的检验方法是否合理？

当检验一个投资策略时，你需要考虑多个维度。首先，你需要决定用于检验该策略的样本期间。如果某个投资策略定位于在市场下跌时保护投资者，那么检验期应该包含足够的市场波动，以检验该策略是否有此效果。一般来说，在市场基本上朝一个方向变动（牛市或熊市）时检验一个投资策略是比较危险的，因为未来几乎肯定会出现好和坏的混合时期。你还必须决定使用哪些核心变量。这对于那些围绕清晰定义的变量（如市净率）构建的策略来说很容易，但对于那些围绕可以用不同指标衡量的变量构建的策略来说可能会比较复杂（如高增长率既可以定义为营业收入的增长，也可以定义为盈利的增长，既可以用历史数据估算，也可以对未来进行预测）。

该策略能通过统计检验吗？

前面我们列出了对投资策略进行统计检验时会造成负面影响的主要和次要错误。在分析任何检验时，你首先应该看样本的规模（大样本优于小样本）和抽样偏差（重点分析样本的选取方式是否会让最后的结论产生偏差）。你还应该进一步观察统计显著性是如何得到的，以及样本数据是否具有某些会对统计检验带来不利影响的特征。

该策略能通过经济显著性检验吗？

正如我们此前注意到的，能够通过统计显著性检验的投资策略，特别是大样本策略，未必能通过经济显著性的检验。具体而言，经济显著性检验应该从3个方面进行。一是额外收益。如果某个投资策略声称战胜了市场，那么该策略的年收益率是比市场高0.2%、2%还是20%？二是风险调整。我们前面列出了若干可以用于风险调整的方法，此外，还应该进行一个常识性的检验，看看运用该策略挑选出来的股票或资产是否反映了该策略所声称的风险水平。因此，如果某策略声称自己的风险水平较低或与市场水平持平，但运用该策略挑选出的公司大多数都是年轻的高成长公司，那么该策略无法令人信服。三是基于该策略要求你投资的股票或资产类型、交易时机，以及交易频率，你应该考虑该策略可能的潜在交易成本。

该策略之前有没有被应用过？

在投资中，几乎所有被标榜为新的和与众不同的投资策略都曾经被尝试过，有时是成功的，有时不是。尽管投资者通常对金融市场的历史不感兴趣，认为现在金融市场的情况和历史上已大不相同，但通过观察历史上类似策略的实际表现，你可以吸取不少经验教训。如果该策略有效，有效期多长效果如何？如果不成功，为什么会失败？如果拟实施的策略与过去的类似策略相比有了变化或增加了新的东西，这是否有助于避免重蹈覆辙？如果你的确拥有一个从来没人尝试过的投资策略，那就有必要问问为什么别人没有去尝试。有可能是因为新的资产或市场使这种策略现在才变得可行，但也有可能是该策略存在某个你尚未发现的致命缺陷。

结论

鉴于有效市场对投资管理和研究的意义，市场是否有效将一直是一个备受争议的问题。如果把有效市场定义为市场价格是对真实价值的无偏估计，那么很明显，一些市场总是比另一些市场要更有效，市场对一些投资者总是比对另一些投资者更有效。市场迅速纠正无效性的能力部分取决于交易的难易程度、交易成本，以及市场上伺机谋利的投资者的警觉程度。

市场有效性可以用多种方法来检验，最常用的 3 种方法是：事件研究，即考察市场对事件的反应；投资组合研究，估算基于股票可观察到的特征创建的投资组合的收益率；回归研究，将收益率与某个时点或多个时点的公司特征联系起来。但在运用这些方法时需要保持必要的警惕，因为这些研究可能存在不同形式的偏差，可能会导致错误的结论，甚至更糟，导致失败的投资策略。

练习

选择一个你感兴趣的投资策略。它可以是你以前用过的投资策略，也可以是你读到过的投资策略。

1. 该策略能被检验吗？如果不能，你还会继续用它吗？为什么？
2. 假设该策略能被检验，你需要用哪种检验方法来评估该策略——事件研究、投资组合研究，还是其他什么方法？
3. 一旦你确定了检验方法，考虑一下你的检验细节。（你可能实际上并没有进行检验的资源，但你仍然可以设想假如有资源，你该如何进行检验。）

    a. 你用哪段时期来检验该策略？
    b. 你的样本要多大你才会对结果比较有信心？
    c. 一旦选定了检验期间和样本大小，随后的检验应该分几步进行？
    d. 你如何在分析中将风险和交易成本考虑进去？
    e. 假设该策略能带来超额收益，要实施该策略，你还有哪些其他顾虑？

对投资者的忠告

- 有效市场也会出错，但是这些错误往往是随机的。换句话说，你知道一些股票的价值被高估了，一些股票的价值被低估了，但是你没有办法识别每只股票属于哪种具体情况。
- 流动性差、信息难以获得的市场更容易出现无效性。
- 在一个无效市场，你可以利用公开的信息去发现价值被高估或低估的股票，然后进行交易，这样得到的收益率始终高于随机选择的、具有同等风险的投资组合的收益率。
- 为了创建具有同等风险的投资组合，你必须使用风险收益模型。假如你的风险收益模型有错，你可能会认为市场是无效的，但实际上是你的模型有问题。

第7章
烟雾还是镜子？
价格模式、图表与技术分析

一些投资者相信，价格图表中蕴藏着未来价格走势的信号，因此，他们钻研图表，寻找有关价格变化的规律。尽管其他投资者和很多学术界人士以鄙视的眼光看待这些投资者，但数据的容易获取，加上计算能力的增强——图表和绘图软件到处都是，让研究图表的投资者比过去更多了。此外，来自衍生品市场的交易量数据给分析图表的人提供了新的指标。

本章探讨图表分析的基础，考察图表与技术分析的基本前提。该前提认为，投资者行为表现出系统的、通常是非理性的特征，技术指标和图表能够预示投资者行为的变化。在此我们不准备对每个图表模型和技术指标加以描述，因为有几百个模型和指标，但我们将根据背后的人类行为和观点对其进行分类。在这个过程中，我们将探讨是否存在即使不相信图表的投资者也可以吸取的经验，并为图表的忠诚信奉者指出应该谨慎小心的地方。

随机游走与价格模式

在很多方面，图表分析的对立面是相信价格遵循随机游走的原则。在随机游走中，当下的股票价格已经反映了历史价格所包含的信息，知道昨天发生了什么对预测今天将会发生什么没有用处。由于随机游走是为了纠正技术分析在一定程度上的滥用（有些用得有道理，有些用得没道理），我们将首先看一下什么是随机游走以及它的意义。

随机游走的基础

为了理解价格遵循随机游走原则的观点，我们必须首先假定，投资者在任何时点都是基于对未来的预期来估算资产价值的。同时，基于投资者当时所拥有的信息，这些预期是无偏和理性的。在这种情况下，资产的价格只会随着新信息的出现而变化。如果市场价格在任何时点上都是对价值的无偏估计，那么与该资产相关的下一个信息既可能是好消息也可能是坏消息。[1] 因此，下一次价格变动既可能是正向的，也可能是负向的。这意味着每次价格变动与前一次的变动无关，所以了解一种资产的历史价格并不能使投资者更好地预测未来价格的变动。图7.1概括了该假设。

随机游走原则要站住脚需要有两个先决条件。第一，投资者是理性的，他们基于当时所拥有的全部信息对未来进行无偏预期。如果预期总是太高或太低，换句话说，投资者过于乐观或过于悲观，那么信息成为好消息或坏消息的概率就会不均等，价格也不会遵循随机游走原则。第二，价格变动是新信息引发的。如果投资者可以通过交易

---

[1] 如果好消息的概率大于坏消息的概率，在消息出来之前，价格就应该上涨。从技术上讲，下一个信息发布的预期值应该是零。

引起价格变动，即使在没有信息的情况下，价格也可能会沿着同一个方向变动，而不是随机游走。

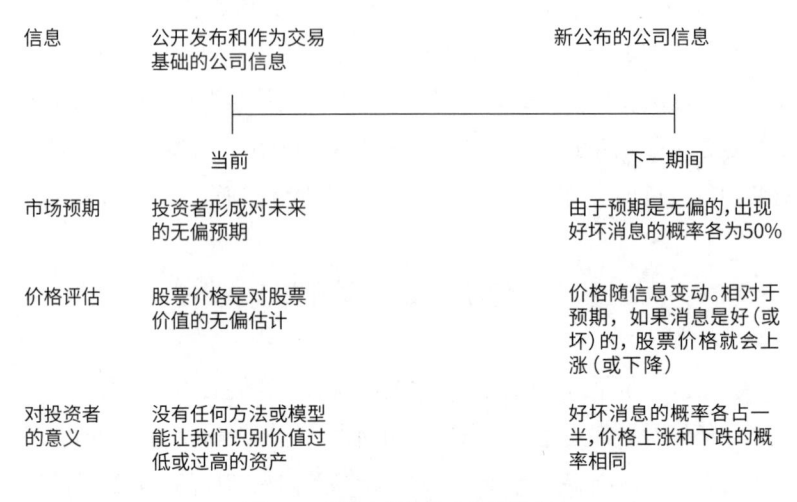

	当前	下一期间
信息	公开发布和作为交易基础的公司信息	新公布的公司信息
市场预期	投资者形成对未来的无偏预期	由于预期是无偏的，出现好坏消息的概率各为50%
价格评估	股票价格是对股票价值的无偏估计	价格随信息变动。相对于预期，如果消息是好（或坏）的，股票价格就会上涨（或下降）
对投资者的意义	没有任何方法或模型能让我们识别价值过低或过高的资产	好坏消息的概率各占一半，价格上涨和下跌的概率相同

图 7.1　理性市场的信息与价格变动

价格模式的基础

并不是只有图表分析师认为，历史信息有助于预测未来的价格变化。一些信奉基本面分析的投资者在挑选股票时也使用技术和图表指标，尽管它们是次要因素。这些人不认同随机游走支持者的基本假设，他们认为：

- 投资者设定预期的方式并不总是理性的。这些不理性导致有些时候投资者对一些资产的预期设定得过低，而在另一些时候对其他资产的预期设定得过高。因此，下一条信息更有可能成为前一项资产的好消息，而成为后一项资产的坏消息。
- 价格变化本身可以给市场提供信息。因此，投资者可能会把股票在过去4天内的大幅上涨看成是好消息，从而使得今天的价格更有可能上涨而不是下跌。

自从研究者能够获得股票的价格数据以来，针对股票价格变动是否随机而展开的争论已持续了 50 年。最初的检验几乎都是由那些认为价格是遵循随机游走原则的人进行的。因而，他们没有发现价格模式也就不足为奇了。在过去的 20 年里，可供研究使用的数据和研究者的观点都出现了爆炸式的增长。最大的意外之一（至少对那些相信盛行的有效与理性市场教义的人来说是这样的）是许多价格模式的发现，但是这些模式能否证明市场是非理性的，以及它们能否为投资者提供获利的机会，尚不清楚。

实证依据

随着对价格的时间序列特征的研究越来越多，我们可以把研究获得的证据根据考察期的长短进行分类，一些研究针对价格的短期变化（每分钟或每小时），而另一些研究考察价格在较长时期内的变化（数月甚至数年）。由于研究结果有时会相互矛盾，我们将对它们分别进行阐述。我们还将阐述股票价格的季节模式，这种模式不仅持续了多个期间，而且在很多市场都很普遍。

极短期：温和的价格模式

今天的价格变化能为明天的价格变化提供信息，股票价格变化存在有规律的价格模式，这种观念深深地根植于大多数投资者的大脑。通常情况下，这些所谓的价格模式建立在对几个有限的案例的观察上，把一只或几只股票在某个时期的成功经验视为适用于所有时期的全部股票的投资法则。即使在一个完全遵循随机游走原则的市场上，你也可以看到某些股票的价格模式似乎不符合概率原则。整个市场可能连续10天一直走高或走低，这纯属偶然，别无其他原因。鉴于这是一种常见的现象，我们怎样才能检验是否存在显著的价格模式？我们将探讨研究者检验这个问题的两种方法。

序列相关性

如果今天某只股票大涨，这对于明天意味着什么？对此，有3种不同的观点。第一种观点是，今天的惯性会持续到明天，明天股价上涨的可能性大于下跌的可能性。第二个观点是，投资者会获利套现，纷纷兑现他们的利润，因此，明天股价下跌的可能性更大。第三个观点是，每一天都是一个新的开始，有新的信息和新的担忧，今天发生的事情对于明天没有意义。

从统计的角度来看，序列相关性衡量了连续时间段内价格变化的关系，这个时间段可能是小时、天或周，序列相关性衡量的是任何时间段内的价格变化在多大程度上取决于前一时间段的价格变化。因此，序列相关性为零意味着连续时间段内的价格变化前后没有关联，这可以被视为对投资者可以根据过去预测未来这一假设的否认。如果序列相关性为正，且具有统计显著性，那就可以被视为市场有价格惯性的证据，这意味着如果前一时期的收益率为正值（或负值），那么下一时期的收益率为正值（或负值）的可能性更大。如果序列相关性为负，且具有统计显著性，那就可能是价格反转的证据，意味着市场在某一时期获得正收益后，下一个时期收益为负值的可能性较大，反之亦然。

从投资策略的角度来看，序列相关性有时可以用来赚取超额收益。一个正的序列相关性可以在有正收益的期间后采用买入策略，在有负收益的期间后采用卖出策略。而对于负序列相关性，这意味着在有负收益的期间后买入，在有正收益的期间后卖出。因为这些策略会产生交易成本，所以相关性要足够大，投资者才能获得足够的利润来弥补交易成本。因此，即使存在收益率序列相关性，大多数投资者也完全有可能仍然没有机会获取超额利润。

早期进行的序列相关性研究[1]观察的都是美国大型公司的股票，得出的结论是股票价格的序列相关性很小。例如，一项早期的研究发现，道琼斯工业指数所包含的30只股票有8只存在负序列相关性，多数序列相关性系数不足0.05。[2]其他研究也证实，无论是正相关还是负相关，股票收益率的相关性系数都很低，不仅美国小公司的股票是这样，其他市场的股票也是如此。例如，延纳格伦和科茨沃尔德报告了瑞典股票市场的低序列相关性情况[3]，库特得出结论，大宗商品市场的序列相关性也很低[4]。虽然有些序列相关性具有统计显著性，但是考虑到交易成本，这种序列相关性在短期内能够为投资者带来超额收益的可能性不大。

短期序列相关性也受到市场流动性和买卖价差的影响。不是所有的指数成分股都具有流动性，在某些情况下，一些股票在某个期间可能没有交易。当该股票在下一期间交易时，其价格变化可以在市场指数中产生正序列相关性。为了说明这一点，我们假设市场在第一天强劲上涨，但是指数成分股中的3只股票在那一天没有交易。第二天，如果这3只股票交易了，它们的价格就可能上涨，以反映市场前一天的上涨趋势。最终结果是，你应该会在流动性差的市场指数的短期收益中看到正序列相关性。如果用交易价格来计算收益率，买卖价差会

---

[1] S. S. Alexander, "Price Movements in Speculative Markets: Trends or Random Walks," in *The Random Character of Stock Market Prices* (Cambridge, MA: MIT Press, 1964); P. H. Cootner, "Stock Prices: Random versus Systematic Changes," *Industrial Management Review* 3 (1962): 24–45.

[2] E. F. Fama, "The Behavior of Stock Market Prices," *Journal of Business* 38 (1965): 34–105.

[3] L. P. Jennergren and P. E. Korsvold, "Price Formation in the Norwegian and Swedish Stock Markets—Some Random Walk Tests," *Swedish Journal of Economics* 76 (1974): 171–185.

[4] P. H. Cootner, "Common Elements in Futures Markets for Commodities and Bonds," *American Economic Review* 51, no. 2 (1961): 173–183.

带来反向偏差，因为交易价格落在买入价上的概率与其落在卖出价上的概率相同。由此引发的价格反弹将导致收益率的负序列相关性。[1]在非常短的收益期间，这种影响序列相关性的偏差可能会占主导地位，并造成连续时间段内价格变化负相关的错误看法。

最近的一些研究发现了短期收益率具有序列相关性的证据，但是成交量高和成交量低的股票情况不同。对成交量高的股票来说，股票价格在短期内发生反转（换句话说，具有负序列相关性）的可能性更大。而成交量低的股票的价格朝同一方向运动的可能性更大，也就是说，具有正序列相关性。[2]但是没有一个研究表明，你可以利用这些序列相关性赚钱。

游程检验

一只股票偶尔会出现持续的单边走势，价格连续几天上涨或下跌。虽然这种情形本身与随机游走并不矛盾，但是你可以通过观察这只股票的历史来判断这些游程比正常情况下出现的频率更高还是更低。游程检验统计的是一段时间内价格游程（即价格上涨或下跌的顺序）的数目。因此，下面价格变化的时间序列将产生如下的游程，在这里 U 代表价格上涨，D 代表价格下跌：

UUU DD U DDD UU DD U D UU DD U DD UUU DD UU D UU D

这个包含了 33 个期间的价格序列有 18 个游程。将该价格序列中的实际游程数与随机游走的同等长度序列中的预期游程数进行比较。[3]

---

1   罗尔提出了一个计算该关系的简单方法：
    买卖价差 = $-\sqrt{2}$（收益率的序列协方差）
    收益率的序列协方差衡量的是连续时间段内收益变动的协方差。R. Roll, "A Simple Measure of the Effective Bid-Ask Spread in an Efficient Market," *Journal of Finance* 39 (1984): 1127–1139.
2   J. S. Conrad, A. Hameed, and C. Niden, "Volume and Autocovariances in Short-Horizon Individual Security Returns," *Journal of Finance* 49 (1994): 1305–1330.
3   一些统计表格在随机假设的前提下，总结了不同长度序列的预期游程数。

如果实际游程数大于预期，那就存在价格变化呈负相关的证据。如果实际游程数小于预期，那就存在价格变化呈正相关的证据。有研究检验了以单日、4日、9日和16日收益率来统计的道琼斯30指数成分股的价格变化情况（如表7.1所示）。

表 7.1　道琼斯 30 指数成分股的价格变化情况

	不同期间			
	单日	4 日	9 日	16 日
实际游程	735.1	175.7	74.6	41.6
预期游程	759.8	175.8	75.3	41.7

4日收益率的实际游程数（175.7）几乎与在随机过程中预期的完全一样。每日收益有轻微的正相关迹象，但是在较长期间没有背离随机游走的迹象。

虽然以上证据有些过时，但仍可以用来说明这样一个观点，即价格出现一长串持续上升或下降的走势本身并不足以证明市场价格不是随机的，因为这与价格随机游走的表现是相容的。但如果这些一长串持续上升或下降的走势反复出现，那就应该被视为反对价格变化随机性的证据。

高频交易

高频交易通常指由机构投资者进行的大额自动交易，虽然这听起来可能并不独特，甚至不新奇，但是高频交易完全是由计算机程序驱动的，而非源于投资者的洞见或决定。因此，如果股票价格存在某种模式以及交易量中包含信息，即使存在的时间很短，投资者也可以开发出计算机程序立即利用这些模式赚钱。虽然每股产生的收益可能非常少，但如果交易量非常大，利润就是非常可观的。

高频交易常常引人注目，虽然大多数时候都是因为其负面影响。比如，高频交易就被认为是引发市场"闪电崩盘"的罪魁祸首，"闪电崩盘"指的是计算机程序中的小漏洞或一个错误的数据可能会导致价格不稳定。例如，2010年5月6日，美国股市在短短30分钟内下跌了近5%，部分原因就是股指期货的高频交易。高频交易也成为个人投资者竞争环境不公平的象征，因为个人投资者缺乏进行高频交易的资源，而他们又不得不和拥有资源的机构投资者竞争。

我们认为，上述批评有些言过其实。首先，高频交易的确在某些程度上加剧了市场的波动性，但2008年后股市波动性的上升更多地与宏观经济不确定性的增加有关，而不是与交易机制有关。其次，无论高频交易存在与否，个人投资者首先都不应该尝试利用股价每分钟的变化来赚钱。对从事高频交易的机构投资者而言，最早进入该领域的机构可能会从短期价格变化中获得一些收益，但随着高频交易越来越普遍，收益也变得越来越低。

短期：价格反转

当我们观察股价的时间段从小时和天扩展到周或月的时候，似乎开始出现一些价格反转的证据。换句话说，上个月表现良好的股票更有可能在随后一个月表现不佳，而上个月表现不佳的股票更有可能在随后一个月出现反弹。[1] 解释这种现象的理由通常是市场的过度反应，最近一个月涨幅（或跌幅）最大的股票是市场对这个月传出的有关该股票的好消息（或坏消息）反应过度的股票。价格反转反映了市场对此前过度反应的修正。

一项研究考察了市场上股票过去一个月的表现，然后采取卖空

---

[1] N. Jegadeesh, "Evidence of Predictable Behavior of Security Returns," *Journal of Finance* 45 (1990): 881–898; B. N. Lehmann, "Fads, Martingales, and Market Efficiency," *Quarterly Journal of Economics* 105 (1990): 1–28.

股价最高的 10% 的股票并买入股价最低的 10% 股票，持有期为一个月的策略，观察该策略产生的收益情况。[1] 图 7.2 显示了该策略的年化收益率。如果不考虑交易成本和风险调整，在过去的 80 年里，除了一个 10 年（1989—1999），该策略在其他期间都能带来可观的收益。

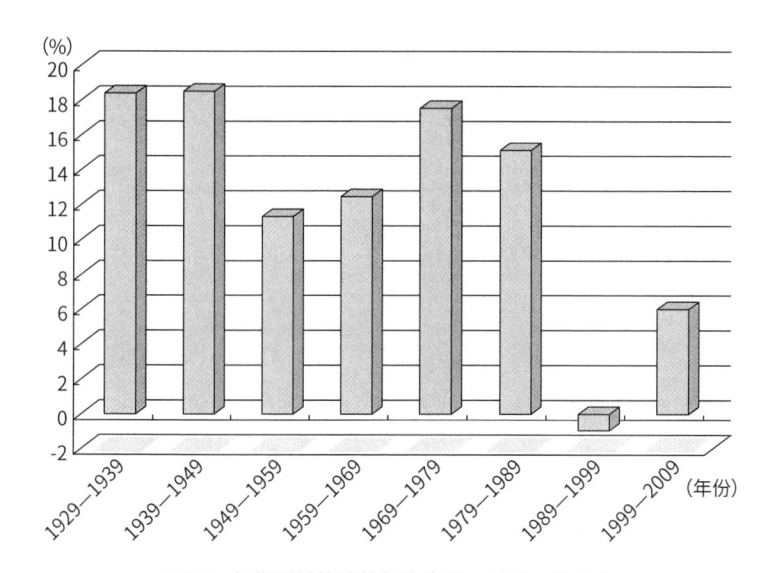

图 7.2　短期反转策略的年均收益，1929—2009 年

资料来源：D. Blitz, J. Huij, S. Lansdorp and M. Verbeek, "Short-Term Residual Return"（SSRN Working Paper 1911449, 2010）。

针对短期价格反转的研究指出了投资者在判断是否可以利用这种现象获利时应该注意的三个问题。第一个问题是，该投资策略可能会导致你的投资过多地集中在低市净率的小盘股上，至少在某些时期会如此。鉴于这些股票的风险较大，你利用该策略获得的超额收益

---

[1] D. Blitz, J. Huij, S. Lansdorp, and M. Verbeek, "Short-Term Residual Return" (SSRN Working Paper 1911449, 2010).

实际上要打个折扣。第二个问题是，该策略需要频繁交易，由此带来的交易成本可能会将你获得的大部分超额收益冲抵掉，特别是当投资的对象是小盘股时。第三个问题是，由于该策略基于市场对信息的过度反应，也许我们围绕信息的发布来构建该策略会更有效。例如，在第10章中，我们会研究财务报告发布后的交易策略，它是一种更直接的利用市场的过度反应来获利的方法。

中期：价格惯性

当我们把时间段定义为数月或一年，而非仅仅一个月时，价格变化似乎开始具有正序列相关性的趋势。杰加迪什和蒂特曼提供了在数月期间股票价格表现出所谓"价格惯性"的证据——在过去6个月价格上涨的股票往往倾向于继续上涨，而在过去6个月价格下跌的股票往往倾向于继续下跌。[1] 1945年到2008年，如果你按股价上一年的表现将市场上的股票分为10组，然后购买前10%（>90百分位）表现最好的股票并持有一年，那么你获得的收益比购买表现最差的10%（<10百分位）的股票并持有一年要高16.5%。让这个策略更有吸引力的另外一点是：价格惯性高的股票，其风险（以价格的波动性衡量）也小于价格惯性低的股票。[2]

图7.3通过观察1927年至2010年的年均收益，显示了价格惯性策略的吸引力，我们将市场上的股票按照其上一年度的表现划分为不同的惯性组合，并计算出投资这些组合在随后一年所能获得的回报。

---

[1] N. Jegadeesh and S. Titman, "Returns to Buying Winners and Selling Losers: Implications for Stock Market Efficiency," *Journal of Finance* 48, no. 1 (1993): 65–91; N. Jegadeesh and S. Titman, "Profitability of Momentum Strategies: An Evaluation of Alternative Explanations," *Journal of Finance* 56, no. 2 (2001): 699–720.

[2] K. Daniel, "Momentum Crashes" (SSRN Working Paper 1914673, 2011).

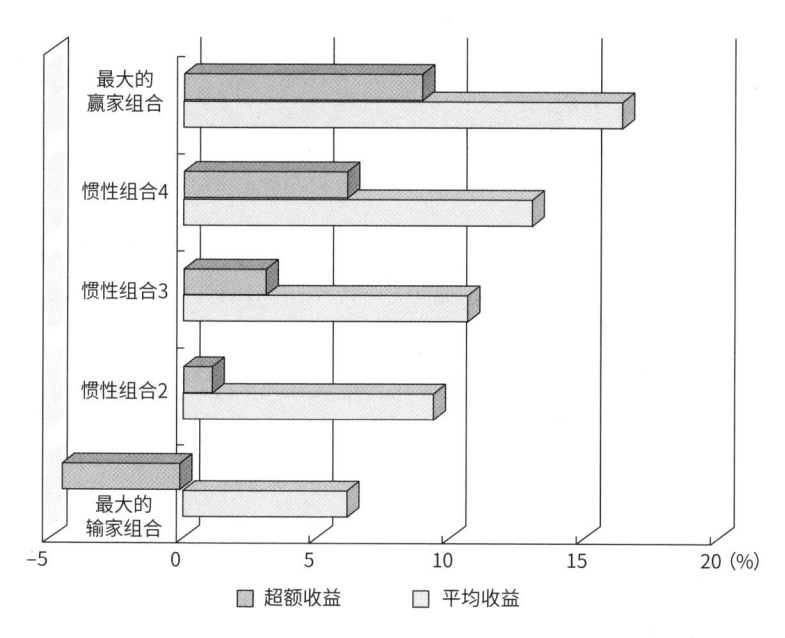

图 7.3 1927—2010 年价格惯性策略的年均收益——基于上一年度表现的美国股票组合
资料来源：原始数据来自肯·弗伦奇数据库（达特茅斯学院）。

  这种惯性效应在欧洲市场的表现同样强劲，但是在新兴市场却表现得比较弱。[1]在英国，迪姆松、马什和斯汤顿检验了英国市场上最大的 100 只股票，并将过去 12 个月表现最好的 20 只股票与表现最差的 20 只股票组成的投资组合的收益进行了比较。1900 年在表现最好的组合上投资 1 英镑，到 2009 年底，这 1 英镑会增长到 230 万英镑，而 1900 年在表现最差的组合上投资 1 英镑，到 2009 年底，这 1 英镑仅增长到 49 英镑。

  造成这种惯性的原因是什么？一个可能的解释是，共同基金更有可能购买过去的赢家股票，抛弃过去的输家股票，而且两者往往同时

---

[1] G. K. Rouwenhorst, "International Momentum Strategies," *Journal of Finance* 53 (1998): 267–284; G. Bekaert, C. B. Erb, C. R. Harvey, and T. E. Viskanta, "What Matters for Emerging Market Equity Investments," *Emerging Markets Quarterly* (Summer 1997): 17–46.

进行，因此产生价格的持续性。[1] 近年来，随着对惯性效应研究的深入，出现了 4 个有趣的模式：

1. 伴随着高成交量的价格惯性比伴随着低成交量的价格惯性更强，且更持久。[2]
2. 对于价格惯性和公司规模之间的关系，存在不同的观点。一些早期的研究认为，市值小的公司价格惯性更强。但最近一项对 1926—2009 年美国股市的研究发现，这种价格惯性和公司规模之间的关系很弱，但在某些时期（如 1980—1996 年），价格惯性和公司规模之间的确存在相关性。[3]
3. 对于价格上涨的惯性和价格下跌的惯性哪个更强，似乎也存在不同的观点。结论取决于所观察的时间段，在很长一段时间内（1926—2009 年），价格上涨的惯性是主导，但在某些时期（1980—1996 年），价格下跌的惯性更强。
4. 价格惯性对市净率高的高成长公司比对市净率低的成熟公司而言更持久、更强劲。

研究者还发现，价格惯性不仅存在于股票市场，也存在于其他资产市场，比如大宗商品市场、外汇市场和房地产市场，而且有很多投资策略都是围绕这一效应建立起来的。

长期：又是价格反转

当对长期的定义是许多年时，收益率存在显著的负相关性，这表

---

[1] M. Grinblatt, S. Titman, and R. Wermers, "Momentum Investment Strategies, Portfolio Performance, and Herding: A Study of Mutual Fund Behavior," *American Economic Review* 85 (1995): 1088–1105.

[2] K. Chan, A. Hameed, and W. Tong, "Profitability of Momentum Strategies in the International Equity Markets," *Journal of Financial and Quantitative Analysis* 35 (2000): 153–172.

[3] R. Israel and T. J. Moskowitz, "The Role of Shorting, Firm Size, and the Time on Market Anomalies" (working paper, University of Chicago, 2011).

明市场在长期内会发生反转。法玛和弗伦奇检验了 1941—1985 年股票 5 年期收益率的情况，为这一观点提供了证据。[1] 他们发现，5 年期收益率比 1 年期收益率表现出更大的负序列相关性，小市值股票比大市值股票表现出更大的负序列相关性。图 7.4 总结了根据纽约证券交易所股票市值规模等级计算的 1 年期和 5 年期收益率的序列相关性。

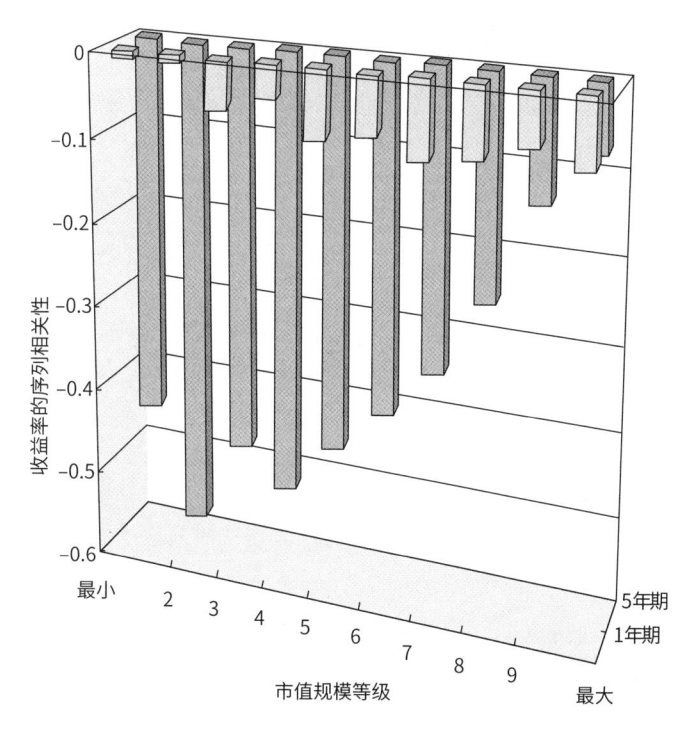

图 7.4　1 年期和 5 年期收益率的序列相关性：市值规模等级（1941—1985 年）

资料来源：法玛和弗伦奇（1988）。

有人在其他市场进行了类似的考察，结论也很相似。

考虑到短期收益率的序列相关性很小或几乎没有，而长期收益率

---

[1] E. F. Fama and K. R. French, "Permanent and Temporary Components of Stock Prices," *Journal of Political Economy* 96: 246–273.

第 7 章　烟雾还是镜子？价格模式、图表与技术分析　| 253

的序列相关性比较大的事实，如此众多的技术分析师致力于预测日内或每日的价格，这实在是件有趣的事。研究较长期间的价格模式似乎可以得到较大的收益，但是本书随后将针对这些长期策略提出一些忠告。

转折点

如果资产市场的价格惯性持续数月，但价格在数年后发生反转，那么价格的走势就应该有一个转折点，从价格惯性转为价格反转。这个转折点不仅引起了学术界的兴趣，而且是构建成功的价格惯性策略的基础。毕竟，在所有价格惯性策略中，你面临的最大风险是错过了价格反转的转折点。

| **数据观察** | 分行业的价格惯性：观察前一段时期美国市场分行业的股票价格惯性。 |

有一些研究试图通过观察历史数据和检验价格惯性策略投资持有期和收益之间的关系来估计这个转折点。这些研究似乎表明，惯性投资的利润会持续（即利润不断增加）6~9个月，这意味着这是价格惯性策略的最佳持有期。价格惯性策略的实质在于，当价格惯性持续时，投资者就能一直赚钱，但当价格反转时，他们就可能遭受重大损失。根据法玛和弗伦奇关于表现最好的10%和表现最差的10%两组股票之间收益率差异的数据，如图7.5所示，我们可以看到运用惯性策略的风险。

注意，从1990年起买入赢家股票组合（高惯性股票）的策略在随后20年里有17年打败了买入输家股票组合（低惯性股票），但是另外3年的损失（特别是2009年）会将那17年的大部分盈利冲抵。

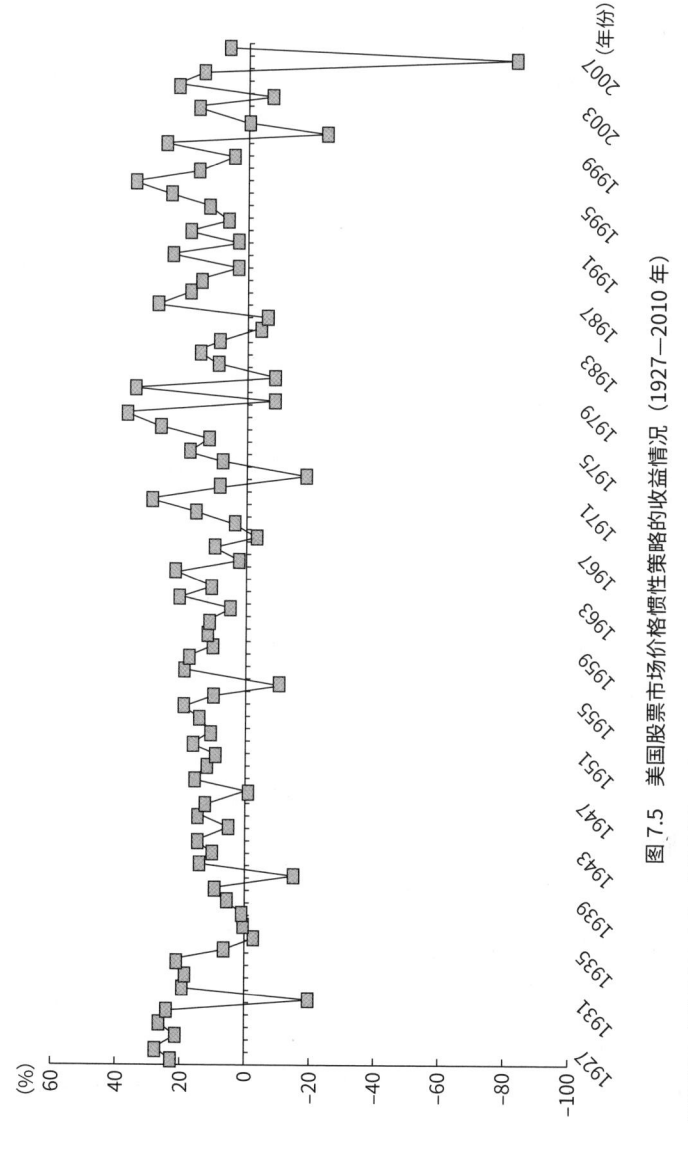

图 7.5 美国股票市场价格惯性策略的收益情况（1927—2010 年）

资料来源：原始数据来自肯·弗伦奇数据库（达特茅斯学院）。

第 7 章 烟雾还是镜子？价格模式、图表与技术分析 | 255

价格相关性失控：市场泡沫

观察价格模式的证据，我们既可以看到价格惯性（中期）的证据，也可以看到价格反转（短期和真正长期）的证据。把两者结合起来，你就会看到价格泡沫的基础：价格惯性带来价格泡沫，而泡沫的破灭意味着价格反转。随着时间的推移，市场繁荣过，也崩溃过，而每次崩溃后人们都责备非理性的投资者。在本节中我们将看到，事情并不是那么简单。只有理性投资者的市场也会有泡沫，身处泡沫之中，比在泡沫破灭后评估泡沫是否存在要困难得多。

泡沫简史

只要有市场，就有泡沫。有记载的最早的两次泡沫发生在17世纪的欧洲。一个是始于1634年的荷兰郁金香球茎的价格暴涨。在市场价格高峰期，一种叫"永远的奥古斯都"的球茎售价超过5 000荷兰盾（相当于写作本书时的6万多美元）。很多投资者卖掉房子，把钱投资于郁金香球茎。这样的故事很多，虽然其中不乏事后编造的。1636年，随着新的投资者不断进入市场，市场的狂热把郁金香球茎的价格进一步推高，在1937年2月初达到顶点。图7.6显示了1637年1月和2月名贵品种Switzers球茎的价格情况。[1]

值得注意的是，郁金香球茎的价格在1637年2月5日达到顶点，这意味着一个在1637年初购买了郁金香球茎的投资者在几周内就会看见价格增长了近30倍。

不久之后，在英国没有任何资产的南海公司声称自己拥有在南海创造无限财富的许可证，这直接导致南海泡沫的出现。南海公司的股票价格持续攀升数年，直到突然暴跌。查尔斯·麦基在他所写的《大

---

[1] P. M. Garber, "Who Put the Tulip in Tulipmania?" in *Crashes and Panics: The Lessons of History*, ed. Eugene N. White (New York: Dow Jones Irwin/McGraw-Hill, 1990).

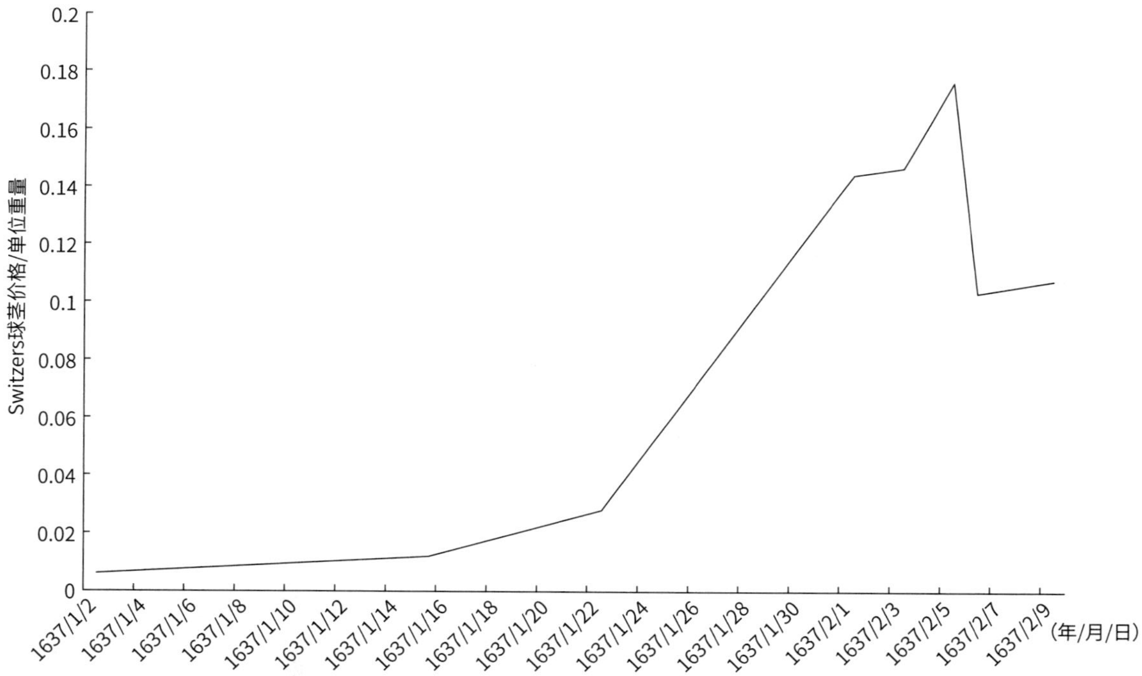

图 7.6　1637 年 1—2 月的 Switzers 球茎价格

资料来源：P. M. Garber, "Who Put the Tulip in Tulipmania？" in *Crashes and Panics: The Lessons of History*, ed. Eugene N. White (New York: Dow Jones Irwin/McGraw-Hill, 1990)。

第 7 章　烟雾还是镜子？价格模式、图表与技术分析　|　257

癫狂》一书中对此次崩盘进行了生动的描写，此次泡沫使英国的许多投资者陷入困境。[1]

在整个19世纪，美国金融市场经历了好几次价格暴涨与暴跌，其中很多还伴随着银行业的恐慌。[2] 在20世纪初，随着市场的扩大以及流动性的提高，人们再次燃起希望，认为流动性和更加明智的投资者能够让泡沫成为历史，但是情况并非如此。1907年，J.P.摩根不得不干预金融市场以防止恐慌性抛售，此举使他在全球金融界一举成名。20世纪20年代的美国股市出现了持续的繁荣，这一繁荣是由从股票经纪人到商业银行的许多机构推动的，宽松的监管政策也助长了这种繁荣。1929年的股市大崩盘让美国经济陷入了大萧条，也创造了美国历史上最大的监管改革，从对银行业实施限制（通过了《格拉斯-斯蒂格尔法案》），到成立了美国证券交易委员会。

第二次世界大战后，美国迎来了长期的稳定，虽然股市在20世纪70年代经历了一段较长时间的低迷，但与过去股票价格的暴涨暴跌相比，资产泡沫趋于温和。不过，在新兴市场，资产泡沫仍然不断地形成和破灭。20世纪70年代末，美国一些人的投机和试图操控贵金属市场的做法的确造成黄金和白银价格短期的暴涨和暴跌。到了20世纪80年代中期，一些投资者认为市场泡沫已经成为历史，不会重演。1987年10月19日，美国股市一天损失了超过20%的市值，这是美股有史以来跌幅最大的一天。这表明虽然科技有了进步，市场的流动性也比过去大大提高，但是投资者与他们17世纪的同行之间仍然存在很多相同之处。在20世纪90年代，我们从互联网股票的大

---

[1] C. Mackay, *Extraordinary Popular Delusions and the Madness of Crowds*, 1852; John Wiley & Sons, New York. 要了解南海泡沫时期英国的金融市场情况，你应该读一读这两本小说：David Liss, *A Conspiracy of Paper*, a novel set in the era (New York: Ballantine Books, 2001)；E. Chancellor, *Devil Takes the Hindmost* (New York: Plume, 2000)。

[2] 1873年的股票暴跌是由费城一家名为杰伊·库克的金融服务公司的倒闭引发的。纽约证券交易所关闭了10天，几家随后银行倒闭。

起大落中见证了又一轮的市场泡沫。收益有限、经营大幅亏损的新技术公司以令人吃惊的价格（与其基本面相比）上市，而且股票价格不断上涨。在 2000 年初市值达到 1.4 万亿美元的顶点后，市场失去了上涨的力量，在接下来的一两年里几乎损失了上述全部的价值。图 7.7 概括了 1994—2001 年互联网指数和纳斯达克指数的表现。

这张图再一次证明了泡沫的存在，互联网指数在这一期间几乎涨了 10 倍，拉动以高科技公司为主的纳斯达克指数与其一同上涨。

理性的泡沫？

理性的泡沫听起来自相矛盾，但是完全有可能出现。思考理性的泡沫，最简单的方法也许是将市场的波动想象成抛硬币，正面表示收益为正的交易日，背面表示收益为负的交易日。你可以想象，你肯定会有连续抛到收益为正的时候，这意味着股票价格会一直上涨，超过其公允价值，而随后出现的修正又会使其向反方向运动，回到公允价值附近。同时值得注意的是，重大失误与泡沫很难区分。投资者在对未来进行判断时，对具体资产的估值可能会出现错误，要么因为他们掌握的信息不足，要么因为实际结果（就增长和收益而言）与预期值不符。你会看到价格在暴涨后回调到公允价值。20 世纪 70 年代末黄金价格的波动就体现了这一点。随着通货膨胀的加剧，当时很多投资者认为（后来看来是不正确的）高通胀会持续下去，因此他们买入黄金保值，相应地推高了金价。图 7.8 描绘了 1970—1986 年黄金价格的变化，看上去很像一个典型的泡沫，但可能只是显示了我们充当事后诸葛亮的倾向。

金价的飙升紧跟着 20 世纪 70 年代后期通货膨胀的加剧，这反映了黄金对冲通货膨胀的价值。20 世纪 80 年代通货膨胀率下降，黄金价格随之下降。因此，这次波动是否应该被视为泡沫是一个尚无定论的问题。

图 7.7 科技繁荣

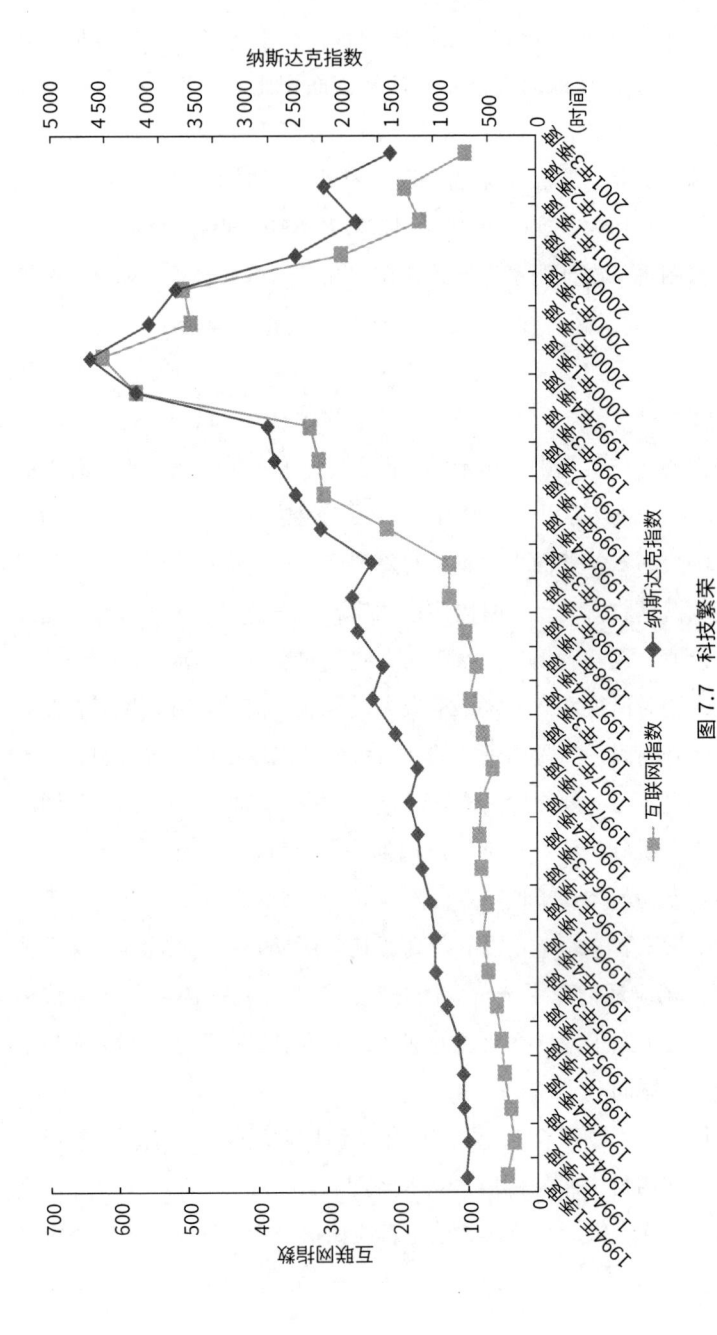

资料来源：彭博。

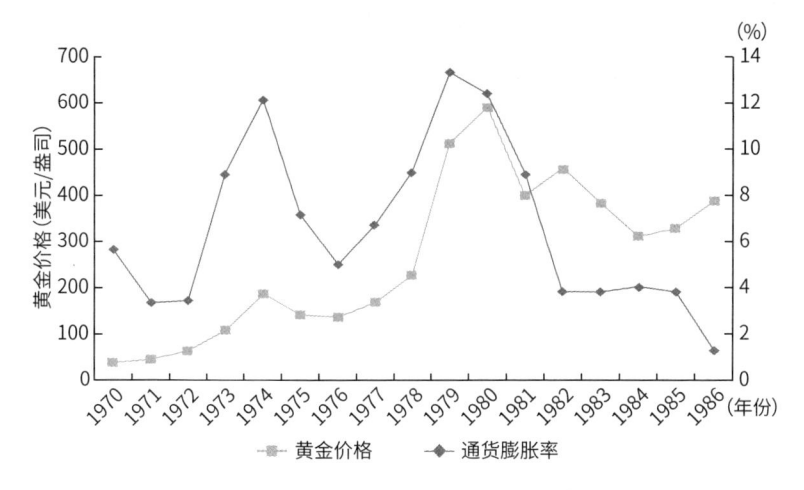

图 7.8　黄金价格（1970—1986 年）[1]

资料来源：彭博。

泡沫还是重大失误：检验

一些研究者认为，你可以通过观察价格随着时间的推移而上涨的过程来区分泡沫与重大失误。例如，圣托尼和德怀尔（1990）认为，泡沫具有两个要素：泡沫形成时收益率的正序列相关性，以及价格与基本面的背离。[2] 他们检验了 1929 年和 1987 年股市崩盘之前一段时期的情况，以考察这两段时间是否存在泡沫形成的迹象。根据他们的分析，这两个时期收益率并不存在正序列相关性的迹象，也不存在价格与基本面（他们将其定义为股息）相关性减弱的迹象。因此，他们认为，这两个时期都不能作为泡沫的例子。

虽然上述检验的基本前提是有道理的，但是这些检验可能太弱，

---

[1] 1 盎司 =28.349 5 克。——编者注
[2] G. J. Santoni and G. P. Dwyer, "Bubbles or Fundamentals: New Evidence from the Great Bull Markets," in Crashes and Panics: The Lessons of History, ed. Eugene N. White (New York: Dow Jones Irwin/McGraw-Hill, 1990).

未能捕捉长期形成的泡沫。例如，圣托尼和德怀尔所检验的时间段和所使用的收益率间隔都会影响不存在序列相关性的结论。此外，如果价格走势与基本面的背离是个渐进的过程，要从统计上发现这种背离也是很困难的。简言之，这些指标很有用，但并不能就此下结论。

泡沫：从开始到破灭

经济学中比较有意思的问题是，泡沫怎样形成、为什么形成，以及是什么促使泡沫破灭。虽然每个泡沫有自身的特点，但似乎每个泡沫都会经历四个阶段。

第一阶段：泡沫的产生

大多数泡沫的起源都有合理的内核。换言之，大多数泡沫的核心都有一个完全合乎情理的故事。以互联网泡沫为例，其核心是一个合理的观点，即随着越来越多的个人和公司使用互联网，人们将在网上购买更多的产品和服务。当市场向一些投资者和机构提供正面的鼓励信息，强化了非理性或欠考虑的投资行动时，泡沫就形成了。再以互联网公司为例，你可以发现，很多公司凭借不太成熟的电子商务创意成功上市且拥有不可思议的市值，投资者在这个过程中也赚了大钱。

泡沫形成的一个关键因素是，市场上的其他投资者在听到成功的消息后也想加入泡沫。在这个过程中，价格被推高，更多的成功故事吸引了更多的投资者，为预言的实现提供了基础。在郁金香球茎疯狂涨价的年代，这种消息是通过口头传播的，成功的投资者把消息传出去，成功的故事在每一次复述中都被不断地夸大。即使在21世纪，直到最近，成功的消息也会通过报纸、财经新闻杂志，偶尔通过电视上的商业节目传到投资者的耳朵的。在互联网泡沫中，我们还观察到使消息和谣言传播得更快的另外两个原因。第一个是互联网本身，互联网上的聊天室和网站可以让投资者讲述他们成功的故事（或一边聊一边编造成功的故事）。第二个是像美国消费者新闻与商业频道这样的有线电视台的建立，在有线电视节目里，投资分析师和基金经理可以向数百万投资者阐述他们的观点。

第二阶段：泡沫的维系

泡沫一旦形成，就需要维系。维系的力量部分是由机构提供的，机构从泡沫中赚钱，在维系和扩大泡沫的过程中发展其既得利益。这些机构包括：

- 投资银行。金融市场上的泡沫给投资银行带来了若干好处，从首次公开募股的公司数量的激增，到不想被隔绝在泡沫之外的现存公司的重组。
- 经纪人和股票分析师。泡沫让经纪人和股票分析师有机会出售与泡沫有关的资产。事实上，当资产价格上涨时，投资者赚钱极其容易，甚至不需要知道是因为什么而赚钱。这时，股票分析已降至次要地位。
- 投资组合经理。当泡沫形成时，投资组合经理起初会不屑一顾地在一旁观看，认为投资者推高资产价格是十分幼稚的行为。但是，在某一时点，即使是最谨慎的投资组合经理也似乎会受到这种狂热的影响，被卷入泡沫。他们这样做部分出于贪婪，部分出于恐惧。
- 媒体。泡沫带来激动人心的商业消息并造就了贪婪的投资者。这种情景在互联网泡沫中特别明显，有大量新书、电视节目和杂志专门服务于互联网股票的投资者，即使是最早期的泡沫，也有美国消费者新闻与商业频道传播消息。

除了机构给予泡沫的支持，认知方面的支持通常也是现成的。当市场估值过高的现象出现时，总会有学术界和业界的人辩护说，旧的规则不再适用了。他们会提出新范式来证明高价格是合理的，将那些持不同意见的人贬低为守旧的、脱离现实的人。

第三阶段：泡沫的破灭

所有泡沫最终都会破灭，尽管似乎没有某个事件明确引发了价值的重估。实际上，似乎是多种因素共同导致了价格泡沫的破灭。首先，泡沫需要更多的投资者（至少是新的投资资金）流入才能维系。在某个时点，当能够引诱进来的投资者已投入其全部的资金时，就没有可以再吸引过来的傻瓜了。其次，每个新加入泡沫的成员都比以前加入的成员更加离谱。以互联网泡沫为例，初期的进入者，如美国在线和亚马逊都还有可能实现它们提出的目标，但那些在20世纪90年代末上市的互联网公司通常都是概念公司，没有成功的远见。当这些新的公司充斥市场时，即使是那些为高股价辩护的人也会发现自己疲于解释这些无法解释的现象。

当真相显露时，泡沫信徒最初的疑虑迅速变成恐慌。由于每个人都想从出口同时冲出去，精心设计的退出策略失灵了。制造泡沫的力量导致了泡沫的破灭，泡沫破灭的速度和规模和泡沫形成时的情况如出一辙。

第四阶段：后果

在泡沫破灭后，起初投资者完全否认这个事实。实际上，泡沫破灭后市场有一个惊人的特点：很难找到在泡沫中亏钱的投资者。投资者要么声称他们是根本就不会投资于泡沫的谨慎投资者，要么声称他们很精明，预见到市场回调的到来，及时退出了市场。

随着时间的推移，泡沫破灭带来的投资损失变得如此巨大，让人无法视而不见，人们开始寻找替罪羊。投资者指责助长泡沫的经纪人、投资银行和专家，声称自己被误导了。

最后，投资者发誓将永远记住教训。"我再也不投资郁金香球茎了"或"我再也不投资互联网公司了"成了你最常听到的话。考虑到投资者有这样的决心，你可能纳闷为什么泡沫会反复出现。理由很简单：没有两个泡沫看上去一模一样。因此，尽管投资者谨慎提防重犯过去的错误，但是他们还是会犯新的错误，在新的资产类别中制造新的泡沫。

价格上涨的泡沫和价格下跌的泡沫

请注意，大多数投资者认为，泡沫是资产价格上涨到大大超出公允价值的水平，然后急剧暴跌的现象。事实上，我们提到的所有泡沫，从郁金香球茎泡沫到互联网泡沫都是价格上涨的泡沫。那么，资产价格会不会跌到大大低于公允价值的水平，并且持续下跌呢？换句话说，是否存在价格下跌的泡沫？从理论上看，没有理由认为这是不可能的。但价格下跌的泡沫鲜少被提及，至少在大众媒体中是这样的，这是比较令人吃惊的。一个原因可能是，当投资者在价格上涨的泡沫的最高点购买的股票亏本时，他们更容易责备外部力量——泡沫；当在价格下跌的泡沫的底部购买股票获得收益时，他们把这视为自己拥有超凡才能的证据。

另一个原因可能是，针对资产价值被低估制定投资策略比针对资产价值被高估制定投资策略要容易得多。在前一种情况下，你可以不断地买进资产，一直持有到市场反弹。而在后一种情况中，你的选择空间较小，且更有可能面临时间上的限制。你可以借入资产然后卖出（做空），但是你不能想卖空多长时间就卖空多长时间，大多数卖空期都是几个月。如果某个资产有期权交易，那么你可以购买该资产的看跌期权，但是直到最近，看跌期权也只有几个月的期限。事实上，大多数市场都有不利于此类投资者的监管规定，他们可能被归类为投机者。由于有关卖空的限制，价格上涨的泡沫更有可能持续下去，并随着时间的推移变得越来越大，而逢低买入的投资者对价格下跌的泡沫起到支撑的作用。

最后的评价

基于对历史的解读，我们有理由得出这样的结论：资产价格的确有泡沫，但是只有部分泡沫可归咎于市场的非理性。投资者是否能够利用资产泡沫赚钱似乎是个更难回答的问题。投资者不能利用泡沫来赚钱的一个原因似乎源于他们对短期利润的追逐，即使是那些相信资产价值被高估的投资者也想从泡沫中赚钱。另外一个原因是，要与大多数投资者的选择背道而驰是困难和危险的。被高估的资产定价可能会变得更高，这种高估的现象可能持续数年，危及任何押注泡沫破灭的投资者的经济利益。最后，泡沫还涉及投资银行、媒体和投资组合经理等机构和个人的利益，所有这些都助长了泡沫，使得泡沫长期维系下去。

日历效应：价格的季节和时间模式

资产价格有一个令人十分迷惑的现象：股票价格存在季节和时间模式，这种模式似乎在所有类型的资产市场中都存在。在本节中我们将看到，股票价格似乎在周一比在一周里的任何其他交易日都下跌得更多，在1月比在一年中的任何其他月份都表现得更好。你可能要问，这有什么好惊讶的？在一个理性的市场上，很难说明这种模式的合理性，毕竟如果投资者知道股票在1月的表现比其他月份要好，他们就应该在12月开始购买股票，从而把1月的正收益转移到一年中。同样，如果投资者知道周一股票价格下跌的可能性比较大，他们就应该在周五抛售股票。

1月效应

针对美国和其他主要金融市场收益率的研究一致显示,一年中各个月的收益有很大的差别。图7.9显示了1927—2001年各月的平均收益率。

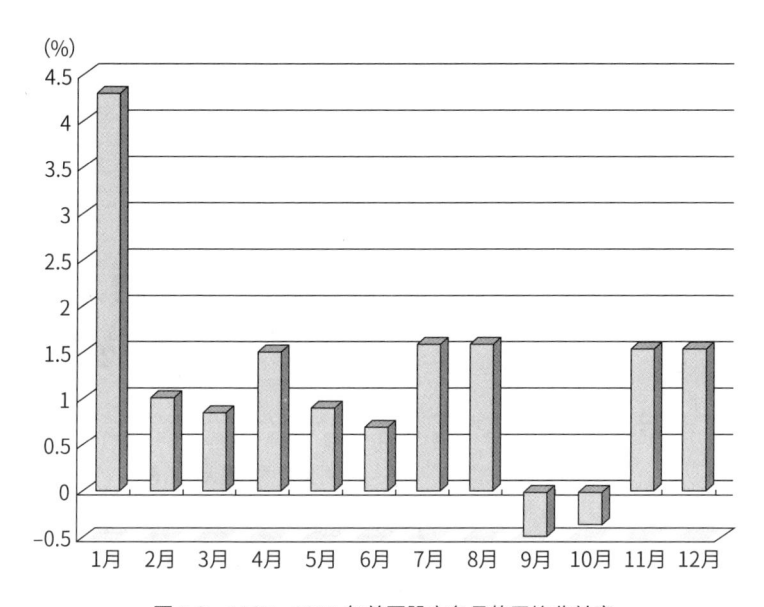

图7.9 1927—2011年美国股市各月的平均收益率

资料来源:原始数据来自肯·弗伦奇数据库(达特茅斯学院)。

1月的收益率大大高于一年中的其他月份。这种现象被称作年终效应或1月效应,在1月的头两个星期最显著。

小公司的1月效应比大公司更为明显,图7.10显示了1927—2011年市值最小的公司1月的收益(＜10百分位)、市值最大的公司1月的收益(＞90百分位),以及市值最小的公司在1月的收益溢价(市值最小的公司和整个市场的收益差值)。我们在第9章深入探讨投资小公司的策略时会再次讨论这个现象。

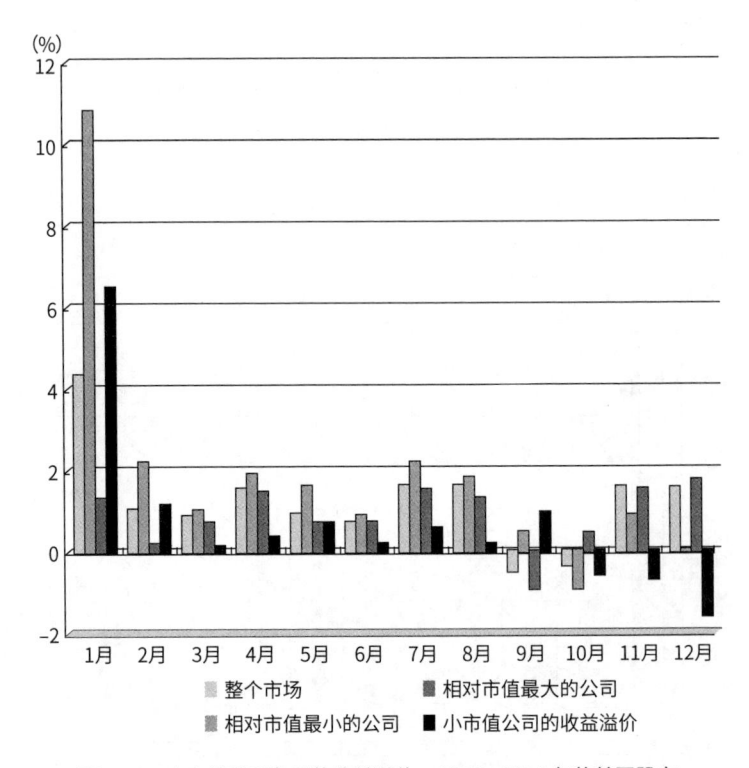

图 7.10　小市值公司各月的收益溢价：1927—2011 年的美国股市

资料来源：原始数据来自肯·弗伦奇数据库（达特茅斯学院）。

注意，小市值公司的收益溢价大部分来自 1 月，在每年的最后一个季度，小市值公司的表现都低于市场的整体水平。

1 月效应的普遍性如图 7.11 所示。在图中我们考察了几个主要金融市场 1 月相对于其他月份的收益率，发现每个市场都存在 1 月效应的有力证据。[1]

事实上，研究者在债券和大宗商品市场也发现了 1 月效应。

1　R. Haugen and J. Lakonishok, *The Incredible January Effect* (Homewood, IL: Dow-Jones Irwin, 1988).

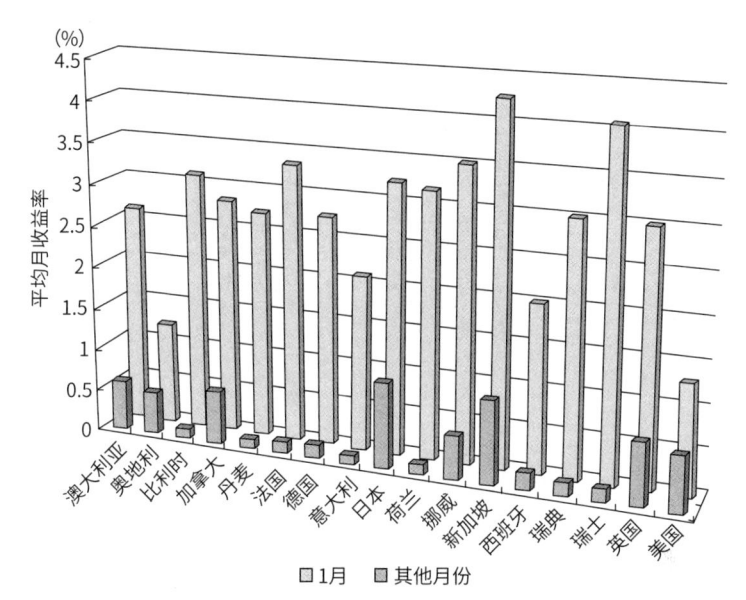

图 7.11 国际市场的 1 月效应

资料来源：R. Haugen and J. Lakonishok, *The Incredible January Effect* (Homewood, IL: Dow-Jones Irwin, 1988)。

关于 1 月效应的解释已经有很多了，但几乎都经不起认真检验。一种解释是，投资者会在年底为了节税抛售那一年价格下跌的股票以获取资本收益，这就使得股票价格在每年的 12 月进一步下跌，甚至低于其实际价值，随后投资者在第二年的 1 月回购卖出的股票，造成 1 月的高收益率。[1] 前一年表现差的股票，其 1 月效应表现得更明显，这一事实被视为支持该解释的证据。但是，有好几个证据与这种解释相矛盾。第一，像澳大利亚这样的国家，虽然税收方式与美国不同，但也有 1 月效应。第二，平均而言，在股票市场不景气的年份之后的

1　为了防止这类交易的进行，美国联邦税务局（IRS）颁布了"假售回购规则"，禁止投资者在卖出后的 45 天内回购股票。为了绕过这一规则，投资者卖出后，短期内买入的股票应有所不同。因此，投资者 1 出售股票 A，投资者 2 出售股票 B，但是当回购这些股票时，投资者 1 买股票 B，投资者 2 买股票 A。

第 7 章　烟雾还是镜子？价格模式、图表与技术分析　│　269

几年里，1月效应的影响并不比其他年份更大。

第二种解释是，1月效应与岁末年初的机构交易行为有关。例如，有人注意到，机构买入和卖出的比率在年底的最后几天明显低于平均水平，而在随后的几个月里又回升至高于平均水平。[1] 有人认为，年底几天因为没有机构买入，所以价格下降，年初几天价格又被推高。同样，虽然这有可能是真的，但是尚不清楚为什么其他投资者不介入并利用机构的怪癖行为赚钱。

夏季低谷

如果你仔细观察图7.9中1月到12月每个月的平均收益，你会注意到一年中的下半年有几个月的收益明显较低，特别是9月和10月。从5月1日到10月30日（夏季月份）的收益低于从11月1日到4月30日（冬季月份）的收益。如果一个投资者在1927年投资1 000美元购买标准普尔500指数，在每年的冬季月份持有，夏季月份卖出，那么到2006年底，他的投资组合将增加到近3.9万美元。相反，如果投资者在夏季月份持有，在冬季月份卖出，那么到2006年底，该投资组合将只剩下916美元，这个投资者在整个投资期是亏损的。

股市的夏季低谷不仅限于美国市场。一项针对37个美国之外的证券市场的研究发现，其中36个市场冬季月份的收益高于夏季月份的收益，夏季月份的平均收益不及冬季月份的一半。在其中的很多市场中，夏季低谷现象和1月效应一样，与其他价格效应相互作用，对小市值公司的影响比对大市值公司的影响更明显。

周末效应

股票收益率在一星期内的某些天会高于其他日子吗？股票收益率

---

[1] 机构买入量在每年的最后10天有所下降，在下一年的前10天再次上升。

一个令人惊讶的特点就是存在所谓的周末效应,该现象在很多国家的市场上持续存在了相当长的时间。周末效应具体指的是,星期一和其他交易日的收益率之间存在差异。这种收益率的巨大差异如图7.12所示,该图显示的是1927—2001年不同交易日的日平均收益率。

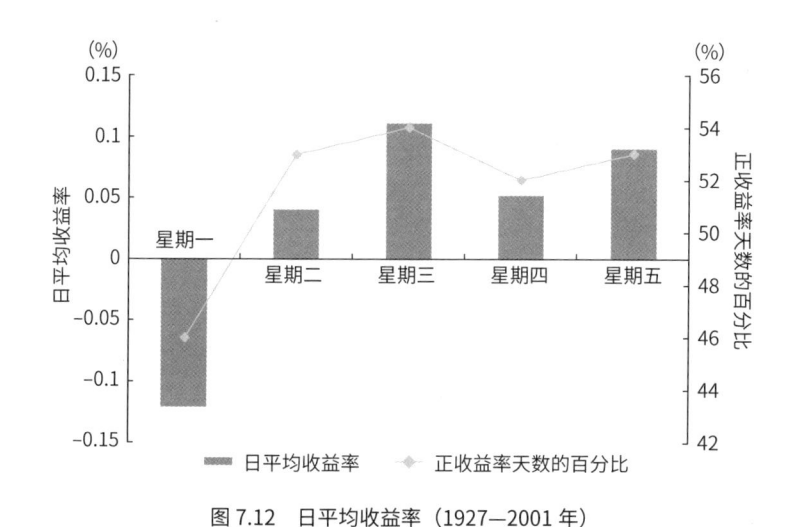

图 7.12　日平均收益率（1927—2001年）

资料来源：原始数据来自证券价格研究中心（CRSP）。

平均而言,星期一的收益率是负值,但并不是一星期内每个交易日的收益率都是负的。此外,星期一的收益率是负值的情况比其他交易日要多。研究者对星期一效应进行深入研究后,还发现了一些其他情况。

- 星期一效应实际上是周末效应,因为大量的负收益表现在星期五收盘价到星期一开盘价的变化中。换句话说,星期一的负收益率是由于股票往往在星期一时低开,而非股票价格在星期一的交易过程中产生变化。星期一日内交易的收益（星期一从开盘到收盘的价格变化）不是负收益率的原因。
- 星期一效应对小市值公司的影响比对大市值公司的影响更明

显。这与我们在 1 月效应中发现的情况是一样的。
- 星期一效应与休息日的长短无关，无论是两天周末还是三天假日，星期一效应的表现是一样的。
- 如果上一个星期五的收益率是负的，星期一的收益率更有可能为负。实际上，如果上一个星期五的收益率为正，那么星期一的收益率平均而言也是正的，如果上一个星期五的收益率为负，那么星期一的收益率有 80% 的可能性是负的。[1]

周末效应不仅存在于美国市场，在其他国家的市场上表现得也很明显，在被检验过的每个国际市场上，星期一的收益率都低于其他交易日。

由于许多相关研究至少已有 10 年的历史，因此值得一问的是，现在是否仍然存在周末效应？我们检验了 1981—2010 年标准普尔 500 指数的日收益率并进行了比较研究，图 7.13 提供了以 5 年为一个观察期的周末效应情况。注意，为了使各期的数据具有可比性，我们从一星期内每个交易日的日平均收益率中减去该期间的日平均收益率。以 1981—1985 年为例，星期一的日平均收益率比该期间的日平均收益率低 0.13%。

有趣的是，在过去 20 年的大部分时间里，周末效应几乎消失了。事实上，在该期间，星期四和星期五的日平均收益率与星期一的日平均收益率大体相当。对于周末效应的消失，我们能够提供的一个解释是，全球上市和虚拟交易平台的发展使得股票交易几乎可以全天候进行。那种股票或指数的交易在星期五收盘到下个星期一开盘期间完全停止的想法几乎已经过时了。

---

[1] A. Abraham and D. L. Ikenberry, "The Individual Investor and the Weekend Effect," *Journal of Financial and Quantitative Analysis* 29 (1994): 263–277.

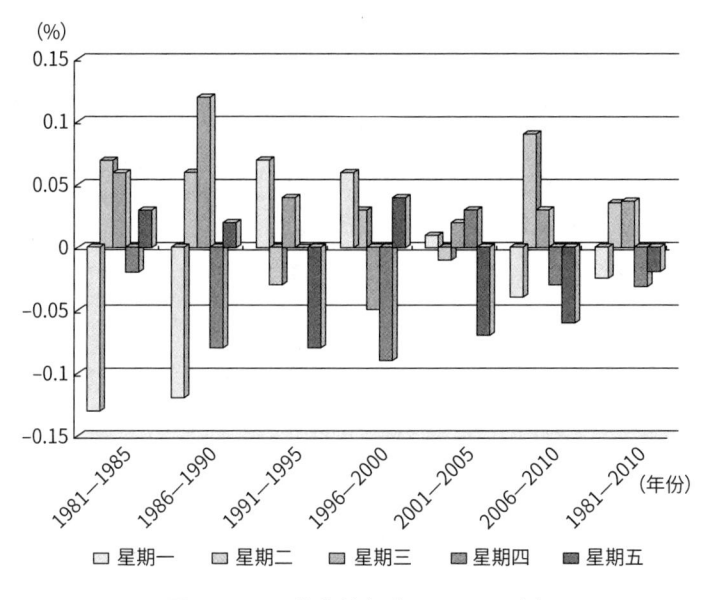

图 7.13　日平均收益率（1981—2010 年）

资料来源：标准普尔。

交易量模式

尽管随机游走理论没有涉及交易量和价格之间的关系，但是它假设现行价格已经反映了所有可获得的信息。因为交易量是可获得的公开信息的一部分，因此，了解昨天或前天的交易量应该没有多少信息价值。

对于价格来说，有证据表明，交易量蕴含着未来股票价格变化的信息。达塔尔、奈克和拉德克利夫的研究表明，低成交量股票的收益率比高成交量股票更高，尽管他们把这种收益率差异归因于低成交量股票的流动性溢价。[1] 李和斯瓦米纳坦给我们提供了一个更令人惊讶

1　V. Datar, N. Naik, and R. Radcliffe, "Liquidity and Asset Returns: An Alternative Test," *Journal of Financial Markets* 1 (1998): 205–219.

的结果，他们考察的是价格与成交量之间的相互关系。[1] 他们特别考察了杰加迪西和蒂特曼提出的价格惯性效应——价格上涨的股票在之后的几个月里更有可能保持上涨趋势，而价格下跌的股票更有可能在之后的几个月里继续下跌，这在高成交量的股票中表现得更为明显。图7.14根据股票在过去6个月的市场表现（赢家、平均水平、输家）和成交量（低、中、高）对股票进行分类，观察这些股票在之后6个月里的收益率。

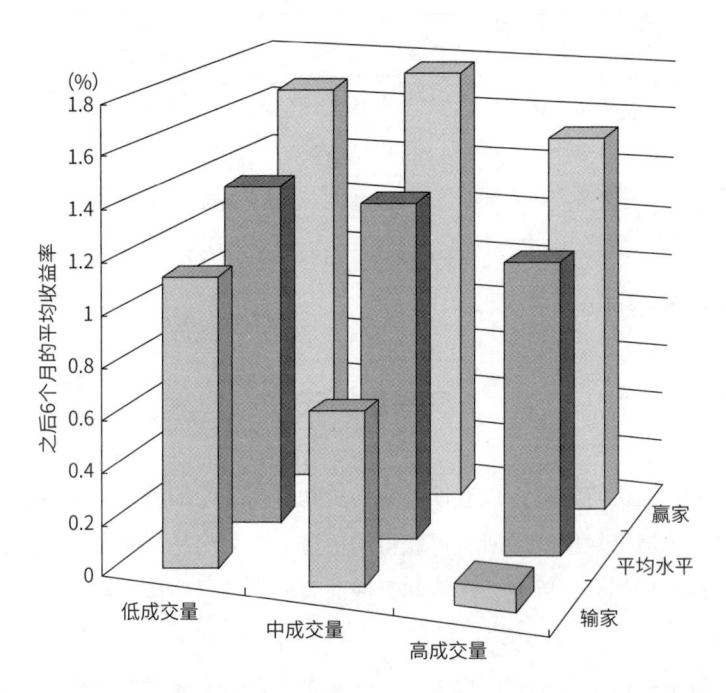

图7.14　成交量与价格的相互作用：纽约证券交易所和美国证券交易所股票
（1965—1995年）

资料来源：C. M. C. Lee and B. Swaminathan, "Price Momentum and Trading Volume," *Journal of Finance* 5（2000）：2016-2069。

1　C. M. C. Lee and B. Swaminathan, "Price Momentum and Trading Volume," *Journal of Finance* 5 (2000): 2016–2069.

值得注意的是，高成交量股票的价格惯性效应最强。换句话说，伴随着高成交量的价格上涨或下跌更有可能持续到下一个期间。斯蒂克尔和韦雷基亚用更短期的收益率证实了这一结果，他们发现，伴随高成交量的股价上涨更有可能延续到下一个交易日。[1]

总之，股票的成交量水平和成交量的变化似乎都给投资者挑选股票提供了有用的信息。难怪，交易量是技术分析不可或缺的一部分。

是数据挖掘还是异常现象

在观察股票价格数据季节性和时间性的异常现象时，我们面临一个非常有趣的尴尬局面。随着股票价格数据变得更加丰富（我们可以得到的数据从年到天的，从股权市场到债券和金融衍生品市场），以及获得和使用这些数据比过去更便捷，我们发现的市场无效和反常现象更多了。你可能会说，其中的一些发现应该归因于我们可以获取的数据越来越多。当数百名研究人员用越来越精细的"显微镜"潜心观察这些数据时，他们将基于他们所观察的数据发现某些模式的存在。

在为有效市场的激烈辩护中，法玛提出，在过去的40年里，研究人员发现的几乎所有异常和无效现象都可以归因于偶然性，而不是非理性或无效性。事实上，他提出了一个非常有趣的观点：那些声称发现了市场无效性的研究人员似乎无法就无效性是显示了市场对新信息反应过度还是反应不足达成一致意见。[2]

---

[1] S. Stickel and R. Verecchia, "Evidence That Trading Volume Sustains Stock Price Changes," *Financial Analysts Journal* (November-December 1994): 57–67.

[2] E. F. Fama, "Market Efficiency, Long-Term Returns, and Behavioral Finance," *Journal of Financial Economics* 49 (September 1998): 283–306.

技术分析的基础

最好让技术分析师用他们自己的语言阐述他们的分析方法。爱德华兹和迈吉在其关于技术分析的经典著作中做了如下阐述：

给股票指定一个内在价值是徒劳的。例如，一股美国钢铁公司的股票在1929年初秋的价格为261美元，但是在1932年6月，你只需22美元就可以买到。到了1937年3月，它的价格是126美元，但一年后仅为38美元……这种假设价值与实际价值之间的巨大差异不是例外，而是普遍情况，是随时都在发生的事情。事实是，美国钢铁公司的股票在任何给定时点的实际价值都完全、绝对、无情地由供求关系决定，而供求关系又准确地反映在交易大厅所完成的交易上。[1]

如果我们要总结技术分析的基本假设，应该包括以下几点：
- **市场价值完全由供给和需求决定。**我们认为非图表分析师也不会对该假设提出任何异议，因为该假设描述了在任何一个市场上价格是如何被确定的。
- **供给和需求受到若干因素的影响，包括理性的和非理性的。**市场不断地自动权衡这些因素的重要性。注意，随机游走原则的支持者对该假设也不会提出异议，但他们会指出，非理性因素出现在市场的一侧或另一侧的可能性是相等的。
- **尽管市场有一定程度的波动，但股票价格会在相当长的一段时间里按照某一趋势方向变化。**这一点是随机游走原则的支持者与图表分析的支持者开始分道扬镳的地方。前者认为，在理性的市场上，甚至在一个合理的感性市场上，投资者利用图表可

---

[1] R. Edwards and J. Magee, *Technical Analysis of Stock Trends* (Boca Raton, FL: St. Lucie Press, 2001).

以辨别的任何价格趋势都应该能够给投资者带来获利的机会，但这种机会一旦被利用，该价格走势就会被消除。
- 供给和需求的变化会带来价格趋势的变化。这些变化，无论发生的原因是什么，迟早会反映在市场的行为中，这是技术分析的核心观点。赞成图表分析的人认为，基于数量和价格模式分析的图表能对需求和供给的变化做出预先警告。

爱德华兹和迈吉的另一段话对技术分析的观点进行了最好的阐述：

市场价格不仅反映了数百名潜在买家和卖家不同的担忧、猜测、理性和非理性的情绪，而且反映了他们总的需求与资源状况，对这些因素我们几乎无法进行分析，也得不到相关的统计数据。然而，这些因素被综合、权衡，最后用一个精确的数字来表达，买家和卖家走到一起达成交易。最终的价格才是唯一重要的数字。

个案和实证证据似乎都显示投资者通常是非理性的，至少就经济学对理性的定义而言是这样的。这种非理性是否会导致系统性的价格模式不太容易检验，但是价格的短期和长期的序列相关性以及资产市场上不时出现的价格泡沫似乎都表明：非理性行为具有价格效应。最后，即使存在非理性行为导致的系统性价格模式，也存在你是否能够利用这些价格模式谋利的问题。完全有可能的是，这些价格模式是如此不可预测，以至任何投资者都无法利用它们来赚取超额收益。当然，技术分析师和图表分析师并不认同这一点。

技术指标与图表模式

多年来，技术分析师提出了数百个技术指标，并检测出几十个他们认为可以帮助预测未来价格变化的图表模式。虽然在此我们不能把它们一一描述或列示出来，但是我们可以根据它们所依据的市场非理性的性质对它们进行分类。我们综合所有属于金融市场非理性的情况，将它们分成 5 类。

1. 市场参与者对新信息反应过度。如果这是真的——好消息出来的时候价格上涨过多，坏消息出来的时候价格下跌过多，你就应该依据反向指标来判断多数投资者买进卖出的方向，并反其道而行。

2. 市场参与者反应迟钝。在很多方面，这与第一类情况正好相反。如果投资者反应迟钝，价格就会对新信息反映不足，价格会朝同一个方向持续变化一段时间。这样，你就可以使用惯性策略，衡量市场变化的方向，并顺势而为。

3. 投资者经常改变主意，并且通常是非理性的，造成需求和供给的巨大变化，从而导致价格发生变化。如果你认为市场是这样运转的，你可以使用技术指标和图表模式来检测这种变化。

4. 某些投资者可以领先于市场，发现这些投资者在什么时候买卖以及他们买入和卖出了什么，可以为预测未来的价格变化提供有用的参考指标。如果这符合你对市场的看法，你就应该跟踪这些领先的投资者，并仿效他们进行投资。

5. 有外部力量凌驾于基本面和投资者偏好之上，并支配市场价格上下波动。技术指标和图表模式能让我们看到股票价格的大周期，使我们能先于其他投资者采取行动。

在每一类中，我们都可以考虑使用 3 组不同的技术指标：基于过去价格变化的价格指标、关注交易量的成交量指标，以及用定性的方法衡量投资者对股票市场是乐观还是悲观的情绪指标。

市场的过度反应——反向指标

很多业内人士和一些经济学家,特别是行为学派的经济学家,认为投资者会对新信息反应过度。这反过来会形成投资者可以用于赚取超额收益的股票价格模式。在本节中,我们将考虑其中的一些指标,我们称这些指标为反向指标,它们是由赞同该观点的分析师提出的。

过度反应的原理和意义

为什么市场会对新信息反应过度?一些实验心理学的研究人员提出,人们在面对新信息并修正自己的看法时,往往更看重最近的信息,而轻视以前的信息。另外一些人认为,一些投资者在面对新信息时往往会感到恐慌,他们的行为会影响到市场上的其他人。价格在长期内会发生反转就是一个有力的证据,这一点在本章前面已讨论过。

如果市场反应过度,那么价格在一个方向出现大的变化后又会在相反方向出现大的变化。此外,起初的价格变化越极端,随后的价格调整就越大。如果市场反应过度,通往投资成功的道路似乎很清晰。当其他投资者极端不看好某个资产时,你就买入该资产;当其他投资者对某个资产非常看好并买进时,你就卖出该资产。如果你对市场反应过度的假设是正确的,随着时间的推移,市场会自我修正,你就可以获得超额收益。

反向技术指标

很多指标都可以帮助你判断市场变化的方向,这些指标有的建立在价格模式的基础上,有的建立在成交量的基础上,还有的建立在市场观点的基础上。观察这些指标的目的不是跟随市场变动的方向走,而是反其道而行之,这些指标是反向指标。本节将讨论3种广泛使用的反向指标,每个指标都针对不同类型的投资者。

少于100股的交易被称作零股交易，通常都是由小投资者进行的。一些数据服务机构专门跟踪股票市场的零股交易——包括买入和卖出。当小投资者对一只股票看涨时，相对于零股卖出量来说，零股买入量会增加；当小投资者对一只股票看跌时，相反的情况就会出现。如果你认为小投资者更有可能对信息反应过度，那么当零股买入量增加时，你就应当卖出，当零股买入量减少时，你就应该买入。

但是，如果你认为慌乱的是机构投资者，而不是小投资者，又会怎样呢？毕竟，大的价格变化通常是由机构造成的，而不是由个人造成的。市场上也有跟踪机构买卖股票的指标，目的是与机构反其道而行之。还有一些指标跟踪共同基金投资组合中现金或接近现金形式的资产占基金资产的百分比，该指标可以很好地揭示共同基金经理看涨或看跌的程度。当共同基金经理对市场充满信心时，现金持有量往往会下降，当他们对市场没有信心时，现金持有量将会增加。如果你认为共同基金经理对市场反应过度，你就应该在他们看跌的时候买入，在他们看涨的时候卖出。

最后，你可以看一下声称已经感悟到未来发展趋势的投资顾问的意见。投资咨询服务机构通常会列出最值得投资和最不值得投资的股票的清单。《价值线》和标准普尔根据股票对投资者的吸引力对其进行分类。如果你认为市场通常是错误的，你就应该卖出投资顾问最看涨的股票，买入他们最看跌的股票。

需求变化

技术分析师经常认为，最大的利润将在所谓的拐点产生，拐点是指价格趋势由正变负，或反过来。由于价格最终取决于需求和供给，分析师通常会寻找需求变化的领先指标，特别是当需求变化是由投资者的情绪而不是基本面的变化引起的时候。如果他们能找到这样的领先指标，他们就能赚钱。

需求变化的原理和意义

　　需求变化理论的核心是，需求变化导致价格变化，而且这些需求变化通常并非源于经济基本面的变化。不少事例似乎都证明了这个观点。市场的波动往往没有明显的原因，股票价格的波动似乎大大超过了价值的波动。实证研究似乎也证实了价格的波动性大于价值的波动性。席勒对一段时间内股票价格的变化与股息现值的变化（他认为可以将股息现值作为衡量价值的指标）进行了比较，得出的结论是，股票价格比股息现值的波动幅度要大得多（见图 7.15）。[1]

　　注意，比较平滑的那条线代表的是股息现值，波动大的那条线代表的是标准普尔 500 指数。

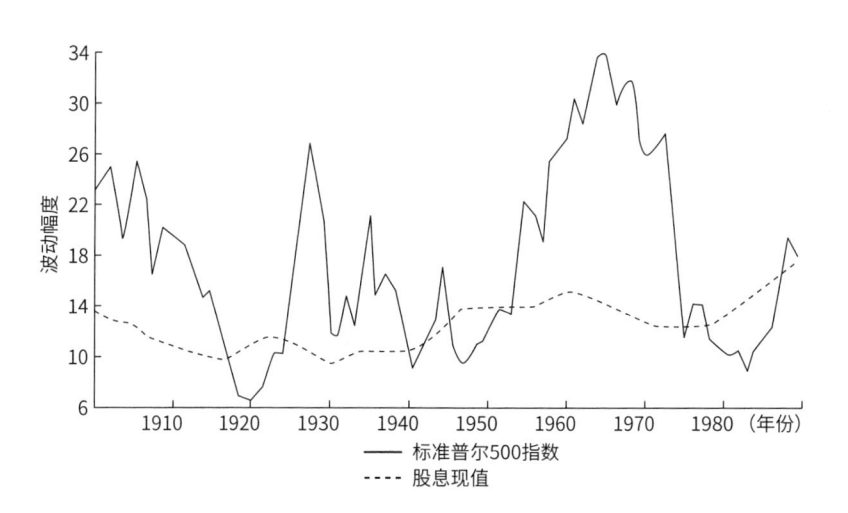

图 7.15　市场波动太大？

资料来源：R. Shiller, *Market Volatility* (Cambridge, MA: MIT Press, 1990)。

1　R. Shiller, *Market Volatility* (Cambridge, MA: MIT Press, 1990).

应该注意的是，事例证据和席勒的研究都没有得出股票价格波动太大的结论。事实上，一些研究者认为，如果股票价格建立在预期的基础上，那么一则小小的新闻公告都有可能引起市场预期和股票价格的巨大变化。

旨在检测需求变化的技术交易原则

图表分析师认为，很多价格模式和指标可以提供需求变化的预先警告。我们在此讨论四类衡量方法。第一类与整个市场有关，通过观察价格上涨的股票相对于价格下跌的股票的数量来衡量市场的广度。这类方法的观点是，上涨幅度有限的市场（市场上涨的动能主要源于少数股票，其余股票的价格不是持平，就是下跌）的需求（和价格）可能很快就会下跌。事实上，该衡量方法的一个延伸指标就是腾落指数。很多金融报纸都会报道腾落指数，公开价格上涨的股票数量和价格下跌的股票数量之比。分析师认为，市场指数水平和腾落指数之间的背离——市场指数的下跌伴随着腾落指数的改善——可能预示着市场将朝着买入的方向运动。

第二类观察是价格的阻力线与支撑线。阻力线是价格向上的界限，支撑线是价格向下的界限。两者都是通过观察历史价格得出的。例如，一只在过去几个期间内价格在20美元和40美元之间波动的股票，其支撑线是20美元，阻力线是40美元。也许是巧合（但我们并不这样认为），支撑线与阻力线通常都是整数——你很少看到阻力线是39.88美元，支撑线是21.13美元这种情况。图7.16展示了支撑线与阻力线的情况。

事实上，股票价格低于阻力线高于支撑线的情况并不为奇，但是股票价格在突破任何一条线时都会引起人们的注意。当股票价格突破阻力线时，技术分析师将其视为需求上升、价格开始持续走高的标志。相反，当股票价格落到支撑线之下时，分析师将其视为需求减弱、价格进一步下跌的前兆。虽然我们认为有关支撑线和阻力线的观点不太符合实际，但是如果足够多的投资者认为它们存在，并以此指导他们的投资行为，那就有可能导致预言成为现实。为了说明这一点，假设一只阻力线为 40 美元的股票，价格上涨到 40.5 美元。认为这是股票价格急剧上涨的开端的投资者会买进该股票，造成该股票价格的进一步上涨。这种价格上涨是否会持续一段时间很难判断。在图 7.16 中你还可以看到另一个被称作"头肩模式"的、被广泛遵循的模式。实际上，随着时间的推移，图表分析师发现了数百种可以用来做价格变化的领先指标的模式。[1]

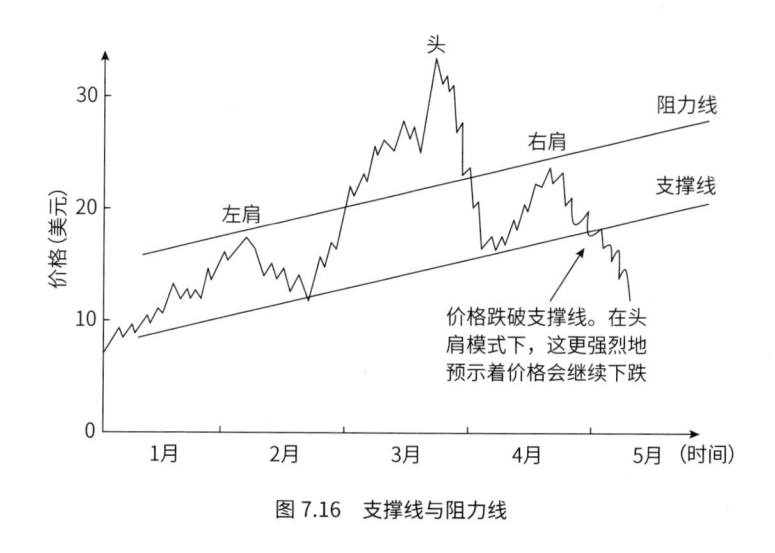

图 7.16 支撑线与阻力线

对技术分析来说，一个非常关键的指标是移动平均线，即过去几个月或几个星期股票的平均价格。在价格走势图中，你常常可以看到移动平均线与实际价格被放在一起的情况。同样，分析师把股票价格背离移动平均线的现象视为需求发生变化的指标，这意味着投资者可

---

[1] R. Colby and T. Myers, *The Encyclopedia of Technical Market Indicators* (New York: Dow Jones Irwin/McGraw-Hill, 1988).

以利用这种变化获利。和很多技术指标一样，移动平均线的概念衍生出了若干新的指标，其中包括时间加权移动平均值。该指标是在移动时间窗口内计算的，在计算该指标时，越近的价格所占权重越大。

近年来，个股成交量的信息越来越容易获取。现在，技术分析师都会观察成交量，以从中发现价格变化的信号，无论是独立使用该指标，还是与价格变化结合起来使用。例如，相较于伴随低成交量的股票价格上涨，伴随高成交量的股票价格上涨传递出的价格上涨信号更积极。

技术指标的实证证据

实证研究并没有提供多少证据来支持或反对图表模式。之所以如此，部分原因是很多图表模式都是主观定义的，这导致这些模式无法用实证来检验，例如，不同的分析师使用不同的且经常变化的支撑线或阻力线定义。这种情况对图表分析的支持者来说和反对者来说都有好处。图表分析的支持者可以利用他们自己的检验（通常是有偏差的）来提供支持的证据。而技术分析的反对者可以完全放心地相信，图表是为那些天真且易受误导的投资者准备的，他们不担心存在相反的证据。

具有讽刺意味的是，一些对技术分析的辩护来自那些不把自己归为图表分析师或技术分析师之列的学术界人士。罗、王和玛马亚斯基从金融经济学的角度为技术分析提供了相当有说服力的辩护。[1] 他们以 1962 年到 1996 年纽约证券交易所和纳斯达克证券交易所的股票日收益率为研究对象，运用极复杂的计算技术（而不是可视化）来寻找价格模式。他们发现股票价格走势最常见的模式是双顶和双底模式，

---

1   A.W. Lo, H. Mamaysky, and J. Wang, "Foundations of Technical Analysis: Computational Algorithms, Statistical Inference, and Empirical Implementation," *Journal of Finance* 55 (2000): 1705–1765.

其次是头肩模式。换言之，他们找到了证据，证明一些技术分析师最常用的模式在价格走势中确实存在。但是图表分析师也不用对此过分欣喜，他们还指出，这些模式只能带来边际增量收益（一个术语，意思是非常小的收益），而且他们还警告说这些收益可能抵销不了交易成本。

外汇市场有所不同吗？

虽然股票市场没有实证证据来支持图表分析，但一些研究声称发现技术指标在外汇市场上还是有用的。例如：

- 过滤原则。根据该原则，如果一种货币上涨了 X 个百分点，你就买入；如果它下跌了 X 个百分点，你就卖出。在 1973 年到 1981 年间，这样做你可以在德国马克、日元和英镑市场上赚到大量利润。[1]
- 移动平均线原则可以在外汇市场上带来超额收益。[2]
- 头肩模式在 1973 年到 1994 年间可以在英镑、加拿大元、法国法郎和瑞士法郎市场上带来超额收益。[3]

虽然也有不同的观点，但是非常明显，在外汇市场上运用技术分析的机会似乎更多。有些人把它归于中央银行的干预。中央银行设定汇率目标，可能会给投资者带来投机性利润，特别是当这些目标和基本面存在冲突时。

---

[1] M. P. Dooley and R. Shafer, "Analysis of Short-Run Exchange Rate Behavior: March 1973 to November 1981," in *Exchange Rate and Trade Instability, Causes, Consequences and Remedies* (Ballinger, 1983).

[2] B. C. Kho, "Time-Varying Risk Premia, Volatility, and Technical Trading Rule Profits," *Journal of Financial Economics* 41 (1996): 246–290.

[3] C. L. Osler and P. H. K. Chang, "Head and Shoulders: Not a Flaky Pattern" (Staff Paper, Federal Reserve Bank of New York, 1995).

迟钝反应——惯性原则

如果投资者不能迅速评估新信息对股票价格所产生的影响，那么当关于股票的新信息出来后，你就会看到股票价格将持续上涨或下跌——在好消息之后上涨，在坏消息之后下跌。有些分析师认为情况的确如此，并设计了可以利用这种迟钝反应的交易原则。因为这些原则基于价格变化趋势一般会持续很长一段时间的假设，因此可以把它们归类为惯性原则。

迟钝反应的原理和意义

市场反应迟钝的证据是什么？对财务报告或并购公告等事件的研究提供了最好的证据。我们在本书后面可以看到，有证据表明，市场在信息公布后很长一段时间内会持续根据信息进行调整。例如，当一家公司在财务报告中披露的盈利比预期盈利好得多时，其股票价格在消息公布后一般会大幅上涨，并在随后的几个交易日里继续上涨。处于并购过程中的目标公司似乎也会出现类似的情况。虽然对价格漂移有多种解释，但是一个可能的解释就是市场反应迟钝，需要时间来吸收信息。

如果市场反应迟钝，那就可以预期在突发事件发生后，价格将沿着同一方向运动。如果最初的消息是好消息，比如盈余不错的公告，或者分析师做的盈余上调，你就会看到价格上涨的惯性。如果消息是坏消息，你看到的就是相反的情况。事实上，最近的实证研究发现至少在短期内美国股票市场存在价格惯性。

利用迟钝反应的技术指标

惯性投资者相信价格趋势是投资者的朋友，观察价格波动，找出潜在的长期趋势至关重要。如图7.17和图7.18所示，衡量趋势最简

图 7.17 苹果公司的趋势线

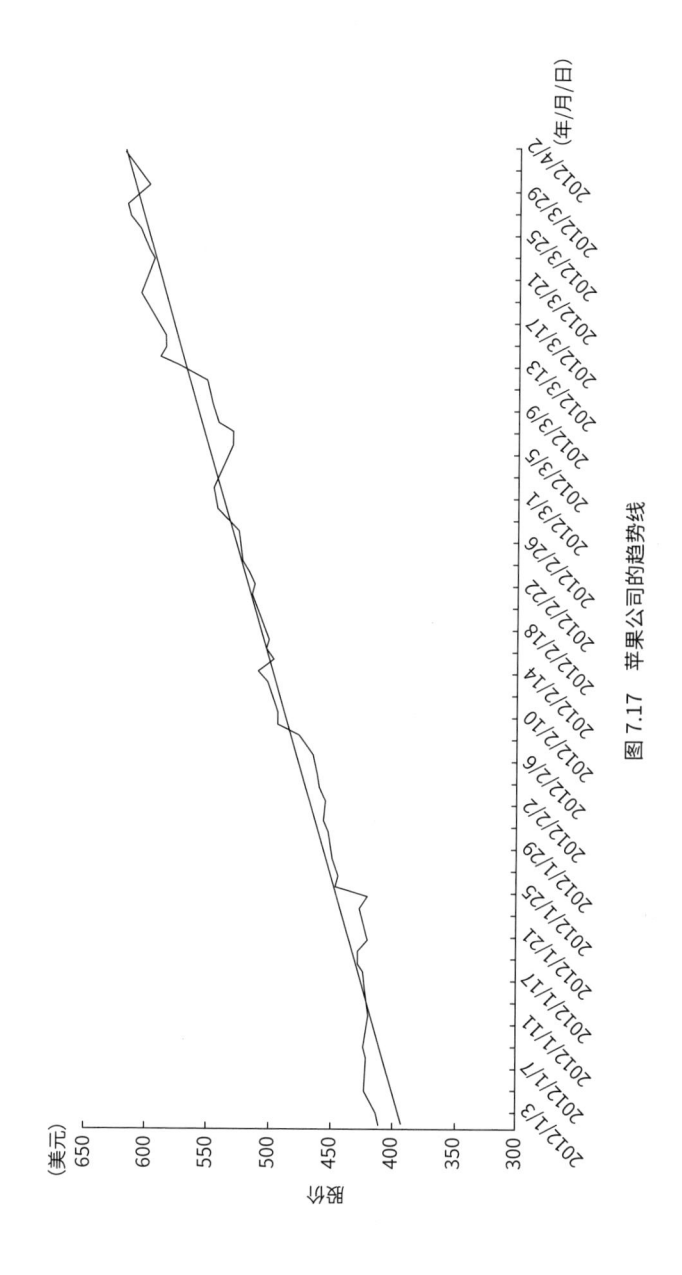

图 7.18 诺基亚公司的趋势线

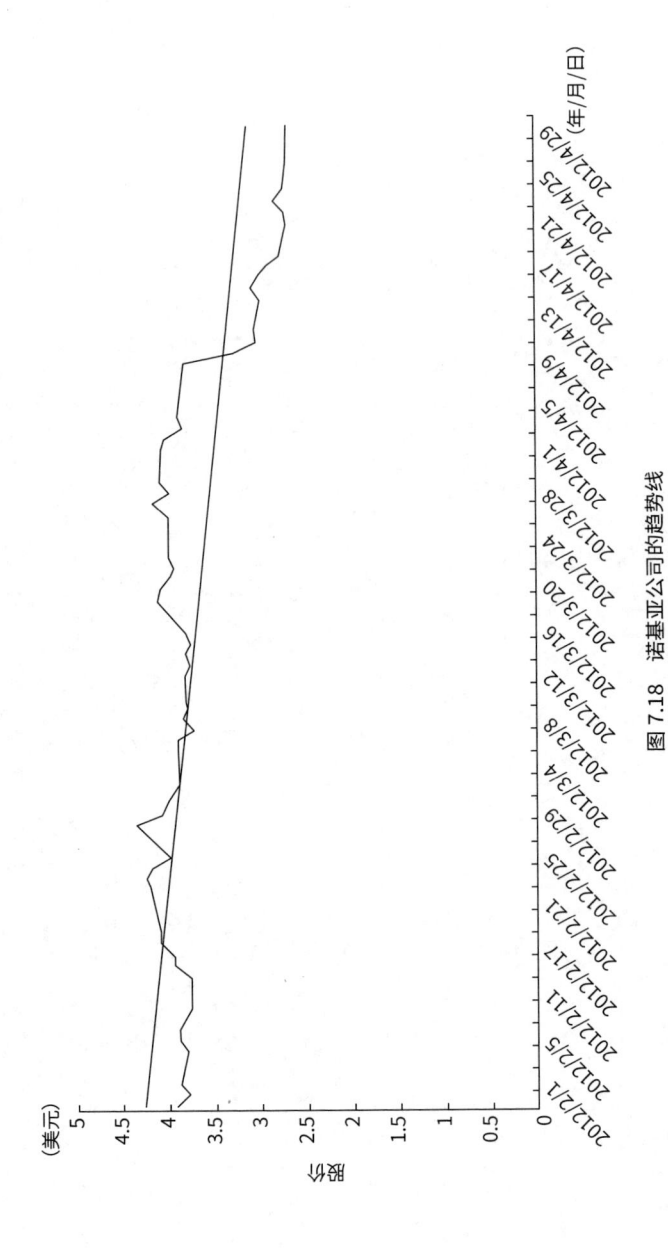

单的方法是趋势线。图 7.17 展示的是苹果公司 2008—2012 年的股票价格走势，图 7.18 是诺基亚公司同期的股票价格走势。

在图 7.17 中，你看到的是一条上升的趋势线，股价在该期间强劲上涨。在图 7.18 中，你看到的是诺基亚的股价在该期间沿着一条下降的趋势线下跌。作为惯性投资者，你应该买入价格上涨且股价位于上升趋势线之上的股票。如果股价跌落到上升趋势线之下，那就会被视为负面信号。相反，如果股价上升到下跌趋势线之上，则被视为正面信号。

数据观察 ｜ 相对强度最高的行业：观察一下按行业分类的美国公司的相对强度。

一个常用的惯性指标被称作相对强度，它衡量的是股票当前价格与较长期间（比如 6 个月或 1 年）的平均价格之比。因此，相对强度高的股票是在该期间涨幅最大的股票，而相对强度低的股票是在该期间价格下跌的股票。相对强度可以衡量单只股票的趋势，只有那些在衡量期间内价格上涨的股票才是好的投资。或者，我们还可以比较不同股票的相对强度，投资相对强度最高的股票（即那些与其他股票相比价格涨幅最大的股票）。

跟随聪明投资者——领先指标

该方法与逆向投资策略正好相反，你不认为投资者一般来说可能是错的，相反你认为他们是对的。为了让这个假设更容易被接受，你不是观察所有的投资者，你只需要观察那些可能比市场上其他人更了解行情的投资者。

跟随聪明投资者的原理及意义

一些投资者是否比另一些投资者更聪明，更了解情况？这一点是毫无疑问的。那么，他们是否就能获取更高的投资收益率？这倒不一定。正如凯恩斯指出的，股票市场就像一场选美比赛，赢家是那个能够猜出大家会选哪个美女做冠军的人。用投资术语来讲，获得高收益的人通常是那些最会挑选其他投资者会购买的股票的人。

制定跟随聪明投资者的策略有两个关键因素。第一，识别聪明投资者。最聪明的投资者不一定总是最大的或最有名的投资者。从情理上来说，那些消息来源最准确的投资者最有可能战胜市场，也是你最应该跟随的投资者。第二，及时发现这些聪明投资者在什么时候交易哪些股票，以便你可以仿效。这一点通常很难做到。虽然内部人士和机构需要向美国证券交易委员会备案，提供他们交易的详细信息，但是备案在交易发生的几个星期后才会进行。

跟随者可以参考的方法

跟随者有几个方法可以观察聪明投资者在买入和卖出哪些股票。在此我们介绍其中的两个。第一个是，观察专业经纪人的卖空行为。这些专业经纪人离交易活动很近，能够获得我们所不能看到的信息（如订单簿和交易大厅的交易状况），因此，他们应该掌握股票被高估或低估的内部信息。所以，专业经纪人纷纷卖空某只股票，可能是因为那只股票有坏消息和价格大幅下跌的预兆。一些分析师观察了所有对一只股票进行的卖空交易，认为只有较大的、经验丰富的投资者才有能力带头卖空股票。森查克和斯塔克斯所做的研究为这个方法提供了一些支持，他们提出，当卖空比率（卖空股占流通股的百分比）较高时，股票的收益率往往为负值。[1]

---

[1] A. J. Senchack Jr. and L. T. Starks, "Short-Sale Restrictions and Market Reaction to Short-Interest Announcements," *Journal of Financial and Quantitative Analysis* 28, no. 2 (June 1993): 177–194.

在过去几年中，美国证券交易委员会加快了对内部人士交易的记录速度，公众也可以更便捷地获得这些数据。因此，第二种方法是，你可以查看内部人士更多地买入或卖出了哪些股票。事实上，投资者跟踪内部人士买入或卖出的情况是因为他们认为，如果内部人士在买入，那就说明他们一定知道了关于该股票的正面信息；而当他们卖出时，他们可能掌握了该股票的负面信息。

长周期——神秘指标

最后一组技术指标依据的是对价格变化具有决定影响的长周期。由于长周期与基本面无关，不求诸神秘主义就很难对它们做出解释。

长周期的原理和意义

有两种为长周期辩护的说法。一种说法是投资应该放弃诉诸理性，因为自然界中有很多现象是无法用理性模型来解释的。[1] 你可以把投资视为一种因果循环。换言之，每件事情都是命中注定的，我们无法阻止任何事情的发生。这种观点近似于宗教信仰，确信周期会不断重复。另一种说法基于市场行为。虽然南海泡沫与互联网泡沫在时间上有很大跨度，但是投资者的行为却高度相似。因此，长周期反映了投资者随着时间的推移所犯的定价错误。需要提醒的是，你应该意识到如果你用心寻找图表中的模式，你总是可以找到，特别是在你依靠的是视觉而不是统计方法的时候。

基于周期的技术指标

分析师观察到的股票价格周期有很多种，本节我们只讨论两个相

---

1 毫无疑问，科学家不会同意这种说法。

关的理论。第一个是道氏理论。根据这一理论，市场被认为有 3 种在同一时间进行的波动。第一种波动是从前一个交易日到后一个交易日的窄幅波动（日常波动），第二种波动是从两个星期到几个月的短期波动（次级波动），第三种波动是持续数年的主要波动。该理论的支持者认为，通过绘制道琼斯工业指数与运输成分股的价格走势图并寻找相关的证据（即两个指数沿同一方向波动），你可以看出你处于周期的什么位置。图 7.19 展示了道氏理论中的次级波动和主要波动。

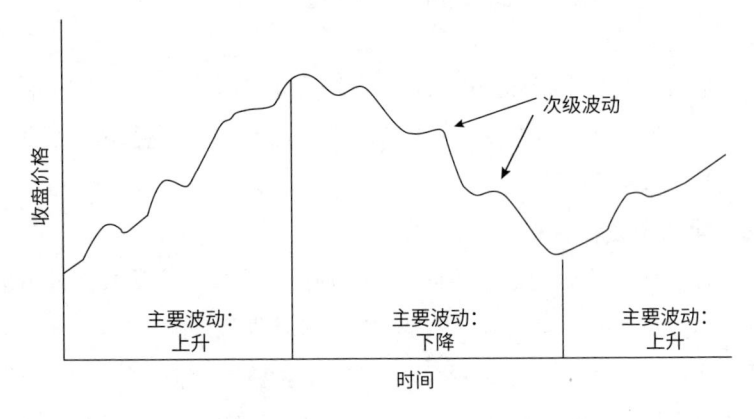

图 7.19　道氏理论

1922 年，威廉·汉密尔顿写了一本关于道氏理论的书《股票市场晴雨表》，在这本书中，他展示了该理论能有效预测市场走势的证据。最近的一项研究对汉密尔顿在 1901 年至 1929 年在《华尔街日报》上做的预测进行了评估，得出的结论是，汉密尔顿做出了很多正确的预测，远非用碰运气能够解释的，如果你按他的建议进行交易，你将会得到超额收益。[1]

---

[1] S. J. Brown, W. N. Goetzmann, and A. Kumar, "The Dow Theory: William Peter Hamilton's Track Record Reconsidered" (SSRN Working Paper 58690, 1998).

虽然道氏理论已存在一个多世纪，但是大批投资者在 20 世纪 80 年代信奉的是艾略特的波浪理论。根据艾略特的理论，市场以不同规模的波浪运动，从只含有单个交易的波浪到持续上百年或更长时间的波浪。在经典的艾略特波浪理论中，一个周期持续 200 年，包括 8 个波浪——5 个向上，3 个向下，每个波浪中还有更小的周期。他认为，通过把波浪分类并数出不同种类波浪的数目，投资者就有可能确定市场在任何时候的相对位置（如图 7.20 所示）。

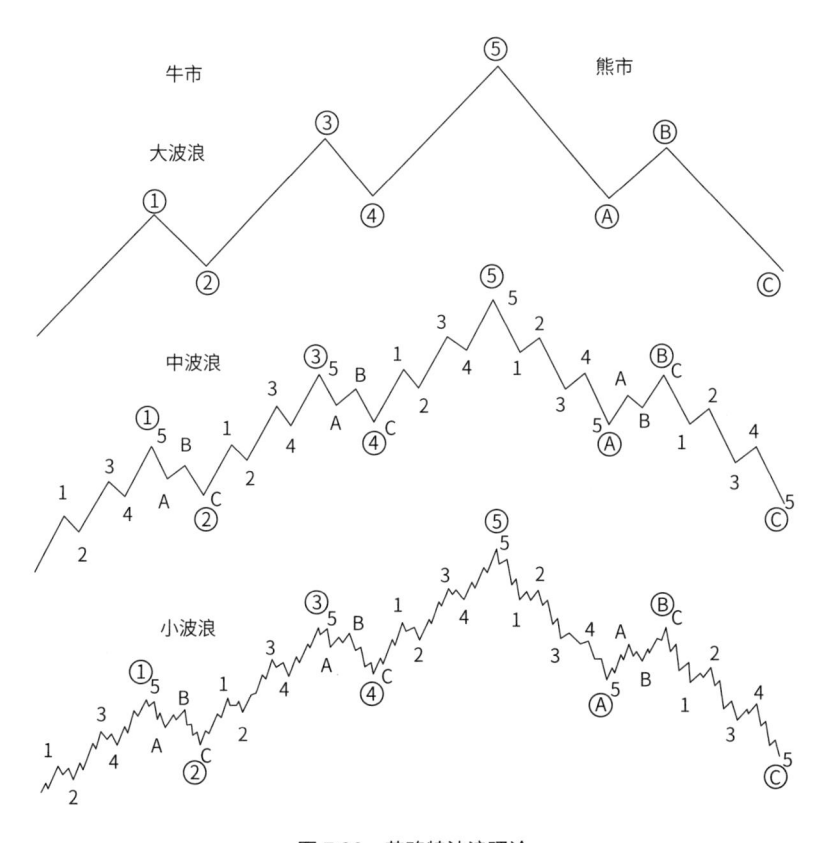

图 7.20　艾略特波浪理论

1987年股市暴跌后，出现了几份以艾略特波浪理论为依据的股市分析小报。[1]没过几年，当人们发现该模式缺乏预测力后，大多数的小报就消失了。

其他周期包括基钦周期（基于存货，3~5年）、朱格拉周期（基于固定投资模式，7~11年）以及库兹涅茨周期（基于建筑，15~25年）。一个更有争议的理论是康德拉季耶夫周期（也被称作"长经济周期"，约54年），该周期经历上升、危机和萧条3个阶段。以商业晴雨表著称的巴布森图表使用统计数据和图表构建了一个20年的周期，该周期分为4个阶段：过度扩张、衰退、萧条和改善。

使用图表和技术分析取得成功的决定因素

你能利用技术指标和图表在投资中取得成功吗？学术界和信奉基本面分析的人士长期以来给出的答案都是否定的，但是近年来随着对价格模式（特别是价格惯性）和交易量的研究逐步深入，我们可能需要重新评估这个答案了。目前，似乎有足够的证据显示：在投资一只股票时，忽视近期价格和交易量的变化是一种鲁莽的做法。那么，用技术指标取得成功的核心要素有哪些呢？似乎有如下几种：

- 如果你决定利用图表或技术指标，你需要理解这些图表和技术指标背后的投资者行为。这不仅是为了满足你的好奇心，也是为了确保如果他们的行为模式发生了变化，你能及时调整或放弃使用某些图表和技术指标。
- 你一定要对使用技术指标的结果进行复盘，确保它能为你提供预期的收益率。在进行复盘时，你应该特别关注投资收益率是

1　A. J. Frost and R. R. Prechter Jr., *The Elliott Wave Principle: Key to Market Behavior* (Gainesville, GA: New Classics Library, 1998). F. Gehm, "Who Is R. N. Elliott and Why Is He Making Waves?" *Financial Analysts Journal* (January-February 1983): 51–58.

否随着时间的推移而波动，以及投资收益率对持有期长短的敏感程度。例如，有些策略只在牛市有效，并只在特定长短的持有期，比如一个月或更短的时间内有效。
- 本章所讨论的许多策略带来的超额收益似乎取决于交易的及时性。换言之，对一些策略来说，你需要不断地监控价格，寻找触发交易的模式。
- 由于图表具有时间维度，投资者能否利用图表分析获得成功在很大程度上取决于投资持有期。例如，回忆一下，惯性指标似乎只在几个月内有效，几个月后就会发生反转。寻找最佳持有期并严格遵守既定的投资原则似乎是获得我们在书本上所见到的收益率的关键。
- 基于技术指标制定的策略往往是短期策略，需要频繁、及时交易。有些策略需要在一天或一周内交易若干次。因此，这些策略会产生很大的交易成本，会迅速抵销你可能获得的超额收益。

总之，如果投资者可以持续跟踪市场并保持较低的交易成本，那么他们也许能够利用价格模式和成交量指标来获取超额收益，但是他们必须选择正确的指标并严格遵守既定原则。由于价格和交易量数据变得越来越容易获取，如果把这些策略作为提高基本收益的辅助策略来使用，效果可能会更好。例如，成长型投资者在做投资选择之前可能会考虑在筛选指标中加入价格惯性指标。不能或不想持续跟踪市场的投资者不大可能从这些策略中获得足以弥补交易成本的超额收益。

结论

投资者总是声称他们在图表中找到了有助于他们做出更好投资决策的模式。持怀疑态度的人则认为这完全是虚构的，并认为技术分析缺乏根据。近年来，越来越多的证据表明，历史价格和交易量的变化的确包含了对未来投资有用的信息，图表分析师的某些观点也可能是有根据的。特别是，最近表现良好的股票在未来走势良好的概率更大（价格惯性），同时，成交量的变化似乎会在某种程度上带来市场价格的变化。

  所有技术指标的依据都与人类行为中的怪癖有关。我们根据这些指标背后的人类行为类型来对技术指标进行分类。对于反向指标，如共同基金持股比例或零股交易所占的比例，你可以利用它们来跟踪投资者在买入和卖出什么股票，目的是反其道而行之，其依据是你认为市场反应过度。还有一些技术指标建立在这种假设的基础上：投资者经常集体改变观点，导致需求和价格变化，图表中表现出来的价格模式——支撑线和阻力线，以及价格相对于移动平均线的位置——可以预测这些变化。对于惯性指标，如相对强度和趋势线，其背后的假设是市场反应迟钝，价格调整到反映真实的价值需要时间。如果你相信有些交易者因掌握较好的分析手段或信息从而能提前交易，你可以跟踪这些聪明投资者的交易行为，例如，专业经纪人的卖空行为和内部人士的买入或卖出行为，及时跟进你的投资。最后，如果你相信股票价格存在长周期，你的投资策略会受到你认为自己所处的周期类型以及在该周期中的位置影响。

  如果你是短期投资者，能够坚持使用经过检验的指标，交易成本低，并能不断获得信息，那么你也许可以使用技术指标作为你投资策略的依据。即使是那些不打算围绕价格模式和成交量来建立整个策略的投资者，这些指标对于提高其主要投资策略的收益率也是很有用的。

练习

选择几只你感兴趣的股票：

1. 观察这些股票的价格走势图。

    a. 基于每天的价格，看是否存在价格惯性，如果存在，向哪个方向。

    b. 基于每月的价格，看是否存在价格惯性，如果存在，向哪个方向。

    c. 基于每年的价格，看是否存在价格惯性，如果存在，向哪个方向。

对于每张图表，画出价格趋势线并计算相对强度的值（当天的价格/历史价格）。

2. 观察这些股票在短期（每天、每周）内和长期的成交量趋势。
3. 找出这些股票的卖空份额以及专家（至少是投资分析师）对这些股票的看法。
4. 找出这些股票机构投资者的持股比例，以及机构最近是在买入还是卖出。

对投资者的忠告

要成为一名成功的技术分析师，你需要做到：

- **了解人性**。投资者也是人，因此会表现出人类所有的缺点。一些投资者倾向于过度自信，反应过度，跟风随大溜。与此同时，另一些投资者则信心不足，反应迟钝，或天生就是与众不同的叛逆者。市场上发生的事情代表了这两个群体之间的角力。当你使用技术指标时，你需要了解这些指标背后有关人类行为的基本假设。
- **不要错把价格的随机游走视为价格模式。**即使价格在随机游走，你也可以生成看起来有价格模式的图表。即使是理性市场，也可能存在被很多分析师认为是非理性证据的泡沫和崩盘。
- **要有一个与你的指标相匹配的投资期限。**有些指标要求几个小时的投资期限，有些指标则要求几个星期，有些要延伸至几个月。
- **要坚持按既定的原则行动。**如果你决定使用一个技术指标去挑选股票，假设你验证了该指标的有效性，你就应该按照你制定的策略去投资。

第 8 章
格雷厄姆的门徒：
价值投资

很多人都说自己是价值投资者，但究竟什么样的人才是价值投资者呢？在本章中，我们将首先讨论什么是价值投资者以及价值投资者的多样性。一些价值投资者使用具体的标准来筛选他们认为价值被低估的股票，并进行长期投资。另外一些价值投资者认为逢低买入的最佳时机是在股价暴跌之后。还有一些价值投资者采用更为积极的手段，他们大量购入他们认为价值被低估且管理不善的上市公司的股票，然后努力推动这些公司进行变革，期望公司的实际价值最终能在股价中得以反映出来。

价值投资理念既有金融理论研究的支持，也有一些现实案例的支持，如本杰明·格雷厄姆和沃伦·巴菲特等价值投资者传奇般的成功故事，但价值投资的方法并非在每个投资者身上都灵验。在本章中，我们将讨论投资者需要注意哪些问题才能在价值投资中取得成功。

什么是价值投资？

2011 年，国际权威基金评级机构晨星将 8 277 只美国股票基金中的2 152只评为价值型基金。但是，它是根据什么标准进行分类的？其分类依据非常简单：任何投资于低市净率、低市盈率或高股息率（相对于市场平均水平而言）股票的基金都被归类为价值型基金。这种分类方法相当常用，但我们认为它的定义太窄，没有反映出价值投资的本质特征。

另一个被广泛使用的定义认为，价值投资者是热衷于购买价格低于实际价值的股票的投资者。这个定义又太宽泛了。根据这个定义，你甚至有可能把最积极的投资者都视为价值投资者。毕竟，成长型投资者也想买入价格低于实际价值的股票。

那么，价值投资的核心是什么？为了理解价值投资，我们必须首先假设一家公司的价值有两个来源：公司已有的价值（现有资产）和预期的未来价值（成长机会）。价值投资者与其他投资者的区别在于，他们期望以低于公司现有资产价值的价格购买公司的股票。因此，价值投资者一般对因存在成长机会而存在大幅溢价的股票抱有戒心，他们宁愿在不受欢迎、比较成熟的公司中努力寻找物超所值的股票。

即使依照这个定义，价值投资也有三种明显不同的形式。第一种是被动筛选，这可能是最简单的价值投资形式，即通过若干筛选标准，如低市盈率、资产易于销售、低风险等对公司进行筛选，那些通过筛选的公司被归类为好的投资。第二种是进行反向价值投资，你应该购买那些因过去业绩不佳或由于坏消息而被其他投资者抛弃的公司的股票。第三种是做积极型价值投资者，购买价值被低估或管理不善的公司的股票，然后利用自己的地位（必须是有显著影响力的地位）努力推动这些公司进行变革，让公司的实际价值最终正确反映在股价上。

被动型价值投资者（筛选者）

很多投资者认为，股票具有某些特征，如低市盈率这样的定量因素或管理有方这样的定性因素，会比其他股票表现得更好，因此，投资成功的关键是识别这些具体特征。投资者总是在寻找这些特征，本杰明·格雷厄姆在与戴维·多德一起合著的关于证券分析的经典著作中把这些特征转变为可以用来寻找有前景的投资的筛选指标。[1] 近年来，由于数据变得越来越容易获得，计算机的计算功能不断增强，筛选指标也在不断改进，很多基金经理和投资者都使用各种改进后的筛选指标来挑选股票。

本杰明·格雷厄姆：证券分析之父

很多价值投资者都声称自己是本杰明·格雷厄姆的追随者，他们把本杰明·格雷厄姆和戴维·多德在1934年合著的《证券分析》一书视为投资宝典。本杰明·格雷厄姆是什么人？他的投资观点是什么？是他发明的证券分析吗？他的筛选方法仍然有用吗？

格雷厄姆的筛选方法

本杰明·格雷厄姆最初是个金融分析师，后来加入华尔街的一家投资合伙公司。虽然他在金融分析和投资方面都很成功，但他的声誉主要来自他的教学工作。他在哥伦比亚大学和纽约金融学院任教30多年，在此期间，他培养了大批忠诚地追随他的投资理念的学生。事实上，他的名气主要来自他的学生在股票市场上的成功。

在《证券分析》一书的第一版中，格雷厄姆试图把他对市场的观

---

[1] B. Graham and D. Dodd, *Security Analysis* (New York: McGraw-Hill, 1934).

点转换成一些具体的股票筛选标准，投资者根据这些标准就有可能找到价格被低估的股票。虽然在随后的各版中筛选指标的数量有所不同，但筛选标准整体上保持了最初的形式，具体如下：

1. 市盈率是AAA长期债券收益率的两倍；
2. 市盈率必须低于过去5年里所有股票平均市盈率的40%；
3. 股息率＞AAA公司长期债券收益率的2/3；
4. 价格＜有形账面价值的2/3；[1]
5. 价格＜流动资产净值的2/3，流动资产净值是指流动资产（包括现金）减去流动负债；
6. 负债–权益比率必须小于1；
7. 流动资产＞流动负债的两倍；
8. 负债＜流动资产净值的两倍；
9. 每股盈利在过去10年里的增长率＞7%；
10. 在过去10年里，盈利下降的年份不超过两年。

格雷厄姆认为，任何通过了所有这10项筛选的股票都值得投资。值得注意的是，自从《证券分析》一书的第一版提出这些筛选标准以后，投资者又发明了若干其他筛选标准，但是它们都是在格雷厄姆最初提出的筛选标准的基础上衍生出来的。

数据观察 | 观察目前可通过格雷厄姆筛选标准的股票。

业绩

按照格雷厄姆的筛选标准来挑选股票，效果到底如何？亨利·奥本海默研究了1974—1981年按照这些筛选标准构建的投资组合，发

---

[1] 有形账面价值的计算方法是用总账面价值减去如商誉等无形资产的价值。

现其年收益率远远超过同期的市场水平。[1]正如我们随后将要讨论的，近年来，学术界检验了若干格雷厄姆提出的筛选标准，如低市盈率和高股息率，发现运用这些筛选标准构建的投资组合的确能获取更高的收益。马克·赫尔伯特评估了各种投资报刊所推荐的股票的业绩情况，发现信奉格雷厄姆筛选标准的投资报刊推荐的股票的确比其他投资报刊推荐的股票表现好得多。

唯一不和谐的音符是，依据格雷厄姆的筛选标准构建的一只共同基金未能取得良好的业绩。在20世纪70年代，詹姆斯·雷亚，一个笃信这些筛选标准的投资者，创建了一个名为雷亚-格雷厄姆的共同基金，该基金根据格雷厄姆的筛选标准对股票进行投资。虽然初期取得了一些成功，但在20世纪80年代和20世纪90年代初期，该基金陷入了困境，属于业绩垫底的1/4的基金。

对格雷厄姆价值投资理念最大的支持性证据不是来自学术研究或雷亚-格雷厄姆基金的业绩，而是来自他在哥伦比亚大学教过的许多学生所取得的成功。虽然他们选择了各种不同的道路，但很多人最终成为基金经理，并且获得了巨大的成功。在下一节中，我们将聊聊他最有名的学生——沃伦·巴菲特。

格雷厄姆的投资座右铭

珍妮特·洛在她撰写的本杰明·格雷厄姆的传记中提到，虽然他在讲课中以实践中的案例为依据，但他也有一系列反复强调的投资座右铭。[2]因为这些座右铭被视为价值投资的首要戒律，这里有必要重述一下：

---

1 H. R. Oppenheimer, "A Test of Ben Graham's Stock Selection Criteria," *Financial Analysts Journal* 40 (1984): 68–74.

2 J. C. Lowe, *Benjamin Graham on Value Investing: Lessons from the Dean of Wall Street* (Chicago: Dearborn Financial, 1994).

1. 做投资者，不要做投机者。格雷厄姆认为，投资者购买公司股票着眼的是长期收益，而投机者寻求的是短期利润。
2. 了解卖方要价。即使是最好的公司，如果价格不合适（太高），也会是一个赔本的投资。
3. 努力搜寻市场，寻找价廉物美的股票。记住市场也会犯错。
4. 保持自律，按公式购买：

$$E（2g+8.5）×（长期国债利率/Y）$$

其中，E 为每股收益，g 为收益的预期增长率，Y 为 AAA 级公司债券的收益率，8.5 是没有增长的公司的合理乘数。例如，一只股票 2012 年的收益是每股 2 美元，收益的预期增长率为 10%，当时长期国债的收益率是 2%，AAA 级公司债券的收益率是 3%。按照该公式，我们可以计算得出：

$$价格 = 2 美元 ×[2（10）+8.5]×（2/3）= 38 美元$$

如果这只股票的交易价格低于 38 美元，你就应该买入。

5. 用怀疑的态度看待公司公布的数字（最近的会计丑闻给了我们类似的警告）。
6. 多元化投资。不要把所有资金都押在一只或几只股票上。
7. 当有怀疑时，坚持公司质量第一的原则。
8. 维护你的股东权利。这是格雷厄姆表现出超前意识的另一个方面。他是提倡公司治理的先驱者之一。
9. 要有耐心。这一条是直接从第 1 条推导出来的。

本杰明·格雷厄姆首次提出了"市场先生"一词，后来沃伦·巴菲特经常使用这一说法。正如格雷厄姆所描述的，市场先生是个严重的躁狂抑郁症患者，他不在乎被人冷落，他在那儿为你服务，而不是引导你。他说，投资者可以利用市场先生变化无常的性情去赚钱。

沃伦·巴菲特：来自奥马哈的"圣人"

没有任何投资者像沃伦·巴菲特那样被偶像化，或有那么多坚定不移的追随者，这背后的原因并不难理解。凭借杰出的投资才能，他成为世界上最富有的人之一，他在股东大会和公司年度报告中所做的关于市场的精辟评论被广泛阅读。在本节中，我们将简要介绍巴菲特是如何登上投资世界之巅的。

巴菲特的过去

一个人如何成为投资领域的传奇人物？1956 年，沃伦·巴菲特与 7 个合伙人成立了一家合伙公司。当时他 25 岁，拥有的资产为 10.5 万美元。在之后的 13 年里，他创造了 29% 的年收益率，并在此期间创立了自己的价值投资品牌。他最成功的投资之一是在 20 世纪 60 年代初美国运通公司的股价暴跌之后买入该公司的股票。巴菲特指出，他之所以购入美国运通公司的股票，是因为这只股票的交易价格大大低于过去几年里公司产生的现金流。1965 年，巴菲特的合伙公司的资产已达到 2 600 万美元，被广泛认为是一家非常成功的企业。

1969 年，由于按照价值投资的方法巴菲特找不到任何值得购买的股票，他解散了合伙公司，这使他名声大振。他说：[1]

有一点我是清楚的。我不会放弃我以前理解的方法，尽管我可能觉得应用起来有困难，尽管这可能意味着我会放弃大量唾手可得的利润。我无法接受一个我还不完全理解的、还没有成功实践过的方法，这可能会导致巨大的永久性的资本损失。

---

[1] Buffett Partnership letter, May 29, 1969.

事实上，在创造巴菲特的传奇故事中起了很大作用的，是他作为一个基金经理能真正将他的投资理念置于短期利益之上，以及在他解散公司之后的几年里股市下跌的事实。

合伙公司解散后，巴菲特把他所拥有的资产（大约 2 500 万美元）投到了一家名叫伯克希尔-哈撒韦的纺织公司，此时这家公司似乎已辉煌不再。随后他通过伯克希尔-哈撒韦购买其他公司的股票（保险公司 GEICO，以及喜诗糖果、蓝筹印花公司、《水牛城新闻报》等非保险业公司），并投资其他公司（美国运通公司、《华盛顿邮报》、可口可乐、迪士尼）。他的点金术似乎持续有效，图 8.1 显示了伯克希尔-哈撒韦股票在过去数十年里的成功。

1988 年 12 月在伯克希尔-哈撒韦投资的 100 美元，到 2010 年将增值到 2 500 美元，收益率是同期标准普尔 500 指数的 5 倍多。

作为该公司的首席执行官，巴菲特在很多方面打破了其他公司的惯例。他拒绝为公司购买昂贵的公务机，选择继续留在内布拉斯加州奥马哈市简陋的办公室里办公。当伯克希尔-哈撒韦股票的价格涨到只有很少的个人投资者买得起一手股票的时候，他仍然拒绝拆分股票。2001 年 12 月 31 日，伯克希尔-哈撒韦的股票以每股超过 12 万美元的价格进行交易，成为美国历史上价格最高的上市公司股票。他坚持年报要透明，要以所有投资者都能看懂的语言阐述他对投资和市场的观点。

巴菲特的信条

罗杰·洛温斯坦在他所写的有关巴菲特的书中提到，巴菲特的成功可以追溯到他严格遵循的基本原则：买股票就是买公司。除此之外，巴菲特还信奉以下信条：[1]

1　R. Lowenstein, *Buffett: The Making of an American Capitalist* (New York: Doubleday, 1996).

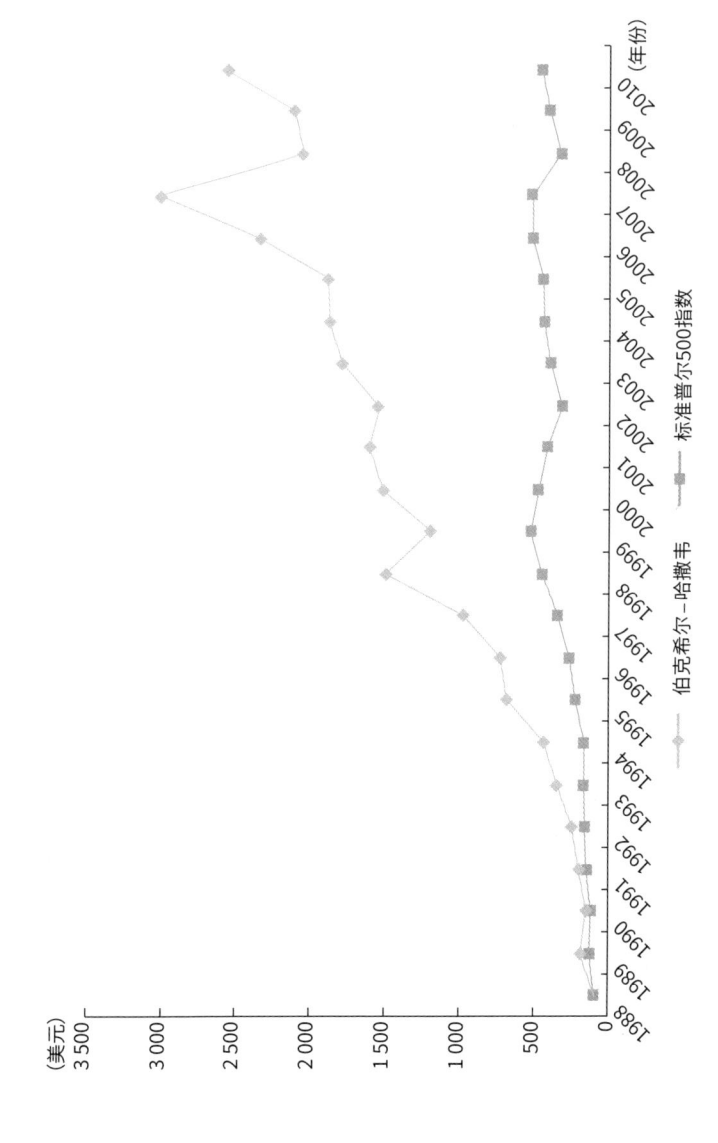

图 8.1 1988 年投资的 100 美元：伯克希尔-哈撒韦 vs. 标准普尔

资料来源：彭博。

第 8 章　格雷厄姆的门徒：价值投资　｜　307

生意信条

- 公司业务应该简单，让人一看就懂。事实上，对巴菲特少有的批评之一就有他拒绝购买高科技公司的股票，他说高科技公司的业务让人很难看懂。
- 公司应该有连贯的经营历史，这体现在稳定和可预见的经营收入上。
- 公司应该有长期发展的潜力。

管理信条

- 公司的管理者应该坦诚。巴菲特本人对待自己公司股东的方式可以证明这一点，同时他十分看重他信任的经理人。他对《华盛顿邮报》进行投资的部分原因是他对凯瑟琳·格雷厄姆的尊重，凯瑟琳·格雷厄姆继承了她丈夫菲尔·格雷厄姆的报业公司。
- 公司的管理者应该是领导者，而不是跟随者。在实践中，巴菲特寻找的是能够制定自己的长期发展策略的公司，而不是模仿他人的公司。

财务信条

- 公司应该有较高的股权收益率，但是巴菲特使用的是一套修改过的股权收益的计算方法，而不是按照会计净收入计算股权收益。

$$股权收益 = 净收入 + 折旧及摊销 - 资本支出$$

- 回忆一下讨论股票估值的第 4 章，我们注意到，该理念与股权自由现金流的概念很接近。
- 公司应该有稳定的毛利率和为股东创造价值的经验。

市场信条

- 在给上市公司估值的时候，众所周知，巴菲特使用无风险收益率来对现金流进行折现。由于他对收益的估计很保守，而且所投资的公司一般都是稳定的公司，所以在我们看来，他是对现金流进行风险调整，而不是对折现率进行风险调整。[1]
- 巴菲特认为市场是反复无常的，对于很有价值的公司，在投资者抛弃它的时候，你也能以一个有吸引力的价格把它买下。

评价巴菲特

对我们来说，评价一个已经具有传奇地位的投资者似乎有些过于放肆，但是沃伦·巴菲特真的是有史以来最伟大的投资者吗？如果的确如此，他成功背后的原因是什么？他的成功是否能被仿效？我们认为他实至名归，他的持续成功不能归因于幸运。虽然他也经历过困难的时期，但在随后的几年里他总是能反败为胜。他成功的秘诀似乎在于他长期发展的眼光，以及他的执着——不因短期失利而改变投资理念。

众所周知，巴菲特是格雷厄姆在哥伦比亚大学的学生，他们都秉持价值投资理念。巴菲特的投资策略要比格雷厄姆最初提出的筛选标准更复杂。不同于格雷厄姆保守的投资策略，巴菲特的投资策略在公司的选择上更加多元化，从可口可乐这样的高速增长型公司延伸到蓝筹印花公司这样的成熟公司。虽然格雷厄姆和巴菲特都采用筛选法寻找股票，但是正如我们看到的，两个人主要的不同点是格雷厄姆严格遵循定量的筛选方法，而巴菲特更愿意考虑定性的筛选方法。例如，在考虑是否投资一家公司时，巴菲特总是非常重视高层管理者的可信度和能力。

---

1 这种方法被称为确定性等价法，根据该方法，预期现金流被较低的现金流代替。

近年来，巴菲特不得不与以下几个问题进行抗争，第三个问题源于市场危机。

1. 巴菲特的成功吸引了大批模仿者，他们紧紧跟随他，他买什么，他们就买什么，这使他很难以具有吸引力的价格积累大量头寸。

2. 与此同时，他控制的大量资金意味着与二三十年前相比，他现在在每只股票上的投资额要大得多，这会产生比较大的价格影响，从而降低他的投资收益。

3. 最近几年的市场危机对巴菲特来说既是威胁也是机会。对于在危机中步履蹒跚的市场来说，影响股价走势和投资成功的最大因素是宏观经济的不确定因素，如主权债务危机、利率波动和大宗商品价格波动等，而非巴菲特最擅长分析的公司层面的具体因素，如某家公司的盈利能力和现金流的变化。与此同时，巴菲特对美国运通和高盛等曾陷入危机的公司施以援手，提供信用和流动性，并从中获得可观的利润。

在过去的两年里，面对他永远无法战胜的敌人——死亡，巴菲特开始寻找在他之后能够管理伯克希尔－哈撒韦的继任者。毫无疑问，继任者的压力将会非常大。

要像巴菲特那样吗？

沃伦·巴菲特的投资方法被人们反复研究过，其实它并不复杂。鉴于他取得的巨大成功，应该会有很多模仿者。那么，为什么我们看不到其他投资者通过使用他的方法复制他的成功呢？原因有4个：

1. 从巴菲特成立他的第一家合伙公司到现在，市场发生了巨大的变化。他最大的成功发生在20世纪60年代和70年代，那时只有相对较少的投资者能够获得市场信息，机构投资者

投资哲学 | 310

尚未占据市场主导地位。我们认为，如果巴菲特在今天的市场状况下重新开始，恐怕他也很难复制自己过去的成功。如今，公司信息唾手可得，成群结队的基金经理都在寻找物美价廉的价值股。

2. 近年来，巴菲特采取了较为积极的投资风格，并取得了成功。但是，如果一个投资者期望通过此种风格取得成功，他需要大量的资源，并拥有成功投资所带来的高度信任感。即使在成功的基金经理中，同时具备这两者的人也微乎其微。

3. 正如我们在前面指出的那样，巴菲特的投资风格是在一个宏观经济环境比较温和的时期磨炼出来的（至少对美国这样的成熟市场而言），那时，投资者在决定是否进行投资时，只需要关心公司的质量。如果宏观经济的特征发生了根本性的变化，那么采取巴菲特的策略，在低价的时候买入好公司并长期持有的做法未必能带来过去那样的理想结果。

4. 巴菲特成功的最后一个因素是耐心。正如他所指出的那样，他不因短期收益购买股票，他购买的是从长期来看有利可图的公司。他经常愿意持有那些他认为价值被低估了的股票，并忍受多年的价格低迷。在那些年里，由于伯克希尔-哈撒韦的股东对他极其信任，他不需要面对来自急躁的投资者的压力。而很多声称具有同样长远眼光的资金经理要面对那些急功近利的投资者的压力。

简言之，理解沃伦·巴菲特在过去半个世纪里是如何成功的很容易，但是投资者想要复制他的成功却是件十分困难的事。在接下来的章节里，我们将讨论在巴菲特的早期投资生涯中让他获得成功的价值投资方法，以及近年来让他取得成功的比较积极的价值投资方法。

价值筛选指标

格雷厄姆的价值投资方法是筛选法,根据该方法,投资者严格依照筛选的标准(如本章前面描述的那样)来挑选股票。现在用于筛选股票的数据随处可见,因此该策略成功的关键在于选择正确的筛选标准。本节将讨论挑选价值股所使用的一些标准以及这些筛选标准的效力。

账面价值乘数

股权的账面价值衡量的是会计认为的一家公司的股权价值。股权的市场价值则是由投资者赋予公司的股权价值。投资者在很多投资策略(从最简单的到比较复杂的)中都使用价格与账面价值比率(市净率)作为筛选指标。本节将探讨其中的部分策略以及这些策略成功的实证证据。

低市净率公司

一些投资者认为,低市净率股票的价值被低估了,有几项研究似乎都支持该观点。罗森堡、里德和兰施泰因研究了美国股票1973年到1984年的股票收益率,他们发现,挑选市净率低的股票,一年大约能带来4.5%的超额收益率。[1] 在另一项关于1963—1990年股票收益率的研究中,研究者根据市净率把上市公司分成12个投资组合,市净率最高的股票投资组合年平均收益率是3.7%,而市净率最低的股票投资组合年平均收益率为24.31%。[2] 在此,我们用过去20年的

---

[1] B. Rosenberg, K. Reid, and R. Lanstein, "Persuasive Evidence of Market Inefficiency," *Journal of Portfolio Management* 11 (1985): 9–17.

[2] E. F. Fama and K. R. French, "The Cross-Section of Expected Returns," *Journal of Finance* 47 (1992): 427–466. 他们发现,与包括市值在内的任何其他基本面指标相比,市净率对股票收益差异的解释能力更强。

数据对此策略进行进一步检验，考察购买市净率低的股票投资组合的策略在1991—2010年的收益情况，然后将其与在更早时期采用该策略的收益率进行比较，结果汇总在图8.2中。

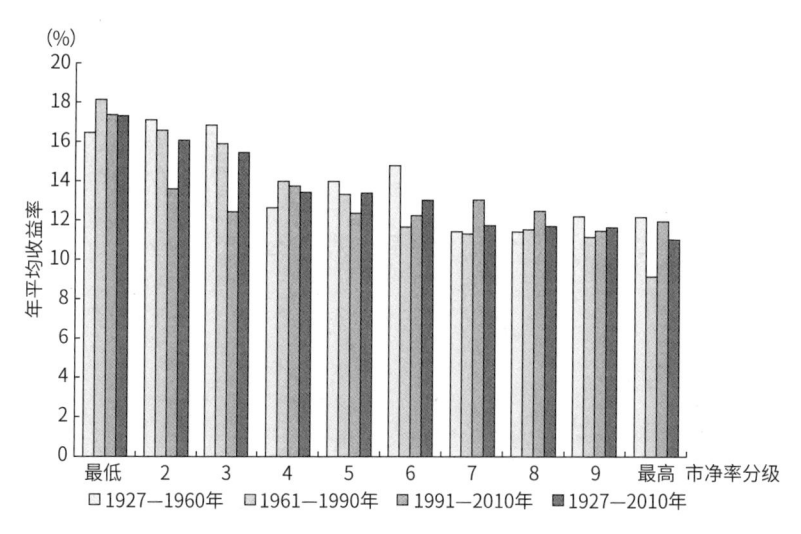

图8.2 按市净率构建的投资组合及其收益率（1927—2010年）

资料来源：原始数据来自肯·弗伦奇数据库（达特茅斯学院）。

在整个检验期间（1927—2010年），市净率最低的股票投资组合比市净率最高的股票投资组合的年平均收益率高6.24%，在1991—2010年，市净率最低的股票投资组合比市净率最高的股票投资组合的年平均收益率高5.44%。

这些发现并不是美国仅有的。研究发现，市净率在很大程度上能够解释日本市场上不同股票的收益率。[1] 另一项研究把市净率分析延伸到其他国际市场，发现1981—1992年市净率低的股票在所分析的

---

[1] L. K. Chan, Y. Hamao, and J. Lakonishok, "Fundamentals and Stock Returns in Japan," *Journal of Finance* 46 (1991): 1739-1789. 他们得出的结论是，在日本，低市净率价值股的收益率显著高于高市净率价值股。

每个市场上都获得了超额收益。[1]迪姆松、马什和斯汤顿每年都根据最新数据计算20个不同市场中市净率低的股票投资组合的收益率，他们发现在1975—2010年，市净率低的股票投资组合在16个市场中收益率高于大盘，在7个市场中年平均超额收益超过4%。[2]

因此，购买市净率低的股票似乎前景光明。那么，你可能会问，为什么没有更多的投资者采用该策略呢？下一节将讨论该策略可能存在的问题，以及为了解决这些问题可能需要增加的筛选标准。

数据观察 | 不同行业的市净率：观察美国股市不同行业上市公司的平均市净率。

哪儿错了？

如果我们使用常规的风险收益衡量指标，如贝塔值来衡量，低市净率股票比高市净率股票的超额收益更高。但是，正如前面章节所讨论的那样，这些常规的风险衡量指标是不完善和不完整的。低市净率本身就可以被当成衡量风险的指标，这是因为股票价格大大低于账面价值的公司更有可能是处于财务困境和濒于破产的公司。因此，投资者必须评估相对于额外收益来说承担投资该公司的额外风险是否值得。

低市净率策略的另一个局限性是，如果公司现在和预期的股权收益率较低，那么低账面价值乘数可能就是应该的。事实上，我们在第5章已经讨论了市净率和股权收益率之间的关系。比如，对一个稳定增长的公司而言，市净率可以用如下公式表示：

1　C. Capaul, I. Rowley, and W. F. Sharpe, "International Value and Growth Stock Returns," *Financial Analysts Journal* 49 (1993): 27–36.

2　E. Dimson, P. Marsh, and M. Staunton, *Credit Suisse Global Investment Return Sourcebook 2011* (London: London Business School, 2011).

市净率＝价格/账面价值＝（股权收益率−预期增长率）/
（股权收益率−权益成本）

股权收益率低的股票应该以低市净率交易。实际上，如果一家公司的股权收益率预期会长期低于其权益成本，该公司的股票就应该以用折扣账面价值计算出的价格进行交易。总之，作为投资者，你将要选择的是那些市净率低但又有合理（如果不是很高）的股权收益率和有限风险的股票。

如果低市净率股票的风险高于一般的股票，或者低市净率股票的股权收益率较低，我们就需要采用更加有洞察力的策略，找出同时具有低市净率、低风险以及高股权收益率特征的股票。如果我们用负债比率代表风险，用上一年会计股权收益率代表未来预期的股权收益，那么我们可以认为，低市净率、低负债比率、高股权收益率的股票被市场低估了。

市场价值与重置成本——托宾Q

托宾Q是一个可替代市净率的指标，该指标把公司的市场价值与现有资产的重置成本联系在一起。当通货膨胀推动资产价格上涨或技术进步使资产价格下跌时，该指标可以更好地衡量价值被低估的股票。

托宾Q＝资产的市场价值/现有资产的重置成本

托宾Q是由两个变量——资产的市场价值和现有资产的重置成本——决定的。在通货膨胀时期，资产重置成本显著增加，托宾Q一般会低于未经调整的市净率。相反，如果资产的重置成本比账面价值下降得快（比如由于技术进步），托宾Q一般就会高于未经调整的市净率。

近年来的很多研究表明，托宾Q低意味着公司管理不善或价值被低估，被并购的可能性很大。其中一个研究得出的结论是，托宾Q低的公司更有可能被并购，收购方随后通过重组来提高其价值。[1]

虽然托宾Q在理论上有一定的优势，但在实践中它的确存在一些问题。第一个问题是，某些资产的重置价值很难估计，因为这些资产专用于所属公司。第二个问题是，即使可以得到资产的重置价值，计算托宾Q比传统的市净率指标需要的信息量也要多得多。在实践中，分析师经常使用简易的方法来计算托宾Q，用资产的账面价值代替其重置价值。在此种情况下，该指标与市净率的唯一的区别是，托宾Q表示的是整个公司的价值（而不仅仅是股权的价值）。

盈利乘数

长期以来，投资者都认为，市盈率低的股票的价值更有可能被低估，带来超额收益的可能性也更大。事实上，这一条是本杰明·格雷厄姆10条筛选标准中的第一条。本节将讨论事实是否与那些支持者的期望相符合。

低市盈率股票的实证证据

针对股票市盈率和超额收益率之间关系的研究发现，从长期来看，低市盈率股票的收益率显著超过高市盈率股票。图8.3总结了1952—2010年按市盈率分组的股票投资组合的年收益率，根据每年年初的市盈率将股票分为10个投资组合，然后计算其在随后一年中的平均收益率。

---

[1] L. H. Lang, R. M. Stulz, and R. A. Walkling, "Managerial Performance, Tobin's Q, and the Gains from Successful Tender Offers," *Journal of Finance* 24 (1989): 137–154.

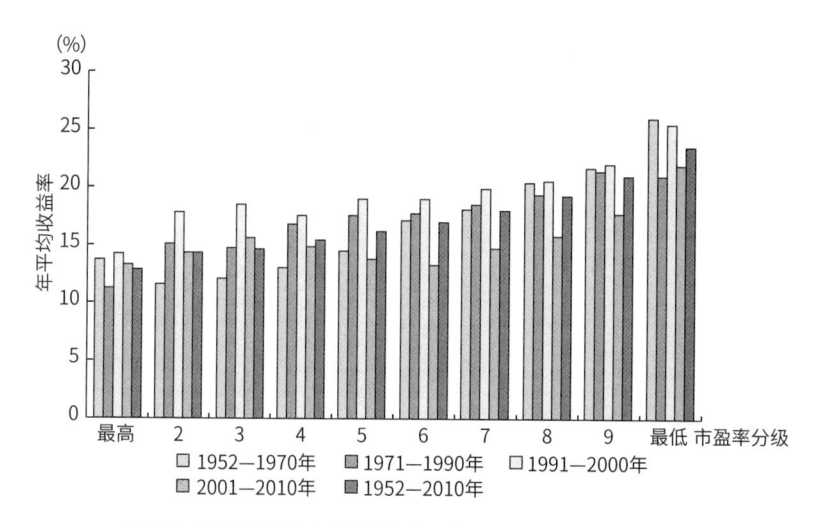

图 8.3　按市盈率构建的投资组合及其收益率（1952—2010 年）

资料来源：原始数据来自肯·弗伦奇数据库（达特茅斯学院）。

数据观察　观察美国股票市场不同行业上市公司的平均市盈率情况。

1952—1970 年，市盈率最低的股票投资组合的年平均收益率比市盈率最高的股票投资组合高 12.21%，1971—1990 年高 9.74%，1991—2010 年高约 9.9%。

低市盈率股票在其他国际市场也持续获得较高的收益。表 8.1 汇总了对美国以外的市场上此种现象的研究结果。

表 8.1　按国家和地区列示的低市盈率股票的超额收益率（1989—1994 年）

国家和地区	市场上市盈率最低的股票（底部五分位数）获得的年超额收益率（%）
澳大利亚	3.03
法国	6.4

续表

国家和地区	市场上市盈率最低的股票（底部五分位数）获得的年超额收益率（%）
德国	1.06
中国香港	6.6
意大利	14.16
日本	7.3
瑞士	9.02
英国	2.4

年超额收益率：1989年1月1日—1994年12月31日期间超过等加权股票指数的溢价。这些数据来自美林专有指数调查。

因此，尽管在过去的20年里，该发现已广为人知，但这种现象一直在持续，经受住了时间和不同市场的检验。

哪儿错了？

鉴于低市盈率股票能带来更高的收益，我们是否应该赶紧买入这样的股票？虽然这样的投资组合可能包括一些价值被低估的公司，但是它也可能包含其他一些不太理想的公司。

- 高风险公司。和对小市值公司超额收益率的解释类似，我们也可以认为，资本资产定价模型低估了低市盈率股票的风险，从而让低市盈率股票看起来获得了超额收益率。由低市盈率股票组成的投资组合完全有可能包含一些未来经营收益存在很大不确定性的公司。近年来的会计丑闻发生后，还有一个相关的解释是，会计收益很容易被操纵。如果公司收益高的原因不是来自公司的经营效率，而是来自一次性活动，如资产剥离，或养老基金收益等某些值得怀疑的项目，那么你购买的低市盈率股票就未必物美价廉。

- **税务成本。**低市盈率股票的股息率通常较高，由于股息的税率在投资期间的大部分时间里都比较高，这样就增加了投资者所承担的税负。这并未违背有效市场理论。
- **低增长率。**股票的市盈率低是因为市场预期这些上市公司未来收入的增长率比较低，甚至会出现负增长。很多市盈率低的公司都处在成熟行业，其潜在的增长率很小，甚至是负的。因此，作为投资者，你必须权衡伴随低市盈率而来的低增长率对你是否有利。

最后，我们前面提到的会计在衡量收益时存在的很多问题在使用市盈率时也会遇到。例如，研发在高科技公司被列入费用，而不是被资本化，这样就可能使得公司的收益降低（市盈率升高）。

企业价值与息税折旧摊销前利润比率

每股收益不仅反映了公司的盈利，还反映了公司的收入情况。因此，一家持有大量现金和有价证券的公司可以从这些投资中获得足够的收入，从而推高收益。此外，每股收益和权益乘数也受到一家公司的债务负担和利息费用的影响。这些问题加上非现金支出（如折旧）和税率的变化所引起的收益波动，导致一些投资者寻找较为稳定、以现金为基础的税前收益衡量方法。其中一个大受追捧的衡量方法被称作企业价值与息税折旧摊销前利润比率，具体表述如下：

企业价值与息税折旧摊销前利润比率=（权益的市场价值+债务的市场价值-现金和有价证券）/息税折旧摊销前利润

你可能要问，为什么要加上债务并减去现金？这是因为，息税折旧摊销前利润表示的是支付利息费用之前的情况，如果不加上债务，显然是不对的。例如，观察价格与息税折旧摊销前利润比率的分析师可能得出的结论是，债务杠杆很高的公司是便宜货。因为在息税折旧摊销前利润中我们没有把现金和有价证券的收入计算在内，因此我们把它们从分子中剔除。

该比率对处于钢铁、电信以及电缆等基础设施行业的公司来说最能说明问题。在这些行业中，你可以筛选企业价值与息税折旧摊销前利润比率低的股票进行投资。需要提醒的是，企业价值与息税折旧摊销前利润比率看上去很便宜的公司，在很多情况下需要大量的再投资——资本支出会抵销大部分息税折旧摊销前利润，而且资本收益率很低。因此，我们建议，在使用该乘数时应再增加两个筛选指标——低再投资需求和高资本收益率。

收入乘数

由于投资者对会计收入数据的可信度持越来越谨慎的态度，越来越多的投资者开始顺着利润表往上看，寻找受会计决策影响较小的数据。很自然，不少人最终选择了以低收入乘数作为筛选股票的标准。但是，收入乘数在挑选价值被低估的股票方面到底起到什么作用？在本节中，我们先看一下证据，然后探讨该策略的一些局限性。

市销率的实证证据

市销率的实证证据，无论是正面的还是反面的，都比市盈率或市净率的实证证据少得多。森查克和马丁做了一个有关市销率的直接检验，他们比较了低市销率的投资组合与低市盈率的投资组合的业绩，发现低市销率投资组合的收益率高于市场水平，但低于低市盈率投资组合的收益率。[1] 他们还发现，低市盈率策略比低市销率策略能够获得更稳定的收益。低市销率策略更倾向于选择较小的公司。1988年，雅各布斯和利维为解开影响股权收益率的谜团，检验了低市销率（以

1　A. J. Senchack Jr. and J. D. Martin, "The Relative Performance of the PSR and PER Investment Strategies," *Financial Analysts Journal* 43 (1987): 46–56.

公司所在行业的市销率为标准）的效应。他们的结论是，低市销率的股票在 1978—1986 年每年有约 2% 的超额收益率。即使把其他因素考虑进来，市销率仍然是解释超额收益率的一个重要因素（此外还有市盈率和公司规模）。[1]

哪儿错了？

尽管长期来看，市销率低的股票可以带来超额收益率，但是，需要注意的是，与低市净率和低市盈率股票的情况一样，一些公司以低市销率进行交易是因为它们的确只值这个价。除了风险因素（即高风险公司的市销率低），还有其他两种可能的解释。

1. 负债率高。使用市销率的一个问题是，你是用股权的市场价值除以公司的收入。如果一家公司借了大量的钱，其股权的市场价值和收入的比率完全有可能较低。如果你选择了市销率低的股票，你最终得到的投资组合很可能是各个行业负债比率最高的公司。
2. 利润率低。没有定价能力和毛利率低的公司会以低收入乘数交易，理由很直观。最终，你的价值不是来自产生收入的能力，而是来自你从这些收入中获得的利润。

面对第一种情况，最简单的办法是，重新界定收入乘数。如果你是将企业价值（在分子上加债务，再减去现金）而不是股权的市场价值作为分子，你就解决了筛选出来的公司负债比率高的偏差。

在解释市销率的时候，毛利率所起的重要作用表明，如果同时根据市销率以及毛利率两项指标进行筛选，识别出价值被低估的股票的成功率会更高。你应该购买收入乘数较低，同时具有良好毛利率的股票。

---

[1] B. I. Jacobs and K. N. Levy, "Disentangling Equity Return Irregularities: New Insights and Investment Opportunities," *Financial Analysts Journal* 44 (1988): 18–44; B. I. Jacobs and K. N. Levy, "On the Value of 'Value,'" *Financial Analysts Journal* 44 (1988): 47–62.

股息收益率

虽然市盈率、市净率以及市销率是最被广泛使用的价值筛选指标，但是，有些投资者把股息收益视为衡量收益的唯一可靠的方法。他们认为，收益的很大一部分要用于再投资，因此对多数股票投资者来说，收益不仅是虚幻的，而且是摸不到的。按照这个逻辑，高股息收益的股票与低股息收益的股票相比，前者是更好的投资。

这种方法会有效吗？例如，1952—2010年，股息收益率高的股票的年收益率要高于股息收益率低的股票。但是，两者之间的关系不如以市盈率或市净率为标准进行筛选所获得的结果那么显著，或者那么有一致性。图8.4概括了1952—2010年各子期间股息收益率不同的股票投资组合的收益率。

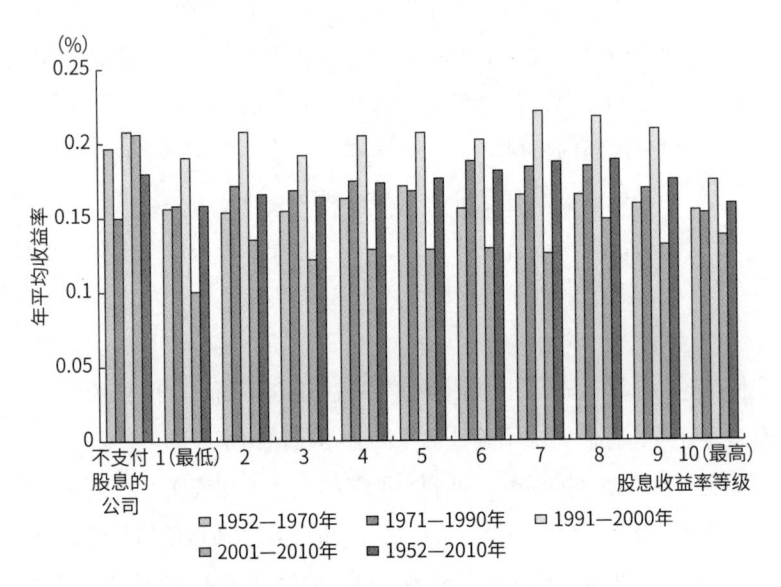

图8.4 按股息收益率构建的投资组合及其收益率（1952—2010年）

资料来源：原始数据来自肯·弗伦奇数据库（达特茅斯学院）。

各子期间的结果并不一致。高股息收益率股票的收益率仅在2001—2010年高于低股息收益率股票，在其他子期间，高股息收益率股票投资组合的收益率要么低于不支付股息和低股息收益率的股票投资组合，要么和后者相当。

尽管有这些证据，但是仍然有一些保守的投资者继续认为购买股息收益率高的股票是一种低风险、高收益的投资策略。这种投资策略的一个极端投资组合是投资于"道指狗股"——道琼斯工业指数中股息最高的10只股票。该策略的支持者认为，他们从中获得了超额收益率，但是他们用于比较的参考值是道琼斯30指数和标准普尔500指数的收益率，并没有进行充分的风险调整。一个只有10只股票的投资组合往往具有极大的非系统风险。麦奎因、希尔兹和索利进行的研究检验了该策略，得出的结论是，虽然购买股息收益率最高的股票比购买指数成分股中其他股票的毛收益率更高，但是风险调整和税收抵销了所有这些超额收益率。[1] 随后由赫斯特所做的研究也证实，在风险调整后，该策略并不能带来超额收益。[2]

数据观察 | 不同行业的股息收益：观察美国股票市场不同行业上市公司的平均股息收益率。

购买高股息收益率股票的策略还有三个最后需要考虑的问题。第一，如果股息的税率高于资本利得税率，那么采用该策略必然会加重税务成本。2003年以前的情况就是如此，2013年以后很有可能会再次如此。第二，一些股息收益率高的股票支付的股息可能大大超过公司的能力，市场已预期这些公司迟早会降低股息，并将这种预期反映

1　G. McQueen, K. Shields, and S. R. Thorley, "Does the Dow-10 Investment Strategy Beat the Dow Statistically and Economically?" *Financial Analysts Journal* (July/August 1997): 66–72.
2　M. Hirschey, "The 'Dogs of the Dow' Myth," *Financial Review* 35 (2000): 1–15.

到当前的价格中。第三，任何一个把大量收益作为股息支付的公司必然会减少再投资，因此其发展速度会大大减缓。

成功的决定因素

为了取得超额收益率，如果唯一需要做的就是投资于以低收益乘数、低账面价值乘数或低收入乘数交易的股票，那么更多的投资者应该采用这些筛选指标来挑选他们的投资组合吗？假设他们这样做了，他们就能够战胜市场吗？

先回答第一个问题。很多基金经理和个人投资者在挑选股票时的确采用了我们在本节中所讨论的筛选指标或是这些筛选指标的改进版本。不幸的是，他们的业绩似乎都没有达到我们在假设的投资组合中所获得的水平。为什么？我们可以想到以下几个原因。

- **投资期**。前面引用的所有研究考察的都是 5 年或更长时间的收益率。实际上，在较短的投资期内，低市净率股票的收益率不如高市净率股票。市盈率和市销率的情况也是如此。
- **相互对立的筛选标准**。如果使用一个筛选指标能让你挑选的股票获得超额收益，那么使用 3 个筛选指标的效果应该会更好，这是一些使用多重筛选指标的投资者抱持的态度。同时，当今便捷的数据查找和筛选技术给他们提供了帮助，使他们完全能够按照这种想法去做。不少网站（其中很多是免费的）提供使用多种指标筛选股票的服务（至少在美国是这样的）。[1] 但问题是，在使用多重筛选指标时，一种筛选指标可能会削弱其他筛选指标的有效性，这样挑选出来的投资组合不是更好而是更糟糕。

---

[1] 由胡佛经营的 Stockscrener.com 就是一个例子。你可以使用多种标准筛选美国所有的上市股票。

- **多元化不足。**投资者在热衷于筛选的时候往往会忘记多元化是投资的首要原则。例如，我们经常可以看到，经过筛选后某一行业的股票在所构建的投资组合中所占比例过高。使用低市盈率筛选出来的可能是银行和公用事业领域的投资组合，而使用低市净率和高股权收益率筛选出的可能是需要在基础设施上进行高投资的行业的股票，而这些行业已经传出针对特定行业的坏消息。
- **税收和交易成本。**与所有投资策略一样，税收和交易成本将抵销一部分收益，只是随着投资期限的延长，这种影响会变小。一些筛选指标可能会增加税收效应和交易成本。例如，使用高股息率和低市盈率筛选出来的股票，其投资组合的税收负担可能要高得多（因为股息）。
- **成功与模仿。**在某种程度上，采用某种筛选指标可能发生的最糟糕的情况是（至少对使用该筛选指标的投资者来说），其成功广为人知，很多投资者开始同时使用同一筛选指标。在构建他们认为是价值被低估的投资组合的过程中，他们竞相买入相同的股票，推高股价，从而使得最初吸引他们使用该筛选指标的超额预期收益率消失。

要成为一个成功的筛选者，你需要避免或解决这些问题。特别是，你需要有长远的眼光，有效地挑选筛选指标组合，并保证你的投资组合足够多元化。如果你的筛选策略成功了，你可能还需要定期反复查看筛选指标，以确保市场上其他投资者的模仿没有降低这些指标的效力。

成功的工具

被动的价值投资者知道投资中没有稳操胜券的赢家。在过去，买入低市盈率或低市净率的股票也许能带来高额回报，但任何投资策略都有陷阱。价值投资者都秉持相同的投资理念，即在不牺牲太多股票价格上涨机会的同时，尽量规避股票价格下跌的风险。他们在过去几十年中开发出一些工具将该理念付诸实践。

会计数据核实

在筛选便宜股票时，两个用得最多的乘数（市盈率和市净率）的计算都会使用会计数据，市盈率使用的是会计盈利，市净率使用的是会计账面价值。如果这些会计数据是不可持续的、被操控的或误导人的，那么根据这些数据做出的投资选择会反映这种偏差。因此，一家公司如果因为某一年的情况特别好（如经营大宗商品的公司遇到大宗商品价格飙升），或者因会计选择（包括从合法的会计裁量到非法的会计欺诈）而盈利大涨，其市盈率就会显得比较低。同样，如果某家公司付出了大笔的重组费用并调低了其资产（以及权益）的账面价值，那么用市净率的标准看，这家公司（和股权）就会显得比较昂贵。

为了解决这个问题，价值投资者构建了一些用于修正盈利和账面价值的方法。对于会计盈利，除了实际的盈利指标，还有3种广泛使用的替代指标。第一种是标准化后的盈利，即投资者观察的是过去5年或10年的平均盈利水平，而非最近一年的数据。对于经营大宗商品的公司和周期性的公司，这样做会平衡周期波动的影响，由此得到的标准化后的盈利会比实际盈利低得多（如果实际盈利处于周期的峰顶），或者比实际盈利高得多（如果实际盈利处于周期的谷底）。第二种是调整后的盈利。那些愿意深入分析上市公司发布的各种公告和年报的投资者常常会构建自己的盈利指标，修正会计盈利数据中他们认为存在的种种问题。这种调整通常包括从盈利中减去当期一次性的项目（包括收入和费用），以及估计即将出现的负债（如资金不足的养老基金或医疗保健福利）。第三种，我们注意到巴菲特使用了一种改进版本的所有者盈利指标，在会计盈利的基础上，他将折旧、摊销，以及其他非现金支出加回，同时减去维持现有资产所需的资本支出，得到一个"所有者盈利"数据。实际上，这是用减去维护性投资后的现金流指标替代盈利指标。

对于账面价值这个指标，价值投资者需要解决两个问题。第一个问题是，一家公司在收购另外一家公司后，其资产和权益的账面价值通常会膨胀，因为你需要将为收购所付出的代价以及由此获得的商誉计入资产。将商誉从资产中剥离出来会减少公司的账面价值，降低收购公司市净率上的吸引力。因此，价值投资者常常使用有形的账面价值，而非总账面价值。

有形账面价值 = 账面价值 − 商誉 − 其他无形资产

第二个问题是，账面价值不等于清算价值，换句话说，一些资产比另外一些资产更容易清算（以它们的账面价值或接近账面价值的价格转换为现金）。为了解决某些资产难以转换为现金的问题，价值投资者也会使用更狭义的账面价值指标，即赋予流动性资产更大权重。在最保守的情况下，一些投资者只看流动资产（认为应收账款和存货比较容易以接近账面价值的价格变现），并计算出一个净价值（流动资产的账面价值 − 流动负债的账面价值 − 长期负债的账面价值）。以低于某公司的"净值的净值"买入该公司被认为是捡了个大便宜，因为你可以将其流动资产进行清算，支付债务之后，剩下的就是你自己的了。

护城河

当你因市盈率低或股息收益率高买入某只股票时，你是在假设这只股票可以长期按这个水平盈利和支付股息。要实现这一点，该公司就必须能够在竞争中守住（当然最好是增强）其市场份额和盈利。我们用"护城河"这个词来衡量一家公司的竞争优势，护城河越强，该公司的竞争优势越强，越有可持续性，其他公司要突破这个护城河就越困难，该公司的盈利也就越安全。

但你如何才能衡量一家公司的护城河的深度呢？一些价值投资者注重考察公司的历史，他们认为如果一家公司从历史上看，盈利和增长都很稳定，那就可以视为拥有很深的护城河。另一些价值投资者则考察定性的因素，诸如是否拥有一支经验丰富、精明强干的管理团队，是否拥有知名品牌、特许权或专利。无论采用哪种方法，目的都是考察公司报告的盈利是否具有坚实的基础，将来是否能够持续下去。

安全边际

在第二章中，我们用了很长一节讨论安全边际。简要地说，安全边际是价值投资者建立在其投资决策中的，用于缓冲防范风险的空间。因此，20%的安全边际意味着投资者只有在某只股票的价格低于其内在价值20%以上时才会买入该股票（利用乘数或现金流折现法模型进行估算）。

价值投资者使用安全边际保护自己在两个层面上不犯错误。第一个层面是评估一家公司的内在价值，此时的错误可能源于对公司未来的错误假设或无法预见的宏观经济风险。第二个层面是市场价格的调整，就算投资者估算的内在价值是准确的，也无法确保股票价格就会向着内在价值的方向变动。按照这个逻辑，风险高的公司的安全边际应该更大，因为其未来面临更大的不确定性。安全边际在市场危机期间应该更大，因为此时宏观经济的风险加大；安全边际在低效率或流动性差的市场也应该更大，因为这样的市场价格调整可能需要更长的时间。

逆向型价值投资者

价值投资的第二种形式是逆向价值投资。逆向投资者认为，那些不被看好（因为公司投资效益不好，有违约风险或管理不善）因而价格大幅下跌的股票，往往会被市场过度惩罚，而那些被看好的投资则会受到市场的过度追捧。逆向投资包括若干种策略，从相对简单的购买市场此前下跌最厉害的股票到秃鹫投资和不良资产投资，在不良资产投资中，你需要使用复杂的定量技术从陷入困境的公司发行的证券（包括股票和债券）中挑选出价值可能被低估的投资对象。

逆向投资的基础

市场对新信息是否反应过度，当传来好消息时，市场是否会系统地高估股票的价值，而当坏消息传来时，市场是否会系统地低估股票的价值？有些证据表明，市场的确对好坏消息都反应过度，特别是从长期来看。正如我们在第 7 章提到的，研究发现，在某段时期表现特别好或特别差的股票在下一个阶段往往会出现反转，不过，这里的周期不是以周或月计，而是以年计。

策略与证据

逆向投资有很多种形式，但在这一部分我们只讨论 3 种策略。我们将从最简单的策略，即购买过去一段时间价格下跌最大的股票入手。接下来介绍一种较为复杂的、针对投资者预期的博弈策略，即在市场对某只股票预期很低时买入，在市场预期很高时卖出。在本节的最后，我们讨论如何投资于面临重大经营和财务困境的公司发行的证券。

购买输家

在第 7 章中，我们提供了证据，证明股票价格在长期内会以负序列相关性的形式出现反转，即在过去 5 年里涨幅最大的股票在下一个 5 年里比其他股票价格下跌的可能性更大。相反，在过去 5 年里价格跌幅最大的股票在随后期间更有可能上涨。本节将讨论的策略就是购买降幅最大的股票，出售或避免购买涨幅最大的股票。

证据

买入过去几年中价格跌幅最大的股票的策略到底效果如何？为了隔离价格反转对极端投资组合的影响，德邦特和塞勒建立了一个由上一年度股价涨幅最大的 35 只股票组成的赢家投资组合，以及一个由上一年度股价跌幅最大的 35 只股票组成的输家投资组合，他们搜集了 1933—1978 年的数据，每年都是如此。[1] 他们检查了这些投资组合在建立后 60 个月内的收益率。图 8.5 展示了输家投资组合和赢家投资组合的收益率情况。

该分析表明，购买输家股票并持有 5 年的投资者平均可以得到高出市场收益率约 30% 的累计超额收益率，比购买赢家股票的投资者高出约 40%。

这一结论与市场过度反应理论是一致的，表明购买上一年或上几年价格跌幅最大的股票长期来看可能会获得超额收益。由于这种策略完全依据过去的价格，所以你可能会说，与价值投资方式相比，该策略与图表分析（将其视为长期反向指标）似乎有着更多的相似性。

---

[1] W. F. M. DeBondt and R. Thaler, "Further Evidence on Investor Overreaction and Stock Market Seasonality," *Journal of Finance* 42 (1987): 557–581.

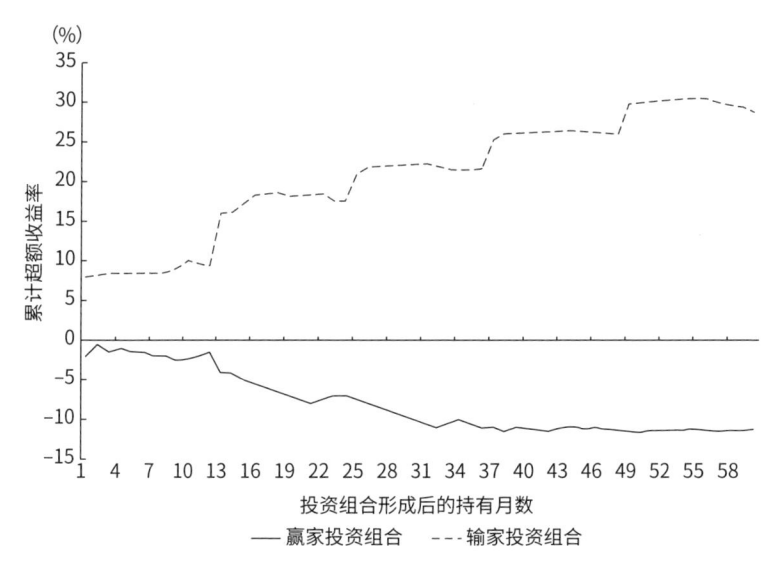

图 8.5　累计超额收益率——赢家投资组合 vs. 输家投资组合

资料来源：原始数据来自肯·弗伦奇数据库（达特茅斯学院）。

警示

很多从业者和学术研究人员认为，这些发现很有意义，但是可能夸大了输家投资组合的潜在收益率，原因如下：

- 有证据表明，输家投资组合更有可能包含低价股（卖价低于每股 5 美元），这些股票的交易成本较高，而且容易产生分布不均的收益率，即超额收益来自几个收益率特别高的股票。
- 研究似乎还发现，每年 12 月创建的输家投资组合比 6 月创建的输家投资组合获取的收益率要高得多。这表明，该策略存在与投资者的避税卖出之间的相互作用。投资者在每个税收年度即将结束时（对多数人来说是 12 月）有可能出售价格跌幅最大的股票，因此，这些股票的价格可能会因避税卖出而大幅下跌。
- 收益率的差异似乎与公司规模有关。在没有控制公司规模的情况

第 8 章　格雷厄姆的门徒：价值投资　│　331

下，输家股票要比赢家股票表现得好；但当输家股票和赢家股票的市场价值相当时，输家股票仅在1月比赢家股票表现好。[1]
- 最后一点与投资期有关。正如我们在上一章提到的，虽然在长期（3~5年）内价格可能出现反转，如果是在较短的期间（6个月到1年）内，则有证据表明存在价格惯性，即输家股票更有可能持续下跌，赢家股票更有可能持续上涨。我们在前面引用了杰加迪什和蒂特曼所做的研究，他们跟踪观察赢家投资组合与输家投资组合在不同持有期限内的市场表现差异。[2] 图8.6展示了他们的研究结果。

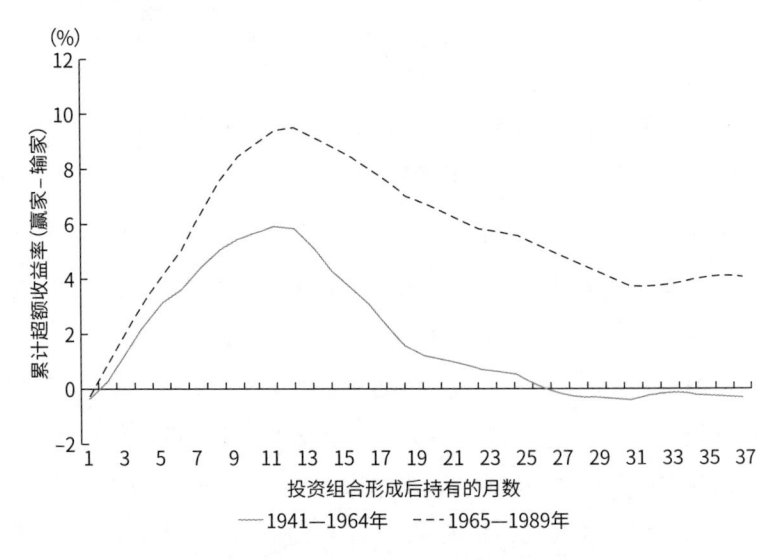

图8.6 收益率差值——赢家投资组合 vs. 输家投资组合

资料来源：N. Jegadeesh and S. Titman, "Returns to Buying Winners and Selling Losers: Implications for Stock Market Efficiency," *Journal of Finance* 48, no. 1 (1993): 65–91.

---

[1] P. Zarowin, "Size, Seasonality and Stock Market Overreaction," *Journal of Financial and Quantitative Analysis* 25 (1990): 113–125.

[2] N. Jegadeesh and S. Titman, "Returns to Buying Winners and Selling Losers: Implications for Stock Market Efficiency," *Journal of Finance* 48, no. 1 (1993): 65–91.

这张图中有两个有趣的发现。第一，在持有期的前 12 个月，赢家投资组合实际上比输家投资组合表现得好。第二，虽然 12 个月后输家投资组合开始追上赢家投资组合，但是，在 1941—1964 年，输家投资组合用了 26 个月才超过赢家投资组合，在 1965—1989 年，输家投资组合甚至用了 36 个月还没有超过赢家投资组合。购买输家投资组合的收益可能主要取决于你是否具备长期持有这些股票的能力。

预期博弈

一个较为复杂的逆向投资策略是预期博弈。如果你认为市场对最近的事件反应过度，同时这个判断是正确的，那么市场对表现良好的股票会预期过高，而对表现很差的股票会预期过低。如果你能够识别出这些公司，你就可以买入后者，卖出前者。本节将讨论如何根据预期进行逆向投资。

差公司可能成为好投资

购买经营良好的公司，期望这些公司收益的增长会使其价格上涨的投资策略是危险的，因为它忽略了公司当前价格已经反映了该公司的管理和资产质量这一可能性。如果当前价格是正确的（市场对好公司已经赋予了溢价），最大的危险是随着时间的推移，被市场看好的公司可能会失去光环，市场溢价也会消失。如果市场夸大了该公司的价值，就算公司取得了预期的增长，该投资策略也将导致较低的收益率。只有在市场低估了该公司的质量时，该策略才有可能获得超额收益率。

有证据表明，管理良好的公司未必就是好投资。汤姆·彼得斯在几年前他出版的一本有关优秀公司的畅销书中，概括了他认为优秀的公司不同于市场上其他公司的一些特质。[1]在没有质疑汤姆·彼得斯提出的标准的情况下，有人进行了一项反常的研究，即寻找每项指标都未能达到优秀标准的公司，从而构建出一个由"不优秀"的公司组成的投资组合，然后将其与优秀的公司进行对比。表 8.2 提供了汇总两组情况的统计数字。[2]

表 8.2　优秀公司 vs. "不优秀"公司——财务比较

	优秀公司（%）	"不优秀"公司（%）
资产增长率	10.74	4.77
股权增长率	9.37	3.91
资本收益率	10.65	1.68
股权收益率	12.92	−15.96
净利润率	6.4	1.35

优秀公司的财务状况显然要比"不优秀"的公司好得多，而且其盈利能力也更高，但这是否意味着购买优秀公司就是好的投资？图 8.7 对比了投资于"不优秀"公司和优秀公司的收益率。

优秀公司的财务状况可能更好，但是"不优秀"公司却有可能是更好的投资，至少在考察期间内（1981—1985 年）是这样。1981 年投资于"不优秀"公司的 100 美元到 1986 年增长到 298 美元；而同期投资于优秀公司的 100 美元到 1986 年仅增长到 182 美元。虽然该研究没有控制风险，但是它的确提供了好公司不一定是好投资、差公司有时也可能成为好投资的证据。

1　T. Peters, *In Search of Excellence: Lessons form America's Best Run Companies* (New York: Warner Books, 1988).

2　M. Clayman, "Excellence Revisited," *Financial Analysts Journal* (May/June 1994): 61–66.

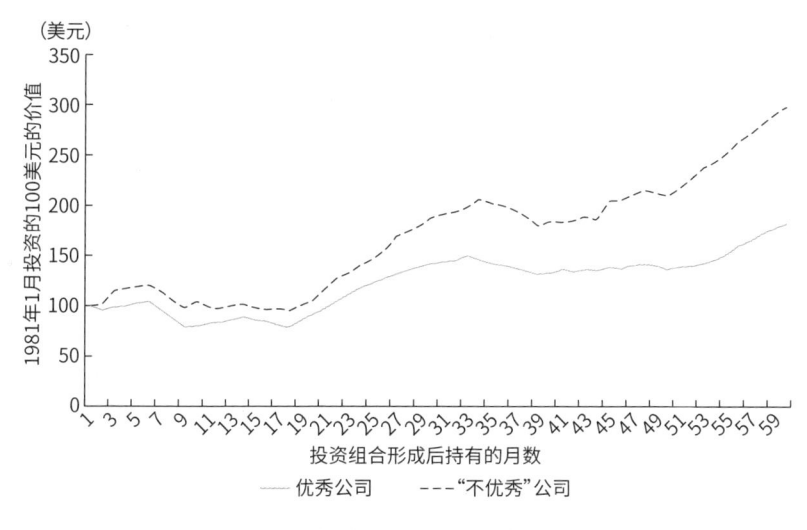

图 8.7 优秀公司 vs."不优秀"公司

资料来源：M. Clayman, "Excellence Revisited," *Financial Analysts Journal* (May/June 1994): 61-66。

第二个研究采用的是比较传统的公司质量衡量方法。评级机构标准普尔对股票按类似债券评级的方法进行质量评级。因此，根据标准普尔的评级，A 级股票的投资质量要高于 B+ 级股票，评级的依据是财务指标（如收益率和财务杠杆）。图 8.8 概括了不同评级的股票所获得的收益率。与前面的研究一样，评级较低的股票其收益率高于评级较高的股票。

同样，该研究的结果也不是完全可靠的，因为不同评级的股票的收益差别可能反映了这些公司之间的风险差异，但是它表明，那些购入评级较高的股票并期望得到较高收益的投资者将来可能会非常失望。

逆向投资的一个极端形式是秃鹫投资。在秃鹫投资中，你购买濒临破产的公司的股票和债券，把赌注押在公司的重组或复苏上。这是一个高风险策略，因为你得用投资组合中的几个赚大钱的股票来抵销众多赔钱的股票带来的损失。

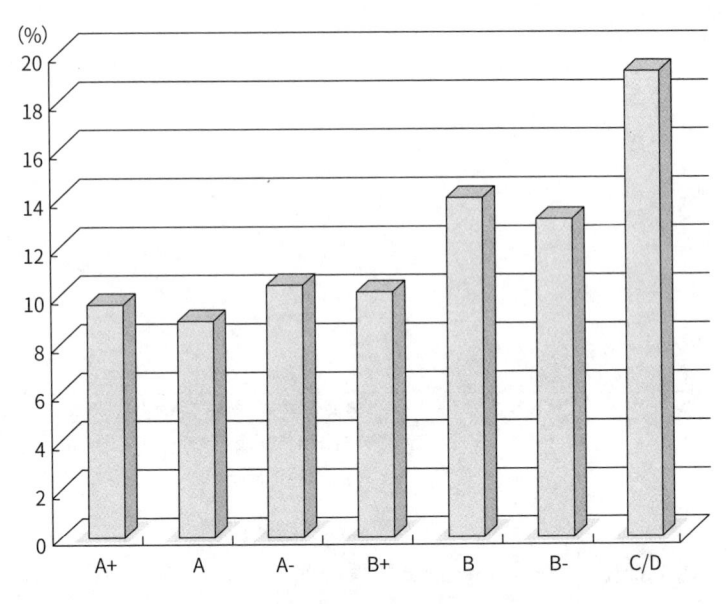

图 8.8 标准普尔股票评级与年收益率

警示

与此前购买输家股票的策略一样，购买财务状况差的公司的股票回报期限会比较长，而且风险更大，既有财务违约风险，也有波动性风险。此外，在构建"不优秀"公司投资组合时，应记住以下因素。

首先，业绩不好的公司不一定都是管理不善的公司。很多业绩不好的公司都处于长期衰退、见不到转机的行业。这些公司在将来完全有可能仍然业绩不佳。如果你在总体经营状况良好的行业中购买了一家业绩不佳的公司，你成功的概率通常会更高。换言之，如果公司有改进的潜力，你就更有可能看到股票价格上涨。

即使公司有改进的潜力，公司业绩不佳的部分原因也可能是管理不善。如果公司的管理层地位很牢固，要么是因为经理们持有相当份额的股权——至少持有有投票权股票，要么是因为公司存在反接管修正，在这种情况下，该公司未来业绩改进的空间可能很小。如果你把资金投向管理不善但有较大（或至少合理）的可能性撤换现有管理层的公司，你投资的成功率就会更高。你应该避免购买存在不平等投票权（有投票权股票和无投票权股票）的管理不善的公司的股票，以及那些现任管理层持有大量股权或存在反接管修正的公司的股票。

最后，那些试图等待价格落到最低点再投资的风险规避型投资者一般都会以失败告终，因为要确定何时是价格的最低点几乎是不可能的。你必须接受这样的事实，即差的公司在好转之前有时（或经常）会变得更差，而这种情景可能会在短期内给你的投资组合带来损失。

成功的决定因素

上面提出的警示告诉我们，购买输家股票或管理不善的公司的股票并不能保证你会成功。在使用该投资策略时，你需要特别注意以下几点：

- **长期期限**。想要通过购买这些公司的股票获得投资成功，你需要具备持有这些股票数年以上的能力。这不仅因为这类股票的价格需要较长时间才能反转，而且因为这样的话你能够把因采用该策略而产生的高交易成本分摊到较长的时期。需要注意的是，如果你是一名基金经理，客户向你施加压力，要求你将投资组合提前变现，那么长期的投资期限对你来说将并不容易。因此，你的客户需要要么与你的理念相同，要么以前从你这儿赚够了钱，他们的贪婪战胜了他们对你的投资决策可能存在的不安。

- **分散化**。表现很差的股票的低迷价格往往由经营和财务问题引发或伴随着这些问题而来。因此，输家投资组合中的一些公司很可能会被淘汰出局，不复存在。如果你没有采用分散投资的策略，你的投资总收益就会因其中一些股票全军覆没而变得极其不稳定。因此，你应该把投资分散到多个行业的多种股票上。为此，你可以采用的方法之一是，购买每个行业中表现最差的股票，而不是购买整个市场中表现最差的股票。
- **个人素质**。该策略不适合容易受到坏消息或他人（分析师、市场观察人士或朋友）影响，常常感到信心不足或有压力的投资者。你可能几乎找不到关于投资组合的任何好消息。相反，你投资的公司可能会出现资不抵债、管理混乱和战略失败之类的坏消息。事实上，在你购买这类股票后的很长一段时间里，由于其他投资者对这些公司的未来不抱希望，这些股票的价格可能会继续下跌。采用该策略的很多投资者发现，自己在负面信息的包围中很难坚持下去，很早就卖出了这些股票。换言之，要想成功地运用该策略，你需要有自信，当他人退出时你能坚持自己的立场，也需要有勇气面对短期的波动（特别是股价下跌）。

积极型价值投资

被动逆向投资策略更令人沮丧的一点是，作为一个投资者，你掌握不了自己的命运。你可以投资于一家管理不善的公司，期望管理者有所改变，但是管理者也许永远不会改变，你只能眼睁睁地看着自己的投资不断缩水。当采用积极的价值投资策略时，你大量买入某家价值被低估或管理不善的公司的股票，然后利用你作为大股东的地位推动公司的变革，让股票的价值最终体现公司的价值。换言之，你是变化的催化剂，在此过程中，你也收获了财富。

策略与证据

作为一名积极型价值投资者，你可以采用多种策略，但你采用的策略首先要反映出为什么该公司的股价被低估了。如果一家公司投资了一些表现不佳的资产或业务，那么关闭、撤出，或剥离这些资产或业务就会为其投资者创造价值。当一家公司在使用债务方面过于保守时，你可以推动该公司调整资本结构（增加贷款，回购股票）。如果由于存在协同效应，一家公司对另外一家公司而言更有价值，你就可以投资前一家公司，并努力推动把它变成后一家公司的收购对象。当一家公司由于被认为持有的现金太多，其价值被低估时，作为股东，你可以要求公司提高股息或回购股票。在上述各种情况下，你都可能不得不面对不愿做出改进的现任管理层。事实上，如果担心的是管理层的能力，你甚至可以要求更换公司的高级管理人员。

资产重组

尽管很少有公司在投资时会期望获得低于正常水平的收益，但行业或整体经济状况的变化有可能让这种情况变成现实。当一家公司发现其相当部分的资本资产的投资收益率低于其融资成本时，重组这些资产就可能为股东创造价值。在本节中，我们将讨论各种资产重组策略（从将公司拆分为若干独立的实体到对选定的资产进行剥离）以及这些策略对公司价值的影响。

资产重组和价值

投资决策和价值创造之间的关系非常简单。公司要投资就必须融资（可以是股权融资，也可以是债务融资），用于投资的资本是有成本的（资本成本），该成本反映了公司投资计划的风险。融得的资本用于投资，最终形成资产，这些资产产生的收益就是资本收益。如果资本收益高于资本成本，这些资产就在创造价值；如果低于资本成本，这些资产就在毁灭价值。因此，你可以将一家公司账面上的所有资产列一个清单，然后将它们归入创造价值的投资、不创造价值的投资和毁灭价值的投资三类。

可能有些人无法理解上面提到的第三类投资。你也许会问，会有公司去做毁灭价值的投资吗？可能的原因很多，有些可能是投资之前就发生了，而很多则是投资之后才出现的。

- **自尊、自负和偏见。**尽管我们常常认为投资决策的主要依据是数据，但人性的因素不可避免地会进入决策过程。在很多情况下，决策者带着先入为主的观念和偏见，为投资分析蒙上了个人色彩（改变了数据），最后的决定实际上基于事先就已得出的结论。此外，很多决策者对自己的能力过于自负，他们的自尊心使他们难以做出让步，从而导致糟糕的决策。实际上，所有这些倾向都会随着决策规模的变大而被夸大，对更高层的决策者来说也是如此。因此，最离谱的决策往往出现在公司的重大投资决策上（收购、大型合资项目、开展新业务）。

- **未能针对变化中的风险进行调整。**在前面，我们提到一家公司的资本成本是投资者根据该公司的商业模式和过去的历史对其风险进行评估后决定的。因此，在一个风险低的行业中经营，并能维持稳定盈利的公司的资本成本会较低。如果该公司进行新的投资，那么只有在新的投资和公司原有业务相同的情况下——在低风险行业中进行稳定投资，我们才能用公司原来的资本成本衡量新的投资。如果公司进入风险更高的新行业，却继续使用以前的资本成本作为最低资本收益率，那么该公司很可能会做出错误的投资。这些投资的资本收益率可能超过了该公司原有的资本成本，但是低于在评估新的投资中应该使用的、风险调整后的正确的资本成本。

- **跨行业经营**。企业常常横跨多个行业经营，有时是被高回报吸引，但更多的时候是着眼于经营多元化所带来的稳定性。在极端情况下，你会看到通用电气和西门子这样横跨数十个行业的多元化企业集团。这样做可能会有一些好处，但同时也有潜在的成本。由于它们的业务横跨多个行业，其运营效率可能会低于独立企业，部分原因是问责制薄弱，部分原因是企业内部存在交叉补贴。研究人员对多元化企业相对于其组成部分是获得了溢价还是折价进行了验证。为了做出判断，他们使用该行业独立公司在交易时采用的典型乘数给一个多元化大企业的各个部分定价。这样，你可以把通用电气分为若干独立的企业，然后根据每个行业里其他公司的企业价值与息税折旧摊销前利润的比率或市盈率确定该企业的价值，为每个部分定价。你可以把各个部分的价值相加，再与多元化大企业的总价值进行对比。对比的结果表明，与单个部分相加的总价值相比，多元化企业集团表现出显著的折价（根据不同的研究，折价率为5%~10%）。[1]
- **行业或业务的变化**。即使公司在投资决策时进行了无偏和理性的判断，但随后业务或行业意料之外的变化也可能将好投资变成坏投资。例如，基于对高药价和高收益的预期，某家制药企业在2006年做出了开发某种新药的决策，但是，随后医疗健康的相关法律发生了变化，或某个竞争对手在2010年开发出一种新药，从而将该投资的资本收益降到低于资本成本。
- **宏观经济的变化**。同样，在经济状况良好的时候创造价值的投资，在经济增长趋缓或衰退的时候可能会迅速转变为毁灭价值

---

[1] Philip G. Berger and Eli Ofek, "Diversification's Effect on Firm Value," *Journal of Financial Economics* 37 (1995): 39–65; Larry H. P. Lang and René M. Stulz. "Tobin's Q, Corporate Diversification, and Firm Performance," *Journal of Political Economy* 102 (1994): 1248–1280.

的投资。实际上，2008年的金融危机引发的宏观经济震荡（主权债务违约、监管变化、政治风险）让此前最好的投资分析都变得毫无用处。

基于上述理由，一家公司完全有可能发现，自己所做的大部分投资的资本收益都低于资本成本。

资产重组：增加价值的行为

假设公司的一些或大部分资产属于毁灭价值型，其资本收益低于资本成本，公司（或该公司的投资者）该怎么办？他们可以有多种选择，这些不同的选择反映了投资为什么会失败。

- 关闭/清算。当某项资产的资本收益低于资本成本时，最明显的解决方法似乎是将其关闭。但这样做明智吗？在两种情况下是明智的。第一种情况是，如果这个资产在赔钱，而且在可以预见的将来产生的都是负现金流。关闭营业成本超过销售收入的工厂或产品线显然有利于该公司的投资者，尽管这样做可能会有较大的社会成本（裁员、城镇就业率遭受打击、纳税人成本等）。第二种情况是，公司是否可以通过关闭资产来收回最初投资于该资产的资本。这实际上是很难实现的。一家公司在某资产上投资了1亿美元，希望每年能获得12%的收益率，但如果该资产实际上每年只有6%的收益率，该公司就不太可能通过关闭该项目而收回投资。

- 剥离。资产剥离是指一家公司将其部分资产或部门卖给出价最高的购买者。剥离会对公司的价值产生什么影响？为了回答这个问题，你需要将被剥离资产的收入与该公司如果继续经营该资产，能从中得到的预期现金流的现值进行比较。可能有3种情形：

1. 如果被剥离资产的收入等于预期现金流的现值，这次资产剥离对母公司的价值没有影响。

2. 如果被剥离资产的收入大于预期现金流的现值,这次资产剥离将增加母公司的价值。
3. 如果被剥离资产的收入小于预期现金流的现值,这次资产剥离将降低母公司的价值。

公司剥离资产得到现金,随后可以选择保留现金,将其用于购买有价证券,或者把现金投资到其他资产上或新的投资项目上,或者把现金以股息或股票回购的形式返还给股东。这一行动反过来会对公司价值产生二次影响。

至少有三个原因会导致一家公司剥离其资产或部门。第一个原因是,被剥离的资产对资产的购买者而言可能价值更大。为了使资产具有更高的价值,它们必须为买方带来更高的现金流,或者更低的风险(更低的折现率)。更高的现金流源于买方能更有效地利用这些资产或这些资产能与买方公司的现有业务形成协同效应。更低的折现率可能反映了买方公司比出售资产的公司在业务上更趋于多元化。无论是哪种情况,双方都能从剥离中获益,共享增加的价值。第二个原因更多地源于剥离公司对当下现金流的需要,而不是受价值驱动。当发现手头的资金不能满足目前经营和财务支出的需要时,公司就可能不得不通过出售资产来筹集现金。例如,20世纪80年代的许多公司在进行了杠杆收购后,紧接着就开始剥离资产,筹集现金,用于偿还负债或支付利息。资产剥离的第三个原因与公司未出售的资产有关,与被剥离资产无关。在有些情况下,公司发现,由于其向与本身业务不相关的行业多元化发展,导致其核心业务的现金流和价值受到影响。为了避免干扰公司的核心业务,公司可能会出售不属于核心业务的外围资产和业务。

对于资产剥离,有几个问题值得我们一问。什么样的公司最有可能剥离资产?资产剥离后,股票价格会产生什么样的变化?资产剥离

第8章 格雷厄姆的门徒:价值投资 | 343

对母公司的经营绩效会产生什么影响？让我们看一下每个问题的实证检验证据。林和罗泽夫在研究中考察了公司公布资产剥离消息后的股票价格反应，发现在1977—1982年，77项资产剥离的平均超额收益率是1.45%。[1] 他们还特别将这些公布了剥离价格和原因的公司和那些没有这样做的公司进行对比：一般来说，市场对前者比对后者的反应更积极，如表8.3所示。

表8.3 股票价格对剥离公告的反应

公布价格	公布原因 是	公布原因 否
是	3.92%	2.3%
否	0.7%	0.37%

看起来金融市场似乎对回避公布资产剥离原因和收入用途的公司持怀疑态度。1996年克莱因的一项研究证实了这一点，克莱因注意到，只有那些在发布剥离消息的同时公布剥离价格的公司，才能获得正的超额收益。[2] 她还扩展了该研究，发现超额收益率的大小和被剥离资产的规模有关。例如，如果被剥离的资产不足公司股权的10%，那就不会对股票价格产生大的影响；如果超过50%，股票价格的上涨将超过8%。

一些研究考察了剥离资产后母公司的经营绩效。从这些研究的结果来看，剥离后母公司的一些经营指标有所改善：经营利润和资本收益率提高，股票价格的表现要好于同行业的其他上市公司。总之，业

---

[1] Scott C. Linn and Michael S. Rozeff, "The Effect of Voluntary Spin-Offs on Stock Prices: The Anergy Hypothesis," *Advances in Financial Planning and Forecasting* 1, no. 1 (1985): 265-292.

[2] A. Klein, "The Timing and Substance of Divestiture Announcements: Individual, Simultaneous and Cumulative Effects," *Journal of Finance* 41 (1986): 685-696.

务过杂、失去经营重点的公司最有可能剥离非核心资产，如果信息在剥离时被公布出去，市场就会对这些剥离做出积极的反应，而且剥离后公司的经营绩效会提高。

- **标准分立、换股分立和解散式分立**。标准分立是指公司把资产或部门分离出去，并针对这部分业务的所有权创建新的股票。公司现有股东按他们在公司的持股比例接受这些新股份，他们可以选择保留，或在市场卖掉这些股份。解散式分立可以被视为标准分立的扩大版本，公司被拆分成不同的业务线，然后将这些业务线的股份按股东在原公司的持股比例分配给股东，母公司则不复存在。换股分立与标准分立类似，它也是为价值被低估的业务部门创建新的股份。但是，在此种情况下，现有股东得到的是用母公司的股票换取这些新股票的选择权，这改变了新分立公司的所有权比例。

分立与剥离之间有两个主要的区别。第一个区别是，分立通常不会给母公司带来现金。第二个区别是，被分立的部分通常成为一个独立的实体，并会保留现任管理层。因此，前面谈到剥离的前两个理由（买方从被剥离资产中获得的价值高于母公司，且可以满足现金流的需要）都不适用于分立。而改善公司经营重点，回归公司核心业务，作为我们提出的剥离的理由，同样适用于分立。分立还有其他 4 个理由：

1. 当子公司或部门没有达到理想的效率，而其原因在于母公司而不是子公司的时候，分立是一个创造价值的有效方法。例如，迈尔斯和伍德里奇分析了塞浦路斯矿业公司的案例，该公司在 20 世纪 80 年代初期是阿莫科石油公司的矿业子公司。[1] 塞浦路斯矿业公司在作为阿莫科石油公司子公司时从未盈利。1985 年，在上一年度亏损 9 500 万美元的情况下，塞

---

[1] J. Miles and J. R. Woolridge, *Spin-Offs & Equity Carve-Outs* (Morristown, NJ, Financial Executives Research Foundation, 1999).

浦路斯矿业公司被分立出去。之后，塞浦路斯矿业公司减少了30%的管理费用，6个月后就开始盈利。由于分立后塞浦路斯矿业公司的管理人员是原班人马，所以分立前的亏损应该是由阿莫科石油公司的管理不善造成的。当一家公司有多个部门，各部门的价值之和低于母公司的价值时，我们就有充分的理由实施分立，让每个部门成为独立的实体。

2. 与剥离相比，标准分立和换股分立的第二个优势是它可以让母公司的股东节约税收。如果标准分立和换股分立的结构设计合理，可以让股东节省大量的资本利得税。例如，1992年万豪将其酒店管理业务分立，成立了名为万豪国际酒店集团公司的单独实体，母公司保留不动产资产，并更名为万豪地产。整个交易的结构都是为了通过税收测试，所以万豪的股东没有为该交易产生的任何利润纳税。

3. 公司进行分立的第三个原因，是公司的一部分业务所面临的问题影响到公司其他部分的收益和价值。例如，想想菲利普·莫里斯国际公司以及雷诺兹–纳贝斯克烟草公司所面临的压力。投资者认为烟草行业面临起诉可能会拖累其食品业务的价值，所以，它们把食品业务分立出来。

4. 最后，当母公司由于监管限制无法对其子公司进行最佳投资与管理时，标准分立和换股分立也可以创造价值。例如，当年美国电话电报公司是一家受到部分监管的电信公司，它发现自己在研究部门与计算机部门的决策制定方面受到了限制。1995年，美国电话电报公司把这两个部门分立出去：研究部门（贝尔实验室）被重新命名为朗讯科技，它的计算机部门恢复原来的名字 NCR。

为什么一家公司采用解散式分立而不采用标准分立或换股分立呢？通过给予现有股东用母公司股票交换分立后的公司股票的选择

权，公司可以提高分立公司的资产价值。之所以如此，是因为那些对分立公司股票估值最高的股东最有可能交换他们的股票。当股东们对分立公司的股票价值意见不一致时，该方法尤为合适。

研究分立的研究人员考察了两个问题。第一个问题是，分立信息公布后股票价格的反应。总的来说，这些研究发现，分立信息的公布会引发母公司股票价格上涨。席佩尔和史密斯对1963—1981年宣布分立的93家公司进行了研究，发现在分立信息公布前后2天内，这些公司的平均超额收益率是2.84%。[1] 此外，有证据表明，随着分立实体规模的增大，超额收益率也会提高。席佩尔和史密斯的研究还发现，出于税收和监管考虑而进行分立的公司，其超额收益率更高。

第二个问题是，分立后分立公司和母公司的业绩情况。迈尔斯和伍德里奇对这些研究结果进行了总结，具体可以概括如下：

- 库萨蒂斯、迈尔斯和伍德里奇的研究发现，在分立公告发布后的3年里，分立公司和母公司都获得了正的超额收益。图8.9显示了分立后3年的总收益率和根据行业收益率调整后的收益率。[2]
- 分立公司和母公司被收购的可能性都增大了，而且收购溢价说明了为什么总的超额收益率是正的。

分立后的3年内，分立公司的经营业绩有显著提高。图8.10显示了分立公司分立后3年内根据该行业平均水平调整前和调整后的销售额、经营收益、总资产以及资本支出的变化。

值得注意的是，分立公司就其收入和经营收益而言，增长速度快于竞争对手，而且它们的再投资支出也比该行业的其他公司多。

---

[1] K. Schipper and A. Smith, "Effects of Recontracting on Shareholder Wealth: The Case of Voluntary Spin-Offs," *Journal of Financial Economics* 12 (1983): 437–468; see also G. L. Hite and J. E. Owers, "Security Price Reactions around Corporate Spin-Off Announcements," *Journal of Financial Economics* 12 (1983): 409–436.

[2] P. J. Cusatis, J. A. Miles, and J. R. Woolridge, "Restructuring Through Spin Offs: The Stock Market Evidence," *Journal of Financial Economics* 33 (1993): 293–311.

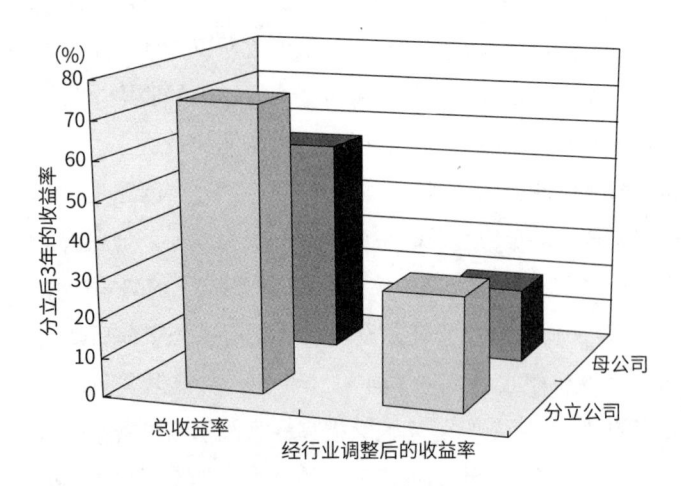

图 8.9 分立公司和母公司的收益率

资料来源：P. J. Cusatis, J. A. Miles, and J. R. Woolridge, "Restructuring Through Spin Offs: The Stock Market Evidence," *Journal of Financial Economics* 33 (1993): 293–311.

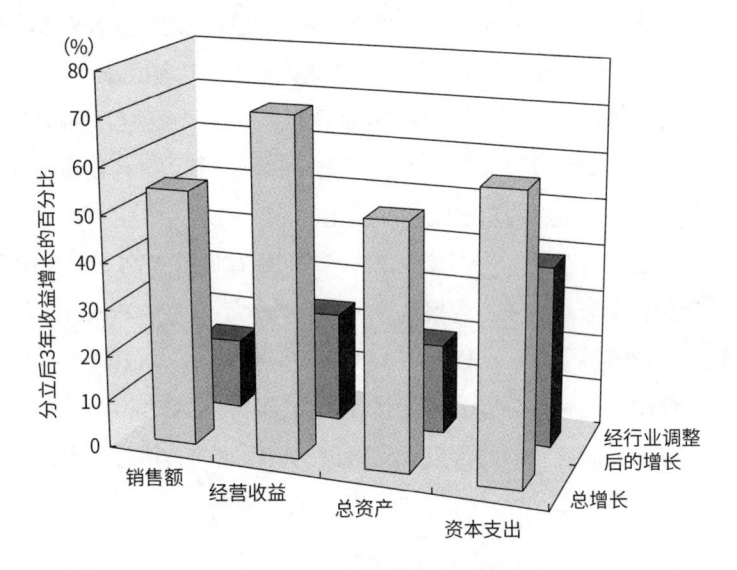

图 8.10 分立公司的经营业绩

资料来源：J. Miles and J. R. Woolridge, *Spin-Offs & Equity Carve-Outs* (Financial Executives Research Foundation, 1999).

资本结构/融资决策

在公司财务中，改变公司的资本结构是否可以提高公司价值，长期以来一直是个争论不休的问题。以米勒和莫迪利亚尼为代表的一派认为，在没有税收和违约风险的情况下，公司价值与财务杠杆无关。[1] 另一学派则认为，在有税收和违约风险的情况下，存在一个公司的最佳负债额，公司在这个点上价值最大化。还有一个学派认为，公司不应该使用负债，因为负债增加了公司的风险，负债少总比负债多要好。

资本结构和公司价值

使用债务的好处和坏处很明显，债务对公司价值的影响也是显而易见的。利息费用可以在税前扣除，但股权现金流不能，因此，随着边际税率的上升，债务就显得比权益更有吸引力。在成熟企业中，债务还可以起到约束管理层的作用，如果管理者必须定期支付利息，他们做出糟糕投资的可能性就会小一点儿。但在另一方面，债务也有两点不利因素。第一个不利因素是预期的破产成本。因为随着负债的上升，公司破产的可能性也会提高。但什么是破产成本呢？一个是破产的直接成本，比如律师费和诉讼费，它们有可能吞噬破产企业的相当一部分价值。更具破坏性的成本是，被市场视为陷入财务困境后带来的负面影响：客户不再购买你的产品，供应商可能要求你支付现金，你的员工可能会离你而去，最终造成恶性循环，导致公司倒闭。第二个不利因素是代理成本，该成本源于公司股东和债权人之间的不同利益及冲突。股东比债权人更愿意接受较高风险的投资。当债权人意识到这种潜在可能性时，他们就会通过贷款协议中的约束条款或收取更

---

[1] F. Modigliani and M. Miller, "The Cost of Capital, Corporation Finance and the Theory of Investment," *American Economic Review* 48 (1958): 261–297.

高的利息来保护自己。因此，在实践中，为了更好地权衡使用债务的利弊，我们需要量化使用债务的成本和收益。

数据观察 | 不同行业的财务杠杆：观察美国股市不同行业上市公司的平均负债比率和资本成本。

从资本成本的角度来看，最佳的资本结构是能够最小化公司资本成本的资本结构。用负债来替代权益的正面效应在于，这是用一种成本较低的融资方式（债务）替代了成本较高的融资方式（权益），但是，债务资本和权益资本的风险都会由此增加，从而推高债务资本和权益资本的成本。从资本成本的角度来看，可持续的现金流决定了最佳负债比率。公司的现金流越稳定、可预测度越高，现金流越大（以占企业价值的比率计算），公司的最佳负债比率就越高。此外，负债的最大好处是税收扣除，更高的税率会导致更高的负债比率。

布拉德利、贾雷尔和金分析了企业负债比率的差异是否可以用上述提到的权衡变量（税收、破产成本）来解释。[1]他们发现，经营收益波动大的公司的负债比率一般比较低。由于这些公司更有可能面临破产，这一发现与破产成本高的公司负债少的理论相吻合。他们还研究了广告和研发费用高的公司的情况，发现这些公司的债权人一般会更担心，更急于在这些公司遇到麻烦时赶紧收回自己的钱，因为这类公司的资产通常是无形资产（品牌或专利权），难以清算变现。因此，这些公司的负债比率一般要低得多，与理论相吻合。他们还发现，有相当一部分公司的负债比率比利用截面数据模型预测的负债比率要低得多或高得多。

1　M. Bradley, G. A. Jarrell, and E. H. Kim, "On the Existence of an Optimal Capital Structure: Theory and Evidence," *Journal of Finance* 39 (1984): 857–878.

验证资本结构是否会影响企业价值的一个简单方法是，观察当企业的资本结构发生变化时，即负债比率增加或减少时的市场反应。这方面的研究结果一致认为，资本结构的变化确实会引发股票价格的变化，股票价格倾向于在财务杠杆提高的信息被披露时上涨，在财务杠杆降低的信息被披露时下跌。总而言之，这似乎表明，市场认为大多数企业的财务杠杆率过低，而非过高，债务增加被视为能增加企业的价值。

资本结构：提高价值的策略

假设你的公司选择了错误的资本结构为其资产融资，你可以采用哪些方法解决这个问题？或者一个积极的价值投资者会用什么办法解决这个问题？你可以选择在较长一段时间内逐步调整负债比率直到其达到合适的位置，也可以选择突然大幅变动，一次性调整到位。

- **边际资本结构调整。** 即使一家公司不愿意重新审视其已有投资的资本结构，它也可以在新的投资项目上改变融资方式。例如，某公司财务杠杆率过低，其最佳负债比率为40%，而实际负债比率只有10%，那么该公司在为新项目融资时可以采用40%甚至更高的负债比率。同样，一个财务杠杆率过高的公司可以主要或完全通过留存利润或发行股票来为新项目融资，从而降低其过高的负债比率。随着时间的推移，这些原有资本结构不合理的公司将逐渐接近最佳资本结构，当然，调整的速度取决于公司投资新项目的力度。不幸的是，对于成熟的大公司来说，这种调整的速度将是缓慢的，因为这些新的投资相较于已有的投资，规模较小。
- **整体资本结构调整。** 在这种资本结构调整中，公司改变其负债与权益的比率，但不显著改变其持有的投资或资产。如果你的财务杠杆率过低，你可以通过多种方式调整资本结构。例如，你可以通过借贷并支付股息或回购股票的方式来提高负债比率。或者，你可以用债权换股权，给公司的投资者同等金额的债权（按市场价值计算）去交换他们的股权。如果你想降低公司的负债比率，那么你可以反过来做，增加股权，减少负债。20世纪80年代末出现了债转股的资本结构调整热潮。有研究考察了这些资本结构调整，得出两个结论。第一个结论是，几乎所有这些资本结构调整都是由恶意收购的威胁引发的。换言之，是外部压力迫使公司管理者提高了财务杠杆率。第二个结论是，平均而言，股票价格对资本结构调整的反应是正面的。在样本所考察的45个资本结构调整的案例中，股票价格平均上涨21.9%。股票价格上涨不仅限于股票回购。一项对52家债转股公司的研究发现，股票价格平均上涨了14%。

如果公司的财务杠杆率过高，你的选择就和上述财务杠杆率过低的公司相反。你可以通过股权融资（发行新股或认股权证），并用融得的资金归还部分已有债务来降低负债比率。如果你仍在支付股息，你就可以减少或取消股息。你还可以尝试说服公司的债权人接受债转股。这里的问题在于，对负债太高的公司而言，资本结构调整的难度要高于负债很低的公司。在一家财务杠杆率过高的公司，新发行的股票对投资者的吸引力较低，这种公司不太可能支付太多的股息，而债权人对债转股也会比较谨慎。

- 杠杆收购。一家公司如果财务杠杆过低，且管理层太保守，不愿意做出改变，那么还有另外一个办法。收购者可以利用目标公司的负债能力，通过举债来收购该公司。这就是所谓的杠杆收购，即投资者以某家上市公司（最好是一家具有稳定现金流和可变现资产的公司）的资产为抵押对外举债，然后利用借来的钱收购该公司的流通股。如果这种方法成功了，该公司就会退市，随着时间的推移，借贷的利息和本金将部分或主要通过公司未来现金流或资产出售来支付。一旦公司恢复到健康运营的状态，它就会再次上市，从而为该交易中的股权投资者带来可观的收益（如果一切都能按计划进行）。对杠杆收购的研究表明，平均而言，杠杆收购的确能为投资者带来显著的收益。但是，20世纪80年代末和2008年金融危机前的一些杠杆收购却惨遭失败，这再一次说明，杠杆收购是一把双刃剑，在经济景气时可以提高收益，在经济不景气时可以造成重大损失。

对财务杠杆率过高的公司来说，如果管理者无法或不愿意减少负债，是否也存在类似的核心选项？尽管没有明确的类似杠杆收购的方法，但有一个更为常规的路径可以选择，即投资者或健康的公司可以收购财务杠杆率过高的公司的经营资产（该资产仍有相当的价值），然后对陷入困境的公司进行清算。

股息政策 / 现金结余

2011年11月，苹果公司披露其拥有的现金结余超过800亿美元，这是近年来美国上市公司普遍出现的现金累积现象中最吸引眼球的例子。随着现金累积而来的问题就是，这对相关公司的投资者是有利的还是有害的？如果是有害的，那么是否应该以提高股息或股票回购的方式将现金返还给股东。在本节中，通过分析我们会看到，由于各公司情况的不同现金积累可能帮助投资者，也可能对投资者不产生影响，或者伤害投资者。对于现金积累会伤害投资者的公司来说，应该给投资者发放高股息，或进行股票回购。

数据观察 | 不同行业的现金结余：观察美国股市不同行业上市公司现金结余占收入和公司价值的平均比例。

现金和公司价值

对某些投资者和分析师来说，公司现金累积对他们是有利还是有害似乎是一个很容易回答的问题。毕竟，现金一般都投资于流动性很高且无风险，或几乎无风险的资产，收益率很低。由于现金的收益率通常大大低于公司经营资产的收益率或公司的资本成本，所以现金看起来是一项糟糕的投资。但这里忽略了投资评估中的一个关键因素，即对投资收益的评估应反映出投资的风险。由于现金资产是无风险、高流动性的投资，因此现金的资本成本是无风险利率，投资于国债和商业票据的现金是价值中性的，即现金本身既不创造价值，也不毁灭价值。

既然如此，现金又如何影响价值呢？换句话说，公司持有多少现金才算太多？要回答这个问题，你首先要对现金为什么以及如何影响公司的权益投资者有一个清楚的认识。与其担心现金的低收益，投资者不如关注公司如何使用现金。当现金投资于国债时，尽管收益率低，但未损害公司的价值。而同样的现金如果投资于资本成本为9%而收益率为6%的项目，那就会毁灭价值。为了判断是否应对公司持有的现金的价值进行折价，投资者应考察公司的历史业绩，对历史上曾进行过糟糕投资或失败收购的公司所持有的现金的价值予以折价。而对那些严格筛选投资项目，项目收益率和投资者回报都很高的公司持有的现金结余的价值不予折价。

尽管不同公司持有的现金结余应该具有不同市场价值的观点似乎有些奇怪，但这一观点得到了实证结果的支持。平科维茨和威廉森试图通过将公司的市场价值与决定公司价值的基本变量（包括增长率、财务杠杆率和风险）进行回归，并将公司持有的现金作为一个自变量，来估算市场赋予现金的价值。[1] 结果显示，平均而言，公司持有

1　L. Pinkowitz and R. Williamson, "What Is a Dollar Worth? The Market Value of Cross Holdings" (working paper, Georgetown University, 2002).

的 1 美元现金的市场价值约为 1.03 美元，标准差为 0.093 美元。他们的研究还证实了有关公司的理论。他们发现，未来投资需求不确定性更大的高成长型公司持有的现金价值更高（1 美元现金的价值高于 1.2 美元），而资本收益低于其资本成本的大型成熟公司持有的现金价值较低（1 美元现金的价值约为 70 美分）。

提升现金价值的策略

如果一家公司的历史投资纪录很差，市场就很难信任公司的管理层，公司持有现金的价值就会被市场打个折扣。在这种情况下，要提高公司持有的现金的价值，无论是公司自己选择这样做，还是积极的投资者推动公司这样做，公司都需要将现金返还给投资者，为此，公司可以提高股息，也可以回购股票。

- 股息。派发股息是公司将现金返还给股东的传统途径。对以前从未派发过股息的公司来说，这意味着它们需要首次启动股息。对以前一直在派发股息的公司来说，这意味着它们需要增加股息。如果需要返还给投资者的现金数量很大，公司还可以采取特殊股息的方式。

  赞成和反对公司派发股息的理由早已有之，随着时间的推移，人们听到的越来越多。从有利的一面来说，股息为投资者提供了安全、可预测和稳定的现金流，还被投资者视为上市公司发出的正面信号，因为只有对未来有信心的公司才会启动或增加定期股息。从不利的一面来说，在过去一个世纪的大部分时间里，美国投资者为股息付出了很大的税收代价，股息的税率远远高于资本利得税。此外，股息税是无法规避的，因为持有股票的投资者只能接受股息并为此纳税，哪怕他们其实并不需要现金。

- 股票回购。除了派发股息，公司还可以利用手头的现金回购自己的股票。至少在美国，在过去的20年里，从股息派发转向股票回购的趋势非常明显，如图8.11所示。

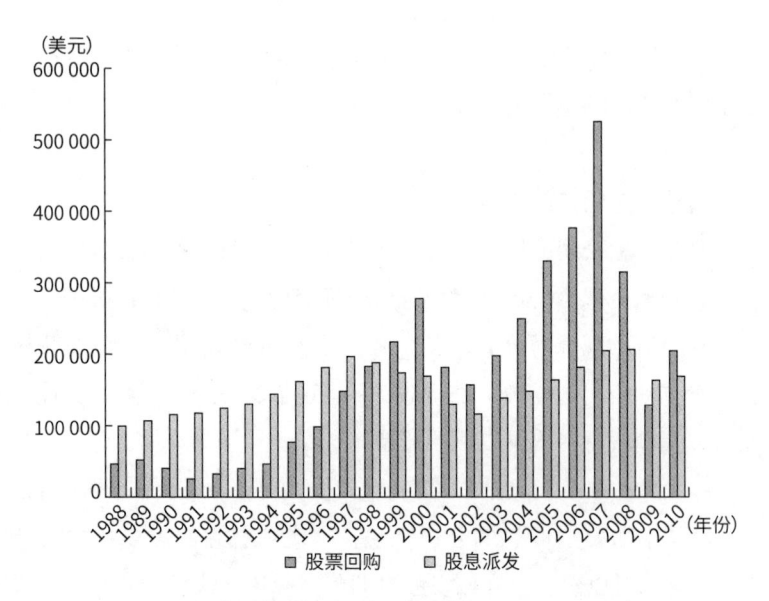

图8.11 股息派发和股票回购：美国市场，1988—2010年

资料来源：标准普尔。

1988年，美国市场股息派发的总额为1 000亿美元，股票回购的总额为500亿美元。在20世纪90年代，股票回购急剧增加，1999年，通过股票回购返还给投资者的现金总额已超过股息派发的总额。这个趋势一直延续到2008年，其中2007年股票回购达到了一个顶峰。随后金融危机引发的市场崩盘和经济恐慌使得上市公司在2009年减少了股票回购，但这显然只是一个暂停，而非趋势的中止，2010年的股票回购额重新超过股息派发额。

那么，是什么原因使得上市公司在过去的20年里越来越多地选择股票回购，而非股息派发？从20世纪的前几十年开始，股息的税率就远远高于资本利得税。事实上，在1979年，股息面临的最高边际税率达到70%，而资本利得税只有28%。随后税法的修改使得股息在税收上面临的劣势在过去的30年里得以减少，实际上，从2003年到2012年，股息和资本利得都被征收15%的税。因此，税率不应该是股票回购激增的理由。同时，股票回购的激增也不能归因于上市公司认为自己的股票价格太低，因为股票回购激增发生在20世纪90年代和2004—2007年的牛市，而不是熊市中。下面，我们提供4种可能的解释。

1. **管理层补偿**。很多公司对管理层实行的期权激励机制改变了管理层是否派发股息或回购股票的动机。当公司对股票进行回购时，公司的股价一般会上涨，部分原因是回购后市场上流通的股票数量变少了。当公司派发股息时，公司股票的价格在除权日会下跌。作为投资者，你也许不在乎，因为你收到的股息弥补了价格下跌的损失，但作为持有期权的管理者，你会在乎，因为你持有的期权的价值会随着股票价格的下跌而减少。

2. **盈利的不确定性**。第二个可能的解释是股息具有黏性，公司一旦开始派发或增加股息，投资者就会预期公司会继续派发股息。相比之下，股票回购具有灵活性：公司在某年回购股票并不会造成未来几年也会回购股票的预期。因此，对未来盈利感到不太确定的公司更倾向于回购股票，而非派发股息。在美国，电信、航空和其他很多行业的去管制化、全球化以及随之而来的对国内市场的冲击，使得美国公司经营业绩的可预测性下降。

3. **变化的投资者群体**。越来越多的投资者开始投资对冲基金和私募股权基金，这使得股票市场投资者的特征发生了变化。这些投资者可能更关注公司股票价格的上涨，而非公司派发的股息，因此他们更希望公司回购股票，而非派发股息。

4. 稀释的错觉。股票回购减少了流通股的数量，因此一般会提高每股收益。用当前的市盈率去乘以更高的每股收益，就会得到更高的股价。如果这个逻辑成立，那么上市公司就可以利用股票回购这一神奇手段来推高自己的股价。当然，这个逻辑的问题在于它假设公司的市盈率在股票回购后会保持不变，而实际上，当公司将现金分给股东后，它的风险会增大。

公司治理

多元化企业的折价和上市公司的财务杠杆率过低都反映了一个更大的问题，即某些上市公司的管理者没有把股东利益放在第一位。虽然你可以想出解决这些问题的一些具体方法，但如果问题的根源在于公司管理不善，这些方法恐怕就无法彻底解决问题了。对这样的公司来说，为了创造价值，唯一的长远解决办法就是换一个新的管理团队。

公司治理与公司价值

在大多数上市公司里，公司的所有者（股东）和公司的管理者是分离的。我们用公司治理这个术语来描述管理者如何对股东负责，以及公司的问责机制。从这种抽象的描述中，我们无法清楚地看出公司治理和公司价值之间的关系。在对公司的内在价值进行估值时，估值模型并不考虑公司是否拥有一个强大和独立的董事会。但是，我们如果将公司治理视为股东更换管理层的权力，就可以通过两个步骤将公司治理与公司价值联系起来。第一步，根据公司的现实情况对目前管理者所经营的公司进行估值，我们称为现状价值。第二步，对公司在最佳管理时所具有的价值进行估值，我们称为最佳价值。只要当前的管理层有任何做得不够好的地方，最佳价值就会高于现状价值。在一

个具有合理效率的市场中,该股票的市场价值应该是这两种价值的加权平均数:

市场价值=当前管理层不做改进的可能性×现状价值
　　　　+当前管理层做出改进的可能性×最佳价值

如果公司治理情况良好,公司管理层做出改进的可能性就会比较高,公司股票应该在接近其最佳价值的位置交易。相反,如果公司治理情况较差,公司股票的交易价格就应该接近其现状价值。因此,任何改进公司治理的行为,如消除股票之间的表决权差异,组建一个新的、更独立的董事会,让积极投资者加入等,都会提升公司的交易价值。

冈珀斯、伊志和梅特里克研究了公司治理对股票价格的影响,基于1 500家公司的样本和24个因素,他们开发了一个公司治理指数,计算出来的指数越高,意味着公司治理越弱。[1]他们发现,股东权力最弱的那组股票的年平均收益率比股东权力最强的那组股票低8.4%。他们还发现,公司治理指数每上升1%,公司的托宾Q相应下降2.4%,后者衡量了公司的市场价值和重置成本之间的比率。换句话说,我们可以预期,股东拥有强大的权力来更换和改变管理层的公司的市场价值要比股东只能对管理层进行有限控制,或者股东完全没有权力的同类公司(即风险、增长率和现金流等特征相同的公司)更高。公司治理体系在一些国家强于另一些国家,有若干研究检验了不同国家间公司的业绩/价值和公司治理之间的关系。克拉佩尔和洛夫研究了公司治理情况和法律制度差异很大的14个新兴市场,他们发现,法律体系较弱的国家,其公司治理体系一般也较弱。他们也发现,拥有强大公司治理体系的公司会具有更高的市场价值和更好的经

---

[1] P. A. Gompers, J. L. Ishi, and A. Metrick, "Corporate Governance and Equity Prices," *Quarterly Journal of Economics* 118 (2003): 107–155.

营业绩。[1]最后，他们还发现，在法律体系较弱的国家公司治理情况对公司的影响更大。

尽管似乎有证据支持公司治理情况好的公司市场价值更高的观点，但这并不意味着公司治理情况好的公司本身就是好的投资，因为投资收益的高低取决于价值的变化，而非价值本身。实际上，公司治理和股票收益之间的关系很弱，几乎没有证据支持投资于公司治理能力较强的公司就能获得更高收益这种观点。

把上面两组研究的结果结合到一起，你就会看到投资者是有机会的。如果你能在强化公司治理的事件（如取消股票之间不平等的投票权，组建一个更积极的董事会，废止公司章程中的反收购条款）发生之前进行投资，那么随着公司治理的改善，你就能从公司价值的增长中获利。在一项关于公司治理的有趣研究中，布里斯和卡伯利斯考察了9 277起跨国并购活动中的目标公司。这些目标公司的公司治理体系在并购后实际上被收购公司的公司治理体系取代。由于各国公司的治理体系各不相同，这为研究者提供了一个机会来观察公司治理体系的变化是如何影响股票价格的。他们发现，如果某个行业的公司被具有更好的公司治理体系的外国公司收购，那么这个行业的上市公司的股价会上涨。[2]

公司治理：提升企业价值的行为

如果积极投资策略成功的关键在于改变公司的管理方式，那么强化公司治理是重要的第一步。为此，积极投资者可以采取的行动包括在每年的股东大会上挑战在职的管理者，以及为了更换公司的高管而

---

[1] Leora F. Klapper and Inessa Love, "Corporate Governance, Investor Protection and Performance in Emerging Markets," *Journal of Corporate Finance* 10 (2004): 703-728.

[2] A. Bris and C. Cabolis, "Corporate Governance Convergence by Contract: Es dence from Cross Border Mergers" (Yale Working Paper No. 02-32, 2002). 具有英国或斯堪的纳维亚血统的公司往往在公司治理指标上得分更高。

收购该公司。

- **代理权之争**。股权高度分散的大型上市公司股东大会的参会率很低。在大多数时候，股东一般倾向于不参会，现任管理层常常在前者缺席的情况下获得他们的投票权，从而保证股东大会选出管理层认可的董事会。在一些公司，积极投资者和现任管理层争夺个人投资者的投票代理权，目的是让他们提名的人能进入董事会。尽管这些积极投资者未必能获得多数票，但他们的行为的确能让管理层意识到他们要对股东负责。有证据显示，代理权的争夺在管理不善的公司更常见，这有时会带来管理方针的显著变化和经营业绩的改善。[1]
- **更换高级管理层**。如果你是一家管理不善的公司的积极投资者，你将如何着手推动变革？不用说，你得不到现任管理层的合作，因为你认为他们不能胜任这项工作。如果你能让足够数量的股东支持你的想法，你也许能够对高层管理人员施压，迫使他们下台。虽然有些人把一家公司高层管理人员的下台视为坏消息，但实际上这取决于市场对公司管理层的看法。总体而言，实证证据显示，管理层的更换一般来说被认为是好消息。[2] 图8.12向我们展示了当一家公司的管理层被更换时，市场将会做出何种反应。

当高级管理层被更换时，一般来说，股票价格会上涨。当这种更换是被迫进行的时候，其影响最大。当公司的经营业绩不良，股价表现欠佳时，管理层更有可能被迫下台，所以当更换管理层的消息一公布，股票价格就会上升。

---

1 J. H. Mulherin and A. B. Poulsen, "Proxy Contests and Corporate Change: Implications for Shareholder Wealth," *Journal of Financial Economics* 47 (1998): 279–313. 他们发现，代理权竞争产生的大部分财富来自随后被收购或管理层发生变动的公司。

2 E. P. H. Furtado and V. Karan, "Causes, Consequences, and Shareholder Wealth Effects of Management Turnover: A Review of the Empirical Evidence," *Financial Management* 19 (1990): 60–75.

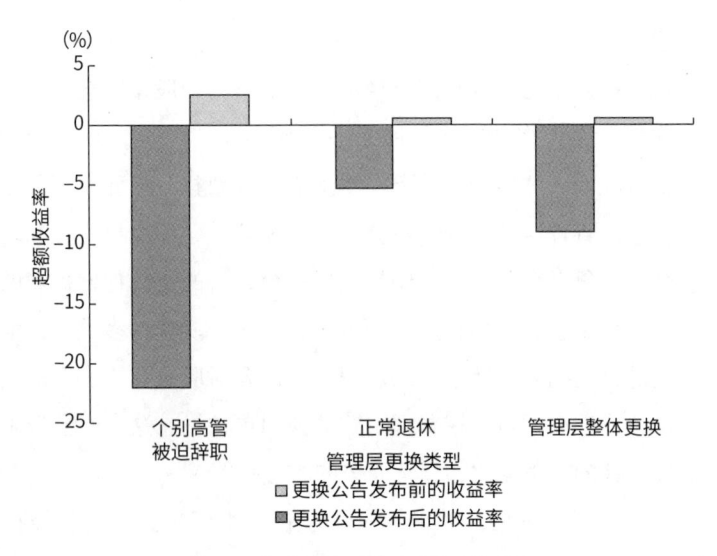

图 8.12　管理层被更换前后的收益率

资料来源：E. P. H. Furtado and V. Karan, "Causes, Consequences, and Shareholder Wealth Effects of Management Turnover: A Review of the Empirical Evidence." *Financial Management* 19 (1990)：60-75。

- **敌意收购。**如果你不能让高层管理人员离开公司，你还可以积极寻找公司的敌意收购者。如果其他人和你一样，也对公司管理层持怀疑态度，那么你很有可能取得成功。有证据表明，管理不善的公司比管理良好的公司更有可能成为收购目标。图 8.13 概括了在友好收购和敌意收购中目标公司的主要差别。[1] 值得注意的是，与被友好收购的目标公司相比，被敌意收购的目标公司的股权收益率更低，对股东的影响更大，内部人士持股也更少。毋庸讳言，公司成为被敌意收购的目标，对其股东大有好处。

1　A. Bhide, "The Causes and Consequences of Hostile Takeovers," *Journal of Applied Corporate Finance* 2 (1989): 36–59.

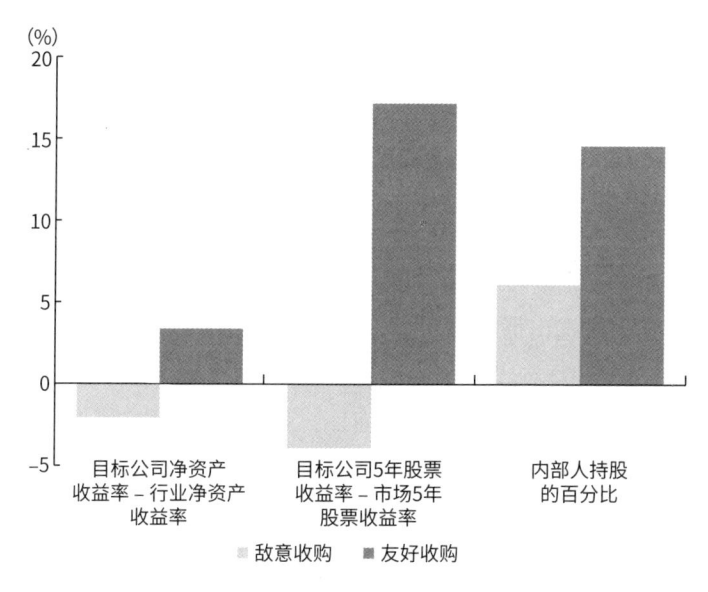

图 8.13 目标公司特点——敌意收购 vs. 友好收购

资料来源：A. Bhide, "The Causes and Consequences of Hostile Takeovers," *Journal of Applied Corporate Finance* 2 (1989)：36-59。

积极投资者的类型

积极投资策略的核心是，投资于一家管理不善的公司，然后尝试推动变革（积极投资者可以采取不同的形式。可以自己管理，也可以对管理层施加压力），有些积极投资者是"孤狼"，能凭一己之力扭转目标企业家的颓势；有些是不想"以脚投票"的机构投资者（共同基金和养老基金）；还有一些是对冲基金或私募股权基金。

孤狼

在电影《华尔街》中，迈克尔·道格拉斯扮演一个敌意收购者的角色，他声称贪婪是个好东西，为了赚钱他将不惜一切代价。这个角色在现实中的原型是伊凡·博斯基,他是20世纪80年代众多的积极投资者之一,他以上市公司为目标,有时收购这些公司,有时仅仅是吓唬一下这些公司的管理者,迫使他们改变管理方式,并在此过程中获利。好莱坞随后在金融界又找到若干类似的人物原型,如比尔·阿克曼、卡尔·伊坎和纳尔逊·佩尔茨。

这些成功的孤狼具有某些共同特征。首先,他们都能瞄准正确的目标公司,挑选出那些盈利能力和股价表现都不如同行的公司。其次,他们都不怕打破现状,挑战现有管理层的商业决策,如投资什么项目、如何融资、给予股东多少回报。再次,他们愿意投入时间和资源与管理层抗争,争取投票代理权,与不满的投资者及基金经理建立联盟。最后,他们都很执着,愿意进行长时期的斗争来实现他们设定的目标,他们也很灵活,在意识到无法取胜时就会放弃。

积极型机构投资者

出于多种原因,共同基金和养老基金并不是天然的积极投资者。积极投资者带有挑衅的态度会激怒目标公司的管理者(在其他业务里,他们可能是共同基金的客户或潜在的客户)。积极投资还需要耗费大量的时间和资源,对管理着数百家上市公司的股票投资组合的基金经理来说,他们不愿意承受这种负担。因此,典型的基金经理都是被动投资者,他们用脚投票,如果他们不喜欢哪家上市公司,卖掉其股票就可以了。

有时也有例外。加州公务员退休基金(CalPERS)在20世纪80年代中期成为首先采取积极投资立场的基金之一。该基金不仅每年会列出全美管理最差的公司,而且会投资这些公司,然后寻求改变公司的方式。在过去的20年里,其他一些共同基金也采取了积极投资的立场,但总体而言,它们仍然只占了全部机构投资者的一小部分。

积极型对冲基金 / 私募股权基金

　　私募股权基金和对冲基金在过去几十年里的爆炸式增长为积极投资开辟了一条新战线。有一类私募股权基金在相当程度上靠这种办法收获了财富和声誉，它们投资于（有时直接收购）认为管理欠佳的上市公司，促使其改善管理方式，随后从上涨的股价中获利。

　　这类基金和前面两类积极投资者的一个关键区别在于，这类基金和目标公司的现任管理层存在一种非常矛盾的关系。这类基金常常与现任管理层合作，将上市公司转为非上市公司，至少暂时转为非上市公司，而不是以不称职为理由，直接挑战现任管理层。实际上，他们认为上市公司管理不善的主要原因在于所有权和经营权的分离（目前大部分上市公司均如此），以及来自投资者和分析师要求上市公司迅速交出业绩的压力。

积极投资的实证证据

　　那么，积极投资者瞄准的是什么类型的目标公司？一旦持有这些公司的大量股票或是收购了这些公司，积极投资者是会印证贪婪地追求短期利益并最终摧毁这些公司的投资者形象，还是会对这些公司的管理产生更积极的影响？最后，在调整了他们所面临的风险后，积极投资者是否能赚到大钱？

积极投资者的目标

　　如果积极投资者希望通过改善公司的管理来赚取更多的回报，那么他们应该瞄准管理不善的公司。积极型机构投资者和个人投资者看起来的确瞄准了管理不善的公司，即那些与同行相比盈利能力较差、收益率较低的公司。积极型对冲基金似乎瞄准了另一个不同的群体。一项对2001—2005年由对冲基金发起的888起积极投资的研究发现，典型的目标是中小型公司，它们具有高于市场平均水平的流动性和较低的市净率，且处于盈利状态，现金流状况良好，支付给首席执行官的报酬高于同行业其他公司。因此，这些公司更有可能是价值被低估的公司，而非管理不善的公司。图 8.14 显示了另一个研究的结论，该研究检验了积极型对冲基金选择目标公司的动机，研究的结论为上述看法提供了更多证据。[1]

总的来说，典型的积极型对冲基金更像被动型价值投资者，它们寻找的是价值被低估的公司，而不是像积极投资者那样寻找管理不善的公司。

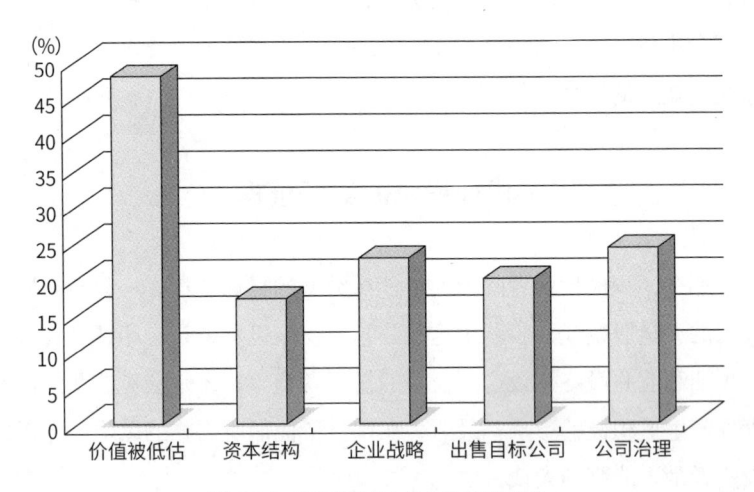

图 8.14　积极型对冲基金的投资动机

资料来源：A. Brav, W. Jiang, and H. Kim, "Hedge Fund Activism: A Review," *Foundations and Trends in Finance*, NOW (2010)。

积极投资者的做法

积极投资的核心在于挑战现任管理层。在哪方面进行挑战？成功

---

[1] A. Brav, W. Jiang, and H. Kim, "Hedge Fund Activism: A Review," *Foundations and Trends in Finance*, NOW (2010).

的可能性有多大？一项以2000—2007年的1 164起积极投资为样本的研究发现了积极投资的一些有趣的特征：[1]

- 2/3的积极投资者在向目标公司提出正式的要求前就放弃了。积极投资的失败率非常高。
- 在那些坚持不懈的积极投资者中，只有不到20%的人提出要在董事会占有一个席位，约10%的人威胁要发动代理权之争，仅有7%的人真正将威胁付诸行动。
- 当积极投资者对上市公司管理者提出下列要求时成功率较高：要求目标企业私有化（成功率41%），出售目标企业（成功率32%），重组低效率的业务（成功率35%），或提高信息披露程度（成功率36%）。以下要求的成功率则较低：更高的股息率/更多的股票回购（成功率17%），撤换首席执行官（成功率19%），调整管理层薪酬（成功率15%）。总的来说，积极投资者对管理层提出的要求，大约29%会成功实现。

图8.14提到的研究对冲基金积极投资行为的论文还发现，采用积极投资策略的对冲基金对目标公司的持股比例中位数为6.3%，即使在第25个百分位，持股比例也约为15%。换句话说，大多数试图改变目标公司管理方式的积极型对冲基金在目标公司中的持股比例远低于控股水平。该研究同时发现，对冲基金对一家公司进行积极投资的平均持股期约为2年，但中位数要低得多，约为250天。

总体而言，无论是对冲基金还是个人投资者，市场对积极投资者的反应还是正面的。有研究检验了在积极投资公告发布前后若干交易日内目标公司股票的收益，图8.15显示了该研究的结果。

请注意，大部分超额收益是在公告发布前的20天内获得的，公告发布后获得的超额收益很小。此外，成交量在公告发布前激增，这

---

[1] N. Gantchev, "The Costs of Shareholder Activism: Evidence from a Sequential Decision Model" (SSRN Working Paper 1646471, 2011).

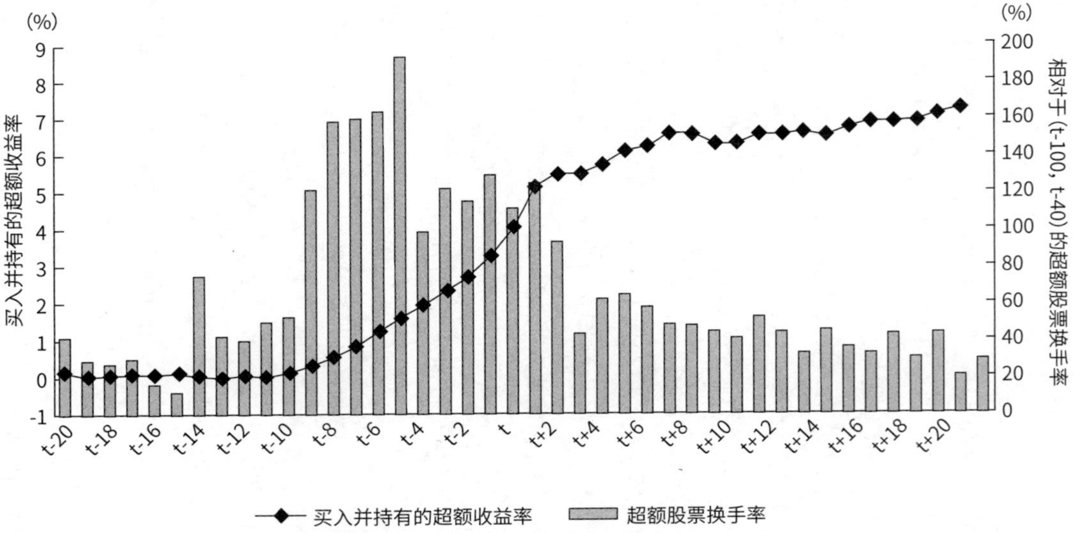

图 8.15 积极投资公告发布前后目标公司股票的超额收益率与成交量

注：实线（对应左边的纵轴）表示公告发布前后投资者买入并持有的收益率与同期市场收益率的差异，时间段为公告发布前 20 天至公告发布后 20 天。柱状图（对应右边的纵轴）绘制了相同窗口期内公司股票换手率与同期平均换手率的差异 (-100, -40)。

资料来源：A. P. Brav, W. Jiang, F. Portnoy, and R. S. Thomas, "The Returns to Hedge Fund Activism" (SSRN Working Paper 1111778, 2008)。

投资哲学 | 368

也让人质疑是否存在内幕信息和交易。该研究还发现,积极投资公告发布前后目标公司股票的平均收益率从 2001 年的 14% 逐步下降到 2007 年的不到 4%。

观察那些被积极投资者关注或控制的公司,我们可以将这些公司随后发生的变化归为我们前面讨论过的 4 类提升公司价值的行为:

- **资产重组和经营业绩**。在这方面,实证结论并不一致,具体结果取决于积极投资者的类别和观察期的长短。在积极投资者采取行动后,目标公司资产剥离的情况的确有所增加,但并不显著。有证据显示,被孤狼关注的公司相较于同行业其他公司,资本收益率和其他盈利指标有所改善,而被从事积极投资的对冲基金关注的公司则未显现出类似的盈利指标的提升。

- **资本结构**。在财务杠杆上,被积极型对冲基金关注的公司的负债比率大约会增加 10%,这个增加幅度并不十分引人注目,统计上也不显著。被积极投资者关注的一小部分公司的确出现了财务杠杆率的大幅上升,但从整个样本来看,并没有证据显示,积极投资者支持将财务杠杆率推到过高的程度。一项研究的确注意到一个令人不安的现象,至少对目标公司的债券持有人来说是这样,数年内,目标公司的债券价格下跌了 3%~5%,公司债券的评级被调低的可能性增大。[1]

- **股息政策**。积极投资者的目标公司一般都会提高股息并向股东返还更多的现金,返还给股东的现金占盈利的比例达 10%~20%。

- **公司治理**。积极投资对目标公司最大的影响在于公司治理。目标公司的首席执行官离职的可能性大幅上升(升)5.5%。此外,目标公司首席执行官的薪酬在积极投资后的若干年内会下

---

[1] H. Aslan and H. Maraachlian, "The New Kids on the Block: Wealth Effects of Hedge Fund Activism on Bondholders" (working paper, University of Houston, 2009).

降,其薪酬与公司业绩的联系更紧密。

总的来说,积极投资者在一定程度上似乎能改善目标公司的盈利能力,多多少少提高目标公司的财务杠杆率(以及相应的财务成本),增加派发给股东的现金,并使管理者更积极地响应股东的要求。一项数据截至 2009 年(大多数研究的数据截至 2005 年或 2006 年)的积极投资行为研究发现,无论从目标公司发生的变化,还是从积极型对冲基金的收益率来看,结果都令人失望。[1] 积极型对冲基金从价值投资中获得的收益似乎多于从积极投资中获得的收益,但采用积极投资策略的个人投资者从积极投资(促使目标公司改变政策)中获得的收益更多。

积极投资的收益如何?

积极投资是否能够为投资者带来更高的收益,实证结论并不一致,这取决于积极投资者的类别和收益的衡量方法。

- 采用积极投资策略的共同基金似乎从中获得的收益率最低,它们对目标公司的公司治理及其股价几乎没有产生什么影响。[2] 市场似乎也意识到这一点,研究显示,积极型机构投资者提出的投票代理权建议几乎不会对股价产生影响。然而,积极型对冲基金似乎能获得超额收益,它们的年均超额收益率低的为 7%~8%,高的达到 20%。[3] 个人积极投资者则介于中间,比机构投资者高,但比对冲基金低。[4]

---

[1] W. W. Bratton, "Hedge Funds and Governance Targets: Long-Term Results" (working paper, University of Pennsylvania Institute for Law&Economic Research, 2010).

[2] Stuart Gillan and Laura Starks, "The Evolution of Shareholder Activism in the United States," *Journal of Applied Corporate Finance* 19 (2007): 55–73; D. Yermack, "Shareholder Voting and Corporate Governance," *Annual Review of Financial Economics* 2 (2010): 103–125.

[3] A. Brav, W. Jiang, F. Partnoy, and R. Thomas, "Hedge Fund Activism, Corporate Governance, and Firm Performance," *Journal of Finance* 63, no. 4 (2008): 1729–1773.

[4] A. Klein and Z. Emanuel, "Entrepreneurial Shareholder Activism: Hedge Funds and Other Private Investors," *Journal of Finance* 63, no. 1 (2009): 187–229.

- 虽然采取积极投资策略的对冲基金和个人投资者均能获得正的超额收益，但收益的波动性非常大，而且超额收益的大小取决于所用的业绩指标和风险调整过程。换句话说，积极投资者常常会遭受损失，收益既无保障，也很难预测。
- 选择正确的公司，买入这些公司的股票，争取公司董事会的席位，参与代理权之争……所有这些行为都需要付出高昂的代价，投资者从目标公司中获得的收益必须高于积极投资的成本，这样才能创造价值。我们这里引用的研究没有一个考虑到这种成本，只有甘切夫的论文研究了这个问题，该研究发现对某家公司采取积极投资策略的平均成本为 1 071 万美元，如果考虑这个成本，积极投资的收益近乎为 0。
- 积极投资者的平均收益掩盖了一个关键因素，即分布是倾斜的，最高的收益是由前 1/4 的积极投资者提供的，位于中位数的积极投资者很可能刚刚实现收支平衡，特别是在考虑到积极投资的成本之后。

你可以通过跟随积极投资者来赚钱吗？

由于大多数个人投资者不具备成为积极投资者的资源，这个策略似乎显得不切实际。但是，有一个方法也许能够让你分享积极投资者的成功。如果你能投资于积极型对冲基金选中的公司，然后借助它们的力量，从被推高的股价中获利，你就可以间接地成为积极投资策略的受益者。

图 8.15 显示了市场对积极投资的反应，该图至少在短期内可以为上述问题提供一个答案。由于大部分超额收益是在积极投资公告发布前的若干交易日内获得的，因此，在积极投资公告发布后跟随投资，在短期内无利可图。至于跟投并长期持有的策略是否有用，我们首先要考察积极型对冲基金自身能否在长期内获得超额收益，然后从

中得到一些答案和方向：

- **跟对积极投资者。** 如果像前面的研究显示的那样，位于中位数的积极型对冲基金事实上仅能做到盈亏平衡，那么随意投资于被积极投资者选中的股票是不大可能创造价值的。但是，如果你严格挑选你所跟投的积极投资者，只跟随那些最优秀的积极投资者，你成功的概率就会增加。
- **业绩线索。** 如果积极投资策略获得的超额收益源于目标公司的业务、资本结构、股息政策和/或公司治理发生的变化，那么你应该考察目标公司在这些方面是否发生了变化，变化的力度如何。如果这些公司的管理者能够成功地抵御来自积极投资者的压力，那么你从跟投中获得的超额收益也就不会太高。
- **敌意收购的成果。** 格林伍德和朔尔的研究发现，尽管买入被积极投资者选中的股票平均而言能够获得超额收益，但这些超额收益几乎全部来自那些被敌意收购的公司。[1]

总体而言，跟随积极投资者进行投资的策略在情况好的时候还是有可能带来些许收益的，你也许能捡到一些残渣。

还有一种基于积极投资的策略值得考虑，这种策略也许能够带来更高的收益。你可以尝试找出那些管理不善，因此最有可能被积极投资者选中的公司。实际上，这相当于在筛选资本收益率低、财务杠杆率低、手中持有大量现金（说明有价值提升的可能性）、首席执行官在位多年、公司存在丑闻，以及/或出现投票权转移的公司（作为管理层变更的筛选指标）。如果你筛选正确，当其中一些公司由于内部压力（来自内部人士或有控制力的董事会）或外部压力（积极投资者的干预或敌意收购）而发生变化时，你就有可能获得更高的收益。

1　R. Greenwood and M. Schor, "Hedge Fund Investor Activism and Takeovers," *Journal of Financial Economics* 92, no. 3 (2009): 362–375.

成功的决定因素

由于积极型价值投资者可以催化价值的创造，所以他们比被动型价值投资者更有优势。因此我们要问，是什么阻止了我们成为积极投资者？当考虑积极投资者的成功前提时，我们能看到为什么成功的积极投资者这么少。

- 积极投资的力量一般源于投资者拥有大量购买管理不善的公司股份的资本，然后利用大股东的地位促使管理层改变其行为。管理层不大可能听从小股东的建议，无论后者如何有说服力。
- 除了雄厚的资本，积极投资者还需要花大量的时间进行战斗，迫使管理层倾听自己的意见，推进变革。这种在时间和资源上的投入意味着，积极投资者必须挑选相对重要的几场战斗，并愿意在每场战斗中投入大量资金。
- 就其本质而言，积极投资要求投资者对目标公司有深入的了解，因为你必须知道每家目标公司为何会做得不好，以及你应该如何解决这些问题。因此，积极投资者往往会选择真正熟悉的行业，然后购入该行业目标公司的大量股份。非常明显，按照该策略构建的投资组合不够多元化。
- 最后，积极投资不适合胆小的人。不管你认为现任管理层有多么讲道理，他们都不大可能彻底改变，听从你的指挥。他们将与你战斗，有时为了取得胜利还会不择手段。你必须做好反击的准备，做好成为被攻击对象的准备。同时，你应该善于与公司的其他投资者结成同盟，因为在迫使管理层按照你的意见行事时，你需要他们的帮助。

如果你考虑了上述所有这些成功条件，你就会明白为什么大多数传统的共同基金不采用积极投资策略。虽然共同基金可能拥有成为积极投资者的资本，但它们没有站起来反对现任管理层的勇气或意愿。

目前看来，最成功的积极投资者要么是富裕而积极进取的个人投资者或投资目标很专注的小型共同基金，要么是那些愿意通过和管理层合作来改变公司经营方式的对冲基金。作为小型个人投资者，你可以尝试搭上这些积极投资者的顺风车，但是你不太可能取得同等程度的成功。更有希望的做法是，提前识别可能会被积极投资者盯上的目标：管理不善、具备可能会导致公司管理层发生变化的因素的公司。

投资应该分散到什么程度？

各种类型的投资者都会面临的一个问题是，你是否应该将你的投资分散在很多不同的资产上？如果是这样，应该分散到多少种资产上？关于该问题的争论由来已久，看法各异。在一个极端，有效市场的信奉者认为应该对投资组合进行最大限度的分散，而在另一个极端，奉行集中投资的投资者认为，一旦你发现了一个价值被市场显著低估的公司，你就应该将资金的全部或大部分投到该公司的股票上，而不应该用分散投资去降低自己的潜在收益。

那么，你应该分散投资吗？如果应该，分散到什么程度好？答案取决于两个因素：（1）你对正确评估某个资产的价值有多大把握；（2）你有多大把握该资产的市场价格会在你的投资期内调整到你评估出来的内在价值。

- 在一个极端，如果你绝对确定你对内在价值的评估，并且资产的市场价格在你的投资期内会调整到你评估出来的内在价值，那么你应该将你的资金全部投入。例如，如果你发现某个期权的交易价格低于其行权价，你就应该将所有的资金都用来购买该期权，并通过行权来获利。一般来说，这就是我们称为"纯套利"的行为（本书第11章将讨论这个问题），它只适用于存续期有限的资产，比如期权、期货和固定收益证券，这些资产的到期日为价格调整提供了一个截止日，这使得价格的最终调整必然会出现。在某种意义上，如果你获得了即将公开披露的某项内部信息（公司的盈利、并购），且该信息公开后对价格的影响是毫无疑问的（至少就价格变化的方向而言），那么你在信息公开前进行相应的投资也是一种套利行为。当然，如果这样做触犯了法律，人们就无法采用这种策略。

- 在另一个极端，如果你不清楚哪些资产便宜，哪些资产昂贵（有效市场理论就是这样认为的），你就应该在考虑交易成本的前提下，尽量分散化投资。在这种情况下，你不分散投资也得不到什么好处，而且降低了你承担的单位风险的收益。

大多数主动投资者都处于这两个极端之间。如果你投资的是权益资产，你几乎不可避免地需要进行分散投资，原因有两个。一个是你永远无法确切地知道某项权益资产的价值，预期现金流是估计值，风险调整也不一定精确。另一个是，即使你的估值是准确的，市场价格也没有明确的调整日期，股票不像债券或期权那样有到期日。一只价值被市场低估的股票可能长期保持被低估的状态，甚至会进一步走低。

因此，你的权益资产的分散程度将取决于你的投资策略，重点是以下几个方面：

- **投资价值的不确定性。**如果你的投资策略要求你购买低市盈率的成熟公司，那么你持有成熟公司的股票数量可以少于年轻的成长型公司（这些公司的价值不确定性更高）。实际上，你可以把安全边际（本章前面讨论过）和投资的分散化程度结合起来：如果你在投资中使用的安全边际较高，你对分散化程度不够的投资组合的担忧就会更少。

- **推动市场变化的能力。**要从自己正确的判断中获利，市场价格就必须调整到你估计的价值。如果你能促成市场价格的调整（推动或强迫价格向你估计的价值靠拢），你就可以比一个别无选择、只能坐等市场价格调整发生的被动投资者持有更少的投资品种，分散程度也可以更低。因此，如果你是积极投资者，与基于市盈率来筛选股票的被动投资者相比，你需要持有的股票更少。
- **投资期限**。因为价格调整必须出现在你的投资期限内你才能获利，所以如果你的投资期限较长，你投资组合的分散化程度就可以低一些。

总而言之，如果你的投资组合里只有几只股票，那也没有什么不对，前提是这些股票都是成熟公司的，而且你已经构筑了一个健康的安全边际，或者你有推动市场变化的能力。同样的道理，如果投资者购买的是前景非常不明确的公司的股票，不知道市场价格何时以及如何调整到投资者的预期价值，那么投资者将其资金广泛分散到多个资产上也是合情合理的。

结论

价值投资者有很多种类型。第一类是被动型价值投资者（筛选者），我们认为这种类型的价值投资者是本杰明·格雷厄姆投资学派的直接继承者。他们寻找以低收益乘数、低账面价值乘数或低收入乘数进行交易的股票，认为投资这些股票从长远来看会获得超额收益率。我们尚不清楚这种超额收益率意味的是真正的超额收益，还是对长期投资的回报，或是对我们未能充分衡量的风险的适当回报。第二类是递向型价值投资者，他们购入股票价格表现不佳和/或因管理不善而声名狼藉的公司的股票。他们在进行预期博弈，认为投资这样的公司比投资那些被认为运营成功的公司更有可能超出市场预期。第三类是积极型价值投资者，他们持有价值被低估和/或管理不善的公司的股票，并凭借其持有的股份迫使公司改变其政策或管理，从而充分释放公司的价值。

是什么把这些不同类型的价值投资者联系在一起？价值投资者信奉的共同原则是，那些因自身业绩或所处行业陷入困境而不受市场青睐的公司可能是好的投资。

练习

1. 你是否会将自己归为价值投资者，如果是，是哪一类型的价值投资者（被动、逆向或积极）？
2. 假设你是一个被动型价值投资者，举出两个你用于寻找便宜股票的筛选指标。
   a. 运用以上指标来筛选便宜股票。
   b. 观察你筛选出来的便宜股票。你是否觉得由这些股票构建的投资组合存在什么潜在问题？
   c. 增加一个或几个筛选指标来帮助你避免以上潜在问题。
3. 假设你是一个逆向型价值投资者，举出两个你用于寻找便宜股票的筛选指标。
   a. 运用以上指标来筛选便宜股票。
   b. 观察你筛选出来的便宜股票。你是否觉得由这些股票构建的投资组合存在什么潜在问题？
   c. 增加一个或几个筛选指标来帮助你避免以上潜在问题。
4. 假设你在寻找有可能被积极型价值投资者选中的股票，举出两个你将使用的筛选指标。
   a. 运用以上指标来筛选便宜股票。
   b. 观察你筛选出来的便宜股票。你是否觉得由这些股票构建的投资组合存在什么潜在问题？
   c. 增加一个或几个筛选指标来帮助你避免以上潜在问题。

对投资者的忠告

作为一个价值投资者，你应该做到：

- **具有长远的眼光**。虽然实证证据有力地支持价值投资的长期成功，但是这里的关键词是长期。如果你的投资期限只有两三年，你可能永远看不到价值投资带来的收益。
- **愿意承担风险**。与一般的看法相反，价值投资策略可能会带来很大的风险，至少面临短期内价格朝着不利方向变化的风险。市盈率低或市净率低的公司可能会面临收益波动和违约风险。

除此之外，作为一个逆向型价值投资者，你需要：

- **容忍坏消息**。作为逆向型价值投资者，你购买的是下跌和被大多数投资者抛弃的股票，你应该做好准备迎接更多有关这些股票的坏消息。换言之，事情在有转机之前，通常会变得更糟。

除了上述所有要求，作为一个积极型价值投资者，你还必须：

- **愿意斗争**。你试图改变的现任管理层一般很少会不经斗争就自动让步。
- **拥有大量资源**。要使现任管理层关注你的诉求，你必须在公司拥有大量的股份。

第 9 章
成长的诱惑：小盘股投资与成长型投资

人们普遍认为，价值投资适合喜欢规避风险的人，而成长型投资属于那些愿意冒风险的投资者。虽然寻求风险没有错，但是为了冒风险而冒风险就有些鲁莽了。成长型显然有价值，但是真正的问题是，你是否能以合适的价格获得它。本章将探讨成长型投资的基本思想，摒弃那种认为所有的成长型投资者乐于寻求风险的错误观点。同价值投资一样，我们将考察不同形式的成长型投资，探讨你如何才能成为一个成功的成长型投资者。

谁是成长型投资者？

很多投资服务机构把成长型投资者定义为购买高市盈率股票的投资者。虽然这种定义方法可能比较方便，但是不够准确。事实上，该定义会让我们错误地认为，成长型投资者对他们所购买的股票的价值不感兴趣。虽然可能有些投资者的确如此，但是有人真的相信通过专注于成长型公司而建立起富达麦哲伦基金的彼得·林奇比沃伦·巴菲特更不在意价值吗？

我们将成长型投资者定义为关注对公司成长潜力的估值，而非对公司已有资产的估值，并以此为基础选择其投资目标的投资者。按照我们的定义，成长型投资者像价值投资者一样重视价值。那么，两者之间的区别在哪里？我们认为，关键的区别在于判断投资价值的焦点在哪里。正如上一章阐述的那样，价值投资者相信你更有可能在已有资产中发现被市场低估的情况，更愿意投资于拥有大量资产但表现不佳的成熟公司。而成长型投资者认为，他们的竞争优势在于擅长评估公司的成长价值，因此他们更有可能在成长型公司中发现物美价廉的股票。

在接下来的章节中，我们将分析不同类型的成长型投资。我们将从被动成长型投资策略开始，集中分析如何利用某些特定的筛选方法，如小盘股、首次公开募股和较低的市盈率与增长比率等来筛选股票，进行投资。然后，我们将讨论积极成长型投资策略，根据该策略，投资者不仅在成长型公司持有大量股份，而且积极参与这些公司的管理，我们将风险投资和私人股权投资放在这一类策略中分析。

被动成长型投资

和被动价值投资一样，在被动成长型投资中，我们也使用筛选法去发现价值被市场低估的股票。最简单的被动成长型投资策略是投资小盘股，即流通市值小的公司。接下来，我们会讨论对首次公开募股的公司的投资，这种策略期望股票在上市后的价格上涨会带来超额盈利。最后，我们将分析较为传统的成长型投资策略，先考察投资于高成长型公司的策略，然后评估购买市盈率高的公司的策略，最后分析以合适价格购买成长型股票的策略。

小盘股投资

使用最广泛的被动成长型投资策略是投资于小公司的策略，这里的大公司和小公司是从市值的角度来定义的。虽然你可以构建一个以价值为导向的小盘股投资组合，但是大多数小盘股投资组合倾向于由成长型公司构成。因此，我们认为将小盘股放在本章讨论更合适。我们将首先回顾小盘股投资的实证证据，然后研究采用该策略取得成功所需的条件。

小盘股效应

研究一致发现，投资小公司（就股权的市场价值来衡量）的收益率比投资具有相同风险的大公司更高，在这里，风险是用市场贝塔值来定义的。图9.1显示了1927—2010年将市场上的股票按市值从小到大划分为10个等级后，每个等级的年平均收益率。[1] 在每年年末根据当时上市公司的市场价值重新构建投资组合，持有至下一年年末，据此计算各投资组合每年的收益率。

如果我们看一下市值加权的投资组合，在1927—2010年，规模最小的公司股票的年平均收益率大约是20%，而规模最大的公司股票的年均收益率大约是11%。如果我们使用平均加权的投资组合，则小公司的溢价要高得多，这表明溢价主要是由规模最小的公司的股票所获得的。换言之，为了得到小盘股溢价，你应该投资于市场上规模最小的公司。不管怎么说，这些结果令人兴奋，并为专注于投资小盘股的基金经理提供了理论依据。但是，在做出结论说小盘股投资是一个可行的投资策略之前，我们还需要讨论一下小盘股溢价的一些细节问题。

1　这些年收益率来自弗伦奇与法玛基于市值等级计算的年收益率数据。

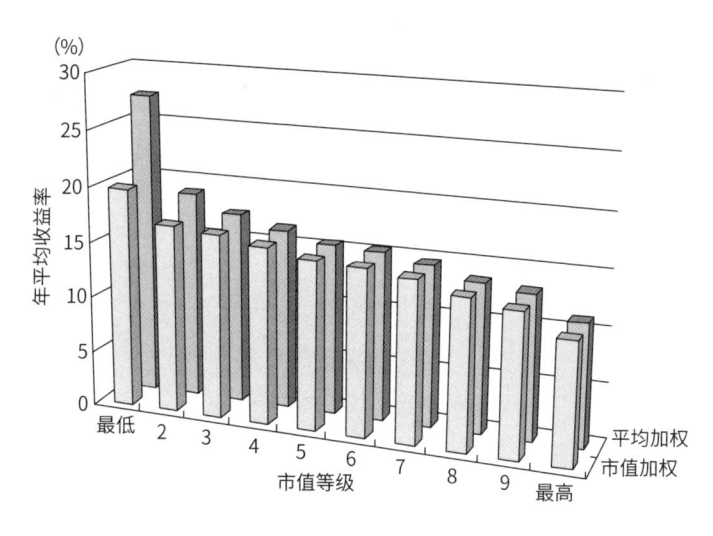

图9.1 不同市值等级的年平均收益率（1927—2010年）

资料来源：原始数据来自肯·弗伦奇数据库（达特茅斯学院）。

小盘股的周期

平均而言，小盘股在1927—2010年比大盘股票表现得更好吗？这一点毫无疑问。但是，该策略的成功并不能保证投资小盘股在每个时期都成功。虽然小盘股在多数时期比大盘股票表现得好，但是，在一些时期，甚至在相当长的时期里，小盘股的表现也有不如大盘股的时候。图9.2描述的是1927—2010年小盘股（公司市值等级最低的股票）的盈利相对于市场和大盘股（公司市值等级最高的股票）的溢价情况。

请注意，在很多年里，小盘股的盈利溢价是负的，也就是说，在这些年里，小盘股的收益率低于大盘股的收益率。事实上，在20世纪80年代和21世纪第一个十年中期，市场上大盘股的表现显著好于小盘股，这导致人们开始争辩这种情况是小盘股溢价出现了长期转折，还是只是暂时下跌。一方面，杰里米·西格尔认为，小盘股溢价几乎完全可以归因于20世纪70年代末小盘股的表现。

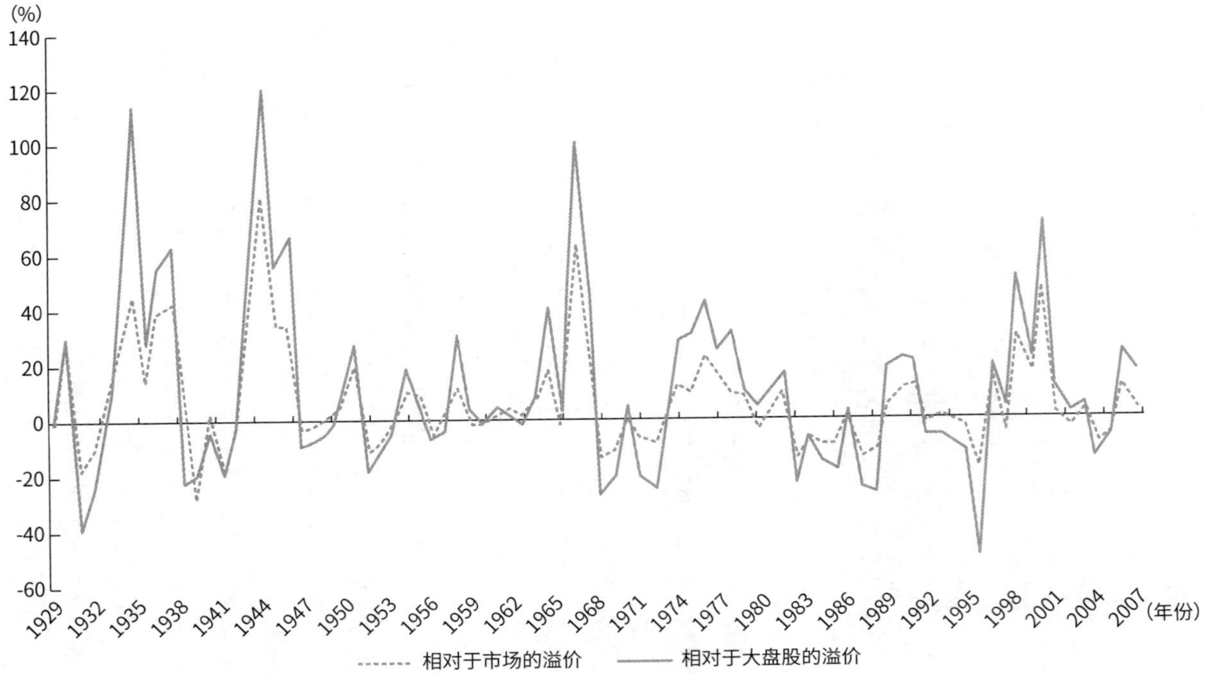

图 9.2 1927—2010 年小盘股溢价

资料来源：原始数据来自肯·弗伦奇数据库（达特茅斯学院）。

普拉杜曼在其关于小盘股溢价的书中认真研究了该问题。他将1926—1999年细分为11个时期，小盘股在其中的5个时期表现突出，在其中的6个时期表现欠佳。[1] 图9.3总结了他的研究结果。

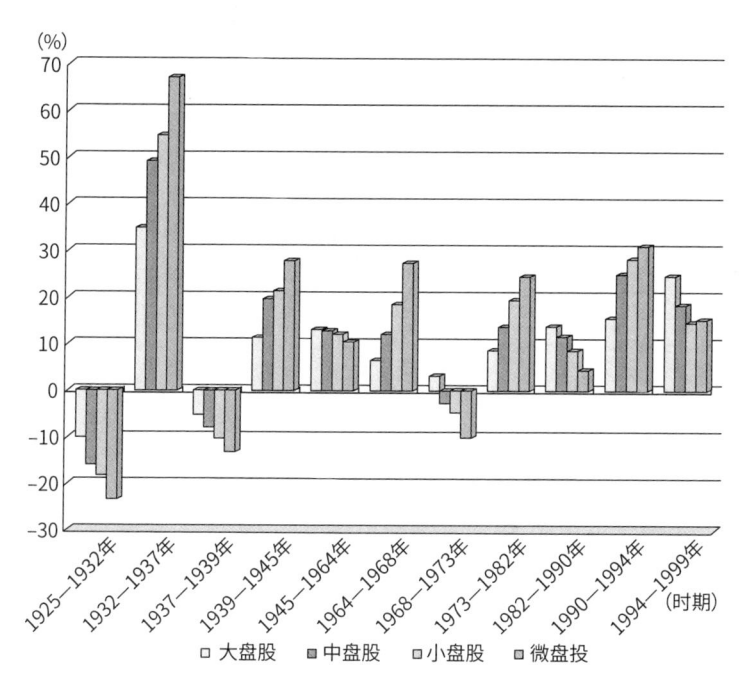

图 9.3　小盘股周期

资料来源：S. Pradhuman, *Small Cap Dynamics* (Princeton, NJ: Bloomberg Press, 2000)。

普拉杜曼提出，当盈利率曲线向下倾斜、通货膨胀率高的时候，小盘股比大盘股的表现往往要好得多，这也许可以解释为什么20世纪70年代的小盘股会有很高的溢价。他还发现，当公司债券的违约利差变窄时，小盘股溢价会更高。总之，小盘股存在收益溢价，但是这种溢价波动比较大。虽然从长期来看明显存在小盘股溢价，但是，

1　S. Pradhuman, *Small Cap Dynamics* (Princeton, NJ: Bloomberg Press, 2000).

这种溢价也会在相当长的时期内消失。

解析小盘股效应

许多研究试图更深入地分析小盘股效应，以发现溢价的来源。下面是它们得出的一些结论：

- 对微盘股（真正的小型公司）来说，小盘股效应最大。事实上，很多这种公司的市值不超过2.5亿美元或更低。这些公司通常也是股票价格低、流动性差的公司，一般没有股票分析师跟踪它们。
- 小盘股溢价的很大一部分是在1月获得的。图9.4展示了1927年至2010年每年1月及其他月份小盘股收益率和市场收益率的对比，以及小盘股和大盘股的收益率对比。

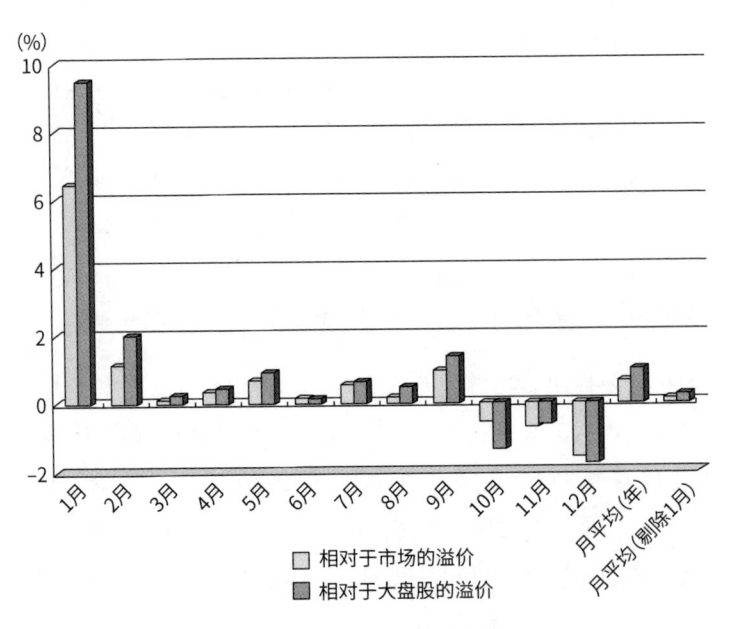

图 9.4　小盘股效应：包括1月和剔除1月

资料来源：原始数据来自肯·弗伦奇数据库（达特茅斯学院）。

- 实际上，你不能拒绝这样的假设，即从 2 月到 12 月不存在小盘股溢价。我们在第 7 章提到的一些和时间有关的异常现象，如周末效应，在小盘股上似乎也更显著。在美国以外的市场也存在小盘股溢价的证据。研究发现，1955—1984 年，英国的小盘股溢价率为 7%[1]，法国为 8.8%，德国的规模效应要小得多[2]，1971—1988 年，日本的小盘股溢价率为 5.1%[3]。迪姆松、马什和斯汤顿检验了全球 20 个股票市场，其中有 19 个市场从长期来看存在小盘股溢价的现象。2001—2010 年，这 20 个市场的小盘股平均溢价率为 8.5%。[4]

对小盘股溢价的解释

在实证研究中，小盘股现象的持续存在导致一些人辩解说，看上去所谓的小盘股溢价实际上源于没有考虑到交易成本和正确地衡量公司的风险。这些观点不无道理，但是，在考虑了交易成本和公司风险后，尚不清楚小盘股溢价是否就会消失。

交易成本

对小盘股投资的交易成本要明显高于对大盘股投资的交易成本，小盘股溢价是没有考虑交易成本的。例如，在第 5 章我们讨论过股票买卖价差占股票价格的百分比，并注意到小公司的这个值往往更高。此外，股票交易对小盘股的价格影响也高于对大盘股的价格影响，因

---

1 E. Dimson and P. R. Marsh, "Event Studies and the Size Effect: The Case of UK Press Recommendations," *Journal of Financial Economics* 17 (1986): 113–142.
2 E. F. Fama and K. R. French, "Value versus Growth: The International Evidence," *Journal of Finance* 53 (1998): 1975–1999.
3 L. K. Chan, Y. Hamao, and J. Lakonishok, "Fundamentals and Stock Returns in Japan," *Journal of Finance* 46 (1991): 1739–1789.
4 E. Dimson, P. Marsh, and M. Staunton, *Credit Suisse Global Investment Return Sourcebook 2011* (London: London Business School, 2011).

为小盘股的流动性较差。交易成本的差异是否能抵销小盘股的溢价？答案取决于你的投资期限。在短期内，交易成本可能会抵销与小盘股有关的任何超额收益。但是，在较长的时间里，你可以把交易成本摊薄到整个持股期间，因而小盘股的超额收益也许能够继续存在。

要在现实环境中复制在研究中观察到的小公司溢价是十分困难的，图9.5提供了一个有力的证明，我们将一个假设的小公司投资组合（CRSP小盘股）的收益率与一个最著名的小盘股共同基金（DFA小盘股基金）的实际收益率进行比较，后者被动投资于与前者相同的小盘股。

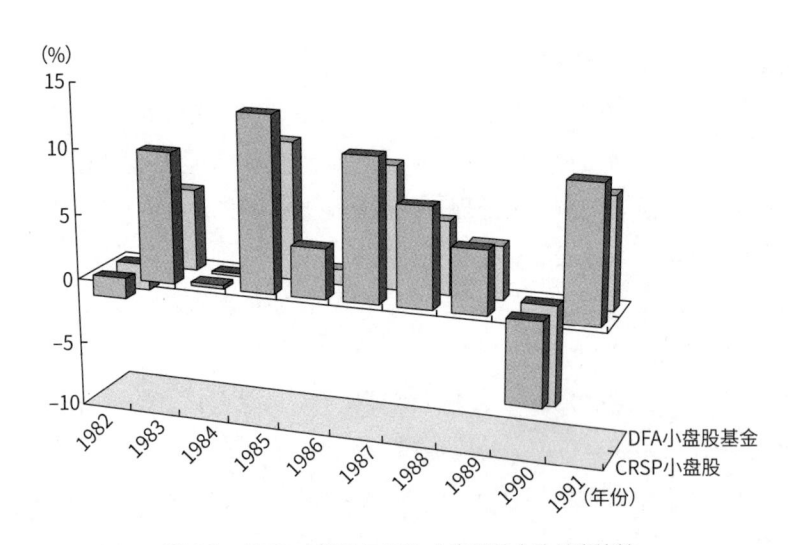

图 9.5　CRSP 小盘股与 DFA 小盘股基金收益率比较

资料来源：晨星。

值得注意的是，DFA 小盘股基金的收益率落后于 CRSP 小盘股约 1%，这反映了在现实中该基金所面临的交易和执行成本。将数据更新到 2010 年，在近 20 年里，DFA 小盘股基金的年收益率为 13.43%，而 CRSP 小盘股的年收益率为 14.52%。因此，即使是一个被动投资的小盘股基金，年交易成本也达到1.1%，如果是更积极的小盘股投资者，交易成本就会更高。

未考虑变现能力和正确衡量风险

很多发现小盘股存在溢价的研究使用的是市场贝塔值和资本资产定价模型来衡量风险。完全有可能的是，用资本资产定价模型来衡量风险并不合适，贝塔值低估了小盘股的风险。因此，小盘股溢价可能真的反映了市场贝塔值不能正确衡量风险这一事实。与小盘股有关的额外风险可能来自几个方面。第一，在使用小公司的贝塔值估算时，估算风险要大于使用大公司的贝塔值，部分原因是小公司往往会随着时间的推移发生更多变化，部分原因是小公司历史较短。小盘股溢价可能是对这些额外风险的回报。[1] 第二，投资小公司的流动性风险更大。流动性风险也是前面讨论的小盘股存在较高交易成本的一个原因，但该风险在贝塔值中并没有反映出来。

小盘股的流动性风险与预期风险可能会显著影响对其溢价的正确评估，虽然这种论点似乎有道理，但是在涉及小盘股的预期风险时，有一个问题值得注意。那就是小盘股投资组合和单只小盘股所承担的风险不同，在小盘股投资组合中，预期风险应该是可分散的。预期风险会导致你低估一些小公司的风险（或贝塔值），而高估另一些小公司的风险。但小盘股投资组合的贝塔值应该仍然是可以被估算的，因为误差被平均掉了。至于流动性问题就很难通过分散化来消除了，因为所有的小盘股都存在更高的成本（股票的买卖价差或价格影响），对小盘股来说，这是个系统风险。因此，流动性风险将以交易成本更高更高的形式体现在小盘股投资组合中，并随着投资组合交易量的增加而上升，同时在市场危机期间上升。

---

[1] 该观点的问题在于，它没有考虑预期风险是双向的——有些贝塔值被低估，有些贝塔值被高估，因此，预期风险应该是可分散的。

信息风险

当对上市公司进行投资时,我们一般不仅依靠该公司提供的财务报告,而且依靠跟踪该公司的分析师的意见。我们期望这些分析师搜集有关该公司的信息,并在他们的报告中披露这些信息,不管这些信息是对的还是错的。对一个股权非常分散的大公司来说,有 25 名或 30 名分析师跟踪它,还有关于该公司运营状况的大量外围信息,这是很常见的。而很多小公司只有一两名分析师跟踪,还有很多小公司根本没有分析师跟踪,这一点可以从图 9.6 中看到。

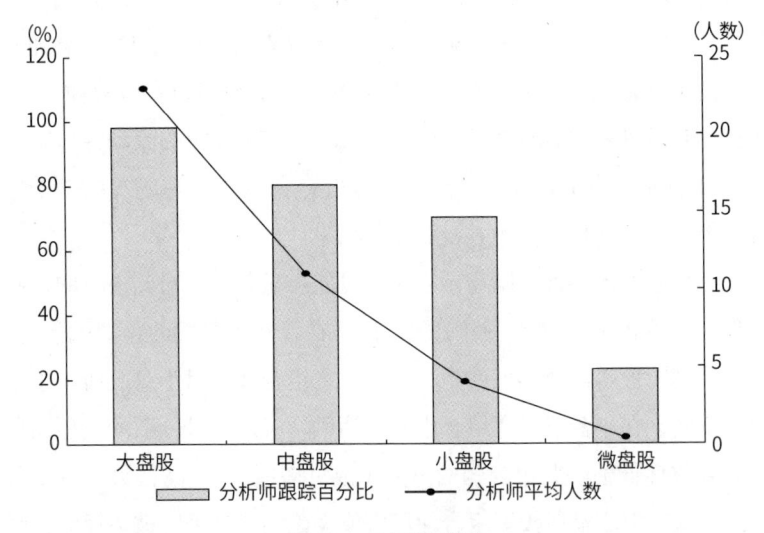

图 9.6 分析师关注度

资料来源:Capital IQ 数据库。

对一些小盘股公司来说,你可能发现唯一的信息来源是公司本身。虽然这些公司可能遵守了所有的监管要求,但其所披露的信息不可能百分之百客观,有关公司经营的负面信息完全有可能被隐藏了。由于分散化也无法分散掉这些风险,所以你在投资这些公司时可能会要求得到溢价补偿。

小盘股投资成功的因素

尽管在 20 世纪 80 年代小盘股溢价效应减弱，我们也应该承认，当我们使用传统的衡量方法，如贝塔值来调整风险时，小盘股的收益还是要高于大盘股。基于前面所讨论的对该溢价的可能解释，为了在小盘股投资上取得成功，你需要做些什么呢？

- 第一个也是最关键的因素似乎是长期的投资期限，因为小盘股溢价的起伏很大。图 9.7 显示了在不同投资期限内小盘股投资者超越大盘股投资者的概率。请注意，在 5 年的投资期内，这个比例接近 50%，与随机投资策略的结果没有差别。但是，超过 5 年后，小盘股投资绝对胜出。

此外，长期投资可以非常有效地弱化交易成本对收益的侵蚀。

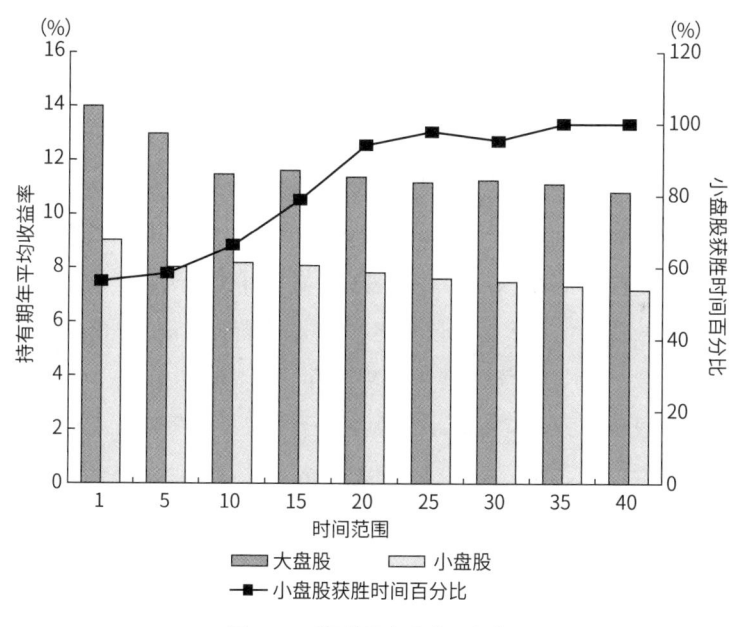

图 9.7 时间范围和小盘股溢价

第 9 章 成长的诱惑：小盘股投资与成长型投资

- 如果你是小盘股投资者，自律和分散化投资的重要性对你来说更加重要。由于小盘股往往集中在少数几个行业，所以你需要一个大得多的投资组合来分散投资风险。[1] 此外，分散化投资还能降低预期风险和一些信息风险。
- 由于通常没有分析师跟踪小公司，所以在对小盘股进行投资时，尽职调查的责任就落在投资者的身上。你可能不仅要查看财务报表，还需要从其他渠道（地方报纸、公司客户和竞争对手）搜集该公司的相关信息。

如果你把在投资组合中所需的更多股票和对每只股票进行的额外研究结合起来，你会发现，小盘股投资比大多数其他投资策略更费时，需要的资源也更多。如果你愿意付出这些资源，并有长期投资的打算，你应该能够从小盘股溢价中获利。

小盘股价值投资

虽然我们把小盘股投资视为成长型投资的一种形式，但如果你专注于符合价值投资标准的低市盈率或低市净率的小公司，你也可以做小盘股价值投资者。小盘股价值投资者希望同时能享有投资低市盈率或低市净率股票可能带来的超额收益，和投资小盘股可能带来的超额收益。

普拉杜曼在他关于小盘股投资的书中，将购买小盘价值股的投资策略与购买小盘成长股的投资策略进行了对比，得到以下结论。第一，小盘股价值投资策略的超额收益小于价值投资策略和小盘股投资策略的超额收益之和。换言之，当把两者合并时，两个策略的收益率都存在一些损失。第二，大盘价值股与大盘成长股之间的收益差异和小盘价值股与小盘成长股之间的收益差异类似，小盘股之间的差异相

---

[1] 进行分散化投资（即分散公司95%的特有风险）的惯常做法，对大盘股来说大约需要25只股票，对小盘股来说需要更多股票。那是多少？这取决于你采取的策略，但是你至少要考虑持有40~50只股票。

对更大。换言之，当价值股在整个市场上的表现优于（或逊于）成长型股票时，小盘价值股的表现就会在更大程度上优于（或逊于）小盘成长股的表现。第三，过去 20 年小盘股价值投资策略的超额收益率似乎更多地受到价值部分而不是小盘股部分的驱动。[1]

首次公开募股

首次公开募股是指公司通过向公众发行股票成为上市公司。与那些已经上市的公司发行新股的情况不同，首次公开募股的股票没有市场价格可参考，必须由投资银行根据对供需情况的评估给股票定价。有些投资者认为，他们可以利用股票首次公开募股过程中的不确定性和投资银行在给股票定价时出现的偏差赚取超额收益。

首次公开募股的程序

公司转变为公开交易的上市公司后，得到的主要好处是增加了进入金融市场融资的机会，同时获得了项目资本。这种获得新资本的方式对高速成长且具有大量有利可图的投资机会的公司而言是一个重大好处。第二个好处是，公司的所有者可以由此获知他们所持有财富的市场价值，并将其兑现。这些好处必须与成为上市公司的潜在成本进行权衡。最重要的成本是，上市后，所有者有可能失去对公司的控制权。与上市有关的其他成本还包括对信息披露的要求和法律要求。[2] 假设好处大于成本，首次公开募股需要几个步骤。

虽然做出上市的决定，但公司一般不能直接进入金融市场。这是

---

[1] 普拉杜曼通过将股票的超额收益率与市值和市净率进行回归得出这一结论。后者比前者更能说明超额收益率的差异。

[2] 成本是两方面的。一方面是生成和公布信息本身的成本。另一方面是失去用使用何种方式在何时向其他公司披露公司信息的自主权。

因为，公司可能在很大程度上不为投资者所知，而且在没有外部帮助的情况下，公司也不具备上市的专业知识。因此，公司必须选择中介机构帮它实施上市交易。这种中介机构通常是投资银行，它们向准备上市的公司提供多种服务。

第一，帮助公司满足信息披露的要求，并准备上市所需的文件。在美国，准备上市的公司必须向美国证券交易委员会提交注册声明和招股说明书，提供公司的相关财务历史数据、对未来的预测以及首次公开募股的资金使用计划。招股说明书要给未来的股票投资者提供有关该公司风险及发展前景的信息。第二，它们为不知名的小公司提供了可信度，吸引投资者购买其股票。第三，它们对公司的估值及新股发行的定价提供咨询。第四，它们通过保证发行价格替上市公司分担部分风险，这种保证被称为证券包销保证。最后，它们通过组建承销团来协助销售股票，承销团努力向其客户推销该股票。证券承销团由一家投资银行负责组织，这家银行被称为牵头银行。准备上市的公司一般根据声誉和专业水平而不是根据价格来挑选投资银行。良好的声誉为投资者提供了购买该股票时所需的信任度。专业水平不仅有利于发行定价和上市过程，而且对上市后要做的一些财务决定也有很大帮助。准备上市的公司与中意的投资银行洽谈协议，而不是公开让各家投资银行来竞争。

一旦公司确定了帮助它上市的投资银行，下一步就是为公司估值。估值工作一般由牵头银行来做，公司需要提供大量信息。公司估值有时使用类似第5章所描述的现金流折现模型，但是更常用的是定价乘数，通过考察已经上市的类似公司的定价进行估值。无论使用哪种方法，由于缺乏充足的历史信息，加上这些都是具有高增长前景的小公司，对它们的估值都有很高的不确定性。公司要做的其他决策还包括首次公开募股的规模以及募集到的资金的用途。在大多数情况下，在首次公开募股时发行的只是公司的部分股票，这种做法降低了公司可能面临的定价过低的风险，同时使公司的所有者有机会检验市场，然后再出售更多的股票。在大多数情况下，公司会将首次公开募股所募集的资金用于新的投资项目。

下一步是为公司确定每股股票的价值。为此，需要将公司的股权估值除以股票数量，股票数量取决于上市公司为本次上市确定的价格范围。例如，如果该公司的股权估值是 5 000 万美元，那么为了达到每股 10 美元的目标价格，股票数量应该定在 500 万股；若为了达到每股 50 美元的目标价格，股票数量应定在 100 万股。

最后一步是确定股票的每股发行价格。多数投资银行都把每股发行价格定得低于每股估值，原因有两个。其一，这样可以降低银行的风险，因为这样做可以确保投资者将以发行价购买该股票。（如果发行价定得太高，投资银行无法售出所有发行的股票，它将不得不动用自己的资金以发行价购买该股票。）其二，如果股票在首次公开募股后价格上涨，投资者和投资银行就会认为这是个好兆头。对以发行价购买股票的投资银行的客户来说，好处是立竿见影的；对上市公司来说，股票在首次公开募股后价格上涨，为其今后发行股票奠定了基础。在确定股票的发行价时，投资银行具有可以先对投资者需求进行评估的优势。这个过程被称为投资者购股意愿建档，即在定价之前对机构投资者进行调查，从而评估市场对该股票的需求程度。与此同时，投资银行和股票发行公司通过一系列推介会，向潜在投资者介绍信息，这个过程被称为路演。在这个过程中，如果需求看起来非常强劲，那就可以提高发行价格；如果需求较弱，那就降低发行价格。在某些情况下，如果投资者对首次公开募股的股票不感兴趣，公司就会取消上市。[1]

发行价一旦确定，大局就定下来了。如果发行价确实低于实际价值，需求将超过发行股的数量，投资银行将不得不选择用配给机制分派股票。在发行日，也就是股票可以交易的第一天，股票价格一般会

---

[1] 一项对 1979—1982 年首次公开募股的研究发现，有 29% 的公司在这一阶段终止了上市进程。

出现井喷。但是，如果发行价定得太高（有时会出现这种情况），投资银行将不得不折价销售股票，并根据包销协议补足差额。

首次公开募股定价：证据

投资银行家对首次公开募股的股票定价是否合适？一个衡量的方法是，将股票发行日的收盘价格与发行价进行比较。虽然每年的情况都有所不同，但平均而言，发行价似乎会低10%~15%。首次公开募股的规模越小，定价偏低的倾向就越严重。一项研究以1990—1994年1 767家公司的首次公开募股为样本，检验了发行规模对定价偏低程度的影响，结果如图9.8所示。[1]

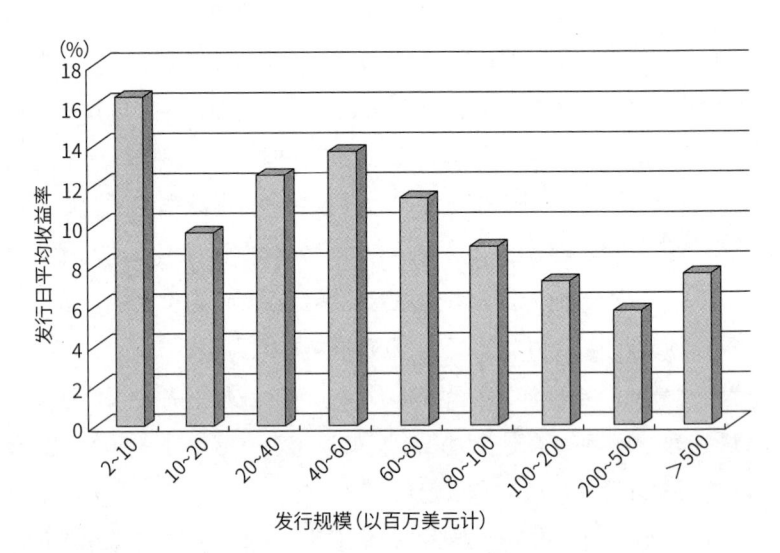

图9.8 发行日平均收益率和发行规模

资料来源：I. Lee, S. Lockhead, J. R. Ritter, and Q. Zhao, "The Costs of Raising Capital," *Journal of Financial Research* 19（1996）：59-74。

1　　I. Lee, S. Lockhead, J. R. Ritter, and Q. Zhao, "The Costs of Raising Capital," *Journal of Financial Research* 19 (1996): 59-74.

发行规模越小,定价偏低的程度越高,发行规模最小的股票,定价偏低程度往往在17%以上,但是发行规模大的股票定价偏低的程度会低得多。

在2004年一篇关于首次公开募股定价偏低程度的文献中,伦德奎斯特提出了两个新发现。[1] 首先,他注意到,美国市场的定价偏低程度随着时间的推移变化很大,图9.9显示了不同时期股票上市首日的平均收益率和发行规模(对定价偏低程度的粗略估计)。

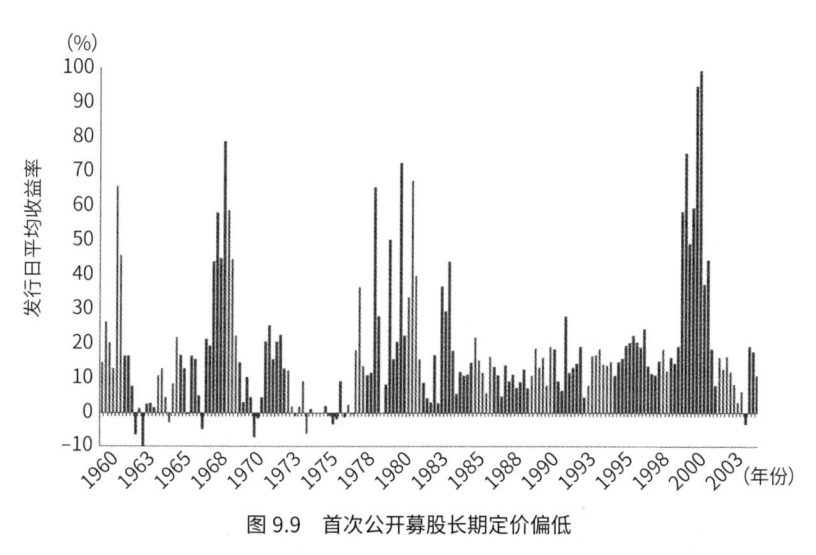

图 9.9 首次公开募股长期定价偏低

资料来源:A. 伦德奎斯特,*IPO Underpricing*, Handbooks in Corporate Finance: Empirical Corporate Finance, edited by Espen Eckbo (Elsevier/North Holland Press (2004))。

注意观察,1999年和2000年的首次公开募股严重定价偏低,那两年新股发行当日的平均收益率分别达到71%和57%。同时,首次公开募股定价偏低也是有周期的,在某些时期定价偏低程度很高,而在另一些时期则很低。其次,伦德奎斯特将此分析扩展到图9.10显示的

1　A. Ljundquist, *IPO Underpricing*, Handbooks in Corporate Finance: Empirical Corporate Finance, edited by Espen Eckbo (Elsevier/North Holland Press (2004)).

19个欧洲国家股票市场，他发现每个市场都存在首次公开募股总体定价偏低的现象。新兴市场的情况也不例外，在过去几年里，亚洲和拉美新兴市场的首次公开募股数量激增。博尔顿、斯马特和楚特测算了包括许多新兴市场在内的37个国家在首次公开募股中定价偏低的程度，并研究了影响首次公开募股定价偏低的因素。[1] 他们发现，盈利的质量越高，首次公开募股定价偏低的程度越低；在信息披露标准低和财务信息不透明的国家，首次公开募股定价偏低的程度最高。在中国，新股上市首日的价格上涨了约121%，而在巴西平均只上涨了约7%。

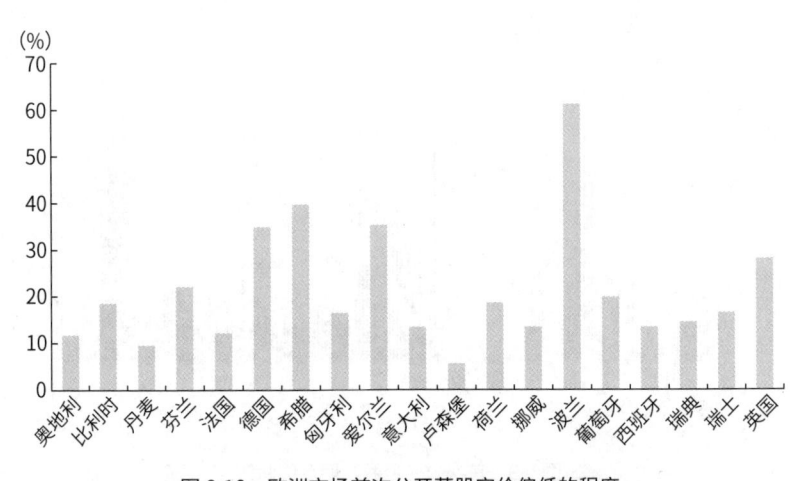

图9.10 欧洲市场首次公开募股定价偏低的程度

资料来源：A. Ljundquist, *IPO Underpricing*, Handbooks in Corporate Finance: Empirical Corporate Finance, edited by Espen Eckbo (Elsevier/North Holland Press (2004))。

虽然有很强的证据表明，首次公开募股的股票在发行日价格会上涨，但是这些股票在之后的几年里是不是好的投资就不太清楚了。如图9.11所示，洛克伦和里特跟踪了5 821只新股在上市后5年内的收益率，并与同期其他老股的收益率进行了比较。请注意，新股的表

---

1 T. J. Boulton, S. B. Smart, and C. J. Zutter, "Earnings Quality and International IPO Underpricing," *Accounting Review* 86 (2010): 483–505.

投资哲学 | 398

现一直不如老股，特别是在上市后的前几年里，两者的差距最大。虽然这种情况对规模较大的公司来说不那么明显，但是仍然存在。简言之，投资首次公开募股的公司，盈利主要源于以发行价购买股票，而非在新股上市后再购买股票。

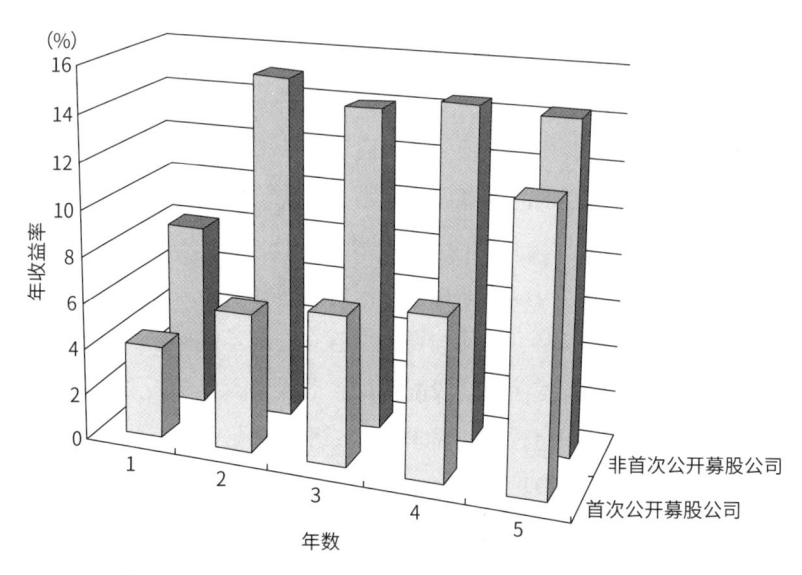

图9.11 收益率——首次公开募股公司 vs. 非首次公开募股公司

资料来源：T. Loughran and J. R. Ritter, "The New Issues Puzzle," *Journal of Finance* 50, 23-51。

投资策略

基于首次公开募股定价偏低的情况和新股上市的前几年低于平均水平的表现，是否有可以利用首次公开募股来获利的投资策略呢？在本节中，我们讨论两种策略。第一种策略是大棒策略，即参与每一次新股申购，希望能从发行日的股价飙升中获利（前面的研究都证实了这一点）。第二种策略类似价格惯性策略，即在市场遇热的时候顺势参与新股申购，在市场遇冷的时候避免投资。最后，我们讨论如何才能有选择地投资最有利于投资者的新股。

大棒策略：参与每一次新股申购

如果首次公开募股的平均价格都偏低，那么一个明显的投资策略就是参与大量的新股申购，构建一个由新股组成的投资组合。但是，新股配售过程中的一个陷阱可能会使该投资组合无法从平均定价偏低中获得超额收益。当投资者申购新股时，配售给他们的股票数量取决于新发行股票的定价是否低于实际价值，以及在多大程度上低于实际价值。如果新股的发行价格大大低于实际价值，申购新股的投资者就只能得到他们所要求的部分股份。相反，如果股票定价合理或定价高于实际价值，他们会得到所要求的全部股份。因此，定价偏低的新股在该投资组合中所占比例过低，而定价偏高的新股在投资组合中所占比例过高。

有没有什么方法可以让你在新股配售的博弈或新股上市后的市场中获胜呢？有两个策略可供你选择，尽管它们都不能保证成功。第一个是争取成为一个有偏向的新股配售体系的受益人，即投资银行在低价发行中给你的份额超过你的需求。第二个策略是和公众对赌，在首次公开募股的股票上市后将其卖空，希望在接下来的几个月里从价格下跌中获利。这种策略的风险在于，新股的流动性未必很好，卖空新股有可能很困难，也很危险。

顺势而为：只投资于牛市

随着市场的起伏，首次公开募股的股票数量和定价偏低程度也会时涨时落。在某些时期，市场到处充斥着定价明显偏低的新股，有时，市场上几乎没有首次公开募股的股票，新股定价也有所下降。比如，20世纪90年代末的泡沫时期，公司以惊人的速度上市；到了2001年，公司上市慢得像涓涓细流。图9.12显示了1960—2010年每年首次公开募股的数量以及这些股票的平均初始收益率。

请注意，20世纪70年代初首次公开募股的数量几乎降到了零，投资新股的收益率也随之下降。同样的情况也出现在2001—2002年

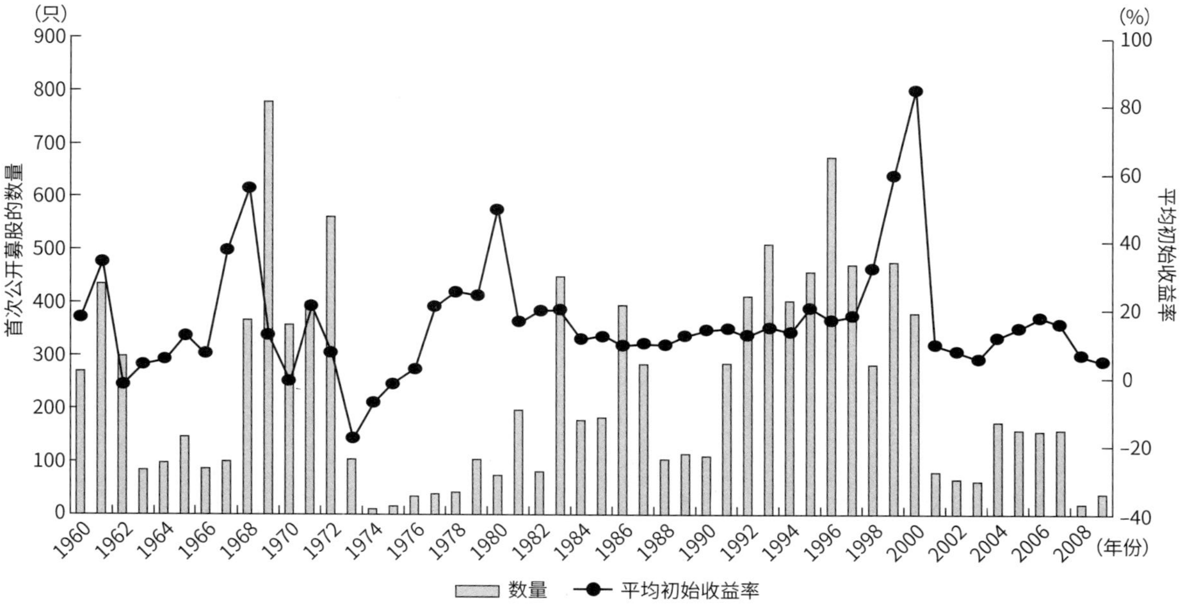

图 9.12 首次公开募股的数量与平均初始收益率

资料来源：A. Ljundquist, *IPO Underpricing*, Handbooks in Corporate Finance: Empirical Corporate Finance, edited by Espen Eckbo (Elsevier/North Holland Press, 2004)。最近几年，我们使用了 IPOcentral.com 上的数据，这是一个追踪首次公开募股的网站。

第 9 章 成长的诱惑：小盘股投资与成长型投资

互联网泡沫破灭后和2008—2010年金融危机后。因此，顺势而为的策略仅适用于市场处于牛市，大量公司不断上市，且新股定价明显偏低的时期。在经济不景气的时候，就不用过多考虑这个策略了。

这个策略实际上是一个惯性策略，和惯性策略的风险相似。首先，尽管平均而言该策略在整个牛市期间的确能够为投资者带来收益，但你能否赚钱在很大程度上取决于你能否及时地意识到牛市的开始（你越晚意识到，收益就越低）和结束（投资牛市末期的新股最有可能失败）。其次，任何时期的首次公开募股往往都集中于同一个行业。例如，1999年大量首次公开募股的公司是年轻的技术公司和电信公司。只投资于这些公司会带来一个问题，即该投资组合无法分散风险，在那个时候任何一个热门行业的股票都会被过度加权。

有选择性的新股投资者

如果首次公开募股投资策略的最大风险在于，你可能被定价过高的股票套住（要么是因为某只定价过高的新股给了你足额配售，要么是因为你投资的时点是在牛市的末期），那么在投资策略中纳入价值投资的视角可能有助于避免部分风险。为此，你只投资于那些最可能出现首次公开募股定价偏低的新股，而非发行的每一只新股或牛市中的每一只新股。这就要求你在新股发行前投入相当多的时间和资源，你需要利用招股说明书和其他公开的资料，通过内在价值模型或相对估值模型对即将上市的公司进行估值。然后，根据你评估出来的价值，决定投资哪些新股，不投哪些新股。

上述策略有两个潜在的问题。首先，你必须具备熟练的估值技术，因为给即将上市的公司估值通常远比给已经上市的公司估值困难。尽管准备上市的公司必须提供相关财务信息和募集资金的使用计划，但这些公司多半是历史较短的高成长型公司。因此，这些公司的财务数据不仅较少，而且在用于预测公司的未来时用处不大。其次，正如我们在前面提到的，新股市场也有周期，在熊市时，定价偏低的新股屈指可数。这样，你的任务可能就变成了寻找那些发行价被高估程度最低的新股，而非寻找定价偏低的新股，并在价格回归公允价值前找到退出策略，卖出这些股票。

成功的决定因素

将投资于首次公开募股的股票作为一种辅助策略而不是主要策略似乎更有道理。一部分原因是，在热门时期，首次公开募股可能会集中在少数行业。另一部分原因是，在萧条时期，很少有公司首次公开募股。假设将其作为一种辅助性的投资策略，要取得成功，你需要做到如下几点：

- 掌握对信息有限、未来存在很大不确定性的公司的估值技能，从而识别上市公司的发行价是被低估了还是被高估了。
- 这是一个短期策略，经常要先以发行价申购股票，然后在上市交易后不久将其卖出，因此，除了评估该股票的价值，你还必须观察和评估市场情绪和对新股的需求。换言之，市场情绪的变化可能会导致你手中积压大量定价过高的新股。
- 要在新股游戏中游刃有余，多申购你认为发行价严重偏低的股票，少申购或不申购你认为发行定价偏高或发行价接近其公允价值的股票。
- 准备做一个全球投资者，因为新股日益转向亚洲和拉丁美洲的新兴市场。

近年来，投资银行利用新股配售来回报客户。在新股需求旺盛的时候，投资银行还能通过暂停或限制申请新股配售来惩罚那些在新股上市后立即出售股票获利的投资者。如果投资银行将购买后长期持有这些股票作为申购新股的条件，你很可能就会发现，这些股票在上市初期的优异表现很快被随后的糟糕收益抵消。

筛选指标

如果你是一个投资组合经理，而且你要从大量的股票中进行选择，那么构建一个投资组合最有效的方法就是筛选股票，挑选那些通过特定筛选标准的股票。换言之，你用格雷厄姆寻找价值股的方法来寻找成长型股票。在本节中，我们将考虑3种筛选策略：购买预期收益增长率高的股票；挑选市盈率高的股票；以合理价格购买成长型股票，即在给定增长预期的前提下，挑选价格较低的成长型股票。

高预期收益增长率策略

对大多数成长型投资者来说，购买预期收益增长率高的股票是理所当然的策略。你可以观察收益的历史增长情况，以此预测未来的增长，并购买历史上收益增长率高的股票，或者寻找分析师预测收益会出现高增长的股票。

历史收益增长率

过去的增长率是否能用于预测未来的增长率？不一定。过去的增长率被很多投资者用于预测未来的增长率，但是这样做存在两个问题。

1. 第一个问题是，增长率本身就是多变的数据，该指标用于预测未来增长率有较大的噪声。在1962年一项关于历史增长率和未来增长率的研究中，利特尔使用了"杂乱无章，无规律可循"来形容历史增长率与未来增长率之间的关系，研究结果不支持公司在一个时期快速增长，在下一个时期也会快速增长的假设。[1]在对不同长度的连续期间的收益增长率进行序列相关性检验时，他经常发现两个期间的增长率之间存在

---

[1] I. M. D. Little, *Higgledy Piggledy Growth* (Oxford, UK: Institute of Statistics, 1962).

负相关性，两个期间的平均相关性接近 0（0.02）。平均而言，如果公司过去的增长率不是预测其未来增长的可靠指标，那么对规模较小的公司来说，依靠公司过去的增长率预测未来就更不可靠了。小公司的增长率与市场上其他公司的同期增长率相比更不稳定。图 9.13 列示了按市值分类的美国上市公司在连续期间（5 年、3 年和 1 年）的收益增长率相关性。虽然 1 年期的收益增长率的序列相关性普遍高于 3 年期或 5 年期，但是，小公司的相关性一直低于市场上的其他公司。这表明，你应该更加谨慎地使用历史收益增长率来预测这些公司的未来收益增长率。

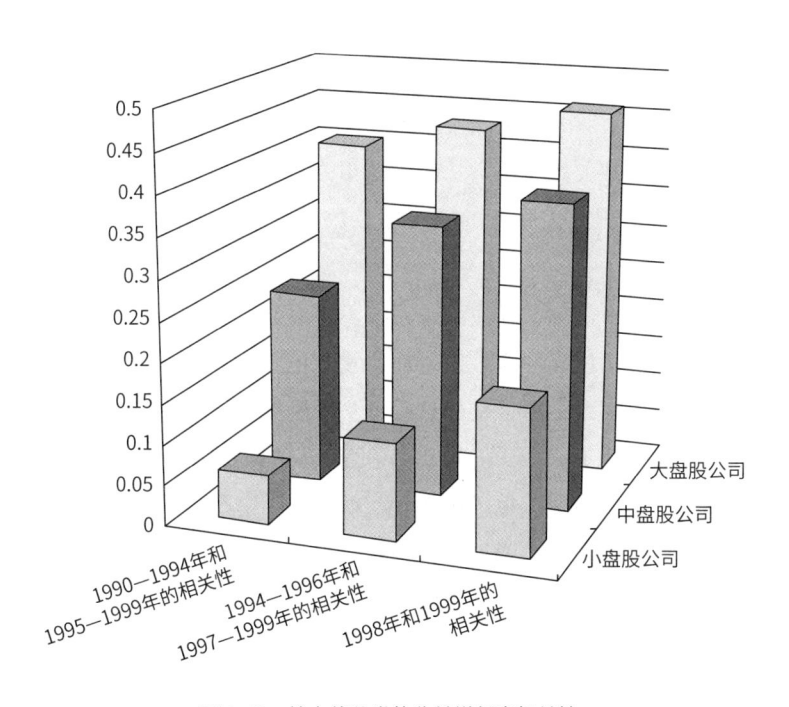

图 9.13 按市值分类的收益增长率相关性

资料来源：Capital IQ 数据库。

第 9 章 成长的诱惑：小盘股投资与成长型投资 | 405

> **数据观察** ｜ 历史收益增长率：观察美国股市各行业板块过去 5 年的平均收益增长率。

2. 第二个问题是，收益增长率存在均值回归的现象。换句话说，今天快速发展的公司，其发展速度将慢慢降下来，回归市场或行业的平均发展水平，而那些低于市场平均发展水平的公司的增长率将上升。德雷曼和勒夫金跟踪研究了分别由收益增长率最高和最低的公司构成的投资组合 5 年的发展情况，并记录下这一趋势。[1] 虽然在投资组合形成的那一年，收益增长率最高的公司的平均增长率比收益增长率最低的公司高 20%，但是 5 年后，这种差别几乎可以忽略不计。

一般来说，收入增长比收益增长更持久且更具预测性。这是因为，会计选择对收入的影响要远远小于对收益的影响。因此，收入增长的序列相关性要比收益增长的序列相关性大一些。这意味着在预测公司未来的情况时，收入的历史增长数据比收益的历史增长数据更有用。

有些投资者认为，你应该观察的不是收益增长率本身，而是增长的势头。换句话说，你应该投资那些收益正在加速增长的股票。这实际上正是《价值线》所推崇的选股方法。虽然《价值线》在其早期阶段运用这种策略很成功，但是我们前面提到的关于预测收益增长所面临的问题在很多情况下也适用于收益惯性。

总之，过去的收益增长不是预测未来收益增长的可靠依据。投资于过去高增长的公司并不能带来显著的回报。事实上，如果存在均值回归，你以高溢价购买了高增长公司的股票，到后来你会发现你的投

---

[1] D. Dreman and E. Lufkin, "Do Contrarian Strategies Work within Industries?" *Journal of Investing* (Fall 1997): 7–29; D. Dreman and E. Lufkin, "Investor Overreaction: Evidence That Its Basis Is Psychological," *Journal of Psychology and Financial Markets* 1 (2000): 61–75.

资组合是赔钱的。

预期收益增长率

公司价值最终是由未来的增长而不是过去的增长决定的。因此，投资于预期增长率高的股票而不是历史增长率高的股票才能给你带来更高的收益。但是，这里你会碰到一个实际问题。在美国这样的大市场里，你无法估计市场上每家公司的预期收益增长率，你必须依靠分析师所做的估计。大多数投资者如今都可以免费得到这些信息，并据此购买预期收益增长率高的股票。但是，这种策略能否带来超额回报呢？

数据观察 | 预期收益增长率：观察美国股市未来 5 年分行业的预期收益增长率。

思考一下，为了使该策略获得成功，你需要具备哪些条件。第一，分析师必须擅长预测长期收益增长。第二，这种预期增长还未反映到市场价格中。如果市场价格已经反映了这种预期增长，那么高成长型公司的投资组合将不会为你带来超额收益。在这两点上，实证证据都对该策略的实施不利。在预测收益增长时，分析师一般会根据公司的历史增长来预测未来的长期增长，预测误差相当高。事实上，一些研究发现，在预测长期增长的时候，时间序列模型的准确度与分析师的预测差不多，有时甚至优于分析师。而且，市场历来更倾向于高估公司成长性的价值，而非低估，特别是在市场处于收益高速增长时期。

高市盈率策略

最简单同时也是风险最大的成长型投资策略是购买市场上市盈率

最高的股票，前提是如果你认为它们是未来能带来超额收益的成长型股票。

总体证据

首先我们应该指出，高市盈率股票打败市场的总体证据是令人失望的。正如我们在第8章提到的，购买低市盈率股票比购买高市盈率股票的收益似乎好得多。图9.14显示的是1952—2010年分别由高市盈率和低市盈率股票组成的投资组合的年收益率差异。

无论是平均加权还是市值加权，高市盈率股票的表现都不如低市盈率股票。实际上，正是高市盈率股票的这种一贯欠佳的表现导致了我们在学术和实务研究中经常看到的价值投资偏见。

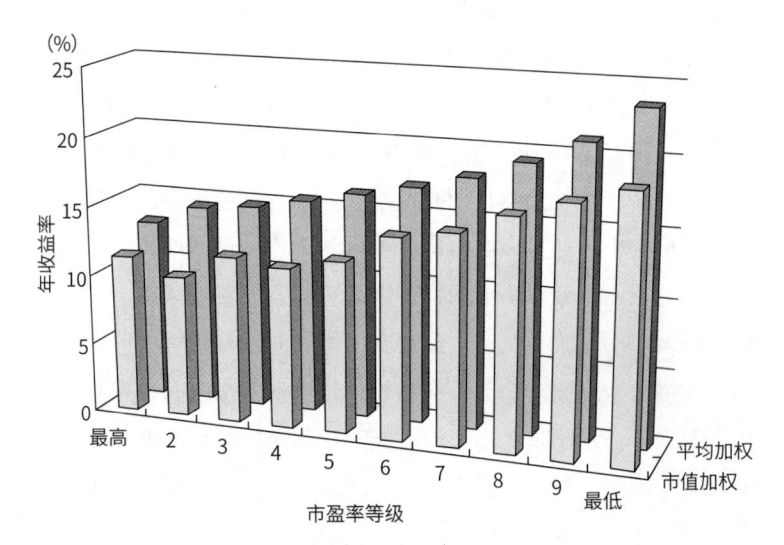

图9.14 市盈率和年收益率（1952—2010年）

资料来源：原始数据来自肯·弗伦奇的数据库（达特茅斯学院）。

成长型投资者的论点

鉴于高市盈率股票这种令人遗憾的表现，你可能要问，是什么吸引投资者采用该策略的？答案是市场周期。高市盈率股票在若干相当长的时期内比低市盈率股票表现得更好。例如，当市场收益增长处于低谷时，成长型投资似乎表现更好；而在收益增长较高时，价值投资往往表现得更好。图9.15勾勒出了每个期间的收益增长情况，以及低市盈率和高市盈率投资组合在投资收益上的差异。

我们可以通过观察市盈率最高的10%（＞90百分位数）的股票投资组合（成长股）和市盈率最低的10%（＜10百分位数）的股票投资组合在收益上的差异来衡量成长型投资与价值投资的表现。如果差异为正，则表示高市盈率股票在那一年比低市盈率股票的表现好。在收益增长较低的时期，成长型投资表现得好。这可能是因为在收益增长较低的时期，成长型股票更受投资者追捧，因为这个时期成长型股票是稀缺的。同样，当很多的公司都报告高收益增长率时，投资者似乎不愿意为增长支付溢价。

当收益率曲线平缓或向下倾斜时，成长型投资的表现似乎好得多；在收益率曲线向上倾斜时，价值投资则表现得更好。图9.16显示了收益率曲线的斜率和成长型投资之间的关系。

然而，有关成长型投资最有意思的证据是指数的主动型基金经理的百分比。当用各自对应的指数进行衡量时，击败成长型指数的主动成长型投资者似乎比击败价值指数的主动型价值投资者多。马尔基尔在1995年一篇关于共同基金的论文中为该现象提供了更多证据。[1] 他指出，在1981—1995年，主动管理的价值型基金的平均水平只比成长型基金高16个点，而价值指数每年比成长指数高47个点。他把这31个点的差别归因于主动成长型投资经理和主动型价值投资经理之间的不同。我们将在第13章详细讨论这个问题。

---

1 B. G. Malkiel, "Returns from Investing in Equity Mutual Funds 1971 to 1991," *Journal of Finance* 50 (1995): 549–572.

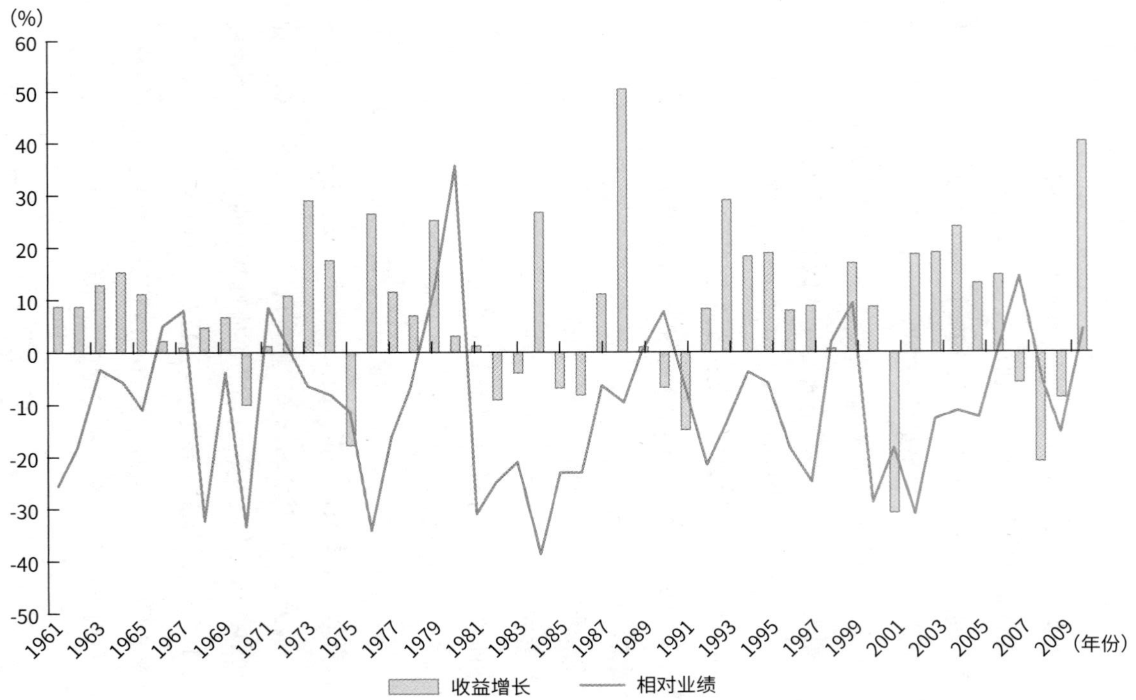

图 9.15 成长型投资和价值投资的相对业绩 vs. 收益增长

资料来源：原始数据来自肯·弗伦奇数据库（达特茅斯学院）。

投资哲学 | 410

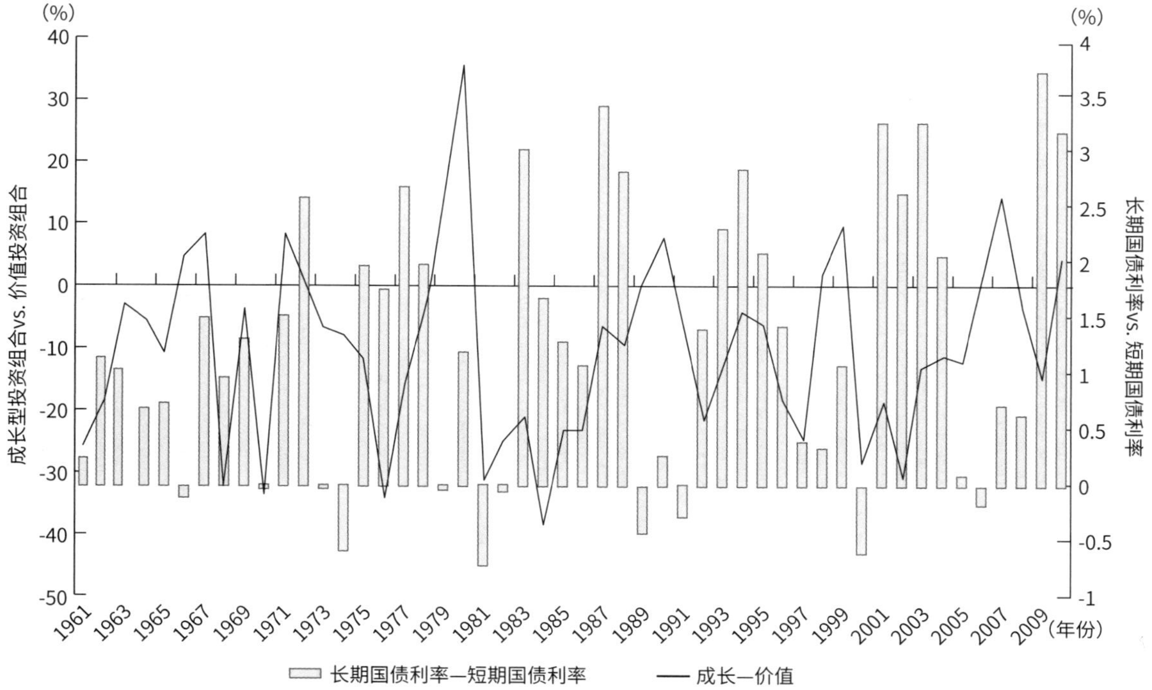

图 9.16 成长型投资的相对表现 vs. 收益率曲线

资料来源：原始数据来自肯·弗伦奇数据库（达特茅斯学院）。

第 9 章 成长的诱惑：小盘股投资与成长型投资 | 411

彼得·林奇：在成长型股票中发现价值

如果沃伦·巴菲特是价值投资者的偶像，那么彼得·林奇在成长型投资者中占有同样重要的地位。彼得·林奇是在掌管富达麦哲伦基金时出名的。这是一只小型高成长基金，彼得·林奇于1977年接管了该基金，并在接下来的10年里使其成为世界上最大的股票共同基金。该基金规模高速增长的原因在于它的业绩。投资富达麦哲伦基金的1万美元，未来10年会增长20倍。在这10年里，林奇还帮助消除了这样的观点，即成长型投资者是不可救药的乐观派，他们根据预期的前景购买股票。他把价值投资的严谨性引入成长型投资，他在自己撰写的有关成长型投资的书中和为《价值》杂志撰写的文章中描述了他是如何进行成长型投资的。

阅读他的著作，你可以将他关于成长型投资的观点总结为以下几点。第一，数字比故事更重要，成长型投资应该用公司的业绩来衡量，而不仅仅基于对其未来的预期。第二，监控一家成长型公司付出的精力远比监控一家价值型公司要大，因此最好不要持有太多公司的股票。第三，要及早投资一家成长型公司，如果一家成长型公司已经完全立住脚了，这时投资就太晚了。第四，要有耐心，即使你选对了成长型公司，也需要等待一段时间才能得到回报。最后，好的成长型公司不多，你可能要研究十多个甚至更多的公司才能发现一家好的成长型公司。

以合理价格购买成长型股票策略（GAPP）

很多成长型投资者害怕购买高市盈率股票。他们认为自己的宗旨是购买成长价值被市场低估的高成长型股票。为了找到这样的股票，他们开发了一些既需要考虑预期增长又需要考虑股票现行价格的策略。我们将在本书中讨论其中的两种策略：购买市盈率低于预期增长率的股票，或者购买市盈率与增长比率低的股票。

市盈率低于预期增长率

最简单的以合理价格购买成长型股票策略是购买市盈率低于预期增长率的股票。因此，如果一只股票的市盈率是12%，预期增长率为8%，该股票就会被视为价格被高估了；而市盈率是40%，预期增长率为50%的股票则会被视为价格被低估了。该策略明显的优点是简单，但是由于以下两个原因，在使用中它存在一些问题。

- 利率影响。由于增长创造未来收益，所以在利率低时（现值更高），任何给定增长率创造的价值都大于利率较高时创造的价值。因此，在利率为7%时，市盈率为40倍、预期增长率为50%的股票，在利率下降到5%时，它的市盈率可能会增加到60倍。所以，使用该策略的投资组合经理不仅在利率高的时候能发现更多价值被低估的股票，而且会发现很多新兴市场（利率往往比较高）的股票比较便宜，这并不奇怪。我们可以通过将市场上市盈率低于预期增长率的公司所占的百分比作为长期国债利率的函数，以此来观察利率对市盈率与增长率之间关系的影响。1981年，当长期国债的利率涨到12%时，超过65%的公司是以低于预期增长率的市盈率进行交易的。1991年，当利率降到约8%的时候，以低于预期增长率的市盈率交易的股票的比例也降到约45%。到了20世纪90年代末，当长期国债利率降到5%时，以低于预期增长率的市盈率交易的股票的比例降到约25%。

- 增长率估计值。当这种策略被用于大量股票时，除了使用他人提供的股票增长率估计值，你别无选择。有时，分析师估计的增长率都是从数据服务平台获得的。当使用他人提供的增长率估计值时，你必须弄清不同的分析师给出的增长率估计值在质量上的差异。鉴于这些估计的增长率最多涉及未来5年的情况，你可以只看未来5年的数字。

在低利率的情况下，有可能只有很少的公司可以通过这一筛选，结果你最终将没有什么可投资的股票。

市盈率与增长比率

除了将市盈率与预期增长率相比较，另一个更灵活的方法是观察市盈率与预期增长率之间的比率，该比率被称为市盈率与增长比率。很多跟踪成长型公司的分析师和投资组合经理都使用该比率。

市盈率与增长比率的计算

市盈率与增长比率的计算方法是用市盈率除以预期收益增长率：

市盈率与增长比率 = 市盈率/预期收益增长率

例如，一家公司的市盈率是40倍，预期收益增长率是50%，那么它的市盈率与增长比率就是0.8。有人认为，只有市盈率与增长比率小于1的股票才是理想的投资。

由于市盈率的定义很多，你到底应该使用哪一种来计算市盈率与增长比率？答案取决于计算预期收益增长率时所依据的基础。如果预期收益增长率是根据最近1年的盈利（当期盈利）来计算的，应该使用的市盈率就是当期市盈率。如果预期收益增长率的计算基于往期盈利，使用的市盈率就应该是往期市盈率。在计算中一般不应该使用预期市盈率，因为这样做可能导致增长率的重复计算。[1] 根据统一性原则，对同一个样本中的所有公司，应该使用统一的增长率估计值来计算市盈率与增长比率。例如，你不应该对一些公司使用5年的增长率，而对另一些公司使用1年的增长率。确保统一性的一个办法是，对集团中的所有公司采用同一出处的收益增长估计数据。例如，

---

[1] 如果下一年的高增长使预期收益升高，而且这种高增长导致下5年的高增长，你实际上是把下一年的增长率计算了两次。

I/B/E/S 和 Zacks 都提供了分析师对多数美国公司 5 年收益增长率的一致意见。但是，很多分析师喜欢使用短期收益增长率来计算市盈率与增长比率。

数据观察 | 行业的平均市盈率与增长比率：观察美国上市公司按行业划分的平均市盈率与增长比率。

使用市盈率与增长比率

分析师怎样使用市盈率与增长比率？一般认为市盈率与增长比率低的股票是便宜的，因为你为增长支付的成本较少。市盈率与增长比率可被视为用来比较具有不同预期增长率的股票的衡量指标。在 1998 年的一项研究中，摩根士丹利发现，购买低市盈率与增长比率的股票的投资策略所产生的收益远远高于购买标准普尔 500 指数基金。研究人员观察了 1986 年 1 月到 1998 年 3 月之间美国和加拿大的 1 000 只市值最大的股票，并根据市盈率与增长比率将它们排序，他们发现，市盈率与增长比率最低的 100 只股票在那个期间的年平均收益率是 18.7%，高于同一时期 16.8% 的市场收益率。虽然他们没有提到风险调整，但是人们认为，这么大的差异不是仅仅用风险调整就可以解释的。

我们对该研究的数据进行了更新，以检查该策略在 1991—2010 年的表现。根据市盈率与增长比率的大小，我们在每年年底创建 5 个投资组合，然后考察它们在下一年度的收益率。图 9.17 概括了 1991—1996 年、1997—2001 年以及 2002—2010 年不同市盈率与增长比率等级的投资组合的年平均收益率。

在所有时期，在调整风险之前，投资于低市盈率与增长比率的股票投资组合的平均收益率比投资于高市盈率与增长比率的股票投资组合的平均收益率高 2%~3%。

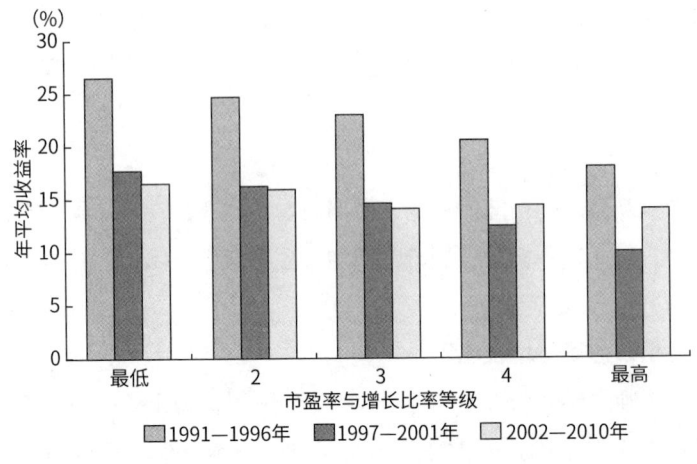

图 9.17 市盈率与增长比率以及年平均收益率

资料来源:《价值线》。

潜在问题

市盈率与增长比率有两个潜在的问题,可能会导致我们将风险较大的高增长率股票误认为是价值被低估的股票。第一个也是最明显的问题是,市盈率与增长比率是通过用市盈率除以预期收益增长率计算得出的,但是预期收益增长率的不确定性没有被体现在市盈率与增长比率中。根据直觉你就能够推断出,对任何给定增长率的股票,风险越大,市盈率就应该越小。因此,根据市盈率与增长比率,看上去便宜的股票事实上可能估值正确,甚至估值过高。风险和增长之间的关系可以用两种方式表示。第一种是计算一家假设公司的市盈率,并假设增长率和现金流不变,但是改变其风险。[1] 例如,在图 9.18 中,

---

1 要做到这一点,你首先必须根据基本数据来计算市盈率,然后除以预期收益增长率。我在《投资估值》一书中进行了更详细的阐述。以两阶段股息折现模型表示的市盈率与增长比率可以写成:

$$\text{市盈率与增长比率} = \frac{(\text{派息率})(1+g)\left[1-\frac{(1+g)^n}{1+k_{e,hg}}\right]}{g(k_{e,hg}-g)} + \frac{(\text{派息率}_n)(1+g)^n(1+g_n)}{g(k_{e,st}-g_n)(1+k_{e,hg})^n}$$

假设某只股票随后 5 年的预期收益增长率为 25%，5 年之后的预期收益增长率为 8%，我们改变股票的贝塔值并计算相应的市盈率与增长比率。

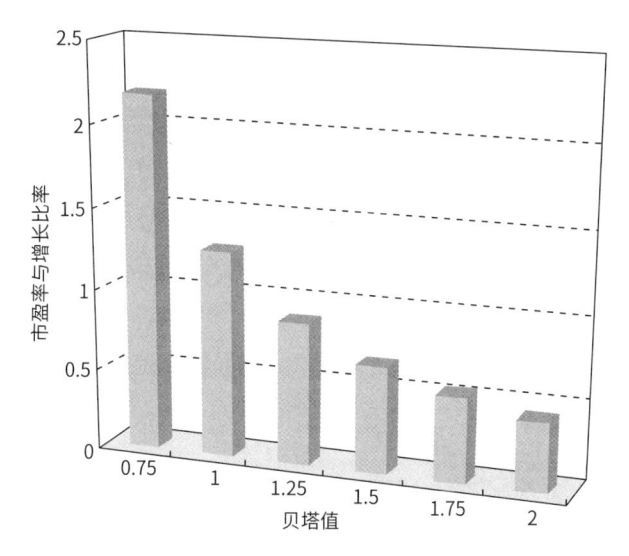

图 9.18 市盈率与增长比率和贝塔值：公司随后 5 年的预期收益增长率为 25%，5 年之后的预期收益增长率为 8%

我们注意到，贝塔值为 0.75 的低风险公司的市盈率与增长比率几乎是贝塔值为 2 的高风险公司的 4 倍。你还可以计算美国所有上市公司的平均市盈率与增长比率，然后根据它们的风险等级分类，来观察风险和市盈率与增长比率的关系。图 9.19 把美国所有的上市公司分成 10 个风险等级[1]，然后计算 2011 年 1 月的平均市盈率与增长比率。

---

[1] 这种分类的依据是股票价格标准差，我们也尝试使用过其他衡量方法，如贝塔值，并获得了类似的结果。

第 9 章 成长的诱惑：小盘股投资与成长型投资 | 417

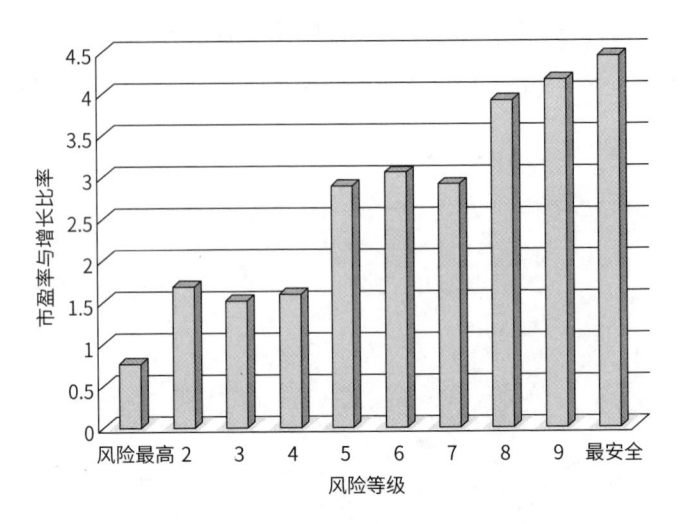

图9.19 2011年1月美国市场不同风险等级的上市公司的市盈率与增长比率

资料来源：Capital IQ 数据库。

　　风险等级最高的公司在市场中的市盈率与增长比率最低，这反映了风险对市盈率与增长比率施加的向下的压力。因此，由市盈率与增长比率最低的股票构建的投资组合一般会包括大量高风险股票。市盈率与增长比率的第二个潜在的问题不像第一个问题那么明显，但是风险却不小。当使用市盈率与增长比率时，我们实际上做了一个隐含假设，即如果增长率加倍，市盈率也会随之加倍；如果增长率减半，市盈率也会随之减半。换言之，我们假设市盈率与预期收益增长率呈线性关系，这显然是不正确的。为了说明为何如此，让我们看看如果预期收益增长率为0，市盈率会发生什么变化。如果你购买了某只每股盈利为1美元的股票，公司把这1美元以股息的形式支付给股东，你有望永久性地每年都能得到1美元股息，此时虽然预期收益增长率为0，但你仍然愿意以某个价格来购买该股票。换句话说，你的市盈率不会归零。另外，你会发现市盈率会随着预期收益增长率的上升而上升，但是上升的速度在减慢。换言之，市盈率在预期收益增长率从

3%上升到4%时的变化比从23%升到24%时的变化要大得多。同样，增长率的变化对市盈率与增长比率的影响可以通过两种形式显示出来。我们可以用考察市盈率与增长比率和风险之间关系的相同方法，来估计一家假设公司的市盈率与增长比率在公司高增长阶段随着预期收益增长率的变化而变化的情况，如图9.20所示。

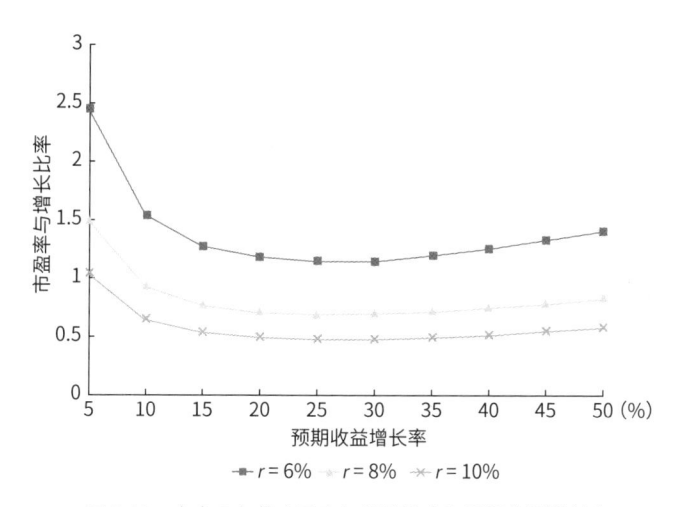

图9.20 未来5年的市盈率与增长比率和预期收益增长率

当预期收益增长率较低时，市盈率与增长比率最高，但当预期增长率较高时，市盈率与增长比率就降低了。显然，当你将高增长公司和低增长公司进行比较时，这个问题最严重，因为相较而言，高增长公司的市盈率与增长比率被低估了，而低增长公司的市盈率与增长比率被高估了。如果你比较的都是高增长率公司的市盈率与增长比率，这就不是问题了，因为这种影响是微弱的。

简言之，根据低市盈率与增长比率选择股票可以让你的股票投资组合由高风险、高增长，但价值并没有被低估的股票构成。你能纠正这些错误吗？你可以将风险当成单独的因素来考虑（挑选低市盈率与增长比率和低风险的股票），或者修正市盈率与增长比率，以此来调整风险。例如，摩根士丹利就意识到市盈率与增长比率存在潜在的风险偏差，因此对其进行了修正，在分母中增加了股息率，创建了一个新的比率，被称为市盈率与增长及股息比率：

市盈率与增长及股息比率 = 市盈率/（预期收益增长率+股息率）

因此，一个市盈率为12倍，预期收益增长率为5%，股息率为4%的公司，其市盈率与增长及股息比率为1.33［12/（5+4）］。根据直觉我们可以想到，在分母中加上股息率将会纠正计算高增长公司的市盈率与增长比率时的偏差。但是这个修正后的比率并不好用，特别是在今天的市场条件下，因为很多公司用股票回购来替代股息派发。

被动成长型投资成功的决定因素

从总体实证证据来看，在成长型投资中使用被动的筛选标准远不如在价值投资中有效。虽然在某些时期，成长型筛选指标，如低市盈率与增长比率和高市盈率可能会带来超额收益，但是长期而言，价值型筛选指标，如低市盈率或低市净率的表现更好。我们认为，被动成长型投资策略成功的关键因素有4个：

1. 由于增长是这些公司价值的主要决定因素，获得对预期增长率更准确的估计值应该能增加你成功的机会。如果你跟踪的公司数量不多，作为成长型投资者，你可以自己估计增长率。如果你的估计比市场的总体水平更准确，你就应该能够得到回报。如果这个方法不可行，因为你没有资源来估计所跟踪的数百家公司的预期增长率，你就应该对你所掌握的不同数据来源进行比较，找出历史纪录最佳的数据来源。
2. 如果你的基本策略是可行的，那么长期投资会增加你获取超额收益的机会。换言之，如果经过认真分析你发现，购买市盈率低于预期增长率的股票在过去的20年里获得了高收益，那么当你的投资时限是5年而不是1年时，你更有可能复制这个结果。
3. 上市公司的成长潜力和公司股票的价格惯性（我们在第7章讨论过）之间似乎存在一种互动的关系，高增长公司的价格惯性更强。因此，将被动的成长型筛选指标和惯性指标（如相对强度）结合起来，也许能提高该策略的收益。
4. 最后，在一些较长的周期中，被动成长型投资策略的表现特别好，在另一些周期中，表现则不太好。如果你可以把握好这些周期，那么你的收益率将大大提高。由于很多这样的周期与市场的总体表现有关，这意味着该策略的成功取决于你把握市场时机的能力。

根据基本面估计增长率

如果获得准确的增长估计值是成长型投资成功的关键，那么你可能需要考虑打破你对股票分析师所提供的公司增长估计值的依赖。正如我们在下一章将会看到的，分析师通常不对长期增长率进行估计，即使做了这种估计，他们提供的估计值也是有偏差的。获得更好和更稳健的估计值的另一个方法是，把增长率与公司经营的基本面联系起来。实际上，一家公司的增长率由两个因素决定：其一，是否愿意把所得收益投资于新的项目和资产；其二，能否从这些投资中获得高收益。一家公司长期的盈利增长率应该是它的盈利中用于再投资的比例和再投资的收益率的乘积。公司的盈利增长率可以按下列公式计算：

每股盈利增长率 =（1-股息/盈利）× 股权收益率

例如，某公司不支付股息，其股权收益率大约是25%。如果它能保持这个数字，它的增长率将是25%。相比之下，另一家公司把盈利的50%作为股息，其股权收益率是16%，那么它的增长率将是8%。

在计算经营利润增长率时，你应该对这个公式加以修改，使之具有一致性。

经营利润增长率＝[（资本支出−折旧+流动资本的变化）/息税前利润（1−t）]×资本收益率

因此，如果一家公司把税后经营利润的80%用于再投资，得到40%的资本收益率，那么它的增长率是32%。

积极成长型投资

在积极成长型投资中，你不仅持有成长型公司的部分股权，而且在其成功的过程中扮演着积极推动者的角色。由于大多数成长型公司在起步时是一些小型私有公司，因此最常见的积极成长型投资通常是在这些公司上市前持有其部分股权，积极引导这些公司朝着公开上市和赚取高利润的方向发展。在本书中，我们将讨论积极成长型投资的两种形式：风险资本投资和私募股权投资。

概述

在风险资本投资中，你给小公司，通常是风险较大的小公司提供股权融资，换取公司的部分所有权。你的所有权份额的确定有两种情况。第一种是，你至少应该根据你为公司提供的资本金额在公司总价值中所占的比例要求你的所有权份额。例如，你提供了200万美元，而公司的估值是1 000万美元，那么你至少应该得到公司20%的股份。其次，如果该公司可以从其他渠道得到资金，它的议价能力就会增强，公司可能会把你的份额降低到仅比上面提到的底线高一点点。如果公司没有筹措股权融资的其他选择，其议价能力会被大大削弱，公司的所有者将不得不出让远远大于出资比例的所有权，以换取所需的资金。总的来说，一家公司从其他渠道筹措资金或上市的能力将随公司规模的扩大而增加，随着公司未来不确定性的增加而减少。因此，规模越小、风险越大的公司，越有可能寻求风险资本，在接受风险资本时，越有可能被要求出让更大的所有权份额。

私募股权与风险资本市场

直到几十年前，风险资本都是由个人或团队提供的。这些人一般专注于某个行业，投资于相对较少的公司，并在这些公司的经营中发挥积极作用。但近几十年来，随着风险资本市场的增长，出现了三种风险投资类型。

第一种类型是风险投资基金。这种基金可以追溯到20世纪50年代，其中最早的基金之一是曾为美国数字设备公司的建立提供过种子资金的美国研究与开发基金。在20世纪60年代和70年代，这类基金的数量成倍增加，帮助建立和发展了英特尔和苹果这样随后成为上市公司的企业。第二种类型是英特尔和微软这样的大型上市公司，它们资源（现金和/或融资能力）丰厚，但内部投资机会相对较少。它们投资于有前景的小型公司技术开发，希望今后能用得上这些技术或从这些小公司的上市中获利。第三种类型是近年来迅速增长的私募股权基金，它们集中了个人投资者的资金，将其投资于有前途的私人公司。这使得投资者可以投资私有公司，而不必亲自参与公司的管理。养老基金和机构投资者受到投资私有公司高收益的吸引，也从其投资组合中拿出一部分投资于私有公司的股权。

大多数私募股权基金以有限合伙制的形式出现，基金的管理者是普通合伙人，而投资者，不管他们是个人还是机构，都是有限合伙人。普通合伙人决定在何时、何处投资，并得到丰厚的报酬，这包括每年收取投资总资产的一定百分比的管理费，并从投资获得的超额收益中抽成。这种合伙制企业通常存续10~12年，有限合伙人必须同意在5~7年内不撤走资金。

风险资本的投资过程

风险资本在私有公司发展的不同阶段都被证明是有用的。例如，种子资金风险资本为那些想测试某个概念或开发一个新产品的创业公司提供资金，而创业风险资本允许已经拥有了产品和概念的公司进一步开发和营销这些产品和概念。多轮风险资本融资能让有更多产品和市场的私有公司扩大规模。私有公司如何获得风险资本，以及风险资本家最终如何从这些投资中获利，整个过程分为五个阶段。

激起股权投资者的兴趣

想从私募股权投资者那里募集资金的小公司很多，但是风险资本家和私募股权投资者相对较少。鉴于供求之间的不平衡，想获得私募股权投资的公司第一步要做的是，让私募股权投资者感兴趣。在这个阶段，起影响作用的因素有几个。第一个因素是公司所从事的行业以及该行业对私募股权投资者的吸引程度。例如，在20世纪80年代末90年代初，生物技术公司是私募股权投资者最青睐的目标。到了20世纪90年代末，私募股权投资者投资的重点转向了互联网和科技公司。

第二个因素是公司高层管理人员的业绩。如果高层管理人员过去有带领公司成功上市的经验，公司更容易获得私募股权资本的投资。因此，我们会看到，那些连续创立新公司，使其发展壮大并最终上市交易的企业家一般比较容易获得风险资本。

估值及收益率评估

一旦私募股权投资者对投资某家公司感兴趣，他们就必须基于公司目前和预期的发展前景，对其价值进行评估。虽然有时风险资本家也使用现金流折现模型对公司进行估值，但是，他们更常使用所谓的"风险资本方法"为公司估值。为此，我们需要预测该公司预计能上市的那一年的收益，同时我们可以观察该行业其他上市公司的市盈率。利用这两个数据，我们就可以对该公司首次公开募股时的价值进行估计，这个估计的价值被称作退出价值或终值。

例如，一家软件公司预期在3年内进行首次公开募股，该公司3年内的净利润预期为400万美元。如果已上市交易的软件公司的市盈率是25倍，那么该公司的终值就是1亿美元。该价值以风险资本家所谓的目标收益率折现到当前的价值，考虑到投资者所冒的风险，目标收益率衡量的是风险资本家认为的合理收益。该目标收益率通常比该公司传统的股权成本要高得多。[1]

$$折现后的终值 = 终值/(1+目标收益率)^n$$

在这个例子中，如果风险资本家要求30%的目标收益率，那么该公司折现后的终值是：

$$折现后的终值 = 1亿美元/1.30^3 = 4\,552万美元$$

构建交易

在构建交易，把私募股权投资引进公司的过程中，私募股权投资者和公司必须就两个问题进行谈判。第一，私募股权投资者必须确定

---

[1] 例如，到1999年，私募股权投资者的目标收益率超过30%。

投资的收益，即应该要求获得公司多少比例的股权。公司的所有者也要决定他们愿意放弃公司多少比例的股权来换得这些资本。在这些评估中，要对引进公司的新资本与公司的估值进行比较。在前面讲过的软件公司的例子中，假设风险资本家考虑投资1 200万美元，他们将希望至少拥有该公司股份的26.36%。[1]

$$所有权比例 = 风险投资资本/公司的估值$$
$$= 1\ 200万美元/4\ 552万美元$$
$$= 26.36\%$$

第二，私募股权投资者常常对其投资的公司的管理层实施某些限制。这是为了确保私募股权投资者的利益得到保护，保证其对公司的经营管理有发言权。

投后管理

私募股权投资者一旦对一家公司进行了投资，通常就会在公司的管理中发挥积极作用。在这个过程中，私募股权投资者和风险资本家不仅给公司带来丰富的管理经验，而且给公司带来了以后筹集更多资金的机会和新的业务关系。

退出

私募股权投资者和风险资本家之所以投资于私有公司，是因为想从这些投资中获得高额利润。私募股权投资者从风险投资中获利的方式有三种。第一种方法通常也是获利最丰厚的方式，是由所投资的公司进行首次公开募股。虽然风险资本家一般不会在股票首次公开募股时全部出售他们所持有的股份，但是在股票一旦可以交易时，他们至

---

[1] 私募股权投资者对资本注入前和资本注入后的公司价值做了区别。最理想的情况是，他们希望自己的所有权份额依据的是资本注入前公司的估值。

投资哲学 | 426

少可以出售部分所持有的股票。[1]第二种是把该公司卖给另一家公司，对方可能出于战略或财务原因进行收购。第三种是从该公司提取现金流，并最终对该公司进行清算。该策略对高增长的公司不适合，但如果公司的投资不再能获得超额收益，这样做是有道理的。

风险资本与私募股权投资的收益

请注意，寻求和接受风险资本是自愿的行为，双方缔结这种关系是为了从中获得利益。公司获得了它原本无法得到的资金，这些资金反过来可以帮助公司补足资金缺口，直到它成为公开交易的上市公司。风险资本家可以为公司提供管理和组织技能，同时为公司提供筹集更多资金所需的信任度。风险资本家还可能提供公司最终上市所需的知识。如果风险资本家选对了目标公司，并为公司的发展提供了良好的管理技术和建议，其初始投资就会获得丰厚的收益。虽然风险资本家可以从公司本身的盈利中获利，但是公司一旦公开上市，风险资本家就可以以市价把手中持有的股票兑换成现金，这才是他们最大的收益。

相对于市场的平均收益，风险资本家和私募股权投资者的投资收益是否更好？有明显的案例表明，随着时间的推移，私募股权投资者在某些投资个案中盈利颇丰。也有一些时期，风险资本和私募股权投资整体上都获得了非常不错的收益。例如，20世纪90年代，风险投资基金的年平均收益率是29.5%，而标准普尔500指数的年平均收益率是15.1%。但是这种比较方式存在三个潜在问题。第一，真正合适的比较对象应该是纳斯达克综合指数。纳斯达克综合指数在20世纪

---

[1] B. S. Black and R. J. Gilson, "Venture Capital and the Structure of Capital Markets: Banks versus Stock Markets," *Journal of Financial Markets* 47 (1998): 243–277. 他们认为，风险资本在美国比在日本和德国更活跃的原因之一是，在美国，公司更容易上市。

90年代异军突起，其所包含的公司与风险资本投资组合中的那些公司（新兴技术公司）非常相似。第二，这些收益率（包括风险投资基金和纳斯达克综合指数）比较的是经风险调整前的收益率，没有考虑与公司类型有关的风险。第三，风险投资基金本身的收益率是可疑的，因为它们通常是根据对非公开交易的投资所做的价值估算（通常由风险资本家做出）得出来的。事实上，在2000年和2001年，随着很多风险投资基金的投资，特别是在新技术公司的投资，从此前虚高的估值降到实际价值，这些风险投资基金被迫面对风险与自我评估的问题。例如，2000年9月至2001年9月，风险投资基金损失了32%的价值，私募股权基金损失了21%的价值，收购基金损失了16%的价值。

当考察过去20年里私募股权和风险资本投资的中长期收益率时，我们发现其表现有好有坏。跟踪风险资本投资收益的数据服务机构美国康桥汇世咨询公司报告了截至2011年6月私募股权投资的短期和长期收益率，如表9.1所示。

在过去的20年里，风险投资基金的收益率超过了同期股票指数的收益率，但在过去的10年里，所有类型风险资本的表现都不如同期的股票指数，有时差距还很大。伦德奎斯特和理查森的研究显示，私募股权基金在1981—2001年的确获得了一定程度的超额收益，但是它们将较高的收益归因于对非流动性风险的补偿。[1] 在更近的一项研究中，法利普和戈特沙尔格发现，私募股权基金的平均收益率常常被高估，因为我们在计算时忽略了那些倒闭了的基金以及会计数据粉饰带来的影响。针对这些因素进行调整后，他们发现，私募股权基金的收益率平均而言较标准普尔500指数低约3%。[2]

---

[1] A. Ljundquist and M. Richardson, "The Cash Flow, Return and Risk Characteristics of Private Equity" (SSRN Working Paper, 2003).

[2] L. Phalippou and O. Gottschalg, "The Performance of Private Equity Funds," *Review of Financial Studies* 22 (2009): 1747–1776.

关于私募股权和风险资本投资还有最后一点需要说明，上述平均收益率主要是由少数获得极高收益的投资推高的。一般来说，收益最高的风险资本投资多半是那些相对较少、最终得以上市的公司。大多数私募股权和风险资本投资的收益都不高，甚至是负值，收益率的中位数（而不是平均数）显示了这种倾向。以1997—1999年的风险投资繁荣时期为例，人们一般认为，在此期间私募股权投资表现得很好。1999年私募股权投资的加权平均内部收益率为119%，但是那一年的收益率中位数为2.9%。在其他大多数年份里，风险资本投资收益率的中位数也远远低于其平均数，这表明，表现最好的风险资本/私募股权投资者和该细分市场的其他投资者之间存在差距。

表9.1 私募股权绩效指数（PEPI），收益率截至2011年6月30日

（单位：%）

基金类型	1年	3年	5年	10年	15年	20年
早期/种子风险资本	27.6	3.76	6.87	−0.44	41.23	31.44
平衡型风险资本	32.73	11.21	13.15	4.99	13.53	21.71
后期风险资本	22.06	2.54	5.88	3.25	28.56	24.6
所有风险资本	26.34	4.31	7.37	1.25	30.89	27.35
罗素2000指数	37.41	7.77	4.08	6.27	7.37	9.82
纳斯达克综合指数	31.49	6.55	5.01	2.53	5.83	9.21
标准普尔500指数	30.69	3.34	2.94	2.72	6.5	8.73

资料来源：美国康桥汇世咨询公司。

成功的决定因素

虽然私募股权和风险资本投资总体上来说并不是获得高收益的可靠途径，但的确有一些风险资本和私募股权投资者取得了成功，获得

了非凡的收益。这些投资者究竟有什么不同？你是否可以一样成功？关键的因素如下：

- **挑选好的公司（和管理层）**。很多小公司最后以失败告终，要么是因为其产品或服务没有市场，要么是因为公司管理不善。好的风险资本家似乎有能力找到将创意与管理很好地结合起来的企业，从而增加了成功的可能性。
- **分散化**。私募股权投资的失败率很高，因此分散投资十分关键。融资阶段越早，比如种子资金，分散风险的必要性就越大。
- **支持与辅助管理层**。风险资本家也是他们所投资的公司的管理咨询师和战略顾问。如果能把这两个角色扮演好，他们就能够帮助公司的管理者把创意转化为商业上的成功。
- **随着公司的发展，保护自己的投资**。随着公司逐渐发展，吸引新的投资，作为风险资本家，你应该保护自己在公司的份额，使其免受新投资者的要求的影响。
- **知道何时退出**。有一个好的退出策略似乎与有一个好的进入策略一样重要。知道何时以及如何退出投资，对保护你的收益至关重要。

作为一名成功的风险资本家，你仍然会发现自己持有的不仅是有风险的投资组合，而且是相对单一的投资组合，你在许多规模小且不稳定的公司中持有大量股份。简言之，积极成长型投资最适合那些资本雄厚、眼光长远、愿意承担风险的投资者。

结论

如果说价值投资者赌的是市场对上市公司已有资产的错误估值，成长型投资者赌的就是市场对上市公司增长前景的错误判断。虽然有些人根据投资者购买高市盈率股票的意愿来划分成长型投资者与价值投资者，但是此种划分没有考虑成长型投资者的多样性。在本章中，我们首先讨论了投资于小盘股和新股的成长型投资策略。随后，我们分析了投资者为了找到被低估的成长型股票而使用的各种筛选指标，从高市盈率到低市盈率与增长比率。虽然实证证据对成长型投资的筛选标准没有像对价值投资那样做出有力支持，但是那些自律性强、投资期长、对市场周期有良好判断力的投资者还是能够从成长型投资中获得显著的超额收益。

在本章的最后一部分，我们考察了风险资本和私募股权投资，将它们归类分为积极成长型投资策略，因为投资者需要在年轻的成长型公司中持有显著比例的股权，并在公司的运营中起到积极作用。虽然一些风险资本和私募股权投资赚得了巨大的收益，但是私募股权投资的总体收益率只是略高于上市公司的股票。要获得私募股权投资的成功，很强的风险承受能力和长期投资是先决条件。

练习

1. 你认为成长型股票可能便宜吗？如果可能，这种情况是为什么或如何发生的？如果不可能，又是为什么？
2. 假设你对小盘股投资策略感兴趣。
   a. 你觉得该策略最大的好处是什么？你认为投资小盘股最大的风险是什么？
   b. 基于本章所提到的有关小盘股投资的证据和提醒，你应该如何挑选股票以最大化你的投资收益？
3. 假设你对首次公开募股感兴趣。
   a. 你觉得这种投资策略最大的好处是什么？你认为投资新股最大的风险是什么？
   b. 基于本章所提到的有关首次公开募股的内容和提示，你应该如何挑选股票以最大化你的投资收益？
4. 假设你对以合理价格购买成长型股票策略感兴趣，举出两个你将用于寻找便宜的成长型股票的筛选指标。
   a. 运用以上指标来筛选便宜股票。
   b. 看看你筛选出来的便宜股票。你是否觉得由这些股票构建的投资组合存在什么潜在的问题？
   c. 增加一个或几个筛选指标来帮助你避免以上潜在问题。

对投资者的忠告

作为成长型投资者，你需要：

- 对增长做更好的估计，并正确定价。成长型投资的成功最终取决于你预测增长率并为其正确定价的能力。如果你在这些方面胜过市场，你就提高了成功的概率。
- **当增长周期出现时，你能够抓住它。** 从历史上看，在市场盈利增长低、投资者对未来悲观失望时，成长型投资表现得最好。

要想成为一个积极成长型投资者，你必须：

- **接受偏态分布的收益率。** 私募股权和风险资本投资可能会给一些投资者带来可观的收益，但是，私募股权和风险资本投资给投资者带来的整体收益率偏低（与投资公开交易股票相比）。
- **投资于正确的企业。** 要想在私募股权投资中获得成功，你必须挑选正确的公司进行投资，分散你的赌注，制定一个精心策划的退出策略。

第10章
信息的回报：依据新闻进行交易

信息影响股票价格，这是个不可否认的事实。我们每天都看到金融市场对上市公司的消息及公告做出反应。当公司公布的收益好于预期时，股票价格就会上涨；当公司宣布计划降低或取消股息时，股票价格就会下跌。考虑到这一现实，任何一个能够在信息到达市场前就获悉的投资者，可以在信息公布前买卖股票（取决于消息的好坏），从而赚大钱。但是这里面是有陷阱的。尚未向市场公布的信息可能被视为内部信息，利用内部信息进行交易通常是非法的。

任何想合法地利用信息进行交易的投资组合经理可以考虑以下三种方法。第一种方法是，利用金融市场上永远存在的传言，根据传言中的消息和传言的出处甄别其可信度，然后依照可信的传言进行交易。第二种方法是，等信息到达市场后，再根据市场的反应进行交易。该方法隐含一个假设，即市场对信息的反应不恰当，因此，投资者有可能利用这些错误来赚钱。第三个方法是，利用公开信息预测未来的消息及公告。因此，如果你能预测未来，知道哪些公司即将披露的收益会高于或低于预期收益，那么你可以据此制定一个非常成功的投资策略。

本章的开始部分将讨论那些最有可能获得私人信息的个人——内

部人士和股票分析师，看看他们是否利用这些信息获取了高收益。接着，我们将分析由公司发布的信息公告，例如，财务报告和股息公告、并购和投资公告等，讨论市场对这些信息的反应，以及在公告发布后交易是否存在靠信息获利的可能性。最后，我们将讨论想成功地利用信息进行交易的必备条件。

信息与价格

一种资产的市场价格是其价值的估计值。市场上的投资者根据对未来的预期来评估资产的价值。投资者使用他们可以得到的信息来形成这些预期，而这些信息的来源可以有多种不同形式，可以是上市公司公布的财务报表或上市公司向美国证券交易委员会提供的备案文件等公开信息，也可以是只有一个或几个投资者知道的信息。在这一节中，我们首先区分私人信息和公开信息，然后探讨一个有效的市场应该如何对信息做出反应。

私人信息和公开信息

对所有投资者来说，估值过程从接受信息，处理信息，形成预期，到最后的资产交易，似乎都是一样的。但投资者在何时得到信息，得到多少信息以及如何处理这些信息方面存在极大的差异。一些投资者比其他投资者能接触到更多的信息。例如，一个以评估股票价值为职业的股票分析师，掌握的公司信息要多于需要做同样决定的小投资者，或者至少能够比后者更及时地获得信息。投资者使用信息形成预期的方式不同，这强化了这种差异。一些投资者建立了复杂的定量模型，把信息转换成预期收益和现金流，然后对资产进行估值。另一些投资者利用同样的信息对市场上交易的资产进行比较。结果是，在任何时点上，不同投资者对同一项资产的价值都不会形成一致的看法。那些认为应该值更高价格的投资者会买入该资产，而认为不值当前价格的投资者会卖出该资产。市场价格代表的是市场出清时价格，这时需求（买入）等于供给（卖出）。

现在我们来看看价格与价值的关系。在第4章中，我们讨论了一项资产的价值是其使用寿命内预期现金流的现值。资产的价格是投资者利用有关该资产的可获得信息，对其未来形成预期的产物。价格可以而且经常会背离价值，原因有三个。第一，可获得的信息不充分或不正确，那么据此形成的预期也将是错误的。第二，投资者可能不擅长处理信息以形成预期。第三，即使信息没有问题，平均而言投资者也据此形成了合理的预期，也会有投资者愿意以未反映该预期的价格进行交易。因此，一个投资者估计一只股票的价值是50美元，但他仍可能愿意花60美元购买该股票，因为他相信以后他可以以75美元把它卖给别人。

信息效率：股票价格如何对信息做出反应

在第6章中，我们详细讨论了有效市场的特征。衡量或定义市场在信息方面的有效性的方法有三个。第一，看价格偏离实际价值的程度和时间的长短。第二，衡量价格根据新信息进行调整的速度和准确程度。第三，衡量市场上一些投资者是否始终比另一些暴露在同样风险下的投资者获得的收益高。我们在第6章使用的是最后一个方法。

如果我们根据资产价格偏离公司真实价值的程度来定义市场有效性，偏离的程度越小，偏离持续的时间越短，市场的有效性就越高。市场有效性并不要求在任何时点上市场价格都等于真实价值。市场有效性要求的只是市场价格误差是无偏的，也就是说，只要这些偏离是随机的，价格高于或低于真实价值都是可以的。评估市场有效性的另一个方法是，看市场对新信息反应的速度与准确性。当任何对估值有利的新信息，如现金流、增长率或风险到达市场时，资产的价值就应该上涨。在有效市场上，资产价格将会迅速、准确地根据新的信息进行调整，如图10.1所示。[1]

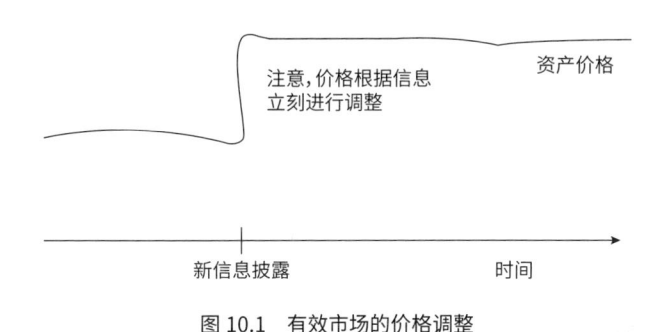

图 10.1 有效市场的价格调整

如果投资者在评估信息对公司价值的影响时反应迟钝，价格调整就会放慢。图10.2显示了价格对新信息的缓慢调整。正如我们所看到的，这是一个反应迟钝的市场。

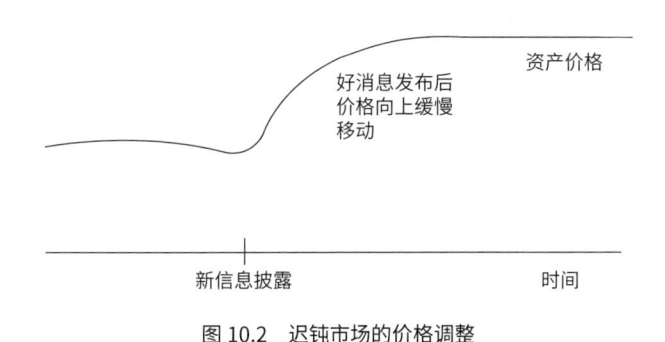

图 10.2 迟钝市场的价格调整

---

1 K. C. Brown, W. V. Harlow, and S. M. Tinic, "Risk Aversion, Uncertain Information, and Market Efficiency," *Journal of Financial Economics* 22 (1988): 355–385.

与此形成对照的是，市场能够立即根据新信息做出价格调整，但高估了信息对公司价值的影响。这样，当新信息是正面的时候，资产价格的涨幅比它应该上涨的幅度大；当新信息是负面的时候，资产价格的跌幅比它应该下跌的幅度大。图 10.3 显示了在最初的过度反应后，价格向相反方向移动的情况。

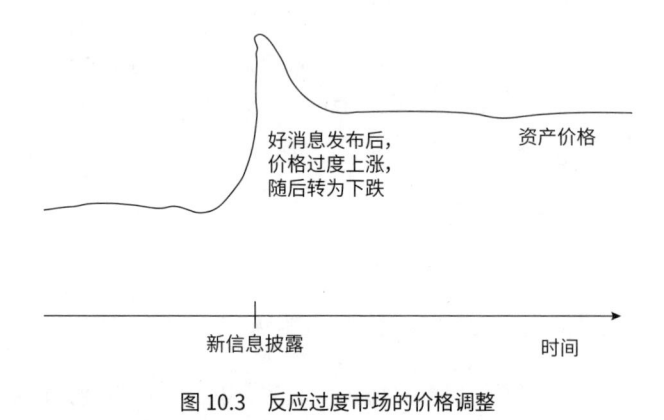

图 10.3　反应过度市场的价格调整

根据私人信息进行交易

掌握其他人无法得到的信息（即私人信息）的投资者能否利用该信息赚钱？虽然答案似乎很明显，但很难检验他们是否真能赚钱。原因是，内幕交易法禁止在重大信息公布之前利用内幕信息进行交易，至少在美国是这样。因此，那些守法并在美国证券交易委员会报备其交易信息的内部人士，不大可能利用具体的内幕信息进行交易。尽管存在这种选择偏差，我们还是先看一下，内部人士的买入和卖出是否会对未来价格的变化起到信号作用，因为内部人士毕竟比外部人士更了解公司。内幕交易法并没有禁止你基于自己的知识（而非信息）对公司的价值进行评估后执行交易。随后，我们将讨论一个较为困难的问题,即那些依据私人信息进行违法交易的人是否获得了超额收益。虽然这似乎是一个不大可能进行的检验,但我们至少可以通过观察重大信息公布之前成交量和价格的变化来对这种交易的情况进行推断。

内部人士

根据美国证券交易委员会的定义,内部人士是指公司的雇员、管理者、董事或大股东(持有公司5%以上的发行股票)。内部人士不得在有关公司的具体信息发布之前交易,内部人士在买卖自己公司股票时必须在美国证券交易委员会备案登记。在本节中,我们将首先讨论这些内部人士交易与随后股价变化的关系,然后探讨非内部人士是否能够利用内部人士交易的信息去赚取超额收益。

数据观察 分行业的内部人士持股情况:观察美国股市按行业划分的内部人士持股占全部公开发行股票的比例。

内部人士交易与股票价格

先做一个似乎合理的假设,由于内部人士掌握的公司信息比其他投资者多,因此他们对公司的估值更准确,那么,内部人士买卖股票的决定就应该是未来股票价格变化的信号。图10.4记录了贾菲对内部人士交易的一项早期研究成果,该研究考察了按内部人士交易情况划分的两组股票的超额收益率。[1] "买入"组包括的是内部人士买入远远超过卖出的股票,"卖出"组包括的是内部人士卖出远远超过买入的股票。

---

1 J. Jaffe, "Special Information and Insider Trading," *Journal of Business* 47 (1974): 410–428.

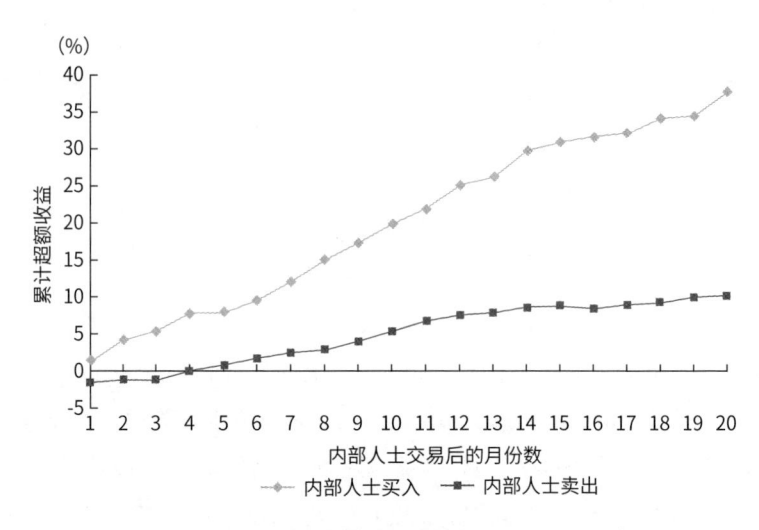

图 10.4　内部人士交易后的累计收益率：买入组 vs. 卖出组

资料来源：J. Jaffe, "Special Information and Insider Trading," *Journal of Business* 47 (1974): 410–428.

请注意，买入组 20 个月后的超额收益率比卖出组 20 个月后的超额收益率要高得多。这表明，如果内部人士认为自己公司的股票被低估，他们买入股票的倾向更明显。随后的研究也支持该发现。[1] 但值得注意的是，内部人士买入是个有噪声的信号，内部人士买入的股票中约 40% 是糟糕的投资，即使平均而言，获得的超额收益率也不是很高。拉格尼斯克和李在一项研究中仔细研究了内部人士交易的价格变化。他们发现，在随后的 12 个月里，有大量内部人士卖出的公司股票收益率为 14.4%，明显低于有大量内部人士买入的 22.2% 的收益率。然而，他们还发现，小公司的内部人士交易与随后的收益率之间的联系最大，而在大公司几乎看不到两者有任何联系。他们还指出，

---

[1] J. E. Finnerty, "Insiders and Market Efficiency," *Journal of Finance* 31 (1976): 1141–1148; N. Seyhun, "Insiders' Profits, Costs of Trading, and Market Efficiency," *Journal of Financial Economics* 16 (1986): 189–212; M. Rozeff and M. Zaman, "Market Efficiency and Insider Trading: New Evidence," *Journal of Business* 61 (1988): 25–44.

长期收益远低于短期收益。

在美国,在过去的 20 年里有两个发展趋势影响到了内部人士交易的盈利能力。第一个是美国证券交易委员会扩大了内幕信息的界定范围,将其定义为任何重要的非公开信息,而不仅仅是上市公司发布的信息,同时美国证券交易委员会加大了对内幕交易的执法力度。第二个也许是上市公司为了回应美国证券交易委员会在内幕交易上的强硬立场,采取了更严厉的措施限制内部人士利用内幕信息进行交易。也许正因为如此,近年来内部人士交易的价格影响一直在下降。有研究发现,自 2002 年以来,随着《公平披露规则》和《萨班斯－奥克斯利法案》的实施(前者限制上市公司有选择地向少数投资者或分析师披露信息,后者加强了对内幕交易的监管),合法内部人士交易的价格影响几乎消失了。[1]

内部人士交易在某些公司是否会比在另外一些公司包含的信息更丰富(也更能赚钱)?一项针对不同公司内部人士交易差异的研究发现,在信息透明度较差的公司和分析师对预期收益增长率分歧最大的公司,内部人士交易的收益率更高。[2] 在一项相关研究中,阿布迪和列夫发现,内部人士交易的收益率在研发投入较大的公司比没有研发投入的公司更高,这可能是因为外部人士更难评估研发投入的收益和成功的可能性。[3]

在过去的几年里,一些学者针对其他国家内部人士交易的收益进行了研究,其结果和美国的情况类似。在像英国这样对内部人士交易界定范围广、执法严格的市场,内部人士交易的收益非常有限。[4] 在

---

[1] I. Lee, M. Lemmon, Y. Li, and J. M. Sequeira, "The Effects of Regulation on the Volume, Timing, and Profitability of Insider Trading" (SSRN Working Paper 1824185, 2011).

[2] Y. Wu and Q. Zhu, "When Is Insider Trading Informative?" (SSRN Working Paper 1917132, 2011).

[3] D. Aboody and B. Lev, "Information Asymmetry, R&D, and Insider Gains," *Journal of Finance* 56 (2000): 2747–2766.

[4] D. Andriosopoulos and H. Hoque, "Information Content of Aggregate and Individual Insider Trading" (SSRN Working Paper 1959549, 2010).

很多新兴市场，内部人士交易的界定比较窄，执法也不严，内部人士购买后价格常常出现上涨，而内部人士卖出后价格则出现下跌。

你能跟随内部人士进行交易吗？

如果内部人士交易能够对未来价格走势提供信号，尽管是有噪声的信号，那么作为外部投资者的我们是否能利用这些信息做出更好的投资决策？换言之，当寻找买入的目标股票时，我们应不应该考虑内部人士买卖该股票的数量？要回答这个问题，我们首先需要认识到，由于美国证券交易委员会不要求内部人士交易立即备案，所以，投资者要在几个星期，甚至几个月后才能发现内部人士的交易情况。事实上，过去投资者很难接触到内部人士交易的公开档案。近年来，随着这些档案被放在网上，越来越多的投资者可以获得有关内部人士交易的信息。

有研究考察了内部人士向美国证券交易委员会提交交易备案的前后和投资者可以从官方得到该信息的前后的超额收益情况。[1] 图10.5显示了这两个事件研究的结果。

如果投资者有机会在内部人士向美国证券交易委员会提交交易备案的当天买入股票，他们可以获得较低的边际超额收益（约1%），但是如果投资者被迫一直等到官方披露的那一天再买入，这种超额收益就很低了，在统计上也不显著。如果考虑到交易成本，那么利用内部人士交易信息不会带来任何超额收益。这是否意味着内部人士交易信息毫无用处？如果我们关注的是内部人士交易的整体情况，情况可能的确如此，但如果把内部人士交易的情况分解得更详细，我们就有可能发现它的额外价值。请考虑下面的观点：

1　　H. N. Seyhun, "Insiders' Profts, Costs of Trading and Market Efficiency," *Journal of Financial Economics* 16 (1986): 189–212.

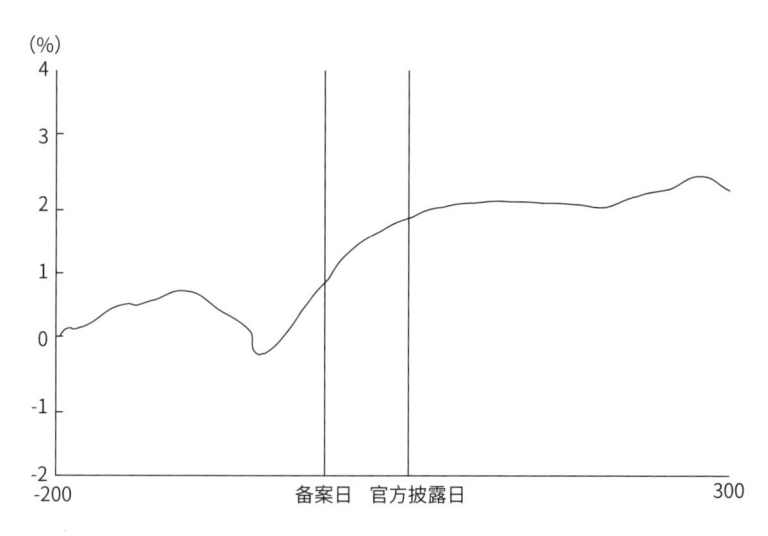

图 10.5　备案日前后和官方披露日前后的超额收益

资料来源：H. N. Seyhun, "Insiders' Profts, Costs of Trading and Market Efficiency," *Journal of Financial Economics* 16 (1986): 189–212.

- 不是所有内部人士都可以获得到同等的信息。董事会成员和高层管理人员知道的重要信息比其他普通员工多得多，因此他们的交易应该更有信息含量。贝提斯、维克里等人所做的研究发现，实际上，如果投资者只关注高层管理人员所做的那些大宗交易，而不是注意所有的内部人士交易，他们是能够获得超额收益的。[1]

- 由于可替代股票的投资工具成倍增加，内部人士也越来越精于使用这些替代投资工具。作为外部投资者，你也许可以通过跟踪这些投资工具来获取更多的收益。例如，贝提斯、比齐亚克和莱蒙的研究发现，在价格攀升之后和收益很差的公告发布之前的较短时期内，内部人士用衍生证券（特别是期权）来对他

---

[1]　J. Bettis, D. Vickrey, and Donn Vickrey, "Mimickers of Corporate Insiders Who Make Large Volume Trades," *Financial Analysts Journal* 53 (1997): 57–66.

第 10 章　信息的回报：依据新闻进行交易　| 443

们的股票头寸套期保值的现象会增加。此外，他们还发现，在内部人士采取套期保值策略后，股票价格一般会下跌。[1]
- 有些公司的内部人士交易信息比另外一些公司的更有用。对于信息比较充分且易于评估的公司（源于公司的披露和证券分析师的跟踪），内部人士的交易行为可能包含的信息较少（因此对想跟随投资的投资者来说用处不大）。对于外部信息很少（由于公司规模小和跟踪的证券分析师少）或难以评估的公司（因为其投资的不确定性大或难以评估，如研发投资），内部人士的交易行为包含的信息最多。

内部人士的非法交易

到目前为止，本章引用的研究都没有回答内部人士本身是否获得了超额收益这个问题。由美国证券交易委员会确立的报告程序偏向于记录合法的、收益不多的交易，而没有记录非法和收益较高的交易。内部人士依据私人信息交易应该能获得超额收益率，但有关的直接证据不容易找到。为了证明该说法，我们可以提供3个证据。

1. 这是最弱的一个证据，但很有趣。当内部人士被发现非法交易时，他们几乎无一例外地在该投资上发了大财。显然，一些内部人士借助他们的特权地位获得了巨大利益。把这个证据视为最弱的理由，是因为美国证券交易委员会把获得暴利作为是否起诉内幕交易者的一个判断标准。换句话说，利用内幕信息进行非法交易的内部人士可能犯了法，但如果亏了钱，他们受到起诉的可能性就不大。
2. 几乎在公司发布重大的信息之前，都伴随着价格的上涨（如

---

[1] J. C. Bettis, J. M. Bizjak, and M. L. Lemmon, "Insider Trading in Derivative Securities: An Empirical Investigation of Zero Cost Collars and Equity Swaps by Corporate Insiders" (SSRN Working Paper 167189, 1999).

果是好消息）或价格的下跌（如果是坏消息）。因此，你会看到目标公司的股票价格在并购公告发布之前就开始攀升，而披露令人失望的收益数据的公司的股票价格在公告日之前若干天就开始下跌。虽然我们可以认为这表明了市场的先知先觉，但更有可能的是，能够得到该信息、处于特殊位置的某些人（公司的内部人士或相关中介机构的人）正在利用该信息在信息发布之前进行交易。事实上，内部人士交易的另一个指标是，在重大信息发布前，股票本身的成交量和相关衍生金融工具的成交量激增[1]。

3. 内部人士除了有条件获得信息，他们通常还能够决定向金融市场公布这些信息的时间。由于内部人士知道他们不能在信息发布前进行交易，他们通常会调整信息披露的时间，使自己不大可能成为美国证券交易委员会调查的目标。有研究发现，公司报告收益停止持续增加前的3到9个季度，内部人士会卖出股票。[2] 他们还发现，在成长型公司的收益下降之前内部人士会更多地卖出股票。

在投资决策中利用内部人士交易的信息

随着内部人士交易的信息越来越容易获得，内部人士交易信息的用处也就越来越小了。此外，在管理层薪酬计划中大量使用期权，给内部人士交易披露制度带来相当多的噪声。大量的内部人士交易与经理人出于流动性和分散投资的考虑执行期权或卖出持有的部分股票有关。为了使内部人士交易的信息对你有用，你需要观察内部人士交易

---

1 正是出于这个原因，美国证券交易委员会才会跟踪成交量。成交量突然增加常常会引发对公司内部人士交易的调查。

2 B. Ke, S. Huddart, and K. Petroni, "What Insiders Know about Future Earnings and How They Use It: Evidence from Insider Trades," *Journal of Accounting & Economics* 35, no. 3 (August 2003): 315–346.

总数以外的情况，将重点放在规模较小、没有太多分析师跟踪的公司的高层管理人员进行的大额交易。即使这样做，你也不能期望奇迹会出现，因为你使用的是可以公开获得的信息。

尽管我们不可能跟踪非法的内部人士交易，但是投资者至少可以凭借一些间接的指标来猜测非法内部人士交易猖獗时的状况，特别是当内部人士交易出现在规模较小、成交量较小的公司股票上时。伴随着价格变化的成交量激增往往是这些公司存在内部人士交易的征兆。成交量加倍，同时价格上涨，可能显示了内部人士的买入行为，如果伴随的是价格下跌，那就可能显示了内部人士的卖出行为。成交量和私人信息之间的这种关系可能为第7章讨论的技术分析中的价惯性指标提供了一定的依据。

证券分析师

处于私人信息和公开信息结合点的分析师显然在市场信息的占有上处于有利的地位。利用这两种信息，分析师对他们跟踪的公司进行收益预测，并据此为客户提供买入或卖出的建议。在本节中，我们将探讨分析师的预测和推荐中是否包含有用的信息，以及将它们纳入投资决策是否能提高投资收益。

> **数据观察** ｜ 分行业的分析师数量：观察美国股市按行业划分跟踪一只股的分析师人数。

分析师跟踪的是哪些公司？

跟踪各家公司的分析师人数依公司情况的不同有很大的差异。一个极端是像苹果、通用电气、谷歌以及微软这样的公司，跟踪的分析师多达数十人。另一极端是几百家根本没有任何分析师跟踪的公司。

为什么一些公司比另外一些公司有更多的分析师跟踪？以下是一些决定因素：

- **市值**。一家公司的市值越大，它被分析师跟踪的可能性就越大。
- **机构持股比例**。股票被机构投资者持有的比例越大，分析师跟踪的可能性就越大。不过是分析师跟踪机构投资的股票，还是机构投资于有更多分析师跟踪的股票，这个问题很难说清楚。由于机构投资者是证券分析师最大的客户，因果关系可能是双向的。
- **成交量**。分析师更有可能跟踪流动性好的股票。但同样值得注意的是，分析师的参与可能会推动股票成交量的增加。

图 10.6 反映了上述所有因素，在图中，我们将公司按市值大小进行分组，并观察每组股票所对应的分析师数量和机构持股比例。总体而言，市值最大的公司，机构持股所占的比例更大，跟踪的股票分析师也更多。

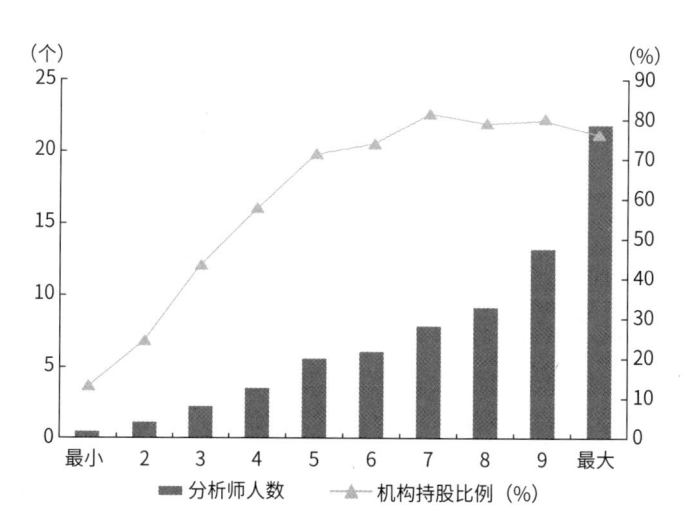

图 10.6 分析师人数和机构持股比例：按市值分组

资料来源：Capital IQ 数据库。

卖方与买方分析师：基础知识

数以千计的金融分析师试图对股票进行估值，他们中的大多数都是辛勤工作的无名之辈。得到最多关注的分析师是那些为投资银行工作的卖方分析师。他们的研究结果一般供外部客户使用。他们扮演的角色较为复杂。他们与所跟踪的公司互动，将自己的研究成果卖给投资组合经理和个人投资者。而买方分析师则为像富达这样的资金管理公司工作。他们的研究结果主要为内部所用，旨在帮助投资组合经理挑选更好的股票进行投资。

为什么要了解这些？卖方股票研究报告被关注的程度要高于买方股票研究报告，但也受到更多利益冲突和偏差的影响。事实是，大量进行研究的投资银行不必投资于卖方分析师推荐的股票，这使得那些想遵循这些建议的个人投资者犹豫不决。此外，卖方分析师用于兜售其研究结果的时间远多于买方分析师。

盈利预测

分析师花费大量的时间和资源来预测他们所跟踪的股票下个季度和下个财政年度的每股收益。从情理上来说，他们获得的有关公司管理层和行业的信息应该为他们完成此项工作提供了优势。因此，当分析师向上或向下调整他们的预测时，他们是在向金融市场传递信息，股票价格应该做出相应的调整。在本节中，我们将讨论市场如何对分析师的预测调整做出反应，以及作为投资者，我们是否有可能利用市场的反应来赚钱。

分析师的预测中所包含的信息

我们认为，使用分析师的收益增长预测比使用历史收益增长数据要好，其中的道理很简单。分析师在预测中除了使用历史数据，他们还利用其他对预测未来增长有用的信息。

- **自上次财务报告后公开的有关公司的具体信息。**分析师可以使用自上次财务报告后获得的关于该公司的信息，对未来增长率做出预测。这些信息有时可能导致对公司的预期收益和现金流预测的重要更新。
- **可能影响未来增长率的宏观经济信息。**所有公司的预期增长率都受到有关国内生产总值的增长、利率以及通货膨胀等经济信息的影响。分析师可根据整体经济以及财政和货币政策变化的新信息不断更新他们对未来增长率的预测。例如，如果信息显示经济的实际增长率高于预测，分析师就会相应地提高周期性公司的预期增长率。
- **竞争对手披露的未来前景信息。**分析师还可以根据竞争对手披露的有关定价政策和未来增长率的信息，确定公司未来增长的估计值。例如，一家汽车制造公司的负收益公告，可能导致对其他汽车制造公司收益的重新评估。
- **关于公司的私人信息。**有时分析师能接触到与预测未来增长有关的私人信息。为了防止这类信息的泄露，美国证券交易委员会制定了《公平披露规则》，防止公司有选择地向少数分析师或投资者披露信息。然而，在美国以外，公司会经常向跟踪它们的分析师披露私人信息。
- **除收益以外的公开信息。**完全依赖历史收益数据来预测收益的模型可能忽略了在预测未来收益方面有用的其他公开信息。例如，证据显示其他财务变量，如留存收益、利润率以及资产周转率等在预测未来增长方面都很有用。分析师可以将这些变量中的信息整合到他们的预测中。

总而言之，我们认为，股票分析师所拥有的资源有利于他们完成自己的一项主要任务——收益预测，即使不是长期的，至少也是短期的。

盈利预测的质量

如果分析师的确比其他市场参与者拥有更多的信息，那么来自分析师的预测应该比根据历史增长情况或公开信息做出的预测更准确。但该假设能否站得住脚？分析师对增长的预测比用其他方法做出的预测更准确吗？

有关短期盈利预测（提前一个季度到四个季度）的研究得出的普遍共识是，分析师的预测比完全根据历史数据建立的模型做出的预测更准确。分析师预测的误差比根据历史数据做出的预测的误差低。

有两项研究进一步探讨了分析师预测的价值。其中较早的一项研究考察了《盈利预测》预测的相对准确性，这是一份由标准普尔出版发行的汇总50多家投资公司盈利预测情况的出版物。[1] 该研究度量了一年中每个月预测误差的平方，并计算分析师预测误差与基于盈利的时间序列模型的预测误差的比率。研究结果发现，在4月至8月这段时间，时间序列模型比分析师预测更准确，但在9月至1月则不如分析师。研究人员假设，这是因为在9月至1月，分析师能够得到更多有关公司的具体信息。后一项研究将机构分析师对随后1个季度至4个季度的一致预测与用时间序列模型做出的预测进行比较。[2] 对随后1个季度和随后两个季度的预测，分析师比时间序列模型更准确；对随后3个季度的预测，分析师与时间序列模型的准确度相同；对随后4个季度的预测，分析师不如时间序列模型准确。因此，分析师从公司具体信息中获得的优势似乎随着预测时段的延长逐渐消失了。

德雷曼和贝里考察了1974—1991年的分析师预测，发现在他们

---

[1] T. Crichfield, T. Dyckman, and J. Lakonishok, "An Evaluation of Security Analysts Forecasts," *Accounting Review* 53 (1978): 651–668.

[2] P. O'Brien, "Analyst's Forecasts as Earnings Expectations," *Journal of Accounting and Economics* 10 (1988): 53–83.

考察的预测中，超过 55% 的估计偏离实际盈利 10% 以上。[1] 对这种比较糟糕的预测结果的可能解释是，分析师一般对未来增长持乐观态度。乔普拉的研究发现，大量预测误差源于分析师未能考虑宏观经济的变化。换言之，分析师在经济复苏的高峰期会倾向于高估增长；在经济衰退期会低估增长。[2] 有研究对 7 个国家的分析师预测误差进行了比较，毫不奇怪，他们发现在要求披露更多财务信息的国家，分析师所做的预测准确性更高，偏差更小。[3]

这些研究大多针对短期预测，一般是下一个季度，没有证据表明当预测时段是 3 年或 5 年时，分析师的表现会更好。克拉格和马尔基尔将 5 家投资管理公司在 1962 年和 1963 年做出的长期投资预测与接下来 3 年的实际收益率进行了比较，得出的结论是，分析师做出的长期预测并不准确。[4] 范德·魏德和卡尔顿随后的一项研究挑战了上述观点，他们发现，分析师所做的未来 5 年增长率的一致性预测要好于根据历史增长率做出的预测。[5] 但是，总的来说，只有一小部分跟踪上市公司的分析师会做长期预测。

从直觉上我们会认为，分析师的预测应该比基于时间序列或其他历史数据的模型更好，因为前者使用了更多的信息。但是，令人惊讶的是，就长期预测而言，分析师实际上体现出来的优势非常小，历史增长率在帮助分析师预测方面起到了重要作用。

---

1   D. N. Dreman and M. Berry, "Analyst Forecasting Errors and Their Implications for Security Analysis," *Financial Analysts Journal* (May/June 1995): 30–41.
2   V. K. Chopra, "Why So Much Error in Analyst Forecasts?" *Financial Analysts Journal* (November-December 1998): 35–42.
3   H. N. Higgins, "Analyst Forecasting Performance in Seven Countries," *Financial Analysts Journal* 54 (May/June 1998): 58–62.
4   J. G. Cragg and B. G. Malkiel, "The Consensus and Accuracy of Predictions of the Growth of Corporate Earnings," *Journal of Finance* 23 (1968): 67–84.
5   J. H. Vander Weide and W. T. Carleton, "Investor Growth Expectations: Analysts vs. History," *Journal of Portfolio Management* 14 (1988): 78–83.

市场对盈利预测调整的反应

在第 7 章中，我们探讨了价格惯性策略，即投资者买入近期价格涨幅最大的股票，期望价格上升的惯性会延续到未来。你可以根据惯性制定类似的策略。虽然有些策略完全是基于盈利增长构建的，但绝大多数策略都是基于盈利增长是否符合分析师的预期制定的。事实上，一种策略是购买分析师将盈利预测向上调整的股票，以期股票价格会随盈利预测的调整而变化。

美国的一些研究显示，投资者有可能利用分析师所做的预测调整获得超额收益。在对该现象最早的一个研究中，吉弗里和拉格尼斯克基于盈利预测调整，创建了由 3 个行业的 49 只股票组成的投资组合。该研究显示，收益预测向上调整幅度最大的股票在随后 4 个月获得了 4.7% 的超额收益。[1] 霍金斯、钱柏林和丹尼尔斯的研究显示，由 I/B/E/S 数据库中收益预测向上调整幅度最大的 20 只股票组成的投资组合的年平均收益率为 14%，而市场指数的收益率仅为 7%。[2] 在另一项研究中，库珀、戴以及刘易斯报告说，大部分超额收益集中发生在预测调整前后几个星期里（预测调整前一星期为 1.27%，调整后一星期为 1.12%）。他们还发现，被他们划分为领军者的分析师（基于预测的及时性、影响力以及准确性）对成交量和价格的影响比其他分析师要大得多。[3] 2001 年，卡普斯塔夫、珀迪尔和里斯进一步将该研究扩展到其他国家的盈利预测上，他们得出的结论是，购买预测向上调整幅度最大的股票，在英国获得的超额收益率是 4.7%，在法国是

---

[1] D. Givoly and J. Lakonishok, "The Quality of Analysts' Forecasts of Earnings," *Financial Analysts Journal* 40 (1984): 40–47.

[2] E. H. Hawkins, S. C. Chamberlin, and W. E. Daniel, "Earnings Expectations and Security Prices," *Financial Analysts Journal* (September/October 1984): 20–38.

[3] R. A. Cooper, T. E. Day, and C. M. Lewis, "Following the Leader: A Study of Individual Analysts Earnings Forecasts," *Journal of Financial Economics* 61 (2001): 383–416.

2%，在德国是 3.3%。[1]

研究者对盈利预测调整的数据进行了多方面的分析，发现了一些值得关注的现象。首先，和其他人一致认同的预测数据分歧最大的调整对价格影响最大，而且更有可能比那些接近共识的预测调整更准确。但是，这种大胆的预测并不常见。因为大多数分析师都倾向于随大溜，和其他跟踪该股票的分析师保持一致，朝相同方向调整收益预测，调整的幅度也差不多。[2] 其次，预测调整的及时性很重要。那些较早调整盈利预测的分析师比随后调整的分析师对价格产生的影响要大得多。再次，由大的投资银行或证券经纪公司的分析师做出的盈利预测调整，其价格影响要大得多，这也许是因为他们比小机构的分析师接触到的信息更多。

可能的隐患

盈利预测调整策略的局限性在于金融市场的两个最弱的环节，即公司的财务报告以及分析师对盈利预测的依赖。近年来，我们越来越意识到，公司不仅有盈利管理的能力，而且会使用值得怀疑的会计手段操纵盈利。与此同时，我们还发现，分析师的预测是有偏差的，部分原因是分析师与所跟踪的公司关系密切。

这个策略即使可以一直获得超额收益率，你也要思考为什么会存在超额收益。由于分析师会影响其客户的交易行为，当分析师修正收益预测时，价格效应就会产生。分析师的影响力越大，他们对价格的影响也就越大，但问题是该影响能否持久。应用该策略获得更高收益的一个可能的方法是，找出关键的分析师，并基于他们做出的收益预

---

[1] J. Capstaff, K. Paudyal, and W. Rees, "Revisions of Earnings Forecasts and Security Returns: Evidence from Three Countries" (SSRN Working Paper 253166, 2000).

[2] C. Gleason and C. Lee, "Analyst Forecast Revisions and Market Price Discovery," *Accounting Review* 78 (2003): 193–225.

测调整来制定投资策略，而不是查看由所有分析师做出的一致预测。也就是说，如果你关注那些更有影响力的分析师，并基于那些比较大胆和及时的调整进行交易，你成功的可能性就会更大。

最后，你应该认识到，这是一个短期策略，只能在几周到几个月的投资期限内产生不多的超额收益。市场对公司的财务报告以及分析师所做的盈利预测越来越怀疑，预示该策略前景不佳。因此，虽然我们不大可能基于预测调整和盈利意外本身来构建回报丰厚的投资组合，但是，它们可以起到增强其他长期筛选策略效果的作用。

分析师的建议

分析师报告的核心是他们对股票投资的建议，从非常正面的建议（强买入）到非常负面（强卖出）和中间立场（弱买入，弱卖出）的建议。当分析师的报告出来后，一些投资者会遵循这些建议进行投资，从而引起股票价格的变化，买入建议会推高股价，卖出建议会压低股价。在本节中，我们将首先讨论关于分析师建议的主要实证证据，其次探讨市场对这些建议的反应。最后，我们将分析投资者使用分析师的建议在短期投资和长期投资中赚钱的可能性。

投资建议的博弈

在讨论市场如何对分析师的建议做出反应之前，我们有必要把4个实证证据摆到桌面上来。

1. 如果我们把分析师的建议分为买入、卖出和持有，那么买入建议占绝大多数。例如，2011年，美国股市买入与卖出建议的比例是7∶1，但这个比例比起20世纪90年代末股市繁荣时期还是低不少，那时买入与卖出建议的比例是25∶1。之所以出现这种偏差，原因有很多，其中最重要的一个原因是，发布卖出建议的分析师不仅会得罪相关上市公司，有时还会让他们所在的证券经纪公司不高兴。

2. 买入和卖出建议不平衡的部分原因是，分析师的分析层次常常远远超过买入、卖出和持有这3个等级。例如，一些投资银行把股票分为1~5个等级（像《价值线》那样），而另一些投资银行把买入和卖出建议再细分（强买入、弱买入、强卖出、弱卖出）。这不仅使证券分析师能更加细化股票的等级，而且让他们能够不用说"卖"字就发出卖出的信号。因此，如果一个分析师把一只股票从"强买"降级为"弱买"，实际上他是在发出卖出信号。我们检验了2011年11月分析师对美国股市的投资建议，将其分为5组，从最高（强买入）到最低（强卖出），如图10.7所示。

注意，正面建议的数量远远超过负面建议，而且这种情况在小盘股市场比在大盘股市场更突出。

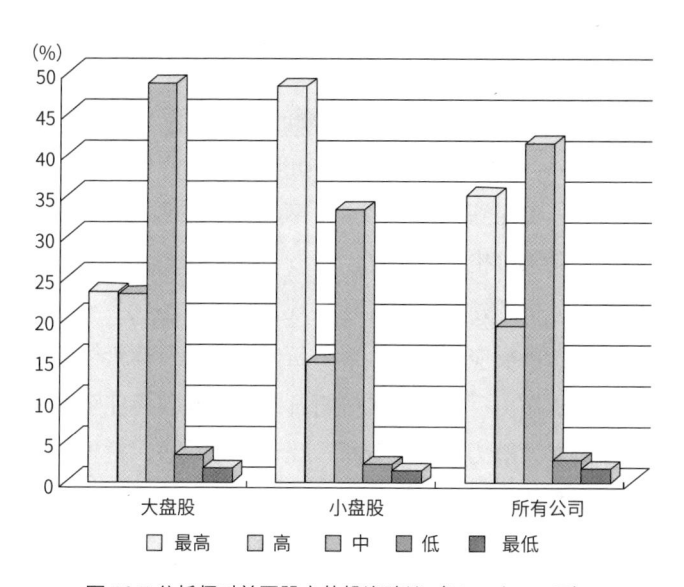

图 10.7 分析师对美国股市的投资建议（2011年11月）

资料来源：Capital IQ 数据库。

3. 像盈利预测一样，股票投资建议也存在羊群效应。因此，当一个分析师把一只股票从买入升级为强买入时，其他分析师也会争先恐后地照着做。
4. 分析师似乎也在使用价格惯性策略，在某只股票持续上涨后，买入的推荐就会越来越多，推荐的力度也越来越大。同时，只有在某只股票的价格出现灾难性下跌后，分析师才会给出卖出的建议（尽管很少给出这种建议）。

市场对分析师建议的反应

市场会对分析师的建议有何反应？沃马克研究了在分析师建议发布日以及随后几周里，股票价格对买入和卖出建议的反应。[1]虽然买入和卖出建议都对股票价格产生了影响，但卖出建议的影响更大。如果你还记得买入建议远远多于卖出建议时，你就不会对此感到惊讶。有趣的是，该研究还发现，买入建议对价格的影响一般是即时的，而且，公告发布后一般没有价格漂移的迹象；但卖出建议公布后，价格往往继续下滑。图 10.8 显示了沃马克的发现。买入建议公布后股票价格上涨约 3%，而在卖出建议公布期间（建议公布前后 3 天）股票价格下跌约 4%。在随后的 6 个月里，卖出建议的股票价格又降了 5%，而买入建议的股票价格不升不降。

其他针对分析师建议的研究还发现，投资者不仅会对分析师的买入或卖出建议做出反应，而且会对分析师所做的目标价格调整以及报告中的定性分析做出反应。如果分析师的买入建议还伴随着对目标价格的调高以及有说服力的定性分析，比如一个故事，这将对股票价格产生更大的正面价格影响。[2]

1　K. Womack, "Do Brokerage Analysts' Recommendations Have Investment Value?" *Journal of Finance* 51 (1996): 137–167.

2　A. Brav and R. Lehavy, "An Empirical Analysis of Analysts' Target Prices: Short-Term Informativeness and Long-Term Dynamics," *Journal of Finance* 58 (2003): 1933–1968.

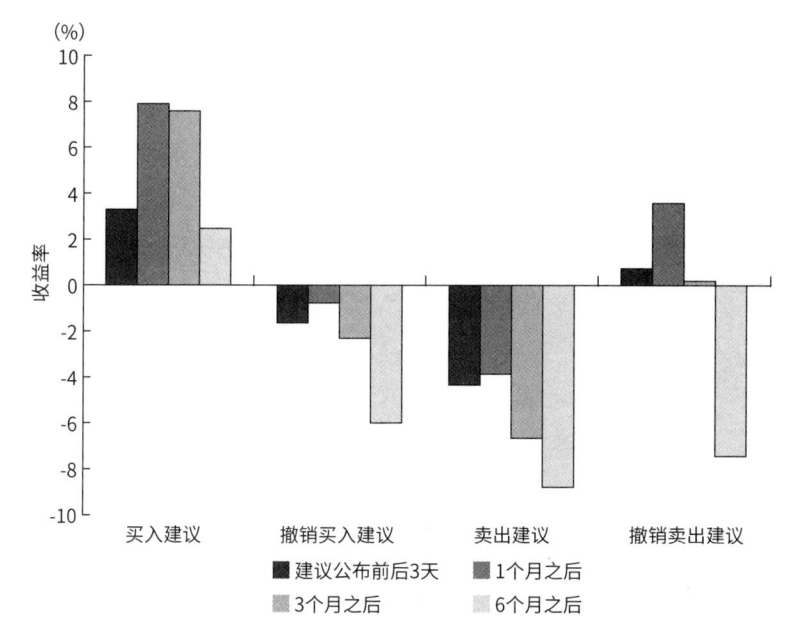

图 10.8　市场对分析师建议的反应，1989—1990 年

资料来源：K. Womack, "Do Brokerage Analysts' Recommendations Have Investment Value?" *Journal of Finance* 51（1996）：137–167。

股票分析师和参考分析师建议的投资者必须面对的一个关键的问题是，分析师的建议在多大程度上是在为分析师所跟踪的公司加油，而非对股票本身的见解。在某些情况下，由于股票分析师所供职的机构和相关上市公司有其他关联业务，这种倾向会更严重。迈克尔和沃马克检验了首次公开募股后分析师给出买入建议的股票的市场表现，并将该股票承销商分析师所提出的建议和非承销商分析师提出的建议加以比较。图 10.9 概括了他们的发现。[1]

请注意，由非承销商分析师推荐的股票价格的表现要远远好于由承销商分析师推荐的股票价格的表现。虽然这一点看上去显而易见，

---

[1] R. Michaely and K. L. Womack, "Conflicts of Interests and the Credibility of Underwriter Analysts Recommendation," *Review of Financial Studies* 12 (1999): 635–686.

但很多投资者忽视了分析师与他们所分析的公司之间的关联,并为此付出了巨大的代价。[1]

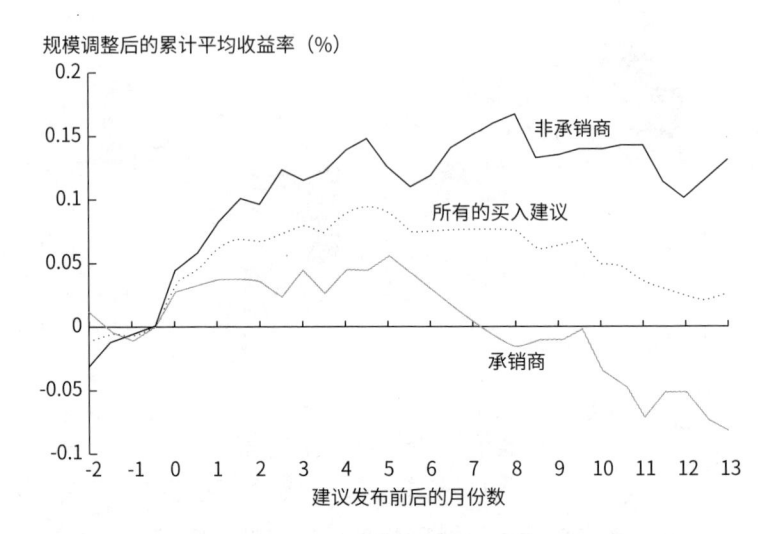

图 10.9　首次公开募股后 1 年内分析师发布买入建议的股票价格表现,1990—1991 年

资料来源：R. Michaely and K. L. Womack, "Conflicts of Interests and the Credibility of Underwriter Analysts Recommendation," *Review of Financial Studies* 12 (1999)：635-686.

分析师建议的潜力与危险

分析师的建议能帮你赚钱吗？答案似乎是肯定的,至少在短期投资中是可以的。即使分析师的建议不包含任何新信息,根据这些建议交易的客户也会制造出自我实现的预言。买入建议公布后股票价格被推高,卖出建议公布后股票价格被压低。[2] 如果这是股票价格变化的

---

[1] 2002 年 6 月,美林证券同意支付 1 亿美元与纽约州政府达成和解,此前纽约州政府发现美林知名的互联网行业分析师亨利·洛杰特发送的一封电子邮件,该电子邮件似乎在内部贬低他当时向外部客户推荐的股票。其中许多股票是由美林承销上市的,这使得该丑闻火上浇油。美林同意公开与其分析师跟踪的公司可能存在的潜在利益冲突。

[2] 这可能是一个重要因素。《华尔街日报》在其发布的《飞镖盘》专栏中列出它所挑选的分析师推荐的股票。这些股票在专栏发布后的两天内价格上涨了约 4%,但在接下来的几周内价格又出现了逆转。

唯一原因，那么其收益率不仅可能很小，而且会很快消失，同时你的交易成本巨大，几乎不可能有什么超额收益。实际上，这也是巴伯、莱哈维、麦克尼科尔斯和特鲁曼在研究了投资者能否利用分析师的建议获利后得出的结论。[1]

为了将分析师的建议整合到投资策略中，你需要采取一种更细致入微的方法。

- 首先，你应该找出最有影响力且其建议包含的信息（私人信息）最多的分析师。那些有数据和可靠故事支撑的建议比那些没有这些支撑的建议更有分量。
- 最理想的情况是，你应该剔除那些由于潜在利益冲突太大，以致无法给出中立建议的分析师，这样剩下的可选分析师就会少一点儿。同时，你应该特别留意那些有些反常的分析师建议，比如一个惯常看多的分析师给出的卖出建议，或一个惯常看空的分析师给出的买入建议。
- 你最好是在分析师提出建议的当时就进行投资。[2]
- 假设你仍然相信提出建议的分析师，你就应该注意观察他们，寻找他们是否已经改变或正在改变主意的信号。由于这些信号通常很微妙，你非常容易忽略它们。

寻找最好的分析师

怎样才能找到跟踪某只股票的最好的分析师？你可以考虑那些在人气评选中获胜的分析师，即被其他分析师和/或投资组合经理投票选出来的"最佳"分析师，比如由《机构投资者》杂志评选出的全美

1　B. Barber, R. Lehavy, M. NcNichols, and B. Trueman, "Can Investors Profit from the Prophets? Security Analyst Recommendations and Stock Returns," *Journal of Finance* 56 (2001): 531–563.
2　这可能不是你能选择的，因为分析师会首先向他们的客户透露他们的建议。如果你不是客户，你通常只有在客户有机会购买股票后才能获悉该建议。

分析师，入选的都是各个行业的明星分析师。但别上那些天花乱坠的宣传的当。引人注目的分析师不一定总是最好的，有些分析师特别擅长自我推销。最佳信息来源一般是没有个人利益冲突的外部服务机构。《华尔街日报》有一个关于卖方分析师的专栏，该专栏根据分析师建议的质量对他们进行评估，并在此基础上对他们进行排名。互联网上有一些在线服务机构跟踪股票预测和建议，并报告实际收益数据与这些预测的接近程度。

还有一些需要考虑的定性因素。在分析中考虑清楚周详，表现出对公司业务深入了解的分析师，他们做出的分析理应比那些根据肤浅的评估说出惊人之语的分析师更有分量。最重要的是，好的分析师应该愿意顶住公司管理层的压力，勇于提出不同意见（卖出建议）。

根据公开信息进行交易

我们大多数人都没有获取公司私人信息的途径，但我们都有机会得到公司的公开信息。其中一些公开信息是以定期财务报告和股息公告的形式出现的，在美国，大多数公司每年要报告4次，在其他地方频率要低一些。另一些信息是公司发布的新闻，如公司宣布收购另一家公司（或被另一家公司收购），或者宣布进行某项重大投资或资产剥离。在某些情况下，信息来自掌握该公司命运的监管机构，如美国食品药品监督管理局（FDA）宣布批准（或不批准）某种药物的申请。在这些情况下，我们预期股票价格会对包含在公告中的信息做出反应。如果市场反应恰当，我们几乎无法从中赚钱。但如果市场不能做出恰当的反应，我们就能够运用某个交易策略，利用该信息赚钱。

财务报告

公司发布财务报告，是向金融市场传递有关其目前和未来发展情况的信息。财务报告中信息的重要性，以及市场的反应程度取决于报告盈利超过或未达到投资者预期的程度。在一个有效市场中，市场应该迅速对财务报告中的意外信息做出反应，如果财务报告包含的信息出乎意料，价格会立即做出反应，正面的意外信息导致价格上涨，负面的意外信息导致价格下跌。

盈利意外及价格反应

由于实际盈利要与投资者的预期相比较，所以盈利事件研究的一个重要方面是衡量投资者的预期。一些早期研究用公司上一年同比季度的盈利作为预期收益的衡量标准，也就是说，报告同比季度盈利增加的公司提供的是正面意外信息；报告同比季度盈利减少的公司提供的是负面意外信息。在最近的研究中，分析师预测的盈利被用于代表预期盈利，并与实际盈利进行比较。图 10.10 根据意外程度，将财务报告从"最负面"到"最正面"进行分类，提供了价格对盈利意外信息的反应情况。[1]

该图包含的证据与多数财务报告研究得到的结论基本一致。

- 财务报告显然向金融市场传递了宝贵的信息。正面的意外信息发布后（实际盈利高于预期盈利），相关股票会出现正超额收

---

[1] 对该现象最早的研究参见 R. Ball and P. Brown, "An Empirical Evaluation of Accounting Income Numbers," *Journal of Accounting Research* 6 (1968): 159–178. 伯纳德和托马斯（1989）对该研究进行了更新，他们使用有关季度财务报告发前后的每日数据。(V. Bernard and J. Thomas, "Post-Earnings Announcement Drift: Delayed Price Response or Risk Premium?" *Journal of Accounting Research* 27 (1989): 1–48.) 图 10.10 是根据尼科尔斯和瓦伦（2004）所做的一项跟进研究的结果绘制的。(D. C. Nichols and J. M. Wahlen, "How Do Accounting Numbers Relate to Stock Returns: A Review of Classic Accounting Research with Updated Numbers," *Accounting Horizons* 18 (2004): 263–286.)

益（累计超额收益）；负面的意外信息发布后（实际盈利低于预期盈利），相关股票会出现负超额收益。

- 有证据表明，在财务报告即将发布之前，股票价格会出现漂移现象，且价格漂移的方向与公告的性质一致。也就是说，正面公告发布前，价格往往会上升；负面公告发布前，价格往往会下降。我们可以把这种现象视为内部人士交易、信息泄露，或者公告发布日错误的整局。[1]

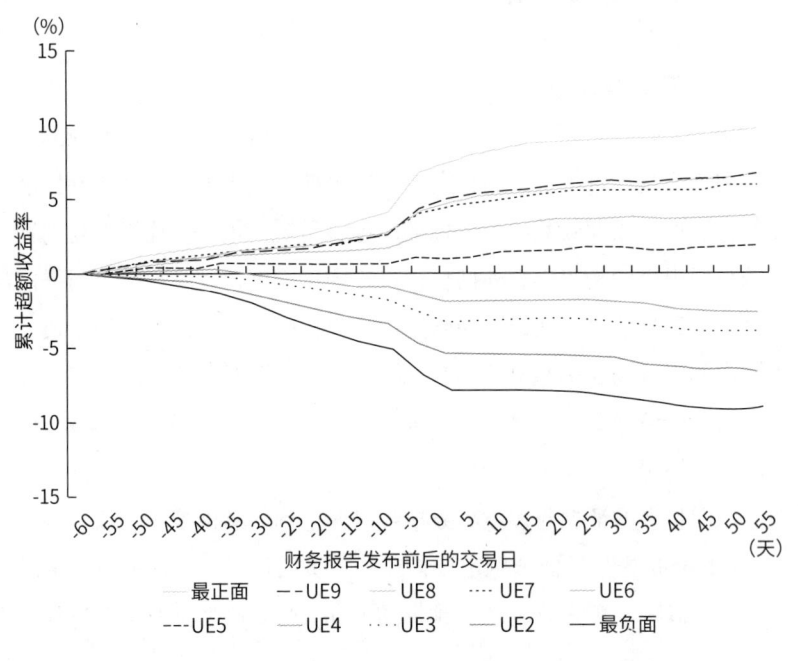

图 10.10 美国市场股票价格对季度盈利意外信息的反应，1988—2002 年

资料来源：D. C. Nichols and J. M. Wahlen, "How Do Accounting Numbers Relate to Stock Returns: A Review of Classic Accounting Research with Updated Numbers," *Accounting Horizons* 18 (2004)：263–286.

---

[1] 《华尔街日报》或 Compustat 数据库经常被用作获取财务报告发布日期的信息来源。对一些公司来说，发布的消息实际上可能在发布前一天就通过新闻网站透露出来，这导致发布日的错误认定和发布日前一天的收益漂移。

- 有证据表明，在财务报告发布后的交易日，股票价格会出现漂移，图 10.11 显示了财务报告发布后的市场反应。正面报告引发市场正面反应，并在报告发布日随后的数天和数周里带来正的超额收益。负面报告则产生相反的结果。
- 财务报告发布前后的价格变化也伴随着成交量的激增。

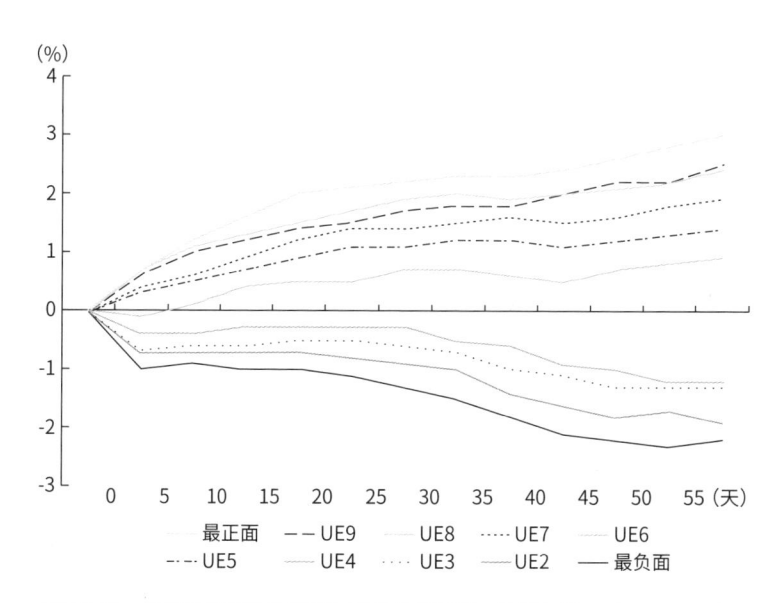

图 10.11　季度盈利意外信息发布后的价格漂移：美国市场，1988—2002 年

资料来源：D. C. Nichols and J. M. Wahlen, "How Do Accounting Numbers Relate to Stock Returns: A Review of Classic Accounting Research with Updated Numbers," *Accounting Horizons* 18 (2004) : 263–286。

上述引用的研究考察的是所有财务报告，但是有研究显示，盈利意外带来的超额收益对一些股票来说比对另一些股票更加明显。例如：

- 对价值股和成长股的一项研究发现，对所有财务报告来说，负面的也好，正面的也好，在财务报告发布前后 3 天，价值股（低市盈率和低市净率的股票）的收益比成长股高得多。这说明，与成长股相比，价值股更容易出现正面意外信息，也说明市场对成长型公司的盈利预期一般过于乐观。
- 由小公司发布的财务报告在发布日似乎对股票价格的影响更大，并且发布日后价格漂移的可能性更大。
- 和分析师的报告一样，市场对财务报告的反应不仅取决于所报告的盈利数据的大小，而且取决于报告对公司管理的评价。[1]
- 有证据显示，机构持股比例高的股票，市场对财务报告的反应更大。原因之一是，机构投资者倾向于从事更短期的投资行为，因此更可能对季度财务报告做出回应。

总之，当盈利好于预期时，股价上涨，当盈利低于预期时，股价下跌，这个情况是预料之中的。让我们意外的是，在公告后的几个交易日内，价格会出现漂移现象，这意味着投资者可以在公告发布后进行相应的交易，并获取超额收益。

财务报告延迟、行业效应及价格反应

公司的管理层在财务报告发布的具体时间上具有一定的自由裁量权。有证据表明，财务报告发布时间的安排对预期收益是有影响的。一项将财务报告按其发布日进行分类的研究显示，星期五发布的盈利和股息公告比其他交易日发布的盈利和股息公告更有可能包含负面信息。[2] 图 10.12 显示了该情况。

星期五发布的公告比其他交易日发布的公告更有可能包含坏消息——盈利下降以及股息削减，大量这样的公告是在周五交易结束后发布的。这也许和第 7 章讨论的周末效应存在有趣的联系。

---

[1] E. A. Demers and C. Vega, "Soft Information in Earnings Announcements: News or Noise?" (SSRN Working Paper, 2008).

[2] A. Damodaran, "The Weekend Effect in Information Releases: A Study of Earnings and Dividend Announcements," *Review of Financial Studies* 2 (1989): 607–623.

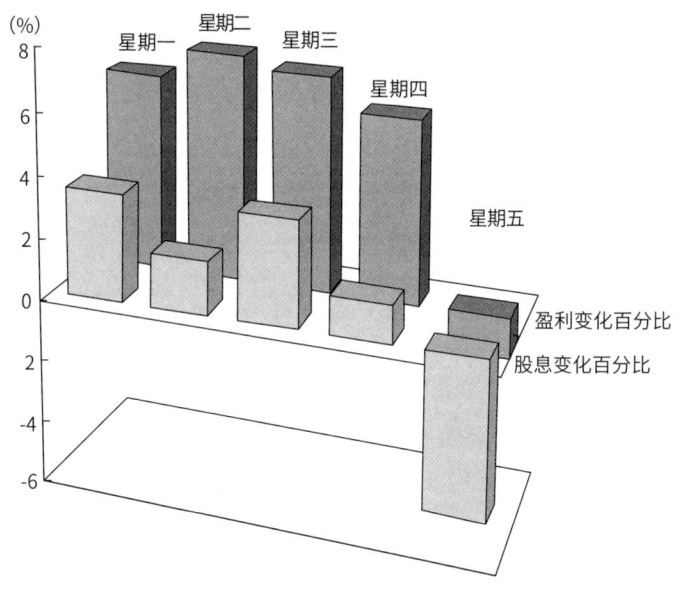

图 10.12 盈利和股息公告发布日相关情况

资料来源：A. Damodaran, "The Weekend Effect in Information Releases: A Study of Earnings and Dividend Announcements," *Review of Financial Studies* 2 (1989)：607-623。

还有证据表明，与预期公告日相比，延迟发布的财务报告比那些提前或准时发布的财务报告更有可能包含坏消息，如图 10.13 所示。[1]

相对于预期发布日，延迟发布超过 6 天的财务报告比及时发布或提前发布的财务报告包含坏消息的可能性大得多，引起市场负面反应的可能性也大得多。因此，围绕财务报告建立投资策略的投资者，有必要跟踪财务报告的预期发布日。

最后，投资者可以从同行业其他上市公司披露的财务报告中获悉一家公司的收益前景。如果某汽车制造商公布了高于预期的收益，这将引发投资者重新评估（调高）其他尚未发布财务报告的汽车制造商

---

[1] 美国公司往往在每年固定的日期公布季度财务报告，延迟天数是相对于此预期日期计算的。See A. E. Chambers and S. H. Penman, "Timeliness of Reporting and the Stock Price Reaction to Earnings Announcement," *Journal of Accounting Research* 22: 21-47.

的预期收益。因此，较早发布财务报告的公司的盈利意外，对市场价格的影响要大于较晚发布财务报告的公司。

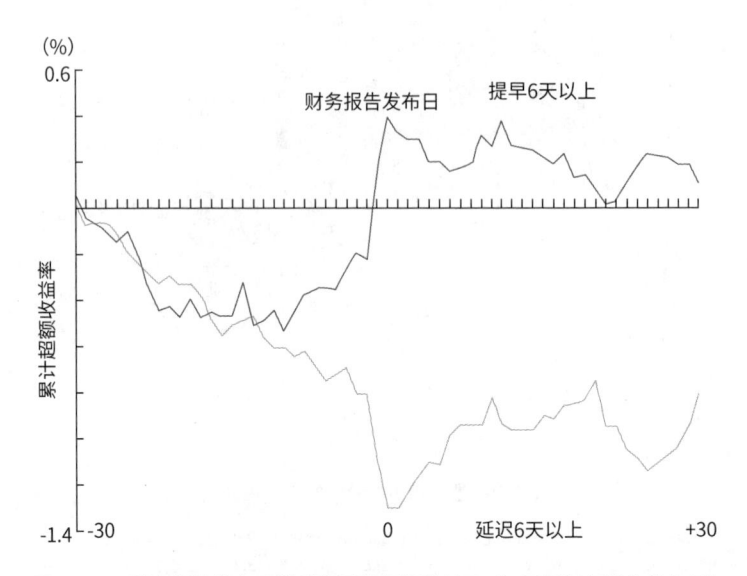

图 10.13　财务报告发布日前后的累计超额收益率（0 日是财务报告发布日）

资料来源：A. E. Chambers and S. H. Penman, "Timeliness of Reporting and the Stock Price Reaction to Earnings Announcement," *Journal of Accounting Research* 22: 21–47。

交易日内价格反应

一些研究考察了在财务报告发布当日，市场价格对财务报告反应的速度，结果并不一致。伍德拉夫和森查克考察了有利（盈利意外＞20%）和不利（盈利意外＜–20%）的财务报告发布后市场价格的调整情况，报告了以小时为单位统计的每类股票在财务报告发布后出现的价格调整的比例（见图 10.14）。[1]

---

[1] Catherine S. Woodruff and A. J. Senchack Jr., "Intradaily Price-Volume Adjustments of NYSE Stocks to Unexpected Earnings," *Journal of Finance* 43, no. 2 (1988): 467–491.

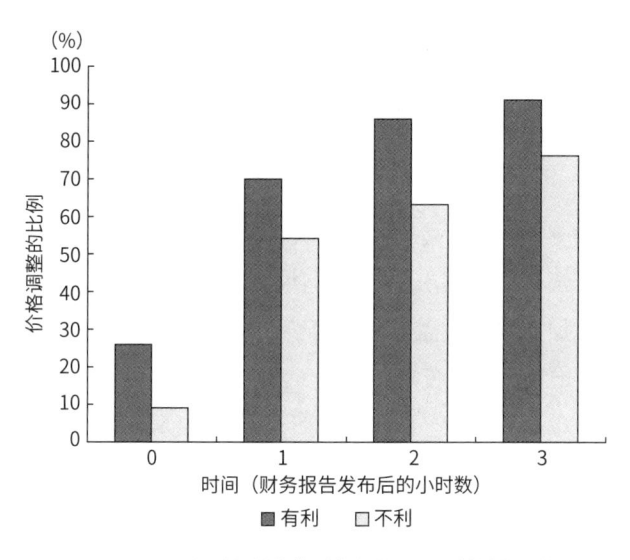

图 10.14 以小时为单位的财务报告公布后的价格调整

资料来源：Catherine S. Woodruff and A. J. Senchack Jr., "Intradaily Price-Volume Adjustments of NYSE Stocks to Unexpected Earnings," *Journal of Finance* 43, no. 2 (1988)：467–491.

如图 10.14 所示，在最正面的盈利意外报告发布 3 小时内，股票价格的调整已完成 91%；在最负面的盈利意外报告发布的相同期间内，股票价格的调整只完成了 76%。这似乎表明，市场对正面信息的反应比对负面信息的反应有效得多。这至少还说明了财务报告发布后即时交易的重要性。那些等到第二天或当天晚些时候阅读财务报告的投资者将会发现，到了他们交易的时候，大部分的价格调整已经完成了。

盈利质量和市场反应

近年来，根据盈利意外进行投资的策略开始承受一些压力，因为公司已经适应了盈利游戏的玩法。在过去的 20 年里，人们开始关注上市公司的盈利管理行为，担心这会降低财务报告的信息质量。虽然有证据显示，公司盈利管理的行为越来越普遍，这表现在越来越多公司的财务报告数据比分析师给出的预期值更高,但财务报告似乎仍然能够引发很大的价格反应。事实上,一些研究显示,市场对财务报告的反应随着时间的推移在不断增强。[1]原因之一是市场已经获知上市公司会进行盈利管理,市场也会相应地调整其预期。因此,为了获得正面的市场反应,财务报告的盈利就得超过所谓的传闻盈利,且高于分析师的一致预期,高出的幅度取决于公司的历史。另一个原因是,监管机构更加严格的披露要求使得公司财务报告中的信息含量增加,从而强化了市场的价格反应。

盈利游戏中,不同公司的盈利质量存在差别。一家由于经营良好而导致财务报告数据高于分析师预期值的公司,应该比调整了存货估值的公司更受市场青睐。但市场能恰当地区分这两种情况吗?证据表明,市场似乎不能有效地区分这两种情况,至少在财务报告发布日做不到,但是,市场最终会纠正盈利质量差的公司的价格偏差。陈、曾、杰加迪什和拉格尼斯克等人在对该现象进行的一项研究中考察了报告中应计收入很高的公司的情况,他们发现,在没有相应的现金流增长的情况下,报告中应计收入高的公司盈利质量相对较差。[2]当跟踪由这些公司组成的投资组合时他们发现,高应计收益的那年往往是该公司财务状况的转折点,接下去的几年会出现盈利下降和股价下跌。

你能从财务报告中赚钱吗?

金融市场从财务报告中得到很多关于上市公司的具体信息,从总量上来看,每年有数以千计的财务报告发布。一些投资组合经理的投

---

1 W. D. Collins, O. Li, and H. Xie, "What Drives the Increased Informativeness of Earnings Announcements over Time?" *Review of Accounting Studies* 14 (2009): 1–30.

2 K. Chan, L. K. C. Chan, N. Jegadeesh, and J. Lakonishok, "Earnings Quality and Stock Returns," *Journal of Business* 79 (2006): 1041–1082.

资策略主要是在这些公告发布时或发布后进行交易。围绕财务报告，有 3 个策略可以考虑。

1. 在财务报告发布后立刻买入，希望从当天价格的缓慢调整中获利（见图 10.14）。这是一个非常短期、周转率高的投资策略，通常只有在你能实时跟踪信息、即时交易，并能控制交易成本的情况下才有意义。

2. 购买公布有较大正面盈利意外的股票，以期从随后的价格漂移中获利。你还可以通过卖空公布了负面盈利意外的股票来提高你的收益，期望这些股票的价格随后会继续下跌。这是一个投资期稍长的策略，以周而不是以小时计算，但是有能够获得超额收益的潜力，即使在考虑了交易成本后。你应该如何完善这个策略来获得更高的收益？你可以利用实证证据改进你的投资策略，只关注规模较小、流动性较差的公司发布的财务报告，因为这些公司在发布财务报告后股价漂移更明显。此外，你可以把你的钱投向那些盈利质量高的公司，避免那些有大量应计收入的公司（报告盈利增加，但现金流减少的公司）。

3. 如果你能预测哪家公司最有可能报告大的正面盈利意外，并在财务报告发布之前投资于这些公司，你获得高收益入的可能性最大。你会说，没有内幕信息，这是不可能的！不一定，如果你还记得在财务报告发布前价格和成交量会向上漂移，并且那些延迟发布财务报告的公司最有可能公布坏消息。即使只有 55% 的时间是正确的，你也应该能够获得较高的超额收益。

"根据传闻买，根据新闻卖"

虽然对华尔街的老话不要太当真，但它们通常还是有一些道理的。当看到股价在信息发布前上涨，在信息发布后已没有多少上涨空间的时候，我们特别能体会到"根据传闻买，根据新闻卖"这一说法背后的道理。能够有渠道获得高质量传闻（假如你不把这视为一种自相矛盾的说法）的投资者可以在好消息公布前买入股票，在坏消息公布前卖出股票。但高质量的传闻是难以获得的，特别是在华尔街。在那里，每一个真实消息的周围都会有一打虚假的消息在传播。

收购

投资公告中对上市公司价值和股票价格影响最大的一般是收购公告，原因很简单，因为与其他投资相比，收购的规模一般比较大。在本节中，我们将首先研究收购公告在发布当天是如何影响目标公司和收购公司的市场价格的，然后考察收购后收购公司的绩效状况（运营情况和股票价格），最后探讨收购过程中是否存在投资者可以获利的机会。

收购信息发布日

与收购紧密相关的大幅价格变化出现在收购消息发布日前后，而非出现在收购实际完成之时。虽然收购阶段多数注意力都集中在目标公司身上，但我们认为，收购公司出现的情况即使不是更有趣，也同样有趣。

公告效应：目标公司和收购公司

研究证据表明，目标公司的股东在收购中显然是赢家——他们不仅在收购公告发布时，而且在收购公告发布前的几个星期里，都获得了可观的超额收益。[1] 詹森和鲁拜克总结了关于收购公告发布前后投

---

[1] 目标公司在收购公告发布前后的超额收益如此之大，以至使用不同的风险收益模型似乎对结论没有影响。

资收益率的13项研究，发现在要约收购中，目标公司股东的平均超额收益率是30%，而在成功的兼并中，目标公司股东的平均超额收益率是20%。[1] 贾雷尔、布里克利和内特考察了1962—1985年663项要约收购的结果，发现在20世纪60年代溢价率平均为19%，20世纪70年代是35%，1980—1985年是30%。[2] 一家典型的目标公司在收购过程中的股价变化如图10.15所示，该图显示的是某研究的结果，该研究总结了收购公告发布前10天、公告发布日以及公告发布后10天目标公司股价变化情况。[3]

请注意，与收购有关的约一半的溢价在收购公告发布之时已反映在股票价格上。这表明，有关收购的信息被泄露给某些投资者，后者利用该信息进行了交易。在收购信息发布日，股票价格无疑有一个显著的上升，但是此后，股票价格的漂移幅度就比较小了。

如果我们按照收购公司如何支付收购款对收购进行分类，我们发现，与以股票支付的收购（收购公司用股票支付所有或部分收购款）相比，以现金支付的收购（收购公司完全使用现金支付目标公司的收购款）的公告发布后，目标公司股票价格的表现要好得多。我们还发现，敌意收购的溢价高于友好收购的溢价，要约收购的溢价稍微高于兼并的溢价。图10.16提供了一项研究中的结果，显示了这种差异的程度。[4]

一些收购的努力最后以失败告终，要么是因为收购方的放弃，要么是因为目标公司的拒绝。布拉德利、德赛和金研究了收购失败对目

1　M. C. Jensen and R. S. Ruback, "The Market for Corporate Control," *Journal of Financial Economics* 11 (1983): 5–50.

2　G. A. Jarrell, J. A. Brickley, and J. M. Netter, "The Market for Corporate Control: The Empirical Evidence since 1980," *Journal of Economic Perspectives* 2 (1988): 49–68.

3　Dennis, D. D. and J. J. McConnell, "Corporate Mergers and Security Returns," *Journal of Financial Economics* 16 (1986): 143–188.

4　R. D. Huang and R. Walkling, "Acquisition Announcements and Abnormal Returns," *Journal of Financial Economics* 19 (1987): 329–350.

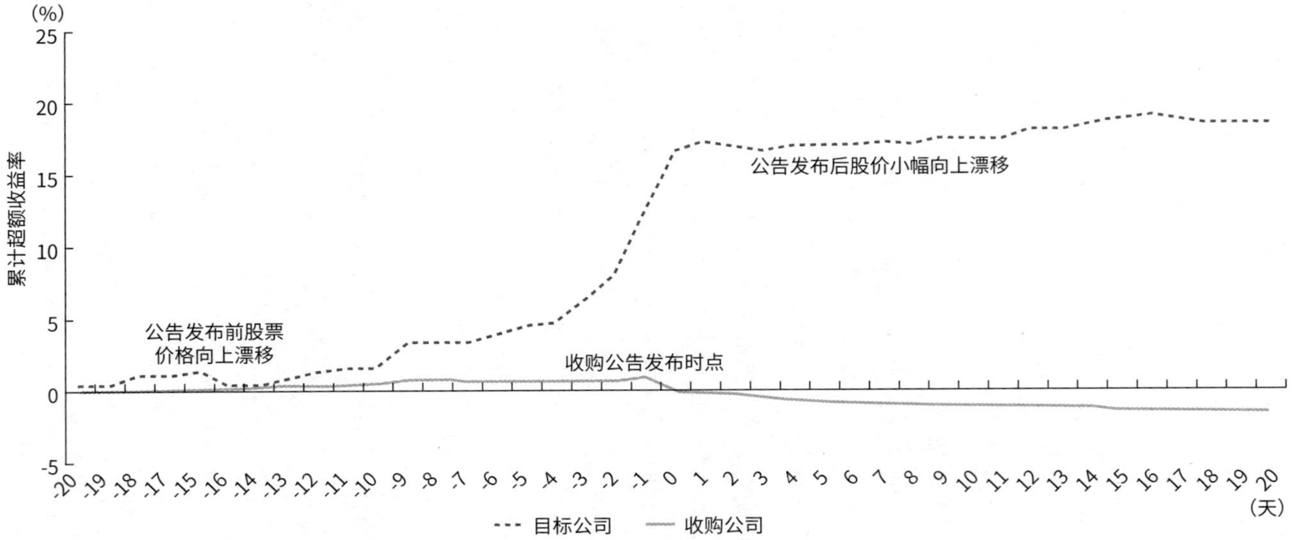

图 10.15 目标公司和收购公司股票的累计超额收益

标公司股东的影响,发现虽然市场对收购失败公告的最初反应是负面的,但在统计上并不显著。同时,在首次收购失败后,大多数目标公司在60天内再次被收购,目标公司股东获得了显著的超额收益(50%~66%)。[1]

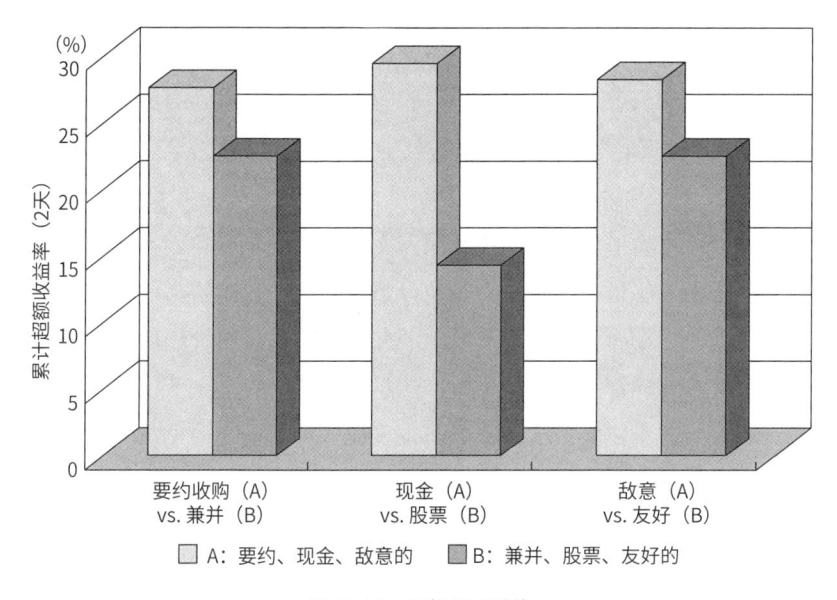

图 10.16 目标公司溢价

资料来源:R. D. Huang and R. Walkling, "Acquisition Announcements and Abnormal Returns," *Journal of Financial Economics* 19 (1987): 329–350。

收购方

收购公告对收购方股票价格的影响没有对目标公司股票价格的影响那么明确。在图 10.15 中,收购方几乎没有超额收益。詹森和鲁拜克的研究发现,在要约收购公告发布前后,收购公司股东的超额收益率是 4%,而在兼并公告发布前后,收购公司股东没有超额收益。贾

---

[1] M. Bradley, A. Desai, and E. H. Kim, "The Rationale behind Interfirm Tender Offers," *Journal of Financial Economics* 11 (1983): 183–206.

雷尔、布里克利和内特对1962—1985年的要约收购进行了研究，发现收购公司股东的超额收益率从20世纪60年代的4.4%降到20世纪70年代的2%，再降到20世纪80年代的-1%。[1]其他研究发现，在收购公告发布前后，大约有一半的收购公司得到的是负超额收益率，这说明，在很多情况下，股东对目标公司的价值心存疑虑。

根据布拉德利、德赛和金的研究结果，当收购某家公司的努力失败后，在收购失败公告发布前后，收购公司的股东得到的负超额收益率为5%。研究表明，当存在收购竞争对手时，输给竞争对手的收购在公告发布180个交易日内其股东的负超额收益率会比较大（约为8%）；在不存在收购竞争对手的情况下，没有超额收益。

考虑到这些证据，有一点是十分清楚的，即收购公司的股东通常不像这些公司的管理层那样热衷于兼并和收购。虽然管理层会说，这是因为股东对内部人士才能了解的信息不知情。在下一节中，我们将看到很多兼并都以失败告终，股东也许比管理层更有先见之明。

收购后

很多研究分析了在公司合并后，并购行为的成功或失败程度。这些研究得出的基本结论是，并购通常未能实现公司期望的效率提升和协同效应，而且即使达到公司期望的效率和协同效应程度，并购也很少给收购公司的股东创造价值。

麦肯锡分析了1972—1983年的58个收购项目，以寻找两个问题的答案：（1）收购的资本收益是否超过资本成本？（2）收购是否能够帮助母公司在竞争中胜出？研究得出的结论是，58个项目中有28个对两个问题的答案都是否定的，还有6个至少对其中一个问题的答案是否定的。在随后对20世纪90年代英国和美国115起兼并项目进

1　G. A. Jarrell, J. A. Brickley, and J. M. Netter, "The Market for Corporate Control: The Empirical Evidence since 1980," *Journal of Economic Perspectives* 2 (1988): 49–68.

行的跟进研究中，麦肯锡得出的结论是，60%的交易获得的资本收益低于资本成本，只有23%获得了超额收益。[1]1999年，毕马威研究了1996—1998年700宗最昂贵的交易，发现其中只有17%为合并后的公司创造了价值，30%是价值中性的，53%损失了价值。[2]

一项研究分析了1995年进行的8起最大的银行兼并案例，发现只有2起（大通曼哈顿银行/化学银行，第一芝加哥公司/NBD银行）合并后的表现超过了银行股票指数。[3]其中最大的收购案，富国银行收购第一州际银行就是个巨大的失败。赛罗沃在《协同效应的陷阱》(The Synergy Trap) 一书中对协同效应的失败和前景进行了认真的分析，他的结论很悲观：人们常常期望并购后能实现协同效应，但实际上很少能实现。[4]

对收购结果最具破坏性的证据是，大量收购在相当短的时间内出现了逆转。米切尔和莱恩注意到，在1982—1986年进行的收购到了1988年有20.2%被剥离了。[5]在随后的一项研究中，卡普兰与魏斯巴赫发现，在他们研究的并购中，有44%的收购出现逆转，主要原因是收购方付出的代价太大，或者因为合并后的公司没有融为一体，运营不协调。[6]有研究跟踪了收购后较长期间（10年或更长时间）的情况，发现并购后被剥离的公司的比例上升到约50%，这表明，很多公司并未从收购中获得期望的利益。

---

1 1998年4月20日《巴伦周刊》上一篇名为《并购乱象》的文章引用了该研究。
2 KPMG, *Unlocking Shareholder Value: The Keys to Success*, KPMG Global Research Report, 1999. 毕马威将并购交易完成一年后公司股票价格的表现与相关行业上市公司股价的表现相比较，来衡量并购创造价值的成功程度。
3 该研究由KBW投资银行完成，1998年4月20日《巴伦周刊》上一篇名为《并购乱象》的文章引用了该研究。
4 M. L. Sirower, *The Synergy Trap* (New York: Simon & Schuster, 1996).
5 M. L. Mitchell and K. Lehn, "Do Bad Bidders Make Good Targets?" *Journal of Applied Corporate Finance* 3 (1990): 60–69
6 S. Kaplan and M. S. Weisbach, "The Success of Acquisitions: The Evidence from Divestitures," *Journal of Finance* 47 (1992): 107–138.

基于收购的投资策略

围绕收购可以构建的投资策略有三个。第一个策略最有利可图，就是在收购公告发布之前对目标公司进行投资。第二个策略是等到收购公告发布之后，尝试利用发布日和收购完成日之间的价格漂移赚钱。这就是通常所说的风险套利，我们将在下一章详细探讨它。第三个策略是长期投资策略，即公告发布之后投资于你认为能够产生协同效应或创造价值的公司。

在收购公告发布前投资

如果观察收购公告发布前后目标公司股票价格的变化，我们可以清楚地看到，要从收购中赚到钱，必须在公告发布前而不是在公告发布后买入目标公司的股票。在没有内幕信息的情况下，这可行吗？也许可行，办法在于观察最易成为收购目标的公司。

研究显示，敌意收购中的目标公司一般具有如下特点：[1]

1. 在被收购之前的几年里，股东的收益低于同行业其他公司和市场的整体收益。
2. 在被收购之前的几年里，公司的利润不如同行业其他公司。
3. 与同行业其他公司相比，内部人士持股比例低得多。

其他研究也提供了关于典型目标公司的线索。例如，朗、瓦尔克林和斯图斯发现，市值与重置成本比率低（低托宾 Q）的公司比市值与重置成本比率高的公司更有可能被收购。[2] 如果一家公司的市值规模较小，没有不同投票权等级的股份，其章程中也没有反收购条款，其被收购的可能性就会增加。

1　该研究源于比德的一篇论文，第 8 章也引用过该研究。
2　L. H. Lang, R. M. Stulz, and R. A. Walkling, "Managerial Performance, Tobin's Q, and the Gains from Successful Tender Offers," *Journal of Finance* 24 (1989): 137–154.

基于这些研究的发现，我们有两种方法可以识别潜在的目标公司。第一种是制定一套包含上面提到的变量的筛选指标体系，例如，你可以投资市值规模小、内部人士持股比例低、估值水平低（市净率低）且股权收益率低的公司。第二种方法稍微复杂一点儿，是用统计技术估计市场上每家公司被收购的概率。[1]

在收购公告发布后投资

根据该策略，你买入收购或兼并完成后的公司的股票，这是因为你相信这些公司能够实现并购时的期望——更高的盈利增长率和协同效应。正如我们在前面提到协同效应时所说，并购后真正能实现协同效应的案例并不太多。那么，我们是否能够识别那些最可能成功的并购并进行投资？同样，历史也许能够提供答案。

一些研究发现，并购，特别是敌意并购后，公司的经营效率得到改善。希利、帕勒普以及鲁拜克发现，虽然 25% 的公司在并购交易后现金流收益率落后于同行业平均水平，但并购后现金流收益率的中位数变大了。[2] 帕里诺和哈里斯考察了 1982—1987 年 197 宗并购交易的情况，根据管理层是否在交易时被更换（123 家公司的管理层被更换）以及交易的动机对公司进行分类。[3] 他们发现：

- 平均而言，在交易后的 5 年内，合并后公司的收益率比同行业平均水平高 2.1%。
- 几乎所有的超额收益都出现在目标公司首席执行官在并购后一年内被更换的公司。这些公司的收益率比同行业平均水平高 3.1%，

---

[1] 在这种情况下，你可以使用早期研究确定的变量，如低净资产收益率、低股票收益率和低市值等，将它们作为自变量来计算市场上上市公司被并购的概率。然后你可以构建一个由被并购概率最高的股票组成的投资组合。

[2] P. M. Healy, K. G. Palepu, and R. S. Ruback, "Does Corporate Performance Improve after Mergers?" *Journal of Financial Economics* 31 (1992): 135–176.

[3] J. D. Parrino and R. S. Harris, "Takeovers, Management Replacement and Post-Acquisition Operating Performance: Some Evidence from the 1980s," *Journal of Applied Corporate Finance* 11: 88–97.

而那些首席执行官没被更换的目标公司的表现并不比同行业其他公司好。

此外，有几个研究考察了收购业务相关的公司（受协同效应驱动的收购）是否比收购业务不相关的公司（混合并购）带来的收益率更高，得出了相互矛盾的结论。尽管一些关于公司战略的研究认为，混合并购能够为股东创造财富，但也有研究提供了不同的证据。纳伊和麦金森考察了260宗通过股票互换进行的并购交易，并把并购分为混合并购或"同行业交易"两类。[1] 他们发现，混合并购并未给股东或债券持有人带来任何财富收益。但是，他们确实发现，相关行业的并购的确给股东和债券持有人都带来了显著的净收益。

最后，在协同效应这个问题上，毕马威对1996—1998年700宗最大的并购交易进行了研究，得到如下结论：

- 在收购前认真评估协同效应的公司比并未认真评估协同效应的公司成功的可能性高28%。
- 与新产品开发或研发相比，与减少员工数量相关的成本节约协同效应更有可能实现，例如，只有1/4到1/3的公司能做到前者，而有66%的公司能够在并购后减少员工人数。

考虑到不同研究提供的相互矛盾的证据，我们得出如下有关并购成功可能性的结论：[2]

- 旗鼓相当的公司（规模相同）兼并的成功率不如大公司收购小公司的成功率高。[3]
- 成本节约型兼并（成本节约是具体且即时的）似乎比基于增长的并购更有可能实现协同效应。

1　L. A. Nail, W. L. Megginson, and C. Maquieira, "Wealth Creation versus Wealth Redistributions in Pure Stock-for-Stock Mergers," *Journal of Financial Economics* 48 (1998): 3–35.
2　其中一些证据并不可靠，只是基于对少数几个并购案例的研究。
3　这可能很好地反映了这样一个事实，即同等规模公司兼并的失败比大公司收购小公司的失败更明显。

- 专注于收购小型私有企业的并购比专注于收购公开上市公司的并购成功率高。
- 恶意收购似乎比友好收购更有助于收购后绩效的提高。

因此,作为投资者,我们应该避开那些成功概率低的并购(收购市值大的上市公司,指望并购后的增长协同效应),多关注那些自律性强、成功率高的并购(收购具有成本削减计划的小型私有公司)。

其他公告

虽然财务报告和收购公告可以给利用信息交易的投资者提供最佳获利机会,但市场对公司发布的其他公告也会做出反应。

股票拆分

股票拆分增加了流通股的数量,而不改变公司当前的收益和现金流。作为一种纯属为了装点门面而非实质性的事件,股票拆分不应该影响公司的市场价值或流通股的价值。但股票拆分后,股票价格会下降,因为流通股增多了。图 10.17 显示了针对股票拆分的市场价格反应,该研究考察了 1927—1959 年 940 个股票拆分事件在拆分日前后 60 个月的累计超额收益。[1]

平均而言,该研究发现,股票拆分一般发生在一段时间的持续超额收益之后,这不足为奇,因为股票拆分前一般会出现价格的上涨。研究人员还发现,股票拆分公告发布日前后并不会出现超额收益,这意味着拆分是个价值中性事件。该研究的一个局限性是,它使用的是月收益率而不是日收益率。最近的一些研究考察了拆分公告发布日前后日收益率的变化,发现轻度的正面价格反应:当股票拆分的消息发

---

[1] E. F. Fama, L. Fisher, M. C. Jensen, and R. Roll, "The Adjustment of Stock Prices to New Information," *International Economic Review* 10, no. 1 (1969): 1–21.

布时，股票价格上涨。有研究考察了1975—1990年所有一分为二的股票的拆分情况，发现在股票拆分公告发布日当天股票价格平均上涨3.38%，同时股票拆分公告对小公司股票价格的影响（10.04%）远大于对大公司股票价格的影响（1.01%）。[1] 研究人员把这个现象归因于信号效应，即只有预期股票价格在未来会上涨的公司才会宣布股票拆分。

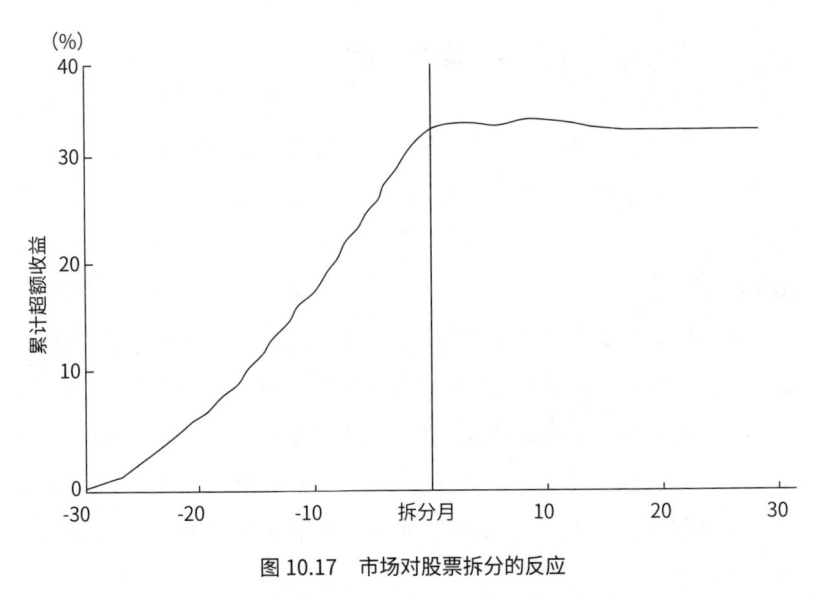

图 10.17　市场对股票拆分的反应

资料来源：E. F. Fama, L. Fisher, M. C. Jensen, and R. Roll, "The Adjustment of Stock Prices to New Information," *International Economic Review* 10, no. 1 (1969): 1–21。

近年来，一些研究指出，股票拆分可能会提高交易成本，从而对股东产生意外的负面影响。例如，交易成本的重要组成部分买卖价差在每股20美元的股票的上所占的比例要远高于每股40美元的

---

[1] D. L. Ikenberry, G. Rankine, and E. K. Stice, "What Do Stock Splits Really Signal?" *Journal of Financial and Quantitative Analysis* 31 (1996): 357–375. 拆分后的股票在拆分后的两年内继续获得超额收益——第一年为7.93%，第二年为12.15%。

股票。[1] 科普兰的研究显示了股票拆分后交易成本增加和交易量下降的情况。[2] 投资者必须对这种额外成本与股票拆分的潜在信号作用加以权衡。[3]

股息变化

金融市场观察上市公司的每一个行为，评估其中传递出来的有关公司未来现金流和公司价值的信息。当公司宣布股息政策的变化时，它们就是在向市场传递信息，不管它们是不是有意这样做的。股息的增长一般被视为一个积极的信号，因为公司在增加股息时肯定认为它们在未来能够产生这样的现金流。股息的减少一般被视为一个负面信号，因为公司一般情况下都非常不愿意减少股息。因此，当公司降低或暂时取消股息时，市场会将其视为该公司陷入长期财务困境的信号。至少在平均水平上，市场价格对股息增加或减少的反应的实证证据与这一信号理论是一致的。图 10.18 概括了 1981 年的一项研究，该研究检验了公司股息变化公告发布前后的平均超额收益情况。平均而言，当股息增加时，股票价格上涨，当股息减少时，股票价格下跌。但在后一种情况下股票价格反应更强烈，当股息减少时，股票价格下跌超过 4.5%，当股息增加时，股票价格只上涨约 1%。[4]

但是，自这项研究以来，美国公司在很大程度上改变了其回报股东的方式。很多公司转向股票回购，而非定期支付更高的股息。相应

---

[1] 买卖价差是指在任何时点证券买入价和卖出价之间的差额。
[2] T. E. Copeland, "Liquidity Changes Following Stock Splits," *Journal of Finance* 34, no. 1 (1979): 115–141.
[3] See G. Charest, "Split Information, Stock Returns and Market Efficiency—I," *Journal of Financial Economics* 6 (1978): 265–296; M. S. Grinblatt, R. W. Masulis, and S. Titman, "The Valuation Effects of Stock Splits and Stock Dividends," *Journal of Financial Economics* 13 (1984): 461–490.
[4] J. Aharony and I. Swary, "Quarterly Dividends and Earnings Announcements and Stockholders' Returns: An Empirical Analysis," *Journal of Finance* 36 (1981): 1–12.

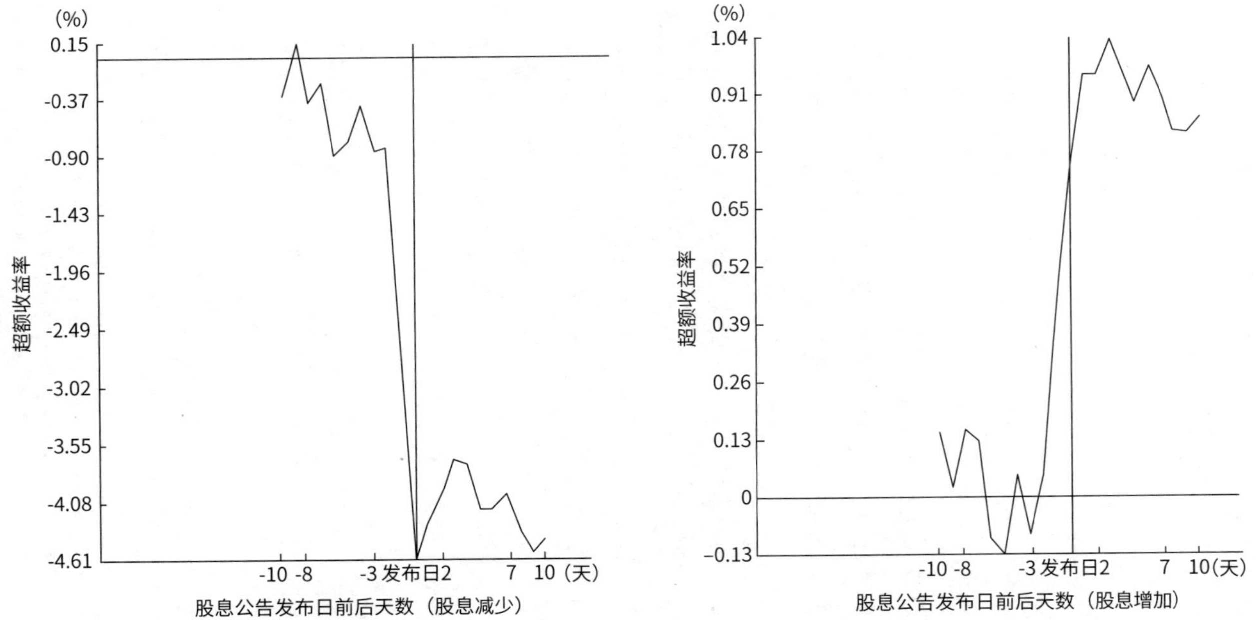

图 10.18 股息变化公告发布前后的超额收益率

资料来源：J. Aharony and I. Swary, "Quarterly Dividends and Earnings Announcements and Stockholders' Returns: An Empirical Analysis," *Journal of Finance* 36 (1981): 1–12。

地，投资者在评估股票的时候对股息的关注程度也降低了。有研究检验了不同时期股息变化公告发布前后的市场反应，发现这些年来市场对股息变化的反应程度显著下降，如图 10.19 所示。[1]

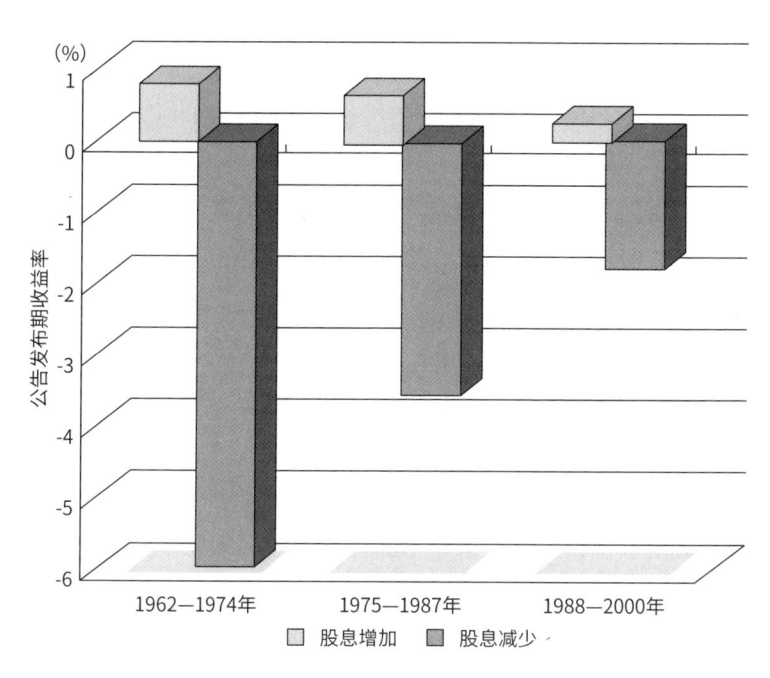

图 10.19 不同时期股息变化公告发布前后的市场反应：美国公司

资料来源：Y. Amihud and K. Li, "The Declining Information Content of Dividend Announcements and the Effect of Institutional Investors"（SSRN Working Paper 482563, 2002）。

注意，虽然市场反应的模式没有变，即股息增加（或减少）会带来股价的上涨（或下跌），股息减少带来的市场反应大于股息增加带来的市场反应，但这种影响随着时间的推移在不断下降。

有的股息变化特别值得关注，即公司开始第一次支付股息（股息启动），或公司停止支付股息（股息终止）的情况。研究的结论比较

---

[1] Y. Amihud and K. Li, "The Declining Information Content of Dividend Announcements and the Effect of Institutional Investors" (SSRN Working Paper 482563, 2002).

一致，平均而言，公司开始支付股息会带来股价的上升，而公司停止支付股息会带来股价的下跌。然而，有证据显示，在某些公司，发放股息会被视为坏消息，大约40%宣布发放股息的公司股价出现了下跌。这并不奇怪，因为成长型公司开始支付股息相当于发出一个信号，即它们的最佳增长期已过，不再具有它们曾经拥有的投资机会。[1]

最后，公司不定期将现金发放给股东的情况又如何呢？在几十年前，现金发放可能是以特别股息的形式，但在现在的美国公司，这多半已经被股票回购代替了。对于股票回购公告，市场起初的反应是正面的，股票回购的力度越大，市场的反应也就越大。[2]尽管早期的研究认为，这种正面的价格效应会持续一段时间[3]，但最近的研究成果不支持这个结论[4]，值得注意的是，实施股票回购的公司的股价在回购公告发布后的表现并未超过市场或同类公司的水平。

投资者能否利用股息变化和股票回购的信息来获得更高的收益？虽然股息公告引起的股票价格变化本身并不能给投资者提供机会（除非投资者能够得到内部信息），但有研究考察了股息变化消息公布后股价的漂移现象，发现股息上涨后，股票价格在较长时期内会继续向上漂移，股息下降后，股票价格在较长时期内会继续向下漂移，特别是在公司宣布停发股息后。投资者有可能利用这种价格漂移，增加他们投资组合的收益率。对于股票回购，和并购一样，投资者更大的回报来自能够在回购公告发布前识别那些有可能回购股票的公司：权益收益率或资本收益率低（相对于权益成本和资本成本）、现金储备丰

---

[1] R. Michaely, R. H. Thaler, and K. L. Womack, "Price Reactions to Dividend Initiations and Omissions: Overreaction or Drift?" *Journal of Finance* 50 (1995): 573–608.

[2] 2009年第一季度是一个有趣的例外。2008年金融危机后不久，该季度回购股票的公司受到了惩罚而非奖励，股价平均下跌约1.6%。

[3] D. Ikenberry, J. Lakonishok, and T. Vermaelen, "Market Underreaction to Open Market Share Repurchases," *Journal of Financial Economics* 39 (1995): 181–208. 他们发现，回购股票的公司的股票在5年内可以获得可观的正超额收益。

[4] A. C. Eberhart and A. R. Siddique, "Why Are Stock Buyback Announcements Good News?" (SSRN Working Paper 647843, 2004).

厚、估值乘数低和财务杠杆率低。由于这些是我们提到的价值投资者用于挑选股票的特征，因此关注回购股票的公司也是能够为投资者带来更高收益的价值投资策略之一。

执行以信息为基础的投资策略

如果你决定把投资策略建立在信息披露的基础上——财务报告、收购公告或其他信息，那么你必须认识到，在实际投资组合中赚钱比在假设的投资组合中赚钱要困难得多。为了让该策略成功，你必须：

- **识别作为投资策略基础的信息。** 由于你必须根据公司公告进行交易，提前确定哪些信息能够触发交易对你来说十分关键。例如，你可能认为最大的收益潜力来自买入报告盈利比预期盈利高得多的小公司的股票。但是，你还要进一步明确什么是小公司（市值低于 10 亿美元还是 50 亿美元？），以及实际盈利需要超过预期盈利多大比例（比预期盈利高 10% 还是 20%？）。这样做很有必要，因为当公告发布后你就没有时间进行分析了。
- **投资于能够立即给你提供信息的信息系统。** 很多个人投资者获得的信息有一定的滞后性——在信息到达交易大厅和机构投资者 15~20 分钟后才得到该信息。15~20 分钟看上去不长，但信息公布后的最大价格变化就发生在这段时间里。
- **迅速交易。** 即使你能在财务报告或收购公告实际发布的那一刻得到信息，但如果你需要花 20 分钟去交易，信息就没有任何意义了。即时交易对该策略的成功十分重要。
- **严格控制交易成本。** 迅速交易通常伴随着交易成本的提高，而交易成本可以轻易抹掉你所预期的超额收益，特别是当你频繁进行交易的时候更是如此（像任何短期投资策略一样）。

- 知道何时卖出。知道何时卖出与知道何时买入同等重要，因为信息披露对价格的影响不久就会消失或逆转。因此，如果你在正面财务报告发布后购买股票，你必须在买入的时候就确定什么时候卖出这些股票。虽然这样做似乎使你失去了灵活性，但因希望股票价格会上涨而长期持股的选择损失可能更大。

如果你考虑成功的必要条件——即时得到信息、即刻交易以及更低的交易成本，你就不难发现，以信息为基础的投资在很长一段时间内只对机构投资者来说有利可图。但是近年来，网络信息和在线交易使个人投资者能够加入这一队伍。这是件喜忧参半的事情，因为利用信息交易的投资者越多，投资者能从该策略中获得的收益就越少。

结论

作为投资者，我们都梦想着能赶在市场之前获悉重要信息，并以此获得丰厚的利润。信息是投资成功的关键。本章探讨了通过获得和利用信息提高投资组合收益的可能性。我们首先讨论了市场价格如何对信息做出反应，在有效市场上，价格对新信息的反应是即时的。在市场上，在信息发布后投资于某个资产是一个中性策略。在无效的市场上，在信息披露后投资是可以赚钱的。如果市场反应迟钝，那就在好消息发布后买入股票；如果市场反应过度，那就在好消息发布后卖出股票。

为了考察能否利用信息获利，我们首先考察了最有可能获得特权或私人信息的两组人。公司的内部人士，特别是高层管理人员，明显比市场上的其他投资者更了解公司的情况。内部人士交易似乎的确提供了股价未来变化的信号——内部人士买入似乎出现在股票价格上涨之前，内部人士卖出似乎出现在价格下跌之前，但该信号有噪声，且收益很低。然而，这可能反映了真正能获利的内部人士交易——非法交易——从不向美国证券交易委员会备案。股票分析师也能够接触到多数其他投资者接触不到的信息，并将这些信息反映在他们提出的盈利预测和投资建议中。在这里，虽然向上的盈利调整和买入建议一般会导致股票价格上涨，向下的盈利调整和卖出建议一般会导致股价表现不佳，但据此交易获取的收益特别低。内部人士和投资分析师在把信息转化成收益时面临的困难，应该为想采用基于信息的投资策略的投资者敲响了警钟。

我们在前面讨论了财务报告、收购公告以及其他一些与公司有关的公告。这些公告对股票价格有显著的影响：正面（或负面）财务报告与价格的上涨（或下跌）密切相关；收购公告一发布，目标公司的股票价格会迅速上涨；当公司发布股票拆分和股息增加的公告时，股票价格一般会上涨。但是，除非你能见到这些信息的披露，否则，价格的上涨不会转变成巨额利润。似乎确实有证据表明，财务报告发布后价格会出现漂移，有些投资者利用这种价格漂移，在正面的财务报告发布时买入，在负面的财务报告发布时卖出。为了成功地利用信息进行交易，在投资时你必须善于选择，有自控力，并在执行中做到高效率。

练习

1. 你认为市场是否会对新信息做出恰当的反应？如果是，是什么因素让市场做出反应？如果不是，你认为市场会犯哪种错误？为什么？

2. 你认为公司里的内部人士比你更了解公司的价值吗？如果是，他们的优势源于何处？

    a. 假设内部人士知道的的确比你更多，并且利用信息进行交易，你认为你能够通过追随他们的投资来获利吗？

    b. 基于本章对内部人士交易信息的讨论，你应该如何改进你的投资策略来获得更好的收益？

3. 你是否相信跟踪研究上市公司的股票分析师比你更了解公司的价值？如果是，他们的优势源于何处？

    a. 假设分析师知道的的确比你更多，并且利用信息进行交易，你认为你可以通过遵循他们的盈利预测和建议来获利吗？

    b. 基于本章对分析师报告和建议的讨论，你应该如何改进你的投资策略以获得更好的收益？

4. 股价显然会随着财务报告的发布而变化，价格变化在财务报告发布之前开始，在财务报告发布时加速，并在之后的一段时期内持续。

    a. 如果你相信你可以从上述股价变化中获利，那么哪段时期的股价变化最值得利用（公告发布之前、当日、之后）？

    b. 你该怎么着手去做？

    c. 你对这个策略有什么担忧？你准备如何解决？

对投资者的忠告

要想利用信息成功地进行交易，你需要：

- **找到可靠的信息源。** 毫无疑问，对任何以信息为基础的交易策略来说，高质量的信息是成功的关键。（一定要守法，确保你的可靠信息来源不是内部人士。）
- **制定基于信息的详细交易策略。** 因为你需要迅速交易，信息公布后你将没有时间进行评估和分析。你需要事先就想好该在什么时候进行交易。
- **要有自控力。** 不要偏离你的交易策略，遵守你为自己选择的投资期限。希望补偿损失而多持有某只股票几天，往往会让情况变得更糟。
- **控制交易成本。** 因为你需要频繁交易，而且立即执行十分重要，所以你的交易成本会很高。随着你支配的资金的增加，交易中的价格影响可能是巨大的。

第11章
确定的利润：套利的本质

套利代表了投资的圣杯，因为它让投资者不用投入金钱，也不用冒任何风险就可以得到确定的利润。换言之，它是投资者希望拥有的终极赚钱机器。本章将讨论三种套利形式。第一种是纯套利。在纯套利中，你不冒任何风险就能获取超过无风险利率的收益。要进行纯套利，你需要在同一时点掌握两种现金流相等、市场价值不同的资产，同时确定在未来某一给定时点，这两个资产的市场价值肯定会趋于一致。这种套利最有可能在衍生品市场（期权和期货市场）以及债券市场的某些部分出现。第二种是近似套利。在近似套利中，你拥有的两种资产的现金流一样或几乎一样，交易价格不同，你不能保证它们的交易价格会趋同，而且投资者在推进价格趋同时会面临很大的限制。第三种是投机性套利，投机性套利实际上不是真正意义的套利。在投机性套利中，投资者利用他们认为定价不合理的类似（但不是相同）的资产，买入定价低的资产，卖出定价高的资产。如果他们的判断是正确的，随着时间的推移，这种价格差异就会逐渐缩小，他们也会因此获利。在最后这种套利形式中，我们将以多种形式的对冲基金为例进行探讨。

纯套利

如果你有两种资产，它们在同样的时间段内具有完全相同的现金流，那么它们应该以同样的价格交易。如果不是这样，你就可以买入其中便宜的资产，同时卖空较贵的资产，利用它们之间的价格差异获利，并且这一过程没有任何风险。这就是纯套利，不用说你也知道，纯套利的机会很少见，原因有很多。首先，你很难在现实世界中找到完全相同的资产，特别是对股票投资者而言。其次，即使存在相同的资产，你也很难设想为什么金融市场会允许这种投资者都能看得见的价格差异存在。此外，如果我们增加在某个时点这两种资产的市场价格会趋同的限制条件，那么纯套利最有可能出现在衍生品市场（期权和期货）以及固定收益证券市场，特别是无违约风险的政府债券上，就不足为奇了。

期货套利

期货合同是指在未来某个特定时间以固定价格购买或出售特定资产的合同。每个期货合同都有两方：同意在未来约定的时间交割资产的卖方，以及同意在未来以约定的价格提货的买方。如果期货合同中的标的资产可以交易，而且不是易腐商品，那么当该期货合同定价错误时，你就可以构建一个纯套利策略。在本节中，我们将首先探讨可储藏商品的套利潜力，然后探讨金融资产的套利潜力，最后考察这种套利的可能性和盈利性。

套利关系

通过估计两种策略的现金流，你可以很容易地得出任何期货合同的基本套利关系，这两种策略提供了相同的最终结果——未来以某一固定价格得到资产的所有权。在第一种策略中，你买入期货合同，持有到合同期满，然后以期货合同约定的价格购买标的资产。在第二种策略中，你借钱购买标的资产，持有直到期货合同到期。在这两种策略中，到期后你都将得到资产，并且在此期间不承担任何价格变化的风险。在第一种策略中，你已经通过期货合同锁定了价格；在第二种策略中，你在期初就已购买了资产。因此，你应该预期，构建这两种策略的成本完全相同。在不同种类的期货合同中，有一些具体的细节会导致最后的定价关系有所不同，比如商品必须储藏，因此带来储藏成本，而持有股票你可能会支付股息。

可储藏的商品

可储藏的商品与易腐商品之间的区别是，可储藏的商品可以在今天以现货价格购买，储存到期货合同到期日，这实际上等于购买了一个期货合同，并等待到期交割。鉴于两种策略都提供了在期货合同到期日拥有商品这一相同的结果，因此如果期货合同定价正确，两种策略的成本就应该是一样的。然而，第二种策略有两个额外成本：

1. 由于必须现在购买，而不是在期货合同到期日才获得商品，因此有一个需要现在借钱购买商品从而增加融资成本的问题。

$$增加的融资成本 = 现货价格 \times \left[(1+利率)^{期货合同期限} - 1 \right]$$

2. 如果存在与商品储藏至期货合同到期日有关的成本，该成本也必须反映在策略中。此外，拥有商品的实物可能会带来一种好处，这好处被称为便利收益，它将降低期货价格。净储藏成本被定义为总储藏成本与便利收益之差。

如果 F 代表期货合同价格，S 代表现货价格，r 是年利率，t 是期货合同期限，k 是商品每年的净储藏成本（按现货价格的百分比计算），那么这两个策略及其成本可以表示如下：

策略1：买入期货合同，到期交割，按期货合同价格 F 美元付款。

策略2：借入金额为商品现货价格 S 的款项，购买商品，并支付额外成本。

- 融资成本 $= S[(1+r)^t-1]$
- 储藏成本减去便利收益 $= Skt$

如果两种策略的成本相同，

$$F^* = S[(1+r)^t-1]+Skt = S[(1+r)^t+kt]$$

这是期货与现货价格之间的基本套利关系。请注意，期货价格不是取决于你对未来现货价格的预期，而是取决于当前的现货价格。任何偏离这个定价关系的情况都会提供套利机会，获得无风险、无投资的正收益。图11.1描述了这些套利机会。

这种套利基于几个假设。第一，投资者以同样的利率，即无风险利率借入和借出资金。第二，当期货合同定价过高时，期货合同的卖方（套利者）可以卖空商品，并可以从商品所有者那里获得由此节省的储藏成本。在这些假设不现实的情况下，套利不可行的价格范围扩大了。例如，假设借入利率为 r_b，借出利率为 r_a，卖空者不能获得由此节约的储藏成本，且必须支付交易成本 t_s，在这种情况下，期货的理论价格将在一个价格区间内。

$$(S-t_s)(1+r_a)^t < F^* < S[(1+r_b)^t+kt]$$

如果期货合同的价格落到这个界限之外，就有套利的机会，图11.2显示了这种情况。

股票指数期货

股票指数期货已成为多数金融市场重要且快速增长的一部分。如今，你可以买入或卖出美国市场上大多数股票指数的期货以及其他国

$$F^* = S[(1+r)^t + kt]$$

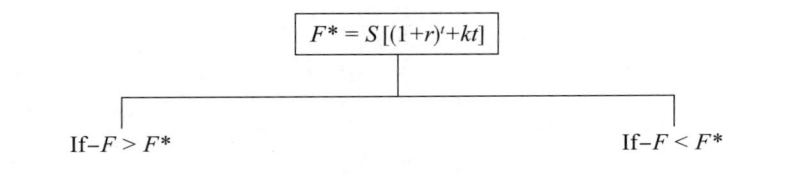

If $-F > F^*$ If $-F < F^*$

时间	行动	现金流	行动	现金流
现在	1. 卖出期货合同	0	1. 购买期货合同	0
	2. 以无风险利率借入资金	S	2. 卖空商品	S
	3. 买入现货商品	$-S$	3. 以无风险利率借出资金	$-S$
t 时	1. 收货，支付储藏费	$-Skt$	1. 收回贷款	$S(1+r)^t$
	2. 按期货合同交货	F	2. 按期货合同收取货物	$-F$
	3. 归还借款	$-S(1+r)^t$	3. 归还所借商品，收取储藏费	$+Skt$
净现金流 =		$F-S[(1+r)^t+kt] > 0$		$S[(1+r)^t+kt]-F > 0$

主要因素：
F^*——理论上的期货价格 F——实际的期货价格 S——商品现货价格 r——（年化）无风险利率 t——期货合同到期的时间
k——年均储存成本，减去便利收益（占现货价格的百分比）

主要的假设：
1. 投资者可以以无风险利率借入和借出资金。
2. 买入或卖空商品没有交易成本。
3. 卖空方可以收到因卖空而节省的储藏费用。

图 11.1 可储藏商品期货：定价与套利

修改的假设
1. 投资者可以利率 r_b ($r_b > r$) 借入资金,以利率 r_a ($r_a < r$) 借出资金。
2. 与卖空有关的交易成本是 t_s (在这里 t_s 是以美元表示的交易成本)。
3. 卖空方无法收取因卖空而节省下来的任何储藏费用。

$$F_h^* = S[(1+r_b)^t + kt]$$
$$F_l^* = (S-t_s)(1+r_a)^t$$

If $F-F > F_h^*$

时间	行动	现金流
现在	1. 卖出期合同	0
	2. 以利率 r_b 借入资金	S
	3. 买入现货商品	$-S$
t 时	1. 收取储藏的商品	$-Skt$
	2. 按期货合同交货	F
	3. 归还借款	$-S(1+r_b)^t$

净现金流 = $F - S[(1+r_b)^t + kt] > 0$

If $F-F < F_l^*$

时间	行动	现金流
现在	1. 购买期货合同	0
	2. 卖空商品	$S-t_s$
	3. 以利率 r_a 借出资金	$-(S-t_s)$
t 时	1. 收回贷款	$(S-t_s)(1+r_a)^t$
	2. 按期货合同收取货物	$-F$
	3. 归还所借商品,收取储藏费	0

净现金流 = $(S-t_s)(1+r_a)^t - F > 0$

F_h = 期货价格套利的上限 F_l = 期货价格套利的下限

图 11.2 可储藏商品期货:修改假设后的定价与套利

第 11 章 确定的利润:套利的本质 | 495

家许多指数的期货。指数期货合同使买方能够在指数高于指数期货价格的时候获利，使卖方在指数低于指数期货价格的时候获利。为了对指数期货进行套利定价，我们可以考虑以下策略。

策略 1：在指数期货合同期间，卖空指数成分股票。然后将所得以无风险利率进行投资。该策略要求卖空者获得股息补偿。

策略 2：卖出指数期货合同。

两种策略需要同等金额的初始投资，承担同样的风险，并且应该得到同样的收益率。同样，如果 S 是指数的现货价格，F 是指数的期货价格，y 是股票的年化股息率，r 是无风险利率，对于一个合同期限为 t 的期货合同，其套利关系可描述如下：

$$F^* = S(1+r-y)^t$$

如果期货价格背离了套利价格，那就应该存在套利的机会。图 11.3 显示了这种情况。

这种套利也有几个假设条件。第一，投资者可以以无风险利率借入和借出资金。第二，购买股票和卖空股票的交易成本可以忽略不计。第三，在期初就确定知道指数成分股的股息。如果这些假设是不现实的，那么只有在期货价格落到某个范围之外（范围的大小取决于假设与现实的背离程度）时，指数期货套利才是可行的。

因此，如果我们假设投资者可以以利率 r_b 借入资金，以利率 r_a 借出资金，购买股票的交易成本是 t_c，卖空股票的交易成本是 t_s，那么期货价格必须保持的范围应为：

$$(S-t_s)(1+r_a-y)^t < F^* < (S+t_c)(1+r_b-y)^t$$

如果期货价格偏离到这个范围，那么可能的套利情况将会如图 11.4 所示。

在实践中，你必须考虑的一个因素是股息的季节性问题，这是因

$$F^* = S(1+r-y)^t$$

If $F-F > F^*$			If $F-F < F^*$	
时间	行动	现金流	行动	现金流
现在	1. 卖出期货合同	0	1. 购买期货合同	0
	2. 以无风险利率借入资金	S	2. 卖空指数成份股	S
	3. 购买指数成份股	$-S$	3. 以无风险利率借出资金	$-S$
t 时	1. 收取股票股息	$S[(1+y)^t -1]$	1. 收回贷款	$S(1+r)^t$
	2. 按期货合同交货	F	2. 按期货合同收取股票	$-F$
	3. 归还借款	$-S(1+r)^t$	3. 归还所借股票，支付股息	$-S(1+r-y)^t -1]$
净现金流 =		$F-S(1+r-y)^t > 0$		$S(1+r-y)^t - F > 0$

主要因素：
F^* —— 理论上的期货价格　　F —— 实际的期货价格　　S —— 当前的指数水平　　r —— （年化）无风险利率
y —— 期货合同期内的股息收益率（占当前指数水平的百分比）　　t —— 期货合同到期的时间

主要假设：
1. 投资者可以以无风险利率借入和借出资金。
2. 买进或卖空股票没有交易成本。
3. 确定知道股息水平。

图 11.3　股票指数期货：定价与套利

第 11 章　确定的利润：套利的本质　｜　497

修改假设：
1. 投资者可以以利率 r_b ($r_b > r$) 借入资金，以利率 r_a ($r_a < r$) 借出资金。
2. 与卖空指数成分股有关的交易成本是 t_s（在这里 t_s 是以美元表示的交易成本，与购买指数成分股有关的交易成本用 t_c 表示）。

$$F_h^* = (S+t_c)(1+r_b-y)^t$$
$$F_l^* = (S-t_s)(1+r_a-y)^t$$

If $F - F > F_h^*$ If $F - F < F_l^*$

时间	行动	现金流	行动	现金流
现在	1. 卖出期货合同	0	1. 购买期货合同	0
	2. 以利率 r_b 借入资金	$S+t_c$	2. 卖空指数成分股	$S-t_s$
	3. 购买指数成分股	$-S-t_c$	3. 按利率 r_a 借出资金	$-(S-t_s)$
t 时	1. 收取股票股息	$S[(1+y)^t-1]$	1. 收回贷款	$(S-t_s)(1+r_a)^t$
	2. 按期货合同交货	F	2. 按期货合同收取股票	$-F$
	3. 归还借款	$-(S+t_c)(1+r_b)^t$	3. 归还所借股票，支付股息	$-S[(1+y)^t-1]$
净现金流 =		$F-(S+t_c)(1+r_b-y)^t > 0$		$(S-t_s)(1+r_a-y)^t-F > 0$

F_h ＝ 期货价格套利的上限 F_l ＝ 期货价格套利的下限

图 11.4 股票指数期货：修改假设后的定价与套利

为股票支付的股息在一些月份比其他月份要高。图 11.5 显示了 2009 年和 2010 年按月统计的标准普尔 500 指数成分股支付的累计股息。

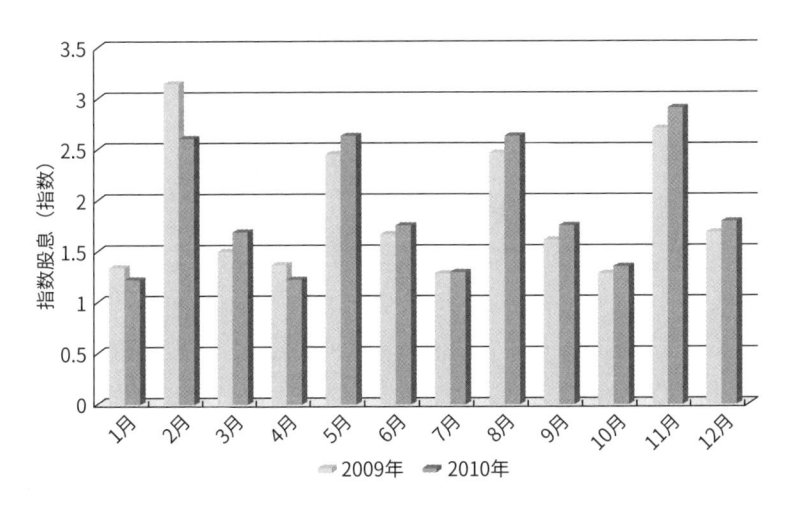

图 11.5 2009 年和 2010 年按月计算的股息收益率

资料来源：彭博。

从上图中我们可以看出，2009 年和 2010 年支付股息的高峰期是 2 月、5 月、8 月和 11 月。在这些月份到期的指数期货更容易受到股息的影响，当到期日越来越近时，情况更是如此。

长期国债期货

在芝加哥商品交易所集团（CBOT）进行交易的长期国债期货要求，所有交割的政府债券的到期日要大于 15 年，而且至少在第一个 15 年内无赎回权。由于到期日和息票不同的债券价格不同，所以芝加哥商品交易所集团拥有一套根据债券特点调整债券价格的程序。转换因子本身很容易计算，它基于交割月第一天债券的价值，并假定各种到期日的债券利率均为某个预先确定的年利率（以半年期复利计）。例如，如果预先确定的年利率是 8%，你可以计算 18 年后到期的利率为 9% 的息票债券的转换因子。以债券面值为 100 美元，预先确定的利率为 8% 计算，该债券的现值为：

$$债券现值=\sum_{t=0.5}^{t=20}\frac{4.50}{(1.08)^t}+\frac{100}{(1.08)^{20}}=111.55美元$$

该债券的转换因子为 111.55。一般来说，转换因子会随着息票利率的增加和交割债券的到期而变大。

任一长期国债都可用于履行交割债券的义务，这个特点为期货合同的卖方提供了有利条件。经过转换因子的调整后，卖方将交付的自然是长期国债清单上最便宜的债券。这种交割选择必须在期货合同中定价。长期国债期货合同还包含另一种选择，即卖家不必在晚上 8 点前通知清算中心他打算交割的意向。如果债券价格在期货市场收盘后下跌，卖家可以通知清算中心他打算交割当天最便宜的债券的意向。否则，卖家可以等到第二天。这种选择被称作百搭牌期权。

长期国债期货合同的估值与股票指数期货估值遵循相同的原则，只是用长期国债的息票收益取代了股票指数的股息收益。期货合同理论上的价值应该是：

$$F^*=(S-PVC)(1+r)^t$$

其中，

F^* = 长期国债期货合同理论上的期货价格；

S = 长期国债的现货价格；

PVC = 期货合同期内债券息票收益的现值；

r = 期货合同期内的无风险利率；

t = 期货合同期限。

如果期货价格背离了理论价格，那就应该有套利的机会。这些套利的机会如图 11.6 所示。

该定价方法忽略了前面讨论的两种选择——交割成本最低的债券和百搭牌期权。这两种选择给期货合同卖家提供了有利条件，所以在期货合同定价时应该反映这两种选择。定价时把它们考虑进去的一个方法是，用最便宜的可交割债券来计算当前的现货价格和息票收益的现值。一旦估算出期货价值，就可以用期货价值除以转换因子，得出标准的期货价格。

外汇期货

外汇期货合同是你现在缔结的将来以固定价格购买外汇的合同。为了分析外汇的即期价格和期货价格之间的关系，我们应该注意持有外汇能够让投资者获得该国当前的无风险利率（R_f）收益，而持有国内货币能够获得本国国内的无风险利率（R_d）收益。由于投资者可以以即期汇率购买货币，假设对无风险利率投资没有限制，我们就可以得出即期价格与期货价格之间的关系。利率平价关系将期货价格和即期价格之间的差额与国内和国外市场的利率联系起来。

$$\frac{期货价值_{d,f}}{即期价格_{d,f}} = \frac{1+R_d}{1+R_f}$$

期货价格$_{d,f}$表示的是在期货合同中以一单位外汇所换的国内货币；而即期价格$_{d,f}$表示的是在即期合同中以一单位外汇所换的国内货币。例如，假设美国的年利率为2%，瑞士的年利率是1%。进一步假设1瑞士法郎的即期汇率是1.10美元。根据利率平价，1年的期货价格应该是：

$$\frac{期货价格_{美元，瑞士法郎}}{1.10美元} = \frac{1.02}{1.01}$$

计算所得是，1瑞士法郎等于1.110 9美元。

$$F^* = (S-PVC)(1+r)^t$$

If $-F > F^*$

时间	行动	现金流
现在	1. 卖出期货合同	0
	2. 以无风险利率借入资金	S
	3. 购买长期国债	$-S$
t 时	1. 收取债券息票收益，投资	$PVC(1+r)^t$
	2. 按合同交付最便宜的债券	F
	3. 归还借款	$-S(1+r)^t$
净现金流 =		$F-(S-PVC)(1+r)^t > 0$

If $-F < F^*$

时间	行动	现金流
现在	1. 购买期货合同	0
	2. 卖空长期国债	S
	3. 以无风险利率借出资金	$-S$
t 时	1. 收回贷款	$S(1+r)^t$
	2. 按期货合同收取债券	$-F$
	3. 归还所借债券，支付利息	$-PVC(1+r)^t$
净现金流 =		$(S-PVC)(1+r)^t - F > 0$

主要因素：
F^* = 理论上的期货价格　　F = 实际的期货价格　　S = 长期国债的现货价格　　r = （年化）无风险利率
PVC = 期货合同期内债券息票收益借入和借出资金的现值　　t = 期货合同到期的时间

主要假设：
1. 投资者可以以无风险利率借入和借出资金。
2. 买进或卖空债券没有交易成本。

图 11.6　长期国债期货：定价与套利

为什么这一定是期货价格呢?如果 1 瑞士法郎的期货价格高于 1.110 9 美元,比如 1.12 美元,那么投资者可以利用定价错误,卖出期货合同,对风险进行完全的套期保值,并获得高于无风险利率的收益。表 11.1 总结了投资者需要采取的行动以及与每个行动相关的现金流。

表 11.1 的第一个套利产生的是没有期初投资的无风险利润 0.101 美元。套利的过程将使外汇期货价格朝着均衡价格下滑。

如果外汇期货价格低于 1.110 9 美元,套利行动就会朝着相反的方向运动,最终结果是相同的。投资者不需要承担风险,不需要投入资金,在外汇期货合同到期的时候仍然能够获得正现金流。在表 11.1 的第二个套利中,我们列出了将产生 0.005 4 瑞士法郎的无风险利润的操作。

表 11.1 外汇期货合同定价有误时的套利

远期汇率错误定价	现在应采取的行动	期货合同到期时采取的行动
如果期货价格 > 1.110 9 美元 (例如 1.12 美元)	1. 在美国国内市场按 2% 的利率借入即期汇率价格 (1.10 美元)的美元 2. 按即期汇率把 1.10 美元 兑换成瑞士法郎 3. 按 1% 的利率把瑞士法郎 投资到瑞士市场 4.. 按 1 瑞士法郎 = 1.12 美 元卖出期货合同	1. 收回 1.01 瑞士法郎的投资 2. 按期货价格 1 瑞士法郎 = 1.12 美元将 1.01 瑞士法郎兑换成美元 1.01×1.12 = 1.131 2 美元 3. 连本带利偿还美元借债 1.01×1.02 = 1.030 2 美元 利润 = 1.131 2 美元 −1.030 2 美 元 = 0.101 美元
如果期货价格 < 1.110 9 美元 (例如 1.105 美元)	1. 按 1% 的利率在瑞士市场 借入瑞士法郎 2. 按即期汇率 1 瑞士法郎 = 1.10 美元把瑞士法郎兑换成 美元 3. 在美国市场按 2% 的利率 投资 1.1 美元 4. 按 1 瑞士法郎 = 1.105 美 元购买期货合同	1. 收回美元投资 1.10 美元 ×1.02 = 1.122 美元 2. 将 1.122 美元按期货价格(1 瑞士法郎 = 1.105 美元)兑换成瑞 士法郎 1.122 美元 /1.105 美元 / 瑞 士法郎 = 1.015 4 瑞士法郎 3. 连同利息偿还瑞士法郎借债 1×1.01 = 1.01 瑞士法郎 利润 = 1.015 4 瑞士法郎 −1.01 瑞 士法郎 = 0.005 4 瑞士法郎

期货市场的特殊之处

期货市场的两个特殊之处可能会使套利难以如愿。第一个是保证金的存在。虽然我们假定，在进行套利时，买入和卖出期货合同在交易时不会产生现金流，但在现实中，你必须拿出期货合同金额的一定比例（5%~10%）作为保证金。使问题变得更复杂的是，保证金的金额需要根据当天的期货价格每天重新核算——这个过程被称作逐日盯市。如果价格变化对你不利（如果你是买方，价格下降了，或者如果你是卖方，结果价格上涨了），你还得追加更多的保证金。如果没有按要求追加保证金，你就会被强行平仓，也就永远看不到你的套利利润。

> **数据观察** | 涨跌幅限制和合同细则：看一下大量交易的期货合同的涨跌幅限制和合同细则。

第二个特殊之处是，期货交易所一般都会给多数期货合同规定"价格涨跌幅限制"。如果期货合同价格下降或上升的幅度达到涨跌幅限制，当天的交易就会被终止，但是交易所保留当天晚些时候重新开市的权利。引入价格涨跌幅限制是防止由于错误信息或谣言造成的恐慌性买入或卖出，以及防止对真实信息的过度反应。通过给投资者更多的时间对极端信息做出反应，价格反应将会更加合理和理性。但是，这样做可能会造成没有价格限制的现货市场与有价格涨跌幅限制的期货市场之间的脱节。

套利的可行性和成功的潜力

如果期货套利如此简单，你可能会问，一个合理有效的市场怎么会存在套利机会呢？例如，在商品的期货市场，加尔巴德和西尔伯几乎没有发现套利机会的证据,其他研究也反映了类似的结论。[1]在金融期货市场上,有证据表明,套利是可行的,但是只适合于一小部分投资者。这似乎主要缘于交易成本的差异。大的机构投资者的交易成本几乎为零,而且能立即进入标的资产市场和期货市场,他们可能会发现个人投资者无法发现的套利机会。此外,这些机构投资者更有可能满足套利的要求——能够以接近无风险利率的水平借入资金并卖空标的资产。

但是请注意,即使对那些大的投资者来说,套利的收益率也是很小的,而且,除非你在三个方面中的一个方面建立起优势,否则套利不是一个可靠的获利来源。[2]第一,你可以尝试在交易成本上建立起相对于其他投资者的优势,但是,这比较困难,因为你在和其他大的机构投资者竞争。第二,你可以通过比其他竞争者先得到信息获得信息优势。但是,大部分信息是与定价有关的信息,这方面的信息是公开的。第三,你可以先于其他竞争者发现某个期货合同的定价或数据中的可乘之机。因此,当某一资产的期货合同首次进入市场时,套利的可能性一般会更大,这是因为投资者要花一些时间来消化理解期货定价的细节。例如,投资者要花一段时间来弄清参差不齐的股息对股票指数期货的影响,以及百搭牌期权对长期国债期货的影响。据推测,那些比市场上的其他人理解得更快的投资者,能够利用挂牌交易初期的期货合同的定价错误,获得超额收益率。

期权套利

作为衍生产品,期权与期货有显著的不同。期权代表的是权利而

---

[1] K. D. Garbade and W. L. Silber, "Price Movements and Price Discovery in Futures and Cash Markets," *Review of Economics and Statistics* 115 (1983): 289–297.

[2] 一项对标准普尔500指数期货合同的835项套利交易的研究估计,这些交易的平均毛收益率仅为0.30%。

不是义务，看涨期权给了你买入的权利，看跌期权给了你卖出的权利。因此，期权的一个关键特点是，如果你是买方，期权头寸的损失仅限于你为该期权所支付的金额。因为期权合同常常会对应一个被交易的基础资产，因此，你可以像在期货交易中那样，通过把期权与基础资产结合起来构建基本上无风险的头寸。

执行套利

在期权市场上，当期权违反了简单的定价界限时，最容易套利。例如，任何期权都不应以低于其行权价值的价格出售。因此，最小的套利条件为：

看涨期权：看涨期权的价值 > 基础资产价格−行权价格
看跌期权：看跌期权的价值 > 行权价格−基础资产价格

例如，某一股票的看涨期权行权价格是 30 美元，该股票现在的交易价格是 40 美元，这个看涨期权绝对不应以低于 10 美元的价格出售。如果以低于 10 美元的价格出售，你可以买下这个看涨期权，并立即以 10 美元的价格执行期权，从而马上获得收益。

事实上，如果你愿意构建一个基础资产与期权的投资组合，并在期权到期之前一直持有，你就可以缩小看涨期权的价格范围：

看涨期权：看涨期权的价值 > 基础资产价格−行权价格的现值
看跌期权：看跌期权的价值 > 行权价格的现值−基础资产价格

要弄清原因，我们可以看一下上个例子中的看涨期权。假设到期期限是一年，无风险利率是 10%。

行权价格的现值 = 30 美元/1.10 = 27.27 美元
看涨期权价值的下限 = 40 美元−27.27 = 12.73 美元

该看涨期权的交易价格必须高于 12.73 美元。如果低于 12.73 美元，比如 12 美元，又会如何？你可以花 12 美元买入看涨期权，以 40 美元的价格卖空股票，以 10% 的无风险利率对剩余收益的 28 美元（40 美元 −12 美元）进行投资。考虑一下，从现在起一年后会发生什么情况：

如果股票价格 > 行权价格（30 美元）：你首先收回无风险投资收益 30.80 美元（28 美元 ×1.10），行使期权（以 30 美元购买股票），抵销卖空头寸。最终你可以得到 0.80 美元的价差。

如果股票价格 < 行权价格（30 美元）：你收回无风险投资收益 30.80 美元，以现行价格（低于 30 美元）在公开市场购买股票，抵销卖空头寸，价差是你的收益。

换言之，你今天什么都不投资，却能保证未来有正收益。你也可以用看跌期权构建类似的投资组合。

套利界限对不支付股息的股票和只有在到期日才能行使的期权（欧式期权）最有效。在现实世界中，大多数期权都可以在到期前执行（美式期权），而且作为基础资产的股票一般都是要支付股息的。然而，即使是这些期权，你也不会看到短期期权的价格大幅偏离价格范围，部分原因是，即使是挂牌交易的美式期权，行权的情况也很少见，而且股息一般很低。当期权是长期的、股息较高且不确定时，你就有可能会发现偏离价格范围的期权，只是你可能无法从中获利。

复制投资组合

费希尔·布莱克和迈伦·斯科尔斯在 20 世纪 70 年代对期权的相关研究为期权的定价做出了革命性的贡献，他们提出，由基础资产和无风险资产构成的投资组合可以复制出和看涨期权或看跌期权完全一样的现金流。[1] 这样的投资组合被称为复制投资组合。实际上，布莱克和斯科尔斯从套利的角度推出了他们的期权定价模型，他们认为，由于复制投资组合和期权的现金流相同，因此它们应该以同样的价格出售。

为了理解复制投资组合是如何运作的，我们来看一个非常简单的股票价格模型。在该模型中，股票价格在每个期间可以跳至两个点中的一个。这个模型被称作二叉树模型，它使我们可以很容易地复制投资组合建模。下图显示了一只目前以 50 美元的价格交易的股票在随后两个期间的二叉树分布。请注意，在这两个期间结束时，这只股票的交易价格可以高达 100 美元，也可以低至 25 美元。假设我们的目标是为一个行权价格为 50 美元的看涨期权定价，该期权将在两个期间后到期。

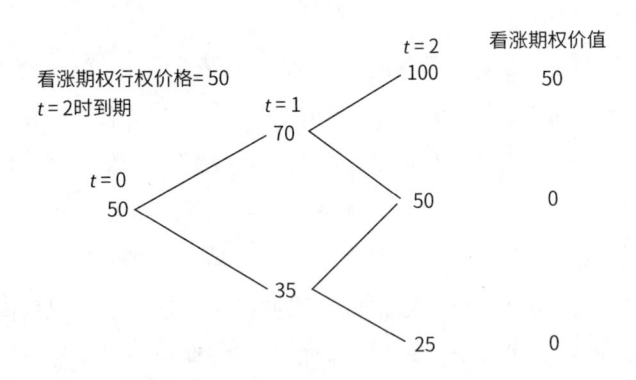

```
看涨期权行权价格= 50                t = 2      看涨期权价值
t = 2时到期          t = 1          100            50
                     70
   t = 0                            50             0
    50
                     35
                                    25             0
```

现假设利率是 11%。此外：

Δ = 复制投资组合中的股份数量；

B = 复制投资组合中借入的美元金额。

我们的目标是把 Δ 数量的股份与借入的美元金额 B 结合起来，复制出与行权价格为 50 美元的看涨期权一样的现金流。既然我们确

---

[1] F. Black and M. Scholes, "The Valuation of Option Contracts and a Test of Market Efficiency," *Journal of Finance* 27 (1972): 399–417.

切地知道期权到期日的现金流,那么最好从最后一个期间开始,沿着二叉树反向推导。

第一步:从最后的结点开始往回看。请注意,看涨期权在 $t = 2$ 时到期,如果股票价格 > 行权价格,该期权的毛收入将是股票价格与行权价格之差,如果股票价格 < 行权价格,该期权的毛收入将是零。

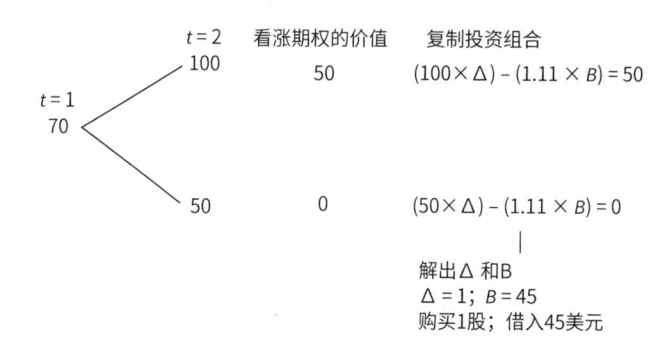

```
              t = 2      看涨期权的价值      复制投资组合
               100           50          (100×Δ) – (1.11×B) = 50
      t = 1
       70
               50            0           (50×Δ) – (1.11×B) = 0
                                                  |
                                            解出 Δ 和 B
                                            Δ = 1; B = 45
                                         购买1股;借入45美元
```

我们这里的目标是,当股票价格是 70 美元时,在 $t = 1$ 时建立 Δ 份股票和借入 B 金额的投资组合,在 $t = 2$ 时其现金流等同于行权价格为 50 美元的看涨期权的现金流。考虑一下在你连本带利(每个期间的利率是 11%)偿还完所借的钱后,在两种股票价格下执行期权可获得的现金流(50 美元和 0 美元),并将该投资组合能产生的现金流分别设定为这两个值。

如果股票价格 = 100 美元:投资组合价值 = $100Δ - 1.11B$ = 50 美元;

如果股票价格 = 50 美元:投资组合价值 = $50Δ - 1.11B$ = 0 美元。

我们能够计算出需要购买的股票份数(1 股)和在 $t = 1$ 时需要借入的金额(45 美元)。因此,在 $t = 1$ 时,股票价格是 70 美元,借 45 美元,购买 1 股股票所产生的现金流等于购买看涨期权的现金流。为了防止出现套利,如果股票价格是 70 美元,$t = 1$ 时的看涨期权价值必须与你作为投资者建立复制投资组合的成本相等。

看涨期权的价值 = 建立复制投资组合头寸的成本
$$= 70\Delta - B = 70 \times 1 - 45 = 25\text{美元}$$

考虑一下在 $t=1$ 时二叉树的另一个分支。

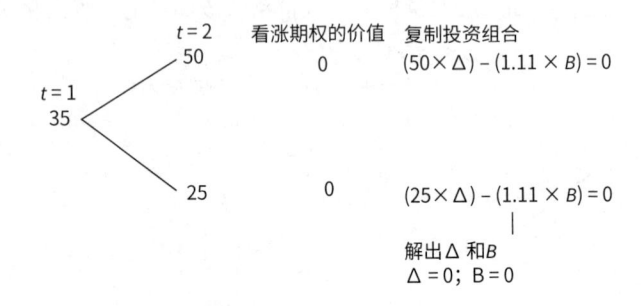

```
         t=2    看涨期权的价值    复制投资组合
         50           0         (50×Δ) − (1.11×B) = 0
  t=1
  35
         25           0         (25×Δ) − (1.11×B) = 0
                                解出 Δ 和 B
                                Δ = 0；B = 0
```

如果在 $t=1$ 时，股票价格是35美元，那么，看涨期权一文不值。

第二步：既然我们已经知道在 $t=1$ 时看涨期权的价值（如果股票价格升到70美元，看涨期权的价值是25美元；如果股票价格跌到35美元，看涨期权的价值为零），我们可以倒推到前一个时期，构建一个复制投资组合，它将提供期权将提供的价值。

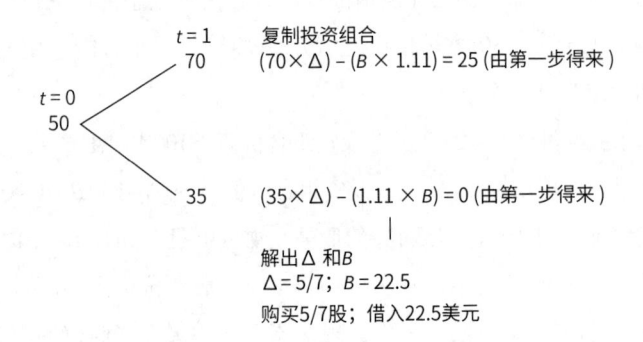

```
         t=1    复制投资组合
         70     (70×Δ) − (B×1.11) = 25（由第一步得来）
  t=0
  50
         35     (35×Δ) − (1.11×B) = 0（由第一步得来）
                解出 Δ 和 B
                Δ = 5/7；B = 22.5
                购买5/7股；借入22.5美元
```

换言之，今天借入22.5美元，买入5/7股股票提供的现金流与行权价格为50美元的看涨期权的现金流相同。因此，该看涨期权的价值必须与构建该投资组合的成本相同。

投资哲学 | 510

看涨期权的价值 = 建立复制投资组合的成本
= （5/7）×股票现行价格 -22.5美元
= （5/7）×50美元 -22.5美元 = 13.21美元

如果看涨期权以低于13.21美元的价格交易，比如13美元，考虑一下有没有套利的可能性。你将以13美元的价格购买看涨期权，以13.21美元卖出复制投资组合，获得两者之间的价差0.21美元。由于这两个头寸的现金流相同，你将没有风险，并获得一定的收益。如果看涨期权的交易价格高于13.21美元，比如13.5美元，你可以购买复制投资组合，出售看涨期权，并获得0.29美元的价差。同样，你也不会有任何风险。你还可以用看跌期权构建类似的例子。在这种情况下，复制投资组合将通过卖空基础资产股票并以无风险利率借出资金来构建。同样，如果看跌期权的定价与复制投资组合的定价不同，你可以利用这个价差获利，并且不承担任何风险。

那么，这种套利背后的基本假设是什么？第一个假设是，基础资产和期权都是可以交易的，都可以被买入或卖空，并且你可以在两个市场同时交易，从而锁定你的收益。但是，投资者可以利用基础资产和无风险资产动态复制期权现金流的假设存在很多质疑，不符合套利的基本要求。[1] 第二个假设是，交易成本几乎没有或极低。如果交易成本很高，要使套利有利可图，价格就必须在这些成本产生的价格区间之外波动。第三个假设是，你可以以无风险利率借入资金并在必要时卖空。如果你做不到这一点，套利可能就是不可行的。

期权之间的套利

当多个期权针对同一基础资产挂牌交易时，你也许可以利用它们

---

[1] E. Derman and N. N. Taleb, "The Illusions of Dynamic Replication" (SSRN Working Paper 720581, 2005).

的相对定价错误锁定无风险利润。我们首先看一下看涨期权相对于看跌期权的定价，然后考虑不同行权价格和期限的期权应如何相互定价。在本节末尾，我们将讨论买入和卖出期权的收益。

看跌—看涨期权平价

当看跌期权和看涨期权的行权价格相同，到期日也相同时，你可以通过卖出看涨期权、买入看跌期权和基础资产来构建一个无风险投资组合。要了解原因，我们可以看一个例子，假设我们卖出行权价格为 K、到期日为 t 的看涨期权并买入行权价格为 K、到期日为 t 的看跌期权，与此同时，买入现价为 S 的基础资产。该投资组合的收益是无风险的，并总是能在到期日 t 带来现金流 K。为了说明这一点，假设该股票到期日的价格是 S^*。该投资组合的收益如下：

头寸	如果 $S^*>K$，在 t 时的收益	如果 $S^*<K$，在 t 时的收益
卖出看涨期权	$-(S^*-K)$	
买入看跌期权	0	$K-S^*$
买入股票	S^*	S^*
总计	K	K

由于该投资确定可以产生收入 K，构建该投资的成本必须与 K 以无风险利率折现的现值（Ke^{-rt}）相等。

$$S+P-C = Ke^{-rt}$$
$$C-P = S-Ke^{-rt}$$

看跌期权和看涨期权价格之间的这个关系被称作看跌—看涨期权平价。如果平价被打破，你就可以套利。

如果 $C-P > S-Ke^{-rt}$，你就卖出看涨期权，买入看跌期权，然后买

投资哲学 | 512

入股票。你的收益率将大于无风险利率，但没有任何风险。

如果 $C-P < S-Ke^{-rt}$，你就买入看涨期权，卖出看跌期权，然后卖空股票。然后你可以以无风险利率投资收益，到期获得无风险收益。

请注意，看跌—看涨期权平价被打破的情况只能为到期日才能行权的期权（欧式期权）带来套利机会，如果期权可以在到期日之前行权（美式期权），就不一定存在这种套利机会。

看跌—看涨期权平价在实践中行得通吗？真的存在套利机会吗？一项早期的研究考察了 1977—1978 年芝加哥期权交易所的期权定价数据，在一些案例中发现了潜在的套利机会。[1] 但是，这些套利机会都很小，持续的时间也很短。此外，因为考察的是美式期权，即使看跌—看涨期权平价被打破，套利也不见得可行。卡马拉和米勒对 1986—1989 年的标准普尔 500 指数期权（欧式期权）的研究发现，看跌—看涨期权平价被打破的情况很少，而且即使存在，背离的程度也非常小。[2]

基于行权价格和到期日的定价错误

价差期权是两个或两个以上基于同一基础资产的同一类型期权（看涨期权或看跌期权）的结合。你可以把两个到期日相同但行权价格不同的期权（牛市和熊市价差）、两个行权价格相同但到期日不同的期权（日历价差）、两个行权价格和到期日都不同的期权（对角价差），以及两个以上的期权（蝶式价差）结合起来。你也许能够通过价差期权利用基于同一基础资产不同期权的相对错误定价进行套利。

- **行权价格。** 假设到期日相同，行权价格较低的看涨期权的价格

---

[1] R. C. Klemkosky and B. G. Resnick, "Put-Call Parity and Market Efficiency," *Journal of Finance* 34 (1979): 1141–1155.
[2] A. Kamara and T. W. Miller, "Daily and Intradaily Tests of European Put-Call Parity," *Journal of Financial and Quantitative Analysis* 30, no. 4 (1995): 519–541.

永远不应该低于行权价格较高的看涨期权。如果出现这种情况，你可以买入行权价格较低的看涨期权，卖出行权价格较高的看涨期权，从而锁定无风险收益。同样，假设到期日相同，行权价格较低的看跌期权的价格永远不应该高于行权价格较高的看跌期权。如果出现这种情况，你可以买入行权价格较高的看跌期权，卖出行权价格较低的看跌期权，以获得套利利润。

- 到期日。假设行权价格相同，离到期日较近的看涨期权（或看跌期权）的价格永远不应高于离到期日较远的看涨期权（或看跌期权）。如果出现这种情况，你可以买入离到期日较近的看涨期权（或看跌期权），卖出离到期日较远的看涨期权（或看跌期权），制造日历价差，立即锁定收益。当第一个看涨期权到期时，你要么行权第二个看涨期权（不产生现金流），要么把它卖掉（进一步获得收益）。

即使大致看一下报纸上每天登出的或互联网每天提供的期权价格，你也可以发现，流动性很高的期权市场上不大可能存在如此离谱的定价错误。

一些风险更大的策略并不需要纯套利所要求的赤裸裸的定价错误，它们需要的是基于不同期权或不同时期的相对定价错误。例如，有证据表明，投资者在股票除息日前的行为未必是理性的，而且他们常常在看涨期权应该行权的时候不行权。特别是，理性投资要求，当期权的时间价值小于预期的股息时，投资者应该行权，但是豪、卡莱和梅休的研究发现，大约有30%本该行权的看涨期权没有行权，这使得这些期权的卖方获得了一笔意外之财。[1]

---

[1] J. Hao, A. Kalay, and S. Mayhew, "Ex-Dividend Arbitrage in Options Markets," *Review of Financial Studies* 23 (2010): 271–303.

多头和空头

针对期权交易获利机会的研究发现了一种异常现象。一般来说，在给定风险的前提下，要求卖出期权的策略似乎比要求买入期权的策略能提供更高的收益。但是，从长期来看，想要运用该策略获得套利收益会面临三个潜在的障碍。一是这些策略的交易成本往往都比较高，随着时间的推移会吞噬掉大部分套利收益。二是保证金要求以及相应的追加保证金要求。当股价往错误的方向变化时，这有可能影响投资者用于投资的资金，有时甚至会迫使投资者过早平仓。三是这些策略还会受到极端事件的影响，这些风险不经常发生，一旦发生就会造成重大甚至灾难性的损失。

预期波动率和期权

期权的价格取决于预期波动率，有些策略就基于对未来波动率的看法，或对具有同样基础资产的不同期权的波动率的错误定价。这些策略不是无风险的，因此不能算是套利策略，但这些策略仍然是可以获利的。

以波动率择时策略为例，波动率的变化有一定的模式，随着时间的推移，投资者有可能利用这种模式获利。正如股票价格和市盈率常常会回归历史均值一样，有证据显示波动率也是这样。当隐含在期权价格中的波动率低于历史正常水平时，买入期权（跨式组合或其他最小化股价波动风险的头寸）会为投资者带来显著的超额收益，那些隐含波动率低于历史波动率水平的最高10%（>90百分位数）的期权头寸月平均收益比预期水平高0.21%。但是，在考虑交易成本后，月平均超额收益就下降到略低于0.08%。当隐含在期权价格中的波动率远高于历史正常水平时，售出期权会为投资者带来约0.16%的月平均超额收益。但是，交易成本会吞噬掉这个超额收益的大部分。[1]

有明确的证据表明基于同一基础资产的不同期权的隐含波动率在同一时间是不同的，这显然与传统的期权定价模型不一致。特别是，似乎有证据表明，存在波动率微笑曲线，即对于给定基础资产和到期日，平价期权的隐含波动率会比价内期权和价外期权的隐含波动率低。鉴于这种情况不断出现在不同的期权市场上，大多数分析者将波动率微笑曲线整合到他们的期权定价模型中，在为深度价内期权和深度价外期权估值时使用较高的波动率。但是，如果波动率微笑曲线过度弯曲（平价期权与深度价内期权或深度价外期权的隐含波动率之间的差异过大），假定波动率微笑曲线会恢复到正常水平，那么卖出跨式组合将有利可图。

固定收益证券套利

固定收益证券比股票更容易进行套利，这是因为固定收益证券具有确定的延续期限和合同约定好的现金流。这对于无违约风险债券尤其如此，因为在这种情况下约定的现金流是有保证的。我们来看一个非常简单的例子。你可以通过购买到期日与国债息票支付日相匹配的一系列零息国债，来复制10年期长期国债的现金流。例如，你投资了1亿美元购买息票率为8%的10年期长期国债，你可以期望在未来10年里每6个月得到400万美元的现金流，在第10年末得到1亿美元。不过，通过购买面值为400万美元的零息国债，在随后10年里每6个月到期一张，以及额外购买面值为1亿美元的10年期零息国债，你也可以得到同样的现金流。由于现金流相同，因此这两个头寸应该以同一价格交易。如果它们的交易价格不同，你就可以购买较

---

[1] A. Goyal and A. Saretto, "Option Returns and Volatility Mispricing," *Journal of Financial Economics* 94 (2009): 310–326.

便宜的头寸，出售较贵的头寸，现在就锁定利润。

对于公司债券，多了一个违约风险的问题。由于没有任何两家公司面临的违约风险是一模一样的，如果你购买不同实体发行的公司债券，你可能会冒一些风险。实际上，即使是同一家公司发行的两种债券，也可能因为担保方式和债券结构的不同存在不同的违约风险。一些套利者说债券评级能够很好地代表违约风险，购买一只AA级债券，同时出售另一只AA级债券，应该能建立一个事实上无风险的头寸，但债券评级并不能完美地代表违约风险。实际上，你可以看到，套利者在各种承诺有现金流的证券上进行套利，如按揭支持债券。虽然你可以对冲大部分现金流风险，但是现金流所有权的性质仍然会让你暴露在一些风险之下。例如，对于按揭支持债券，住宅所有者提前还款的不可预测性使很多所谓的"无风险"头寸暴露在风险之下。

有没有证据表明，投资者能够找到定价偏离程度大到足以产生套利收益的国债呢？格林布赖特和朗斯塔夫在评估国债拆零项目（一个允许投资者拆分国债，单独出售其个人现金流的项目）时注意到，这些市场存在潜在的套利机会，但是几乎没有证据表明交易是由这类机会驱动的。[1] 巴尔巴斯和洛佩斯对西班牙债券市场所做的研究也提供了一些证据。在检验了西班牙市场1994—1998年无违约风险和无期权的债券后，他们认为金融市场存在套利机会，尤其是围绕金融市场的创新。[2] 我们将扩展他们的发现，提出当新型债券，比如20世纪80年代早期的按揭支持债券、20世纪90年代末期的通货膨胀指数国债，以及20世纪80年代末期的国债拆零项目被引入市场时，固定收

---

[1] M. Grinblatt and F. A. Longstaff, "Financial Innovation and the Role of Derivative Securities: An Empirical Analysis of the U.S. Treasury's Strips Program," *Journal of Finance* 55 (2000): 1415–1436.

[2] A. Balb'as and S. L'opez, "Financial Innovation and Arbitrage in the Spanish Bond Market" (SSRN Working Paper 264575, 2001).

益证券的套利机会最大。随着投资者对这些债券及它们的定价机制了解得越多，套利的机会似乎就越少了。

成功的决定因素

纯套利（相同资产定价不同）存在的时间多半是短暂的。换言之，在一个投资者寻找无风险收益的市场中，即使是很小的定价差异也会很快被利用，然后在这个过程中消失。因此，纯套利成功的两个前提条件是能够获得实时价格和能够立即执行交易。纯套利的定价差异也可能非常小——通常只有一个百分点的几百分之一。因此，为了使纯套利可行，你还必须增加另外两个条件。第一个条件是，能以优惠的利率获得大量的借款，因为这样可以放大微小的定价差异。请注意，很多套利头寸要求你能够以无风险利率借款。第二个条件是规模经济，也就是说交易额要达到几百万到数亿美元，而不是几千美元。能够成功进行纯套利的机构把从套利交易中获得的确定收益作为抵押物，通常能够以无风险利率借数倍于其股本的资金来进行套利。

因为这些条件，个人投资者在纯套利交易中通常无法成功也就不足为奇了。即使在机构交易者中，纯套利也只是对少数机构来说可行。即使对于这些少数机构，它也不是一个靠得住的利润来源，原因有两个。第一，你不能指望将来存在纯套利机会，因为这需要市场随着时间的推移重复自己的错误。第二，一些机构从套利中获得收益的情况会吸引其他机构进入套利市场，从而减少未来套利获利的可能性。为了取得套利的长期成功，你需要不断寻找新的套利机会。

因此，基于纯套利的投资策略常常会走入死胡同。与此同时，那种认为永远不会有套利机会的投资策略也许会错过令人难以置信的投资良机。因此，最好是抓住套利机会。围绕成功概率更高的方法制定投资策略——惯性、价值或成长型投资策略，并密切关注套利机会。如果确实出现了套利机会，那就抓住这个机会，利用它提高你的投资收益。

近似套利

在近似套利中，你面临两种非常类似但定价不同的资产，或者两种定价错误的相同资产，但没有价格趋同的保证。在这些情况下，无论你的交易策略有多复杂，你的头寸都不再是无风险的。

同样的证券，多个市场

在当今的全球市场上，有一些股票在几个市场同时挂牌交易。如果你可以在一个市场按某个价格购买一只股票，同时在另一个市场以更高的价格卖出，你就可以锁定无风险收益。但是如我们将在本节中看到的，事情很少会这么简单。

两处和多处上市

很多大公司，如荷兰皇家壳牌公司、通用电气和微软，其股票在不同大洲的多个市场进行交易。由于在一天中的某些时段这些股票可能同时在一个以上的市场上进行交易，可以想象（虽然不大可能）你有可能以一个价格在一个市场购买某只股票，同时在另一个市场以不同的价格（更高）卖出该股票。由于该股票在不同的市场用不同的货币交易，为了使交易无风险，两个交易必须同时进行，为了消除汇率风险，你需要立即将外汇收益兑换成本国货币。你的收益还必须能够弥补两个市场不同的买卖价差和每项交易的成本。

还有一些例外的情况，就是同一只股票在一个国家的不同市场交易。萨维基和赫里茨考察了同时在捷克的两家交易所——布拉格证券交易所（PSE）和注册市场系统（RMS）——交易的 84 只捷克股票，发现两个市场的价格调整缓慢，确实存在套利机会（至少在理论上是这样）；两个市场的价格相差约 2%。[1] 对流动性较差的股票，套利机会似乎更大。虽然萨维基和赫里茨考虑了交易成本，但是他们没有考虑交易本身可能对这些股票产生的价格影响，以及交易是否能获得套利收益。

如果不同股票在投票权和股息上存在差异，那么套利风险确实会增大，因为这些股票间的任何价格差异都可以反映这种基本面的差异，而不是套利机会。一项针对 1993—2006 年美国市场 100 组现金流相同，但投票权不同的双层股权结构的股票日内定价的研究发现，至少在 3 687 个案例中，某一层股票的买方报价比另一层的卖方报价高至少 1%。在调整了买卖价差的成本后，买入价格较低的那一层股票并卖出价格较高的那一层股票，年超额收益在 30% 以上。[2]

数据观察 ｜ 交易最广泛的美国存托凭证：观察美国市场上 50 只交易最广泛的存托凭证。

存托凭证

很多拉丁美洲、亚洲和欧洲公司都拥有在美国市场上市的美国存托凭证（ADR）。这些存托凭证创设的权利相当于你在当地市场购买了该股票所拥有的权力，因此应该以与当地股票一致的价格进行交

---

[1] J. Swaicki and J. Hric, "Arbitrage Opportunities in Parallel Markets: The Case of the Czech Republic" (SSRN Working Paper 269017, 2001).
[2] P. Schultz and S. Shive, "Mispricing of Dual-Class Shares: Profit Opportunities, Arbitrage and Trading" (SSRN Working Paper 1338885, 2009).

易。它们与双重上市的股票不同的是，美国存托凭证并不总是与在当地交易的普通股有直接的可比性，因此，它们比双重上市的股票潜在风险更大。一份墨西哥电话公司的存托凭证可以兑换成20股墨西哥电话公司股票。此外，将存托凭证兑换成当地股票可能既昂贵又费时。在有些情况下，还会有投票权的差异。虽然有这些限制因素，但是你可以期望存托凭证的价格是紧密跟随当地市场股票价格的，尽管这需要通过不同的货币转换，因为存托凭证是以美元计价的。

庆、绍克马里以及马瑟在研究存托凭证与当地股票的联系时发现，存托凭证价格变化的60%~70%可归因于基础股票价格的变化，存托凭证对美国市场的事件反应过度，而对汇率变化和基础股票的信息反应不足。[1]但是，他们也得出结论，投资者无法利用存托凭证的定价错误获利，这是因为存托凭证和基础股票的价格趋同不会迅速发生，也不会以可预测的方式发生。但是如果时间期限较长，且你具有将存托凭证兑换成当地股票的能力，你应该能够利用存托凭证和基础股票之间的显著价差来获利。

针对巴西、智利、阿根廷和墨西哥等一系列新兴市场股票的存托凭证的研究似乎得出了共同的结论。存托凭证和基础股票的价格常常会出现持续的背离，对于那些利用非常大的价格背离获利的投资者来说，这种背离似乎给他们带来了超额收益的潜力，有时还非常可观。[2]同时，所有这些研究也发出了警告：价格的趋同有时会非常慢，交易成本很高，基础股票所在的市场缺乏流动性可能是一个严重的问题。

---

[1] M. Kin, A. C. Szakmary, and I. Mathur, "Price Transmission Dynamics between ADRs and Their Underlying Foreign Securities," *Journal of Banking and Finance* 24 (2000): 1359–1382.

[2] 关于阿根廷和智利，参见 R. Rabinovitch, A. C. Silva, and R. Susmel, "Returns on ADRs and Arbitrage in Emerging Markets," *Emerging Markets Review* 4 (2003): 225–328; 关于墨西哥，参见 S. Koumkwa and R. Susmel, "Arbitrage and Convergence: Evidence from Mexican ADRs" (SSRN Working Paper, 2005); 关于巴西，参见 O. R. de Mederos and M. E. de Lima, "Brazilian Dual-Listed Stocks, Arbitrage and Barriers" (SSRN Working Paper, 2007); 关于印度，参见 S. Majumdar, "A Study of International Listing by Firms of Indian Origin" (SSRN Working Paper, 2007)。

对德国、加拿大和英国等发达市场股票的存托凭证的研究也证实，存托凭证和基础股票的价格偶尔会出现背离，尽管这种价格差异往往比较小，而且价格趋同发生得更快。[1]

封闭式基金

在传统的共同基金中，随着资金的流入和流出，基金份额数也会增加和减少，每份基金按资产净值（NAV），即基金所持证券的市场价值除以基金的份数进行定价。封闭式基金与其他共同基金有一个重要的不同点。像其他上市交易的公司一样，它们在市场上可以交易的基金份数是固定的，并且市场价格可以与资产净值不同。

在美国和英国，封闭式基金都有一个共同的特点。在基金创立时，其价格通常都比每股净资产价值高。但是随着封闭式基金的交易，其市场价格往往会降到基金的资产净值之下，然后保持在那个水平上。图 11.7 提供了美国 2011 年 11 月所有封闭式基金的溢价和折价情况（通过将资产净值和市场价格比较来计算）。

请注意，在 626 只封闭式基金中，有 442 只是以资产净值的折价交易的，折价的中位数约为 4.33%。

那又怎么样？你可能会问。很多公司都以低于估值的价格交易。事实可能的确如此，但是封闭式基金的情况比较特殊，原因有两个。第一，封闭式基金的资产全部是可交易的股票，因此其市场价值在任何时点都是确定的，而不是一个估计值。第二，将封闭式基金的资产变现不是件难事，因为你出售的是有价证券。因此，变现既不昂贵也

---

[1] See C. Eun and S. Sabberwal, "Cross-Border Listing and Price Discovery: Evidence from U.S. Listed Canadian Stocks," *Journal of Finance* 58 (2002): 549–577; K. A. Froot and E. Dabora, "How Are Stock Prices Affected by the Location of Trade?" *Journal of Financial Economics* 53 (1999): 189–216.

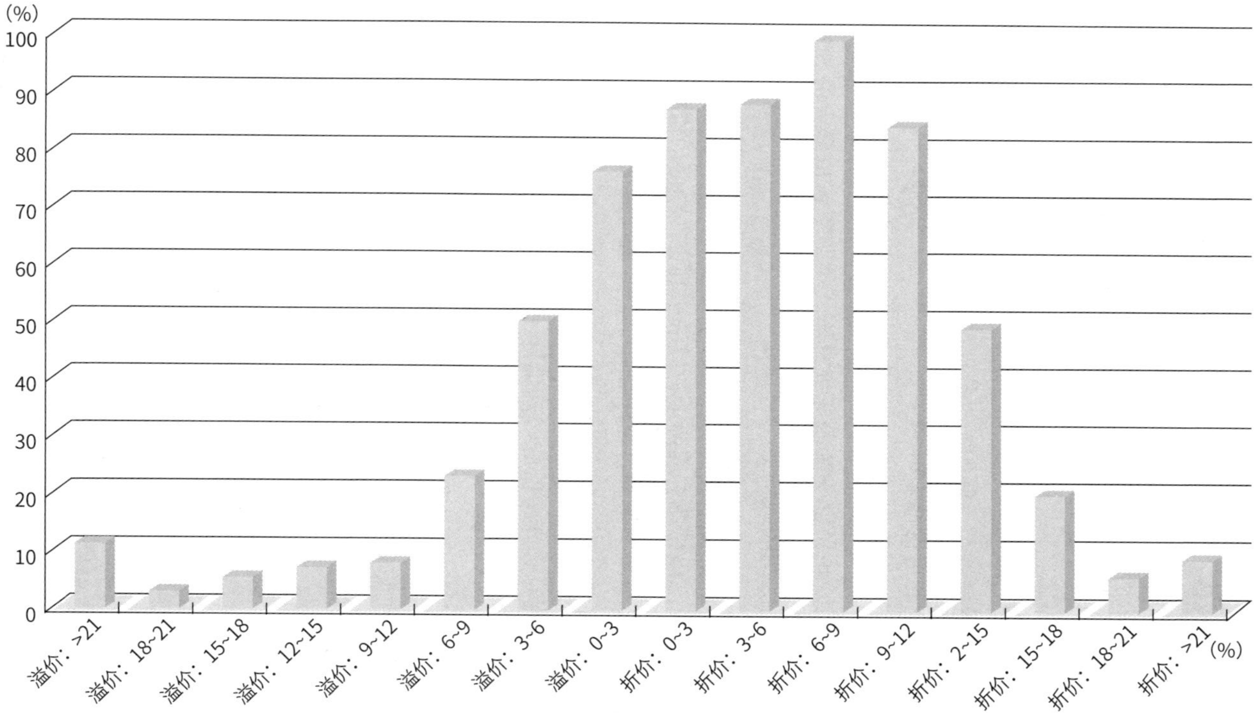

图 11.7 2011 年 11 月封闭式基金的折价和溢价

资料来源：www.closed-endfunds.com。

第 11 章 确定的利润：套利的本质 | 523

不费时。鉴于这两个原因，你可能纳闷，为什么你不可以买入以折价交易的封闭式基金，然后要么自己变现，要么希望其他人将其变现。或者，你可以把封闭式基金推向开放式基金，使其价格向资产净值靠拢。图 11.8 基于对 94 只英国封闭式基金的研究，展示了封闭式基金开放时的表现。[1]

请注意，当基金开放日（零日）越近时，与一般封闭式基金相比，它的折价变得越小。例如，折价从与其他基金的折价持平变为比一般封闭式基金的折价低 10% 左右。[2]

数据观察 | 折价最大的封闭式基金：请观察折价最大的 50 只封闭式基金。

那么，有什么隐情吗？实际上，以低于其资产净值的价格收购一只封闭式基金是很难实现的，原因有几个，有的与公司治理有关，有的与市场流动性有关。由于封闭式基金投资组合中流动性差的资产的错误定价（导致对资产净值的过高估计），加之变现资产带来的税收负担，变现能带来的潜在收益范围缩小了。有一些封闭式基金被清算变现的案例，但是它们都属于例外。

采取购买折价的基金然后期望折价会消失的投资策略又如何呢？该策略显然不是没有风险的，但是它的确提供了一些希望。在针对该策略进行的最早的一项研究中，汤普森考察了 1940—1975 年的封闭式基金，发现购买折价基金能得到 4% 的年平均超额收益率。[3]

1　Carolina Minio-Paluello, "The UK Closed-End Fund Discount" (PhD thesis, London Business School, 1998).

2　E. Dimson and C. Minio-Kozerzki, "Closed-End Funds: A Survey" (working paper, London Business School, 1998).

3　Rex Thompson, "The Information Content of Discounts and Premiums.on Closed-End Fund Shares," *Journal of Financial Economics* 6 (1978): 151–186.

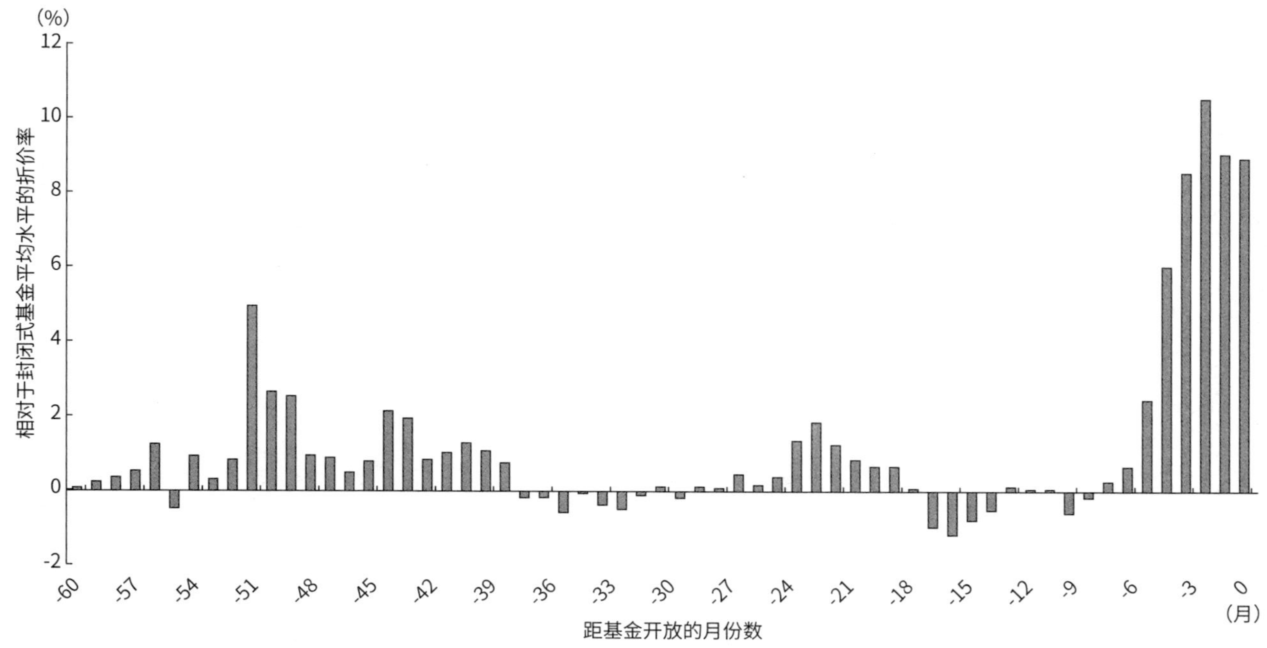

图 11.8　封闭式基金开放时的相对折价

资料来源：Carolina Minio-Paluello, "The UK Closed-End Fund Discount" (PhD thesis, London Business School, 1998)。

随后的一项研究报告了购买折价变大的封闭式基金，卖出折价变小的封闭式基金的策略（应用于封闭式基金的反向策略）也能获得超额收益。[1] 庞蒂夫将此分析的思路继续拓宽，发现折价为20%及以上的封闭式基金的收益率比其他封闭式基金高出约6%。[2] 这些结果连同英国的研究似乎表明，封闭式基金的折价存在强烈的均值回归倾向。图11.9基于对英国封闭式基金折价变化的研究，展示了一段时间内折价最多和折价最少的封闭式基金的相对折价。

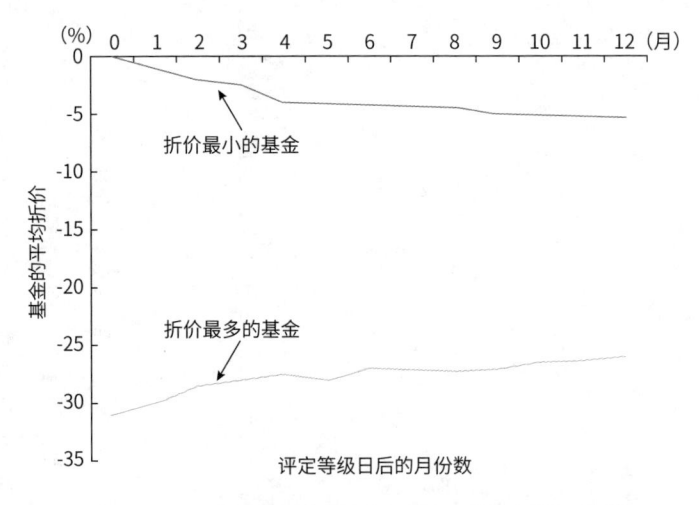

图11.9 一段时间内折价最多和折价最少的基金的相对折价

资料来源：E. Dimson and C. Minio-Kozerski, "Closed-End Funds: A Survey" (working paper, London Business School, 1998)。

请注意，折价最多的基金折价减少，而折价最少的基金折价增加，随着时间的推移，它们的差异逐渐缩小。

---

[1] Seth C. Anderson, "Closed-End Funds versus Market Efficiency," *Journal of Portfolio Management* 13 (1986): 63–65.

[2] Jeffrey Pontiff, "Costly Arbitrage: Evidence from Closed-End Funds," *Quarterly Journal of Economics* 111 (1996): 1135–1151.

回顾所有这些证据，如果投资封闭式基金有利可图，那么这种收益既不是无风险的，也不是特别高。很多封闭式基金一直是以低于其净资产的价格交易的，很少出现套利机会。

可转换套利和资本结构套利

在可转换套利和资本结构套利中，投资者试图利用一家公司不同证券的相对定价错误来获利。对于可转换套利，投资的焦点是含有期权的证券。因此，当一家公司在普通股、权证、优先股和传统债券之外还拥有可转换债券或可转换优先股时，你完全有可能在这些证券中找到一种相对于其他证券定价错误的证券，然后通过将两种或两种以上的证券构建成投资组合来设计一个低风险策略，。

举一个简单的例子，由于转换期权是针对股票的看涨期权，你可以通过将持有的公司股票、无风险投资和公司发行的普通债券组合起来，构建一个合成的可转换债券。一旦你能够成功地构建合成的可转换债券，你就有可能利用可转换债券与合成的可转换债券之间的定价差异获利。在更复杂的模式中，当同一家公司的权证、可转换优先股和其他期权在市场上同时交易时，你可以寻找相对定价有误的期权，然后买入较便宜的期权，出售较贵的期权。

在实际操作中，存在几个可能的障碍。第一，很多发行可转换债券的公司没有发行传统债券，你必须用一个具有近似违约风险的公司发行的传统债券来代替。第二，公司可以强制转换可转换债券，这样会给套利头寸带来巨大的灾难。第三，可转换债券的期限很长。因此，在较长期限里价格可能都不会出现趋同，但你必须在这些期间维持套利头寸。第四，交易成本和执行问题（与交易不同的证券有关）可能会阻止套利。

在资本结构套利中，我们撒下一张更大的网，观察一家公司的债券相对于其股票是否定价错误。因此，对于一家处于财务困境的公司，如果其债券的价值被投资者低估，但股票的价值被投资者高估，你就可以买入该公司的债券，同时卖出该公司的股票，希望从随后的价格趋同中获利。信用违约掉期市场的发展为资本结构套利增加了一个维度。在其典型模式中，投资者基于公司股票价格和该公司的负债情况估计一家公司的理论信用违约掉期利差，并将该利差与该公司市场上的信用违约掉期的实际价格进行比较。如果市场上的信用违约掉期定价过低，投资者就可以买入信用违约掉期，如果定价过高，那就卖出信用违约掉期。[1]

随着时间的推移，这个策略能否带来风险调整后的超额收益，从证据上来说并无一致的结论。一项针对2001—2005年261个不同发行方的135 759个信用违约掉期利差的研究发现，虽然在投资组合层面上该策略带来了利润，但个别交易面临相当高的风险，特别是源于信用违约掉期利差的大幅波动。[2] 另一项研究试图用一个替代结构模型来估计正确的信用违约掉期利差，该研究的结论认为，结构模型在预测信用违约掉期利差变化上非常有效，并且投资者能够获得显著的超额收益，而评级较低的公司收益会增加。

成功的决定因素

针对封闭式基金、双重上市的股票以及一家公司发行的多种证券的相对定价的研究似乎都得出这样的结论：市场总有可以被利用来赚钱的低效之处。但是，所有这些策略都有剩余风险，这些风险要么源

---

[1] 有几种结构模型可用于进行这种估计。很多人都使用默顿开发的定价模型的变体，其中股权被视为公司的看涨期权，期权定价模型用于估算正确的股权价值和适当的债务信用利差。See R. C. Merton, "On the Pricing of Corporate Debt: The Risk Structure of Interest Rates," *Journal of Finance* 29 (1974): 449–470.

[2] F. Yu, "How Profitable Is Capital Structure Arbitrage?" (SSRN Working Paper 687436, 2005).

于资产并非完全相同（可转换债券和合成可转换债券），要么源于缺乏迫使价格趋同的机制（封闭式基金）。

那么，要成功地使用近似套利策略，你需要具备哪些条件？首先要注意的是，这些策略对于小投资者和特别大的投资者都不适合。小投资者将面临交易成本和执行问题的障碍；而特别大的投资者很快会将折价推至平价，从而消除超额收益。如果你决定采用这些策略，你需要完善这些策略，把重点放在价格趋同最有可能很快发生的机会上。例如，如果你决定尝试利用封闭式基金的折价来获利，你就应该专注于折价最多的封闭式基金，特别是专注于有可能给基金管理者施加压力，迫使其开放基金的基金。你还应该避免投资组合中有大量流动性差的资产或不能交易的股票的基金，因为在这种情况下，基金的资产净值有可能被严重高估。

套利的局限性

在一个完美的世界里（至少对于金融经济学家是如此），资产的任何相对错误定价都会引来数以千计的投资者，他们以无风险利率借款，并利用这个机会套利。在这个过程中，套利的空间被耗尽。在现实世界中，更有可能的是，任何定价错误的资产都不是完全相同的（从而就把某些风险引入了套利组合），而且只有少数大投资者能够借到低成本的资金并利用套利机会。此外，还有两个因素可能使套利机会持续存在：
1. 行为因素。由于大的投资者不愿将他们的资本放到这些投资中去冒险，所以近似套利机会没人利用，这是完全有可能的。维什尼和施莱费尔对此提出了一个非常有趣的观点。他们认为，错误定价的资产越多，错误定价对套利者来说风险就越大。[1] 因此，他们认为，套利者将从定价偏离程度最大的

---

[1] Andrei Shleifer and Robert W. Vishny, "The Limits of Arbitrage," *Journal of Finance* 52 (1997): 35–55.

资产中撤出投资，特别是如果市场上有成千上万的其他交易者把价格推向相反的方向。
2. 市场危机。一项针对2008年金融危机期间市场变化的研究显示，套利机会在该期间不仅存在，而且应该能够为愿意参与的投资者带来不菲的利润。但是，危机期间投资者面临的流动性问题和融资限制使他们难以利用这些机会。

投机性套利

套利这个词在投资中被使用得太随便，有很多策略号称是套利，但实际上让投资者暴露在巨大的风险中。事实上，将本节所讨论的策略归为伪套利策略似乎更合适。

配对套利

在标准的套利中，你以一个价格买入一种资产，同时以另一个不同的价格（更高的价格）卖出完全相同的资产。在配对套利中，你买入一只股票（比如通用汽车），同时卖出你认为非常类似的另一只股票（比如福特），并认为该策略的风险不大。显然，该策略不是无风险策略，因为没有两只股票是完全相同的，即使它们非常类似，价格也可能不会趋同。

让我们先考虑一下如何配对股票。华尔街使用该策略的投资者的传统做法是，寻找历史上价格变化相同（随着时间的推移有很高相关性）的两只股票。这样得到的结果通常是同一行业的两只股票，比如通用汽车和福特。股票配对完成后，你需要计算它们之间的价差，并将该价差与历史上的正常水平进行比较。如果目前的价差太大，你就可以买入便宜的股票，卖空比较贵的股票。在很多情况下，该策略是自我融资。例如，如果福特的股票以每股 20 美元的价格交易，通用汽车的股票以每股 40 美元的价格交易，而且你认为通用汽车相对于福特定价过高，那么你应该买入两股福特股票，卖空 1 股通用汽车股票。如果你的判断正确，这两种股票的价差随后缩小，你将从配对中获利。

这种完全基于历史价格的简单策略能带来超额收益吗？加特夫、格茨曼和罗温赫斯特根据 1962—2002 年的数据，检验了一系列基于配对交易的策略。[1] 他们的检验过程如下：

- 首先筛选出每天都进行交易的股票，然后通过寻找标准化价格时间序列中方差最小的股票，为每只股票找到配对伙伴。[2] 注意，从直觉上来看，如果两只股票价格变化完全相同，那么它们收益率的方差应是 0。把所有股票都配对之后，他们筛选出方差最小的那些进行研究。
- 对每两只配对好的股票，他们跟踪其标准化后的价格，如果价差超过历史正常价差范围两个标准差，他们就建立头寸，购买便宜的那只股票，卖空贵的那只股票。

在样本期间里，配对交易策略的确显著优于购买和持有策略。投资于方差最小的 20 对股票的策略的年平均超额收益率约为 11%。虽然其他配对股票的收益率相比之下有所下降，但是仍然存在超额收益。当配对股票按行业分组（而不是仅仅按历史价格）来组建时，仍然存在超额收益，只是要少一些。控制了买卖价差后，超额收益会减

---

[1] E. G. Gatev, W. N.Goetzmann, and K. G. Rouwenhorst, "Pairs Trading, Performance of a Relative Value Arbitrage Rule" (SSRN Working Paper, 1999); E. Gatev, W. Goetzmann, and K. Rouwenhorst, "Pairs Trading: Performance of a Relative Value Arbitrage Rule," *Review of Financial Studies* 19 (2006): 797–827.

[2] 如果你使用绝对价格计算，价格高的股票看上去总是波动性很大。你可以将价格标准化，然后使用这个序列。

少约 1/5，但是仍然很可观。

当进一步观察配对交易在什么时候收益更高时，我们会发现一些有趣的现象。一项研究发现，当配对股票的价格背离是因为其中的一只股票缺乏流动性，或是因为其中一只股票比另一只股票对同时影响两只股票的某个信息吸收得更快时，配对交易的收益最高。当配对股票的价格背离是因为出现了只影响其中一只股票的信息时，配对交易的收益一般较低。此外，对于市值较小、流动性较差和波动性较高的配对股票，价格变化趋同发生得更快。[1]

虽然该交易策略总体看上去很鼓舞人，但是在使用该策略时，有三点应该加以注意和强调。第一，上述引用的研究发现，配对交易策略平均每 6 期就会出现 1 期负收益率，同时配对股票的价差在缩小之前通常会先扩大。换言之，这是个有风险的策略，它要求交易者具有及时交易和低成本交易的能力。第二，配对交易策略的成功要求交易者具有高度的灵活性和迅速调整的能力。例如，如果你在 10 个交易日内配对股票价格还没有发生趋同的情况下果断清仓，该策略能带来的收益就会增加。第三，前面提到的加特夫等人的研究发现，该策略的收益在不同时期有所不同，这说明该策略的超额收益受某种基本面因素的影响。由于该策略的收益受流动性的影响很大，我们认为，该策略有可能在整体市场流动性差的时候收益最高，而在市场流动性充足的时候收益较低。实际上，针对流动性较差的市场配对交易的研究发现，其超额收益远高于针对美国市场的研究所估算出的超额收益。一项对芬兰市场配对交易的研究发现，其年平均超额收益率超过 200%。[2] 最后，该策略可能过于成功了，最终导致其逐渐失效。著名

---

[1] J. Engelberg, P. Gao, and R. Jagannathan, "An Anatomy of Pairs Trading: The Role of Idiosyncratic News, Common information and Liquidity" (SSRN Working Paper 1330689, 2009).

[2] K. Rinne and M. Suominen, "How Some Bankers Made a Million by Trading Just Two Securities" (SSRN Working Paper 1796064, 2011).

的量化分析师戴维·肖就表达了这样的观点，他认为，在 20 世纪 90 年代末，量化策略（如配对交易）的收益已变得很少，因为很多投资银行都在采用这一策略。随着配对策略的新鲜感逐渐消退，其收益可能会下降。

并购套利

正如我们在上一章看到的，目标公司的股票价格在并购公告发布时立即上涨。然而，目标公司股票的交易价格通常低于收购公司提出的收购价。并购公告发布后，目标公司股票的市场价格与收购价格之间的差额被称作套利价差，有些投资者尝试通过被称为并购套利或风险套利的策略从该价差中获利。如果并购成功，套利者就可以获得价差收益，但是如果并购失败了，套利者就要承受巨大的损失。在更为复杂的换股并购（用收购公司的股份换取目标公司的股份）中，套利者买入目标公司的股票，卖出收购公司的股票。

首先我们应该注意，风险套利这个说法具有误导性，显然它不是传统意义上的套利，它不保证收益，而且不清楚为什么风险这个词要加在套利的前面。尽管这个术语存在争论，但我们还是考察一下风险套利是否能够带来我们经常说的那种收益率，如果确实如此，它究竟是对风险的补偿（并购有可能不成功），还是一种超额收益率？米切尔和普尔维诺对一个由 4 750 起兼并和收购案组成的样本进行了研究。[1]他们发现，并购公告发布后，买入目标公司股票可获得约 9.25% 的年平均超额收益率，但是，如果把交易成本和交易时的价格影响（尤其是流动性较差的公司的股票）考虑进去，这些超额收益将减少约 2/3。

---

[1]   M. Mitchell and T. Pulvino, "Characteristics of Risk in Risk Arbitrage," *Journal of Finance* 56 (2001): 2135–2175.

虽然该策略的总体收益看上去很不错，但米切尔和普尔维诺指出，该策略也存在不容乐观的一面。该策略在大多数时间可获得中等水平的正收益，但是当其失败时，你就会面临很大的负收益。这是不是意味着风险套利是个坏策略？当然不是，但他们指出了风险套利的风险，因为该策略仅限于少数名气大的股票收购（通常是这样），采取该策略的投资者通常遇到一次大的失败就可以看到自己的收益化为乌有。如果你使用杠杆进行风险套利，风险就会加倍。

成功的决定因素

我们将本节的策略归为投机性套利并不意味着对该策略的负面评价。我们认为，这些策略都很有吸引力，在历史上也为投资者带来过超额收益，但这些策略不是没有风险的。更为危险的是，那些做纯套利交易的投资者随着手中资金的增多，很容易转向近似套利，然后转向投机性套利。在这样做时，有两个注意事项需要牢记：

1. 财务杠杆的使用必须反映该策略的风险程度。对于纯套利，你可以100%借入你所需的资金来执行该策略。例如，在期货套利中，你可以按现货价格借入100%的资金，并借入商品。由于不存在风险，该杠杆不会造成任何损失。当你转向近似套利和投机性套利时，你就得降低所用的杠杆了。降低的程度取决于该策略所承受的风险以及你认为价格趋同的速度。一个策略的风险越大，价格趋同的不确定性越高，你借的钱就应该越少。
2. 如果在使用时不产生市场影响，策略的效果最好。随着你手中资金的增加以及你的策略越来越为人所知，当初把你吸引到市场中的错误定价可能会变得越来越不可及。

如果你能在不受市场影响的情况下操作，这些策略就能发挥最佳效果。随着你借入更多资金，知道你策略的人越来越多，当初吸引你进入市场的错误定价就有可能不再存在。

在很多方面，长期资本管理公司的兴衰可以证明，即使是最聪明的投资头脑，有时也可能没有留意或故意忽视这些现实。长期资本管理公司最终失败的原因有很多，但最直接的原因是配对交易、利率赌注等投机套利的头寸过大，且杠杆过大。

长期资本管理公司的崩溃

青睐套利策略的投资者应该对长期资本管理公司的教训予以关注。该公司于20世纪90年代初由所罗门兄弟公司的前交易员约翰·梅里韦瑟创立，他允诺把金融界的精英聚集到一起，发现和利用世界各地的套利机会。对于第一点，约翰·梅里韦瑟把所罗门兄弟公司最出色的债券交易人挖了过来，并让两位诺贝尔经济学奖获得者迈伦·斯科尔斯和罗伯特·默顿加入公司。在成立后的前几年，该公司也实现了其承诺的第二点，为华尔街的精英们赚取了非凡的超额收益。在那些日子里，长期资本管理公司是整个华尔街嫉妒的对象，因为它利用低成本借债来加大其杠杆，投资于纯套利和近似套利机会。

随着支配的资金规模不断扩大，长期资本管理公司不得不扩大其投资范围，将伪套利投资包括进去。这本身并不会带来致命的打击，但是公司却在风险较大的投资上继续使用在安全投资上采用的相同的杠杆。公司将赌注押在欧洲市场的配对交易和国家债券市场价差的降低上，认为其投资组合中的投资品种数量众多，自然能分散风险，如果在一种投资上亏损了，可以在另一种投资上赚回来。1997年，当一个市场（俄罗斯）的崩溃蔓延到其他市场的时候，该策略宣告失败。随着投资组合价值的下跌，长期资本管理公司发现自己面临规模和高杠杆率的不利影响。由于无法在不影响市场价格的情况下减少其所持有的巨大头寸，同时又受到来自债权人的巨大压力，长期资本管理公司必然地面临破产。由于害怕它会牵连市场上的其他投资者,美联储出面安排其债权人接管了该公司,并清算了该公司的头寸。

我们从长期资本管理公司的惨败中能学到什么?除了有身居高位的朋友总是件好事,还有如下教训:

- 规模可能是把双刃剑。虽然它给你带来了规模经济效益,降低了融资成本,但是,它也让你更难减少投资头寸。
- 财务杠杆能够把低风险头寸变成高风险投资,因为价格的微小变动能够带来权益上的巨大变化。
- 世界上最聪明的人和最好的分析工具也不能使你免受市场变化的影响。[1]

多空策略——对冲基金

在过去的几年里,对冲基金是资金管理业增长最快的领域之一。由于基本上不受管制,又有像乔治·索罗斯和朱利安·罗伯逊这样的大人物,而且似乎可以给投资者带来丰厚的收益,对冲基金在资金管理的游戏中俨然成了重量级参与者。在本节的开头,我们必须指出,把对冲基金视为采用某一具体策略的基金是不太准确的,这是因为对冲基金可以采用本书所列示的几乎每一种策略。你可以同时持有价值型和成长型对冲基金、专注于市场时机的对冲基金、基于信息进行投资的对冲基金,以及进行可转换套利的对冲基金。我们在本章讨论对冲基金是因为它特别适合要求你买入某些资产同时卖空另一些资产的套利策略。在本节中,我们将讨论对冲基金策略以及对冲基金的实际表现。

1　　R. Lowenstein, *When Genius Failed: The Rise and Fall of Long Term Capital Management* (New York: Random House, 2000).

背景、历史和结构

是什么使一只基金成为对冲基金？所有对冲基金的共同特点是，这些基金不仅买入它们认为价值被低估的资产，同时也卖空它们认为价值被高估的资产。按照这样的定义，对冲基金的历史应该与股票市场的历史一样长，只是传统上只有那些非常有钱的人才能利用这个工具。然而，在过去的10年里，对冲基金在投资基金中所占的市场份额越来越大。虽然对冲基金管理的资金规模还有争议，但估计在2011年由对冲基金管理的资产规模超过2万亿美元。

业绩

对冲基金的收益真有传说中那么高吗？经常被对冲基金拒之门外的小投资者会因此蒙受损失吗？为了回答这些问题，我们要看的不是那些零星的个案或头部对冲基金的表现，我们要看的是所有对冲基金的表现。在一项针对1989—1995年所有离岸对冲基金的早期研究中，布朗、戈茨曼以及伊博森按时间顺序记录了它们的收益率，见表11.2。[1]

表11.2中有好几个地方值得我们关注。第一，对冲基金在此期间获得的平均收益率为13.26%，而标准普尔500指数的收益率为16.47%，但是对冲基金收益率的标准差9.07%也低于标准普尔500指数的标准差16.32%。因此，如果用平均收益率除以标准差，即人们评估基金经理常用的夏普比率作为评估指标，那么对冲基金的风险收益率看上去比标准普尔500指数还要高一些。第二，这些基金比传统共同基金的费用要高得多，管理费用昂贵，还要从每5美元的

---

[1] Stephen J. Brown, William N. Goetzmann, and Roger G. Ibbotson, "Offshore Hedge Funds: Survival and Performance, 1989–1995," *Journal of Business* 72, no.1 (1999): 91–119.

表 11.2 离岸对冲基金收益率（1989—1995 年）

年份	样本中的基金数量（只）	算数平均收益率（%）	收益率中位数（%）	标准普尔 500 指数收益率	平均年费（占管理资产的百分比，%）	平均激励费（占超额收益的百分比，%）
1988—1989	78	18.08	20.30		1.74	19.76
1989—1990	108	4.36	3.80		1.65	19.52
1990—1991	142	17.13	15.90		1.79	19.55
1991—1992	176	11.98	10.70		1.81	19.34
1992—1993	265	24.59	22.15		1.62	19.10
1993—1994	313	-1.60	-2.00		1.64	18.75
1994—1995	399	18.32	14.70		1.55	18.50
整个期间		13.26		16.47		

注：收益是扣除费用后的数据。

超额收益中拿走 1 美元作为激励费用。一项针对 1990—1999 年的 2 016 只对冲基金的研究也得出了类似的结论，即对冲基金的收益率（14.2%）低于标准普尔 500 指数的收益率（18.8%），但对冲基金没有标准普尔 500 指数的风险高，对冲基金的夏普比率高于标准普尔 500 指数，对冲基金是 0.41，标准普尔 500 指数是 0.27。[1]

对冲基金行业在其管理的资产规模和基金类型方面都有所扩展。一项针对 1994—2009 年的对冲基金的研究计算了不同类型的对冲基金在该时期的年平均总收益和年平均净收益，如图 11.10 所示。[2]

首先，注意每一类对冲基金扣除费用后的净收益都远低于其总收益，这再次证明了对冲基金从投资者那里索取的高额费用。其次，就净收益而言，对冲基金的平均收益不如标准普尔 500 指数，但正如更早一些的研究指出的那样，由于对冲基金的风险更低，因此风险调整后的收益为正，其风险收益率（夏普比率）还是有吸引力的。最后，该研究考察的是至少有 24 个月收益的对冲基金，同时将样本分为目前仍在运营的和已经中止运营的对冲基金两类。在 3 000 只样本基金中，到 2010 年仅有 1 300 只还在运营，那些失败或被清盘的对冲基金的总收益和净收益都低于仍然存在的对冲基金。

过去 10 年的市场危机让对冲基金经受了多重考验，让我们得以识别成功和失败对冲基金的关键区别。第一，对冲基金之间的收益差别在很大程度上似乎和流动性风险有关，流动性差的基金经风险调整后的收益更高。[3] 但是，在遇到市场危机时（例如 2008 年最后一个季度），这些流动性差的基金承受的压力最大，遭受的损失也最大。第二，对冲基金投资者的情绪反应强烈得多，他们撤资的速度是共同基

1　B. Liang, "Hedge Fund Performance: 1990–1999," *Financial Analysts Journal* 57 (2001): 11–18.
2　S. Feng, "A Comparison of Hedge Fund Gross and Net Performance" (SSRN Working Paper 1929213, 2011).
3　R. Sadka, "Hedge Fund Performance and Liquidity Risk," *Journal of Investment Management* (forthcoming).

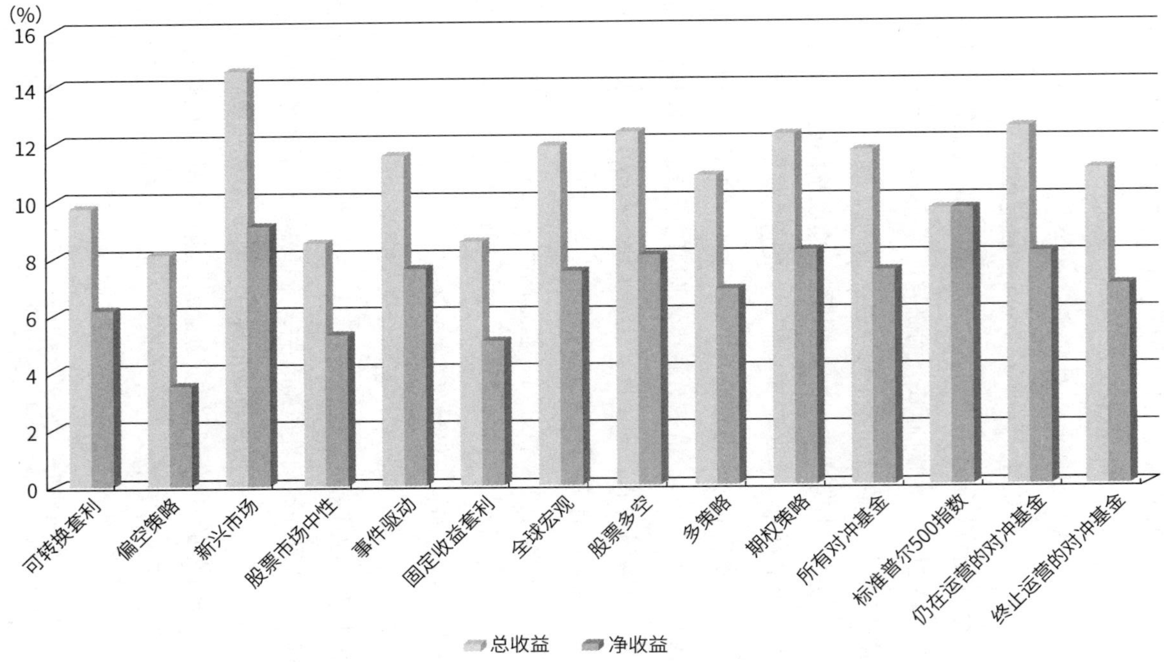

图 11.10 各类对冲基金的年平均收益率（1994—2009 年）

资料来源：S. Feng, "A Comparison of Hedge Fund Gross and Net Performance" (SSRN Working Paper 1929213, 2011)。

投资哲学 | 540

金投资者的 3 倍。因此，对冲基金比一般的共同基金更有可能迅速将所持头寸清仓。据估计，在 2008 年最后一个季度，对冲基金卖掉了所持资产的约 29%，主要是应对追加保证金和赎回的压力。[1]

我们从这些发现中能得出什么结论呢？首先，对冲基金的最大优势似乎并不是高收益率，而是它的低风险。我们所援引的每项研究都发现，对冲基金的表现落后于市场，特别是在牛市时，但是它们在风险收益上效率更高。[2] 其次，任何投资策略都必须考虑对冲基金的高成本和高失败率。对冲基金的费用结构是向管理层倾斜的，其成本更高。由于很多对冲基金策略只有在小规模运行时能够取得成功，所以当其规模扩大时，这些基金就会面临严峻的考验。最后，投资对冲基金的一个重要的隐藏风险（至少在市场好的时候是隐藏的）是缺乏流动性。在危机来临时，对冲基金的投资者更有可能要求赎回基金，这又迫使对冲基金将其持有的头寸清仓，从而加重损失，形成恶性循环。

结论

对很多从事投资的专业人士来说，不用投钱，不承担任何风险，却仍然能赚钱一直是一个非常诱人的想法。而这正是套利能让你做到的事情。在纯套利中，你以一个价格买入一种证券，同时以更高的价格卖出完全相同的证券，从而确保你得到无风险利润。纯套利策略可行的市场一般是衍生品市场，因为你可以使用基础资产和借贷来构建

1　I. Ben-David, F. Franzoni, and R. Moussawi, "Hedge Fund Stock Trading in the Financial Crisis of 2007–2009" (working paper, Ohio State University, 2011).
2　芝加哥 AQR 资本管理公司的三位对冲基金经理提出了相反的见解。他们认为，很多对冲基金的收益基于对非流动证券价值的自我评估。由此产生的收益率平滑造成市场相关性低或无相关性和标准差低的错觉。

等价证券。例如，在期货市场上，你可以通过借入资金获得同等效果，买入基础资产（可储藏商品、股票或债券），把它们储藏至期货合同的到期日，或者直接购买期货合同。在期权市场上，你可以通过借入资金，买入基础资产来复制看涨期权，通过卖空基础资产并以无风险利率借出来复制看跌期权。纯套利策略对无违约风险债券也可能是可行的。即使纯套利机会存在，那也微乎其微，只有那些交易成本很低、能以接近无风险利率借款、采取高杠杆交易的部分大机构投资者才有能力做纯套利业务。

近似套利指的是买入和卖出的资产不完全一样，或者没有买入和卖出资产的价格必然会趋同的时间点。我们考虑了三种情况：在不同市场以不同价格交易的同一家公司的股票；以资产净值折价交易的封闭式基金；与同一家公司发行的其他证券定价不一致的可转换债券。在每一种情况中，定价错误可能都比较明显，但这并不能确保你会获利，因为你无法强制价格趋同（清算封闭式基金或把美国存托凭证转换成当地股票），或者不能创建一模一样的证券（可转换套利）。你也许仍然能够构建低风险策略来获得高收益率，但要获得无风险收益是不可能的。

在最后一节中，我们讨论了投机性套利或伪套利。在配对交易中，你将两只价格走势相同的股票进行配对，在价格差超出历史正常范围时进行交易，卖出其中较贵的股票，买入较便宜的股票。在并购套利中，你在并购公告发布之后买入目标公司的股票，以期从并购公告发布后的价格与收购价之间的差价中获利。虽然这两个策略都可以提供可观的收益，但无论哪一个都不是无风险的。

最后，我们讨论了与套利理念最为接近的那部分资产管理业务，即对冲基金。虽然对冲基金具有多头策略和空头策略的共同特点，但其形式多种多样。一般来说，它们的收益率低于购买并持有股票策略的收益率，但风险也低得多。当对冲基金利用这个发现来筹集并运作更多的资金时，它们面临着来自自身的风险，因为很多对冲基金的策略不一定适用于更大的资金规模。

最后需要说明的一点是，出现在各种套利策略中的一个共同问题是流动性。对流动性要求不高（并对流动性估值较低）的投资者明显比对流动性要求高的投资者更有优势，而且这种优势在市场危机期间会扩大。实际上，很多套利策略的利润，无论是纯套利、近似套利还是伪套利，体现的似乎都是非流动性溢价，而非市场定价错误。换句话说，只有那些能够接受流动性差，同时具有低交易成本的投资者才能利用这些套利策略获利。

练习

1. 你是否相信市场上存在纯套利机会？
    a. 如果确实存在，谁是受益者？（是大的机构投资者、内部人士还是免税投资者？）
    b. 受益者的优势源于何处？（是运气、低交易成本、迅速交易的能力，还是其他的什么？）
    c. 在什么样的市场或什么样的时期，纯套利机会更有可能出现？
2. 你是否相信市场上存在近似套利机会？
    a. 如果存在，你需要到哪里去找这些机会？（双重上市的股票市场、债券市场、房地产市场，还是外汇市场？）
    b. 假设你发现了近似套利机会，你利用这些机会赚钱最大的障碍是什么？
3. 配对交易是伪套利的一个简单例子。
    a. 你能找到两只价格变化趋势相同的股票吗？
    b. 你如何确认它们价格变化的趋势相同？
    c. 目前它们之间存在相对定价错误吗？
    d. 如果你决定利用这个定价错误来获利，你要获得成功的最大威胁是什么？

对投资者的忠告

要成为一个成功的套利者，你需要：
- 知道近似套利比纯套利更有可能性。纯套利机会如果存在，最有可能出现在衍生品市场和政府债券市场，而且很快就会被利用。近似套利——两种几乎相同的资产定价不同，或者无法强迫价格趋同——是更常见的套利机会。
- **执行能力要强，执行成本要低。**套利要求你在两个或多个市场上即时进行大量交易。
- **有能力获得低成本的借款。**两个类似资产即使存在定价差异，这种差价也可能很小，只有使用杠杆才能把它变成巨大的收益。
- **成为流动性的提供者。**要想成功地利用本章提到的很多套利策略，你必须愿意在流动性处于高溢价时投资于较便宜的、流动性差的资产，随后在价格回升时获利。

如果决定转向伪套利，你需要：
- **控制杠杆水平。**当你从纯套利转向近似套利，或从近似套利转向伪套利时，风险将增加，因此，你应该相应地降低策略中的财务杠杆。
- **认识到规模是一把双刃剑。**当你有更多的资金去投资时，你也许能够降低执行成本，但你也将很难在不受价格影响的情况下迅速建立或减少头寸。

第 12 章
不可能实现的梦想?

市场时机选择

显而易见,每个投资者都想把握市场时机。能够成功选择市场时机的投资者不需要任何选股技巧,因为仅凭对市场时机的掌握,就可以获得超高的收益率。本章我们先讨论正确选择市场时机的巨大好处,这种好处让我们在诱惑之下非常容易成为该策略的牺牲品。

尽管市场时机选择能够给我们带来巨大的收益,但问题在于,要持续成功地进行市场时机选择非常困难。在本章中,我们将探讨一系列市场时机选择策略,从技术指标、基本面指标到宏观经济变量。我们也将讨论每个指标存在的问题、每个指标背后的假设,以及为什么这些指标有时能帮助我们预测市场变化,更重要的是,为什么这些指标经常失效。

选择市场时机:收益与成本

对于市场时机选择能否带来巨大利益以及其成本问题,业界和学术界争议极大。虽然学术界的观点基本一致，认为市场时机选择得不偿失，但业界认为，市场时机选择的收益和成本都很明显。我们首先看一下市场时机选择可能带来的收益，然后考虑其成本。

市场时机选择的收益

在 1986 年发表的一篇文章中[1]，一组研究人员触怒了许多主动型基金经理，这些研究人员认为，在专业管理的投资组合中，高达 93.6% 的季度业绩差异可以用股票、债券以及现金的不同配置方式来解释。[2] 在 1992 年的另一项研究中，希林分析了投资者在糟糕的月份远离市场这一行为对年收益率产生的影响。[3] 他得出的结论是，在 1946—1991 年，如果能够跳过市场最不景气的 50 个月，投资者的收益率将从 11.2% 增长到 19%，几乎翻番。伊博森公司分析了 94 只平衡共同基金和 58 只养老基金的资产配置及证券选择的相对重要性。伊博森公司在使用截至 1998 年的 10 年期数据进行分析后发现，大约 40% 的收益率差异源于资产配置，60% 源于证券选择。总体而言，这些研究表明，资产配置决策对投资组合收益具有非常重要的影响，而且时间越长影响越大。

虽然实际投资组合的收益在多大程度上取决于资产配置仍然有待商榷，但资产配置对投资组合总体收益的重要性是不容置疑的。虽然大多数研究者关心的是金融资产的资产配置，但我们这里对资产配置的定义要宽泛得多，也包括实物资产，如房地产，在最宽泛的情况下

---

[1] G. Brinson, L. R. Hood, and G. Beebower, "Determinants of Portfolio Performance," *Financial Analysts Journal* 42 (1986): 39–44; G. Brinson, B. Singer, and G. Beebower, "Determinants of Portfolio Performance II: An Update," *Financial Analysts Journal* 47 (1991): 40–47.

[2] J. A. Nuttall and J. Nuttall, "Asset Allocation Claims—Truth or Fiction?" (working paper, 1998). 一项调查发现，在引用这项研究的 50 位作者中，有 37 位误读为总收益的 93% 来自资产配置。

[3] A. Shilling, "Market Timing: Better than a Buy-and-Hold Strategy," *Financial Analysts Journal* 48 (1992): 46–50.

也包括人力资本。从逻辑上推断，资产配置决策取决于投资者的风险偏好、现金需求以及税务状况。投资组合经理必须确定，在给定投资者风险和现金流限制的情况下，如何配置不同的资产以实现投资组合税后收益的最大化。这就是我们所说的被动资产配置，投资者的特点决定了投资组合的资产配置。在构建投资组合时，我们要牢记风险分散的原则。不同的资产类别一般会受到宏观经济事件的不同影响，不会出现步调一致的变化。这意味着在不同的资产类别中进行分散化投资，其风险收益的情况要好于只在一类资产中投资。扩大投资组合的投资范围，把国内外的资产都包括进来，同样能起到积极效果。

但是，资产配置中有一个主动成分，这个成分就是市场时机选择。在某种程度上，如果投资组合经理相信他们可以选择市场时机，也就是说，他们可以确定哪个市场的涨幅将超过预期，哪个市场的涨幅可能低于预期，他们就可以相应地调整资产配置。因此，如果一个基金经理认为股票市场定价过高，面临调整，而不动产定价过低，他就可以降低股票在投资组合中的比例，提高不动产的比例。应该注意的是，有些人对这些行为加以区分，他们把不同资产类别投资比例的变化称作策略性资产配置，把更加激烈地从股票到现金的转换称作市场时机选择。我们认为这只是程度上的区别，因此对二者不做区分。

选择市场时机的成本

如果选择市场时机不需要成本，那么每个人都应该尝试选择市场时机，因为如果正确选择了市场时机，回报就是巨大的。然而，试图选择市场时机的成本是很高的（如果选择的时机是错误的）：
- 在从股票转到现金，再从现金转回股票的过程中，你可能错过市场表现最好的年份。在一篇名为《股票市场时机选择的错误》的文章中，杰弗里考察了1926—1982年每年从股票转到现金，再从现金转回股票的投资行为，他得出的结论是，这样做带来的潜在损失远超潜在收益。[1] 比尔·夏普在 1975 年所写的关于市场时机选择的文章中提出，除非你区分好年景与坏年景的准确率是 70%，否则你不应该尝试市场时机选择策略。[2] 该结果在蔡、伍德沃德和多针对加拿大市场的蒙特卡罗模拟实验中得到了证实，该实验显示，你必须有 70%~80% 的时间是正确的，才能在市场时机选择策略中实现收支平衡。[3]

- 这些研究没有考虑市场时机选择策略不可避免的额外交易成本，因为你将使用这些策略进行更广泛的交易。在极端情况下，股票和现金的转换意味着，如果你决定把股票转换成现金，并在将来你想转回股票时从头开始，你将不得不清仓你的整个股票投资组合。
- 市场时机选择策略还将增加你潜在的税收负担。为了说明这一点，假设你的策略是在两年市场好光景后卖出你的股票，因为你认为不好的年景可能马上会到来。当你卖出股票时，你必须支付资本利得税，这样一来，在你作为投资者的整个期间，你支付的税款要增加很多。如果市场时机选择策略是短期的，这个成本就会更高，因为短期资本利得税率更高，至少在美国是这样。

小结

市场时机选择策略的回报是巨大而明显的，而其成本则不那么明显。这应该可以解释为什么如此多的投资组合经理和投资者尽管嘴上

---

1 R. Jeffrey, "The Folly of Stock Market Timing," *Financial Analysts Journal* (July-August 1984): 102–110.
2 W. F. Sharpe, "Are Gains Likely from Market Timing," *Financial Analysts Journal* 31 (1975): 60–69.
3 J. H. Chua, R. S. Woodward, and E. C. To, "Potential Gains from Stock Market Timing in Canada," *Financial Analysts Journal* 43, no. 5 (September/October 1987): 50–56.

不赞成，但在实际中多多少少都会进行市场时机选择。此外，市场策略师在投资公司中的地位十分重要，这说明资产配置决策被视为一个非常重要的决策。

尽管市场时机选择策略对投资者有很大的吸引力，但对大多数投资者来说，它依然是一个难以实现的梦想。回顾历史，我们发现，成功选择市场时机的投资者要远远少于成功选择股票的投资者。而且，即使对那些少数的成功者来说，成功源于正确地选择了市场时机还是碰上了好运气，我们也不得而知。那么，为什么市场时机选择策略很难取得成功？一个非常重要的原因是，在市场时机选择策略上，投资者可以加以利用的潜在差异化优势较少。例如，在确定市场时机时，一个投资者很难获得相对于其他投资者的信息优势，但如果进行足够的调研，获得大量私人信息，投资者在挑选股票时仍然可能具有信息优势。市场时机选择策略的拥护者认为，他们可以利用现有信息，通过更有创意地使用这些信息或更好的模型预测市场走向，但这些方法很容易被模仿，而我们知道模仿是成功的投资策略走向失败的信号。

市场时机选择的方法

有多少投资者就有多少种选择市场时机的方法。有些方法基于非财务指标，有些基于图表和技术指标，有些基于股票和债券价格会回归正常范围的假设，有些基于如利率和商业周期这样的宏观经济因素，还有一些则利用了我们分析股票时使用的估值工具——现金流折现模型和相对估值模型。

基于非财务指标的市场时机选择策略

几十年来，有些投资者声称，他们可以通过观察非财务指标来预测市场的未来。其中的一些指标显然令人生疑，我们把这些指标称为"伪指标"。另外一些指标，如裙长指数（把股票价格与裙子长短联系起来），属于"感觉良好指标"，这类指标衡量的是经济体中人们的总体情绪，这些人既是充当经济引擎的消费者，也是决定股票价格的投资者。最后，还有"传播指标"，是通过观察投资者的言行来衡量市场价格是否与真实情况脱节。

伪指标

分析师、研究者和投资者都在密切关注股票市场的动向，希望能发现一些规律，而且他们总会发现一些似乎能预测下一个时期市场表现的变量，这并不让人觉得意外。现在让我们来看看一个被广为谈论的指标——谁赢了超级碗。[1] 在1966年至2010年的44次超级碗比赛中，获胜者有29次来自美国国家橄榄球联合会（NFC），13次来自美国橄榄球联合会（AFC），还有两次由现在已不存在的20世纪60年代的球队赢得。在NFC球队获胜的29年，随后一年标准普尔500指数平均上涨12.3%，共有26年上涨。在AFC球队获胜的13年，随后一年标准普尔500指数平均下跌2.35%，共有6年下跌。实际上，一些学术界人士说，如果你把成功定义为正确判断市场方向，那么70%的成功率（44年有32年成功）是很高的，很难说它纯属偶然。[2]

那么，在得知超级碗比赛的结果之后，为什么不据此在市场上进行投资呢？这是因为存在几个潜在问题。第一，我们不同意偶然性无法解释这种现象的说法。当你拥有数百个可以用于预测市场时机的潜在指标时，其中总会有一些指标出于偶然而表现出很高的相关性。第

---

[1] 为那些不熟悉超级碗的人简单介绍一下，超级碗是美国橄榄球联合会的获胜者与美国国家橄榄球联合会获胜者之间进行的比赛。该赛事每年1次，在1月的最后一个星期日举行。

[2] T. Krueger and W. Kennedy, "An Examination of the Superbowl Stock Market Predictor," Journal of Finance 45 (1991): 691–697. For a more up-to-date study, see George W. Kester, "What Happened to the Super Bowl Stock Market Predictor?" Journal of Investing 19, no. 1 (Spring 2010): 82–87.

二，对市场运动方向（上涨或下跌）的预测算不上市场时机选择，因为市场上涨或下跌的幅度很重要。第三，当你在市场时机选择指标和市场之间找不到经济联系时，你需要格外谨慎。没有明显的理由能够说明谁赢了超级碗会影响总体经济表现或与总体经济表现相关。这样的指标可以是人们在派对上谈论的趣事，但把这些指标作为市场时机选择的工具，对你的投资组合来说可能是致命的。

感觉良好指标

当人们对未来感到乐观的时候，受到这种乐观情绪影响的不仅是股票价格。投资者和消费者对经济的信心常常会影响社会风尚和社会道德观念，从而带来社会效应。例如，在20世纪20年代，由于经济增长和时代的繁荣，到处莺歌燕舞，股票价格飞涨。在20世纪80年代，在另一个大牛市时期，你会看到《说谎者的扑克牌》这样的书和《华尔街》这样的电影，这些作品讲述华尔街暴利的故事。

因此，人们发现在社会指标和华尔街之间存在联系也就不足为奇了。以已经存在了几十年的"裙长指数"为例，该指数发现女性的裙长与股票市场存在相关性。这个指标认为，短裙子与股价上涨相关，而长裙子则是股价下跌的预兆。假定裙长指数有效，我们可以说，你看到的不过是同一现象的不同表现形式。随着人们越来越乐观，时尚会变得越来越大胆（裙子越来越短），市场似乎也在上涨。你当然还可以构建其他具有类似相关性的指数。例如，你应该会看到纽约市高档夜总会（或其他年轻投资银行家和交易员喜欢去的地方）的生意与市场具有高度相关性。

总的来说，感觉良好指标的问题是，它们往往是同步的或滞后的，而不是领先的指标。换言之，裙子并不是在市场下跌之前变长的，而是在市场下跌时变长的，或者是在市场下跌后变长的。这些指标对投资者没有多大用处，因为投资者的目标是在市场下跌前退出，在市场上涨前进入。

传播指标

据说，约瑟夫·肯尼迪是他那个时代著名的股票投机商，当他听到擦皮鞋的小孩在谈论股票时，他就知道是时候退出市场了。在我们的时代，有人相信，当如美国消费者新闻与商业频道的收视率超过热播的肥皂剧时，市场就已经见顶了。实际上，近来一个被称为"鸡尾酒会上的闲聊"的指标跟踪了三方面的情况：人们在鸡尾酒会开始后多长时间开始谈论股票、谈论股票的人的平均年龄，以及股票话题的热烈程度。根据该指标，谈话转向股票的时间越早，参与讨论的人的平均年龄越低，股票话题越热烈，你就越应该对未来股价的走势持消极态度。

回到我们之前关于泡沫的讨论。传播是推动泡沫变得越来越大的关键因素，在我们的媒体世界，这涉及印刷出版物、电视、互联网以及日常谈话中的信息。因此，在股票市场活跃的时候，一家公司饮水机旁的聊天更有可能是关于股票的，而不是关于橄榄球或其他日常琐事的。随着越来越多的投资者转向脸书和推特这样的社交媒体，研究者开始探索能否通过这些平台提供的数据来捕捉市场情绪，预测市场未来的走向。2008 年一项针对 1 000 万条推特数据的研究发现，推特上的集体情绪能预测股票价格的变化。对冲基金 Derwent capital 迅速制定投资策略，试图利用这个发现获利。[1]

虽然在所有非财务指标中，传播指标是最可靠的市场预测手段，但它也受到几个因素的制约。例如，在一个标准和想法不断变换的世界里，如何定义不正常可能是个棘手的问题，美国消费者新闻与商业频道的高收视率可能意味着炒作过多，但也可能正好反映了观众认为与肥皂剧相比，金融市场更有娱乐性和悬念。即使我们（根据传播指标）确定今天人们对股票市场的关注高得超常，从而得出股价过高的结论，我们也无法保证在市场修正之前这种现象不会变得更严重。换

---

[1] J. Bollen, H. Mao, and X. Zeng, "Twitter Mood Predicts the Stock Market," *Journal of Computer Science* 2 (2011): 2–8.

言之，传播指标可能会告诉你市场估值过高，但它不会告诉你修正将在什么时候出现。

根据技术指标选择市场时机

在第 7 章中，我们讨论了一些分析师在区分估值过低和估值过高的股票时所使用的图表模式和技术指标。这些指标中的许多也被分析师用来确定整体市场是被低估了还是高估了，以及在多大程度上被低估或高估了。在本节中，我们将探讨其中的一些指标。

历史价格

在第 7 章中，我们考察了个别股票存在价格模式的证据。但在考察总体市场时，相关研究似乎没有找到类似的证据。如果市场在最近几年涨幅很大，没有证据显示随后几年市场的收益率将为负。如果我们将 5 年作为一个期间，考察 1871—2011 年的股票收益率，我们会发现，5 年期收益率的相关性仅为 0.132 3。换言之，如果过去 5 年的收益率为正，随后 5 年的收益率为正的可能性稍大于为负的可能性。

> **数据观察** ｜ 美国市场的收益率：观察美国股票市场从 1871 年至今的年收益率。

根据 1871—2001 年的实际股价数据，表 12.1 报告了股票价格一年上涨，一年下跌，连续两年下跌，连续两年上涨这一系列情形后，随后一年上涨的概率。

据我们所见，没有清晰可辨的价格模式。存在支持价格惯性和价格反转的一些温和的证据：上一年价格上涨更有可能引发下一年的价格上涨和随之而来的价格反转，价格下跌的下一年市场的收益最高。

在连续两年上涨后,随后一年的收益不太高,但在连续两年下跌后,随后一年的收益也不太高。总而言之,我们很难借助过去的市场收益信息对市场的未来做出合理的判断。

表 12.1 市场表现

此前表现	发生次数	随后一年的平均收益率(%)	随后一年收益为正的百分比(%)
价格下跌两年后	21	2.63	61.9
价格下跌一年后	32	10.95	53.13
价格上涨一年后	31	8.35	80.65
价格上涨两年后	55	2.24	56.36
所有	139	5.66	61.87

另一个至少在年初受到媒体关注的、以价格为基础的指标被称作 1 月指标。该指标假设 1 月的情况将预示一年的情况,1 月股票价格上涨,预示着这一年股票价格整体会上涨,而不好的开端通常是坏年景的开始。[1] 根据耶尔·赫希每年编纂的《股票交易员年鉴》的统计,该指标在 88% 的情况下是准确的。但是请注意,如果你把 1 月的收益率排除在外,只计算剩下 11 个月的收益率,那么该指标的信号作用就弱多了,如果 1 月股价下跌,只有 50% 的情况随后 11 个月的收益率是负的。因此,在 1 月股票价格上涨后买入股票(或在 1 月股票价格下跌后卖出股票),随后获利和蒙受损失的可能性一样大。

成交量

有些分析师认为,在预测未来市场收益方面,成交量远比历史价格更有效。成交量指标被广泛用于预测未来的市场走向。与那些伴随

---

[1] 请注意,狭义的 1 月指标只使用 1 月前 5 天或前 10 天的数据。

着大成交量的股票价格上涨相比，没有太多成交量支持的股票价格上涨被认为不大可能会延续到下一个交易期间。与此同时，非常大的成交量也可能预示着市场到了转折点。例如，伴随着巨额成交量的股票指数下跌被称为抛售高潮，可以被视为市场触底的信号。这个信号意味着看空投资者已从市场中撤出，市场将面对的是更为乐观的投资者。另一方面，伴随很大成交量的指数上涨被视为市场见顶的信号。

另一个广泛使用的指标观察的是看跌期权成交量与看涨期权成交量的比率。这个比率被称作买入—出售比率，经常被当作逆向指标。当投资者变得更加悲观时，他们会买入更多的看跌期权，这对市场来说是个好兆头（逆向策略是这样认为的）。

技术分析师也使用"资金流"，即股票涨点交易时的成交量与股票跌点交易时的成交量之间的差额，作为预测市场变化的指标。资金流的增加被视为未来市场变化的正面信号，而资金流减少被视为未来市场变化的负面信号。贝内特与赛厄斯通过检验 1997 年 7 月—1998 年 6 月每天的资金流数据，发现资金流与同一时期的收益率高度相关，这并不奇怪。[1]虽然他们没有发现资金流对短期收益率的预测作用——5 天的收益率与此前 5 天的资金流没有相关性，但是他们的确发现，资金流对较长时期的收益率有一定的预测作用。例如，对 40 天期间的收益率来说，前面 40 天的资金流越高，随后 40 天股票收益率为正的可能性就越大。

陈、哈米德和董把该研究延伸到全球股票市场。他们发现股票市场显示出惯性特征，即最近表现良好的市场更有可能继续表现良好，而最近表现糟糕的市场会继续表现不佳。他们还发现，惯性效应在成交量高的股票市场比在成交量低的市场更强。[2]

---

[1] J. A. Bennett and R. W. Sias, "Can Money Flows Predict Stock Re*turns?" Financial Analysts Jou*rnal 57 (2001).

[2] K. Chan, A. Hameed, and W. Tong, "Profitability of Momentum Strategies in the International Equity Markets," *Journal of Financial and Quantitative Analysis* 35 (2000): 153–172.

投资哲学 | 556

波动性

近年来，一些研究揭示了市场波动性与未来收益率之间的关系。豪根、塔尔莫尔和托罗斯进行的一项研究发现，市场波动性的增加带来股票价格的立即下跌，但股票收益在随后的期间会增加。[1] 他们检验了1897—1988年每日的价格波动率，寻找相对于前一个时期，波动率显著增加或减少的时期。[2] 然后，他们观察了波动率变化时以及波动率增加或减少后几个星期的收益率，图12.1概括了他们研究的结果。

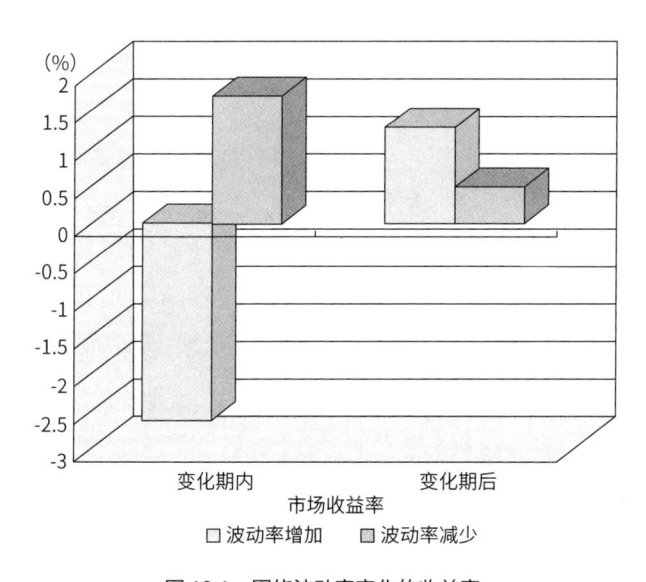

图 12.1　围绕波动率变化的收益率

资料来源：R. A. Haugen, E. Talmor, and W. N. Torous, "The Effect of Volatility Changes on the Level of Stock Prices and Subsequent Expected Returns," *Journal of Finance* 46 (1991)：985–1007。

1　R. A. Haugen, E. Talmor, and W. N. Torous, "The Effect of Volatility Changes on the Level of Stock Prices and Subsequent Expected Returns," *Journal of Finance* 46 (1991): 985–1007.
2　每日价格的波动以4周为一个期间进行估计。如果任意4周的波动率超过（低于）前4周的波动率（在99%的统计显著性水平上），则将其归为波动率增加（减少）。

第 12 章　不可能实现的梦想？　｜557

请注意，波动率增加带来股票价格的下跌，但股票价格在随后的4周内上涨。当波动率下降时，股票价格在波动率变化时上涨，在随后的数周里虽然速度减缓，但仍然会继续上涨。

在过去的10年里，波动率指数，如芝加哥期权交易所波动率指数（VIX），为投资者提供了一个前瞻性的波动率指标。研究人员开始审视预期波动率水平和未来价格变化之间的关系。科普兰等人研究了芝加哥期权交易所波动率指数相对于其75天历史平均值的单日百分比变化，得出两个结论。第一个结论是，当芝加哥期权交易所波动率指数相对于其历史平均值增加时，伴随而来的是同时期的市场负收益，但这预示着将来市场的正收益，和实际波动率的结果一致。第二个结论是，当芝加哥期权交易所波动率指数较高时，价值股和大盘股的表现远胜于成长型股票和小盘股；当芝加哥期权交易所波动率指数较低时，情况相反。换句话说，较高的波动性是市场正收益的前兆，尤其对大盘股来说。[1]

这是否意味着当（实际或预期的）波动率上升时你应该买入股票？并不一定。波动率上升后的数周内收益率的增加，可能恰好反映了股票风险增大这一现实。但是，如果你相信波动率的突然上升只是暂时的，随后将会回到正常水平，那么在股票市场波动率上升后买入股票可能会给你带来收益。由于这是一个短期策略，因此存在交易成本，但可以通过指数期货或期权来控制。

| **数据观察** | 每季度的芝加哥期权交易所波动率指数：观察从其创设开始至今每季度的芝加哥期权交易所波动率指数。 |

---

[1] M. M. Copeland and T. E. Copeland, "Market Timing: Style and Size Rotation using the VIX," *Financial Analysts Journal* 55 (1999): 73–81.

其他技术指标

有若干非价格指标被一些分析师用来预测市场的未来走势。与分析具体股票的技术指标一样，整体市场的指标也经常被惯性和逆向分析师以相反的方式使用，某个具体指标的增加可能会被一组分析师视为牛市信号，而被另一组分析师视为熊市信号。由于我们在第 7 章已经深入讨论了技术指标，我们在本节中只简要提及其中的一些指标，并将它们分为价格指标和情绪指标。

- 价格指标很多我们在第 7 章讨论过的价格模式。就像支撑线、阻力线以及趋势线被用来确定何时进入和退出市场一样，价格指标也被用来判断何时进入和退出股票市场。
- 情绪指标试图衡量市场的情绪。一个被广泛使用的情绪指标是信心指标，它被定义为 BBB 级债券收益率与 AAA 级债券收益率之比。如果该比率上升，说明投资者变得更加规避风险，或者至少对承担风险要求更高的回报，这对股票来说是坏消息。另一个指标对股票抱乐观态度，被称作内部人士买入（股票）总量指标。根据其支持者的观点，当该指标变大时，股票价格更有可能上涨。[1] 其他情绪指标还有共同基金现金头寸指标、投资顾问和媒体的乐观程度指标等。这些指标经常被作为反向指标来使用——共同基金持有的现金的增加，以及投资顾问对市场更加悲观的态度，被视为股票行情看涨的信号。[2]

虽然这些指标中有许多被广泛应用，但是它们大多基于一些个案，而非实证证据。

---

[1] M. Chowdhury, J. S. Howe, and J. C. Lin, "The Relation between Aggregate Insider Transactions and Stock Market Returns," *Journal of Financial and Quantitative Analysis* 28 (1993): 431–437. 他们发现内部人士购买和市场收益率之间存在正相关关系，但报告者声称，依据该指标建立的策略所赚取的超额收益不足以覆盖交易成本。

[2] K. L. Fisher and M. Statman, "Investor Sentiment and Stock Returns," *Financial Analysts Journal* 56 (2000): 16–23. 他们在考察了华尔街策略师、投资媒体和个人投资者的观点这三个市场情绪指标后得出结论：确实有支持逆向投资策略的证据存在。

根据正常范围选择市场时机（均值回归）

有很多投资者认为，在长期偏离正常范围后，价格往往会出现反转，回到所谓的正常水平。对于股票市场，正常范围通常是用市盈率来界定的。在债券市场，利率范围被用来证明对市场走势判断是否正确。

市盈率有正常范围吗？

在市盈率低于12时买进，高于18时卖出。你可以在很多提供市场时机选择建议的报告中看到各种版本的类似建议。学术界对该观点的一个近期研究是坎贝尔和希勒进行的，他们观察了自1871年以来的市盈率，得出的结论是，股票价格会回归至标准化收益约16倍市盈率的水平。他们把标准化收益定义为过去10年的平均收益。[1] 这里隐含的信念是市盈率存在一个正常的范围，如果市盈率高于这个范围的上限，股票价值就可能被高估了，如果市盈率低于这个范围的下限，股票价值就可能被低估了。虽然该方法很直观，但市盈率的正常范围从何而来？在多数情况下，它似乎来自对历史的观察和通过主观判断得出结论。稍微复杂一点儿的方法是对一段时期内市盈率的变化（标准差）进行估计，并用它计算出一个范围。你可以在历史平均值上加减两个标准差得出该范围，在这个范围之外，股价只有5%的概率下跌。

例如，让我们看一下图12.2显示的标准普尔500指数自1960年以来的市盈率。请注意，市盈率在该期间存在大幅波动，在20世纪70年代后期下降至只有个位数，在20世纪90年代后期则升至25倍以上。根据市盈率在该期间的分布情况，我们可以估计美国市场市盈率的正常范围在13倍（25百分位数）到18倍（75百分位数）之间。

1　J. Campbell and R. Shiller, "Valuation and the Long-Run Stock Market Outlook," *Journal of Portfolio Management* 24 (1998): 11–26.

希勒使用了一个更长的数据系列（自 1870 年起），并考察了经通货膨胀调整和标准化（经通货膨胀调整的 10 年收益的平均值）后的市盈率，见图 12.3。

数据观察 ｜ 美国股市的市盈率：观察自 1960 年起每年标准普尔 500 指数的市盈率。

正如我们此前提到的，希勒估算出美国股市标准化市盈率的历史平均值约为 16 倍，正常范围在 12 倍至 20 倍之间。高于这个范围意味着市场被高估，低于这个范围则意味着市场被低估。

这种方法的局限性是显而易见的。除了相信历史会重演，你还需要另外两个假设。第一个假设是，你可以通过观察历史数据判断出交易的正常范围。正如你在图中所见，在这一点上你不可能得到任何一致的结果——其他观察此图的人可能会使用不同的时间区间和不同的置信区间，从而得到一个不同的市盈率范围。第二个假设是，基本面没有随着时间的推移而发生显著变化。如果今天的利率比历史上低得多，你将预期现在的股票会以比历史上高得多的市盈率交易。那么高多少呢？我们将在本章后面更详细地讨论这个问题。

利率的正常范围

一些分析师假设，市场利率一般情况下在一个正常的范围内变化。根据该假设，当接近这个正常范围的上限时，利率随后下降的可能性更大；当接近这个正常范围的下限时，利率随后上升的可能性更大。该假设得到了两个证据的支持。

1. 收益率曲线的斜率。收益率曲线反映了对未来利率的预期，当利率高的时候，收益率曲线向下倾斜的可能性大于利率低的时候。因此，如果现在的利率处于高位，投资者更有可能

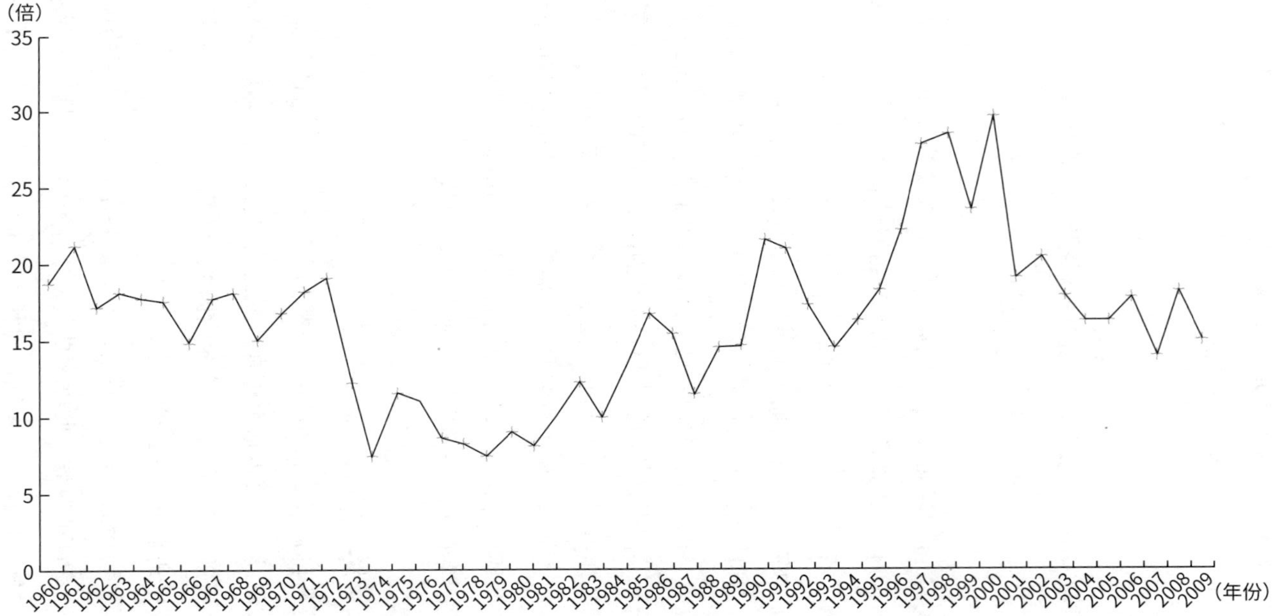

图 12.2 标准普尔 500 指数的市盈率（1960—2010 年）

资料来源：彭博。

投资哲学 | 562

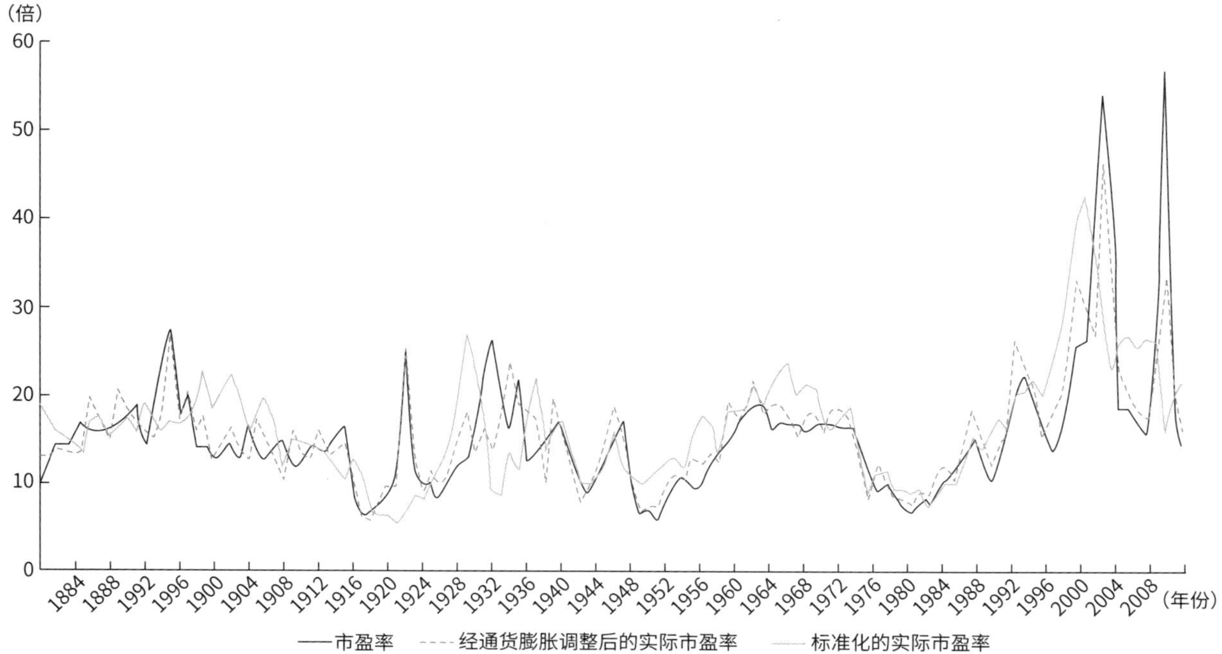

图 12.3 美国股市的市盈率、经通货膨胀调整后的实际市盈率和标准化的实际市盈率

—— 市盈率　---- 经通货膨胀调整后的实际市盈率　—— 标准化的实际市盈率

资料来源：原始数据来自罗伯特·希勒在普林斯顿大学的网站。

第 12 章　不可能实现的梦想？　| 563

预期它会下降；而如果现在的利率处于低位，投资者则更有可能预期它会上升。表12.2概括了在不同的利率水平上，向下倾斜的收益率曲线出现的频率。

该证据与认为利率会在一个正常范围内波动的假设相吻合。当利率接近正常范围的上限时，收益率曲线更有可能向下倾斜，而当利率接近正常范围的下限时，收益率曲线更有可能向上倾斜。

2. **利率水平与预期变化。**更为重要的是，投资者对未来利率变化的预期似乎得到了利率实际变化的证实。当我们用当前利率水平对利率变化进行回归分析时，当前的利率水平和随后期间的利率变动之间存在显著的负相关性。也就是说，如果当期利率高，下一个期间利率下降的可能性就大得多；如果当期利率低，随后一个期间利率上涨的可能性就大得多。例如，使用1927—2010年的长期国债利率，根据上一年年末的利率（利率$_{t-1}$），对每年的利率变化（Δ利率$_t$）进行回归，我们得到如下结果：

$$\Delta 利率_t = 0.003\,2 - 0.062\,2 利率_{t-1} \qquad R^2 = 0.030\,9$$
$$(1.40) \quad (1.60)$$

表12.2 收益率曲线的斜率与利率水平

时期	1年期国债利率	向上	平缓	向下
1900—1970年	>4.4%	0	0	20%
	3.25%~4.4%	10%	10%	5%
	<3.25%	26%	0	0
1971—2010年	>8%	4%	1%	3%
	<8%	20%	10%	2%

回归结果说明了两件事，一是当期利率变化与上一年末的利率水平呈负相关；如果上一年末的利率高（或低），它更有可能下降（或上升）。二是目前利率水平每上升1%，下个期间的利率预期降幅就会增加0.062 2%。

但是我们应以谨慎的态度看待以上证据。第一，未来利率变化中可由当前利率水平来解释的比例比较小（约为3.09%），显然还有大量其他因素会影响利率的变化，其中大多数是不可预测的。第二，利率水平的正常范围基于过去的经验，如果对通货膨胀的预期像20世纪70年代的美国那样发生巨大变化，那么利率水平的正常范围就会发生变化。因此，在20世纪70年代初期，很多公司认为当时利率处于正常范围的上限，所以推迟借款，结果发现接下来的几年利率越来越高。同样，由于认为利率处于历史低位，那些在2007年大量借款的公司发现利率在随后的几年进一步下降。

事后诸葛亮

当你回头看的时候，市场时机选择看上去似乎总是很简单。事情过后，你总能找到牛市转变为熊市或熊市转变牛市这种市场反转的明显信号。因此，在2001年，有些投资者回过头来看1999年，为市场价格在那年年底见顶时自己没有及时退出而感到惋惜。但在当时，市场见顶的迹象并不十分明显。当时确实有分析师指出市场被高估了，也有指标支持该看法，但也有同样多（如果不是更多）的分析师认为市场会继续上升，并提出了支持该观点的模型。

在现实中，投资者几乎从未在市场触底或见顶时就市场是否已经触底或见顶达成过共识。有趣的是，当市场见顶时，对未来的乐观情绪最强烈；而当市场触底逆转时，市场情绪最为低迷。为了让市场时机选择策略取得成功，你不能等到市场已确定到达底部时才买入或在市场已确定见顶时才卖出。如果你这样做了，你的收益会少很多。

基于基本面的市场时机选择

正如股票的价格应该反映其现金流、增长潜力和风险一样,整个市场的状况(股票、债券和实物资产)也必须反映这些资产的基本面。如果不是这样,你就可以说它们被错误估值了。在本节中,我们将探讨可以将基本面分析运用到市场时机选择模型中的两种方法。在第一个方法中,我们将根据基本面变量的水平,如利率和经济增长率,来构建市场时机选择策略。在第二个方法中,我们试图将用于个股估值的技术扩展到整个市场。

基本面指标

你可以通过基于宏观经济变量的简单信号来选择市场时机。在本节中,我们将探讨投资组合经理在选择市场时机时使用的一些信号,其中一些是旧的,一些是新的。

短期利率

在短期利率低时买入股票,在短期利率高时卖出股票,至少传统的观点是这样认为的。但是这个建议有什么依据吗?在表 12.3 中,我们考察了 1928—2001 年 4 种短期国债利率情境下的股票收益率:利率比前一年下降超过 1%,下降 0~1%,利率上升不足 1%,上升超过 1%。

表 12.3 股票收益率与短期国债利率

短期国债利率变化	年数	下一年股票收益率上升年所占的百分比(%)	年平均收益率(%)
下降超过 1%	12	66.67	9.65
下降 0~1%	28	75	12.9
上升 0~1%	28	71.43	12.37
上升超过 1%	15	66.67	11.78

在这里，几乎没有证据显示短期国债利率的下降预示着股票市场的高收益率。总体而言，在短期国债利率上升后，股票市场上涨并为投资者带来更高收益的概率和短期国债利率下降后，股票市场上涨并为投资者带来更高收益的概率是一样的。[1]

一些学术研究也检验了短期国债利率和股票市场变化之间的这种关系。洪和贝克特的研究发现，在预测短期股票市场的变化时，短期国债利率比其他变量更有用。[2]布林、格罗斯顿和贾甘纳坦在一项研究中根据短期国债的利率水平，把股票转换成现金或反过来，并评估该策略的收益，他们发现，该策略将使主动管理的投资组合的超额收益增加约2%。[3]在2002年的一项研究中，阿比安卡尔和戴维斯考察了1929—2000年短期国债利率与股票市场收益率的相关性，对该策略的使用提出了警告。他们发现，短期国债利率的变化对股票市场收益率具有预测性的证据几乎全部来自1950—1975年这段时期，自1975年以来，短期利率几乎失去了对股票市场的预测能力。他们还得出结论，短期利率对耐用品行业和小公司的预测能力比对整个市场的预测能力更强。[4]

总之，当你投资于股票市场的时候，你应该了解短期利率的高低，但在过去的几十年里，短期利率对股票市场变化的预测价值已经下降。它余下的预测能力似乎仅限于极短期的市场和市场的某些行业。

长期国债利率

从直觉上判断，长期国债的利率（长期无风险利率）对股票市场

1　你可以利用国债利率水平做相似的研究，但是现在的国债利率比第二次世界大战前低得多。
2　A. Ang and G. Bekaert, "Stock Return Predictability: Is It There?" *Review of Financial Studies* 20 (2007): 651–707.
3　W. Breen, L. R. Glosten, and R. Jagannathan, "Economic Significance of Predictable Variations in Stock Index Returns," *Journal of Finance* 44 (1989): 1177–1189.
4　A. Abhyankar and P. R. Davies, "Return Predictability, Market Timing and Volatility: Evidence from the Short Rate Revisited" (SSRN Working Paper 305224, 2002).

的影响应该更大，因为在长期内长期国债投资是股票投资的替代品。如果你能在未来 30 年在无风险的长期国债上获得 8% 的年收益率，那么你为什么要在投资股票时满足于更低的收益率呢？因此，我们应该会看到，如果长期国债利率下降，股票价格就会上涨；如果长期国债利率上涨，股票价格就会下跌。图 12.4 展示了股票的年收益率和上一年末长期国债利率的散点分布图。

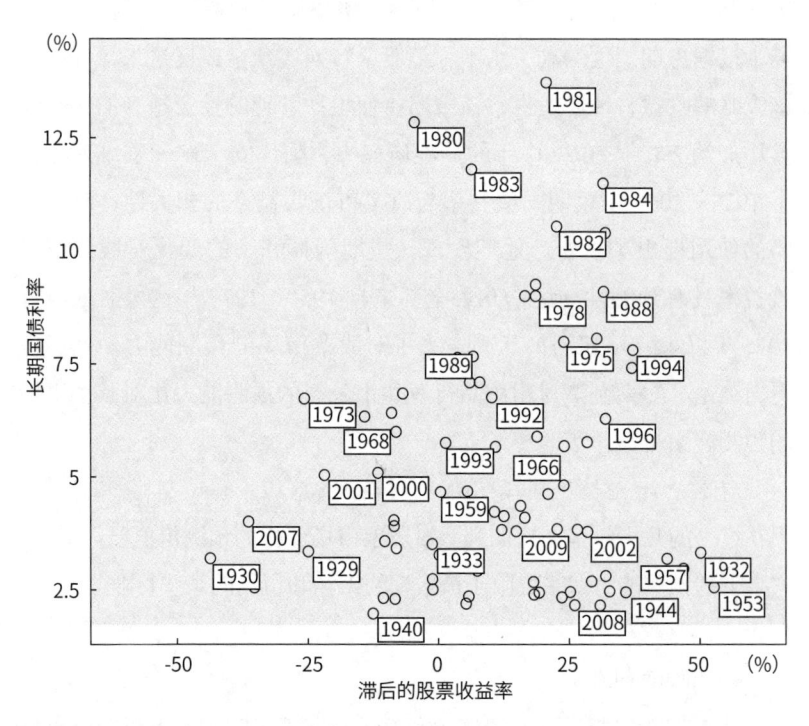

图 12.4　长期国债利率和随后 1 年的股票收益率，1928—2010 年

资料来源：美联储。

例如，1981 年初的长期国债利率是 14%，该年度股票指数的收益率是 20%。1930 年初的长期国债利率是 3%，该年度的股票指数的收益率是 –40%。如果年初的长期国债利率和当年的股票收益率之间

存在关联，那么这个关联并不十分明显，并且似乎没有多少证据显示，如果前期的长期国债利率低，随后的股票收益率就高，如果前期的长期国债利率高，随后的股票收益率就低。事实上，即使 1982 年初利率非常高，该年股票市场的表现依然良好；尽管前一年末美国长期国债的利率只有 2%，但 1961 年股票市场的情况却非常差。

长期国债利率和股票收益率之间的关系也可以从我们投资股票能获得的收益的高低来分析。你可以把该收益率狭义地定义为股息率（股息/目前股票价格），或者使用一个更宽泛的衡量方法，如盈利市价收益率，即市场总体收益占目前指数水平的百分比。盈利市价收益率是市盈率的倒数，被市场策略师广泛使用。市场策略师通常并不关注长期国债利率的水平，而是关注盈利市价收益率与长期国债利率之间的差值。简单地说，市场策略师认为，当盈利市价收益率高于长期国债利率时，最好投资股票。事实上，有一些策略师认为，当盈利市价收益率低于长期国债利率时，股票价格被高估了。为了检验该观点，我们研究了 1960—2010 年每年年底盈利市价收益率与长期国债利率之间的差值，以及下一年标准普尔 500 指数的收益率（见表 12.4）。

表 12.4　盈利市价收益率、长期国债利率和股票收益率（1960—2010 年）

盈利市价收益率 – 长期国债利率	下一年的股票收益率				
	年数	平均值（%）	标准差（%）	最大值（%）	最小值（%）
>2%	10	11.91	15.56	31.55	−11.81
1%~2%	11	1.72	20.44	26.38	−38.49
0~1%	3	16.14	6.21	20.26	8.99
−1%~0	6	11.21	12.93	27.25	−11.36
−2%~1%	16	7.74	18.69	34.11	−23.37
<−2%	5	3.04	8.4	12.4	−10.14

这种关系即使存在，也是脆弱的。当盈利市价收益率比长期国债利率高2%以上时（在51年中有10年是这种情况），标准普尔500指数下一年的平均收益率是11.91%。但当盈利市价收益率比长期国债利率低1%以内时，标准普尔500指数下一年的平均收益率几乎同样好。的确，在盈利市价收益率低于长期国债利率超过2%的5年里，标准普尔500指数下一年的平均收益率只有3.04%，但在盈利市价收益率比长期国债利率高1%~2%的11年里，标准普尔500指数的年收益率也很低。因此，使用盈利市价收益率和长期国债利率来预测未来股票走向似乎没有多少历史依据。

商业周期

和长期国债一样，以直觉判断，股票价格水平和经济增长之间应该有联系。你会认为股票市场在经济繁荣时期比在经济萧条时期表现好。但令这种关系难以捉摸的是，股票市场的走势基于对未来经济活动变化的预测，而非当前经济活动的水平。换言之，如果投资者预期经济将在随后几个月开始复苏，那么在经济最萧条的时期你也可能看到股票价格在上涨。反过来，如果经济增长低于人们的预期，那么在经济繁荣的时期，你也可能看到股票价格的下跌。图12.5显示了1929年以来标准普尔500指数收益率和国内生产总值的情况。

国内生产总值增长率与当年的股票市场收益率之间呈正相关，但这种关系中存在很多干扰因素。即使这种关系足够牢固，可以通过测试，你也无法将其用于市场时机选择，除非你能事先预测经济的实际增长率。因此，真正的问题转变为通过观察上一年的经济增长情况，你能否预测未来股票市场的走势。为了分析基于上一年经济增长情况进行投资是否有任何潜在的益处，我们在表12.5中检验了1929—2010年的实际经济增长率与随后一年股票收益率之间的关系。

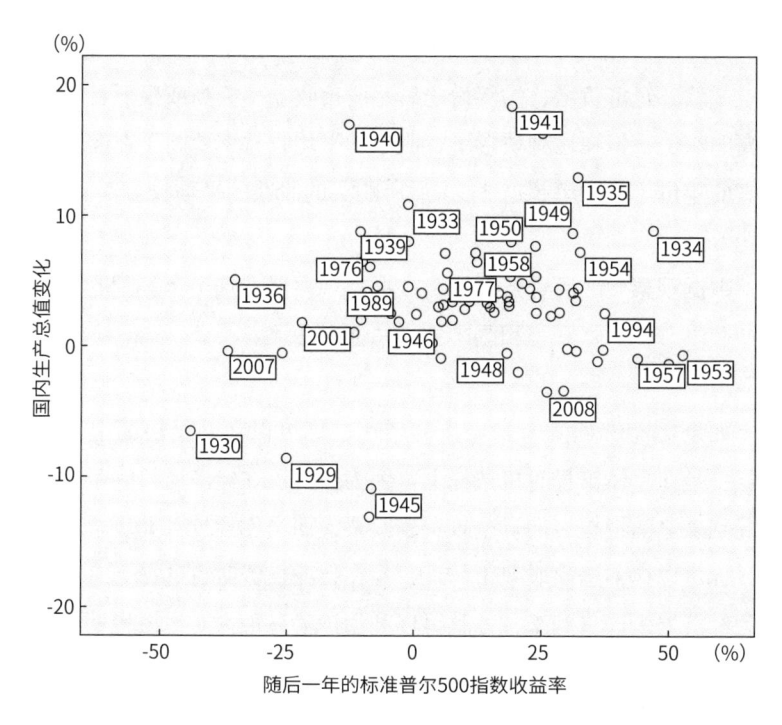

图 12.5　国内生产总值和股票市场收益率，1929 年以来

资料来源：美联储。

表 12.5　作为股票收益率预测指标的实际经济增长率，1929—2010 年

		下一年的股票收益率			
实际经济增长率	年数	年收益率(%)	收益的标准差(%)	最好年份(%)	最差年份(%)
>5%	23	10.04	19.42	46.74	−35.34
3.5%~5%	25	13.38	12.26	31.86	−9.03
2%~3.5%	9	14.08	16.41	37.20	−10.46
0~2%	7	−3.40	11.50	7.44	−21.97
<0	17	15.11	29.84	52.56	−43.84
所有年份	82	11.16	20.02	52.56	−43.84

第 12 章　不可能实现的梦想？　｜　571

实际经济增长率与下一年的股票收益率之间似乎没有明显的关系。诚然，经济负增长的年份之后是股市收益率极高或极低且波动率较高的年份，但在这种情形下，股票的平均收益率要高于在经济增长最好的年份（增长率超过5%）后所购买的股票的平均收益率。

数据观察 | 历史宏观经济数据：观察最近几十年美国的通货膨胀率和国内生产总值增速。

如果你能够预测未来经济的增速，你可以在两个层面上获得好处。一是在总体市场时机选择上，因为你可以在经济增长好于预期的情况到来之前把更多的资金投资于股票，而当你预见到经济增长放缓时，你可以提前退出股票市场。二是在行业投资时机选择上，如果你认为经济繁荣即将到来，你就可以利用该信息加大对经济周期最敏感的行业的投资，如汽车和房地产。

内在价值模型

我们可以通过对整个市场进行内在价值评估，将前面讨论的不同基本面要素整合起来，形成对市场的整体判断。你可能会问，什么是内在价值评估？我们在第4章讨论过如何使用现金流折现模型，根据未来现金流的现值对股票进行估值。市场是由单个资产组成的，如果单个资产可以用现金流折现模型进行估值，我们就没有理由认为整个市场不能用未来现金流的现值来估值。在本节中我们将探讨如何将现金流折现模型扩展到对整个市场估值的最佳途径，以及这样做可能增加的价值。

把现金流折现模型扩展到整个市场

首先考虑一下第4章介绍的股息折现模型。我们认为，股票价值可以表示为持有该股票的预期股息的现值，以股权成本折现。把这个观点扩展到市场指数，指数的价值也可以表示为该指数预期股息的现值。因此，如果预期下一年整个股票指数的股息是 40 美元，预期其永续增长率是 4%，具有平均风险水平的股票的股权成本是 9%，你可以按如下方式对该指数进行估值：

指数价值 = 下一年的预期股息收益/（股权成本−预期增长率）

= 40美元/（0.09−0.04）= 800美元

和个股估值一样，该模型可以被扩展到为处于高增长时期的市场指数估值。因此，如果你预期股息在随后的 5 年里每年增长 10%，然后增长率下降并固定在 4% 的水平，那么该指数价值可以按表 12.6 计算。

表 12.6　高增长的指数价值

	股息（美元）	终值（美元）	按 9% 折现的现值（美元）
1	40		36.7
2	44		37.03
3	48.4		37.37
4	53.24		37.72
5	58.56	1 218.13	829.76
	指数价值 =		978.59

请注意，股息在前 5 年一直以 10% 的速度增长，指数终值是根据 4% 的永续增长率计算的。

指数终值 = 58.56 × 1.04/（0.09−0.04）= 1 218.13美元

我们注意到，股息折现模型的一个局限性是，公司可能不会支付

第 12 章　不可能实现的梦想？　| 573

它们能支付得起的股息，或者选择其他方法将现金返给股东（如股票回购）。你可以修改这个模型，用潜在股息（指数的股权自由现金流）取代股息，或者在计算股息时将股票回购加进去。

一些告诫

虽然个股和市场的现金流折现模型的组成部分基本相同，但在把该模型应用于整个市场时，有必要注意以下几点。

- 虽然我们在前面讨论了高增长的可能性，但在假设一个市场的高增长时——无论是增长率还是高增长持续的时间，你应该比假设一只股票的高增长要谨慎得多，特别是当市场包括的范围很广时。以标准普尔500指数为例，由于它包括了500家市值最大的公司，因此，认为这些公司的收益增长率将比经济的增速高很多，就意味着这些公司的利润率将随着时间的推移而增长。虽然这在短期内是可能的，特别是在经济正走出衰退或公司正在重组的情况下，但我们看不出来这种情况如何能够持续下去。
- 我们在此考虑的股权成本是整个指数的股权成本。如果我们考虑的是宽基股票指数，这个股权成本就应该反映出无风险利率和投资者对投资股票类资产所要求的风险溢价。

运用该模型的优点是，预测指数的收益和股息比预测个股的收益和股息更容易。毕竟，你可以尽享分散化的好处。换言之，你可能对一些股票的价值估计过高，对另一些股票的价值估计过低，但你对股票总体收益的衡量仍然是比较准确的。

| **数据观察** | 标准普尔500指数的内在价值：请看标准普尔500指数最近的估值。 |

案例：为 2011 年 1 月的标准普尔 500 指数估值

2011 年 1 月 1 日，标准普尔 500 指数位于 1 257.64 点，上一年该指数的股息为 23.12 美元。在同一天，分析师估计该指数在未来 5 年每年的收益增长率为 6.95%。假设股息和收益的增长率相同，我们可以得到以下结果：

年	2011	2012	2013	2014	2015
预期股息 =	24.73 美元	26.44 美元	28.28 美元	30.25 美元	32.35 美元

为了估计股权成本，我们假设指数的贝塔值为 1，2011 年 1 月 1 日的无风险利率为 3.5%，股权风险溢价为 5%：

$$股权成本 = 3.5\% + 5\% = 8.5\%$$

5 年后，指数收益和预期股息以 3.29% 的速度永续增长，与整体经济的名义增长率相同（假设等于无风险利率）。据此，我们可以计算出指数的价值为：

$$指数的价值 = \frac{24.73}{1.085} + \frac{26.44}{1.085^2} + \frac{28.28}{1.085^3} + \frac{30.25}{1.085^4} + \frac{32.35}{1.085^5} + \frac{32.35 \times 1.032\ 9}{0.085 - 0.032\ 9 \times 1.085^5} = 560.15$$

这意味着在 2011 年 1 月 1 日，该指数的价值被大大高估了。

由于指数中的很多公司都选择以回购股票而不是以支付股息的方式来返还现金，因此更现实的价值估算应该包括这些预期的股票回购。为此，我们在 2010 年将股票回购加到股息中，得到 53.96 的增加的指数股息。应用常规股息计算时的相同参数（随后 5 年增长率为 6.95%，5 年后增长率为 3.29%），我们重新估算指数价值：

$$\text{指数的价值} = \frac{57.72}{1.085} + \frac{61.73}{1.085^2} + \frac{66.02}{1.085^3} + \frac{70.60}{1.085^4} + \frac{75.51}{1.085^5}$$
$$+ \frac{75.51 \times 1.032\ 9}{0.085 - 0.032\ 9 \times 1.085^5} = 1\ 307.48$$

考虑到股票回购，指数的价值似乎被略微低估了。

内在价值模型表现如何？

在指数内在价值被低估时买入指数，在指数内在价值被高估时卖出指数，这种策略的效果如何？这个问题很难回答，因为它取决于你使用的数据和时间范围。一般来说，随着输入质量的提高和时间的延长，成功的概率也会增加。最终，市场似乎会回归内在价值，但可能需要很长的时间。

然而，在使用内在价值模型发现股票市场估值过高时，会出现一种相关的成本。如果股票市场定价过高，按照逻辑你的下一步应该是不投资股票，那么你将不得不把资金投资于你认为定价合理的证券（如短期政府债券）或其他资产类别。在这个过程中，你可能会长时间退出股票市场，而实际上这段时间股票市场可能会上涨。例如，多数内在价值模型都表明，从1994年开始美国股票市场就被高估了。如果你坚持按照这些模型行事，直到2002年才投资于股票（当时模型显示股票定价又合理了），你的损失（在1994—2000年牛市时没有投资）大大超过你可能获得的好处（没有在2001年和2002年的下跌市场中投资）。

内在价值模型的问题在于，它们不能抓住人们对风险的态度或投资者特征的变化，因为这些模型的很多数据都来自对过去的观察。因此，计算股权成本所使用的风险溢价可能是根据股票和债券收益的历史数据得出的，股息可能反映的是公司上一年的情况。如果由于市场变化，其中的一个或两个因素发生了变化，你从内在价值模型中得到的信号就可能是错误的。事实上，在20世纪70年代初，当股票价格下跌时，很多投资者根据内在价值模型买入股票，但没有考虑那个时期高通货膨胀率造成的巨大变化。

相对价值模型

在相对价值模型中，你考察的是一个市场相对于其他市场和基本面是如何定价的。它与内在价值模型有何不同？虽然两者有一些共同的特点，但相对价值模型比内在价值模型更灵活，因为它不要求你必须在现金流折现模型的框架内计算。你可以比较市场不同时期（标准普尔指数在2012年和1990年）的状况或同一时点不同市场（2012年的美国股市与欧洲股市）的状况。

不同时期的比较

最简单的形式是，你可以比较股票今天和过去的定价水平，并在此基础上做出判断。因此，如我们在前面正常历史范围那一节中提到的，很多分析师认为，当今股票13倍的市盈率是比较便宜的，因为从历史上看，股票的市盈率通常为15倍至16倍。

虽然价格回归历史正常范围是金融市场一股非常强大的力量，但我们应该十分谨慎，不要从这样的比较中得出过于武断的结论。基本面因素（利率、风险溢价、预期增长率和派息率）会随着时间的推移而变化，市盈率也会相应地发生变化。例如，在其他因素不变的情况下，我们预期将出现下述情况。

- 利率的上涨导致市场股权成本上升和市盈率下降。
- 投资者承担风险的意愿增加，将导致股权风险溢价更低，所有股票的市盈率更高。
- 所有公司预期收益增长率的提高将导致市场市盈率的提高。

换言之，如果不考虑这些基本面因素，就很难对市盈率的合理水平做出判断。因此，一个更为合理的比较方法不是将不同时期的市盈率进行比较，而是将实际市盈率和基于当时的基本面因素所预测的市盈率进行比较。

图12.6概括了1960—2010年每年年底标准普尔500指数的盈利市价收益率（每股盈利/每股股价）、长期国债利率以及长期国债利率与短期国债利率之间的差值。

即使不是统计学家你也能看出来，当长期国债利率高时，盈利市价收益率高（市盈率低）；当长期国债利率下降时，盈利市价收益率下降。盈利市价收益率与长期国债利率之间的相关系数为0.69，这证实了这两个变量之间有很强的正相关关系。此外，有证据表明，利率期限结构对盈利市价收益率也有影响。在下面的回归中，我们使用1960—2000年的数据，用长期国债利率水平和利差（长期国债利率与3个月短期国债利率）对盈利市价收益率进行回归：

盈利市价收益率 = 0.026 6+0.674 6（长期国债利率）
　　　　　　　　　[3.37]　　　[6.41]

　　　　　　　－0.313 1（长期国债利率-短期国债利率）
　　　　　　　　　[-1.36]　　　　　R^2 = 0.476

如果其他因素不变，该回归的结果意味着：
- 长期国债利率每上涨1%，盈利市价收益率增加0.674 6%。这并不让我们感到意外，但它量化了更高的利率水平对市盈率的影响。
- 长期国债利率和短期国债利率的差值每增加1%，盈利市价收益率就会降低0.313 1%。较为平缓或负斜率的收益率曲线似乎与低市盈率呼应，向上倾斜的收益率曲线与高市盈率呼应。乍一看，这似乎令人惊讶，但至少在美国，收益率曲线的斜率已经是经济增长的领先指标，更陡的、向上倾斜的收益率曲线伴随

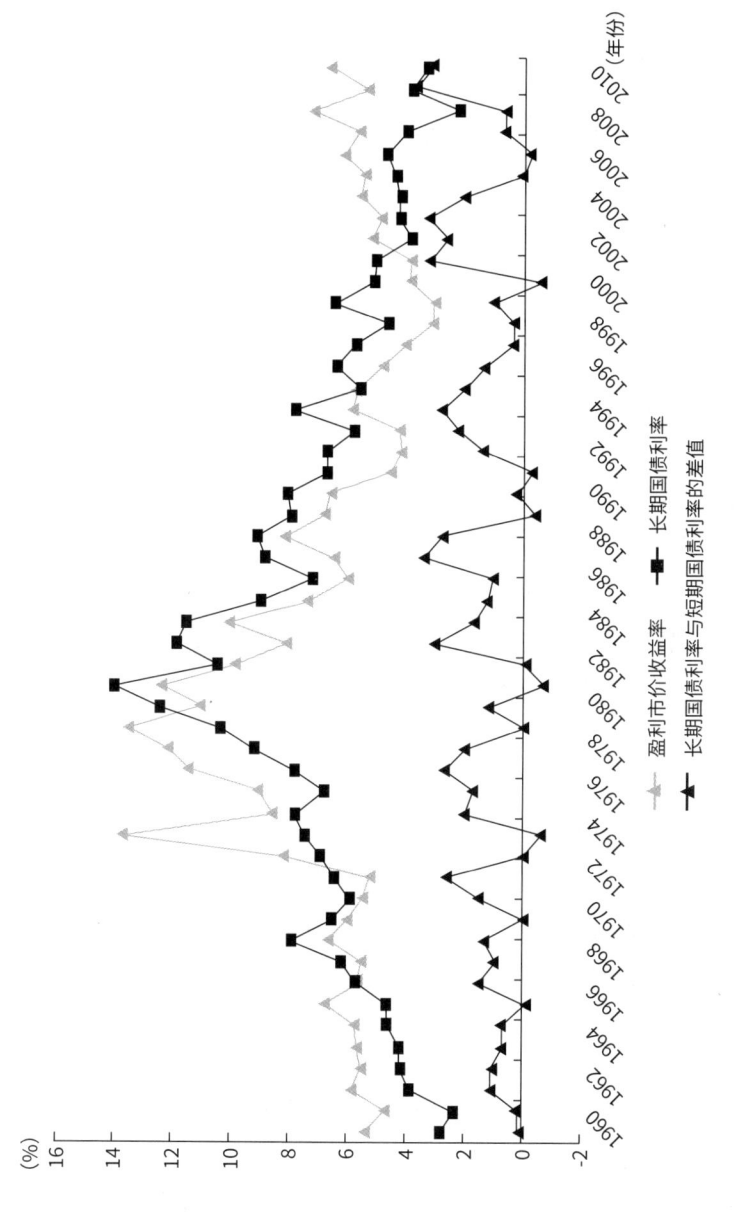

图 12.6　盈利市价收益率和利率

资料来源：彭博。

盈利市价收益率　　长期国债利率
长期国债利率与短期国债利率的差值

第 12 章　不可能实现的梦想？　｜　579

着更高的增长率。

基于该回归结果，我们可以预测 2011 年 11 月标准普尔 500 指数的盈利市价收益率，当时短期国债利率是 2%，长期国债利率是 2.2%。

$$盈利市价收益率_{2011} = 0.026\ 6 + 0.674\ 6 \times 0.022$$
$$- 0.313\ 1 \times 0.022 - 0.02 = 0.040\ 8$$
$$市盈率_{2000} = 1/盈利市价收益率_{2011} = 1/0.040\ 8 = 24.5$$

由于标准普尔 500 指数在 2011 年 11 月以 15 倍的市盈率进行交易，以上结果显示市场价值可能被显著低估了。我们还可以通过增加其他变量（与市盈率相关的变量），如国内生产总值的预期增长率和派息率这样的自变量，来丰富该回归模型。最大的不确定性是，2008 年到 2011 年的多次市场危机是否使市盈率和利率之间的历史关系变得毫无意义，至少对美国来说答案是肯定的。

| **数据观察** | 标准普尔 500 指数的相对价值：观察标准普尔 500 指数最新的相对定价。 |

市场之间的比较

分析师经常对不同国家市场的市盈率进行比较，以找出价值被低估或被高估的市场。市盈率较低的市场被视为估值过低，而市盈率较高的市场被视为估值过高。鉴于不同国家的基本面存在巨大差异，以上结论显然具有误导性。例如，在其他因素保持不变的情况下，你可以预期看到如下情况：

- 实际利率较高的国家的市盈率应低于实际利率较低的国家。
- 预期实际经济增长率较高的国家的市盈率应高于预期实际经济增长率较低的国家。
- 风险较高的国家（因此需要较高的风险溢价）比安全系数较大

的国家市盈率低。

- 公司投资效率较高（并从这些投资中获得更高收益率）的国家市盈率高。

我们将通过比较不同市场的市盈率来说明。表12.7概括了2000年7月不同发达市场的市盈率，以及同期的股息率和利率（短期和长期利率）。

对市盈率的简单比较显示，日本股市的市盈率是52.25%，定价过高；比利时股市的市盈率是14.74%，定价过低。但是，市盈率和10年期利率之间存在很强的负相关关系（−0.73）；市盈率和收益率利差之间存在正相关关系（0.7）。利用利率和预期增长率对市盈率进行横截面回归，结果如下：

市盈率 = 42.62 − 360.9（10年期利率）

[2.78]　　　　[−1.42]

+ 846.6（10年期利率−2年期利率）

[1.08]　　$R^2 = 59\%$

表12.7　发达市场的市盈率（2000年7月）

国家	市盈率(%)	股息率(%)	2年期利率(%)	10年期利率(%)	10年期利率−2年期利率(%)
英国	22.02	2.59	5.93	5.85	−0.08
德国	26.33	1.88	5.06	5.32	0.26
法国	29.04	1.34	5.11	5.48	0.37
瑞士	19.6	1.42	3.62	3.83	0.21
比利时	14.74	2.66	5.15	5.7	0.55
意大利	28.23	1.76	5.27	5.7	0.43
瑞典	32.39	1.11	4.67	5.26	0.59
荷兰	21.1	2.07	5.1	5.47	0.37

续表

国家	市盈率(%)	股息率(%)	2年期利率(%)	10年期利率(%)	10年期利率−2年期利率（%）
澳大利亚	21.69	3.12	6.29	6.25	−0.04
日本	52.25	0.71	0.58	1.85	1.27
美国	25.14	1.1	6.05	5.85	−0.2
加拿大	26.14	0.99	5.7	5.77	0.07

这些系数具有边际显著性，部分原因是该样本规模较小。基于该回归结果，各发达市场的预测市盈率如表 12.8 所示。

表 12.8　发达市场的预测市盈率（2000 年 7 月）

国家	实际市盈率（%）	预测市盈率（%）	定价过低或定价过高（负数表示定价过低，%）
英国	22.02	20.83	5.71
德国	26.33	25.62	2.76
法国	29.04	25.98	11.8
瑞士	19.6	30.58	−35.9
比利时	14.74	26.71	−44.81
意大利	28.23	25.69	9.89
瑞典	32.39	28.63	13.12
荷兰	21.1	26.01	−18.88
澳大利亚	21.69	19.73	9.96
日本	52.25	46.7	11.89
美国	25.14	19.81	26.88
加拿大	26.14	22.39	16.75

从这个比较中我们可以看出，比利时和瑞士的股票被低估的程度最高，而美国股票被高估的程度最高。

我们把这个例子扩展到检验 2000 年底不同新兴市场的市盈率差异。表 12.9 展示了不同新兴市场的风险指数，[1] 从 0（最安全）到 100（风险最大）。

用这些变量对市盈率进行回归的结果如下：

市盈率 = 16.16−7.94（利率）+154.40（实际经济增长率）−0.112（风险）
      [3.61]   [−0.52]   [2.38]   [−1.78] $R^2 = 74\%$

实际增长率较高、风险较低的市场的市盈率也较高，但利率水平对市盈率的影响似乎很小。以上回归的结果可以用来估计土耳其市场的市盈率。

土耳其市场的预测市盈率 = 16.16−7.94 × 0.25 + 154.40 × 0.02 − 0.112 × 35 = 13.35

土耳其市场的实际市盈率是 12%，该市场可能被轻微低估了。

表 12.9 市盈率及主要统计数据：新兴市场

国家及地区	市盈率（%）	利率（%）	实际经济增长率（%）	风险指数
阿根廷	14	18	2.5	45
巴西	21	14	4.8	35
智利	25	9.5	5.5	15
中国香港	20	8	6	15
印度	17	11.48	4.2	25
印度尼西亚	15	21	4	50
马来西亚	14	5.67	3	40

1　来自《经济学人》。

续表

国家及地区	市盈率（%）	利率（%）	实际经济增长率（%）	风险指数
墨西哥	19	11.5	5.5	30
巴基斯坦	14	19	3	45
秘鲁	15	18	4.9	50
菲律宾	15	17	3.8	45
新加坡	24	6.5	5.2	5
韩国	21	10	4.8	25
泰国	21	12.75	5.5	25
土耳其	12	25	2	35
委内瑞拉	20	15	3.5	45

注：利率指短期利率。

取得成功的决定因素

你能通过比较股票现在的价格与历史价格，或者比较不同市场的股票价格来选择市场时机吗？虽然你可以根据这些比较结果来判断市场是定价偏高还是偏低，但是这样的分析存在两个问题。

- 由于你的分析基于对历史的观察，所以你的假设模型所依赖的基本关系没有大的变化。但是，这些关系结构性或永久性的变化将严重影响模型的有效性。
- 即使你假设过去是序幕，很多指标都会回归历史正常范围，你也不能控制该过程的进展。换言之，你可能会发现股票的定价相对偏高，但随着时间的推移，它们有可能变得更高。也就是说，回归正常范围的时间既不是事先能确定的，也没有保证。

怎样才能提高成功的概率呢？第一，你可以尝试把那些你认为反映了市场变化的变量纳入你的分析。例如，如果你认为过去 20 年对冲基金涌入股票市场这一情况改变了基本的定价关系，你可以把对冲基金所持的股票的百分比包括在你的回归中。第二，你可以延长投资的期限，从而增加价格回归正常范围的概率。

市场基本面信息的滞后性

如果你使用宏观经济变量，如通货膨胀率或经济增长率来选择市场时机，你应该考虑到你所获得的这些信息的滞后性。例如，一项研究显示，一个季度的国内生产总值增长率和下个季度股票市场的表现之间存在高度正相关。据此，一个显而易见的策略是，在国内生产总值增长率高的那个季度买入股票，在国内生产总值呈负增长或低增长的那个季度卖出股票。但是这种策略的问题是，在一个季度结束两个月后，你才能获得该季度国内生产总值增长率的信息。

如果你使用市场变量，如利率水平或收益率曲线的斜率来进行市场预测，你的情况就会好一些，因为你可以得到和股票市场同步的当期信息。在构建这些模型时，你应该小心，确保你不是在构建一个为了预测股票市场而不得不预测利率的模型。为了检验利率水平与股票市场变化之间的关系，你需要看每年年初的利率水平和当年股票收益率之间的相关性。因为你可以在做投资决策前观察前者，如果你发现两者存在相关性，你就有了构建有效策略的基础。如果你检测的是每年年底的利率水平和当年股票收益率之间的相关性，即使你发现了两者之间的相关性，据此实施投资策略也有问题，因为你必须首先预测利率水平。

市场时机选择的证据

虽然我们考察了投资者尝试选择市场时机的各种方法，从基于技术指标到基于市场基本面因素，但还有一个更根本的问题需要提出：那些声称选择市场时机的投资者在实战中真的成功了吗？在本节中，我们将研究各类尝试选择市场时机的投资者，考察他们是否取得了成功。

共同基金经理

虽然大多数股票共同基金并不主张进行市场时机选择，但是我们认为，它们或多或少都尝试着选择市场时机。我们先看一下它们总体上是否成功。有些共同基金宣称市场时机选择是其主要的投资方法，这些基金被称为战术性资产配置基金。我们将通过观察这些基金的历史业绩，判断它们是否成功。

现金头寸

我们怎样才能知道共同基金在尝试选择市场时机呢？虽然所有股票共同基金都需要持有一些现金用于投资国债和商业票据，以满足赎回需求和日常运营，但它们持有的现金总量远超实际需求。事实上，我们对股票共同基金所持有的现金头寸的唯一解释是，这些现金传递了基金经理对未来市场变化的看法：当看空市场时，他们所持有的现金更多；当看多市场时，他们所持有的现金更少。图 12.7 显示的是 1980—2010 年共同基金每年年初持有的平均现金头寸以及标准普尔 500 指数每年的收益率。

请注意，共同基金持有的现金头寸在市场不景气的年份后似乎有所增加，在市场繁荣的年份后似乎有所减少，但是共同基金的现金持有水平没有任何预测能力。20 世纪 90 年代，随着市场的上涨，共同基金的现金持有水平下降，在市场见顶的那一年年初现金持有水平最低。同样，共同基金的现金持有水平在 2008 年急剧下降，主要是回

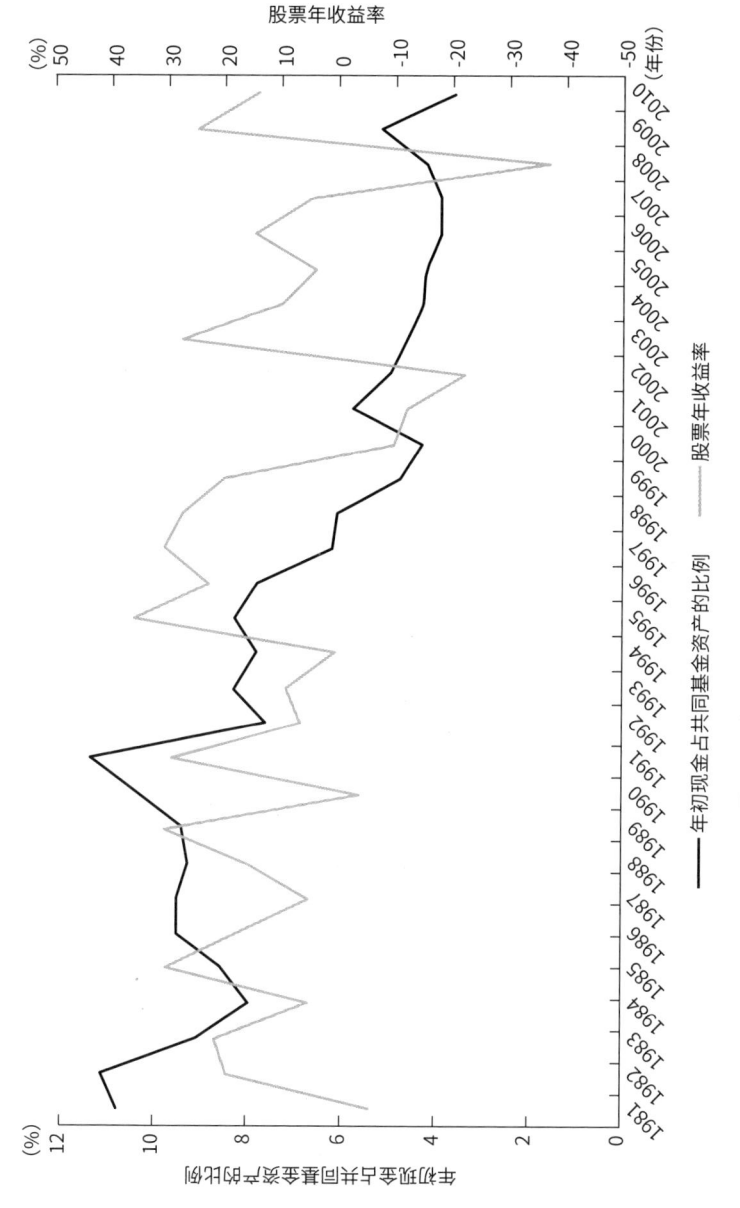

图 12.7 共同基金现金持有水平及股票收益率

资料来源：美国投资公司协会。

第 12 章　不可能实现的梦想？

应当年的市场大跌。

关于共同基金实施市场时机选择策略是否成功的问题，40多年前就有人做过研究了。特雷诺和马佐1966年的一项研究表明，我们可以用市场收益率和市场收益率的平方对基金收益率进行回归，以观察当市场收益率的绝对值较大时，基金的贝塔值是否会增加。[1]

$$收益率_{基金,时期t} = a+b收益率_{市场,时期t}+c收益率_{市场,时期t}^{2}$$

如果基金经理具有显著的市场时机选择能力，那么收益率平方的系数 c 就应该是正数。但在对共同基金实际收益率进行检验时，该方法得出的 c 值是负数，这意味着基金经理市场时机选择的能力为负，而不是为正。1981年，默顿和亨利克森对该方程进行了修改，考察在市场收益率为正值期间共同基金的收益率是否更高，结果他们也没有发现什么支持基金经理具有市场时机选择能力的证据。[2]

战术性资产配置基金以及其他市场时机选择基金

1987年股市暴跌后，许多共同基金如雨后春笋般涌现，这些共同基金的基金经理声称，如果在股市暴跌前引导投资者退出股票市场，就可以使投资者免受股票暴跌的损失。这些基金被称作战术性资产配置基金。这些基金不挑选股票，它们声称自己能够在市场大变动之前将资金在股票、长期国债和短期国债之间进行转移，使投资者获得高额收益。但是，自1987年以来，这些基金的收益远远低于它们的承诺。图12.8对十几只大型战术性资产配置基金5年和10年期（1989—1998年）的收益率与市场整体收益率和资产类别比例固定的投资组合（50%股票/50%债券，75%股票/25%债券）的收益率进

---

[1] Jack L. Treynor and Kay Mazuy, "Can Mutual Funds Outguess the Market?" *Harvard Business Review* 44 (1966): 131–136.

[2] Roy D. Henriksson and Robert C. Merton, "On Market Timing and Investment Performance, II: Statistical Procedures for Evaluating Forecasting Skills," *Journal of Business* 54 (1981): 513–533.

行了比较。我们把后两种称作懒汉组合，它们在选择市场时机方面没有做任何努力。结果，战术性资产配置基金的表现既不如整体市场，也不如懒汉组合。

对该研究的一个批评是，它仅仅考虑了有限的几只战术性资产配置基金。贝克尔、费尔森、迈尔斯以及希尔考察了一个更大的样本，包括1990—1995年的100多只资产配置基金，也没发现这些基金采用市场时机选择策略成功的证据。[1]我们更新了这些研究数据，也没有发现战术性资产配置基金随着时间的推移在市场时机选择上有所提升。例如，1999—2010年，战术性资产配置基金的年平均收益率为5.2%，低于你在1999年初将投资组合的60%投资于股票，将40%投资于债券，并持有至2010年12月31日所获得的年平均收益率。

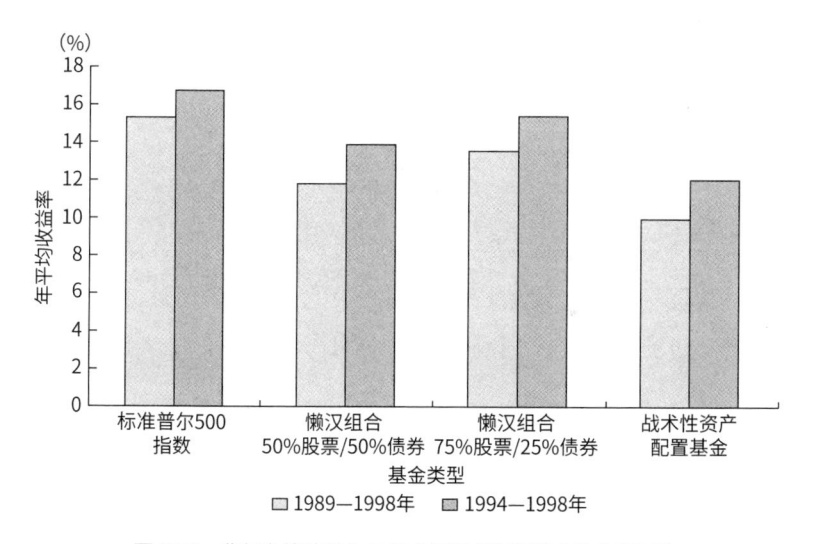

图 12.8 非复杂策略基金与战术性资产配置基金的业绩对比

资料来源：《金钱》杂志。

---

[1] C. Becker, W. Ferson, D. Myers, and M. Schill, "Conditional Market Timing with Benchmark Investors," *Journal of Financial Economics* 52 (1999): 119–148.

对冲基金

在前一章，我们回顾了对冲基金能否战胜市场的总体证据。在本节中，我们将讨论对冲基金能否正确选择市场时机。一项研究将对冲基金分类（可能是大宗商品、外汇、固定收益或套利）并检验了每类基金选择市场时机的能力，发现对冲基金在债券和外汇市场上有通过市场时机选择获利的证据（虽然证据并不是很充分）。这项研究在股票市场上没有发现。[1] 最近一项更全面的研究检验了 221 只市场时机选择对冲基金，发现其中一些基金能够同时预测市场的方向和波动率，因此能够获得超额收益。[2]

就流动性而言，也有证据显示，成功的对冲基金和失败的对冲基金的不同之处在于，它们能否在市场流动性发生变化前调整其风险敞口，在流动性变得严重不足之前降低其市场风险。在调整风险后，做得最好的基金比不做调整的基金每年的收益高 3.6%~4.9%。[3]

投资简报

在美国，有数百种提供投资建议的投资简报供投资者订阅。其中的一些投资简报侧重于向投资者提供个股的投资参考信息，另一些则直接针对市场时机选择。我们被告知，只需花几百美元，就可以获得有关市场走势的私家信息。

格雷厄姆和哈维以 1980—1992 年投资简报提出的 237 种股票/现

---

[1] Y. Chen, "Timing Ability in the Focus Market of Hedge Funds" (working paper, Boston College, 2005).

[2] Y. Chen and B. Liang, "Do Market Timing Hedge Funds Time the Market?" *Journal of Financial and Quantitative Analysis* 42 (2007): 827–856.

[3] C. Cao, Y. Chen, B. Liang, and A. Lo, "Can Hedge Funds Time Market Liquidity?" (SSRN Working Paper 1537925, 2011).

金组合建议为样本,考察了投资简报的市场时机选择能力。[1]如果投资简报能很好地选择市场时机,你应该期望在市场上涨前看到推荐配置给股票的比例上升。把这些投资简报建议的投资组合的收益与购买并持有策略的收益相比较,我们发现237种投资简报中有183种(77%)的收益率低于购买并持有策略的收益率。这些投资简报的市场时机选择建议无效体现在,在市场上涨前,它们建议将股票权重增加58%,但在市场下跌前,它们建议将股票权重增加53%。确实有一些证据显示,投资简报的建议在效果上具有一定的连续性,但这种连续性更多地体现在负的而不是正的结果上。换句话说,在市场时机选择上给出糟糕建议的简报继续给出糟糕建议的可能性要大于给出成功建议的简报继续给出成功建议的可能性。[2]

对市场时机选择唯一有希望的证据来自一项针对作为投资顾问的市场时机选择专业人士的研究。这些市场时机选择专业人士只给他们的客户提供明确的建议,然后客户对投资组合进行相应的调整——如果看多后市,他们就把钱投入股票;如果看空后市,他们就把钱撤出股票。钱斯和海姆勒的一项研究考察了被MoniResearch公司(一家跟踪评估市场时机选择专业人士业绩的服务机构)跟踪的30位市场时机选择专业人士,发现了有关市场时机选择能力的证据。[3]需要注意的是,市场时机选择专业人士给出的时机选择建议是短期性的。一位选择市场时机的专业人士在1989—1994年共发出303个市场时机选择信号,而30位市场时机选择专业人士每年平均发出的市场时机选择信号约为15个。尽管根据这些市场时机选择信号调整投资的交

---

[1] John R. Graham and Campbell Harvey, "Market Timing Ability and Volatility Implied in Investment Newsletters' Asset Allocation Recommendations," *Journal of Financial Economics* 42 (1996): 397-421.

[2] 一份好的市场时机选择简报可能会在50%的时间里重复其成功。一份糟糕的市场时机选择简报有70%的机会重复其糟糕的表现。

[3] D. M. Chance and M. L. Hemler, "The Performance of Professional 1 Timers: Daily Evidence from Executed Strategies," *Journal of Financial Econ* 62 (2001): 377-411.

易成本很高，但是这些建议可以为投资者带来超额收益。[1]

市场策略师

　　主要投资银行的市场策略师可能是在市场时机选择上最受人关注的群体。他们对市场的预测被投资银行和媒体广为传播。在很多情况下，市场策略师对市场的看法很难明确地归入看多或看空——好的市场策略师一般不对市场做出明确的预测，但他们也会对各种资产配置组合提出倾向性建议。

　　鉴于提出投资组合配置建议是市场策略师的主要任务，如何从这些资产配置组合看出他们对市场的预测？一个方法是看股票在配置中所占的比例。相对看多的市场策略师会建议在投资组合中配置较高比例的股票，而相对看空的市场策略师会建议增持现金和债券。另一个方法是观察同一位策略师在不同时期建议的资产配置的变化——股票配置比例的增加意味着比较看好后市。从这两个方面来看，市场策略师选择市场时机的能力都值得商榷。《华尔街日报》除了报道市场策略师推荐的资产配置比例，还对根据这些策略师的资产配置建议进行投资所产生的收益率与1年、5年和10年期间将资金全部投资于股票所产生的收益率进行比较。有些人认为把100%股票的投资组合与由各类资产构建的组合进行比较是不公平的，为了反驳这一观点，《华尔街日报》还报道了一种自动组合——股票、债券和短期票据的固定配置——的收益率。图12.9概括了1992—2001年这三种投资组合的收益率，以及在此期间根据不同水平的市场策略师的资产配置建议进行操作所获得的收益率。

---

[1] 该研究考察的是扣除交易成本后的税前超额收益率。就其本质而言，这种策略可能导致大额税金。这是因为几乎所有收益都将按普通税率征税。

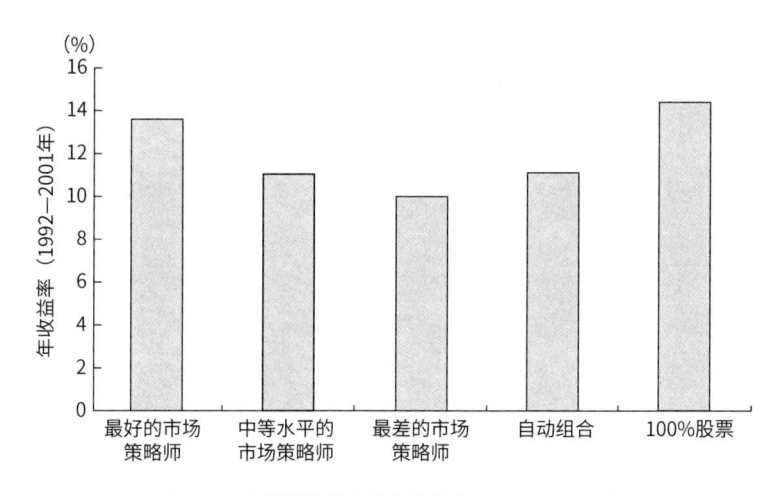

图 12.9 各类投资组合的年收益率，1992—2001 年

资料来源：《华尔街日报》。

请注意，自动组合的收益率略高于按照中等水平市场策略师的建议进行操作所获得的平均收益率。在《华尔街日报》跟踪的 16 家银行中，只有 5 家建议的策略在此期间产生的收益率高于自动组合的收益率，这些数据完全在统计误差范围内。最后，即使是最好的策略师建议的资产配置策略也不如完全投资于股票的策略表现得好。总之，该证据说明，市场策略师选择市场时机的能力被过分夸大了。

市场时机选择的倡导者：从利弗莫尔到阿坎波拉

市场时机选择的倡导者就像投资界的流星。他们发光时是万众瞩目的焦点，但消失得也很快。回顾一下过去享有盛誉的市场时机选择倡导者（择时大师），我们会发现一个（多元化）的群体。[1] 他们中的一些人使用图表，一些人使用市场基本面因素，还有一些人神秘兮兮，对自己使用的方法绝口不提，但他们似乎存在三个共同点：

---

1 关于利弗莫尔最好的一本书是埃德温·勒菲弗所著的《股票大作手回忆录》。

第 12 章 不可能实现的梦想？ | 593

1. 具有黑白分明地看待世界的能力。市场大师不会含糊其词。相反，当他们就 6 个月或 1 年后的市场走向发表大胆的言论时，这些言论似乎很离谱。例如，拉尔夫·阿坎波拉在道琼斯指数只有 3 500 点时，声称该指数会达到 7 000 点，他因此一举成名。

2. 对市场大变化的正确预测。所有市场时机选择的倡导者都因至少准确预测重大市场走向一次而获得声誉。对杰西·利弗莫尔来说，是 1929 年的市场崩盘；而对拉尔夫·阿坎波拉来说，则是 20 世纪 90 年代的牛市。

3. 夸张的性格特征。市场大师天生喜欢炫耀，他们利用自己时代的媒体作为扩音器，不仅宣传自己对市场的预测，而且炫耀自己的成功。事实上，他们的成功部分应该归因于他们驱动其他投资者按照他们的预测采取行动的能力，这使得他们的预测至少在短期内成为自我实现的预言。

那么，为什么市场大师会失败？促使他们成功的因素似乎也是他们失败的原因。他们对自己市场时机选择能力的绝对自信以及他们过去的成功，似乎会促使他们做出更加离谱的预测，最终毁掉他们的声誉。例如，20 世纪 70 年代末期的市场大师乔·格兰维尔在整个 20 世纪 80 年代都建议人们卖出股票，买入黄金，就业绩而言，他的投资简报在那 10 年里表现得最差。

市场时机选择策略

如果你能正确选择市场时机，你该如何利用这个能力来获利呢？市场时机选择策略多种多样，从狭隘地专注于一个市场（通常是股票市场），或者仅仅为保护你的投资组合免受市场负面变化的影响，到涵盖整个市场并试图从市场变化中获利的更广泛的策略。

整体情况

在过去的几十年里，市场时机选择的范围越来越宽广，部分原因是新的投资者进入市场（对冲基金和全球共同基金），部分原因是市场上出现新的交易工具（衍生工具、交易所交易基金、信用违约掉期）。市场时机选择策略大致可以分为以下几个方面：

- 投资期限。市场时机选择策略的投资期限可以从短到几分钟，甚至几秒钟到非常长的时期，在后一种情况下，投资者赌的是几年后市场的转折。
- 单个市场和多个市场。几十年前，市场时机选择策略几乎完全针对的是股票市场，且主要是国内股票市场。今天，有些投资者关注的不仅是全球的股票市场，而且关注不同类别的资产，并根据他们对市场前景的判断，买入和卖出外汇、大宗商品、债券和股票。
- 防御性市场时机选择策略和进攻性市场时机选择策略。在防御性市场时机选择策略中，你的主要目标是尽量使你的投资组合不受市场向负面方面变化带来的影响。因此，如果你投资于股票市场并相信市场即将下跌，你就可以通过卖出股票或买入股票的看跌期权来保护自己免受损失。在进攻性市场时机选择策略中，你的目标更广泛，你希望利用自己对市场前景的判断来获利。

直到几年前，由于成本和准入限制，个人投资者还只能采用较为狭窄的市场时机选择策略，但现在任何人都有可能成为宏观的市场时机选择者。

细节

至少有4种方法可以用于市场时机选择，每种方法的风险程度都不同。第一种方法是调整资产类别的配置比例，向你认为价值被低估的市场投入比正常情况下更多的资金（考虑到你的投资期限和风险偏好），向你认为价值被高估的市场投入比正常情况下更少的资金。第二种方法是在一个市场（一般是股票市场）上改变投资风格和策略，以反映你对市场走势的预期。第三种方法是根据你对未来经济和市场增长的预期，调整你在股票市场上的行业配置。第四种也是风险最大的方法是预测市场变化方向，使用财务杠杆（负债）或衍生工具来放大利润。

资产配置

将市场时机选择纳入投资策略的最简单的方法是调整投资组合中的资产（股票、现金、债券和其他资产）的配置。实际上，我们通过考察共同基金经理和投资简报提出的调整资产类别配置比例的建议是否能有效地预测市场未来的变化，来判断其是否具有选择市场时机的能力。这种策略的局限性是，调整投资组合资产类别头寸的成本可能很高，因为你可能需要将某个资产类别全部清仓，然后投资于另一个资产类别。此外，执行该策略还需要时间。因此，将资产配置策略用于长期的市场时机选择比用于短期的市场时机选择效果更好。

转换投资风格

有些投资策略在牛市中管用，有些策略则在熊市中管用。如果你能识别什么时候市场被高估，什么时候市场被低估，你就可以从一个策略转向另一个策略，甚至从一种投资理念转向另一种投资理念，及时应对市场变化。

例如，在第9章讨论成长型投资策略与价值投资策略时，我们提到理查德·伯恩斯坦所做的研究，该研究表明，当整个市场的收益增长率偏低时，成长型投资比价值投资的表现更好；当市场收益增长率较高的时候，价值投资的表现优于成长型投资。伯恩斯坦还注意到，当收益率曲线平缓或向下倾斜时，成长型投资的表现往往更好。普拉德曼在一个相关研究中提出的证据显示，当通货膨胀率高，债券违约利差低时，小盘股投资的收益率要高于价值投资。如果你认为市场定价偏高，面临修正，你就可以利用自己选择市场时机的能力，从成长型投资转向价值投资，或者如果你认为市场被低估，后市有可能走高，你就可以从价值投资转向成长型投资。在一篇检验择时转换投资风格的收益的文章中，卡奥和舒梅克假设了一个具有完美远见的择时转换投资风格的投资者，这位投资者在1979—1997年的小盘股和大盘股市场从价值投资转向成长型投资，然后转回价值投资。[1] 采用这种完美的策略，这位投资者的大盘股年平均收益率是20.86%，小盘股年平均收益率是27.30%。相比之下，那个时期所有股票的年平均收益率是10.33%。

虽然这个策略看上去很有希望，但其实际收益很可能没有你以为的那么多。除了从一种投资风格转到另一种投资风格带来的更高的交易成本和税收，你还要面对一个问题，即大多数投资风格转换发生在市场变化之后，反映的不是市场时机选择的能力，而是对市场表现的反应。因此，价值投资者似乎是在市场增长趋缓之后而不是之前转向成长型投资的，而成长型投资者是在市场已经进入牛市之后才转向价值投资的。实际上，如果你对自己选择市场时机的能力十分自信，并据此转换投资风格，那么你完全可以通过投机、利用指数期货或期权获得更高的收益。

---

[1] D. Kao and R. D. Shumaker, "Equity Style Timing (Corrected)," *Financial Analysts Journal* 55 (1999): 37–48.

转换行业

有些投资者认为，因为不看好后市就退出市场，要么代价太大（有可能判断有误），要么不可行（因为他们被要求在市场投资）。他们可以随着对市场前景判断的变化，在市场的各行业之间转换投资，从而利用他们的市场时机选择能力去获得超额收益。因此，如果认为由于经济增长比预期强劲，市场随后会上涨，他们就可以转向周期性行业。或者，如果认为随后一年利率将上升，从而引发股市下跌，他们就可以从金融股转向对利率不那么敏感的公司股票（如消费品）。

不同的行业转换模型是有差异的，斯托瓦尔在其关于行业转换的书中对市场各个阶段表现最好的行业进行了精辟的总结。[1] 图 12.10 摘自他的书。

请注意，市场的领先效应是由市场先于实体经济触底和见顶这一事实决定的。对行业的选择就反映出这种领先效应。当经济进入萧条期（市场触底）时，你投资于周期性股票；当经济好转时，你转向工业企业和能源公司。如果在每个阶段你都能选择合适的行业，毫无疑问，你会获得很高的收益。例如，如果在 1970—1977 年，每年你只投资表现最好的那些行业，而不是投资标准普尔 500 指数，你可以获得 289% 的超额收益率。[2] 虽然在现实中这可能不可行，但投资于近期表现不错的行业至少会给投资者带来短期超额收益。[3]

基于最后一点，行业转换并不总是建立在市场时机选择上。有些投资者利用前面章节讨论过的股票选择方法来决定投资的行业。例如，相信价格惯性的投资者可能会投资最近表现良好的行业，而逆向投资者可能会投资前一期间表现最差的行业。

1　S. Stovall, *Sector Investing* (New York: McGraw-Hill, 1996).
2　J. Farrell, "Homogeneous Stock Groupings: Implications for Portfolio Manage-ment," *Financial Analysts Journal* 31 (1975): 50–62.
3　E. H. Sorensen and T. Burke, "Portfolio Returns from Active Industry Group Ro-tation," *Financial Analysts Journal* 46 (1986): 43–50. 他们报告说，投资于近期表现良好的行业至少有两个季度获得了丰厚回报。

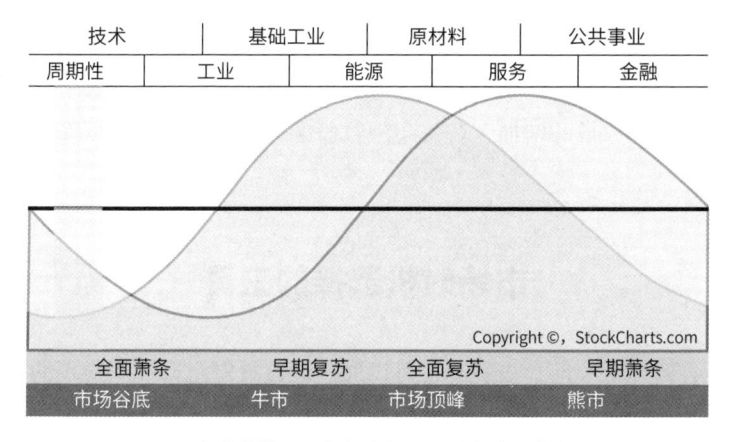

图 12.10　行业转换——根据市场周期决定的重点投资行业

资料来源：S. Stovall, *Sector Investing* (New York: McGraw-Hill, 1996)。

投机

利用市场时机选择能力最直接的获利方法是，在一个你认为价值被低估的市场上买入资产，并在一个你认为价值被高估的市场上卖出资产。这是市场时机选择对冲基金在过去 10 年间采取的策略，它们在股票、债券和外汇市场上进行交易，利用它们认为的潜在错误定价，取得了不同程度的成功。这样的成功可以带来大量收益，因为这些对冲基金在股市的投资相对较少，且它们从交易的两个方面——价值被低估的市场的上涨，价值被高估的市场的下跌——都获得了收益。

上面的策略可能存在什么问题？在该策略中，买入和卖空资产的过程中隐含的高杠杆会放大投资者的成功与失败。因此，虽然预测市场能给你带来很大的收益，但失败的成本也很高。你是否应该采用基于市场时机选择的投机策略，完全取决于你对自己的预测有多自信。你对自己选择市场时机的能力越有信心，你在策略中使用的杠杆就越高。回顾市场时机选择策略表现的实证证据，很明显，只有极少数策略在股票市场上取得了巨大的成功。但是，市场时机选择策略似乎在外汇和大宗商品市场成功率更高。所以，对冲基金的某些重要成功来自外汇和大宗商品市场也就不足为奇了。然而，即使在这些市场，随着对冲基金数量的增加，获得超额收益的可能性也在不断下降。

市场时机选择的工具

直到几十年前，投资者还可以通过调整投资组合资产类别的配置来反映他们对市场时机的判断，他们如果认为股票市场被低估了，就增加在股市的投资，如果认为股票估值过高，就减少对股票的投资。实际上，如果投资者非常看空股市，他们能采取的策略只有卖空个股，这是一个成本非常高、风险非常大的策略。在过去的30年里，用于市场时机选择的工具大大增加，从20世纪80年代早期的股指期货，到后来的股指和其他金融资产的期权，再到最近10年的交易所交易基金和信用违约掉期。

期货

投资者利用大宗商品和外汇期货合约来押宝市场未来变化的方向已有数十年，甚至数百年的历史，但金融资产期货合同的出现要晚得多。第一个广泛交易的股指期货合同是芝加哥商品交易所推出的标准普尔500指数期货合同。随后，不仅美国其他的股票指数有了期货合同，而且很多其他国家的股票指数和固定收益证券指数都有了期货合同。

如果你选择市场时机，且在不同资产类别间进行交易，那么期货合同能让你拥有很多优势。第一，每个资产类别都有期货合同——大宗商品、外汇、固定收益证券、股票，甚至房地产，让你能够做多或做空任何你选择的资产类别。第二，由于你只需要缴纳期货合同价值的一小部分作为保证金，因此你能够利用财务杠杆大大增加你的获利。前提是，你的市场时机选择能力靠得住。第三，一般来说，期货市场的流动性很高，成交量巨大，因此你可以就市场未来的走向进行大笔押注，而不必担心由此带来的价格影响。你的交易成本较低。第四，和前一条相关，由于可以方便和低成本地对整个市场指数进行交易，这使得你能够基于短期的市场时机判断而下注，从几小时到几分钟，甚至几秒钟。最后，期货市场的存在为看多者和看空者提供了公平的投资环境，使得后者也能像前者一样可以基于自己对市场变化的正确判断来获利。

期货市场的发展也带来了一些成本。第一，投资者能够方便和低成本地进行市场时机选择使得该策略大众化。换句话说，任何人都可以采用该策略，这使得机构投资者相对于个人投资者的优势不复存在，特别是在对市场变化的方向进行负面押注时。第二，期货市场的高杠杆可能会给投资者带来重大损失，当市场变化方向和投资者的预测相反时，投资者可能会被要求追加保证金，甚至被迫提前平仓。第三，有证据显示，期货市场会影响现货价格，这种来自期货市场的反馈有时会提高现货市场的波动性，降低现货市场的稳定性。因此，如果股市开始下跌，大量机构投资者试图通过卖出期货指数来对冲市场进一步走低的风险，羊群效应就会导致期货指数下跌，进而导致股票市场价格进一步下跌。

期权

在标准普尔 500 指数期货合同问世后不久，芝加哥期权交易所推出了第一个股指期权合同。和期货合同类似，股指期权合同让投资者可以买入和卖出其他股票指数和资产类别的看涨期权和看跌期权。

期权为投资者提供了很多优势，像期货合同一样，期权允许投资者对后市的上涨或下跌押重注，且成本低，流动性高。期权有时也会影响基础资产现货市场的稳定性，并产生反馈效应。但是，期权和期货在若干方面是有不同的，这些不同之处可能会导致投资者选择两者中最适合自己的那个。两者最关键的区别在于押错市场方向的潜在代价。对于期货合同，这个成本可能是巨大且无法预估的，因为你得为期货价格往与你预测的相反的方向变化付出相应代价。而对于期权合同，如果你是看涨期权的买方，这个成本仅限于你为购买期权所支付的金额。然而，需要权衡的是，期货合同实际上是没有购买成本的，虽然你需要缴纳一定的保证金以保证你会履行合同。而买入看涨期权或看跌期权是要支付期权费用的，该费用随着基础资产指数波动性的提高而增加。

那么，假设你看多后市，你应该买入期货还是看涨期权呢？或者你看空后市，你应该卖出期货还是看跌期权呢？你的决策取决于两个因素。第一个因素是，你对自己选择市场时机的能力的自信程度：你越自信，你使用期货而非期权得到的收益就越大。第二个因素是，你为下行保护而购买期权所支付的金额。如果你认为期权的价格被高估了（即期权的隐含波动率远远高于实际波动率），你就更有可能选择期货合同。

交易所交易基金（ETFs）

交易所交易基金是一种跟踪市场走势，可在市场上交易的基金。交易所交易基金的发起者决定其所跟踪的指数以及跟踪该指数的方法。2000—2010年，交易所交易基金的数量从80只增加到923只，投资于交易所交易基金的资金从600亿美元增加到1万亿美元以上。第一只交易所交易基金创立于1993年，跟踪的是标准普尔500指数。

现在，你可以买卖几乎任何资产类别和子类别的交易所交易基金：行业、大宗商品、全球股票、固定收益证券。

由于交易所交易基金可以被选择市场时机的投资者用于押注基础资产市场的未来走势，因此我们有必要讨论一下使用交易所交易基金和使用期货或期权等衍生工具之间的差异。和期权合同一样，交易所交易基金的优点是你一开始就确切地知道你的成本是多少，虽然借钱购买交易所交易基金可能会让这些成本变得不确定。和期货合同一样，交易所交易基金不要求你在押注市场时支付时间溢价。和期限有限的期权或期货合同不同，购买交易所交易基金后你愿意持有多久就持有多久。最终，指数、期权、期货和交易所交易基金的定价都被套利联系在一起，因为它们中的任何一个都可以用其他3个合成。因此，其中的一个不太可能会让你捡到大便宜。因此，使用其中的哪种工具取决于你对该工具的熟悉程度、每个市场的流动性，以及你的投资期限。就最后一点而言，交易所交易基金更适合长期投资者。

把市场时机选择与证券选择联系起来

你能同时选择市场时机和证券吗？我们认为这有可能，因为二者并不相互排斥。实际上，导致你成为证券选择者的同一信念也可能导致你成为市场时机选择者。例如，如果你认为市场对新信息反应过度，你可以在重大负面意外信息公布之后买入股票，你也可以在经济或就业的负面报告公布之后买入整个市场。实际上，有很多投资者将资产配置与证券选择整合到一个连贯的投资策略中。

但是，对于将两者结合起来的投资理念，有两点需要注意。第一，由于你拥有选择市场时机和证券的不同能力，你必须衡量你的优势在哪里，因为你用于构建投资组合的时间和资源是有限的。第二，你可能会发现市场时机选择对证券选择产生了负面影响，从而降低了你的总体收益率。假如是这种情况，你就应该放弃选择市场时机，专注于选择证券。

结论

每个人都想选择市场时机，不难看出这种诱惑的原因。踩准市场节奏的投资者可以获得非常高的收益，相对而言不用付出太多的努力。但就交易成本（更高的交易频率和税负）和机会成本（在市场价格上涨的年份里远离市场）而言，选择市场时机的成本是很高的。实际上，你的判断必须在2/3的情况下是正确的，你才有可能从市场时机选择中获利。

如果你决定进行市场时机选择，你有大量的工具可用。有些指标是非财务的，例如伪指标（如超级碗指标，它与市场的关联纯属偶然）、感觉良好指标（衡量人们的情绪，从而衡量市场水平），和传播指标（鸡尾酒会上的闲谈）。还有一些市场时机选择基于影响股票价格的宏观经济变量——利率与经济增长率，理由是，你应该在利率降低和经济快速增长之前买入股票。虽然这些观点听起来都符合我们的直觉，但选择市场时机不是件容易的事情，因为你首先得预测这些变量。因此，如果经济增长率低于预期，高经济增长率本身并不会导致股票价格上涨。将预测的增长率和风险纳入市场分析的一个方法是估算市场的内在价值，也就是说，将市场价值视为你从市场投资中将获得的预期现金流的现值。估算内在价值可以让你对市场的长期走势做出更好的预测，但获得短期预测的更好的方法可能是，根据前些年的情况和与其他市场的比较来判断其当前的估值。

虽然市场时机选择的策略有很多，但能真正证明市场时机选择策略取得成功的证据却很少，即使对那些声称最擅长该策略的人来说也是如此。总体而言，共同基金在最差的情况下展示出的似乎是反向的市场时机选择能力，在市场大幅上涨之前退出市场，在股票价格下跌之前进入市场，在最好的情况下表现出的也不过是中性的市场时机选择能力。即使是那些把市场时机选择作为卖点的共同基金，如战术性资产配置基金，也未能通过市场时机选择来为自己增加任何价值。来自投资简报和市场策略师的资产类别配置建议，似乎也未能为投资者带来任何额外收益。

如果你认为你和那些失败者不一样，你是个例外，能够正确选择市场时机，那么你可以以不同程度的热情投身其中。最简单的策略是调整资产类别配置比例以反映你对后市的判断，但这可能要求你在相当长的时间里退出股票市场。但如果你想全部投资于股票，你可以在市场变动前转换投资风格，从价值投资（在盈利高增长时期）转向成长型投资（如果增长水平放缓），或者将你的资金在不同行业板块间进行转移。最后，如果你对自己选择市场时机的能力有足够的信心，相信自己能取得成功，你可以在估值过低的市场买入，在估值过高的市场卖空，当两个市场表现趋同时，你就可以获得巨大的收益。当然，这样做的风险在于，如果两个市场之间的偏离程度越来越大，你的投资组合就会遭受损失。

练习

1. 你认为自己能选择市场时机吗？如果不能，为什么？如果能，为什么？
2. 如果你认为你可以选择市场时机，请回答以下问题：
   a. 你的市场时机选择是局限于一个市场（比如股票市场），还是横跨多个市场（大宗商品、债券、外汇市场等）？
   b. 你在判断市场是否存在定价错误时，使用的是什么指标？为什么你认为它有效？
   c. 你认为市场时机选择是否会给你带来潜在成本？如果是，你如何降低这些成本？
3. 假设你试图选择市场时机，请回答以下问题：
   a. 你的市场时机选择是长期的还是短期的？是防守型的（保护你免受损失），还是进攻型的（增加利润）？
   b. 你使用哪种市场时机选择方法（资产配置、投机）？
   c. 你使用什么市场时机选择工具（交易所交易基金、衍生品），为什么？
4. 观察最近新闻中出现的某个市场时机选择者（一般是因为正确地预测了最近一次市场变化）。他或她用的是什么市场时机选择指标？他或她的长期业绩如何？

对投资者的忠告

要成为一个成功的市场时机选择者，你必须：

- 约2/3的时间是正确的。踩准市场时机的收益显然是巨大的，但失败所带来的代价也很高。收益来自在市场不景气时退出市场，但代价是，在市场景气的时候你有可能不在市场中。
- **找一个长期有效的指标。**选择市场时机可用的指标有几十个，但只有很少几个能长期有效地预测市场。即使是这几个指标，也只能给你提供变化方向（上涨或下跌），而不能给你提供变化幅度（到底能涨多少或跌多少）。
- **要意识到你没有很多可效仿的成功榜样。**专业人士——基金经理、投资专家和市场策略师——尝试选择市场时机的努力总的来说是不成功的。他们中的许多人倾向于追随市场，而不是引导市场。

第13章
准备放弃？指数化的诱惑

很多投资者以主动投资者的角色开始投资生涯，确信自己可以战胜市场，但最终自己却败下阵来。对这些投资者和那些从未认为自己有机会战胜市场的投资者来说，最实际的投资选择是投资于指数基金。指数基金的目的是模仿指数，获得与指数相同的收益率，而不是超越指数。投资指数基金意味着我们永远放弃了战胜市场的机会，但是我们确实获得了某些巨大的利益。第一，除了指数成分股调整带来的持股变化，投资组合中的股票几乎不用换手，因此几乎没有交易成本。第二，指数基金的低换手率使得它们比其他基金更节税。

指数基金是在20世纪70年代初创立的，随后迅速发展，成为重要的投资工具。具有讽刺意味的是，主动投资者和基金经理的表现为指数基金的发展提供了最好的支持。在过去几十年里，主动型基金经理所获得的收益率在大部分时间里都落后于标准普尔500指数。此外，基金经理选择市场时机的能力也是有限的。在这种情况下，你也可以问问自己，你把钱给主动型基金经理，然后让他去赔掉是否合理。

指数化机制

你该如何构建一只指数基金？一旦建立起来，你该如何管理它？请注意，为了让一只指数基金模仿指数，你不仅需要持有指数中的每只股票，而且持有每只股票的比例也必须与该股票在指数中的权重相匹配。在本节中，我们将首先探讨如何构建指数基金，然后讨论为什么一些指数基金会选择不完全复制它们所跟踪的指数。

完全指数基金

一旦确定需要复制的指数，构建一只完全指数基金的过程就比较简单了。构建过程有三个步骤。第一步，获取指数中有哪些股票（或资产）以及它们所占权重的信息。注意，不同指数计算权重的方法存在巨大差异。一些指数根据市值来确定股票权重（如标准普尔500指数），一些指数根据价格加权（如道琼斯30指数），还有一些指数根据市场流通股的比例加权（如纽约证券交易所综合指数）。甚至有些指数的权重是根据成交量来确定的。第二步，按股票在指数中的比例，将资金投资于指数中的每只股票。一只指数基金必须把资金全部投到指数上，因为持有现金会造成基金收益率背离指数收益率。

指数基金创建后，要管理它有两个要求。第一个要求，指数会随着时间的推移而变化，一些公司因并购、破产或不再能达到指数要求而被从指数中剔除，一些新公司加入进来。当指数调整的时候，指数基金也必须随之调整——被剔除的公司的股票必须被卖出，新增公司的股票必须被买进。尽管成熟的指数，如标准普尔500指数，变化相对较少，但那些跟踪变化或成长型市场的指数（如技术市场指数或新兴市场指数）的调整要频繁得多。第二个要求是，必须监控基金中各股票的权重，及时调整以反映相应股票在指数中所占权重的变化。按市值加权的指数基金的优势之一是，它具有自动调整功能。换言之，如果一只股票价格加倍，另一只股票价格减半，这两只股票在指数基金中的权重变化将反映出它们在指数中权重的变化。

抽样指数基金

在某些情况下，构建完全指数基金是不切实际的。如果你想复制包括几千只股票的指数，如威尔逊 5 000 指数，或者流动性很差的资产或股票的指数，那么创建和维持这种指数基金的交易成本可能非常高。解决这个问题的一个方法是，创建一只看上去很像某个指数但并不完全复制该指数的基金。为此，你可以通过对该指数的成分股进行抽样，购买指数中的部分股票来实现这一目标。先锋领航集团长期以来在指数基金行业处于领先地位，它的全市场基金使用的就是抽样方法，目的是复制美国市场所有股票的表现，它的小盘股基金及欧洲指数基金也是如此。

抽样指数基金能在多大程度上复制指数？衡量两者关系的方法之一是衡量指数基金与基金跟踪的指数之间的相关性。完全指数基金与其跟踪的指数之间的相关性应该是 100%，抽样指数基金即使持有的股票数量要少得多，但与其所跟踪的指数之间的相关性也接近 100%。图 13.1 显示的是随着指数基金中股票数量的增加，抽样指数基金与标准普尔 500 指数之间的相关性。

注意，即使只有 50 只股票，抽样指数基金与标准普尔 500 指数的相关性也相当高，而且随着股票数量的增加很快会趋于 100%。

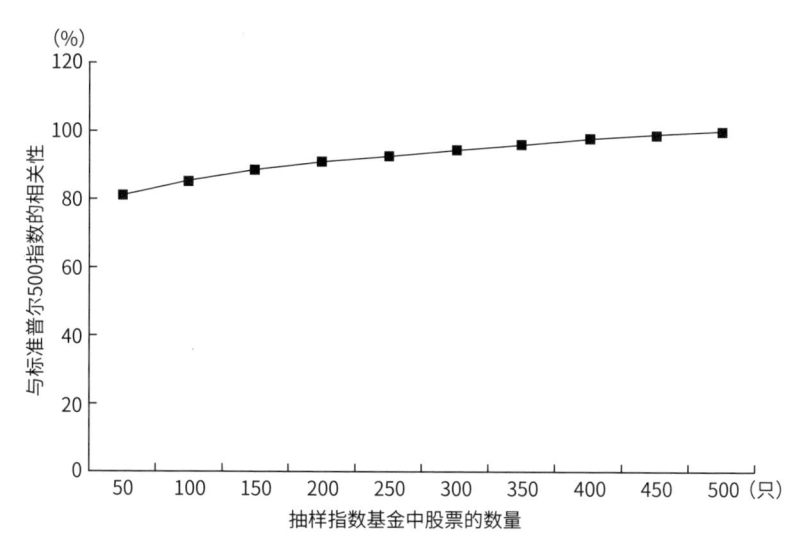

图 13.1　抽样指数基金与标准普尔 500 指数的相关性

指数化的历史

在很多方面，指数基金的出现应归功于学者们对有效市场的早期研究。在 20 世纪 60 年代以前，人们普遍认为，你将存款交给华尔街的基金经理管理，他们为你赚取高收益，以换取管理费和交易成本。当时人们认为，个人投资者是无法与这些专业人士竞争的。随着金融经济学在 20 世纪 50 年代和 20 世纪 60 年代作为一门学科出现，研究人员越来越多地发现相反的证据。有效市场假说赢得了一大批人的支持，该假说认为，市场价格是对价值的最佳估计，基金经理在挑选股票上花费的所有时间和资源都是徒劳的。虽然大多数投资从业者都抵制市场有效性的观点，但有人在这些学术成果中看到了机会。如果分散化投资是投资组合获利的主要来源，而挑选股票是无用之举，那么为什么不创立专注于分散化投资并将市场交易成本降至最低的基金呢？指数化投资最初是在1971年提供给机构投资者的，个人投资者可以进行指数化投资则始于1976年的先锋500指数基金。在之后30年里，该指数基金成长为世界上第二大股票基金，2011年11月，该基金管理的资产高达930亿美元。指数基金还将其跟踪对象扩展到标准普尔500指数之外。在2010年末，有63%的美国指数基金投资于非标准普尔500指数的股票，包括其他美国国内股票（32%）、全球股票（13%）和债券（19%）。

在这30年里，指数基金在整个市场的份额逐步增加，不仅针对个人投资者的储蓄，而且针对养老金和保险资产。指数基金管理的资金占整个共同基金管理的资金的比例，从1995年的5.2%增加到2010年的14.5%。仅在股票基金中，指数基金管理的资金目前就占总投资资金的近25%。但这并不意味指数基金的发展没有起起伏伏。指数基金最初的发展动力来自20世纪70年代投资组合经理所提供的糟糕的收益率。当时很多投资组合经理没有看到他们所面临的长期熊市和高通货膨胀，虽然我们不能说这是他们的错，但当时他们低于市场平均水平的收益率确实引起人们对他们的管理费的关注。从那以后，指数基金的增长在股市繁荣时期（20世纪80年代初和90年代末）似乎放缓了，这时主动型资金管理似乎可以获得收益；当市场停滞不前或下降时，指数基金的情况又开始好转。图13.2显示了各类指数基金1993—2010年的增长情况。

你现在可以看到，基金几乎与所有能想到的指数挂钩，指数基金激增。例如，2011年11月，先锋领航提供了48只指数基金，涵盖了不同市值的股票（大盘股、中盘股、小盘股），不同的收益目标（股息和资本增值），不同的风格（价值和成长），不同的地区（国内和国际），以及不同的资产类别（股票、债券和股债平衡）的指数基金。它甚至还提供了一个社会指数基金。该基金由符合社会、人权和环境标准的中盘股和大盘股组成。这些基金大多是抽样基金，而非完全指数基金,有些还有赎回的限制。我们这里用先锋领航基金来说明可供选择的指数基金的多元化,然而,当今其他基金家族也开始和先锋领航争夺指数基金这个巨大的市场。

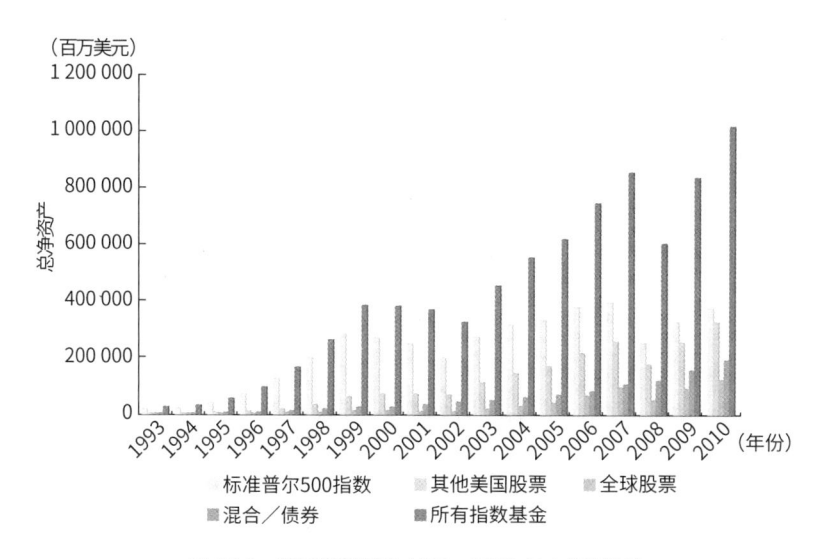

图 13.2 美国指数基金 1993—2010 年末的净资产

资料来源:美国投资公司协会。

所有指数基金都一样吗?

你可能认为复制同一指数的基金完全可以相互替代,但实际上并非如此。换言之,复制同一指数的两只基金之间尽管差别不大,但还是有差别。第一个差别是交易成本,一些基金的交易成本要远远低于另一些基金的交易成本。观察 2011 年 11 月晨星数据库种所有的标准普尔 500 指数基金,你会发现这些基金的年收益率落后于指数 10 到 30 个基点甚至更多。这种简单的方法可以用于衡量这些指数基金的交易成本。成本差异可以追溯到规模经济(较大的指数基金应该能够在更多的投资者之间分摊固定成本)和执行效率(先锋领航具有指数基金管理的长期经验,所以其执行成本比其他指数基金低得多)。

第二个差别是基金跟踪指数的准确程度。你可通过指数基金的R平方来衡量。一只完美指数基金的R平方应该是100%，但有些基金达不到这个标准。其中的一些是因为它们对较大指数使用抽样，它们抽样的效率越低，R平方就越低。还有一些指数基金试图复制整个指数，但R平方仍然达不到100%，这是因为滞后的支付和赎回使它们无法全部投资于指数。根据晨星数据库的数据，我们发现标准普尔500指数基金的R平方最低为97%，最高为100%。作为挑选某一具体指数的指数基金的投资者，你想要挑选的应该是费用最低、R平方最高的指数基金。

指数化的理由

具有讽刺意味的是，支持指数化最好的理由可以从主动型投资者那里找到，他们努力战胜市场，却经常遭受惨败。不仅个人投资者是这样，专业人士也不例外。在本节中，我们将探讨一个令人沮丧的情况，即学者和从业者声称他们发现市场存在很多无效的情况（常常是在假设的投资组合中），但要将这些假设利润转换成真正的利润似乎是件非常困难的事。

个人投资者

成千上万的个人投资者每天都在尝试挑选能够比市场表现更好的股票。他们挑选股票所使用的系统从简单到复杂。一些投资者根据六度分隔理论，听取朋友的朋友的建议进行"内幕交易"，而另一些投资者则使用严谨的量化分析。在越来越容易获取的数据、功能不断增强的个人计算机以及在线（较便宜的）交易的帮助下，个人投资者缩小了他们与华尔街专业投资者之间的差距。但这是一件好事吗？投资者获得的收益率是否比过去高了？

研究者对一家证券经纪公司的 7.8 万个客户账户进行了分析，研究结果部分地回答了这些问题。巴伯和奥登在一系列论文中研究了使用该公司经纪服务的个人的证券交易记录，并得出几个有趣的结论：

- 在扣除交易成本后，个人投资者平均而言并没有战胜市场。例如，1991—1996 年，标准普尔 500 指数基金扣除交易成本后的年净收益率是 17.8%，而在证券经纪公司交易的个人投资者的年平均净收益率是 16.4%。[1]
- 个人投资者交易越频繁，收益率往往越低。事实上，活跃度高的交易者的收益在扣除交易成本之前就低于不那么活跃的交易者。在扣除交易成本后，情况就更糟糕了。
- 把个人投资者组织起来成立投资者俱乐部，汇集他们的智慧和优势，这样做并不能带来更高的投资收益率。巴伯和奥登考察了随机选择的在证券经纪公司开户的 166 个投资者俱乐部的表现。1991—1996 年，这些投资俱乐部的年平均净收益率是 14.1%，低于标准普尔 500 指数（17.8%）和个人投资者（16.4%）。

在该研究中，有一个发现给人以希望。业绩最好的 1/4 的个人投资者每月的表现确实超过市场约 6%。其他研究还发现，当个人投资者投资的是离家较近的公司的股票时，其收益率要高于投资离家远的公司的股票[2]，同时，投资组合资产配置相对集中的投资者的业绩要好于投资组合资产配置过于分散的投资者。[3] 最后，以某大型证券经

1　B. M. Barber and T. Odean, "Too Many Cooks Spoil the Profits," *Financial Analysts Journal* 57 (2000): 17–25.

2　Zoran Ivkovich and Scott Weisbenner, "Local Does as Local Is: Information Content of the Geography of Individual Investors' Common Stock Investments," *Journal of Finance* 60 (2005): 267–306.

3　Zoran Ivkovich, Clemens Sialm, and Scott Weisbenner, "Portfolio Concentration and the Performance of Individual Investors"（working paper, University of Illinois at Urbana-Champaign, 2005）.

纪公司16 668个个人投资者账户为样本的一项研究发现，长期而言，其中表现最好的10%的交易者比表现最差的10%的交易者平均每年的收益高出约8%。[1]

总而言之，虽然有一小部分足够自律的个人投资者在扣除交易成本后仍能战胜市场，但个人投资者平均而言未能战胜市场，而且个人投资者交易越活跃，业绩越落后于市场。

专业人士

很多人会认为前面讨论的个人投资者的表现是预料之中的。毕竟，个人投资者只是业余投资者，他们无法获得共同基金和养老金基金经理（即专业人士）所能获得的信息和资源。专业人士被认为应该比个人投资者掌握更多的信息，更聪明，交易成本也更低，所以从总体上讲，应该比个人投资者的表现更好。事实上，正是基于这种信念，我们把存下来的钱委托给专业人士，为他们的投资管理专长支付大笔费用，承担高昂的交易成本和税收负担。作为回报，我们期望主动管理型基金要比跟踪市场的指数基金表现更好。

平均而言，共同基金战胜市场了吗？

直到20世纪60年代，那种认为专业人士比个人投资者业绩好得多的传统观点被人们广泛接受，但并没有被真正检验过，部分原因是数据难以搜集，部分原因是检验该假设的工具还没有被开发出来。资本资产定价模型被提出后，在拥有了相关数据和统计包工具的情况

---

[1] J.D. Coval, D. À. Hirshleifer, and T. Shumway, "Can Individual Investors Beat the Market?" (SSRN Working Paper 364000, 2005).

投资哲学 | 616

下，迈克尔·詹森在 1968 年首次对共同基金进行了研究。[1] 他考察了 1955—1964 年共同基金的收益率，然后根据基金所承担的风险，将基金的实际收益率与预期收益率进行比较。基金的预期收益率用基金估算出来的贝塔值和资本资产定价模型来计算。事实上，实际收益率与资本资产定价模型的预期收益率之间的差异现在被称作詹森指数，这反映了该研究在之后 30 年对实证金融的影响。他的研究结果表明，就超额收益而言，1955—1964 年投资组合经理的表现落后于市场，具体情况如图 13.3 所示。

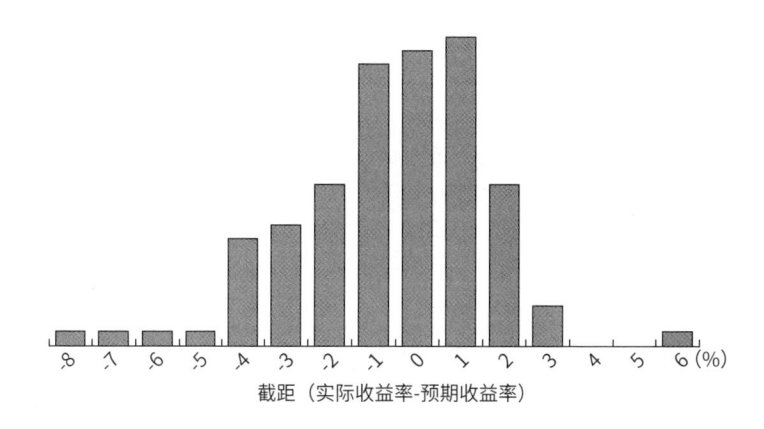

图 13.3　共同基金的表现（1955—1964 年）：詹森的研究

资料来源：M. Jensen, "The Performance of Mutual Funds in the Period 1945–64," *Journal of Finance* 2 (1968): 389–416。

请注意，截距小于 0 表示共同基金的表现落后于市场。用此标准来衡量，60% 以上的共同基金的表现都落后于市场，基金的平均收益率低于预期收益率 1%~2%。

这些结果一经发表，就引发了迄今为止一直未停的争论。一方面，很多学术界和业界人士认为，主动型基金经理没有增加价值。另

---

[1] M. Jensen, "The Performance of Mutual Funds in the Period 1945–1964," *Journal of Finance* 2 (1968): 389–416。

一方面，主动型基金经理提出了詹森研究中存在的一些问题，他们认为只要解决了这些问题，就能向世人揭示他们所创造的超额收益的真实情况。伯顿·马尔基尔更新了这项研究，考察了1972—1991年的共同基金情况。[1] 他的结论比詹森的结论稍微积极一些，他发现在扣除管理费用之前，共同基金平均业绩与市场持平。但在扣除管理费用之后，共同基金的平均业绩低于市场约1%。[2] 费雷拉、科斯瓦尼、米格尔和雷蒙在一项研究中不仅更新了数据，而且对27个不同国家的共同基金进行了研究，发现它们的总体表现比市场低0.2%，如果将美国剔除，则低0.1%。[3]

主动型基金经理的业绩在债券市场的情况要好一些吗？图13.4比较了1983—1992年主动管理型债券基金与雷曼指数（一种广泛使用的债券指数，后因显而易见的原因被重新命名）的业绩情况。[4]

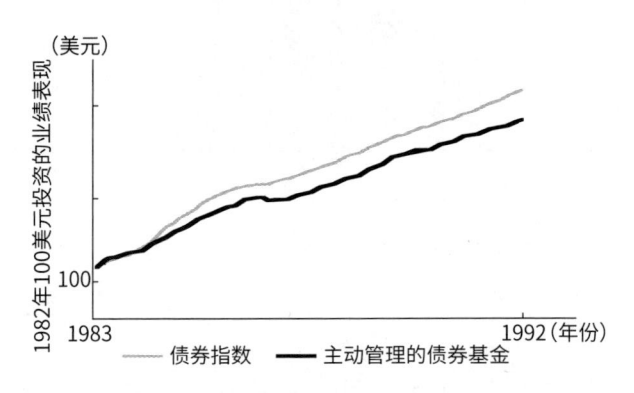

图13.4 主动管理的债券基金 vs. 债券指数

资料来源：J. C. Bogle, *Bogle on Mutual Funds* (Homewood, IL: Richard D. Irwin, 1994)。

1　B. G. Malkier, "Returns from Investing in Equity Mutual Funds 1971 to 1991," *Journal of Finance* 40 (1995): 529–572.
2　这是基于威尔逊5 000指数计算得出的结果。如果基于标准普尔500指数来计算，业绩差距要大得多（约为3.2%）。
3　M. A. Ferreira, A. Keswani, A. F. Miguel, and S. B. Ramos, "The Determinants of Mute Fund Performance: A Cross-Country Study" (SSRN Working Paper 947098, 2011).
4　J. C. Bogle, *Bogle on Mutual Funds* (Homewood, IL: Richard D. Irwin, 1994).

在这 10 年间，主动管理型债券基金的年平均收益率比债券指数低 1.5% 左右，也就是说，投资于债券指数的 100 美元，期末会增长到 303 美元，而投资于主动管理型债券基金的 100 美元，其期末价值只有 263 美元。其他一些研究也得出相同的结论。

衡量问题

詹森的研究将经风险调整后收益的概念引入实证研究，这具有突破性意义，但在若干方面也有局限性。第一，该研究依据的是贝塔值和资本资产定价模型，所以资金经理可以说，其结果反映的是模型的失败而非他们业绩不佳。第二，詹森在研究中使用的样本很小，没有考虑 1955 年存在但在 1964 年以前消失的基金的收益率。这个问题被称为幸存者偏差。请注意，该问题导致的结果很可能是整体业绩更差，而不是更好，因为消失的基金一般都是业绩最差的基金。在本节中，我们将讨论用其他方法衡量风险和控制幸存者偏差的研究。

超额收益衡量方法

在过去的 20 年里，越来越多的证据表明资本资产定价模型存在局限性，以及它未能很好地解释股票的收益率，特别是小盘股和低市盈率股票的收益率。这就给那些想推翻詹森研究结论的基金经理提供了弹药。但是，用其他衡量超额收益率的方法计算的基金经理的收益率并不比詹森研究中的结果更好。让我们来看几个例子。

- **与市场比较**。任何风险与收益模型都会因这样或那样的弱点受到攻击，因此你可以回到最简单的比较方式，即把共同基金与宽基指数，如标准普尔 500 指数，加以比较。约翰·博格在领导先锋领航时开了被动投资的先河，他在自己的书中指出，在 1983—1992 年，205 只共同基金中有 166 只没能跑赢威尔逊 5 000 指数。图 13.5 显示的是 1971—2010 年每年表现优于标

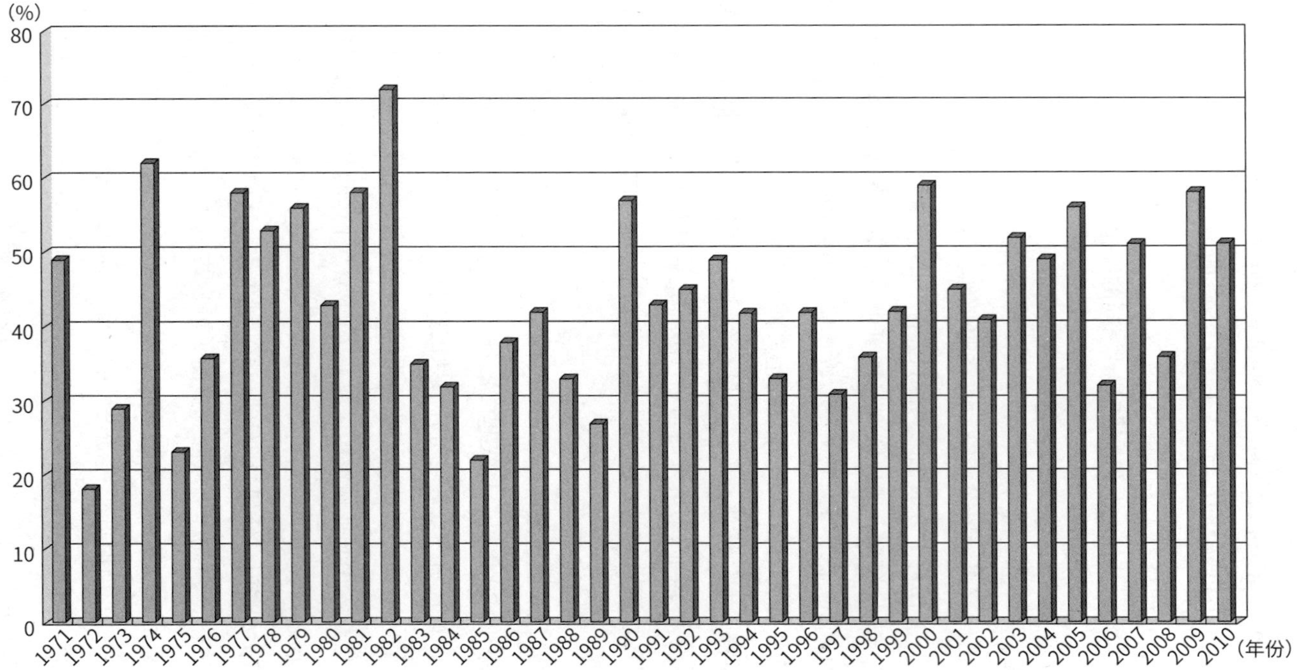

图 13.5 业绩水平超过标准普尔 500 指数的基金经理的比例

资料来源：标准普尔 SPIVA 报告。

投资哲学 | 620

准普尔500指数的主动型共同基金的比例。请注意，40年里只有13年50%以上的主动型共同基金表现优于标准普尔500指数。共同基金经理无疑会辩解说，该方法对共同基金不公平，因为共同基金还持有现金。由于很多基金选择持有现金作为市场时机选择的工具，因此，我们不支持以上观点。

- **其他风险衡量方法**。将投资组合的超额收益率除以其标准差得到的夏普比率、将超额收益率除以贝塔值得到的特雷诺测度，以及将通过回归得到的阿尔法值除以标准差得到的评估比例，这些指标都可以被视为詹森指数的近亲，我们在第6章进行了讨论。使用这三种方法研究得出的结论仍然是共同基金未能跑赢市场。[1] 在一个考察该结论对不同风险与收益模型的敏感程度的研究中，莱曼和莫德斯特使用套利定价模型计算了1969—1982年130只共同基金的非正常收益。[2] 虽然基金非正常收益的大小与模型的不同设定有关，但每个模型计算出来的超额收益都是负的。

- **扩大的代理模型**。在第2章，我们提到了法玛和弗伦奇所做的研究，他们发现低市净率的小盘股的实际收益率远远高于用资本资产定价模型预测的收益率。在第7章，我们也提到价格惯性的有关证据，即近来表现良好的股票更有可能继续表现良好，至少在短期内是这样的。如果你不能控制这些广为人知的实证异象，你就有可能发现，投资于高市净率的大盘股的基金获得的超额收益为负。卡哈特使用一个包括贝塔值、市值、市净率和价格惯性的四因子模型进行研究，得出的结论是，共同

1　1966年夏普使用该比率对34只共同基金进行评估，发现共同基金的表现落后于市场。几年后，Treynor使用他的指数得出同样的结论。
2　B. N. Lehmann and D. M. Modest, "Mutual Fund Performance Evaluation: A Comparison of Benchmarks and Benchmark Comparisons," *Journal of Finance* 42 (1987): 233–265.

基金的平均表现仍低于市场约1.8%。换言之，你不能将共同基金表现不佳归咎于实证异象。[1]

鉴于以上这些证据，我们似乎可以比较肯定地得出这样的结论：共同基金的糟糕表现不能归咎于研究人员使用了错误的基准进行比较。

幸存者偏差

很多针对共同基金进行的研究都存在一个局限性，它们仅使用样本期有数据，并且在样本期结束时仍然存在的共同基金。很多共同基金数据库只记录现存的基金，剔除了已停止运营的基金。由于失败的基金一般是业绩最差的基金，因此我们在计算基金收益率时就可能出现偏差。特别是由于我们只考虑幸存下来的基金，所以有可能高估共同基金的收益率。虽然很多研究者都探讨过该问题，但关于幸存者偏差最全面的研究是由卡哈特进行的。他检验了1962年1月至1995年12月所有的股票共同基金（包括失败的基金）。在这段时间里，每年约有3.6%的共同基金失败，这些失败的基金一般要比样本中其他基金的规模更小，风险更大。此外，大约80%的失败基金在失败清算前的5年里表现不如其他基金，这一点对思考幸存者偏差问题很重要。如果忽略了这一点，就像很多研究在计算持有共同基金的年平均收益率时所做的那样，结果是导致1年样本期的年收益率被高估0.17%，20年样本期的年平均收益率被高估1%以上。实际上，这将意味着如果我们发现在过去20年里，共同基金的年平均收益率低于市场收益率1%，那么由于我们忽略了每年未幸存下来的基金的收益率，实际上共同基金的年平均收益率比市场的年平均收益率差接近2%。

---

[1] Mark M. Carhart, "On Persistence in Mutual Fund Performance," *Journal of Finance* 52 (1997): 57–82.

各类基金的表现

共同基金的整体业绩不比市场平均水平好多少,有些人对此可能并不感到惊讶。毕竟,机构投资者在占整个市场的 60%~65% 时,很难集体战胜市场。事实上,查尔斯·埃利斯发人深省的文章《赢得输家的游戏》讲的正是这一点,任何从事资金管理的人都应该读一读。[1] 你可能仍然认为,总有某类基金或能力出众的基金经理能持续战胜市场。在本节中,我们将探讨不同类别的基金,考察它们相对于市场的表现。

按市值分类

投资于小盘股的基金的业绩是否要好于投资于大盘股的基金?无论如何,小盘股是主动投资最有可能得到回报的投资对象,因为小盘股至少存在公司的某些关键基本面因素被投资者忽略的可能性。就总收益而言,答案似乎是肯定的。就超额收益而言,答案取决于你如何调整风险。表 13.1 基于资本资产定价模型,总结了 2007—2011 年按投资风格分类的小盘股、中盘股和大盘股基金的超额收益。

表 13.1 根据市值和风格分类的超额收益率(2007—2011 年,%)

	价值型	混合型	成长型
大盘股	−2.9	−1.03	0.49
中盘股	−1.3	0.25	2.08
小盘股	−0.37	−0.08	1.08

小盘股基金的表现好于大盘股基金,成长型基金的表现好于价值型基金,这个结果应该不会让人感到意外,因为根据资本资产定价模

---

1 C. D. Ellis, *Winning the Loser's Game* (New York: McGraw Hill, 1998).

型得出的小盘股和低市盈率股票的预期收益一直较低。当我们用一个三因子或四因子模型来修正这种偏差并计算超额收益时，这些差异要么缩小，要么消失。

我们还研究了上一节提到的简单衡量指标——主动管理型基金中业绩超过标准普尔 500 指数的基金所占的比例。为了让这个对比更合理，标准普尔对三组股票使用了不同的指数：标准普尔 500 大盘股指数，标准普尔 400 中盘股指数和标准普尔 600 小盘股指数。图 13.6 总结了 2000—2010 年的结果。[1]

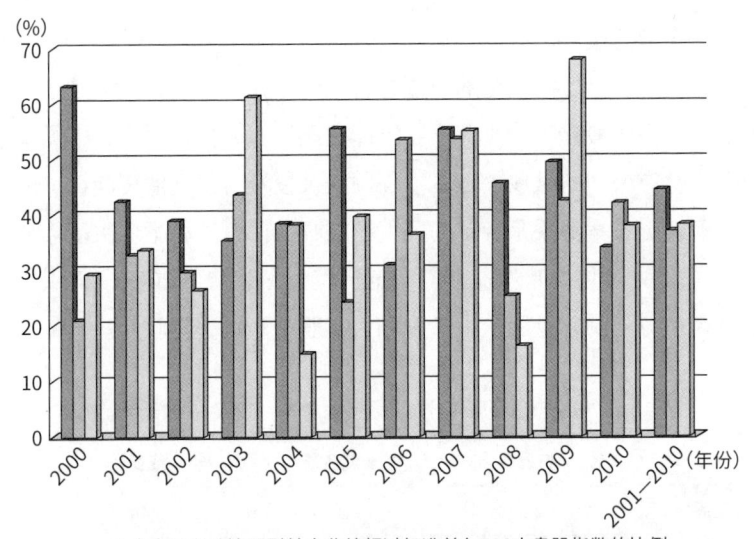

■ 大盘股主动管理型基金业绩超过标准普尔500大盘股指数的比例
□ 中盘股主动管理型基金业绩超过标准普尔400中盘股指数的比例
□ 小盘股主动管理型基金业绩超过标准普尔600小盘股指数的比例

图 13.6　主动管理型基金和指数基金

资料来源：标准普尔 SPIVA 报告。

1　SPIVA reports, Standard & Poor's.

就整个样本期间而言,没有一个基金类别的总体表现超过了对应的指数。实际上,与各自的指数基准相比较,大盘股基金相对于其指数的表现要稍好于中盘股基金和小盘股基金。

按风格分类

不同的共同基金在投资风格和投资目标方面有很大不同。一些基金标榜自己是成长型基金,投资于预期增长率和市盈率都很高的股票。另一些基金标榜自己是价值型基金,专门投资于低市盈率和低市净率的股票。此外还有收益基金(专注于高股息股票的基金)、多元化基金和小盘股基金。每种风格的基金经理也许都会说他们基金的业绩比被动投资者的业绩好,然后把主动管理型基金整体表现不佳归咎于其他风格的基金。拉格尼斯克、施莱费尔和维什尼在一篇研究资金管理行业的论文中,把养老基金分为成长型、价值型、收益型和其他,他们考察了其1983—1990年的年平均收益率,以及战胜标准普尔500指数的基金经理的百分比,结果如表13.2所示。[1]

表 13.2　不同投资风格的养老基金的业绩

基金风格	年平均收益率(1983—1990年,%)	战胜对应指数的基金经理的百分比(%)
成长型	17.1	41
收益型	18.9	56
价值型	18	48
其他	18.2	46
所有基金	17.7	46

资料来源:J. Lakonishok, A. Shleifer, and R. Vishny, "Contrarian Investment, Extrapolation, and Risk," *Journal of Finance* 49 (1994):1541–1578。

1　J. Lakonishok, A. Shleifer, and R. Vishny, "Contrarian Investment, Extrapolation, and Risk," *Journal of Finance* 49 (1994): 1541–1578.

除了收益基金，在每种投资风格的基金中，业绩不如标准普尔500指数的基金经理都超过50%。此外，每种风格基金的年平均收益率都低于标准普尔500指数。

由于这里使用的对照指数是标准普尔500指数，成长型基金与价值基金的基金经理可能对该研究持不同意见，认为对照指数应该分别是成长型指数和价值型指数。虽然这不能自圆其说（因为这两类基金都告诉投资者自己的业绩好于总体市场），但如果与相应的指数进行比较，成长型基金的结果看上去要好于价值型基金。平均而言，价值型基金落后于价值型指数的程度要比成长型基金落后于成长型指数的程度高约1.2%。[1] 图13.7摘自伯恩斯坦所著的一本关于投资风格的书，展示了1987—1993年成长型基金和价值型基金与它们各自对应的指数之间的比较。[2]

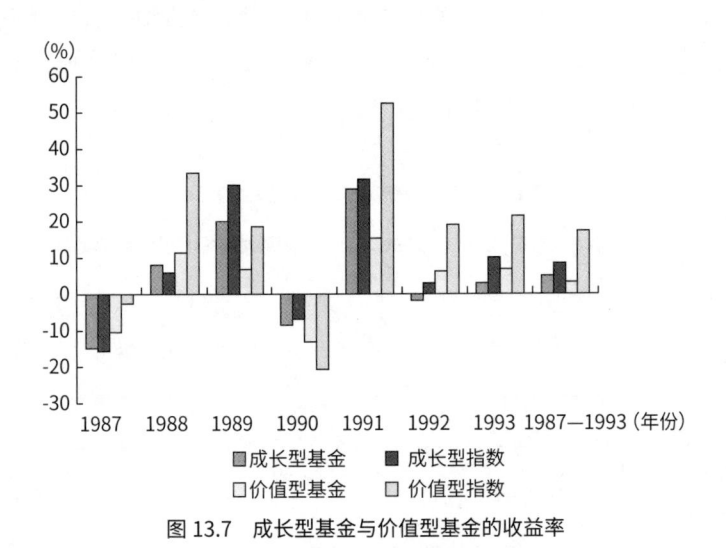

图 13.7　成长型基金与价值型基金的收益率

资料来源：R. Bernstein, *Style Investing* (New York: John Wiley & Sons, 1995)。

1　L. K. C. Chan, H. L. Chan, and J. Lakonishok, *On Mutual Fund Investment Styles*, Review of Financial S*tudies 5, no. 15* (Winter 2002): 1407–1437.
2　R. Bernstein, Style *Investing* (New York: John Wiley & Sons, 1995).

虽然上述研究使用的样本很小，但它进一步显示，整体而言，成长型投资者业绩战胜对应指数的可能性比价值投资者更高。正如我们在表 13.1 中所看到的，在 2007—2011 年，成长型基金的表现仍然好于价值型基金。

根据投资风格对基金进行分类的一个局限是，基金常常以与它们声称的风格相悖的方式投资。因此，你经常会发现，价值型基金购买成长型股票，而成长型基金投资于成熟的价值型公司。

新兴市场与国际基金

虽然主动投资在像美国这样信息畅通的成熟市场可能获益不多，但从直觉上你会预期，主动投资在新兴市场的收益会大得多，甚至在欧洲市场也会有不错的收益，因为这些市场的信息传播不够通畅。艾哈迈德、戈帕迪亚和南达考察了晨星数据库中 1980—2000 年的 172 只新兴市场基金，计算了这些基金的超额收益率。图 13.8 总结了他们的研究结果。[1]

在每组中，主动管理型基金的表现都没有指数好。该结果和早期对新兴市场的研究所发现的结果一致，即主动管理并不一定能带来超额收益，甚至在基金经理具有信息优势的市场中也是如此。这个结果可能看起来令人吃惊，然而事实上，这些市场的交易成本也比较高，通过挑选较好的股票所获得的收益很可能被交易成本抵销。[2]

其他发达市场的基金情况如何呢？日本的主动管理型基金比美国的主动管理型基金落后于指数的程度更高。蔡、陈和山田进行的一

---

[1] P. Ahmed, P. Gangopadhyay, and S. Nanda, "Performance of Emerging Market Mutual Funds and U.S. Monetary Policy" (SSRN Working Paper 289278, 2001).
[2] 标准普尔与印度信用评级信息服务有限公司合作，研究印度主动管理型共同基金跑赢指数的情况，他们的发现与美国的情况类似。在截至 2011 年 6 月的 5 年期间，股票共同基金的平均加权收益率每年落后于指数收益率 0.5%～1%，只有 35% 的大盘股基金和 44% 的多元化股票共同基金业绩战胜了各自的指数。

项研究发现，1981—1992年日本800家主动管理型共同基金的年平均收益率仅为1.74%，而同期日本股票市场的年平均收益率为9.28%。[1] 奥滕和巴姆斯研究了2000年508只主动管理型欧洲基金，发现了一些超额收益的证据，特别是在小盘股基金中。这是主动管理的实证结果中为数不多的亮点之一。

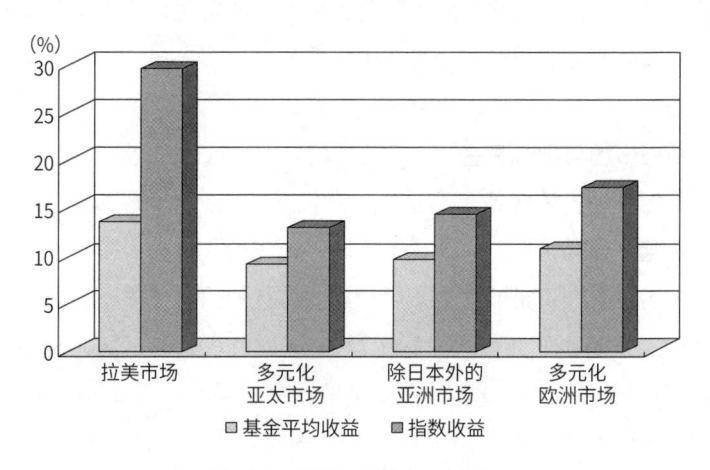

图13.8 新兴市场基金 vs. 指数

资料来源：P. Ahmed, P. Gangopadhyay, and S. Nanda, "Performance of Emerging Market Mutual Funds and U.S. Monetary Policy" (SSRN Working Paper 289278, 2001)。

其他分类

共同基金还有其他几种分类方法，我们在这里不再详细阐述，仅对其进行简单总结：

- **收费与不收费基金**。一些基金收取投资者前端销售手续费，通常是投资金额的一定比例。这些费用被称作销售费，比例一般

---

[1] J. Cai, K. C. Chan, and T. Yamada, "The Performance of Japanese Mutual Funds," *Review of Financial Studies* 10 (1997): 237–273. 虽然这确实是一个令人难以置信的差异，但应该指出的是，日本共同基金的资产净值已根据纳税义务进行了调整。事实上，布朗、格茨曼、平木、乙木和白币（2001年）认为，这些负超额收益中的大部分可以用税收效应来解释。S. J. Brown, W. N. Goetzmann, T. Hiraki, T. Otsuki, and N. Shirashi, "The Japanese Open-End Fund Puzzle," *Journal of Business* 74 (2001): 59–77.

为投资金额的 2%~5%。收费基金声称，之所以要收取这些费用，是因为它们提供的收益率要远远超过那些不收费基金。但是，实证证据并不支持这种说法。莫里对收费和不收费基金的经费用调整前和调整后业绩进行了比较。他以 1993 年 301 只收费基金和 334 只不收费基金为样本，跟踪它们随后 5 年的业绩，并把其间终止运作的基金的影响考虑进去。[1] 他的发现如图 13.9 所示。结果显然对收费基金不利。它们的收益率不仅在经费用调整后低于不收费基金，甚至在经费用调整前也低于不收费基金。

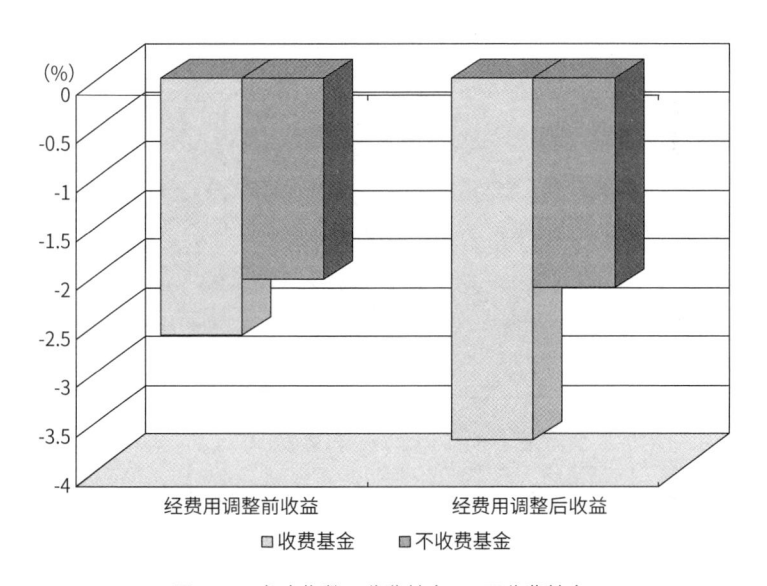

图 13.9 詹森指数：收费基金 vs. 不收费基金

资料来源：M. R. Morey, "Should You Carry the Load? A Comprehensive Analysis of Load and No-Load Mutual Fund Out-of-Sample Performance," *Journal of Banking & Finance* 27 (2003): 1245–1271。

1　M. R. Morey, "Should You Carry the Load? A Comprehensive Analysis of Load and No-Load Mutual Fund Out-of-Sample Performance," *Journal of Banking & Finance* 27 (2003): 1245–1271。

- **基金的"年龄"与规模。**与新基金相比,运营时间更长的基金(成熟的基金)是收益更好还是更差呢?前面提到的莫里对收费与不收费基金的研究也涉及这个问题。他在1993年把样本基金分为成熟的(10年以上)、中年的(5~10年)和年轻的(不满5年)三类,然后检验它们在随后5年的收益率。图13.10汇总了他的结论。

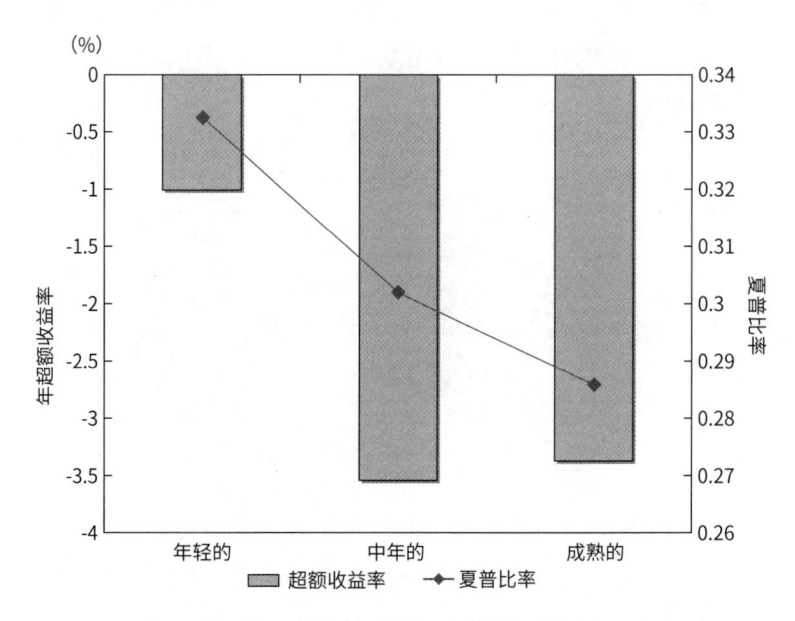

图 13.10 按年龄分类的基金的超额收益率

资料来源:M. R. Morey, "Should You Carry the Load? A Comprehensive Analysis of Load and No-Load Mutual Fund Out-of-Sample Performance," *Journal of Banking & Finance* 27 (2003): 1245–1271。

就超额收益率和单位风险的收益率(夏普比率)而言,较年轻的基金的表现似乎比成熟的基金好得多。当基金按规模分类时,你会发现类似的结果,即规模较小基金的表现要略好于规模较大的基金,虽然大、小规模的基金的业绩都落后于指数。因德拉、蒋、胡和李检验了基金规模与收益率之间的关系,他们把基金分成从大到小的10个等级。[1] 因为小基金的交易成本较高，小于 20 分位数（规模最小的两个等级）的基金比其他等级的基金收益率低，这主要是由于其成本更高。但随着基金规模的增大，规模经济效应迅速下降。超过最佳规模（大于 90 分位数）的基金的收益率也比较低。

- **基金经理的特征**。经验是否可以使基金经理的业绩更好？年长的基金经理是否比年轻的基金经理更有可能获得高收益率？当根据基金经理的年龄和经验对基金进行分类时，我们发现，年轻的基金经理获取正超额收益率的概率大于年长的基金经理，但年轻的基金经理表现出更明显的从众行为，在业绩表现不佳时，他们更容易被解雇（这可能解释了为什么他们更愿意从众）。[2] 一项研究甚至考察了男性和女性基金经理的差异，发现两者在业绩方面没有显著差异。[3]

- **零售与机构基金**。有些基金专门为机构和非常富有的个人提供服务。它们设定的投资门槛为 10 万美元或更多。这些基金中的一些是独立发行的，另一些是由同时提供其他零售基金的基金家族来管理的。图 13.11 按基金是服务零售还是服务于机构投资者进行分类，报告了 1995—1999 年各类基金的超额收益率情况。对服务于机构投资者的基金，该图又按最低投资额要求——最低投资额大于 50 万美元的是大基金，最低投资额为 10 万~50 万美元的是小基金——以及它们是独立的还是由提供其他零售

---

[1] D. C. Indro, C. X. Jiang, M. Y. Hu, and W. Y. Lee, "Mutual Fund Performance: Does Size Matter?" *Financial Analysts Journal* 55 (May/June 1999): 74–87.

[2] J. Chevalier and G. Ellison, "Are Some Mutual Fund Managers Better Than Others? Cross-Sectional Patterns in Behavior and Performance," *Journal of Finance* 54（1999）: 875–899. 他们考察 1988—1994 年的基金，把业绩与基金经理的年龄、SAT（美国高中毕业生学术能力水平考试）分数以及本科学校的地位联系起来。他们发现 SAT 成绩高、毕业于更著名的本科学校的基金经理，获取正收益率的情况要略多于其他经理。

[3] S. M. Atkinson, S. B. Baird, and M. B. Frye, "Do Female Mutual Fund Managers Manage Differently?" *Journal of Financial Research* 26 (2003): 1–8. 他们也发现，流入由女性管理的基金的净资产要低于流入由男性管理的基金，特别是在基金经理管理基金的第一年更是如此。

基金的基金家族管理的来分类。[1] 请注意，勉强能打败市场的几只基金都是独立的大机构基金。

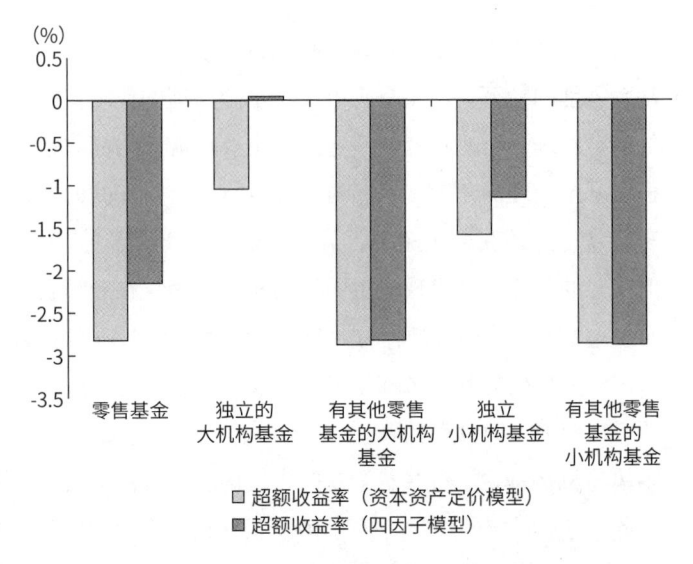

图 13.11　机构与零售基金对比：年超额收益率

资料来源：C. James and J. Karceski, "Captured Money? Differences in the Performance Characteristics of Retail and Institutional Mutual Funds"（SSRN Working Paper 299730, 2002）。

- **社会责任基金**。在过去的 10 年，基金公司设立了大量满足那些关注社会责任的个人投资者需求的基金。虽然每只基金对社会责任的定义各不相同，但相关基金经理都声称，从长远看投资于"有道德"的公司会带来更高的收益。而反对的人认为，限制投资选择范围的结果是收益率的降低而不是提高。在一个结果让双方都不满意的研究中，鲍尔、考迪克和奥滕考察了美国、英国和德国 1990—2001 年的 103 只道德基金，发现这些

1　C. James and J. Karceski, "Captured Money? Differences in the Performance Characteristics of Retail and Institutional Mutual Funds" (SSRN Working Paper 299730, 2002).

基金与传统基金在超额收益率方面没有显著差异。[1]

业绩的连续性

在面对主动管理型基金平均收益率不如市场的证据时，一些主动型基金经理的反应是，数字是被处于业绩排名底部的基金拉低的。他们认为，一个行业的好坏应该根据那些头部从业者的表现而不是平均水平来判断。如果他们是正确的，那么最好的基金经理就应该在业绩方面既表现出一致性又表现出连续性，并比市场的收益率高很多。

业绩变化的可能性

也许检验连续性的最简单的方法是根据某个期间的业绩对基金经理进行排名，然后观察他们在下一个期间的排名。拉格尼斯克、施莱费尔和维什尼根据每年的业绩，把1983—1989年的养老基金经理分成4个等级，然后观察他们重复业绩的可能性。表13.3总结了该研究的结果。

表 13.3 养老基金经理业绩的连续性（1983—1989年）

本期四分位排名	1	2	3	4
1	26%	24%	23%	27%
2	20%	26%	29%	25%
3	22%	28%	26%	24%
4	32%	22%	22%	24%

下一期间四分位排名

资料来源：J. Lakonishok, A. Shleifer, and R. Vishny, "Contrarian Investment, Extrapolation, and Risk," *Journal of Finance* 49 (1994): 1541–1578。

---

[1] R. Bauer, K. Koedijk, and R. Otten, "International Evidence on Ethical Mutual Fund Performance and Investment Style," *Journal of Banking and Finance* 29 (2005): 1751–1767.

请注意，如果业绩排名完全随机，那么基金经理每期在每个等级上出现的概率都应该是25%，即今年处于第一个四分位数的经理在下一年进入第四个四分位数中的任何一个的机会是均等的。实际出现在某个等级的百分比和25%没有显著的差异，只有一个例外。今年处于最低四分位数的经理下一年处于最高四分位数的可能性比在其他位置要大一些。这不足为奇，因为这正是你对共同基金的期望，这些基金冒着很大的风险，只在少数几只股票上下注。如果赌赢了，它们的排名将移到最顶部，如果赌输了，它们将掉到最底部。

标准普尔公司提供了最新的共同基金排名变化的矩阵，并考虑了基金清算和并购的情况。在其最新的评估中，标准普尔将2008年3月主动管理共同基金基于此前3年的业绩分为4个等级，然后观察它们在随后3年（2008年4月到2011年3月）业绩仍然处于相同等级的可能性。表13.4显示了相关结果。

表13.4 共同基金业绩的连续性（2008—2011年）

	第一个四分位数	第二个四分位数	第三个四分位数	第四个四分位数	并购/清算
第一个四分位数	24%	26%	19%	23%	8%
第二个四分位数	16%	21%	27%	24%	12%
第三个四分位数	18%	19%	25%	22%	15%
第四个四分位数	27%	18%	14%	16%	25%

与对养老基金的研究得出的结论一致，表13.4表现出来的业绩持续性很低，前3年表现最差的基金实际上最有可能在随后3年成为表现最好的基金。同时，我们应该注意到，处于底部两个四分位数的基金在随后3年停止运营的可能性要大得多。

第三方排名与评级

表 13.3 中的排名完全依据收益率，可能因为没有考虑其他定性因素而有误。像晨星这样的服务机构会给共同基金评级，如《华尔街日报》《福布斯》《彭博商业周刊》这样的财经媒体也会给共同基金排名。这些评级和排名会对基金行业产生很大的影响，有证据显示，晨星评级上升的基金会出现资金净流入，而晨星评级下降的基金会出现资金净流出。[1] 但评级较高的基金在随后时期仍能重复它们的业绩吗？或者说，投资者在挑选基金时经常依赖的评级指标是否真能预测基金未来的业绩？

布莱克和莫里利用晨星评级数据研究了这些问题。晨星拥有最全面的共同基金数据库之一，根据基金的历史收益率和业绩的一致性对其进行评级，从最差的一星到最好的五星。[2] 一个研究揭示了该评级的影响，发现 97% 的资金流入了拥有四星或五星评级的基金。[3] 为了检验基金评级是否能预测基金未来的业绩，布莱克和莫里根据 3 年、5 年和 10 年的评级加权计算出每只基金的平均分（权重分别是 20%、30% 和 50%），并根据该分数把基金分为 10 个等级。然后，他们计算了 1994—1997 年各等级基金的超额收益率，具体结果如图 13.12 所示。

除了那些评级最低的基金，晨星的评级几乎或根本没有预测基金未来业绩的能力。在接下来的一年里，那些评级很差的基金的表现比其他基金差得多。而评级最高的基金在下一年比处于平均评级的基金表现更差，或者并没有表现得更好。

---

[1] D. Del Guercio and Paula A. Tkac, "Star Power: The Effect of Morningstar Ratings on Mutual Fund Flows" (SSRN Working Paper 286157, 2007).

[2] C. R. Blake and M. M. Morey, "Morningstar Ratings and Mutual Fund Perfor-mance," *Journal of Financial and Quantitative Analysis* 35 (2000): 451–483.

[3] 《华尔街日报》的一篇文章引用了该统计数字。Karen Damato, "Morningstar Edges Toward One-Year Ratings," *The Wall Street Journal*, April 5, 1996.

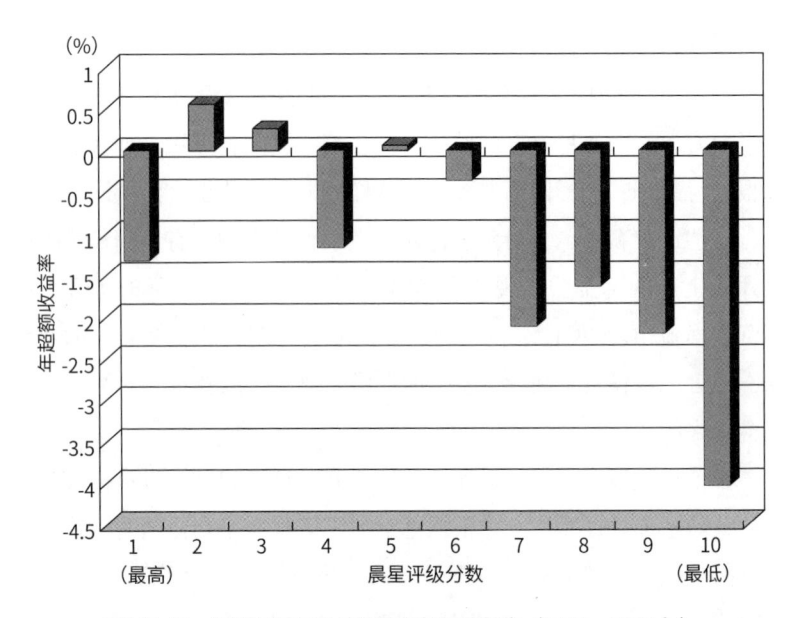

图 13.12 根据晨星评级计算的年超额收益率（1994—1997 年）

资料来源：C. R. Blake and M. M. Morey, "Morningstar Ratings and Mutual Fund Performance," *Journal of Financial and Quantitative Analysis* 35（2000）：451–483。

为了回应有关基金评级对基金未来的业绩没有预测作用的批评，晨星的确在 2002 年修改了评级体系，做出了三处改动。第一，它将基金分为 48 组，而不是像 2002 年之前那样分为 4 组。第二，它调整了风险衡量方法，以更全面地捕捉下行风险。在 2002 年之前，一只基金只有在其收益率低于短期国债的利率时，才会被认为是有风险的，即使它的收益波动很大。第三，持有多类别股票的基金被视为一只基金。一项研究将 2002 年 6 月的基金按照新的评级标准进行分类，并观察了随后 3 年（2002 年 7 月至 2005 年 6 月）的收益，发现新标准下的基金评级确实有预测作用，评级较高的基金随后 3 年的收益显著高于评级较低的基金。[1]

---

[1] M. R. Morey and A. Gottesman, "Morningstar Mutual Fund Redux," *Journal of Investment Consulting* 8, no. 1 (Summer 2006): 25–37.

德茨勒对 1993—1995 年 757 只基金在财经媒体上的排名进行了研究，他发现虽然排名靠前的基金一般在排名进行前业绩突出（这并不值得大惊小怪，因为排名本身主要取决于近期业绩），但它们在排名后的业绩与那些排名靠后的基金没有差别。[1] 约 54% 排名靠前的基金在排名后市场表现变差，在这些基金中，约有 65% 的收益率在排名后比排名前要差很多。

热手现象

虽然到目前为止我们提供的证据都表明基金业绩不具有持续性，但是就排名最靠前的共同基金而言，却有一些相反的证据。一些研究[2]似乎表明，在一个时期获得高于平均收益率的共同基金，在下一个时期将继续获得高于平均水平的收益率。

马尔基尔检验了这种"热手现象"，他考察了 20 世纪 70 年代和 80 年代每年的赢家中下一年继续成为赢家的比例。[3] 表 13.5 概括了他的研究结果。

表 13.5　重复赢家（1971—1990 年）

年份	重复赢家的百分比	年份	重复赢家的百分比
1971	64.8%	1974	52.1%
1972	50%	1975	74.4%
1973	62.6%	1976	68.4%

---

[1] M. L. Detzler, "The Value of Mutual Fund Rankings to Individual Investors," *Journal of Business and Economic Studies* 8 (2002)：48–72.

[2] M. Grinblatt and S.Titman, "The Persistence of Mutual Fund Performance," Journal of Finance 42 (1992): 1977–1984; W. N. Goetzmann and R. Ibbotson, "Do Winners Repeat? Patterns in Mutual Fund Performance," *Journal of Portfolio Management* 20 (1994): 9–18; Hendricks, Patel, and Zeckhauser, "Hot Hands in Mutual Funds: Short Run Persistence in Performance, 1974–1987," *Journal of Finance* 48 (1995): 93–130.

[3] B. G. Malkiel, "Returns from Investing in Equity Mutual Funds 1971 to 1991," *Journal of Finance* 50 (1995): 549–572.

续表

年份	重复赢家的百分比	年份	重复赢家的百分比
1977	70.8%	1984	53.9%
1978	69.7%	1985	59.5%
1979	71.8%	1986	60.4%
1971—1979	65.1%	1987	39.3%
1980	36.5%	1988	41%
1981	62.3%	1989	59.6%
1982	56.6%	1990	49.4%
1983	56.1%	1980—1990	51.7%

资料来源：B. G. Malkiel, "Returns from Investing in Equity Mutual Funds 1971 to 1991," *Journal of Finance* 50（1995）：549-572。

数据观察 | 表现最好的共同基金：查看过去一年表现最好的共同基金。

表 13.5 的结果让我们感到有些惊讶。在 20 世纪 70 年代，重复赢家的百分比显然高于偶然性（50%）。但 20 世纪 80 年代重复赢家的比例看起来几乎是随机的。难道这是因为 20 世纪 80 年代共同基金的排名变得十分普遍吗？也许是。但也有可能你所看到的是受市场总体表现影响的结果。在 20 世纪 70 年代，股票市场连续多年持续走低，因此持有较多现金的共同基金一直处于排名的前列。马尔基尔还对每年购买最好的基金（前 10 名、前 20 名、前 30 名和前 40 名的基金）并持有到下一年的策略的收益率进行了比较。对比的结果令人吃惊。表现最好的基金虽然在 1973—1977 年和 1978—1981 年跑赢了标准普尔 500 指数，但它们在 1982—1986 年仅和指数持平，而在 1987—1991 年的表现逊于指数。

那么，这种"热手"现象是否可持续？如果是，为什么能够持续？埃尔顿、格鲁伯和布莱克考察了1999—2009年所有的共同基金，发现过去表现良好的基金在将来会继续表现良好，而过去表现不佳的基金在将来会继续表现不佳，如图13.13所示。该研究还发现，表现最好的基金在降低（而不是提高）费用，而表现最差的基金在增加收费。同时，基金规模和业绩持续性之间没有关系。换句话说，大基金的业绩持续性和小基金的一样强。[1] 至于业绩为什么会持续，他们提供了几个假设：大基金可能聘用了最好的分析师，它们能够控制基金家族中较大份额的资源，它们能够优先利用基金家族发现的投资机会。

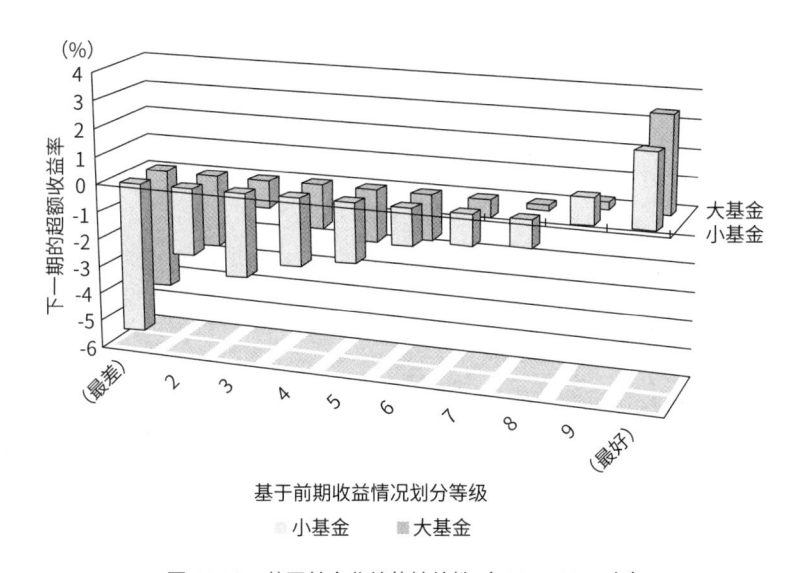

图 13.13　共同基金业绩的持续性（1999—2008 年）

资料来源：E. J. Elton, M. J. Gruber, and C. R. Blake, "Does Size Matter? The Relationship between Size and Peformance"（SSRN Working Paper 1826406, 2011）。

1　E. J. Elton, M. J. Gruber, and C. R. Blake, "Does Size Matter? The Relationship between Size and Peformance"（SSRN Working Papers 1826406, 2011）.

运气还是能力

即使是对共同基金最悲观的评估也认为，某些基金在较长的时期内能提供较高的超额收益。那么问题就变成了，这种表现到底应该归因于基金经理的投资能力还是他们的好运气。为了回答这个问题，法玛和弗伦奇采用了一个新方法，他们以 1984—2006 年基金的历史收益率为原始数据，对基金的收益进行模拟，将平均超额收益设为 0，然后将模拟基金超额收益的分布与现实中基金超额收益的实际分布进行比较。以净收益率衡量，他们不能拒绝这样一种假设，即一些基金经理获得的超额收益完全是因为好运气，而普通的基金经理在基金的管理方面表现不佳。以总收益率衡量，基金经理的平均收益率与市场持平。[1]

总结

在考察共同基金业绩的证据时，我们发现共同基金的平均收益率低于市场，而且这种情况不能归因于研究人员使用的风险与收益模型。这种业绩不佳的情况带有普遍性，似乎影响到各种风格的共同基金。对于前端收费的基金和费率较高的基金，这种情况更严重。实际上，唯一比较积极的结果是，成长型基金与其指数的差距比价值基金与其指数的差距小。

如果主动管理型基金经理提出，我们应该关注最优秀的基金，那么情况就比较复杂了。尽管历史上业绩良好的基金将来业绩继续良好的可能性不高，但平均而言，最成功的基金在随后一个时期经风险调整后的收益要远远高于此前最不成功的基金。实际上，我们有很多理由不去买表现最差的基金。这不仅仅是因为它们在将来更有可能继续

---

[1] E. F. Fama and K. R. French, "Luck versus Skill in the Cross Section of Mutual Fund Returns," *Journal of Finance* 65 (2010): 1915–1947.

表现很差，而且因为它们更有可能消失（被清算），并且成本和管理费更高。

基金还是基金经理——谁提供了超额收益率？

我们这里提到的多数有关基金的研究，考察的是基金本身而不是基金经理。但是，究竟是谁带来了基金的超额收益？是因为基金本身相对其他基金具有竞争优势，还是因为基金经理具有挑选股票的特殊能力？以富达麦哲伦基金为例，它在早期的成功应归因于富达基金家族，还是彼得·林奇在挑选成长股方面的特殊能力？这个问题的重要性不仅在于找出成功的原因，而且在于对我们理解前面的发现有重要作用。如果一只基金的成功是因为明星基金经理而不是基金本身的质量，那么当这位基金经理从一只基金跳槽到另一只基金，或者设立自己的基金时，你就观察不到基金持续的超额收益率情况。但是，如果你跟踪的是基金经理，你就应该能观察到其业绩的持续性。

虽然跟踪基金经理比跟踪基金困难，但有些研究已经尝试这样做。这些研究显示，基金经理业绩的持续性就像基金业绩的持续性一样并不常见。虽然有一些引人注目的成功例子（如林奇），但更多的例子是，在一只基金上成功的基金经理，随后在自己成立的基金或其他基金上遭遇失败。

为什么主动投资者不能表现得更好？

基于前一节的证据，我们不得不得出这样的结论：主动投资者的表现比指数差（进一步延伸，比指数基金也差）。在本节中，我们将探讨主动管理型基金业绩不佳的原因。虽然多数证据来自共同基金，但你也可以扩展到个人投资者。

交易成本

主动管理型共同基金与被动投资的指数基金收益上的差异,一个最简单的解释是交易成本。指数基金设立的成本低,没有信息搜集成本,没有分析师费用,交易成本和管理费也不高。例如,先锋500指数基金的交易成本和管理费只占基金资产净值的0.17%。与此形成对照的是,主动管理型基金的交易成本和管理费很容易超过基金资产净值的2%。图13.14显示了美国主动管理股票基金在2011年的费用比率。

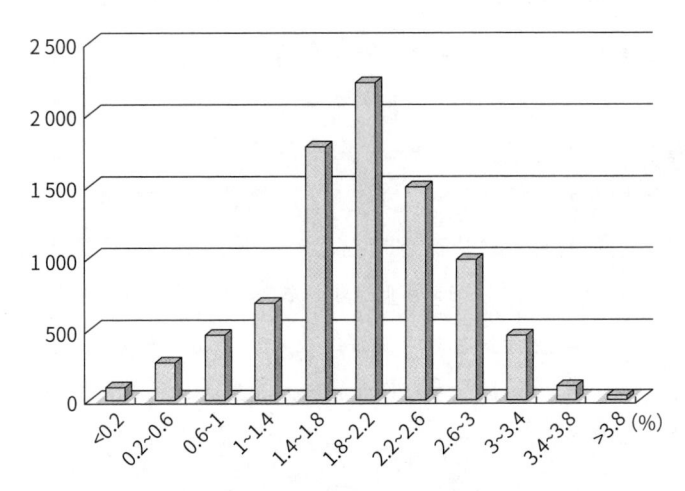

图13.14 2011年美国主动管理型股票基金的费用比率

资料来源:晨星。

2011年这些股票基金的平均费用率大约是1.99%,其中包括1.31%的净费用和0.68%的管理费。因为这些是每年都发生的成本,主动管理型基金必须通过股票选择来获得同等数额的超额收益以弥补该支出。

决定费用的关键因素是换手率。交易更频繁的基金通常会产生更高的交易成本，但如果基金交易的是流动性差的小公司股票，那么换手率的影响会大得多。实际上，查默斯、埃德伦和卡德莱茨发现，基金换手率与所获超额收益率之间的关系相当弱，如图13.15所示。[1]

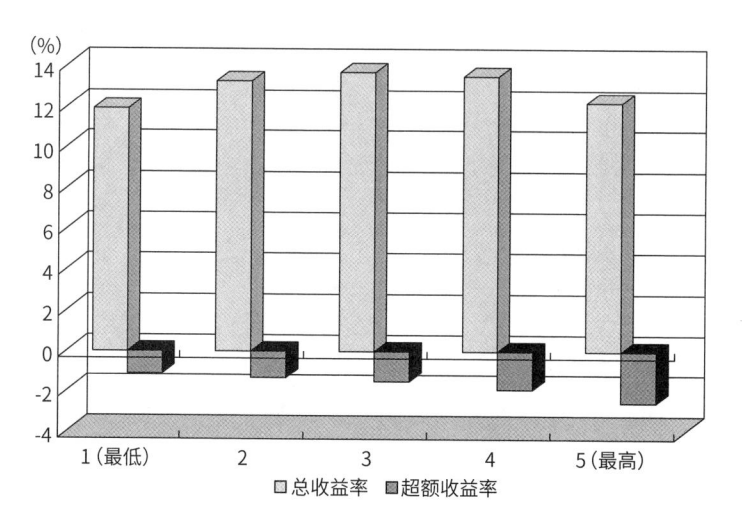

图 13.15　换手率与收益率：共同基金

资料来源：J. M. R. Chalmers, R. M. Edelen, and G. B. Kadlec, "An Analysis of Mutual Fund Trading Costs" (SSRN Working Paper 195849, 1999)。

请注意，尽管与换手率高的基金相比，换手率低的基金的负超额收益率略低，但它们的总收益率也略低。当考察总成本（包括交易成本和其他支出）和基金收益率之间的关系时，结果更为明显（如图13.16所示）。

总成本较高的基金的总收益比总成本较低的基金的总收益低得多，超额收益率为负的情况也更多。

---

[1] J. M. R. Chalmers, R. M. Edelen, and G. B. Kadlec, "An Analysis of Mutual Fund Trading Costs" (SSRN Working Paper 195849, 1999).

第 13 章　准备放弃？指数化的诱惑　| 643

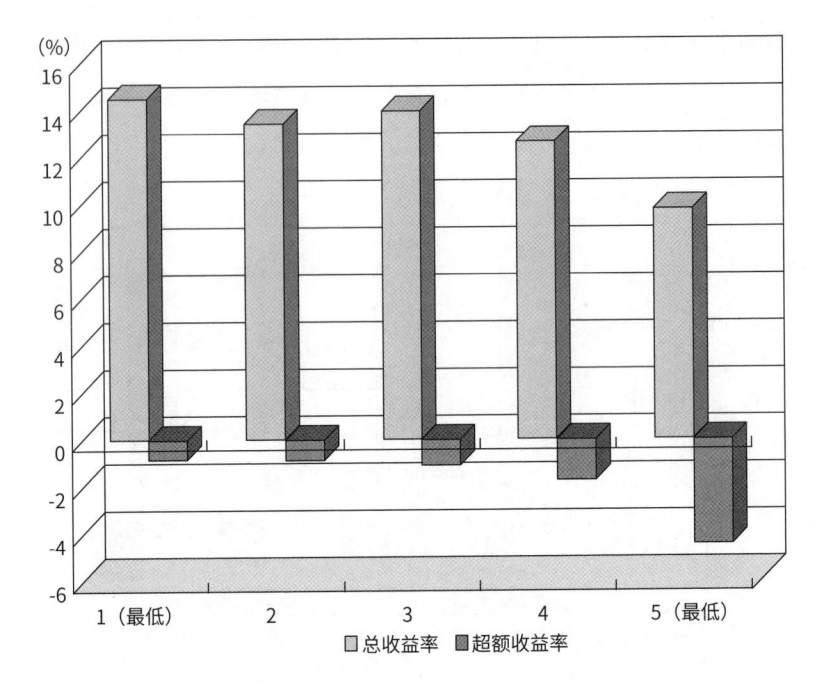

图 13.16　交易成本与收益率：共同基金

资料来源：J. M. R. Chalmers, R. M. Edelen, and G. B. Kadlec, "An Analysis of Mutual Fund Trading Costs" (SSRN Working Paper 195849, 1999)。

高税收

在第 6 章，我们探讨了税收与交易成本之间的相互关系。交易频繁的共同基金也会给它的投资者带来更大的税收负担，这一点可以通过比较税前和税后的基金收益率看出。图 13.17 显示的是 5 只最大的指数基金税前和税后的收益率差异，并把它们与 10 只最大的主动管理型基金进行了对比。

请注意，主动管理型基金的税后收益率比税前收益率几乎低 20%。相比之下，指数基金的税前和税后收益率的差异要小得多。

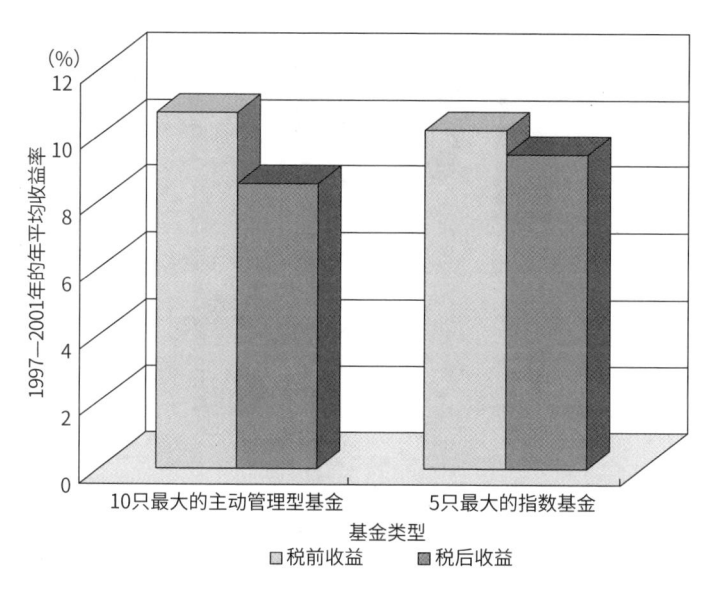

图 13.17　税收对指数基金与主动管理型基金的影响

资料来源：晨星。

投资活动太频繁

我们之所以投资于主动管理型基金，是因为我们希望它们能够主动寻找价值被低估的股票。但是这样做值得吗？在一项针对养老基金的研究中，拉格尼斯克、施莱费尔和维什尼对比了在每年年初冻结投资组合、保持一年不变所得到的收益率和经过一年的主动交易得到的实际收益率。你可以把两者的差异视为主动进行资金管理的结果，图13.18 显示了不同风格基金的情况。

结果表明，主动的投资活动不仅没有增加价值，反而使收益率减少了 0.5%（收益基金）到 1.4%（其他基金）。换言之，如果这些基金在每年年初把员工都打发回家，在这一年中不进行任何交易，这些基金的表现会更好。

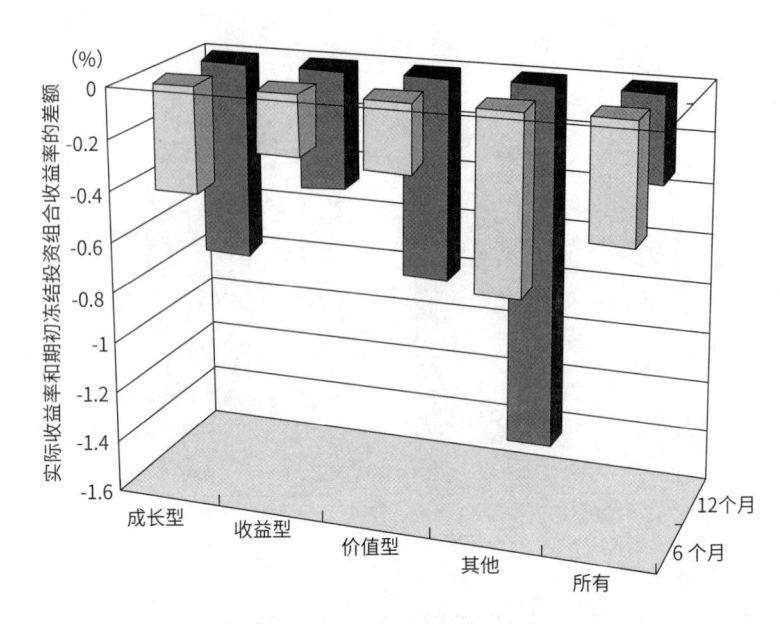

图 13.18　主动进行资金管理的结果

资料来源：J. Lakonishok, A. Shleifer, and R. Vishny, "Contrarian Investment, Extrapolation, and Risk," *Journal of Finance* 49 (1994): 1541–1578。

陈、杰加迪什和沃尔莫斯对共同基金经理挑选股票的能力持更乐观的态度。[1] 虽然他们没有发现被共同基金广泛持有的股票比其他股票表现更好，但他们的确发现，共同基金买入的股票在随后期间的收益率要高于共同基金卖出的股票的收益率。他们还得出结论，认为成长型基金比其他类型的基金具有更好的选股能力。

未能全部投资于股票——选择市场时机的错觉

主动管理型基金持有的现金通常要远远超过正常需求的现金，这

---

[1] L. Chen, N. Jegadeesh, and R. Wermers, "The Value of Active Mutual Fund Management: An Examination of the Stockholdings and Trades of Fund Managers," *Journal of Financial and Quantitative Analysis* 35 (2000): 343–368.

些持有的现金通常反映了基金经理对市场时机的看法。当对市场缺乏信心时，基金经理就增持现金，当对市场十分乐观时，他们就减持现金。因此，当股票指数的涨幅超过无风险利率时，共同基金的表现往往不如股票指数。主动型基金经理承认这种情况对收益率的影响，但他们说，投资者从市场时机选择中获得的好处远远超过这点儿损失。特别是，共同基金经理声称，他们通过持有更多现金让投资者远离熊市，从而减少了由此带来的损失。在图 13.19 中，我们比较了主动管理型基金和标准普尔 500 指数在 6 次市场衰退中的表现。

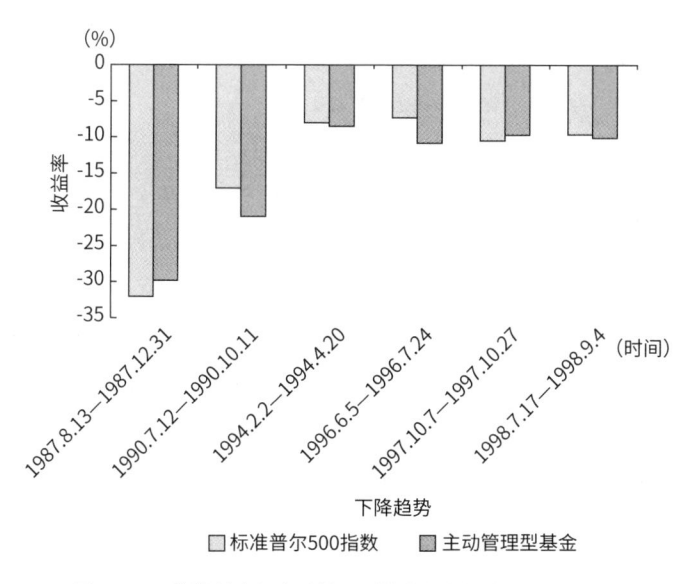

图 13.19 指数基金与主动管理型基金在市场衰退时期的表现

资料来源：《华尔街日报》。

比较的结果并没有显示出基金有多强的市场时机选择能力，在 6 次市场衰退中的 4 次，主动管理型基金都比标准普尔 500 指数业绩差。此外，还有一个成本问题。在熊市期间，主动型基金经理经常会转为持有现金，但他们持有现金的时间往往过长。我们来看看 20 世纪 70

年代和80年代的3个熊市，以及每个熊市后的12个月主动管理型基金与指数的收益率情况。我们发现，主动管理型基金在熊市期间获得的任何额外收益都会被随后12个月的损失抵销。总之，持有现金的主动管理型基金经理在机会成本上付出的代价要大于他们从市场时机选择中获得的潜在收益。

行为因素

还有3个其他因素导致了主动管理型共同基金的不良业绩。第一，在投资风格/策略上，共同基金缺乏一致性。第二，羊群效应。第三，事后粉饰投资组合的做法（饰窗行为）。

- **缺乏一致性。** 正如我们在前面提到的，基金常常会投资于与其既定目标和理念不相符的资产。事实上，基金经理们常常会自觉或不自觉地从一种投资风格转向另一种投资风格。研究似乎表明，基金的投资风格常常在不同的阶段出现显著的变化，通常这种变化是针对前一时期基金业绩做出的调整。布朗和范哈洛在一项研究中以1991—2000年的几千只共同基金为样本，根据风格的一致性对它们进行了分类。他们发现，转换投资风格的基金比保持一贯风格的基金费用率高得多，收益率低得多。[1]
- **羊群效应。** 机构投资的一个显著特点是，机构倾向于在同一时间买入或卖出同一资产。因此，你会发现，如果一只股票某年的业绩不佳，机构的持股比例就会大幅下降。对于比市场表现更好的行业，机构的投资则会大幅增加。在新兴市场中，你经

---

[1] K. C. Brown and K. V. Harlow, "Staying the Course: The Impact of Investment Style Consistency on Mutual Fund Performance" (SSRN Working Paper 306999, 2002). 用该基金对反映该基金目标的指数进行回归所得到的R平方衡量该风格的一致性。R平方较低的基金偏离其既定风格较远。

常会看到市场严重下跌之后机构纷纷逃离的现象。博伦斯泽坦和热洛斯调查了亚洲、拉丁美洲、欧洲、中东以及非洲的新兴市场基金，并报告说，这些地区都存在严重的羊群效应。[1] 羊群效应对基金有两个负面影响。第一，集体卖出可能会使撤退变成溃败，使价格的小幅下降变成崩盘；同样，集体买入会推高价格。第二，羊群效应会危害既定的投资策略。一个投资组合经理在股价下跌后出售市盈率低的股票可能会削弱自己长期的赢利潜力。

- 饰窗行为。一个有充分证据的事实是：投资组合经理在投资组合报告日之前会试图重新安排他们的投资组合，卖出赔钱的股票，买入赚钱的股票（事后）。这个过程被称为饰窗行为，该行为假设投资者在报告日会去看投资组合中包含了哪些股票，而忽视投资组合所获得的实际收益率。无论饰窗行为的理由是什么，它都增加了投资组合的交易成本。奥尼尔的研究表明，饰窗行为在 12 月最为普遍，这的确显著增加了共同基金的成本。[2]

寻找合适的基金

个人投资者能从对共同基金的已有研究中获得哪些经验和教训？以下是其中的几个：

- **挑选最适合你的理念和需求的基金**。在挑选基金之前，形成你对市场的看法。换言之，首先要选择投资理念。如果你无法形成自己的理念，那就投资于指数基金。
- **不要投资于前端收费基金**。前端申购手续费带来的负担太重，

---

[1] E.R. Borensztein and R. G. Gelos, "A Panic-Prone Pack? The Behavior of Emerging Verket Mutual Funds"（IMF Working Paper No. 00/198, 2001）.

[2] E S. O'Neal, "Window Dressing and Equity Mutual Funds" (SSRN Working Paper 275031, 2001). 他估计，饰窗行为每年会使共同基金因交易成本和价格影响损失约 10 亿美元。

即使好的基金经理都难以让你在扣除这些费用后获得超过市场平均水平的收益。

- **避免投资于换手率高的基金。**交易频繁的基金，其交易成本一般比较高（侵蚀掉很大一块税前收益），而且产生巨额税负（使你的税后收益减少）。
- **避免投资于风格不一致的基金。**不断转换风格的基金经理不仅交易频率更高（见第3条），而且缺乏投资的核心理念。
- **避免持有大量现金资产的股票基金。**虽然基金经理可以辩解说，他们持有现金是为了选择市场时机，但没有证据表明他们能够做到这一点。你可以自己决定到底持有多少现金资产。
- **了解基金的排名，但不要让排名决定你对基金的选择。**基金排名可能会带来短期惯性，但从长期来看，除了最糟糕的基金，它们不能给你带来任何信息。（如果糟糕透顶，你就不应该投资，因为这些基金可能不会存活太久。）

指数化的其他途径

如果你决定做一个被动投资者，除了购买指数基金，你还有其他选择。交易所交易基金是美国市场上增长最快、流动性最强的证券之一，而且在其赞成者看来，它代表了一种更加有效的指数投资方法。在过去的几年里，指数衍生工具不断涌现，这使得我们能够以较低的成本构建相当于指数基金的产品。最后，我们会讨论自称是增强型指数基金的发展情况。据称，这种基金能提供指数化的所有好处——多元化、低交易成本以及较低的税负，同时提供主动投资所带来的超额收益率。

交易所交易基金

1993 年，美国证券交易所开始交易标准普尔 500 指数的存托凭证（SPDR）。作为个人投资者，你可以像购买其他股票一样购买存托凭证，用相对较少的资金和很小的交易成本从事指数交易。存托凭证成为美国证券交易所交易量最大的证券也就不足为奇了。存托凭证的成功为大量其他交易所交易基金——DIAMONDS（与道琼斯工业平均指数挂钩）、纳斯达克 100 指数以及 iFT-SE（与英国的富时指数挂钩）——打开了大门。在上一章，我们提到与交易所交易基金挂钩的不仅是股票指数，还有行业指数和其他资产类别。它们已经成为市场时机选择者的工具。

有很多人认为，交易所交易基金比指数基金在复制指数方面效率更高，成本更低，理由如下：

- 交易所交易基金在整个交易日都可以买卖。此外，就像交易个股一样，你可以下达限制性交易指令，如限价指令和止损指令等。
- 与指数基金不同的是，你可以卖空交易所交易基金。这给你提供了利用选择市场时机的能力获利的机会，同时，也为你创建复合资产头寸提供了更大的灵活性。
- 指数基金有时会偏离指数，要么是因为抽样，要么是因为执行问题。而交易所交易基金总能复制指数。

这是否意味着交易所交易基金将取代指数基金？不一定。埃尔顿、格鲁伯、科默和李认真研究了存托凭证，得出的结论是，存托凭证存在一些隐性成本。[1] 第一个隐性成本是每年收取 0.18% 左右的管理费，而且复制指数产生的交易成本也减少了收益率。换言之，存托

---

1 E. J. Elton, M. J. Gruber, G. Comer, and K. Li, "Spiders: Where Are the Bags?" *In Exchange Traded Funds* (SSRN Working Paper 307136, 2002).

凭证承担着与指数基金复制投资组合同样的成本，此外，还要收取额外的管理费用。第二个隐性成本是，从基础股票中获得的股息不能再投资，而必须存入一个无息账户。因此，他们发现存托凭证的业绩比标准普尔500指数要差一些。表13.6显示了1993—1998年存托凭证和标准普尔500指数的收益率，并对每年的差额进行了比较。

表 13.6 存托凭证 vs. 标准普尔 500 指数（%）

	1993年	1994年	1995年	1996年	1997年	1998年	1993—1998年
存托凭证 NAV	8.92	1.15	37.2	22.72	33.06	28.28	21.9
标准普尔500指数	9.19	1.32	37.56	22.97	33.4	28.57	22.17
差额	−0.27	−0.17	−0.36	−0.25	−0.34	−0.29	−0.27

在27个基点的差额中，研究者估计18.45个基点来自管理费，余下的来自未投资股息。相比之下，先锋500机构指数基金的收益率每年只比指数低10个基点，向个人开放的先锋500指数基金的年收益率比指数低17个基点。[1]

投资于交易所交易基金可能存在税收优势。在赎回交易所交易基金时，托管人可以选择获得构成指数的证券而不是现金。如果赎回时获得的证券有巨大的资本利得，那么与指数基金相比，交易所交易基金最终能够减少投资者的税收负担。

总之，交易所交易基金为投资者提供了立即变现的便利，但投资者的确要为即时变现付出交易成本（来自买卖存托凭证）方面的代价，接受略有降低的收益率。随着管理费的下降，这些成本会逐步减

---

[1] 对个人开放的先锋领航指数基金成本略高，每年跑输指数约17个基点。

少,但就目前而言,指数基金仍然具有成本优势。对于那些不需要流动性的长期投资者来说,指数基金是比较高效的投资。格德斯和黄通过比较交易所交易基金和指数基金的交易成本得出结论;那些更看重流动性的投资者更有可能投资对冲基金,而交易所交易基金更适合那些覆盖面较窄和流动性较差的指数。[1]

指数期货与期权

标准普尔500指数以及其他股票指数都有期货和期权交易,投资者可以用它们复制指数。例如,一个拥有1 000万美元的被动投资者可以通过购买指数期货合同,并将现金投资于短期国债来创建指数基金的等价物。如果期货合同以套利价值定价(见第11章),那么该策略的收益率应该等于标准普尔500指数的收益率减去购买期货合同的交易成本。对一个大的机构投资者来说,购买期货合同的交易成本应该很低,该策略可能比投资于指数基金产生略高的收益率。基于衍生工具的策略对个人投资者来说没有什么意义,因为衍生工具的交易成本一般偏高。对个人投资者来说,指数基金将继续占主导地位,收益率高于其他策略。

增强型指数基金

增强型指数基金声称具有指数基金所有的优势,同时能像主动管理型基金那样提供超额收益。但是,世上没有免费的午餐,增强型指数基金也不例外。事实上,我们认为,增强型指数基金的这种说法是自相矛盾的。一只基金要么是指数基金,要么是主动管理型基金,不

---

[1] I. Guedj and J. Huang, "Are ETFs Replacing Index Mutual Funds?" (SSRN Working Paper, 2009).

能两者兼容。增强型指数基金实际上是主动管理型基金，只是这种基金对其投资活动进行了一定的自我限制。

机制

增强型指数的基本思想很简单。尽可能贴近指数，同时试图找到能使你的收益略高于指数的错误定价。一般来说，增强策略有4类。

1. 在**合成增强策略**中，投资者基于前一节所讨论的衍生工具建立相应的策略。借助期货、期权和信用违约掉期等可供使用的指数衍生工具，你可以寻找用于复制指数并产生额外收益率的错误定价。在一项针对基于期货的策略的研究中，埃尔顿、格鲁伯、科默和李发现，由于标准普尔期货合同中隐含的现货价格（从套利关系估算得出）一般略低于实际现货价格，所以，投资于期货的策略可能会产生高于指数的收益率。

2. 在**以股票为基础的增强策略**中，你采用较传统的主动投资策略，通过选择和配置股票获得超额收益率。要了解第一种方法（选择股票）的效果，考虑一下持有标准普尔500指数但剔除其中20只定价最高的股票的策略。如果你能够正确地识别出这20只股票，你的投资组合就能紧密地模仿该指数，同时提供较高的收益率。在第二种方法（配置股票）中，你持有该指数的全部股票，但你会增持那些你认为定价偏低的股票或行业，减持那些你认为定价偏高的股票或行业。那么，你如何才能识别出这些股票或行业？你可以使用在前面章节讨论的任何策略，从股票筛选到内在价值评估，来进行选择。

3. 在**量化增强策略**中，你使用作为现代投资组合理论基础的均值–方差模型来衡量风险和收益，确定最佳投资组合。因此，如果你估算出标准普尔500指数中每只股票的预期收益率和标准差，以及每对股票的相关性，你就可以找到在收益与风险之间做出权衡后的最佳投资组合。[1]

4. 在**基本面增强策略**中，你可以将指数基金更多地倾斜，或者只倾向于那些过去被证明能产生超额收益的股票，比如表现出价格惯性的价值股。阿诺特、许和韦斯特认为，基本面指数化能占尽两头的好处：指数基金的低交易成本和基于价值的策略的超额收益。[2]

应该注意的是，增强型指数策略与其他主动投资策略之间唯一真正的区别是，增强型指数策略要求投资组合必须接近指数，对以股票为基础的增强策略和基本面增强策略而言尤其如此。事实上，将这些基金贴上"指数基金"的标签是误导人的，因为它们其实是经过伪装的主动投资策略。我们可以认为，如果这些基金摆脱指数的约束，去寻找更有效的方法来利用它们所发现的市场无效之处，可能会更有利于这些基金的投资者。

跟踪误差、信息比率和封闭式指数化

由于增强型指数基金声称它们是能提供超额收益的指数基金，因此它们的风险可以通过观察这些基金每期的收益率偏离指数收益率的情况来衡量。正如我们在第 6 章提到的，相关衡量指标是跟踪误差，即基金收益率偏离指数收益率的方差。一只完美跟踪指数的基金的跟踪误差为零。一只增强型指数基金的跟踪误差总是大于零，但如果增强型指数基金能兑现其承诺，那么其收益率也会高于指数收益率。因此，衡量增强型指数基金业绩所使用的方法，考察的是基金超过标准

---

[1] 这并不是什么新想法。哈里·马科维茨在 20 世纪 50 年代提出的投资组合优化方法为资本市场理论奠定了基础。

[2] R. Arnott, J. Hsu, and J. M. West, *The Fundamental Index: A Better Way to Invest* (Hoboken, NJ: John Wiley & Sons, 2008).

普尔 500 指数的收益率与跟踪误差之比。

信息比率 =（增强型指数基金收益率−指数收益率）/跟踪误差

当我们观察跟踪误差时，对增强型指数基金施加限制的本质就一目了然了。因为跟踪误差衡量的是某个期间内基金收益率偏离指数收益率的情况，而且正偏离和负偏离同样重要，因此，它限制了在指数之外进行投资，或让基金内部的股票配置与指数配置偏离过多。换言之，如果你是投资组合经理，对你的评价是基于跟踪误差，现在你必须在两只价值被低估的股票之间进行选择：一只价值被低估 10%，在指数的范围之内；另一只价值被低估 25%，在指数的范围之外。你很可能会选择前者，因为后者将产生更大的跟踪误差。

如果你将增强型指数基金定义为跟踪误差较小，并试图提供超额收益的基金，那么它们和主动管理型基金中的封闭式指数基金没有多大区别。这些基金保留了主动管理型基金的表象，如宣称自己秉承某种投资理念，能提供更高的收益，并因此收取更高的管理费，但在持股方面却越来越被动，因此其很大一部分持股与指数基金类似。对美国共同基金的一项研究发现，封闭式指数投资在基金行业很常见，而且随着时间的推移越来越普遍，这导致这些基金的业绩落后于市场。[1] 图 13.20 比较了主动管理型基金和指数基金的持股，并使用富达麦哲伦基金来说明在不同基金经理管理下的被动管理部分的比例变化，从而计算出投资组合的被动管理比例。

富达麦哲伦基金日益转向被动投资的部分原因是彼得·林奇管理的小盘成长型基金在后期已成长为庞然大物，同时也由于管理风格的变化，在罗伯特·斯坦斯基掌管该基金的很长一段时期内，该基金实际上变成了一只指数基金。近年来该基金的管理风格重新变得比较主

---

[1] M. Cremers and A. Petajisto, "How Active Is Your Fund Manager? A New Measure That Predicts Performance" (SSRN Working Paper, 2009).

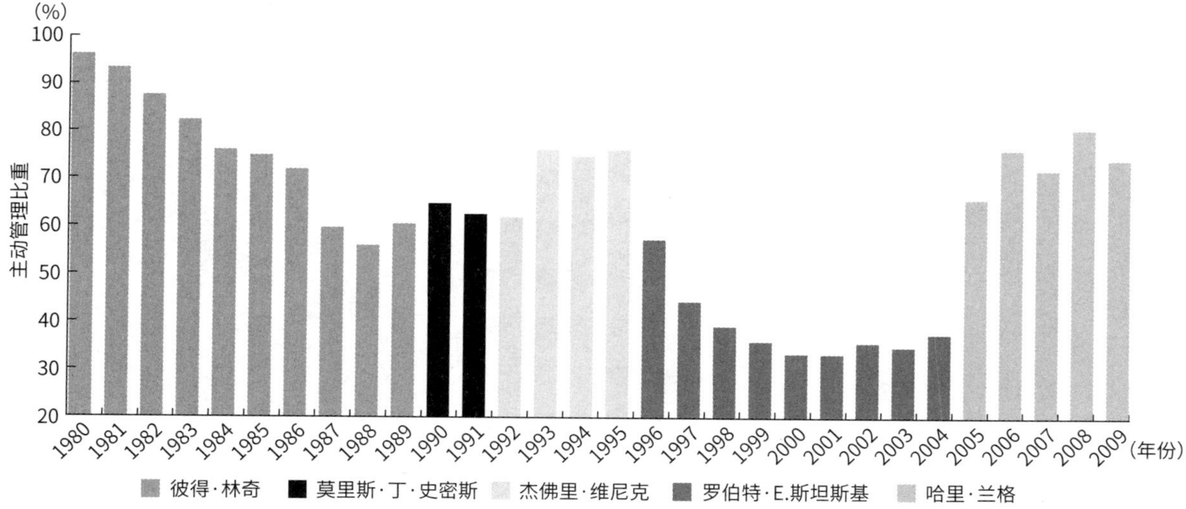

图 13.20 富达麦哲伦基金：主动管理的比重

资料来源：M. Cremers and A. Petajisto, "How Active Is Your Fund Manager? A New Measure That Predicts Performance" (SSRN Working Paper, 2009)。

第 13 章 准备放弃？指数化的诱惑 | 657

动。最近一项针对全球基金的研究发现，封闭式指数基金在全球市场非常盛行，其收益低于市场平均水平约1%。[1]

业绩

虽然增强型指数基金承诺的是在普通指数基金的风险水平下获得更高的收益率，但它能否做到，答案并不明了。里佩和齐尔斯检验了1991—1997年的10只增强型指数基金，其中两只使用的是合成增强策略，8只使用的是基于股票或量化的策略。[2] 他们将每只基金的年收益率与标准普尔500指数进行了比较，图13.21概括了他们的研究结果。

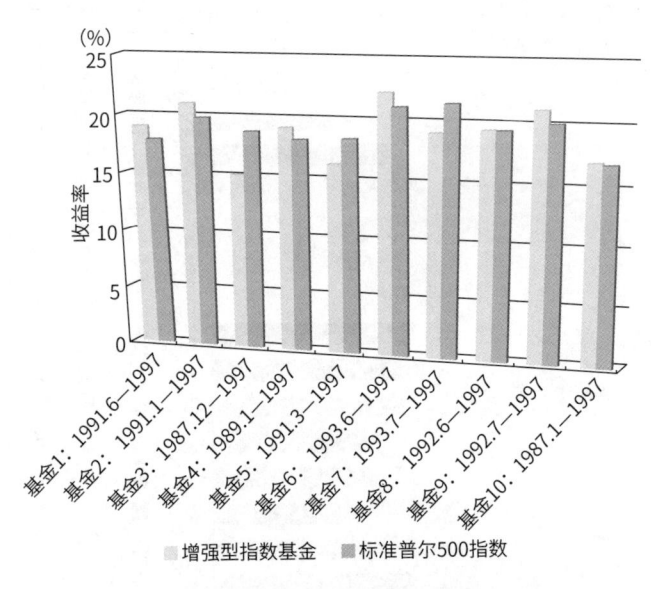

图13.21 增强型指数基金与标准普尔500指数的比较

资料来源：M. W. Riepe and J. Zils, "Are Enhanced Index Mutual Funds Worthy of Their Name?" (working paper, Ibbotson Associates, 1997)。

1　M. Cremers, M. A. Ferreira, P. P. Matos, and L. T. Starks, "The Mutual Fund Industry Worldwide: Explicit and Closet Indexing, Fees and Performance" (SSRN Working Paper 891719, 2011).

2　M. W. Riepe and J. Zils, "Are Enhanced Index Mutual Funds Worthy of Their Name?" (working paper, Ibbotson Associates, 1997).

上图虽然没有透露这些基金的名字，但注明了每个基金存在的期间。请注意，10只基金中有3只的收益率低于标准普尔500指数，这显然使人们对该策略的"增强"部分产生疑问。将这些基金收益率的标准差与标准普尔500指数收益率的标准差进行比较（如图13.22所示），你会发现10只基金中有7只的标准差超过指数，这引起了人们对该策略中"指数化"部分的怀疑。

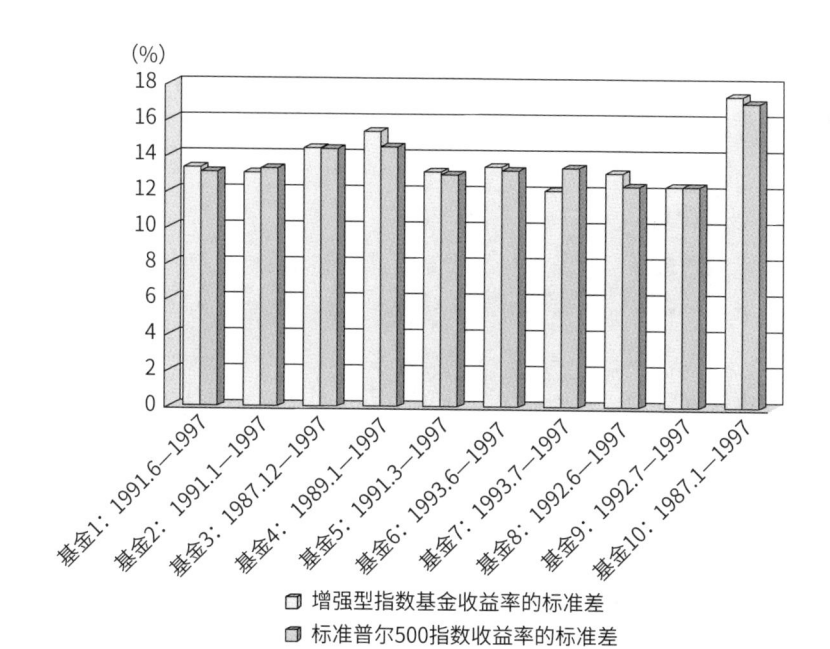

图 13.22　增强型指数基金和标准普尔500指数标准差的对比

资料来源：M. W. Riepe and J. Zils, "Are Enhanced Index Mutual Funds Worthy of Their Name?" (working paper, Ibbotson Associates, 1997)。

一项针对增强型指数基金行为和持股的研究发现，增强型指数基金偏离指数的模式很有趣。特别是，增强型指数基金会重仓持有流动性较高、市值较大、历史业绩较好（存在价格惯性）的股票。它们在调整投资组合上不是那么严格，对交易更有耐心，特别是当指数成分股发生调整（即指数中加入新的股票，某些原有的股票被剔除）时。[1]

这些发现并不令我们太惊讶。限制较多的策略（如增强型指数基金）能够比限制较少的策略（如主动管理型基金）业绩更好的唯一解释是，前者使基金经理受到约束，免受自己过度行为的危害。将投资保持在指数内的限制可以减少基金的风格转换次数，降低由此产生的换手率，但它对传统共同基金具有极强的破坏性。如果一开始很难在市场上找到价廉物美的股票，那么把自己限制在某个特定的指数范围内，并要求自己跟踪指数的收益率，会使寻找这些物美价廉的股票难上加难。

主动/被动配置

我们之前将指数基金和主动管理型基金描述成两个非此即彼的选择：要么你将全部的资金用于主动投资，要么将全部的资金用于被动投资。然而，可能有一些投资者更愿意将自己拥有的资金在主动管理与被动管理之间进行配置，具体比例取决于他们对二者收益的看法，也取决于他们认为自己处于投资周期的哪个阶段。因此，你可以在某一年把自己资金的60%分配给主动管理型基金，40%分配给指数基金，下一年再反过来。

把主动管理和被动管理结合起来的另一种方法是选择不同类型的指数基金，利用你选择市场时机的能力获利。如果你在预测下一阶段哪种投资风格——价值型或成长型——将占主导地位上很有经验，你可以利用你的预测能力提前从价值型指数基金转换到成长型指数基金（或反过来）。同样，你可以选择行业指数基金，利用市场行情中的行业转换来获利。

---

[1] A. Frino, D. R. Gallagher, and T. N. Oetomo, "The Index Tracking Strategies of Passive and Enhanced Index Equity Funds" (SSRN Working Paper 621462, 2005).

结论

在前面的 6 章中，我们提供大量证据，证明市场行为存在异象，这些异象与公司规模、市盈率和市净率等系统因素有关。我们注意到，有个别投资策略似乎在纸面上能获得超额收益率，甚至存在套利的机会。如果你能够依据信息及时进行交易，你还能够进一步提高这些收益率。你既可以把本章视为一个告诫，也可以把它视为现实检验。

虽然市场可能存在很多无效的情况，而且有大量证据表明市场会犯错，但也有清楚的证据表明，即使是那些最有可能利用这些无效现象的专业人士也很难持续战胜金融市场。把市场异象的持续性和专业人士无法战胜市场的现象联系起来，我们就可以发现在纸面上对投资组合做的检验与现实情况存在差距。这提醒我们，投资者和投资组合经理毕竟是人，克服不了人类的弱点——傲慢、缺乏安全感、从众行为等。主动型基金经理的业绩证明，对很多投资者来说，指数化可能是最好的投资策略。

练习

1. 随机选择一只主动管理型共同基金，并进行以下估算：
   a. 最近一个季度、1年和5年该基金的税前收益率。
   b. 最近一个季度、1年和5年该基金的税后收益率。
   c. 该基金每年收取的管理费和其他费用。
   d. 该基金最近1年和5年的换手率。
2. 观察同期的先锋500指数基金，并进行同样的评估。
3. 基于该基金所属的类别（小盘股基金、中盘股基金或大盘股基金，价值型基金、成长型基金或混合型基金），找到对应的指数，并估算同样的内容。
4. 评估一下，作为该基金的投资者，你能否在过去的1年和5年里战胜该指数：
   a. 以税前收益率计算，不调整风险。
   b. 以税后收益率计算，不调整风险。
   c. 以税前收益率计算，进行风险调整（夏普比率和詹森指数）。
   d. 以税后收益率计算，进行风险调整（夏普比率和詹森指数）。
5. 基于上面的业绩评估数据，你如何解释该基金的业绩？（如果该基金的业绩好于指数，如何解释？如果它的表现不如指数，为什么？）

对投资者的忠告

要成功地投资于主动管理型基金，你需要：
- 明白你的胜算不大。主动管理型共同基金的税前平均收益率低于指数基金的税前平均收益率。就税后收益率而言，主动管理型共同基金比指数基金低得多。这种业绩不如对应指数基金的情况出现在各种风格的主动管理型基金中。

- **知道主动管理型基金为什么业绩不佳。**平均而言，主动管理型共同基金的投资风格过于积极，交易太频繁，持有太多现金，这些都会拉低收益率。你需要寻找投资风格保持一致，并且能控制成本（管理和交易成本）的基金。
- **不要过多依赖历史业绩。**虽然基金的业绩在短期存在持续性，但这种持续性十分脆弱，并且很容易由于好年景后基金增加的额外费用和支出而消失。
- **挑选一只接近你投资理念的基金。**换言之，如果你的本性使你成为一个价值投资者，你就应该挑选价值型基金。
- **保持开放，指数基金可能仍然是你最好的投资选择。**你应该将主动型基金的业绩与相对应的指数基金进行比较，而不是在主动型基金之间进行比较。如果你尽了最大的努力挑选合适的基金，但它们的业绩始终达不到你的标准，你就应该转向指数基金。

第 14 章
选择投资理念的道路图

如果本书的目的是为你提供选择投资理念的工具，你可能会认为它失败了。毕竟每种投资理念都有好的一面和坏的一面，没有一种投资理念能始终占据主导地位，让你成为永远的赢家。你可能想知道，考察关于市场是如何运作或未能有效运作的多种不同甚至相互矛盾的观点，目的何在？本章不仅要为这些千头万绪的讨论做个总结，还要明确从投资者的角度选择投资理念的过程。

自我评估

正如我们在第 1 章指出的，不存在一种适合所有投资者的投资理念，在本书各章的讨论中我们又强化了这一观点。对有耐心、有大量资本的投资者有效的策略，可能并不适用于现金需求不确定且投资组合规模较小的投资者。在本节中，我们将讨论有助于你确定投资理念的 3 个方面：你的个人特点、你的财务状况，以及你对市场的看法。

个人特点

那些选择了不适合自己个人特点的投资理念的投资者迟早会放弃这些理念，这不仅因为这些理念对他们不起作用，而且因为这些投资组合的表现会让他们心神不宁。虽然本节中讨论的一些因素可能有点儿像心理医生的告诫，但如果你对自己的优缺点不够清楚，你就不会成为成功的投资者。

- 耐心。有些投资策略需要极大的耐心，这是我们很多人缺乏的美德。虽然你可能一再祈求自己要耐心些，但你必须接受这样的事实，即你可能不适合需要 10 年等待期才有回报的投资策略。如果天生缺乏耐心，你就应该考虑采用一种能在短期内获得收益的投资理念。
- 风险偏好。你承担风险的意愿是你选择投资理念和策略的关键因素。如果你厌恶风险，那么需要承担很大风险的策略（例如根据财务报告进行交易）从长远来看，对你是不适合的。
- 个人主义还是集体思维。一些投资策略要求你随波逐流，另一些则要求你与众不同。究竟哪种更适合你，取决于你更习惯于附和大众的观点，还是更习惯于独立思考。如果你非常容易感受到来自同伴的压力，那么你很可能不适合逆向投资理念。如果你喜欢反其道而行之，那么即使大多数投资者的选择和你相反，你也不会太在乎，或者根本不在乎。
- 你愿意花费在投资上的时间。一些投资策略远比另一些投资策略更费时间和资源。一般来说，价格模式或基于信息交易的短期策略比买入并持有的长期策略需要更多的时间和信息。
- 年龄。如果你是个人投资者，你的年龄显然会影响你对投资理念的选择。首先，随着年龄的增长，你可能发现你承担风险的意愿，特别是拿自己退休金冒险的意愿会逐渐降低。你年轻时认为有吸引力的投资理念可能不再有吸引力，也不再适合你。人们说，智慧随年龄的增长而增长，尽管我们不确定这种说法是否适用于投资。尽管如此，即使作为成功的投资者，你也可以从之前的投资经验中吸取教训，以此来限制和引导你对投资理念的选择。

总之，投资理念的选择只是部分地在你的掌控之下。即使你是个有耐心的投资者，愿意与众不同，你也可能发现，随着年龄的增长，你变得越来越不愿冒风险，你的投资理念和策略也需要做出相应的调整。

不适合的征兆

1. **你彻夜不眠地思考自己的投资组合。**如果投资者选择的投资策略使他们承担的风险超出他们的承受能力，那么他们将面临这样的困境。的确，选择低风险策略带来的预期收益率比较低，但承担过多风险的成本更大。

2. **投资组合的日常变化可能会让你重新规划自己的未来。**虽然投资组合的长期变化应该会影响你的退休计划，以及你对未来的打算，但投资组合的日常变化不应该有这种影响。每当市场下跌的时候，我们常常看到退休在即的年长的投资者由于投资组合受损，不得不推迟退休。虽然他们中的一些人在投资方面没有多少选择，但大多数投资者在接近退休年龄时，的确可以选择转向低风险投资（债券）。

3. **对自己的投资决定有疑虑。**如果每次听到相反的意见你都会对你的投资选择产生疑虑，你就应该重新考虑你的投资策略。

财务状况

投资理念的选择也会受到你的财务相关情况，如你的工作安全感、你拥有的投资资金、你的现金需求，以及你的税务情况的影响。由于这些情况会随着时间的推移而变化，你可能得改变你的投资选择以适应这些变化。

工作安全感与赚钱能力

　　我们看到金融市场有一个有趣的特点，当经济疲软时，投资者规避风险的意愿更强。在经济萧条时期，你可以看到债券违约利差扩大，股权风险溢价增加。虽然我们可以从宏观经济的角度来解释这种现象的原因，但我们认为，我们所看到的现象在很大程度上反映了个人的不安全感。在经济萧条时期，即使那些有工作的人也更加担心他们的投资，对投资的资产要求更高的风险溢价。自然危机和经济危机强化了人们对高质量和无风险投资的追求。

　　投资理念的选择还受到你赚钱能力的影响。如果你预期可获得的收入高于支出，那么你选择投资理念的自由度就大得多。但是，如果你的收入只够支付你的支出，或者更糟糕，入不敷出，那么你的投资组合必须能满足你的现金需求。

　　这对你选择投资理念有何影响？如果你很幸运地拥有可预测的高收入，你就可以采用短期收益不高但长期收益很高的投资策略。如果我们在投资上得出的有关风险和收益的关系也适用于人力资本，那么高收入的工作就很可能不那么安全，因此，你必须相应地进行投资。总之，你承担风险的意愿和你的投资期限在很大程度上会受到你的收入水平和收入可预测程度的影响。

投资资金

　　随着你可支配的资金的增加，你选择投资理念的范围会逐渐扩大。这可能不太公平，但假如你只有几千美元用于投资，除了购买指数基金，你几乎没有其他选择。但如果你有几十万美元可供投资，那么本书中讨论的大部分投资理念对你来说都是可行的。在考虑你可支配的投资资金时，你不仅要看你的储蓄，还要考虑你在养老基金、个人退休账户（IRAs）和保险储蓄账户中积累的资金。有时用这些资金进行投资存在一定限制，但你的投资选择与过去相比还是增加了，而且很可能你的选择会随着时间的推移而继续增加。

现金需求

无论是个人投资者还是投资组合经理都面临一个难题：无法预测的现金提取需求。对个人投资者来说，这可能源于个人危机，比如患上医疗保险没有涵盖的疾病，或遭受意外收入损失。对投资组合经理来说，这可能缘于客户改变主意，要求拿回自己的现金。如果发生了这种情况，你可能不得不将投资变现，失去你可能拥有的长期收益。

如果你的现金需求无法预测，那么你该怎么办？虽然你可能无法预测什么时候会出现提取现金的需求，但在选择投资理念时，你仍然可以考虑这个概率。如果你是一名销售人员，收入基本上来自佣金，你应该预料到你的收入有很大的变数，你需要提取现金的可能性比别人更大。如果你是一只小规模技术行业基金的投资组合经理，你也应该想到，在年景不好的时候，投资者从你的基金中把他们的储蓄转移出去的可能性比别的基金要大得多。无论在哪种情况下，对现金的预期需求都将缩短你的投资期限，并最终有可能导致你选择一种基于较短回报期限的投资理念。

税务状况

无论你如何期望可以不纳税，在现实中你都必须纳税。因此，在选择投资策略时，不考虑自己的税务状况是极不审慎的做法。面临高额所得税率的投资者应该选择有助于减少税负的投资策略，或者至少能延迟税负的投资策略。使投资理念和税收之间的关系复杂化的问题是，同一个人收入的不同部分可能会面临不同的税率。因此，在决定用自己的养老基金投资时，由于投资所得可以免税，投资者可以采用能在当期产生高收益的策略。但用个人储蓄进行投资时，他就必须对税负更加小心。

对市场的看法

这大概是投资者最难应付的问题，原因有几个。第一，我们的市场观念在很大程度上都是基于朋友、亲属以及专业人士提供的零星案例形成的。正是为了提供一种平衡，我们考察了来自实证的证据，提供了研究人员对金融市场上各种投资方法的不同意见。我们的工作永远不会结束，因为新的研究还在继续，还有新的市场经验需要总结。

第二个问题是，你对市场行为的看法以及各种投资策略的业绩无疑会随着时间的推移而变化，但你所能做的就是根据现在掌握的情况来选择投资策略。实际上，尽管始终遵循一种投资理念是投资成功的关键因素，但是，当越来越多的证据表明你的投资理念不可行时，你还执迷不悟，就属于鲁莽了。

寻找投资理念

在本书中，我们探讨了大量不同的投资理念，并提供了有关这些投资理念可行性的证据。我们还基于几个不同的维度（时间期限、资金需求以及对市场的看法）对这些策略进行了分类。我们将首先总结这些发现，然后探讨如何让投资理念与你的财务和个人特征相匹配。

投资选择

我们可以将本书讨论过的所有投资理念根据上面提到的3个维度进行分类。虽然其中一些分类的界限有些模糊——一种策略可能更倾向于中期而非长期，或者更倾向于机会主义而不是逆向投资，然而，分类还是有用的。

时间期限

一种投资理念以及基于该投资理念的投资策略要成功所需的时间期限跨度很大。一个极端是长期投资策略，如对亏损股（在过去6个月或1年中跌幅最大的股票）的投资。这种投资要求投资期限在5年或5年以上，即使如此，也无法保证成功。另一个极端是按小时或天计算期限的投资策略，基于财务报告交易和纯套利策略就属于这类策略。两者中间的是一些需要几个月到几年时间展开的策略（在市场相对强势时购买股票就是一个例子）。

资金要求

不同的策略要成功所需的资金也不同。有些策略需要构建很大的投资组合，利用交易成本低、在个股所占的头寸大，以及风险分散等特点获得相应的收益。例如，主动的价值型投资和主动的成长型投资就属于这种情况。另一些投资策略可能对仅持有小型投资组合的投资者也是可行的，一个很好的例子是投资风格转换策略，你可以根据你对未来收益增长的预期，从投资价值型共同基金转为投资成长型共同基金，反之亦然。最后，还有一些策略需要你的投资额足够大，从而降低执行成本，让你能够借到钱，但又不能大到你的每次交易都会对价格产生影响。几种近似套利或伪套利策略就属于这种情况。

对市场的看法

我们可以根据驱动投资策略的基本市场信息，把本书阐述的所有投资策略分为3类。第一类可归为惯性策略，它们基于这样一种假设，即近期发生的情况很可能在未来继续发生。大多数技术惯性指标和一些基于收益增长惯性的被动成长型投资策略都属于这类。第二类是逆向投资策略。在逆向投资策略中，你假定公司行为的各个方面——收益增长、股票收益率和市盈率变化等——都有随着时间的推移而回归历史平均水平的倾向。价值投资就是一个很好的例子，按照价值投资策略，你应该买入价格跌至低点或刚刚出现负面消息的股票，基于标准化后的市盈率和利率选择市场时机的投资策略也是如此。第三类是机会主义策略，该策略假设市场会犯错，这些错误有时会导致价格过高（这是逆向投资者的假设），有时会导致价格过低（这是惯性投资者的假设）。大多数套利策略和一些技术指标（如价格模式和周期）可归入此类。请注意，这里还有我们没有明确认定的第四类策略。如果我们假设市场是有效的——错误是随机的，价格既可能被高估，也可能被低估，而且不大可能被寻找市场错误的投资者发现，那么合适的策略应该是指数化投资。

表14.1将本书讨论过的大多数策略基于时间期限和对市场的看法进行了分类，我们将对小投资者不可行的投资策略用斜体字体现。

表 14.1　投资策略的类别

	惯性策略	逆向策略	机会主义策略
短期（数日到数周）	技术惯性指标：基于趋势线和高成交量购买股票。 信息交易：在利好消息（盈余和股息分配公告、并购公告）后买入。	技术逆向指标：共同基金的持股比例，做空头寸。这些既可以作为个股的指标，也可以作为市场的指标。	*在衍生品市场和固定收益证券市场进行纯套利。* 技术需求指标：头肩形等价格模式。

续表

	惯性策略	逆向策略	机会主义策略
中期（数月到数年）	相对强度：买入最近数月价格上涨的股票。信息交易：买入内部人士买入量大的小盘股。	基于正常的市盈率或正常的利率范围选择市场时机。信息交易：在负面消息公布后买入股票（如在不理想的财务报告发布一周后买入股票，并持有数月）。	近似套利机会：买入折价的封闭式基金。*投机套利机会：买入配对股票和并购套利。*
长期（数年及以上）	被动成长型投资：买入市场对成长性估值合理的股票（市盈率与增长比率）。	被动价值型投资：买入低市盈率、低市净率或低市销率的股票。逆向价值投资：买入亏损股或为大量负面消息所累的股票。	*积极成长型投资：参股成长型小公司（私募和风险资本投资）。积极价值型投资：买入管理不善的公司的股票，推动公司变革。*

注：斜体策略是对小投资者不可行的策略。

正确的投资理念

一旦你弄清了个人需求和喜好，那么寻找最适合你的投资理念就是一件非常简单的事情了，但你有两个选择。

1. **唯一最佳策略。**你可以选择一个最适合你的策略。因此，如果你是一个相信市场反应过度的长期投资者，你可以采用被动型价值投资策略。
2. **多种策略组合。**你可以采用多种策略来最大化你的收益。例如，你可以把被动成长型投资的长期策略与购买相对强势的股票的中期策略结合起来。显然，你希望用从第二个策略中所获得的收益补充第一个策略的收益。在创建这样的组合策略时，你应该牢记以下注意事项：
   - 你不应该把对同一时期的市场行为有着相反假设的策略混

在一起。因此，购买表现相对强势的股票的策略与在负面财务报告发布后购买股票的策略是不相容的。第一个策略基于市场反应缓慢的假设，而第二个策略的前提条件是市场反应过度。
- 当你使用混合策略时，你应该把主要策略与次要策略区分开来。因此，如果你必须在投资上做出选择，你应该知道哪种策略占主导地位。

回顾和反思

投资是一个持续的过程，你应该随时吸取自己成功的经验和失败的教训。你应该知己知彼，不仅了解市场上其他投资者的行为，也要了解你自己的情况。你工作的稳定性（或你对工作稳定性的感觉）以及你的收入水平等情况在不断变化。因此，你必须反复考虑你认为最好的投资理念，有时你必须改变自己的投资理念，以反映你从自己的经验和教训中学到的东西和你当前的处境。在做这些改变时，你需要抵御诱惑，不要采用在近期取得了成功或在别人那里很成功的策略。

值得注意的是，要想成功，你必须拥有市场上其他投资者很少具备的某些特点。如果你能识别自己的竞争优势是最好的。你比别人更有耐心，还是对流动性的需求比其他投资者更少？你的税收状况更好，还是因为你搜集和处理信息的能力更强？无论你成功的核心优势是什么，你都需要培育和保护它。

结论

选择投资理念是成功投资的关键。但为了做出选择，你需要先审视自己，然后审视外部环境。最好的策略是既符合你个人特点又符合你个人需求的策略。如果你天生有耐心，有稳定的收入来源，很少或根本不需要提取现金，你可以选择短期有风险但从长远来看有潜力获得高收益的策略。但如果你不能等太长的时间，马上有现金提取的需求，你可能就得选择期限较短的投资策略。

你对投资理念的选择还与你对市场、投资者以及他们的行为的看法有关。你可能会得出这样的结论：市场对信息反应过度（在这种情况下，你可能会转向逆向策略），或者市场反应迟钝（惯性策略），或者市场的错误是双向的（机会主义策略），或者市场的错误是随机的。由于你的看法受到个人经验的影响，这些看法会随着时间的推移而变化，所以你的投资策略必须随之进行调整。

练习

1. 自我评估：

    a. 时间期限：

        从心理学角度来看，你可接受的投资时间期限有多长？（你多有耐心？）

        从财务的角度来看，你可接受的投资时间期限有多长？（如果你在近期有较大的现金流需求，你的时间期限就会缩短。）

    b. 风险规避：

        与大多数投资者相比，你的风险规避倾向如何？

        你是如何得出该结论的？

    c. 税收：

        最近一年，你的实际税率是多少（纳税额 / 调整后的总收入）？

        你的边际税率是多少（你收入的最后一美元所缴纳的税费，包括州税和地税）？

        你预期你的税率将来会发生变化吗？

        你的投资组合的某一部分是否面临不同的税率，比如你的 401k 计划、养老金计划，或个人退休账户？

2. 市场评估：

    a. 考虑到市场会犯错，你认为这些错误是系统性的，可以被利用吗？

    b. 如果是，你认为市场会犯哪类错误？

3. 投资理念 / 策略：

    a. 基于你的个人特点和你对市场的看法，什么样的投资理念最适合你？

b. 基于你的投资理念，你准备采用什么样的投资策略？为什么？

c. 为什么你认为自己能够利用这些策略战胜市场？